D1688994

Warren Farrell · Mythos Männermacht

Warren Farrell

Mythos MÄNNER MACHT

Mit einem Vorwort
von Marianne Grabrucker

Deutsch von
Elisabeth Brock

Zweitausendeins

Deutsche Erstausgabe.
1. Auflage, Mai 1995.
2. Auflage, September 1995.

Copyright © 1993 by Warren Farrell.
Die amerikanische Originalausgabe erschien unter dem Titel
»The Myth of Male Power. Why Men are The Disposable Sex.«

Copyright © 1995 der deutschen Ausgabe bei Zweitausendeins
Postfach, D-60381 Frankfurt am Main

Alle Rechte vorbehalten, insbesondere das Recht der mechanischen,
elektronischen oder fotografischen Vervielfältigung, der Einspeicherung
und Verarbeitung in elektronischen Systemen, des Nachdrucks in
Zeitschriften oder Zeitungen, des öffentlichen Vortrags, der Verfilmung
oder Dramatisierung, der Übertragung durch Rundfunk, Fernsehen oder
Video, auch einzelner Text- und Bildteile.
Der gewerbliche Weiterverkauf und der gewerbliche Verleih
von Büchern, Platten, Videos oder anderen Sachen aus der
Zweitausendeins-Produktion bedarf in jedem Fall
der schriftlichen Genehmigung durch die Geschäftsleitung
vom Zweitausendeins Versand in Frankfurt.

Lektorat: Maria Rosken, Ekkehard Kunze und
Martin Weinmann, Wiesbaden.
Herstellung: Eberhard Delius, Berlin.
Satz: Theuberger, Berlin.
Druck: Wagner GmbH, Nördlingen.
Einband: G. Lachenmaier, Reutlingen.

Dieses Buch gibt es nur bei Zweitausendeins
im Versand (Postfach, D-60381 Frankfurt am Main) oder
in den Zweitausendeins-Läden in Berlin, Essen, Frankfurt, Freiburg,
Hamburg, Köln, München, Nürnberg, Saarbrücken, Stuttgart.

In der Schweiz über buch 2000,
Postfach 89, CH-8910 Affoltern a. A.

ISBN 3-86150-108-2

*Für Vater, Mutter, Lee,
Gail und Wayne*

Inhalt

Zur deutschen Ausgabe
Vorwort von Marianne Grabrucker   9
Danksagung   15
Einführung   19

I. Teil: Mythos Männermacht
1. Ist Männermacht wirklich ein Mythos?
   Erster Überblick   37
2. Vom ersten zum zweiten Stadium:
   Wie Männer erfolgreich die Frauen befreit haben
   und dabei vergaßen, sich selbst zubefreien   55
3. Sind »Macht«, »Patriarchat«, »Herrschaft« und
   »Sexismus« wirklich Chiffren für
   die Verfügbarkeit von Männern?   85

II. Teil: Männer allein im gläsernen Keller
4. Die Todesberufe: »Mein Körper gehört mir nicht«   129
5. Kriegsheld oder Kriegssklave?
   Die Prostitution des Mannes in Uniform   150
6. Wenn Männer angeblich die Macht haben, warum
   begehen sie dann öfter Selbstmord als Frauen?   199
7. Warum leben Frauen länger?   217
8. Der Ausweg in den Wahnsinn   239
9. Gewalt – gegen wen?   256
10. Wenn uns der Schutz von Männern genauso wichtig
    wäre wie der Schutz von Tieren...   274

III. Teil: Der Staat als Ersatzehemann
    Eine Übersicht   285
11. Wie das System seine Hand über die Frauen hält ...
    und die Gesetze dabei mithelfen   289

12. Mörderinnen und gerichtliche Freisprüche:
    zwölf mildernde Umstände, die nur für Frauen gelten   304
13. Sexualverhalten – Sexualpolitik   339
14. Wie mit Vergewaltigung Politik gemacht wird   369
15. Vater Staat oder: der Staat als Ersatzehemann   410

IV. Teil: Wohin geht die Reise?
Schlußfolgerungen   423

Anmerkungen   443
Bibliographie   495
Adressen   497

Zur deutschen Ausgabe
Vorwort von Marianne Grabrucker

Backlash – Die Männer schlagen zurück – ist das Stichwort, unter das Susan Falludi in ihrem gleichnamigen Buch Warren Farrell einordnet. Was ich dort über Warren Farrell zu lesen bekam, wollte mir nicht in den Kopf: Farrell, der 25 Jahre lang für die Verwirklichung der Gleichberechtigung der Frauen gekämpft und auch mich inspiriert hatte, sollte sich nun plötzlich vom Paulus zum Saulus gewandelt haben und ein Gegner der Frauenemanzipation geworden sein? Nein, so einfach und schlicht, wie Falludi sie darstellt, sind die Dinge nicht! Das Buch Farrells ist gerade vor dem Hintergrund seiner positiven Einstellung zur Veränderung der gesellschaftlichen Verhältnisse zugunsten von Frauen *und* Männern zu sehen. Beide sollen sich von Rollenzwängen befreien, die, so Farrell, aus einer Zeit herrühren, in der die ökonomischen Verhältnisse die Arbeitsteilung zwischen den Geschlechtern und eine starre Geschlechterrollenzuschreibung erforderlich machte, damit die Spezies Mensch überleben konnte. Er nennt diese Zeit das »Stadium I«. Der technische und medizinische Fortschritt hat längst dazu geführt, daß die Rollentrennungen nicht mehr so strikt eingehalten werden müssen. Frauen haben dies als erste verstanden und sie in ihrem Kampf um gleiche bürgerliche und politische Rechte in der Suffragettenbewegung auch laut und deutlich in Frage gestellt. Einhergehend mit dem Erfolg der Frauen muß auch zwangsläufig die fast zur »Natur« gewordene, oder zumindest von vielen so verstandene, Rolle der Frau im Haus und im Beruf in Turbulenzen geraten. Daß dieser Prozeß viele Jahre in Anspruch nimmt, Generationen dauert und auch heute beileibe noch nicht abgeschlossen ist, wissen wir alle. Wir leben zwischen Altem und Neuem. Erzogen nach dem Prinzip »ein Junge hat keine Angst – ein Mädchen macht sich nicht schmutzig und ist immer lieb«, schöpfen wir andererseits aus der Fülle der Möglichkeiten und der Ansprüche an uns selbst:

gleichberechtigte Partnerschaft, qualifizierter Beruf, sorgfältig erzogene Kinder. Dabei richtet sich die Sorgfalt unserer Erziehung ganz besonders darauf, selbstbewußte, starke und tüchtige Mädchen heranwachsen und ihnen jede Unterstützung zukommen zu lassen, damit sie frei von Rollenzwängen und Schranken früherer Frauengenerationen sind.

In der Tat, wir haben vieles erreicht, und trotzdem läßt das Ergebnis zu wünschen übrig. Überall gehen Partnerschaften in die Brüche, im Beruf dümpeln Frauen trotz Qualifikation und Fleiß immer noch zum Großteil in den unteren Etagen vor sich hin. Unsere Töchter stehen bisweilen der alten, bekämpften Frauenrolle nicht ganz abgeneigt gegenüber, wenn sie uns abgehetzt und wenig anmutig am Freitagabend in den Seilen hängend vorfinden. Auch die Söhne ziehen das ewig gleiche Schauspiel von Kampf und Aggression durch. Und eines wissen sie, befragt nach ihren Berufszielen, genau: Die Kohle muß stimmen, Karriere wird gemacht. Es scheint, als hätte der Aufbruch in die Gleichberechtigung längerfristig sehr wenig Erfolg gebracht. In Deutschland sucht man nun Zuflucht zu Gleichberechtigungsgesetzen, Frauenförderungsplan und immer sorgfältigerer Prüfung einzelner Gesetze auf mittelbare Diskriminierungen hin. Die Krone all dessen – sogar der Bundeskanzler steht hinter diesem Programm – ist die vehemente Förderung der Möglichkeiten zu Teilzeitbeschäftigung für Frauen, damit sie Familie und Beruf besser miteinander vereinbaren können. Und gerade das sollte mißtrauisch machen.

Ansatzpunkt ist immer die Situation der Frau. Warum, so frage ich mich, denkt nie jemand daran, die Situation umzukehren, und die Situation der Männer zu ändern? Ist aus dem Kampf der Frauen um gleiche bürgerliche und politische Rechte eine gesellschaftliche Bewegung geworden, die eine Änderung der Rolle der Frau nach sich gezogen hat, dann kann doch niemand ernsthaft an ein Gelingen glauben, wenn man sich nicht genauso intensiv mit der Änderung der Rolle der Männer beschäftigt.

Als ich vor dreizehn Jahren begann, das Buch *Typisch Mädchen – Zur Entstehung von rollenspezifischem Verhalten in den ersten drei Lebensjahren* zu schreiben, kam ich bei meinen Beobachtungen zu dem Schluß, daß der Teil der Veränderungen, der bei Frauen und

Mädchen schon stattgefunden hat, nun auch bei den Jungen auf der Tagesordnung stehen müsse. Auch sie müssen frei von Rollenzwängen aufwachsen dürfen. Findet meine Tochter in ihrer Umgebung Beifall, daß sie sich gegen Angriffe wehrt und selbstbewußt auftritt, so darf doch ihr gleichaltriger Freund, der sich bei den Raufereien auf dem Schulhof zurückhält, von der Lehrerin der in die Sprechstunde zitierten Mutter nicht als Problemkind dargestellt werden. Empfohlen wurde der Gang zum Jugendtherapeuten oder die Mitgliedschaft in einem Eishockeyclub, um ihn von seiner Friedensliebe zu kurieren. Gerade an solchen Einstellungen ist abzulesen, wie sehr ein Junge in seine Rolle als künftiger Kämpfer und geeigneter Beschützer von Frau und Kindern – sei es im Krieg oder im Beruf – hineingezwängt, ja hineintherapiert wird. Mich erinnert dies an die Erkenntnisse der Frauen, was ihnen an kultureller, psychischer Gewalt angetan wurde, um »ordentliche« Frauen aus ihnen zu machen, die des Schutzes und des Beschützers bedürfen. Ich denke dabei an Betty Friedans Buch *Weiblichkeitswahn*, das die Augen öffnete und den Startschuß für die vielen Ende der sechziger Jahre entstandenen »Bewußtseinsgruppen« und »Frauengruppen« gab, in denen Frauen diesen Werdegang gemeinsam nachvollziehen konnten.

Wir befinden uns heute auf einer gesellschaftlichen Entwicklungsstufe, auf der die realen Lebensbedingungen eigentlich kein auf Geschlechter festgelegtes Rollenverhalten mehr verlangen. Frauen sind zum größten Teil von gesetzlichen Einschränkungen befreit. Andererseits gehen aber die gedanklichen Voraussetzungen der neuen Gesetze von der bisherigen Rollenverteilung aus. So ist es bei Teilzeitarbeit für Frauen, bei den Unterhaltsregeln im Scheidungsrecht, bei der stillschweigend vorausgesetzten sexuellen Abwehr der Frau im Gesetz gegen sexuelle Belästigung am Arbeitsplatz. Der ganze Umfang der Auswirkungen ist im Rahmen der weniger entwickelten deutschen Verhältnisse noch kaum abzusehen. Farrell gibt in seiner Auseinandersetzung mit den viel weiter fortgeschrittenen Verhältnissen in den USA und der detaillierten Rechtsprechung amerikanischer Gerichte einen konkreten Einblick. Zudem zeigt er, daß sich auch in den USA weder im gesellschaftspolitischen noch im gesetzlichen Bereich Initiativen regen, um Männern zu helfen, sich von ihrer Rolle befreien zu können. Dies soll sich wohl ausschließlich im privaten Bereich abspielen. Und so kommt es zum täglichen Zweikampf zwischen Frau und Mann, zur täglichen Nörgelei um den Abwasch, um das Einkaufen, um die Versorgung der Kinder und den üblichen Hauskram. Die Konstellation kann nur schiefgehen, denn Frauen und Männer gehen von unterschiedlichen Ausgangssituationen aus, und die ganze Schwierigkeit der Männer, sich den geänderten Lebensbedingungen von Stadium II anzupassen, wird meist als Frage persönlichen Ungenügens diskutiert und endet dann im schlechtesten Fall, und das ist einer von dreien, vor dem Scheidungsgericht.

Bisher wurde der fehlende Veränderungswille der Männer auf fehlenden Leidensdruck geschoben. Die Diskussion ging von der unhinterfragten Prämisse aus, daß sie durch Beruf und entsprechendes Bankkonto so große Privilegien genössen, daß ihre Situation so beneidenswert gut sei, daß sie Veränderungen überhaupt nicht wollten.

Frauen fühlen sich allein gelassen, und beide Rollen erfüllen zu können, sei eine Bürde, mit der sie überfordert seien. Männer fühlten bislang mehr diffus ihr Unbehagen an der Diskrepanz zwischen dem Vorwurf, sie genössen Vorteile aus dem Beruf, und ihrem Gekettetsein an den Beruf. Sie haben kaum Möglichkeit zu Teilzeitarbeit, Erziehungsurlaub für Männer ist geächtet, und ernsthaft braucht keiner die Frage zu stellen, wie es denn um seine Selbstverwirklichung stünde. Seine Gedanken kreisen um die Frage: »Wer ernährt die Familie?«

Ihr Unbehagen fand bislang noch so gut wie keinen gesellschaftspolitisch vernehmbaren Ausdruck. Oder kennen wir Forderungen, die Schulbücher endlich von dem Klischee zu reinigen, daß Chefs immer Männer sein müßten, weil das den Jungen ein Selbstbild vermittle, das sie überfordere und ihr Leben lang belaste? Setzt sich Herr Kohl dafür ein, daß alle seine Abteilungsleiter in den Ministerien Teilzeit arbeiten, um für die Familie mehr Muße zu haben? Wo und wie wird den Männern gezeigt, wieviel Persönlichkeitsanteile sie schon als kleine Kinder abgeben, um später die »tollen Typen« zu werden? Vielleicht ist das alles nur ein Mythos? Genau diese Frage stellt Farrell in seinem Buch.

Sein Anliegen ist es, die Situation der Männer anhand von vielen Fakten und Statistiken so zu beschreiben, daß sie entmystifiziert wird. Er will die Augen für die vielen Zwänge öffnen, die Männer zu Opfern ihrer Rolle als die allzeit potenten und zur Verfügung stehenden Beschützer macht. Dabei analysierte er uns ziemlich normal und banal scheinende Situationen völlig neu und in einer Weise, daß auch die Feministin nachzudenken beginnt. Sein Buch könnte der Anfang sein, daß sich Männer der vielen Nachteile ihrer Situation bewußt werden, daß auch sie beginnen, ihre Lage nicht länger als unabänderlich und naturgegeben hinzunehmen.

War es in den Anfängen der Emanzipationsbewegung die berechtigte Forderung der Frauen, als geschäftsfähig und damit als ernstzunehmender Mensch auch vor dem Gesetz anerkannt zu werden, und nicht nur der Mann, stellt Farrell fest, daß dieses Privileg der Männer eben auch seine Kehrseite hatte: Nur sie kamen in den Schuldturm, wenn die Familie sich verschuldete. Heute weist die Statistik zwar höhere Einkommen der Männer aus, aber auch in den Statistiken zur Unfallhäufigkeit, zu berufsbedingten Krankheiten und zu Selbstmorden liegen sie vor den Frauen. Farrell erklärt als Mann Männern ihre Defizite und spricht das aus, was viele vage fühlen oder sogar schon denken, aber nicht wissen, wie sie damit zurechtkommen sollen. Er hilft ihrer Phantasie auf die Sprünge, wo sie nach den Gründen für ihr Unbehagen suchen können, und daß wenig damit getan ist, vielleicht eine neue »pflegeleichtere« Partnerin zu finden, sondern daß es dazu politischer Veränderungen bedarf, die die Verteilung der Risiken zwischen Frau und Mann im Auge hat und nicht den Mann in seiner alten Rolle gefangenhält. Wesentliche Gesichtspunkte der Selbstbestimmung des Mannes könnten dabei für ihn die Freiwilligkeit des Wehrdienstes – und zwar auch für Frauen –, die empfängnisverhütende Pille für den Mann und die Pflicht der Frauen sein, die volle Verantwortlichkeit, besonders in ökonomischer Hinsicht, für ihr Leben – auch das einer ganzen Familie – übernehmen zu können.

Mir scheint, daß diese Forderungen auch schon von Frauen erhoben wurden, und zwar als Forderung an die Männer, sich um ihre Gleichberechtigung zu kümmern. Liest eine Feministin das Buch nur unter dem bislang gewohnten Blickwinkel, werden sich ihr die Nackenhaare sträuben. Bleibt sie aber nicht in ihrem Winkel sitzen, sondern stellt sich ins Zentrum, um einen Rundumblick zu erlangen, so wird sie mit dem von Farrell aus seinem Winkel heraus Gesagten etwas anfangen können. Mich jedenfalls hat es bestätigt in meinen Erfahrungen, die ich als Frauenbeauftragte gemacht habe. Junge Väter, die aus ihrer Berufsrolle für einige Zeit heraus wollten, um sich um ihre kleinen Kinder zu kümmern und zu ihnen einen intensiven emotionalen Kontakt aufzubauen, kämpften oft vergeblich gegen die Betonwand von Vorurteilen, daß ein Mann »zu Hause nichts tut«. Ich wünsche, daß viele Männer beim Lesen dieses Buches aufwachen und sich in Zukunft mit ähnlichem Schwung der Änderung ihrer Rolle widmen, wie dies bislang die Frauen taten. Ich wünsche aber auch, daß Frauen dieses Buch lesen und verstehen, daß Farrell hier nicht zum »backlash« ansetzt, sondern eine Brücke zum gemeinsamen Weitergehen in einer jetzt scheinbar verfahrenen Situation zwischen »Stadium I« und »Stadium II« zu bauen versucht. Er schafft kein neues Feindbild »Frau«, verlangt aber fairerweise, daß wir uns vom Feindbild »Mann« verabschieden.

Danksagung

Mein Vater Tom, meine Stiefmutter Lee und meine Schwester Gail sind die verläßliche Basis, die mir das Schreiben möglich macht. Wenn ich meinen Vater beobachte, wie er mit achtzig Jahren immer noch Ski fährt und Tennis spielt, stimmt mich das hoffnungsfroh. Sehe ich, wie er meine Mutter durch ihre Krebskrankheit begleitet, dann lehrt mich das Liebe; wir fühlen uns einander näher, je älter wir werden, und das gibt mir inneren Frieden. Wenn ich sehe, wie meine Mutter vom Krankenbett aufsteht und sich an die Kirchenorgel setzt, werden mein eigener Glaube und mein eigener Mut gestärkt. Von ihr habe ich gelernt, daß einander zuhören Familien zusammenhält. Zu wissen, daß meine Schwester als Lehrerin Geduld und Einfühlungsvermögen für ihre Schulkinder hat, mit deren Leben sie im Unterricht in Berührung kommt, nimmt mir die Sorge um die Zukunft.

Joyce McHugh organisierte meine häuslichen Büroarbeiten, die Computer und die Vortragsreisen. Sie war auch heimliche Verlegerin, denn sie sorgte in den rund ein Dutzend Entwürfen dieses Buches in den letzten vier Jahren für Genauigkeit, Klarheit und Lesbarkeit. Marilyn Abraham, meine Verlegerin, hat die Seele einer Erdmutter und die verlegerische Axt einer Kriegerin, wobei sie genau weiß, wann sie was einsetzen muß. Ihr Glaube an dieses Buch blieb unerschütterlich, auch als es sein eigenes Leben zu führen begann.

Jedes einzelne Kapitel dieses Buches verfolgte mich, als ich feststellte, daß meine Beobachtungen gegen das verstießen, was als politisch korrekt betrachtet wird. Durch die Unterstützung von drei Menschen – Nathaniel Barden, Jeremy Tarcher und Elizabeth Brookins – überwand ich die *political correctness*, die eigentlich nichts anderes als politische Feigheit ist. Nathaniels intellektuelle Stärke, Jeremys schöpferisches soziales Bewußtsein, Liz' ausgewogenes Urteil und ihre Liebe halfen mir zu der Erkenntnis, daß ich zwar ein anderes Instrument spiele, damit aber zur Harmonie des Orchesters beitrage.

Hunderte von Männern schrieben mir, daß mein Buch *Warum Männer so sind, wie sie sind* ihre Gefühle in Worte gefaßt habe; sie gaben mir die Gewißheit, daß die eingeschlagene Richtung den Männern half, sich zu öffnen. Hunderte von Frauen schrieben mir, daß *Warum Männer so sind, wie sie sind* ihnen geholfen habe, sich Männern näher zu fühlen; sie bestärkten mich, daß ich eher die Liebe vertiefte als Familien spaltete.

Lisa Broidy und Dayna Miller durchforsteten Tausende von Publikationen und prüften die mehr als tausend Quellen, die für dieses Buch benutzt wurden, auf ihre Richtigkeit. Wenn *ich* in Zukunft lese, was *sie* geschrieben haben, werde ich jedes Wort glauben, das ich lese! Mein Dank geht auch an Marla Robb und Mary Colette Plum für ihre Hilfe bei den Recherchen sowie an Julianna Badagliacca, Monika Chandler, Melissa Rosenstock, Karen Wilson und an Richard Doyle für seine sorgfältigen juristischen Nachforschungen in seiner Zeitschrift *The Liberator*.

Mein besonderer Dank gilt Steve (Goss) Asher für die tägliche Lieferung von Zeitungsausschnitten, Steve Collins für seine durchdachten Hinweise und sein unermüdliches Nachprüfen von Daten, Eugene August für seine ausgewogenen Kommentare zu fast jedem Kapitel, Donna Morgan und Spring Whitbeck dafür, daß sie ihre Gaben, sanfte Ruhe zu verbreiten, in den Bürobetrieb einbrachten, und Keith Polan für seine Einführung am Computer.

Das Buch hat durch die Erkenntnisse von dreißig anderen Leserinnen und Lesern sehr gewonnen, insbesondere durch die eingehenden Kommentare von Suzanne Frayser, Ron Henry, Natasha Josefowitz, Aaron Kipnis, Judy Kuriansky und Sari Locker, wie auch durch die Kritik einzelner Kapitel durch Rob Becker, Randy Burns, Tom Chadbourne, Ferrel Christensen, Deborah Corley, Greg Dennis, Sam Downing, David Gilmore, Herb Goldberg, Bruce Hubbard, Rikki Klieman, Ziva Kwitney, Alex Landon, John Macchietto, Roman Mathiowetz, R.L. McNeely, Becky und Tony Robbins, Chris Ruff, Jim Sniechowski und Bill Stephens.

Beraterinnen und Berater, wie Devors Branden, Helen Fisher, Maurice Fiedmann, Fred Hayward, John Hoover, Joseph Kinney,

Michael Mills, Marilyn Milos, Jim Novak, Joe Pleck, Jon Ryan, Murray Straus, Ivan Strauss, Robert Wade und Richard Woods haben mein Wissen wie auch das Buch bereichert.

Schließlich möchte ich neben Marilyn Abraham auch den engagierten Einsatz der anderen »Simon-&-Schuster-Frauen« würdigen: Dawn Marie Daniels, Joann DiGennaro, Marie Florio, Eve Metz, Victoria Meyer, Carolyn Reidy, Isolde C. Sauer und Jennifer Weidmann.

Einführung

Seit fünfundzwanzig Jahren beschäftige ich mich nun mit Frauen- und Männerthemen; das Gefühl der Männer, in einer Sackgasse zu stecken, ist in all diesen Jahren nie so ausgeprägt gewesen wie heute. Zugleich ist bei ihnen aber auch die Bereitschaft nie größer gewesen, an ihrer Situation etwas zu ändern.

Ich beobachte, wie Männer nach Wegen suchen, das zu erforschen, was sie bisher nicht erforschen wollten – ihre innere Welt. In den nächsten fünfundzwanzig Jahren werden Tausende von Männern und Frauen Gelegenheit haben, hier Pionierarbeit zu leisten. Dies wird Männern aus ihrer Isolation heraushelfen – und damit wegbringen von Drogen, Scheidung, Depression, Selbstmord und frühem Tod, den Folgen dieser Isolation.

Das Leid der Männer ist nicht ihre Sache allein. Der Selbstmord eines Mannes trifft seine Frau, seine Kinder, Kollegen und Freunde. Das gilt auch für seinen frühen Tod, seinen Alkoholismus, seinen Hang zu schönen jungen Frauen – all dies auch Dinge, die sich auf Firmengewinne und das Bruttosozialprodukt auswirken. Wenn Männer Opfer sind, sind wir alle Opfer.

Mythos Männermacht ist keine Rückkehr zum Mann der fünfziger Jahre, sondern ein Sprung nach vorn, zum Mann des Jahres 2050. Und zur Frau des Jahres 2050. Das Buch handelt davon, warum die männlichen und weiblichen Geschlechterrollen, die über Millionen von Jahren für die Spezies zweckmäßig waren, es jetzt nicht mehr sind.

Was heißt es, sich für Männer einzusetzen?

Drei Jahre lang war ich im Vorstand der National Organization for Women (NOW) in New York. Wenn ich vor Männern Frauenperspektiven entwickelt und dargelegt habe, beobachtete ich oft, wie eine Frau ihrem Begleiter einen Rippenstoß versetzte, wie um zu sagen: »Siehst du, sogar dieser Experte sagt, daß du ein Trottel bist.« Langsam lernte ich ganz gut, das in Worte zu fassen, was Frauen hören wollten. Ich genoß den begeisterten Applaus, der dann folgte.

Die Tatsache, daß mein Publikum zu neunzig Prozent aus Frauen und zu zehn Prozent aus Männern bestand (die meist von ihren Frauen mitgenommen worden waren), bestärkte mich in meiner Überzeugung, daß Frauen erleuchtet seien und Männer »Neandertaler«, daß der Buchtitel *Smart Women: Foolish Choices* (Kluge Frauen: Schlechte Partnerwahl) den Nagel auf den Kopf traf. Insgeheim gefiel mir diese Meinung, denn dadurch konnte ich mich als einen der sensiblen New-Age-Männer Amerikas sehen. Ein neuer Spitzenmann. Feministinnen, die mich fragten: »Wie können wir dich klonen?« oder »Woher kommt es, daß du dir so sicher bist?«, gaben mir recht in meinem heimlichen Stolz. Und die drei, vier Einladungen, die jedem meiner Vorträge folgten, sorgten für meine finanzielle Sicherheit.

Die Jahre vergingen. Als die meisten meiner treuesten Anhängerinnen geschieden wurden, konnte ich nur annehmen, daß ihre Ehemänner das Problem waren. Dem stimmten die Frauen zu. Aber ich beobachtete bei all diesen feministischen Freundinnen die immer größer werdende Wut auf die Männer, eine Unruhe in ihren Augen, die nicht auf innere Ruhe und Frieden schließen ließ.

Dann fragte ich mich eines Tages (in einem der seltenen Augenblicke innerer Sicherheit), ob mein Einfluß, wie immer er auch ausgesehen haben mochte, gut war. Ich fragte mich, ob mir deswegen so viel mehr Frauen zuhörten als Männer, weil ich selber eher Frauen und kaum Männern zugehört hatte. Ich hörte einige der Tonbandaufnahmen aus den Hunderten von Frauen- und Männergruppen ab, die ich initiiert hatte. Ich hörte mich reden. Wenn Frauen Männer kritisierten, dann nannte ich das »Erkenntnis« oder »Selbstbehauptung«, »Frauenbefreiung«, »Unabhängigkeit« oder »entwickeltes Selbstbewußtsein«. Wenn Männer Frauen kritisierten, dann sprach ich von »Sexismus«, »männlichem Chauvinismus«, »Abwehr«, »Rationalisierung« und »Backlash«. Ich tat das höflich – aber die Männer verstanden sehr wohl. Bald unterließen es die Männer, ihre Gefühle auszudrücken, und ich kritisierte sie wiederum.

Ich wollte ausprobieren, wie ich Männer dazu bringen könnte, Gefühle auszudrücken. Mir fiel auf, daß Männer beim ersten Treffen oft durchaus mitteilsam waren, was ihre Gefühle anging. Frauen dagegen exerzierten beim ersten Treffen oft das durch, was ich schließlich die »Bewunderungsübungen« nannte – diesen Blick von »Oh, das ist ja faszinierend«, den sie mit ihren Augen, wenn nicht gar mit Worten ausdrückten. Die Männer fühlten sich sicher und öffneten sich.

Wenn nun Männer in meinen Männergruppen redeten, machte ich mit ihnen auch Bewunderungsübungen. Es klappte. Ich hörte Dinge, die ich nie zuvor gehört hatte – Dinge, die mich zwangen, mein eigenes Leben und meine eigenen Motive zu überdenken. Dieses Vorgehen brachte mich in einen neuen Zwiespalt...

Wenn Frauen jetzt fragten: »Warum haben Männer davor Angst, sich zu binden?« oder Feministinnen sagten: »Männer haben die Macht«, dann vertrat ich in meinen Antworten die Sicht beider Geschlechter. Fast über Nacht verebbte der laute Applaus. Nach jedem Vortrag kamen nun nicht mehr drei, vier neue Anfragen. Meine Finanzpolster schwanden.

Es wäre gelogen, wenn ich behaupten würde, daß mich diese Entwicklung nicht in Versuchung geführt hätte, zurückzustecken und wieder ausschließlich das Sprachrohr für Frauen zu sein. Ich schrieb gern, redete gern und trat gern in Fernsehshows auf. Diese drei Dinge standen nun auf dem Spiel. Mir wurde schnell klar, **daß es viel mehr Standfestigkeit verlangt, für die Sache der Männer als für die Sache der Frauen zu sprechen**. Oder, um es korrekt zu sagen, für beide Geschlechter zu sprechen, nicht nur für Frauen.

Glücklicherweise gibt es noch einen anderen Aspekt. Der Applaus von Frauen war zwar verklungen, aber andererseits schrieben mir auch viele Frauen, daß ihnen meine Sicht der Dinge geholfen habe, ihren Ehemännern, Vätern, Söhnen oder einem Kollegen freundlichere Gefühle entgegenzubringen. Frauen waren es auch, die mir sagten, daß es hilfreich sei, darüber etwas lesen zu können.

Das Kind des Feminismus lieben, aber nicht sein Badewasser

Ich würde bedauern, wenn dieses Buch dazu herhalten müßte, die legitimen Anliegen der Frauenbewegung anzugreifen – Anliegen, für die ich ein Jahrzehnt meines Lebens gekämpft habe. Die Herausforderung besteht darin, über den Feminismus hinauszugehen, ohne seine Errungenschaften herabzusetzen, von denen es viele gibt.

Ohne die Frauenbewegung würden heute weniger Firmen mit Teilzeitarbeitsmodellen, mit Gleitzeit und Kinderbetreuung experimentieren, und wenige hätten die Sicherheitsstandards verbessert. Ohne Frauen bei der Polizei hätten nur wenige Polizisten gemerkt, daß fünfundneunzig Prozent der Konflikte *nicht* mit Muskelkraft gelöst werden. Ohne Ärztinnen hätten wenige Krankenhäuser die Neunzigstundenwoche des ärztlichen Dienstes gekürzt, ohne Therapeutinnen wären Kurzzeittherapie und Paarberatung weniger verbreitet... Die Frauenbewegung erreichte, daß Tausende von Arbeitsplatzbeschreibungen überprüft wurden; der Feminismus brachte nicht nur Frauen in die Arbeitswelt, sondern auch ihre weibliche Energie.

Wenn ich Mädchen Baseball spielen sehe, freue ich mich, daß sie lernen, was es bedeutet, etwas im Team zu tun; zugleich macht es mich melancholisch, wenn ich daran denke, was den Mädchen, mit denen ich aufwuchs, vorenthalten wurde. Ohne die Frauenbewegung stünden diese Mädchen an den Seitenlinien. Ohne die Frauenbewegung sähen Millionen von Mädchen nur die eine Seite ihrer Mütter und damit auch von sich selber. Sie würden mehr um des Geldes als um der Liebe willen heiraten. Sie würden sich noch mehr vor dem Älterwerden fürchten.

Ich werde häufig gefragt, wie es kam, daß ich der frühen Frauenbewegung so viel Verständnis entgegengebracht habe. Oft wird angenommen, meine Mutter oder meine frühere Frau seien aktive Feministinnen gewesen, was nicht zutrifft. Meine Mutter war keine »Bewegungsfeministin«. Ich erinnere mich aber, daß ich, als ich eines Tages heimkam und meiner Mutter stolz meine Wahl zum Sprecher der siebten Klasse verkündete, sagte: »Wir treffen uns immer am Freitag... könnte ich wohl jeden Freitag für den Vorsitz ein gebügeltes Hemd bekommen?« Sie sagte: »Na klar«, und ohne mit der Wimper zu zucken, brachte sie das Bügelbrett und zeigte mir, wie man Hemden bügelt.

Damals paßte die Reaktion meiner Mutter nur zu ihrer oft geäußerten Bemerkung: »Ich bin deine Mutter, nicht deine Sklavin.« Aber als ich älter wurde, begriff ich, daß es diese Erfahrungen waren, die mich für den Feminismus aufgeschlossen machten. Ihre Art, mir ihre Liebe zu zeigen, bestand nicht darin, daß sie etwas *für* mich tat, sondern daß sie mir beibrachte, es selber zu tun. Als ich erwachsen wurde, drückte ich meine Liebe aus, indem ich den Teil der Frauenbewegung unterstützte, der Frauen ermutigt, sich ihren Lebensunterhalt selber zu verdienen. Ich zog mich jedoch von dem anderen Teil zurück, der jammert und in die Opferrolle fällt.

Mythos Männermacht ist nicht darauf aus, lauten Beifall zu finden, es ist kein Buch zur Selbstbestätigung von Frauen; es *will Frauen auf andere Art helfen.*

Warum ein Buch über Männer? Ist die Geschichte nicht ohnehin eine Geschichte der Männer?

Die meistverbreitete Begründung für feministische Wissenschaft ist, daß die »Geschichtswissenschaft nur von Männern handelt und feministische Wissenschaft nur der Versuch ist, den Frauen das zu geben, was Männer bereits haben«. Stimmt das? Nein. Feministische Wissenschaft hinterfragt die Frauenrolle, die männliche Rolle wird aber nirgends hinterfragt. Die Geschichtsbücher *verkaufen* Jungen die *traditionellen* männlichen Helden- und Siegerrollen. Jede Geschichtsstunde bringt ihnen bei: »Wenn du Erfolg hast, bekommst du Liebe und Anerkennung; wenn du versagst, bist du ein Nichts.« Einem Jungen vermittelt Geschichtsunterricht Erfolgsdruck, nicht Erleichterung von diesem Druck. Feminismus ist Erleichterung von dem Druck, sich nur auf die traditionelle, weibliche Rolle beschränken zu müssen. Für Jungen ist Geschichte also nicht das, was feministische Wissenschaft für Mädchen ist, sondern das *Gegenteil.*

Feministische Wissenschaften stellen nicht nur die weibliche

Rolle in Frage, sie sagen den Frauen auch, daß sie ein Anrecht auf die bislang traditionell männliche Rolle haben. Nirgends wird Männern gesagt, daß sie ein Anrecht auf das haben, was bisher stets Frauen vorbehalten war – z.B. das Recht, ganz oder die meiste Zeit zu Hause zu bleiben, während die Frau für seinen Unterhalt aufkommt...

Wie vom Standpunkt der Mädchen aus die Geschichtsbücher voller Männer sind, so ist vom Standpunkt der Jungen aus die Schule voller Frauen. Frauen sind es, die ihm beibringen, wie ein Junge zu sein hat: Er tut, was Frauen ihm sagen, nachdem er gelernt hat, das zu tun, was ihm seine Mutter sagt. Einerseits zeigen ihm die Geschichtsbücher, daß er die Rolle des risikofreudigen Helden übernehmen soll, andererseits sagt ihm seine Lehrerin, daß er nicht grob sein, Antworten nicht spontan herausschreien, keine Schimpfwörter sagen soll, daß sich Anzüglichkeiten nicht gehören, daß er seine Haare nicht zerwühlen, seine Kleidung nicht schmutzig machen soll... So wie feministische Wissenschaft den Frauen erklärte, daß sie ein Recht auf weibliche Lehrer im Betriebswirtschaftsstudium haben, so wird männliche Wissenschaft den Männern erklären, daß sie ein Recht auf männliche Lehrer in der Grundschule haben.

Warum der Feminismus die Notwendigkeit, Männer zu studieren, verstärkt hat

Der Feminismus hat darauf hingewiesen, daß Gott auch eine Frau sein kann. Daß möglicherweise auch der Teufel eine Frau sein kann, wurde aber nie erörtert. Der Feminismus zeigt nur die Schattenseiten der Männer auf und die Sonnenseiten der Frauen. Er vernachlässigt die Schattenseiten der Frauen und die Sonnenseiten der Männer. Er versäumt zu sagen, daß bei beiden Geschlechtern beide Seiten *innerhalb* einer Person vorhanden sind. Als das Thema der sexuellen Belästigung aufkam, hieß es, daß Männer das Problem einfach nicht »kapieren«. Leider ist es aber so, daß es *beide* Geschlechter nicht verstehen. Männer verstehen die Angst der Frauen vor Belästigung nicht, die ihre Wurzel in der passiven Rolle der

Frau hat, und Frauen verstehen die Angst der Männer vor sexueller Zurückweisung nicht, die ihre Wurzel in der aktiven Rolle des Mannes hat. Beide Geschlechter sind so sehr mit der eigenen Sicht der Dinge beschäftigt, daß jedes die Verwundbarkeit des anderen nicht »kapiert«.

Worin liegt der Unterschied? Der Feminismus hat Frauen gelehrt, Männer wegen sexueller Belästigung oder *date rape* (wenn sie also bei der falschen Person oder zur falschen Zeit die Initiative ergreifen) anzuzeigen. Niemand hat Männer gelehrt, Frauen wegen des sexuellen Traumas anzuzeigen, wenn sie ja sagen, dann nein, dann wieder ja, dann nein. Dank des Feminismus können Frauen zwischen drei Möglichkeiten wählen: ihrer alten Rolle, der »männlichen« Rolle und der »Opfer«-Rolle. Männern blieb nur eine Möglichkeit, denn von ihnen wird immer noch erwartet, daß sie die Initiative ergreifen. Fangen sie es jedoch falsch an, können sie im Gefängnis landen. Das ist für einen heranwachsenden Jungen, der kaum weiß, was Sexualität ist, eine ziemliche Zwickmühle.

Der Feminismus rechtfertigte die weibliche »Macht des Opfers«, weil er alle davon überzeugte, daß wir in einer sexistischen, männerdominierten Welt leben. *Mythos Männermacht* erklärt, warum die Welt *bi*sexistisch ist, also von Männern und Frauen dominiert, patriarchal und matriarchal ist, nur jeweils in einer anderen Weise. Das Buch erklärt, warum die Worte »Patriarchat« und »Männerdominanz« Chiffren für das Opfern von Männern sind.

Zwischen 1980 und 1990 stellte die Frauenbewegung geschickt die Sonnenseite der Frauen und die Schattenseite der Männer heraus. Das hat uns Frauenmagazine, Talk-Shows, »Selbsterfahrungs«-Bücher und Fernsehberichte beschert, die alle den Begriff »fortschrittlich« mit Frauen als Opfer und Männern als Täter gleichsetzten. Selten wurden Männer als Opfer (aufgrund falscher Beschuldigungen, Gefühlsmißbrauch, vorenthaltenem Besuchsrecht ...) und Frauen als Täterinnen gezeigt. Bald galt es als fortschrittlich, die »männliche Politikerkaste« zu kritisieren, weil sie Kriege führte, ihr aber andererseits das Lob dafür vorzuenthalten, daß sie die Demokratie eingeführt hat. Wir sahen Fernsehsendungen mit dem Titel: *Belästigt der Mann in unserer Nachbarschaft Mädchen?*, aber keine hieß: *Rettet der Mann in unserer Nachbarschaft Mädchen?* In unserem

Alltag sehen wir vielleicht sechs Feuerwehrmänner, die Frauen retten, aber keine Fernsehsendung mit dem Titel *Männer als Retter* weist darauf hin, daß alle sechs Männer waren – oder daß Feuerwehrmänner, die das Leben von Frauen retten, häufiger sind als Männer, die das Leben von Frauen gefährden.

Die ganze Wahrheit zu sagen, galt nicht mehr als fortschrittlich, sondern als rückschrittlich. Frauen kauften die Bücher, und die Verleger bestärkten Frauen darin, so wie Politiker bestimmte Interessengruppen bestärken. Frauen wurden zu *Frauen, die lieben...* und Männer wurden zu *Männern, die hassen...* (die Sonnenseiten der Frauen, die Schattenseiten der Männer). Diese Bestärkung verwandelte die weibliche Stärke, Beziehungen zu verstehen, in eine weibliche Schwäche: Männer nicht zu verstehen.

In den letzten fünfundzwanzig Jahren war Feminismus für die täglichen Nachrichten das, was Bakterien für das Wasser sind – wir nahmen ihn auf, ohne zu merken, was gut und was schlecht war. Aus männlicher Sicht machte der Feminismus den Kampf der Geschlechter zu einem »Krieg, bei dem nur eine Seite Flagge zeigte«.[1]

Männer waren in den Jahren, als Frauen ihre Bedürfnisse artikulierten, keine guten Zuhörer. Männer bekamen aber genug mit, um Dutzende von neuen Begriffen aufzunehmen (»Sexobjekt«, »Quotenfrau«, »Unterhaltszahlung«, »Sexueller Mißbrauch von Frauen«, »Väter als Täter«, »Die Armut ist weiblich«), Dutzende von Schlagworten mit Forderungen der Frauen (»Chancengleichheit für Frauen«, »Gleicher Lohn für gleiche Arbeit«, »Mein Bauch gehört mir«) und um zu merken, daß fast immer ihrer Sexualität die Schuld gegeben wurde (sexuelle Belästigung, sexuelle Gewalt, Pornographie, Inzest, Vergewaltigung, *date rape*).

Männer hörten nicht nur, sondern glaubten auch all die Behauptungen über die Frauendiskriminierung (Frauen sind öfter Opfer von Gewalt, die Gesundheit von Frauen wird weniger wichtig genommen als die von Männern, Frauen bekommen für die gleiche Arbeit weniger Geld, Ehemänner schlagen ihre Frauen öfter als umgekehrt, Männer haben mehr Macht, wir haben in einer patriarchalen, sexistischen, männerdominierten Welt gelebt). Viele Männer verurteilten diese »Frauendiskriminierung« und stimmten der

»Notwendigkeit« von Diskriminierung von Männern zu (Frauenförderprogramme, von der Regierung unterstützte Frauenbeauftragte in fast jedem Staat und Land, Frauenstudien, Frauenzentren, Hilfsprogramme der Regierung für Frauen, Kleinkinder und Kinder...).

Mut zur Konfrontation: Frauen können nicht hören, was Männer nicht sagen

Sind wir von Feministinnen irregeführt worden? Ja. Sind daran die Feministinnen schuld? Nein. Warum nicht? Männer haben nicht geredet. Frauen können nicht hören, was Männer nicht sagen. Jetzt müssen Männer die Verantwortung übernehmen und sagen, was sie wollen, um den Geschlechterkampf in einen Dialog zu verwandeln, in dem beide Geschlechter zu Wort kommen.

Ich staune oft, wie Männer unbemerkt dazu beitragen, aus einem Beziehungsproblem ein »Frauenproblem« zu machen. Wenn ein Buch wie *Mythos Männermacht* in einer Redaktion auftaucht, sagen männliche Journalisten oft ganz automatisch: »Das ist was für Mary für die Familienseite – *sie* kennt sich in Frauensachen aus.« Es wird Zeit, daß Männer die Verantwortung dafür übernehmen, daß dieses Schubladendenken aufhört.

Beziehungen immer vom Frauenstandpunkt aus zu betrachten, ist wie das Sonnensystem von der Erde als Zentrum aus zu betrachten. Doch wie schon Galileo Galilei erfahren hat, ist die Entdeckung nur die halbe Arbeit. Es gehört ebensoviel Mut dazu, die Forschungsergebnisse auch zu veröffentlichen. Die meisten Männer wollen die Liebe der Frauen immer noch durch Beschützen erlangen. Viele Frauen wollen immer noch den besonderen Schutz, den wir eigentlich nur Opfern zugestehen.

Wenn wir unsere Ansichten über Beziehungen verändern, dann kratzt das fast immer wie Schmirgelpapier auf unseren Seelen. Doch genau wie der Schlüssel zur Beseitigung der Wohnungsnot »Wohnungen, Wohnungen, Wohnungen« heißt, so heißt der Schlüssel zu glücklichen Beziehungen »zuhören, zuhören, zuhören«. Ob daraus Dialog oder Kampf wird, hängt davon ab, wie gut wir Männern zuhören.

Wenn Frauen künftig Männern besser zuhören als in der Vergangenheit die Männer den Frauen, dann müssen sie nicht ein Vierteljahrhundert lang reden. Wenn Frauen sich gefühlsmäßig zurückziehen, mit »Ja, aber« unterbrechen, mit persönlichen Vorwürfen antworten (»Du haßt die Frauen«) oder Männern sagen: »Ich bin durchaus aufgeschlossen, aber du hast den falschen *Zeitpunkt* gewählt«, dann werden Männer den Mund zu- und nicht mehr aufmachen, dann wird es mehr als ein Vierteljahrhundert dauern, bis sie genauso gehört werden wie heute die Frauen. Es ist irgendwie nie der richtige Zeitpunkt, um sich etwas anzuhören, wovor wir vielleicht Angst haben (es fühlt sich *immer* wie Schmirgelpapier auf unserer Seele an). Frauen haben eine Saite angeschlagen. Männer müssen die ihre anschlagen, dann kann eine Melodie daraus werden.

Ist Mythos Männermacht *die Rückseite der feministischen Schallplatte?*

Es ist verlockend, *Mythos Männermacht* als die Rückseite der feministischen Schallplatte zu verstehen. Der Feminismus sagt: »Die Welt ist patriarchal und männerbeherrscht.« Die Rückseite davon ist: »Die Welt ist matriarchal und frauenbeherrscht.« Ich werde erklären, warum sie *beides* ist, patriarchal und matriarchal, männerdominiert und frauendominiert. Das Buch handelt von der Verfügbarkeit von Männern, ohne die Verfügbarkeit von Frauen zu leugnen (wenn z. B. ein Mann seine Frau von vierzig gegen zwei Frauen von zwanzig eintauscht). Mein Ansatz berücksichtigt beide Seiten, er ist umfassend.

Wie kommt es, daß der Feminismus uns glauben machen konnte, daß ein einseitiger Ansatz ein umfassender sei? Er sagte uns nicht, daß Frauen die Welt als »patriarchal«, »sexistisch« und »männerbeherrscht« *sehen*, sondern daß »die Welt patriarchal, sexistisch und männerbeherrscht« *ist*. *Immer* wenn sich Feminismus als das ganze Bild präsentiert, dann ist dies eine Form von Sexismus – genau wie ein »maskulinistischer« Ansatz sexistisch wäre, wenn er sich als das ganze Bild präsentieren würde.

*Bin ich ein Männerrechtler? Ein Feminist? Bin ich beides?
Oder keines von beidem?*

Wie die meisten mag auch ich es lieber, wenn man mir zuhört, als wenn man mich zuordnet.

Andererseits: Etiketten geben uns Orientierung in einer komplexen Welt.

Und jede Bewegung entwickelt im öffentlichen Bewußtsein ihr eigenes Image. Also gut ...

Ich bin ein Männerrechtler (oder »Maskulinist«), wenn Männerrechte und Männerbefreiung mit gleichen Chancen und gleicher Verantwortung für *beide* Geschlechter definiert werden. Ich bin ein Frauenrechtler, wenn Feminismus gleiche Chancen und Verantwortung für beide Geschlechter propagiert. Ich stehe im Widerspruch zu beiden Bewegungen, wenn eine sagt, unser Geschlecht ist *das* unterdrückte Geschlecht, deswegen »haben wir Anspruch auf *bestimmte Vorrechte*«. Das ist nicht die Befreiung, sondern die Machtergreifung eines Geschlechtes.

Schließlich bin ich weder für eine Frauenbewegung noch für eine Männerbewegung, sondern dafür, daß sich die Geschlechterrollen verändern. Trotzdem bin ich dagegen, die Männerbewegung zu überspringen, solange nicht auch Männer ihre Sicht formuliert haben. *Dann* erst werden wir bereit sein für eine Synthese.

Eine Botschaft an Männer ... vorwiegend

Es ist verlockend, mit einer Feministin über dieses Buch zu diskutieren, denn sie ist die Person, die sich am meisten für Geschlechterrollen interessiert. Aber das wäre so, als gäbe man einem strenggläubigen Christen ein Buch, das die Bibel in Frage stellt, denn er ist die Person, die sich am meisten für Religion interessiert. Wer täglich die Bibel studiert, wird sie wohl kaum ehrlich hinterfragen.

Wenn in Ihrem Freundeskreis viele Feministinnen sind, werden Sie sich fragen müssen, wie sehr Sie von deren Zustimmung abhängig sind. Dieses Buch wird Sie mit vielen neuen Gefühlen konfrontieren. Sie sollten selbstsicher genug sein, um mit der möglichen

Erfahrung fertig zu werden, daß nicht Ihre *Gefühle* gefragt waren, sondern eher Ihre *Zustimmung.*

Organisieren Sie eine Selbsthilfegruppe, in der Sie diese Gefühle mit anderen Männern erforschen können.*

Wir Männer neigen dazu, alle unsere Gefühle der Frau anzuvertrauen, die wir lieben, und dann haben wir Angst davor, sie könnte diese Gefühle verletzen. Eine Gruppe dagegen ermöglicht emotionale Unterstützung und bietet den Raum, um solche Gefühle herauszufinden, die es wert sind, besprochen zu werden, bevor Sie etwas sagen, was Ihnen später leid täte.

Was aber entdecken Männer, wenn sie anderen Männern ihre Gefühle mitteilen? Ein Beispiel: In den letzten Jahren habe ich mehr als zehntausend Amerikaner und Kanadier aus allen sozialen Schichten befragt, ob sie gern für sechs bis zwölf Monate nach der Geburt eines jeden Kindes den Beruf aufgeben würden, um ausschließlich das Kind zu betreuen. *Über achtzig Prozent der Männer sagten, daß sie sich lieber ganztags um ihre Kinder kümmern würden* – aber nur, wenn ihre Frauen damit einverstanden wären und die Familien keinen finanziellen Nachteil davon hätten. (Rund siebzehn Prozent der Männer würden Teilzeitarbeit bevorzugen, drei Prozent würden lieber voll im Beruf bleiben.)

Man beachte, daß den Männern diese Frage erst gestellt werden mußte. Selbst dann hatten viele noch Hemmungen, die Hand zu heben. Wenn Männer anfangen, anderen Männern ihre Gefühle mitzuteilen, werden sie solche Fragen bald selber stellen. Sie erschrecken, wenn sie entdecken, daß so viele von ihnen etwas wollen, wonach sie nie gefragt worden sind.

Warum? Unbewußt merken die Männer, daß es eine Vergeudung wäre, sich mit Gefühlen zu befassen, denn, nun ja, »wenn ich meiner Frau sage, daß ich meinen Beruf aufgeben will, um für die Kinder dazusein, während sie die Rechnungen bezahlt, dann gäbe es nur Streit. Ich würde verlieren, und sie würde sich zurückziehen; wozu also das Ganze?«

Warum fürchtet sich das »mutige Geschlecht« so vor der Auseinandersetzung mit Frauen? Weil die Männer all ihre Gefühle den

---

* Siehe 3. Teil meines Buchs *The Liberated Man* (New York: Berkeley, 1993).

Frauen anvertraut haben – ein Problem, das sich durch eine Selbsthilfegruppe lösen läßt.

Dieses Buch wird weiterhelfen, ist aber auch eine persönliche Herausforderung. Weiterentwicklung und Liebe können miteinander in Konflikt geraten und die Beziehung auf die Probe stellen. Ihre nächste Aufgabe wird es sein, die Frau, die Sie lieben, dazu zu bringen, sich Ihren echten Gefühlen gegenüber zu öffnen. Die Kunst besteht darin, sich weiterzuentwickeln, ohne sich die Frauen zu Feindinnen zu machen. Lesen Sie Ihrer Frau aus diesem Buch probeweise Abschnitte über Werte vor, die Sie gemeinsam haben. (Geben Sie *Mythos Männermacht* keiner Frau mit dem Kommentar: »Das mußt du lesen.«) Auch Ihr Ton vermittelt Ihre Überzeugung, daß fast alles in diesem Buch letzten Endes beide stärken und die gemeinsame Liebe vertiefen wird.

Eine Botschaft für Frauen ... vorwiegend

Die Herausforderung für Frauen besteht darin, sich den männlichen Erfahrungen von Machtlosigkeit so zu öffnen, wie sie es bei einer Frau tun würden – sich so um einen Mann zu sorgen, der des Geldes wegen zur Armee geht, wie um eine Frau, die des Geldes wegen Sex macht. Männer werden diese Herausforderung nicht eben erleichtern. Sie können nicht auf eine lebenslange Erfahrung zurückgreifen und wissen, wie oder wann sie am besten Gefühle ausdrücken. Wenn sie also ein Buch lesen, das sie veranlaßt, etwas ändern zu wollen, dann ist ihnen anzuhören, daß sie sich ärgern, oder sie wählen den falschen Zeitpunkt. Dabei ist es hilfreich zu wissen, daß er Sie schnell als Verbündete ansehen wird, auch wenn sich die Wut teilweise gegen Sie richtet. Sie müssen ihm zuhören, auf ihn eingehen (und nicht streiten und Einwände machen mit »ja, aber«). Wenn er weiß, daß seine Gefühle in einer sicheren Umgebung aufgehoben sind, wird seine Wut auf Sie nur kurz sein, seine Liebe für Sie aber wachsen.

Frauen haben mir gesagt, daß dieser neue Blick auf die Männer zu einer milderen Einstellung ihnen gegenüber führte, *wenn* sie sich sagten: »Das ist sein Standpunkt – nicht unbedingt der meine ...

Ich muß mir vorstellen, ich würde über eine fremde Kultur lesen.« Ich habe fast alles in diesem Buch mit Männern besprochen und ihre Reaktionen getestet. Ungeachtet der Statistiken spiegelt dieses Buch die Gefühle von Männern wider. Die Zahlen dienen nur zur Untermauerung, damit Sie nicht glauben, er sei verrückt.

Eine Karrierefrau – oder eine mächtige Frau – hat oft die meisten Schwierigkeiten, männliche Machtlosigkeit zu verstehen. Warum? Die mächtige Frau tut sich meist mit einem mächtigen Mann zusammen. (Ein Mann mit weniger Macht und Einfluß, etwa der Müllmann, ist für sie unsichtbar.) Doch der Anschein, den sich der mächtige Mann gibt, trügt: Der mächtige Mann unterdrückt seine Ängste am besten.

Die Karrierefrau kennt eher den Namen ihrer Sekretärin als den ihres Müllmanns. Deswegen kennt sie wohl auch eher die Erfahrungen ihrer Sekretärin mit Männern als die ihres Müllmanns mit Frauen. Weil weniger mächtige Frauen meist im Büro arbeiten und einfache Männer meist außerhalb des Büros (z. B. in gefährlichen Berufen), sind ihr die Schwierigkeiten der Frau mit wenig Macht, die mit ihr zusammenarbeitet, eher bewußt.

Die Chefin merkt nichts von der Macht des Minirocks, der Macht des Dekoletés, der Macht des Flirts ihrer Sekretärin. Der Mann dagegen durchaus. Eine Vorgesetzte setzt diese Form von Macht an ihrem Arbeitsplatz weniger ein: Ihr stehen andere Machtmittel zur Verfügung.

Doch die Karrierefrau ist meist blind für die Machtlosigkeit der überwiegenden Mehrzahl der Männer – die nicht an der Spitze der Pyramide stehen, sondern ganz unten, und noch dazu ohne die sexuelle Anziehungskraft von Frauen auf gleicher Hierarchiestufe.

Manche Frauen, die eine Ahnung davon bekommen, wie groß ihr Fehlurteil über Männer war, fragen fast überwältigt: »Was kann ich tun?« Glücklicherweise ist die Lösung ziemlich einfach. Die meisten Männer wollen nichts weiter, als geschätzt und verstanden werden – vom männlichen Standpunkt aus (nicht von der *Cosmopolitan-* oder *Glamour*-Version des männlichen Standpunkts aus). Geben Sie ihm also Zeit, seine Version von sich mitzuteilen, sowie eine sichere Umgebung, und entziehen Sie sich nicht, auch wenn seine Gefühle Kritik an Ihnen mit sich bringen. *Ich habe noch nie*

einen Mann erlebt, der zu mir gesagt hätte: »*Ich will mich scheiden lassen, meine Partnerin versteht mich.*«
 Oft unterhalten sich Frauen, z. B. auf einer Party, mit Männern über deren Situation und sind dann bald von Männern umringt, die sie mit ihren Gefühlen überschütten! Sie fangen an, Männer auf eine neue Art zu sehen, sie wirklich zu lieben. Vorher liebte die Frau ein bestimmtes Bild von den Männern. (Oder liebte sie vielleicht überhaupt nicht?) Es war nicht ihr Fehler, daß sie nur dieses Bild liebte – denn das war alles, was er von sich zeigte; es war auch nicht sein Fehler, daß er dieses Bild von sich zeigte – denn er meinte, das würde sie lieben.
 Je weniger Möglichkeiten ein Mann hat, seine Gefühle auszudrücken, desto mehr fühlt er sich geliebt, wenn er merkt, daß ihm endlich zugehört wird. Frauen, die Männer auf diese neue Art sehen, sind etwas Besonderes, eben weil es so wenige Frauen tun.

Für Männer und Frauen...

Mythos Männermacht stört den biologisch vererbten Instinkt beider Geschlechter, dem Schutz der Frau besondere Aufmerksamkeit zu widmen. Männer mußten eine Frau beschützen und hatten ihre eigenen Bedürfnisse zu ignorieren. Sie mußten bereit sein, für den Schutz von Frauen zu sterben. Es ist deshalb ganz *natürlich*, im wörtlichen Sinn, Einwände zu finden. Ich bin nicht perfekt; sicher gibt es berechtigte Vorwände und Kritik, sich mit der Männerperspektive nicht beschäftigen zu müssen. Doch hören Sie den Männern trotzdem zu.
 Wenn Ihnen eine Statistik unglaublich erscheint, schauen Sie in den Anmerkungen nach. Ich habe über hundert Statistiken, die meine Auffassung bestätigten, aus meinen früheren Entwürfen herausgenommen, weil sie sich bei genauester Prüfung als nicht verläßlich erwiesen. Sollten mir dennoch Fehler unterlaufen sein, so bitte ich, den Kern der Sache nicht zu übersehen.

* * *

Man könnte sagen, Männer sind auf der Suche nach ihrer inneren *Perestroika*. Was die Sowjetbürger empfanden, als die Welt um sie herum freier wurde, empfanden auch die Männer, als sie merkten, daß die Frauen um sie herum freier wurden. So wie die Sowjetbürger anfingen zu fragen, ob ihr Selbstbild von der »mächtigen Nation« nicht von der eigenen verdeckten Machtlosigkeit ablenkte, so beginnen nun auch Männer zu fragen, ob ihr Selbstbild vom »mächtigen Geschlecht« nicht von ihrer Machtlosigkeit ablenkt. Ich behaupte, daß Männer anfangen zu begreifen, daß sie zum Dritte-Welt-Geschlecht geworden sind. Aber bis jetzt habe ich meine Behauptungen noch nicht bewiesen. Ist Männermacht wirklich ein Mythos? Wir werden sehen. Teilen Sie mir Ihre eigenen Erkenntnisse mit, damit ich daran wachsen und dieses Wachstum in mein nächstes Buch einfließen kann.

Warren Farrell, Ph.D.
103 North Highway 101
Box 220
Encinitas (San Diego),
Kalifornien 92024
USA

I. TEIL
MYTHOS MÄNNERMACHT

1. KAPITEL
Ist Männermacht wirklich ein Mythos?
Erster Überblick

> Die Schwäche der Männer ist der Anschein von Stärke; die Stärke der Frauen ist der Anschein von Schwäche.[1]

Frauen fühlen sich in vielerlei Hinsicht viel öfter machtlos als Männer: Angst vor Schwangerschaft, vor dem Alter, vor Vergewaltigung und *date rape*, vor körperlicher Gewalt; weniger dazu erzogen zu sein, einen Beruf zu ergreifen, der so gut bezahlt ist, um Mann und Kinder davon ernähren zu können; weniger Möglichkeit für Teamsportarten zu haben mit deren Mischung von Wettbewerb und Kooperation, was als Berufsvorbereitung so wichtig ist; größerer Druck von seiten der Eltern, zu heiraten und den Beruf der Kinder wegen aufzugeben, ohne Rücksicht auf die eigenen Wünsche; nicht Teil des Netzwerks der »Alten Herren« zu sein; weniger Freiheiten zu haben, nicht unbelästigt in eine Bar gehen zu können...

Glücklicherweise haben fast alle Industrienationen diese Erfahrungen der Frau anerkannt. Unglücklicherweise haben sie nur die der Frauen anerkannt – und daraus geschlossen, daß Frauen ein Problem haben und daß die Männer dieses Problem *sind*. Männer haben jedoch andere Erfahrungen. Ein Mann, der erlebt, daß seine Ehe zur Unterhaltszahlung wird, sein Heim zum Heim seiner Ehefrau und seine Kinder, die dazu gebracht wurden, sich gegen ihn zu wenden, hat psychologisch das Gefühl, daß er ein Leben lang für Leute arbeitet, die ihn hassen. Er möchte verzweifelt gern wieder lieben, fürchtet aber, daß er sich mit einer neuen Ehe letzten Endes noch eine zweite Hypothekenschuld einhandelt, noch ein paar Kinder, die sich von ihm abwenden, und noch tiefere Verzweiflung. Wird er dann als »bindungsscheu« bezeichnet, fühlt er sich unverstanden.

Wenn ein Mann sich bemüht, seinen Zahlungsverpflichtungen durch Überstunden nachzukommen, und ihm dann Unsensibilität unterstellt wird, oder wenn einer mit Alkohol seinen Streß zu bewältigen versucht und er dann zu hören bekommt, er sei ein Trinker, fühlt er sich nicht machtvoll, sondern machtlos. Wenn er Angst haben muß, daß sein Hilferuf mit »Hör auf zu jammern« beantwortet oder seiner Bitte um Gehör ein »Ja, aber« entgegengehalten wird, überspringt er den Selbstmord*versuch* und begeht Selbstmord. So waren Männer bisher das schweigende Geschlecht und werden zunehmend das Selbstmordgeschlecht.

Da dieses Kapitel nur eine Übersicht bietet, wird es mehr »Ja, aber« provozieren als die anderen. Der Rest des Buches wird diese »Ja, aber« beantworten. Ich schreibe dieses Kapitel in der Hoffnung, daß Sie weiterlesen, auch wenn Sie Einwände haben. Wer aber das Buch zu Ende liest, wird eine ausgewogenere Sicht auf die Geschlechter bekommen – *nicht, weil dieses Buch ausgewogen ist, sondern weil es unser heutiges Wissen ins Gleichgewicht bringt.* Fangen wir an...

Ein Mann tut, was ein Mann zu tun hat

> Stellen Sie sich vor: Im Autoradio läuft Musik. Die Stimme eines Ansagers unterbricht: »Wir bringen eine Sonderbotschaft des Präsidenten.« (Aus irgendeinem Grund schalten Sie nicht auf einen anderen Sender um.) Der Präsident verkündet: »Da 1,2 Millionen Männer im Krieg gefallen sind, werden wir, als Teil meines neuen Gleichstellungsprogramms, so lange nur noch Frauen zum Militär einberufen, bis 1,2 Millionen Frauen im Krieg gefallen sind.«

In allen Postämtern der Vereinigten Staaten erinnert ein Plakat der Armee Männer daran, daß sie sich mustern lassen müssen. Wie wäre es, wenn im Postamt ein Plakat hängen würde, auf dem steht »Ein Jude tut, was ein Jude zu tun hat«... Oder wenn »Eine Frau tut...« quer über den Leib einer schwangeren Frau geschrieben wäre...

Die Frage lautet: Wie kommt es, daß wir sofort einen Genozid darin sehen würden, wenn irgendeine andere Gruppe von Menschen aufgrund eines biologischen Merkmals ausgesondert würde, um

IST MÄNNERMACHT WIRKLICH EIN MYTHOS? 39

Laß dich mustern! Ein Mann tut, was ein Mann zu tun hat. / Wer: Männer zwischen 18 und 25 / Wann: Innerhalb von 30 Tagen nach dem 18. Geburtstag / Wie: Das Musterungsformular ausfüllen, das es hier im Postamt gibt. / Melde dich hier: Es geht schnell. / Es ist einfach. / Und du bist gesetzlich dazu verpflichtet.

sich zur Armee zu melden – seien es Schwarze, Juden, Frauen oder Schwule –, daß aber Männer, die aufgrund ihres Geschlechts ausgesondert werden, dies für ein Privileg und ein Zeichen ihrer Macht halten?

Was hindert Männer daran, die Sache zu durchschauen? Sie haben gelernt, das Macht zu nennen, was jede andere Gruppe Machtlosigkeit nennen würde. Wir nennen »Männertöten« nicht Sexismus, sondern »Ruhm«. Wir nennen die Tatsache, daß eine *Million* Männer während des Ersten Weltkriegs *in einer Schlacht* (der Schlacht an der Somme[2]) getötet oder verwundet wurden, nicht einen Holocaust, wir nennen es »Dienst am Vaterland«. Wir nennen diejenigen, die ausschließlich Männer in den Tod schickten, nicht »Mörder«. Wir nennen sie »Wähler«. Unser Slogan für Frauen heißt: »Unser Körper, unser Leben«; unser Slogan für Männer: »Ein Mann tut, was ein Mann zu tun hat.«

Das eigene Leben leben können

1920 lebten Frauen in den USA ein Jahr länger als Männer.[3] Heute leben Frauen sieben Jahre länger.[4] Die Lebenserwartung von Frauen gegenüber der von Männern nahm um sechshundert Prozent zu.

Wir wissen, daß die Tatsache, daß Schwarze sechs Jahre früher sterben als Weiße, damit zu tun hat, daß Schwarze in der amerikanischen Gesellschaft weniger Geld und Macht haben.[5] Daß Männer sieben Jahre früher sterben als Frauen, wird jedoch selten als Ausdruck der Machtlosigkeit von Männern gesehen.

Ist der Unterschied von sieben Jahren biologisch bedingt? Wenn das der Fall wäre, hätte er 1920 nicht nur ein Jahr betragen.

Wenn Männer sieben Jahre *länger* leben würden als Frauen, hätten Feministinnen uns klargemacht, daß die Lebenserwartung der beste Indikator dafür sei, wer die Macht habe. Und damit hätten sie recht.

Macht heißt, über das eigene Leben zu bestimmen. Der Tod ist das Ende der Selbstbestimmung. In der Lebenserwartung kristallisieren sich, wie in einer Bilanz, die Mühen und Erfolge unseres Lebens.

IST MÄNNERMACHT WIRKLICH EIN MYTHOS? 41

Wenn Macht bedeutet, Kontrolle über das eigene Leben zu haben, dann gibt es vielleicht keinen besseren Gradmesser für den Einfluß von Geschlechterrollen und Rassismus auf unser Leben als die Lebenserwartung. Hier ist die Rangfolge:

Lebenserwartung[6]: Wer hat die Macht?

weiblich (weiß)	79 Jahre
weiblich (schwarz)	74 Jahre
männlich (weiß)	72 Jahre
männlich (schwarz)	65 Jahre

Weiße Frauen leben im Durchschnitt fast vierzehn Jahre länger, als schwarze Männer. Stellen Sie sich vor, welchen Zulauf Kampagnen zur Bekämpfung der Ungerechtigkeit hätten, daß eine 49jährige Frau statistische gesehen weniger Lebensjahre vor sich hätte als ihr 62jähriger männlicher Kollege!

Selbstmord als Ausdruck von Machtlosigkeit

So wie die Lebenserwartung einer der besten Indikatoren für Macht ist, ist Selbstmord einer der besten Indikatoren für Machtlosigkeit.

- Bis zum Alter von 9 Jahren ist die Selbstmordrate von Jungen und Mädchen gleich;
- zwischen 10 und 14 Jahren ist die Selbstmordrate der Jungen doppelt so hoch wie die der Mädchen;
- zwischen 15 und 19 Jahren ist sie viermal so hoch und
- zwischen 20 und 24 Jahren sechsmal so hoch.[7]

- Wenn Jungen den Druck ihrer Geschlechterrolle zu spüren bekommen, steigt ihre Selbstmordrate um 25 000 Prozent.[8]

- Die Selbstmordrate von Männern über 85 Jahren ist um 1 350 Prozent höher als die von Frauen im gleichen Alter.

Hier die Aufschlüsselung:

Die Selbstmordraten von Männern und Frauen

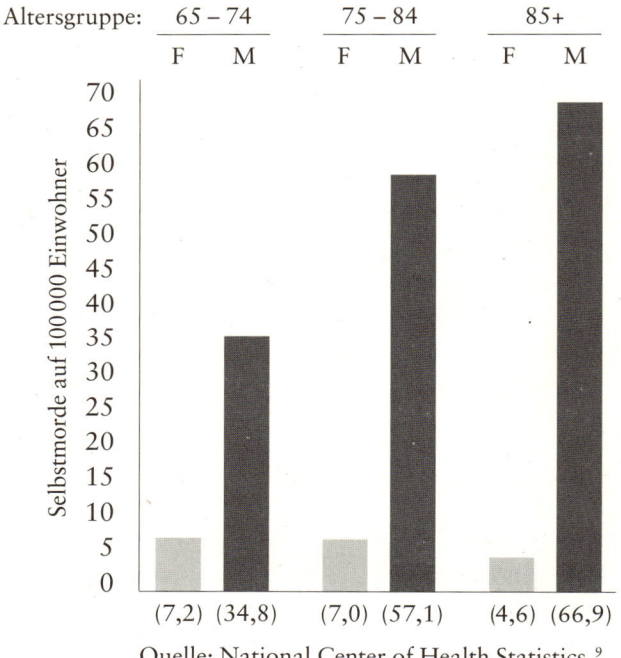

Altersgruppe:	65 – 74		75 – 84		85+	
	F	M	F	M	F	M
	(7,2)	(34,8)	(7,0)	(57,1)	(4,6)	(66,9)

Selbstmorde auf 100 000 Einwohner

Quelle: National Center of Health Statistics.[9]

Die unsichtbaren Opfer der Gewalt

BEISPIEL: Als Rodney King von der Polizei zusammengeschlagen wurde, nannten wir es Gewalt gegen Schwarze, nicht Gewalt gegen Männer. Wäre eine *Regina* King zusammengeschlagen worden, hätte dann niemand von Gewalt gegen Frauen gesprochen?

MYTHOS: Alte Frauen sind am meisten gefährdet, Opfer von Gewaltverbrechen zu werden.

TATSACHE: Alte Frauen sind am *wenigsten* gefährdet. Das US-Justizministerium stellt fest, daß eine Frau über 65 Jahre weniger gefährdet ist, Opfer eines Gewaltverbrechens zu werden, als irgend jemand sonst in jeder anderen Kategorie. Und sie ist halb so gefährdet wie ein Mann gleichen Alters.[10]

MYTHOS: Frauen sind gefährdeter als Männer, Opfer von Gewalt zu werden.

TATSACHE: Männer sind doppelt so gefährdet wie Frauen (auch wenn Vergewaltigung *mitgezählt* wird).[11] Männer werden mit dreimal höherer Wahrscheinlichkeit Opfer eines Mordes.[12]

Als das *Time*-Magazin eine Titelgeschichte über die 464 Menschen brachte, die in einer einzigen Woche erschossen worden waren, kam es zu dem Schluß: »Die Opfer waren meist die verwundbarsten Mitglieder der Gesellschaft: Arme, Junge, Verlassene, Kranke und Alte.«[13] Wenn Sie das lesen, denken Sie dann an Männer? Man mußte schon die Bilder zählen, um festzustellen, daß vierundachtzig Prozent der Gesichter hinter der Statistik Gesichter von Männern und Jungen waren. Tatsächlich waren die Opfer meist arme Männer, junge Männer, verlassene Männer, kranke Männer und alte Männer. Und doch war eine Frau – und nur eine Frau – auf der Titelseite abgebildet. Männer sind die unsichtbaren Opfer der Gewalt in Amerika.

Das Nettoeinkommen

– Das Statistische Bundesamt der USA stellt fest, daß Frauen, die einem Haushalt vorstehen, ein Nettoeinkommen haben, das 141 Prozent über dem von männlichen Haushaltsvorständen liegt.[14]

(Die Statistik des Nettoeinkommens weist aus, was er oder sie nach Abzug der verschiedenen Verpflichtungen von den verschiedenen Vermögenswerten übrigbehalten. Das durchschnittliche Nettoeinkommen einer Frau beträgt 13 885 Dollar, das eines Mannes 9 883 Dollar. Warum? Männer als Haushaltsvorstände haben zwar höhere Bruttoeinnahmen und Vermögenswerte, aber auch viel höhere Zahlungsverpflichtungen. Die Wahrscheinlichkeit, daß sie eine Ehefrau [oder Exehefrau] unterhalten müssen, ist viel größer, als daß sie von einer Ehefrau unterhalten werden. Sein Einkommen verteilt sich auf ihn, die Ehefrau und die Kinder – nicht nur für Wohnung und Ernährung, sondern auch für Ausbildung, Versicherungen und Urlaube. Scheidung bedeutet oft, daß die Frau sowohl das Haus bekommt, das der Mann abbezahlt, als auch das Sorgerecht für die Kinder, für die der Mann unterhaltspflichtig ist. Die Verpflichtung einer Frau, mehr Zeit mit den Kindern zu verbringen, hat zur Folge, daß sie weniger verdient und der Mann mehr, daß er aber auch mehr bezahlt.)

- Unter den 1,6 Prozent der Reichsten in den USA (jenen mit einem Vermögen von 500 000 Dollar und mehr) ist das Nettoeinkommen der Frauen *größer* als das der Männer.[15]

Wie ist es möglich, daß so viele der Reichsten Frauen sind, wenn keine Spitzenposition der Wirtschaft von einer Frau besetzt ist? Teils weil sie Männer suchen, die diese Positionen innehaben und die sie dann überleben, teils weil sie weniger Zahlungsverpflichtungen haben und deswegen mehr ausgeben können...

Über das Geld verfügen

Eine Untersuchung großer Einkaufspassagen (Bekleidungsgeschäfte für Männer und Sportartikelgeschäfte eingeschlossen) hat ergeben, daß den persönlichen Bedürfnissen von Frauen siebenmal soviel Verkaufsfläche gewidmet ist wie denen der Männer.[16] *Beide* Geschlechter kaufen mehr für Frauen. Der Schlüssel zum Reichtum ist nicht, was jemand verdient, sondern was jemand für sich selber ausgeben kann, nach eigener Wahl – oder was für einen ausgegeben wird, auf einen Wink hin. In jeder Konsumkategorie bestimmen Frauen weitgehend über die Ausgaben.[17] Mit der Entscheidung, wofür Geld ausgegeben wird, gehen andere Machtbefugnisse einher. Die Macht der Frauen über den Geldbeutel gibt ihnen auch Macht über die Fernsehprogramme, weil diese von der Werbung abhängig sind. Zusammen mit der Tatsache, daß Frauen zu allen Tageszeiten mehr fernsehen[18] als Männer, erklärt dies, warum Fernsehsender es sich nicht leisten können, an dem Ast zu sägen, auf dem sie sitzen. Frauen sind dem Fernsehen das, was Arbeitgeber den Arbeitnehmern sind. Und das Ergebnis? Die Hälfte der 250 Fernsehfilme des Jahres 1991 stellen Frauen als Opfer dar – in »irgendeiner Weise physischer oder psychischer Mißhandlung unterworfen«.[19]

Zahlungspflichten

In Restaurants zahlen Männer rund zehnmal öfter für Frauen als umgekehrt – je teurer das Restaurant, desto häufiger zahlt der Mann.[20] Oft sagen Frauen: »Nun, Männer verdienen mehr.« Wenn aber zwei Frauen ein Restaurant besuchen, gehen sie nicht davon aus, daß die Frau, die mehr verdient, die Rechnung bezahlt. Die Erwartung an Männer, mehr für Frauen auszugeben, wird zur Pflicht zum Zahlen.

Sobald ich mit dem Gedanken spielte, mich mit Mädchen zu verabreden, wurde ich mir dieser Pflicht bewußt. Als Teenager hatte ich Spaß am Babysitting. (Ich mochte Kinder wirklich, aber es war auch die einzige Möglichkeit, dafür bezahlt zu werden, daß ich den Kühlschrank leer aß!) Dann kam ich in das Alter, in dem man sich mit Mädchen traf. Babysitting wurde aber leider nur mit fünfzig Cent die Stunde bezahlt, Rasenmähen dagegen mit zwei Dollar. Ich haßte Rasenmähen. (Ich lebte damals in New Jersey, wo wegen der Schwüle und der Insekten in der Mittagshitze Rasenmähen weit weniger angenehm ist als das Leeressen eines Kühlschranks.) Doch sobald ich anfing, mich mit Mädchen zu treffen, begann ich auch, mein Geld mit Rasenmähen zu verdienen.

Für Jungen ist das Rasenmähen eine Metapher dafür, daß sie bald lernen, Jobs anzunehmen, die ihnen weniger zusagen, die aber besser bezahlt werden. Etwa im ersten Jahr der High School fangen Jungen an, ihr Interesse an Fremdsprachen, Literatur, Kunstgeschichte, Soziologie und Anthropologie zu unterdrücken, weil sie wissen, daß Kunstgeschichte weniger lukrativ ist als Ingenieurwissenschaft. Es ist teils eine Folge der zu erwartenden Ausgaben (die Wahrscheinlichkeit, daß er eine Frau unterhalten muß und nicht davon ausgehen kann, von einer Frau unterhalten zu werden), daß 85 Prozent der Studierenden im Fach Ingenieurwesen Männer sind; über 80 Prozent der Studierenden im Fach Kunstgeschichte sind Frauen.[21]

Der Einkommensunterschied zwischen der weiblichen Kunstgeschichtlerin und dem männlichen Ingenieur erscheint als Diskriminierung. Dabei wissen beide Geschlechter im voraus, daß Ingenieure besser bezahlt werden. Eine Frau jedoch, die als Anfängerin in diesem Beruf arbeitet, verdient durchschnittlich 571 Dollar *mehr* im Jahr als ihr männlicher Kollege.[22]

Kurz, die Zahlungsverpflichtung, die einen Mann dazu bringt, sich für einen Beruf zu entscheiden, der ihm weniger zusagt, der aber besser bezahlt wird, ist ein Zeichen von Machtlosigkeit, nicht von Macht. Wenn er diesen Beruf ausübt, erwarten Frauen oft, daß er bezahlt, »weil er schließlich mehr verdient«. So verstärken die Erwartungen beider Geschlechter männliche Machtlosigkeit.

Einfluß haben

Die katholische Kirche wird oft mit folgendem Satz zitiert: »Gebt uns ein Kind in den ersten fünf Jahren, und wir prägen es fürs Leben.« Wir erkennen die Macht des Einflusses der Kirche über die Jugend an, wir leugnen aber oft die Macht des Einflusses einer Mutter über ihre Kinder – ihre Söhne eingeschlossen. Es ist die Mutter, die das Kind früher zu Bett schicken, ihm den Nachtisch wegnehmen oder es bestrafen kann, wenn es nicht gehorcht. Die Hand, die die Wiege bewegt, bereitet dem Kind den täglichen Himmel oder die tägliche Hölle.

Wenige Männer haben einen vergleichbaren Einfluß. Während der Mann theoretisch »Herr im Haus« ist, fühlen sich die meisten Männer wie Besucher im Schloß ihrer Gattin, etwa so wie umgekehrt eine Frau sich als Besucherin vorkommt, wenn sie den Arbeitsplatz des Mannes betritt. Aus der Sicht der Frau ist das Haus eines Mannes sein Schloß, aus der Sicht des Mannes ist das Haus einer Frau seine Hypothek.

Fast jede Frau steht in der »frauendominierten« Familienstruktur im Mittelpunkt, aber nur ein kleiner Prozentsatz von Männern nimmt in den »männerdominierten« Strukturen von Politik und Religion eine vergleichbare zentrale Position ein. Viele Mütter sind sozusagen die Vorsitzende einer kleinen Firma – ihrer Familie. Auch in Japan verwalten die Frauen die Finanzen der Familie – eine Tatsache, die den normalen Amerikanerinnen und Amerikanern erst bewußt wurde, als es 1992 zum Zusammenbruch der Börse kam und Tausende von Frauen Milliarden von Dollar verloren, von denen ihre Ehemänner gar nicht wußten, daß sie investiert worden waren.[23] Im Gegensatz dazu arbeiteten die meisten Männer am Fließband ihrer Firma – entweder dem physischen oder dem psychologischen Fließband.

Selbstbestimmung über das eigene Leben

Die Macht, zu beeinflussen, ist keine wirkliche Macht. Wenn wir Müttern sagen würden: »Je mehr Kinder, desto mehr Macht wirst du haben«, würden sie lachen. Wenn wir dann sagen würden: »Je mehr Kinder du hast, desto mehr wirst du von allen geliebt und geachtet«, würde sich die Mutter bedrängt fühlen, nicht mächtiger. Sagen wir aber Männern: »Je mehr Untergebene du hast, desto mächtiger bist du«, dann glauben sie es. Echte Macht entsteht nicht unter dem Druck von mehr Verantwortung, sondern aus der Bestimmung über das eigene Leben.

Historisch gesehen verbrachte ein Ehemann den Hauptteil seines Tages unter den Augen seines Chefs – seiner Einkommensquelle –, während eine Ehefrau nicht den Hauptteil ihres Tages unter den Augen ihres Ehemannes – ihrer Einkommensquelle – verbrachte. Sie hatte mehr Kontrolle über ihr Arbeitsleben als er über das seine.

Sicherheit

Das Scheidungsverbot sicherte der Frau ihren Arbeitsplatz. Ein Mann an seinem Arbeitsplatz war ohne Sicherheit. Seine Einkommensquelle konnte ihn entlassen, ihre Einkommensquelle konnte sie nicht entlassen. Sogar heute noch bekommt er keine Abfindung, wenn er seinen Arbeitsplatz kündigt; wenn sie die Scheidung einreicht, bekommt sie die Hälfte des »gemeinsamen Besitzes«.

»Mein Körper gehört mir«

Heute kann eine Frau mit einem Mann schlafen und fälschlicherweise behaupten, daß sie verhütet; sie kann dann das Kind aufziehen, ohne daß er überhaupt weiß, daß er ein Kind hat, und ihn sogar rückwirkend nach zehn oder zwanzig Jahren (je nach Bundesstaat) auf Unterhalt für das Kind verklagen. Das zwingt ihn in einen Job, der mehr Geld bringt, mehr Streß und insofern auch Verringerung seiner Lebenszeit bedeutet. Es ist sein Körper, aber er hat keine Wahl. Ihm bleibt nur ein Dasein als Sklave (für jemanden zu arbeiten ohne Bezahlung und ohne andere Wahl) oder als Krimineller. Der Fall *Roe gegen Wade* gab Frauen das Selbstbestimmungsrecht über ihren Körper. Männer haben das Selbstbestimmungsrecht über ihren Körper noch nicht – weder in der Liebe noch im Krieg.

Anerkennung und Dankbarkeit

> Der Fall Mike Tyson. Das Hotel, in dem die von der Öffentlichkeit abgeschirmten Geschworenen untergebracht sind, geht in Flammen auf. Zwei Feuerwehrleute sterben bei den Rettungsarbeiten.

Der Fall Mike Tyson sensibilisierte uns für den Mann-als-Vergewaltiger. Der Tod der Feuerwehrleute sensibilisierte uns nicht für den Mann-als-Retter. Wir haben dem einen Mann, der ein Verbrechen beging, mehr Beachtung geschenkt, als den zwei Männern, die Rettung brachten. Wir haben mehr den einen Mann beachtet, der eine Frau bedrohte, die aber noch lebt, als die vielen Männer, die Hunderten von Menschen das Leben retteten und von denen zwei starben. In den USA riskieren fast eine Million städtische Feuerwehrleute *freiwillig* ihr Leben, um Fremde zu retten. Neunundneunzig Prozent davon sind Männer.[24] Sie wollen dafür nichts weiter als Anerkennung. Sie werden nicht einmal zur Kenntnis genommen.

Arbeitszwang

Die Medien verbreiten Studien, nach denen Frauen den größeren Anteil der Hausarbeit und der Kinderbetreuung leisten, und kommen zu dem Schluß: »Frauen haben zwei Berufe, Männer nur einen.« Doch das ist irreführend. Frauen arbeiten mehr im Haus, Männer außer Haus. Im Durchschnitt hat der Mann längere Anfahrtswege und verbringt mehr Zeit mit Gartenarbeiten, Reparaturen und Malerarbeiten... Was kommt heraus, wenn alles zusammengezählt wird? Eine Studie der Universität von Michigan (veröffentlicht 1991 im *Journal of Economic Literature*) belegt, daß ein Mann im Durchschnitt einundsechzig Stunden pro Woche arbeitet, eine Frau sechsundfünfzig.[25]

Ist das eine neuere Entwicklung? Nein. 1975 stellte die größte landesweite Zufallsuntersuchung von Haushalten fest, daß – die Kinderbetreuung, alle Hausarbeit, die Arbeit außer Haus, die Wegzeiten und Gartenarbeit zusammengenommen – Ehemänner 53 Prozent der gesamten Arbeit verrichten, Ehefrauen 47 Prozent.[26]

Der unbezahlte Leibwächter

> Steve Petrix war Journalist und wohnte in San Diego in meiner Nachbarschaft. Er kam jeden Mittag nach Hause, um mit seiner Frau zu essen. Als er kürzlich heimkam, hörte er seine Frau schreien. Sie wurde mit einem Messer angegriffen. Steve kämpfte mit dem Angreifer. Seine Frau rannte weg, um die Polizei zu rufen. Der Eindringling brachte Steve um. Steve war 31 Jahre alt.[27]

Einer meiner Freunde drückte es so aus: »Wieviel würdest du jemandem zahlen, der sich bereit erklärt, unverzüglich einzuschreiten, wenn du in seiner Gegenwart angegriffen wirst, und der versuchen würde, sich so langsam töten zu lassen, daß du fliehen kannst? Was verdient ein Leibwächter in der Stunde? Du weißt, daß das dein Job als Mann ist – immer wenn du mit einer Frau zusammen bist... mit irgendeiner Frau, nicht nur deiner Ehefrau.«[28]

Was haben Männer als persönliche Leibwächter von Frauen und Männer als Feuerwehrleute gemeinsam, abgesehen davon, daß sie Männer sind? Sie werden beide nicht bezahlt. Männer haben noch nicht angefangen, ihre unbezahlten Rollen zu untersuchen...

Der Mann als »Neger«?

In den Anfangsjahren der Frauenbewegung führte ein Artikel in *Psychology Today* mit dem Titel »Frauen als Neger« schnell dazu, daß feministische Aktivistinnen und Aktivisten (mich eingeschlossen) zwischen der Unterdrückung von Frauen und der von Schwarzen Parallelen zogen.[29] Männer wurden als Unterdrücker geschildert, als »Herren« und »Sklavenhalter«. Die Feststellung von Shirley Chisholm, einer schwarzen Kongreßabgeordneten, sie erlebe weit mehr Diskriminierung als Frau denn als Schwarze, wurde immer wieder zitiert.

Diese Parallele ermöglichte es, die hart erkämpften Rechte der Bürgerrechtsbewegung auf Frauen anzuwenden. Die Parallelen enthielten mehr als ein Körnchen Wahrheit. Doch was sich niemand von uns klarmachte, war, daß jedes Geschlecht auf unterschiedliche Weise Sklave oder Sklavin des jeweils anderen ist und deswegen *kein* Geschlecht der »Neger« des anderen (»Neger« bedeutet eine *einseitige* Unterdrückung).

Hätten »Maskulinisten« diesen Vergleich gezogen, hätten sie dafür ebensoviele Beweise bringen können wie Feministinnen. Der Vergleich ist hilfreich, weil wir uns erst dann ein klares Bild von der geschlechtsspezifischen Arbeitsteilung machen können, wenn wir verstehen, wie Männer *auch* die Diener der Frauen sind, und es daher ein Fehler ist, ein Geschlecht mit »Negern« zu vergleichen. Erstens...

Schwarze wurden durch Sklaverei gezwungen, auf den Baumwollfeldern ihr Leben und ihre Gesundheit einzusetzen, damit Weiße davon ökonomisch profitierten; die Schwarzen hatten dafür mit der Verkürzung ihrer Lebenszeit zu zahlen. Männer wurden durch die Einberufung zum Militär gezwungen, ihr Leben auf den Schlachtfeldern aufs Spiel zu setzen; um des Gemeinwohls willen hatten diese Männer ebenfalls ein kürzeres Leben in Kauf zu nehmen. Der unverhältnismäßig hohe Anteil von Schwarzen und von Männern im Krieg erhöht die Wahrscheinlichkeit von posttraumatischem Streß, die Wahrscheinlichkeit, im zivilen Leben nach dem Krieg zu Mördern zu werden und früh zu sterben. Sklaven und Männer starben, um die Welt sicherer und friedlicher zu machen – für andere.

Sklaven wurden die eigenen Kinder gegen ihren Willen weggenommen; Männern werden die eigenen Kinder gegen ihren Willen weggenommen. Wir sagen den Frauen, daß sie ein Recht auf Kinder haben, und wir sagen den Männern, daß sie für Kinder kämpfen müssen.

Schwarze wurden durch Sklaverei in die gefährlichsten Berufe der Gesellschaft gezwungen; Männer wurden durch die Sozialisation in die gefährlichsten Berufe der Gesellschaft gezwungen. Beide, Sklaven und Männer, stellten in den »Todesberufen« fast 100 Prozent. Männer tun es noch.

Als Sklaven ihren Sitzplatz für Weiße frei machten, nannten wir das Unterwürfigkeit; wenn Männer ihren Sitzplatz einer Frau anbieten, nennen wir es Höflichkeit. Ebenso nannten wir es ein Zeichen der Unterwerfung, wenn Sklaven aufstanden, sobald ihr Herr den Raum betrat; wir nennen es aber Höflichkeit, wenn Männer aufstehen, sobald eine Frau den Raum betritt. Sklaven haben sich vor ihrem Herrn verbeugt; in Kreisen der besseren Gesellschaft verbeugen sich heute noch die Männer vor den Frauen.[30] Der Sklave half dem Herrn in den Mantel; der Mann half der Frau in den Mantel und tut es noch. Solche Zeichen von Ehrerbietung und Unterwerfung sind zwischen Sklaven und Herren und zwischen Männern und Frauen üblich.

Schwarze sind eher von Obdachlosigkeit betroffen als Weiße, Männer eher als Frauen. Im Gefängnis sitzen mehr Schwarze als Weiße und rund zwanzigmal mehr Männer als Frauen. Schwarze sterben früher als Weiße, Männer sterben früher als Frauen. Schwarze gehen seltener aufs College und weniger machen die Abschlußprüfung als Weiße. Männer gehen seltener aufs College als Frauen (46 Prozent zu 54 Prozent) und machen seltener einen Collegeabschluß (45 Prozent zu 55 Prozent).[31]

Die Apartheid zwang Schwarze, für die Weißen in den Minen nach Diamanten zu schürfen; wer »richtig« zum Mann erzogen worden war, von dem darf man erwarten, daß er bereit ist, in »Minen« zu arbeiten, um Frauen Diamanten kaufen zu können. Nie in der Geschichte gab es eine herrschende Klasse, die arbeitete, um sich Diamanten leisten zu können, die sie den Unterdrückten geben konnte, in der Hoffnung, dafür von ihnen geliebt zu werden.

Mehr Schwarze als Weiße melden sich freiwillig zum Kriegsdienst, weil sie Geld verdienen und einen Beruf erlernen möchten; mehr Männer als Frauen melden sich aus den gleichen Gründen freiwillig zum Kriegsdienst. Mehr jugendliche Schwarze als jugendliche Weiße lassen sich auf Boxen und dem American Football ein – auch einer Art von Kindesmißhandlung – in der Hoffnung, dafür Geld, Anerkennung und Liebe zu ernten; auch mehr Männer als Frauen tun dies, in der gleichen Hoffnung. Frauen sind die einzige »unterdrückte« Gruppe, die mit einem persönlichen Mitglied aus der »Unterdrückerklasse« (Väter genannt) aufwächst, das draußen auf dem Feld für sie arbeitet. Traditionellerweise hatte die herrschende Klasse draußen auf dem Feld Leute, die für sie arbeiteten – man nannte sie Sklaven.

Unter den Sklaven wurde der Feldsklave als Sklave zweiter Klasse betrachtet, der Haussklave als Sklave erster Klasse. Die männliche Rolle (draußen auf dem Feld) ähnelt der des Feldsklaven – dem Sklaven zweiter Klasse; die traditionell weibliche Rolle (Haushaltsführung) ähnelt der des Haussklaven – dem Sklaven erster Klasse.

Schwarze Haushaltsvorstände haben ein viel niedrigeres Nettoeinkommen als weiße; männliche Haushaltsvorstände haben ein viel niedrigeres Nettoeinkommen als weibliche.[32] Noch nie in der Geschichte hatte eine angeblich unterdrückte Gruppe ein höheres Nettoeinkommen als der Unterdrücker.

Es dürfte schwer sein, auch nur ein historisches Beispiel für eine Gruppe zu finden, die sich als Opfer bezeichnen konnte, während sie die Hälfte der Stimmberechtigten stellte. Oder ein Beispiel für eine unterdrückte Gruppe, die lieber ihre »Unterdrücker« wählt, statt ein eigenes Mitglied dazu zu bewegen, die Verantwortung zu übernehmen und ins Rennen zu gehen. Frauen sind die einzige Minderheit, die eine Mehrheit ist, die einzige Gruppe, die sich als »unterdrückt« bezeichnet, dabei aber darüber bestimmen kann, wer in ein Amt gewählt wird, und zwar in buchstäblich jeder einzelnen Gemeinde des Landes. Die Macht hat nicht die Person, die das Amt innehat, sondern die, die darüber bestimmt, wer das Amt bekommt. Welche Minderheit – Schwarze, Iren und Juden – hat jemals mehr als 50 Prozent der Stimmen in Amerika gehabt?

Frauen sind die einzige »unterdrückte« Gruppe, die die gleichen

Eltern hat wie der »Unterdrücker«; die genau so oft in die Mittel- und Oberklasse hineingeboren wird wie der »Unterdrücker«; die über mehr kulturellen Luxus verfügt als der »Unterdrücker«. Sie sind die einzige »unterdrückte« Gruppe, deren »unbezahlte Arbeit« sie in die Lage versetzt, für fast fünfzig Milliarden Dollar jährlich Kosmetika zu kaufen; die einzige »unterdrückte« Gruppe, die mehr für Mode und Markenkleidung ausgibt als ihre »Unterdrücker«; die einzige »unterdrückte« Gruppe, die zu allen Tageszeiten mehr fernsieht als ihre »Unterdrücker«.[33]

Feministinnen vergleichen die Ehe oft mit Sklaverei – die Ehefrau mit einer Sklavin. Es kommt einer Beleidigung der Intelligenz der Frauen gleich, zu behaupten, daß die Ehe für Frauen eine Sklaverei sei, wenn wir doch wissen, daß 25 Millionen amerikanische Frauen[34] durchschnittlich *zwanzig* Liebesromane *im Monat*[35] lesen, die oft von Hochzeitsträumen handeln. Wollen die Feministinnen behaupten, daß 25 Millionen Amerikanerinnen »Versklavungsträume« haben, weil sie von Heirat träumen? Ist das der Grund, warum Danielle Steel die meistgekaufte Autorin der Welt ist?

Nie gab es eine Sklavenklasse, die viel Zeit auf Träumerei über das Sklaventum verwandte und Bücher und Zeitschriften kaufte, die ihnen sagten: »Wie ich an einen Sklavenhalter komme.« Entweder ist die Ehe für Frauen etwas anderes als Sklaverei, oder die feministische Seite unterstellt, Frauen seien ziemlich dumm.

Der Unterschied zwischen Sklaven und Männern ist, daß afroamerikanische Schwarze ihr Sklaventum selten für »Macht« hielten, Männer aber gelernt haben zu glauben, ihr Sklaventum sei »Macht«. Wenn Männer wirklich Sklavenhalter wären und Frauen Sklavinnen, warum zahlen dann Männer ein Leben lang für die »Sklavinnen« und die Kinder der »Sklavinnen«? Warum zahlen statt dessen die Frauen nicht für die Männer, so wie Könige von ihren Untertanen finanziert werden? Weil wir die Machtlosigkeit der Schwarzen einsehen, bezeichnen wir unser Verhalten ihnen gegenüber als »unmoralisch«, doch das, was wir Männern antun, wenn sie für uns töten, nennen wir immer noch »Patriotismus« und »Heldentum«. Töten sie aber die falschen Menschen auf die falsche Art zur falschen Zeit, sprechen wir von »Gewalt«, »Mord« und »Habgier«.

Wir haben eingesehen, daß wir den Schwarzen Unrecht angetan hatten. Unsere Schuldgefühle führten zu Förderprogrammen und Sozialhilfeleistungen für Schwarze. Weil wir Männer als dominante Unterdrücker ansehen, deren Verhalten wir auf Machthunger und Gier zurückführen, haben wir wenig Schuldgefühle, wenn ihre Lebenserwartung niedriger ist. Weil wir Frauen für eine unterdrückte Klasse halten, weiten wir Privilegien und Vorteile, die für die Schwarzen gedacht sind, auf Frauen aus. Frauen – und nur Frauen –, die aus dieser Kompensation für Sklaverei ihren Vorteil ziehen, verhalten sich unmoralisch. Männer, die dabei mithelfen, sind besonders naiv.

Sind Männer denn altruistischer, liebevoller oder weniger machthungrig als Frauen? Nein. *Beide* Geschlechter versklaven sich gegenseitig, wenn auch auf unterschiedliche Weise. Sehen wir uns einmal genauer an, wie es dazu kam und warum *weder Frauen noch Männer* im Wortsinn wirklich »unterdrückt« sind.

2. KAPITEL
Vom ersten zum zweiten Stadium: Wie Männer erfolgreich die Frauen befreit haben und dabei vergaßen, sich selbst zu befreien

Vom Rollen- zum Seelenpartner

Über Tausende von Jahren befanden sich die meisten Ehen auf einer Entwicklungsstufe, die ich das Stadium I nenne und dessen Ziel das Überleben war. Nach dem Zweiten Weltkrieg veränderten sich die Strukturen von immer mehr Ehen. Diese Entwicklung nenne ich Stadium II – ihr Ziel wurde die Selbstverwirklichung. Früher, im ersten Stadium, waren die meisten Paare Rollenpartner: Die Frau kümmerte sich um die Kinder, der Mann um das Geld. Später, im zweiten Stadium, wollten Paare zunehmend Seelenpartner sein. Warum? Als die Überlebensgrundlage gesichert war, stiegen die seelischen Bedürfnisse, und eine neue Definition von Liebe setzte sich durch.

Im ersten Stadium nannte eine Frau es »Liebe«, wenn sie einen Mann fand, der ein guter Versorger und Beschützer war; er nannte es »Liebe«, wenn sie schön war und Haus und Kinder gut versorgen konnte. Liebe bedeutete *Arbeitsteilung*; männliche und weibliche Interessen waren geteilt. Im zweiten Stadium bedeutet Liebe: *gemeinsame* Interessen und *gemeinsame* Werte. Die Definition von Liebe ist im Wandel begriffen.

Schon vor dem Zweiten Weltkrieg begannen Paare, Liebe neu zu definieren – allerdings erst, wenn ihr letztes Kind versorgt war, d. h. »weggeheiratet« hatte, so wie bei Tevje und Golde in *Anatevka*.[1]

> TEVJE: Golde... Liebst du mich?
> GOLDE: Ob ich dich liebe?
> Fünfundzwanzig Jahre lang habe ich deine Kleider gewaschen,

für dich gekocht, das Haus geputzt,
dir Kinder geschenkt, die Kuh gemolken.
Warum denn jetzt, nach fünfundzwanzig Jahren,
von Liebe sprechen? ...
TEVJE: Aber mein Vater und meine Mutter
haben gesagt, wir würden lernen, uns zu lieben ...
Liebst du mich?
GOLDE: Fünfundzwanzig Jahre lang lebte ich mit ihm,
Stritt mit ihm, hungerte mit ihm.
Seit fünfundzwanzig Jahren ist mein Bett auch das seine.
Wenn das nicht Liebe ist, was dann?

Frauen, die reiche Männer geheiratet hatten, stellten als erste Überlegungen über die Definition von Liebe an. Sie begannen Fragen zu stellen wie: »Warum sollte ich mit einem Mann verheiratet sein, der mir zwar seine Brieftasche zeigen kann, aber nicht seine Liebe?« Oder: »Warum heiße ich Mrs. *John* Soundso – wo bleibe ich?« Oder: »Wenn die Kinder erwachsen sind, wird mein Leben dann noch einen Sinn haben?« Das eine Mal fürchtete sie, daß ihr Mann sie nicht recht respektierte, dann wieder war sie böse auf sich selbst, daß es ihr überhaupt wichtig war, was er dachte. Sie brachte ihre Sorge darüber laut zum Ausdruck. Ihre Sorgen wurden institutionalisiert: in Form der Frauenbewegung.

Er hingegen unterdrückte seine Sorgen und behielt für sich, daß seine Frau sich für die Kinder, das Einkaufen und sich selber mehr zu interessieren schien als für ihn und daß er sich für seine Überstunden eher kritisiert als gelobt fühlte. Ihm kam die Kommunikation einseitig vor, denn seine Frau äußerte ihre negativen Gefühle, er die seinen aber nicht. Sie schien Sex eher zu vermeiden als zu genießen. Es verletzte ihn, daß seine Frau nach der Heirat nichts mehr für ihre Figur tat und sich gehenließ.

Zurückgewiesen und unverstanden grollte er innerlich: »Was habe *ich* von dieser Ehe? Im Restaurant ist das Essen besser, und ich kann nach der Karte essen; eine Haushälterin bekommt nicht die Hälfte meines Einkommens, meine Sekretärin ist attraktiver, hat mehr Respekt vor mir und kann sich besser in meine Arbeit einfühlen. Und überhaupt: Irgendein Produkt X zu verkaufen, ist nicht eben das, was *ich* ›Identität‹ nennen würde.« Im Gegensatz zu seiner

Frau redete er nicht darüber, sondern fraß alles in sich hinein. Er bekam Magengeschwüre oder Krebs und fing zu trinken an. Redete er darüber, wurde das als »männliche Midlife-crisis« abgetan. **Dabei waren die Frauenbewegung und die männliche Midlife-crisis ein und dasselbe,** nämlich die Suche nach persönlicher Erfüllung, gemeinsamen Werten, gegenseitiger Achtung und Liebe. Während jedoch die Frauenbewegung als Streben nach Identität verstanden wurde, bezeichnete man die männliche Midlife-crisis als Identitätskrise. Die Frauenbewegung war Erleuchtung, Selbsterfahrung und Selbstbefreiung – ein Reifungsschritt. Die männliche Midlife-crisis dagegen wurde als »zweiter Frühling« und Egoismus angesehen – fast als Unreife. Die Krise des Mannes kam in Verruf.

Ist Liebe im zweiten Stadium an mehr oder an weniger Bedingungen geknüpft?

> Es gibt ein Sprichwort, das lautet: »Wenn kein Geld mehr zur Tür hereinkommt, geht die Liebe durchs Fenster hinaus.«

Man ist geneigt, die Liebe im zweiten Stadium für bedingungslose Liebe zu halten. Tatsächlich stellt sie jedoch *mehr* Bedingungen. Paare heute *erwarten* Kommunikationsfähigkeit, gemeinsame Elternschaft, geteilte Hausarbeit, sexuelle Erfüllung, gemeinsame Entscheidungen, geistige Übereinstimmung, gegenseitige Anziehung und gegenseitige Achtung. Die Partner wollen beides: Stabilität und Wandel, gegenseitige Abhängigkeit und Unabhängigkeit. Sie wollen Zeit für ihre eigene Entwicklung haben und Zeit, um die Entwicklung des oder der anderen zu begleiten. Im ersten Stadium hätten diese Ziele Zeit beansprucht, die nötig war, um die Kinder zu versorgen, die Ernte einzubringen oder das Geld zu verdienen. »Einander kennenlernen« war im ersten Stadium ein Trivial-Pursuit-Spiel. Das Überleben stand auf dem Spiel.

Warum Scheidung den Fortschritt der Beziehungen behinderte

Paare, die nach den Vorstellungen des zweiten Stadiums leben wollten, bekamen neue Probleme, weil die Werte des »idealen Paars« im ersten Stadium sie zum »idealen Scheidungspaar« im zweiten Stadium machten. Sie kümmerte sich angeblich »nur um den Haushalt und war so langweilig...«, er kümmerte sich angeblich »nur um die Arbeit und fürchtete sich vor Nähe«. Folgende Tabelle listet die Unterschiede zwischen den Rollenerwartungen im ersten und im zweiten Stadium auf:

Rollen im Stadium I Ehe	Ziele im Stadium II* Ehe (oder langfristige Beziehung)
Überleben.	Erfüllung.
Rollenpartner: Frauen und Männer heirateten, um zusammen »ein Ganzes« zu werden.	Seelenpartner: »ganze« Menschen heiraten, um zusammen zu reifen.
Rollenteilung. Die Frau kümmert sich um die Kinder, der Mann kümmert sich um das Geld.	Rollengemeinschaft. Beide Geschlechter kümmern sich um die Kinder, beide Geschlechter kümmern sich um das Geld.
Kinder zu haben, ist Pflicht.	Kinder zu haben, ist eine Möglichkeit.
Von Frauen wird erwartet, daß sie bei der Geburt ihr Leben riskieren; von Männern wird erwartet, daß sie ihr Leben im Krieg riskieren.	Geburt ist *im Idealfall* risikolos, Krieg ist *im Idealfall* abgeschafft.
Bis daß der Tod uns scheidet.	Wir bleiben zusammen, solange wir glücklich sind.
Keiner der beiden kann den Vertrag kündigen.	Beide können den Vertrag kündigen.
Die Frau ist Eigentum, der Mann ist weniger als sein Eigentum (das den Unterhalt der Familie bis über den Tod des Mannes hinaus gewährleisten muß).	Beide sind für sich selbst und den anderen verantwortlich.

* Die Ziele im zweiten Stadium sind Ideale, die meisten dieser Ziele sind für die meisten Paare noch nicht Realität.

Beide Geschlechter ordnen sich den Bedürfnissen der Familie unter.	Beide sind dafür zuständig, daß die eigenen Interessen und die Familienbedürfnisse im Ausgleich sind.
Liebe entsteht aus gegenseitiger Abhängigkeit.	Liebe verdankt sich freier Wahl.
Liebe ist an weniger Bedingungen geknüpft.	Liebe ist an mehr Bedingungen geknüpft (keine verbalen oder physischen Übergriffe, Erwartung von gegenseitiger Achtung, gemeinsame Wertvorstellungen...).
Partnerwahl	*Partnerwahl*
Starker Einfluß der Eltern.	Wenig Einfluß der Eltern.
Von Frauen wird erwartet, daß sie eine Einkommensquelle heiraten (»hinaufheiraten«).	Weder vom einen noch vom anderen Geschlecht wird erwartet, mehr als die Hälfte des Einkommens zu verdienen.
Status vor der Ehe	*Status vor der Ehe*
Männer müssen auf Sexualität mit Frauen und auf ihre Schönheit verzichten, bis sie Sicherheit bieten können.	Keins der beiden Geschlechter muß mehr Verzicht leisten als das andere.

Viele Ehen, die noch im Stadium I geschlossen wurden, mußten sich plötzlich an den Ansprüchen von Stadium II messen lassen. Daran zerbrachen viele Ehen. Dabei waren die Ansprüche nicht nur gestiegen, sie waren auch in sich widersprüchlich. Für eine Frau im ersten Stadium war ein Rechtsanwalt der ideale Heiratskandidat. Für eine Frau im zweiten Stadium war ein Rechtsanwalt, der oft besser argumentieren als zuhören konnte, der ideale Scheidungskandidat. Die Eigenschaften, die im Beruf zum Erfolg führten, führten in der Familie oft zum Scheitern. **Geschlechterrollentraining war immer schon Scheidungstraining, nur gab es früher nicht die Möglichkeit, sich scheiden zu lassen.** Das änderte sich im zweiten Stadium. Daher der Scheidungsboom, der in den 60er Jahren einsetzte.

Seit Scheidungen zur Normalität gehören, definieren Frauen Diskriminierung und Gleichheit neu

Als 90 Prozent aller Frauen heirateten und Scheidungen die Ausnahme waren, bedeutete die berufliche Privilegierung der Männer die Privilegierung ihrer Frauen, die zu Hause blieben. Weil sich aber diese Bevorzugung der Männer günstig für Frauen auswirkte, nannte das niemand Sexismus. Erst als mehr Frauen berufstätig wurden, wendete sich das Blatt, und Männerprivilegien wurden Sexismus genannt. Hier ein Beispiel:

Als ich im Vorstand der National Organization for Women (NOW) in New York war und gemischte Workshops über Gleichberechtigung am Arbeitsplatz abhielt, waren meine schwierigsten Teilnehmer nicht die männlichen leitenden Angestellten, sondern deren *Ehefrauen*. Ihr Einkommen stammte von ihrem Mann, und deswegen lehnten sie Fördermaßnahmen für Frauen ab, die dann mit ihrem Mann in Konkurrenz treten würden. Für sie hießen meine Seminare über »Gleiche Chancen für Frauen im Beruf« eher »*Ungleiche* Chancen für Ehefrauen zu Hause«. Und für die Gattin eines leitenden Angestellten sieht das heute noch so aus.

Warum heute noch? Fast 70 Prozent der Ehefrauen von männlichen leitenden Angestellten (Vizepräsidenten und höher) gehen keiner bezahlten Arbeit außer Haus nach – auch nicht in Teilzeit.[2] Sie leben noch immer von seinem Einkommen. Die Frau eines leitenden Angestellten ist oft gegen eine Verbesserung der Berufschancen von Frauen, weil das ihr Einkommen schmälern könnte. Außerdem fürchtet sie, ihr Anteil an der Karriere ihres Mannes würde in Mißkredit geraten, denn sie bemüht sich doch, ihren Mann zu unterstützen, damit er wiederum die Firma unterstützen kann – das ist ihr Job. Sie hat das Gefühl, daß ihre Bemühungen – ihr Job – durch die Förderung berufstätiger Frauen abgewertet werden.

Die Maßnahmen zum Schutz von Frauen setzten dann ein, als sich Männerprivilegien ungünstig für Frauen auswirkten. Sofort wurde 1963 der Federal Equal Pay Act[3] (Gesetz zur Lohngleichheit) verabschiedet. Interessanterweise erging dieses Gesetz noch *vor* der Frauenbewegung. Das Census Bureau (Statistisches Bundesamt) der USA stellte schon 1960 fest, daß Frauen über 45, die nie ver-

King Features Syndicate ©

heiratet waren, mehr verdienten als Männer über 45, die nie verheiratet waren.[4] Solche Daten, die nicht in das Bild von der »Frau als Opfer« passen, sind nie ins öffentliche Bewußtsein gedrungen, weil sich ausschließlich Frauen in Gruppen organisiert und zu Wort gemeldet haben.

Was bis dahin für die meisten Frauen gut funktionierte, bezeichneten wir nun als Verschwörung gegen sie. Frauen meinten, daß

Männer ihnen »etwas schuldeten«, und stellten Ansprüche: Ansprüche auf Entschädigung für frühere Unterdrückung. Wir müssen aber den Übergang vom ersten Stadium zum zweiten Stadium *gemeinsam* schaffen. Wir brauchen keine Frauenbewegung oder Männerbewegung, sondern eine Bewegung, die die Geschlechterrollen transformiert.

In diesem Buch **definiere ich Macht als Kontrolle über das eigene Leben.** Sind Männer verpflichtet, mehr zu verdienen als eine Frau, damit sie ihn liebt, hat er sein Leben nicht selbst in der Hand. Im ersten Stadium hatte kein Geschlecht die Kontrolle über sein oder ihr Leben. Wie schon im Eingangskapitel gesagt, hatten Männer und Frauen in denjenigen Bereichen Macht (Einfluß auf andere und Zugang zu den knappen Ressourcen), die ihnen die Tradition zuwies.

Sexismus? Oder Bisexismus?

Ist Sexismus also keineswegs eine Einbahnstraße? Stimmt. Wir sprechen von Sexismus und meinen, daß Frauen jahrhundertelang machtloser gehalten wurden als Männer. Tatsache ist, daß jahrhundertelang kein Geschlecht die Macht gehabt hat.

Jedes Geschlecht hatte seine Rolle. Ihre Rolle hieß: eine Familie bilden und zusammenhalten. Seine Rolle hieß: die Familie beschützen. Ihre Rolle: Nahrung sammeln. Seine Rolle: Nahrung jagen. Wenn *beide* Geschlechter auf bestimmte Rollen beschränkt sind, ist es nicht richtig, von Sexismus zu sprechen, sondern von Geschlechterrollen. Wir haben nicht in einer sexistischen, sondern in einer bisexistischen Welt gelebt.

Wie die Männer erfolgreich die Frauen befreit haben und dabei vergaßen, sich selbst zu befreien

Abigail, eine typische Frau um 1890, hatte acht Kinder. Zweimal wäre sie beinahe im Kindbett gestorben. Als ihr letztes Kind aus dem Haus ging, war sie schon einige Zeit tot.

Cindy, eine typische Frau um 1990, war bis fünfundzwanzig

Single. Nach der Heirat bekam sie zwei Kinder. Als ihr letztes Kind aus dem Haus ging, betrug ihre Lebenserwartung noch fünfundzwanzig Jahre.

Abigail hatte noch nie etwas von einer Tiefkühltruhe gehört. Cindy hielt komplette Mahlzeiten in der Tiefkühltruhe vorrätig. Abigail brauchte den ganzen Tag, um für ihre zehnköpfige Familie einzukaufen und zu kochen. Cindy brachte oft feine Fertiggerichte nach Hause, schob sie in die Mikrowelle, und zwanzig Minuten später war das Essen fertig. (Oft witzelte sie: »Ich koche kein Essen, ich taue es auf.«) An manchen Abenden gingen sie und ihr Mann Jeremy mit den Kindern zu McDonald's oder ließen sich eine Pizza bringen. Jeremy grillte öfter, oder er »machte Cindy Lieblingsessen« – eine Einladung in ein Restaurant. Trotzdem mußten Cindy und Jeremy Erwartungen genügen, die Abigail nicht kannte (z. B. den Chauffeur spielen, eine höhere Schulbildung ermöglichen).

Abigail kaufte mit Pferd und Wagen ein oder zu Fuß. Cindy *oder* Jeremy kauften mit dem Auto ein oder telefonisch. Abigail konnte zwischen neun Uhr morgens und fünf Uhr abends Lebensmittel einkaufen. Was sie vergessen hatte, war an diesem Tag nicht mehr zu bekommen. Cindy *oder* Jeremy konnten rund um die Uhr Lebensmittel einkaufen.

Abigail mußte nach jeder Mahlzeit das Geschirr spülen. Cindy stellte das Geschirr in die Spülmaschine. (Manchmal brauchte sie das Geschirr gar nicht in die Hand zu nehmen, weil Jeremy oder ihr ältester Sohn das erledigten.) Abigail mußte zum Wäschewaschen Wasser pumpen, Feuer machen, das Wasser erhitzen und dann mit ihren eigenen Händen jedes Wäschestück waschen. Wenn es regnete oder schneite, hängte sie die Wäsche im Haus auf, Klammer für Klammer, in irgendwelchen freien Ecken. Cindy stellte die passenden Wasch- und Trockengänge der Maschine ein. (Manchmal brauchte sie die Wäsche gar nicht in die Hand zu nehmen, weil Jeremy oder ihr ältester Sohn das erledigten.) Abigail nähte mit schwieligen Händen bei Kerzenlicht im kalten Haus. Cindy und Jeremy holten sich bügelfreie Sachen aus dem Kaufhaus. Abigail brauchte für ein Kinderhemd zwei Tage; sie nähte für die ganze zehnköpfige Familie. Cindy *oder* Jeremy brauchten zwanzig Minuten, um Hemden für beide Kinder im Kaufhaus zu besorgen.

Auf Abigail richteten sich die Bedürfnisse von acht Kindern. Die Bedürfnisse von Cindys Kindern richteten sich teilweise auf den Fernsehapparat. Dann hatte Cindy aber noch etwas: einen Ehemann, der sich an der Kindererziehung beteiligte. Heute kann Cindy immer noch Brot backen oder ein Hemd mit der Hand nähen, wenn sie es *will*. Es ist freiwillig, kein Muß; sie tut es gelegentlich, nicht täglich. Es ist ein Teil ihres Lebens, nicht ihr ganzer Lebensinhalt.

War Cindy Zwängen ausgesetzt, die Abigail nie hatte? Ganz sicher. Doch diese neuen Zwänge waren selten neu, sie *traten* vielmehr *an die Stelle* alter Belastungen. Wären es zusätzliche Zwänge, hätte sich die Lebenserwartung für Frauen seit 1920 nicht um fast 50 Prozent erhöht.[5]

Die Lebenserwartung von Männern betrug 1920 ein Jahr weniger als die von Frauen. Heute haben sie sieben Jahre weniger zu leben. Warum? Weil die Leistungen der Männer – Erfinden, Herstellen, Verkaufen und Verteilen – Frauen zugute kamen. Männer blieben unverändert dem Erfolgs- und Leistungsdruck ausgesetzt, und niemand erlöste sie davon. **Die Frau war nun keine Gebär-, Koch- und Putzmaschine mehr, sondern hatte Zeit für die Liebe. Der Mann war nun keine Leistungsmaschine mehr, die im oder in der Nähe des Hauses arbeitete, sondern eine, die weit weg von zu Hause arbeitete.** Er hatte weniger Zeit für die Liebe.

Männer waren besser darin, schönere Wohnungen und Gärten für ihre Ehefrauen zu schaffen als sicherere Kohlebergwerke und Baustellen für sich selber. Es interessierte die wenigsten, daß ausschließlich Männer zu Tausenden starben, als Trassen durch die Berge gelegt wurden, um Straßen für Autos zu bauen und Schienen für Züge zu legen, damit die zivilisierte Welt von nun an im Speisewagen dinieren konnte.

Der Arbeitsplatz des Mannes entfernte ihn von den Menschen, die er liebte, und hat ihm den Lebenssinn genommen... jeden Tag starb er kleine Tode.

Wenn er Erfolg im Beruf hatte, wurde er zu einer männlichen Maschine, wenn er versagte, wurde er gedemütigt. Wie immer er es anstellte, je mehr er für die Frau tat, desto früher vor ihr starb er. Sie und die Kinder konnten dann das ausgeben, was er verdient und hinterlassen hatte. Auf diese Weise befreiten die Männer die Frauen, vergaßen aber, sich selbst zu befreien.

Trotzdem bezeichneten Feministinnen die »männliche Technik«, speziell die »männliche Medizintechnik«, als Instrument des Patriarchats zur Unterdrückung der Frauen.[6] So ist unser erster Schritt ins zweite Stadium von Kritik an Männern geprägt. Es wird ihnen vorgeworfen, durch einen Staudammbau unsere Umwelt zu zerstören, Anerkennung für die Elektrizität, die der Staudamm produziert, bekommen sie aber nicht. Von Frauen wird nicht verlangt, die Verantwortung für ihren Anteil am Stromverbrauch zu übernehmen, der zu höherem Strombedarf führt, so daß wieder neue Staudämme gebaut werden müssen.

Die männliche Medizintechnik war wohl der wichtigste Faktor, der zu der um fast fünfzig Prozent gestiegenen Lebenserwartung von Frauen geführt hat. Sie bewahrte Frauen vor dem Tod im Kindbett und entwickelte für fast alle ansteckenden Krankheiten Impfungen (Kinderlähmung, Diphterie, Typhus, Masern, Windpocken, Pest, Röteln, Tuberkulose).

Im Krieg wurden Medikamente oft an Männern ausprobiert. Wenn ein Medikament nicht anschlug, starb der Mann. Hatte es Erfolg, wurde es eingesetzt, um Männer und Frauen zu retten, obwohl Frauen an der Entwicklung nicht beteiligt waren. Männer wurden auch als Versuchskaninchen bei der Erprobung von Notfallplänen, bei der Entwicklung von Mikrowellenherden (in der Testphase wurde ein Mann unversehens »gekocht«[7]) und anderen Errungenschaften benutzt, die beiden Geschlechtern zugute kamen. Niemand sprach von Sexismus, weil mehr Männer als Frauen als Versuchskaninchen eingesetzt wurden.

Feministinnen behaupten, daß Patriarchat und männliche Technik sich verschworen hätten, um ihre Freiheit zur Fortpflanzung, »das Recht einer Frau zu wählen«, einzuschränken. Es war aber die männliche Technik, die das »Recht der Frau auf freie Entscheidung« möglich gemacht hat – die Schwangerschaftsregelung. Sie machte auch Abtreibungen sicher. Die männliche Technik der Geburtenregelung trug wie keine andere Technik dazu bei, die Arbeitslast der Frauen zu reduzieren. Aus dem Geschlecht, das nur eine Wahl hatte, wurde das Geschlecht mit den vielen Wahlmöglichkeiten.

Männer und ihre männliche Technik retteten mehr Frauen, als die weibliche Rolle Männer rettete. Ironischerweise wären manche jener Feministinnen, die sich über die männliche Technik beklagten, ohne diese im Kindbett oder bei einer Abtreibung gestorben. (Sie verdankten buchstäblich dem ihr Leben, wovon sie behaupteten, daß es ihr Leben beherrschte.)

Männliche Technik schuf für Männer kein entsprechendes Recht zu wählen. So mußte jeder Mann, der mit einer Frau schlief, die sagte, daß sie verhütete, darauf vertrauen, daß sie das wirklich tat. Tat sie es nicht, konnte er gezwungen werden, achtzehn Jahre lang für ein Kind Unterhalt zu zahlen. Wenn ein Mann ein Kondom benutzte und die Frau später sagte, sie sei dennoch schwanger geworden, hatte die unverheiratete Frau im zweiten Stadium das Recht, den Mann zu informieren oder auch nicht. Sie konnte allein entscheiden, den Fötus abzutreiben oder das Kind heimlich zur Adoption freizugeben. Sie konnte es allein aufziehen und ihn dafür zahlen lassen, sie konnte es aber auch zehn Jahre lang allein versorgen, ohne ihm zu sagen, daß es sein Kind ist, und ihn dann rückwirkend auf Unterhalt verklagen. All das ist rechtens.

Jede Frau weiß, daß sie sich abhängig fühlen würde und sie keinesfalls Herrin der Lage wäre, wenn es nur Verhütungsmittel für Männer gäbe. Sagt ein Mann im Bett: »Glaub mir«, ist das lachhaft; sagt aber eine Frau: »Glaub mir«, dann ist das Gesetz. Verhütungsmittel brachten den Frauen das Recht zu wählen, Männer sollen schlicht vertrauen. Heute legt jeder Mann, der mit einer Frau schläft, sein Leben in ihre Hand.

Kurz gesagt, männliche Technik und männliche Gesetze haben Frauen von der weiblichen Biologie als weiblichem Schicksal befreit und weibliche Biologie zum männlichen Schicksal gemacht.

Die Frau-die-wählen-kann und der Mann-der-keine-Wahl-hat

Wenn heute eine erfolgreiche alleinstehende Frau einen erfolgreichen alleinstehenden Mann kennenlernt, scheinen beide gleichrangig zu sein. Sollten sie jedoch heiraten und Kinder wollen, überlegt sie sich fast immer drei Möglichkeiten:

1. *Möglichkeit:* Vollzeitarbeit
2. *Möglichkeit:* Vollzeitmutter
3. *Möglichkeit:* Eine Kombination von Berufstätigkeit und Mutterarbeit

Er überlegt sich drei »etwas andere« Möglichkeiten:

1. *Möglichkeit:* Vollzeitarbeit
2. *Möglichkeit:* Vollzeitarbeit
3. *Möglichkeit:* Vollzeitarbeit

Es ist immer noch dreiundvierzigmal wahrscheinlicher, daß eine Mutter aus familiären Gründen sechs Monate oder länger aus ihrem Beruf ausscheidet als ein Vater.[8] Für ihn heißt das meistens, daß er Überstunden oder zwei Jobs machen muß.

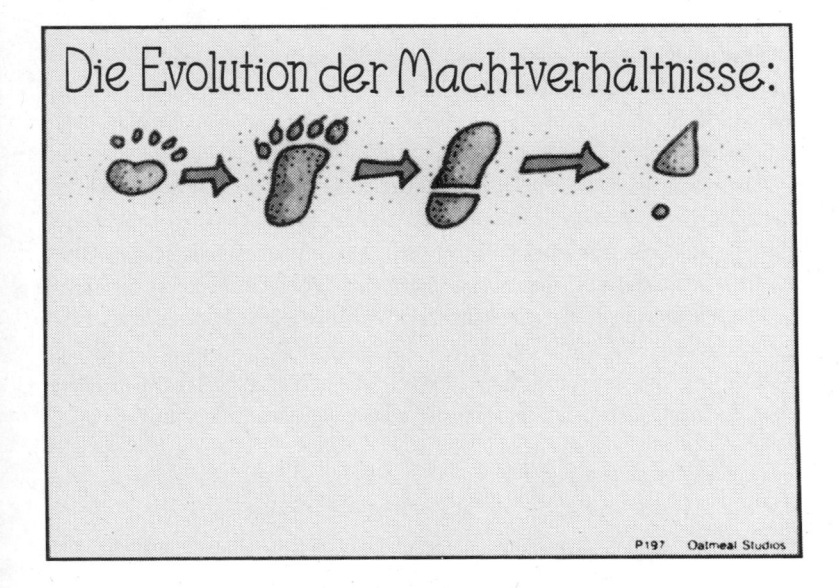

Es ist nicht ohne Ironie, daß sein Erfolg ihr Vorteil ist. Der Mann verschafft ihr drei Wahlmöglichkeiten, sich selber keine. Natürlich kann die Entscheidung einer Frau zur Mutterschaft ihre Karriere beeinträchtigen, sie kann aber zwischen der Chance, Mutter zu sein, und einer kontinuierlichen Berufslaufbahn *wählen*. Im Gegensatz dazu haben Männer, die sich für die »neue Vater- und Hausmannsrolle« entschieden haben, schnell zu spüren bekommen, daß sie zwar für viele Reporter gesuchte Interviewpartner, aber für wenige Frauen gesuchte Heiratspartner waren.

Frauen forderten neue Wahlmöglichkeiten, gingen aber noch weiter. Sie brachten die neuen Probleme zur Sprache. So hörten wir von ihrer »Doppelbelastung« und ihrem »Balanceakt«. Väter sprachen nicht davon, daß sie gezwungen waren, ihren Arbeitseinsatz zu intensivieren, wenn sie Kinder hatten. Wir hörten nichts von einem »Intensivierungsakt«. Männer sprachen auch nicht darüber, wie verletzt sie sich fühlten, als sie in ihrer Familie an den Rand gedrängt wurden.

Als ich erstmals eine Gruppe von Männern fragte, ob sie gern sechs Monate bis zu einem Jahr Vollzeitväter sein würden, und über 80 Prozent sagten, daß sie lieber bei ihrem neugeborenen Kind bleiben würden, wenn die Familie keine finanziellen Nachteile dadurch hätte und ihre Frau einverstanden wäre, meinte ich zunächst, es entweder mit ausgemachten Lügnern oder einer absoluten Ausnahmegruppe zu tun zu haben.

Dann erhielt ich jedoch von einer Versammlung von Subunternehmern im Baugewerbe fast die gleichen Prozentzahlen,[9] und mir wurde klar, daß Männer an diese Möglichkeit überhaupt nie gedacht hatten.

Oft heißt es: »Bei den Preisen heutzutage *müssen* Frauen erwerbstätig sein – sie haben keine andere Wahl«, und wir **vergessen dabei, daß Frauen oft nur außer Haus arbeiten**, damit sie **die technischen Geräte finanzieren können, die ihnen die Arbeit im Haus erleichtern.**

Die meisten Frauen mit mehreren Wahlmöglichkeiten hatten eines gemeinsam: einen erfolgreichen Ehemann. Nun sind aber durch Scheidung die erfolgreichen Ehemänner vieler Frauen ausgeschieden, wodurch es zu sechs Grundtypen von Frauen kommt.

Die sechs Grundtypen

1. *Die verheiratete Frau im ersten Stadium.* Sie wäre nicht auf die Idee gekommen, erwerbstätig zu sein, sie meinte: »Mein Mann würde es nicht erlauben.« Psychologisch betrachtet, war sie eine Frau-die-keine-Wahl-hat.
2. *Die Frau mit den drei Optionen,* die eine schlechte Ehe führte. Sie blieb oft nur verheiratet, um nicht arbeiten gehen zu müssen, war aber unglücklich.
3. *Die alleinerziehende Mutter, die mit dem Staat verheiratet ist.* Der Staat spielte den Ersatzehemann und bot ihr drei Wahlmöglichkeiten, aber nur, wenn sie am Existenzminimum lebte.
4. *Die berufstätige Frau im ersten Stadium.* Diese Frau arbeitete, um sich und ihre Familie zu *ernähren*. Wenn sie Kinder aus einer früheren Ehe hatte, bekam sie meist *keinen* Unterhalt.
5. *Die alleinstehende, berufstätige Frau im zweiten Stadium.* Sie wurde weder von einem Mann ernährt, noch ernährte sie einen Mann. Wenn sie Kinder aus einer früheren Ehe hatte, war sie wohl nur dann im zweiten Stadium, wenn sie für die Kinder Unterhalt bekam.
6. *Die Frau-die-alles-hat.* Diese Frau war mit einem Mann verheiratet, der ihr ein ökonomisches Sicherheitsnetz bot (einen finanziellen Mutterleib), das ihr drei Optionen offenhielt. Die Frau-die-alles-hat war *glücklich* verheiratet. So entstand eine Klasse von Menschen, die es nie zuvor gegeben hatte. In gewisser Weise war die Frau-die-alles-hat eine Art »neuer Adel«. Kein Mann war je in einer vergleichbaren Position.

Die Frauenbewegung war politisch geschickt und wußte intuitiv, daß sie bei allen sechs Frauentypen nur ankommen konnte, wenn sie mehr Rechte forderte und vermied, mehr Verantwortung zu verlangen. Wenn sich die National Organization for Women (NOW) dafür eingesetzt hätte, auch achtzehnjährige Mädchen zur Musterung zu schicken, hätte sie wohl einige Mitglieder verloren. Hätte die Frauenbewegung den Frauen gesagt, sie sollten initiativ sein, auch auf sexuellem Gebiet und auf das Risiko hin, Zurückweisung zu riskieren, sie sollten im Restaurant für den Mann mitbezahlen und einen Beruf ergreifen, mit dem sie eine Familie ernähren können, oder sie ermutigt, »herabzuheiraten«, *wäre der Ansatz zwar gerechter gewesen, politisch aber nicht so erfolgreich.*

Was hat Frauen so zornig auf Männer gemacht?

Frauen wurden deswegen wütend auf Männer, weil sie sich mit dem *erfolgreichen* heterosexuellen weißen Mann verglichen und nicht mit der Misere des schwarzen oder indianischen Amerikaners, mit stigmatisierten Homosexuellen oder Männern aus der Schicht der unscheinbaren kleinen Leute. Doch dies ist nur einer der Gründe...

Frauen, das entbehrliche Geschlecht

Durch Scheidung fielen Millionen von Frauen aus der Klasse-die-alles-hat heraus. Diese geschiedenen Frauen waren meist um die Vierzig. Sie wurden auf einen Markt geworfen, wo Männer zwei Zwanzigjährige einer Vierzigjährigen vorzogen. Verständlicherweise wurden sie zornig.

Im ersten Stadium war es günstig für die Frau, wenn ein Mann sich zu einer Zwanzigjährigen hingezogen fühlte, das brachte ihn dazu, sie ein Leben lang zu ernähren, und das Scheidungstabu sorgte dafür, daß er sein Versprechen hielt. Als das Scheidungstabu ins Wanken geriet und sie vierzig war, arbeitete sein Hang zu den zwei Zwanzigjährigen gegen die Frau. Sie fühlte sich überflüssig. Die Scheidung änderte die psychologische Beziehung zwischen Männern und Frauen.

Je schöner eine Frau in jungen Jahren war, desto heller strahlte ihr Stern – ich nenne es den genetischen Starruhm –, und desto mehr abgeschrieben kam sie sich später vor. Es ist schwerer, etwas zu verlieren, das man gehabt hat, als etwas, was man nie besessen hat. Je unsichtbarer sie wurde, desto überflüssiger fühlte sie sich, und desto wütender wurde sie.

Gleichzeitig fühlten sich auch Frauen als Versagerinnen, die nie bis in die Klasse-die-alles-hat, also in den »neuen Adel«, aufgestiegen waren. Beide Gruppen fühlten sich auf ihre Art zurück-

»Du warst es, die heiraten wollte. Du warst es, die Kinder wollte. Du wolltest das Haus und die Möbel, und jetzt bist DU es, die BEFREIT werden will!«

gewiesen – von Männern. Und deswegen wurden sie böse – auf Männer.

Die geschiedene Frau mit Kindern fühlte sich doppelt überflüssig. Sie war nicht nur eine Frau, sondern ein Doppelpack: eine Frau mit Kindern. Ich erinnere mich an einen Freund, der ganz entzückt von einem Rendezvous mit Carol zurückkam. Eine Woche später besuchte er Carol zu Hause, und sie stellte ihm ihre drei Kinder vor. Wenn sie für ein Wochenende zum Skifahren gingen, gab er über 1 000 Dollar *für die Kinder* aus. Er wußte, daß er nicht dazu *verpflichtet* war, aber: »Ich wollte nicht als Geizhals dastehen, also habe ich eben ihre Liftkarten bezahlt, separate Zimmer und einige Mahlzeiten, die Süßigkeiten ...«

Mein Freund zahlte bereits für seine frühere Frau und zwei Kinder. Er hatte Angst, ein Vater und der finanzielle Mutterleib für zwei Familien zu werden. *Er hatte Angst, ein Mann mit vier Jobs zu werden.* Genauer gesagt, er hatte Angst, alle Jobs nur ungenügend auszufüllen.

Bald zog er sich aus dieser Beziehung zurück. Carol war verletzt und redete dann nie mehr richtig mit ihm. Er fühlte sich als Freund überflüssig, nur weil er sich nicht darauf festlegen lassen wollte, als Brieftasche zu fungieren. So wurden beide Opfer des Post-Scheidungs-Phänomens, das ich »die-Frau-als-Doppelpack« nenne (sie war nicht nur eine Frau, sondern eine Frau mit Kindern). Wenn sie begriffen hätten, daß sie beide Opfer einer bestimmten Situation waren, hätten sie eher Freunde bleiben können.

Scheidung zwang Frauen der Mittelklasse, die gewohnt waren, eine Arbeit anzunehmen, die ihnen gefiel, obwohl sie schlechter bezahlt wurde, zu einer Arbeit, die ihnen weniger zusagte, aber besser bezahlt wurde. Wenn von feministischer Seite gesagt wurde, daß Frauen in die schlechter bezahlten und unbedeutenderen Arbeitsplätze abgedrängt werden, fühlten sie sich abgewertet. Sie nahmen die Männer um sie herum nicht wahr, die auch in schlechtbezahlte, unbedeutende, wenngleich *andere* Arbeitsplätze abgedrängt worden waren: den Saisonkoch und Spülgehilfen im Café an der Ecke, die Wanderarbeiter, die das Gemüse ernteten, das sie kaufte, die Parkwächter und Autowäscher, die Hilfskellner und Tankstellengehilfen ... Sie sahen immer weniger das ganze Bild: daß geringe Fähigkeiten immer gering bezahlt wurden und daß beide, Männer und Frauen, in *unterschiedlichen Arten* von unbedeutenden Arbeitsplätzen beschäftigt waren – und wurden immer zorniger.

Frauen interpretierten die Tatsache, daß Männer für andere Arbeiten in der Regel mehr verdienten, als eine Folge männlicher Dominanz, nicht als männliche Abhängigkeit: Sie sahen es nicht als Folge des Zwanges, unter dem die Männer standen, dort hinzugehen, wo das Geld, nicht wo die Erfüllung ist. Er folgte in erster Linie dem Geld, in zweiter Linie der Erfüllung. Auch für ihn bedeutete Scheidung eine Veränderung: Er folgte immer noch dem Geld, um eine Familie finanziell zu unterhalten, hatte aber keine Familie mehr um sich, die ihn emotional stützte.

Gleichzeitig betonte die feministische Seite die Tatsache, daß alle Frauen weniger verdienten, nannte aber keinen der dreizehn Hauptgründe, *warum* das so ist (daß z. B. Vollzeitarbeit von Männern neun Stunden in der Woche länger dauert als Vollzeitarbeit von Frauen[10]; Männer sind eher bereit, an wenig beliebte Orte zu ziehen, zu ungünstigen Zeiten zu arbeiten[11] etc.). Die Einkommensunterschiede wurden »Diskriminierung« genannt, die Gründe für diese Unterschiede aber wurden nicht genannt. So wurden die Frauen wütend gemacht statt ermutigt (denn hätten sie die Gründe für die Unterschiede erfahren, wären sie bestärkt worden, diese wettzumachen).

Als weibliche Verletztheit und Wut eine Atmosphäre schufen, die es für Männer gefährlich machte, ihre Gefühle auszudrücken, wurden die Männer passiver und gleichzeitig aggressiver. Männer spürten immer deutlicher, daß die herkömmliche Art der Beziehungsmacht sie nicht weiterbrachte. Frauen gaben diesem Phänomen den Namen Bindungsangst, warfen den Männern vor, Intimität zu scheuen, und fingen an, Männlichkeit mit dem Bösen schlechthin gleichzusetzen: Aus »Vater ist der Beste«, wurde »Väter als Täter«. Frauen wurden zu »Frauen, die zu sehr lieben«, Männer zu »Männern, die zu sehr belästigen«. Frauen bekamen das Etikett der Superfrau, Männer das des Superausbeuters.

Die Politik der Hausarbeit

Bald waren die meisten Frauen überzeugt, daß sie zwei Jobs hätten, Männer nur einen, und daß nur ihr Arbeitspensum anstieg. In Wirklichkeit hatten sie zu Hause weniger Verpflichtungen, aber außer Haus mehr: Wir hatten es mit einer Verlegung ihres Arbeitsplatzes zu tun. Das weist eine landesweite Studie nach.

1991 berichtete das Journal of Economic Literature, daß Frauen immer noch rund siebzehn Stunden pro Woche länger *im Haus* arbeiten als Männer und Männer rund zweiundzwanzig Stunden pro Woche länger *außer Haus* (Fahrtzeiten eingeschlossen) arbeiten als Frauen.[12] Was ergibt sich, wenn wir die Arbeitsstunden einer Durch-

74 TEIL I. MYTHOS MÄNNERMACHT

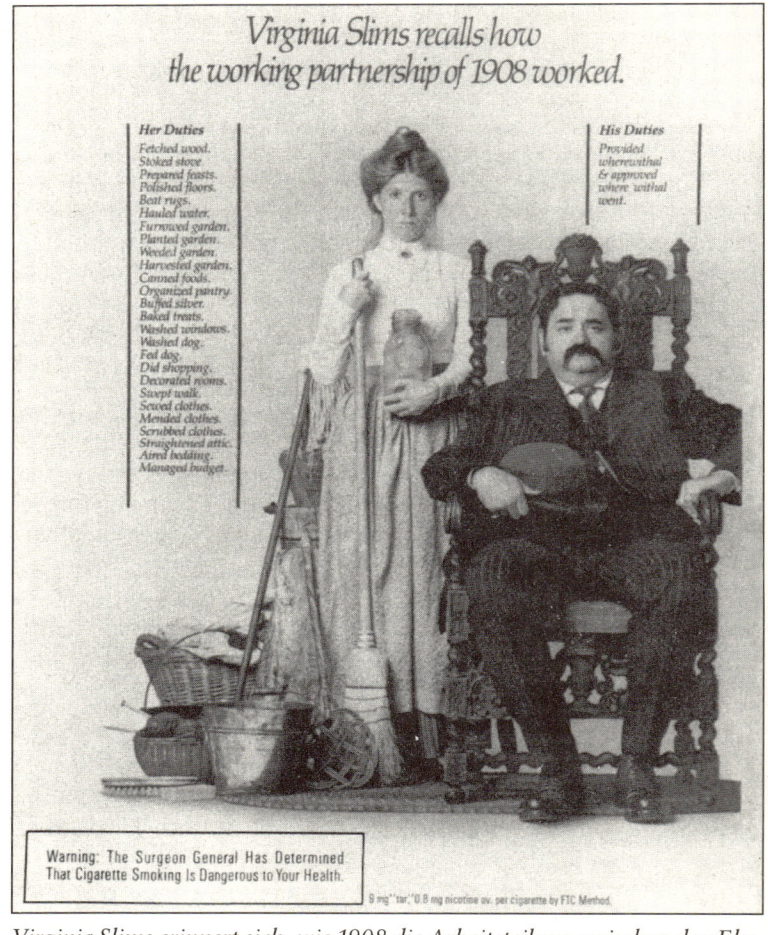

Virginia Slims recalls how the working partnership of 1908 worked.

Her Duties
Fetched wood.
Stoked stove.
Prepared feasts.
Polished floors.
Beat rugs.
Hauled water.
Furrowed garden.
Planted garden.
Weeded garden.
Harvested garden.
Canned foods.
Organized pantry.
Buffed silver.
Baked treats.
Washed windows.
Washed dog.
Fed dog.
Did shopping.
Decorated rooms.
Swept walk.
Sewed clothes.
Mended clothes.
Scrubbed clothes.
Straightened attic.
Aired bedding.
Managed budget.

His Duties
Provided wherewithal & approved where withal went.

Warning: The Surgeon General Has Determined That Cigarette Smoking Is Dangerous to Your Health.

8 mg "tar", 0.8 mg nicotine av. per cigarette by FTC Method.

Virginia Slims erinnert sich, wie 1908 die Arbeitsteilung zwischen den Ehepartnern aussah. Ihre Pflichten: *Holz holen. Öfen heizen. Feste ausrichten. Fußböden polieren. Teppiche klopfen. Wasser pumpen. Garten umgraben. Garten anlegen. Unkraut jäten. Obst und Gemüse ernten. Obst einmachen. Vorräte anlegen. Silber polieren. Kuchen backen. Fenster putzen. Hund baden. Hund füttern. Einkaufen. Zimmer einrichten. Weg zum Haus kehren. Kleider flicken. Kleider waschen. Dachboden aufräumen. Betten auslüften. Haushaltsgeld verwalten.* Seine Pflichten: *Das nötige Kleingeld herbeischaffen & zusehen, wie es ausgegeben wird.*

schnittsfrau mit denen eines Durchschnittsmannes vergleichen? Sie kommt auf sechsundfünfzig Stunden, er auf einundsechzig. Mit dem gleichen Maß gemessen. Warum? Die Durchschnittsfrau arbeitet pro Woche sechsundzwanzig Stunden außer Haus, der Durchschnittsmann achtundvierzig Stunden.[13]

Studien über berufstätige Ehefrauen, die proklamieren, daß Ehefrauen zwei Jobs haben, Männer nur einen, wobei sie den Zweitjob vernachlässigen, sagen nur die halbe Wahrheit. Sie sind so irreführend, daß sie fast einer Lüge gleichkommen: Es sind Frauen-als-Opfer-Studien. Was jedoch wichtiger ist: Sie machen Frauen wütend und treiben die Scheidungsrate in die Höhe, was zu noch mehr Wut führt, und so weiter und so fort.

Weil der Eindruck entstand, daß Frauen sich änderten, Männer aber nicht, wurden Frauen noch wütender. Die Schuld wurde männlicher Selbstzufriedenheit zugeschrieben. Das war es aber nicht.

Warum haben sich die Männer nicht verändert?

Als Scheidungen die Einkommensquelle von Frauen veränderten, änderten sich auch die Frauen. Scheidungen haben den Druck auf Männer aber nicht verändert. Sie müssen sich weiter auf das Geldverdienen konzentrieren, um von Frauen geliebt zu werden. Geschiedene Männer hatten fünf Arten von Zahlungen zu leisten, die Frauen nur selten abverlangt wurden:

– Unterhalt für Kinder
– Hypothekenzahlungen für ein Haus, in dem sie nicht mehr wohnten
– Wohnungsmiete
– Unterhalt für die geschiedene Frau
– Kosten für das Ausgehen mit einer Frau

Männer sahen sich dem altbekannten Druck ausgesetzt, ja, er wurde noch stärker. Statt sich zu verändern, blieben sie verstärkt die alten. Die einzige feministische Studie, die nachwies, daß Männer von einer Scheidung profitieren und Frauen durch Scheidung Nachteile haben, ließ leider die Zahlungsverpflichtungen der Männer vollkommen außer acht. Sie berücksichtigte auch manche Einkommensquellen von Frauen nicht. Damit ignorierte diese Studie nicht nur die Belastung der Männer, sondern versagte ihnen auch die Anerkennung. (Im übrigen war es die einzige Studie mit einem solchen Ergebnis und die einzige, die bei den Medien Beachtung fand.)[14]

Wie der Staat den Ersatzehemann spielte, aber niemand die Ersatzehefrau

Als es zu Scheidungen kam, war die größte Angst der Frauen die vor dem ökonomischen Verlust, die größte Angst der Männer die vor dem emotionalen Verlust. **Die Scheidungsgesetze im zweiten Stadium halfen Alice, der Durchschnittsfrau, sich ökonomisch unabhängig machen zu können. Jack, dem Durchschnittsmann, half im zweiten Stadium kein Gesetz dabei, seine emotionale Unabhängigkeit zu erlangen.** (Deswegen rannten Alice um finanzielle Unterstützung zu Behörden und Gerichten und Jack um emotionale Unterstützung zu einer anderen Frau.)

Als sich Scheidungen häuften und Ehemänner nicht mehr die finanzielle Sicherheit von Frauen gewährleisteten, wurde der Staat zum Ersatzehemann. Er garantierte den Frauen gleiche Bezahlung und Vorteile bei der Einstellung (Förderpläne). Er gab Frauen Familienunterstützung (Aid to Families with Dependend Children, AFDC); er richtete spezielle Programme für Alleinerziehende Frauen mit Kindern (Women, Infants and Children, WIC) ein. Der Staat begünstigte Frauen beim Sorgerecht und pfändete dann Männern den Lohn, wenn der Unterhalt für das Kind nicht gezahlt wurde; er finanzierte besondere Frauenförderprogramme am College, in der Armee, für Künstlerinnen und Kleinunternehmerinnen.

Alice hatte bislang nur eine Möglichkeit, ökonomische Sicherheit, und Jack nur eine Möglichkeit, emotionale Sicherheit zu bekommen. Heute hat Alice mehrere Möglichkeiten, sich ökonomisch abzusichern (durch Beruf, Ehemann oder Staat), während Jack weniger als eine Möglichkeit blieb: Einkommen durch den Beruf, *abzüglich* Unterhalt für das Kind, abzüglich Unterhalt für die Ehefrau, abzüglich höherer Steuern, damit der Staat die Rolle des Ersatzehemanns ausfüllen kann. Der Mann blieb durch diese Entwicklung ein Gefangener des Geldes, und das hinderte ihn daran, sein Inneres zu erforschen.

Inwiefern Stadium-I-Institutionen repressiv waren und wie Stadium-II-Institutionen emanzipatorisch sein können

Frauen haben Wut auf Männer, weil sie glauben, daß Männer die Regeln aufstellen, und zwar so, daß diese die Frauen unterdrücken und die Männer davon profitieren. Da die meisten Institutionen von Männern geführt werden, neigen wir dazu, Männer dafür verantwortlich zu machen, wenn diese nicht unseren Bedürfnissen entsprechen. Doch zwei Dinge dürfen nicht übersehen werden: erstens, wie diese Institutionen den Frauen halfen, noch vor den Männern das zweite Stadium zu erreichen, und, zweitens, wie Institutionen, die im ersten Stadium zweckmäßig waren, sich nun verändern können, um auch im zweiten Stadium zweckmäßig zu sein.

Wie sich die Ehe von einer funktionalen zu einer disfunktionalen Struktur entwickelte

Wir maßen Stadium-I-Ehen an den Standards von Stadium II und bezeichneten sie als Fehlschlag. Wir messen Stadium-I-Familien an Stadium-II-Standards und bezeichnen sie als gestört. Man hält fast alle unserer Ursprungsfamilien für gestört. Im ersten Stadium hieß es: »Wenn du das Kind liebst, spare die Rute nicht«, was bedeutete, daß du dem Kind schadest, wenn du die Rute *nicht* benutzt. Im zweiten Stadium bedeutet es, daß du dem Kind schadest, wenn du die Rute *benutzt.* Warum?

Im ersten Stadium hielt man den Einsatz der Rute für sinnvoll; wenn Kinder ungehorsam waren, wurden ihnen Schmerzen zugefügt. Das war richtig, denn feste Regeln waren für das Überleben notwendig. Im zweiten Stadium jedoch ist Selbsterfüllung das Ziel. Das ist nur möglich, wenn man seine eigenen Gefühle kennt. Aber Schläge entfremden Kinder ihren Gefühlen, und deswegen sind sie nicht zweckmäßig.

Im ersten Stadium war gegenseitige *Abhängigkeit* der Zement, der die Familie zusammenhielt. Davon konnte es kaum genug geben. Gegenseitige Abhängigkeit war im ersten Stadium zweckmäßig. Als Scheidungen uns zwangen, unabhängig zu werden, wurde die gegenseitige Abhängigkeit zur Last und deswegen unzweckmäßig. Aus der zweckmäßigen Familie des ersten Stadiums wurde die gescheiterte Familie des zweiten Stadiums.

Ich plädiere dafür, daß wir unsere Ursprungsfamilien nicht länger als gestört bezeichnen, sondern als *normale Familien im ersten Stadium*. Wir sollten den großen zivilisatorischen Beitrag dieser Familien anerkennen, um dann zu überlegen, was im zweiten Stadium sinnvoll ist. Dann können sich Familien über die Gelegenheit, nach dieser Freiheit zu streben, freuen und fühlen sich nicht angeklagt und schuldig für ihr Versagen.

Ehe

Feministischer Ansicht nach sind Hochzeitsbräuche, wie die Brautübergabe durch den Vater, Ausdruck des Patriarchats. Der Vater »übergab« jedoch mit der Braut auch *seine* Verantwortung für ihren Schutz. (Den Mann übergab niemand, weil niemand ihn schützte. Eltern hatten die Aufgabe, den Sohn zu einem Beschützer zu erziehen, nicht, ihn *an* einen Beschützer zu übergeben.)

Wir haben unsere Eltern oft kritisiert, daß sie einen Sohn nicht »seinen eigenen Weg« gehen ließen. Weil aber ein Vincent van Gogh kaum für sich selber, geschweige denn für eine zehnköpfige Familie sorgen konnte, war es die Pflicht der Eltern, möglichst zu verhindern, daß ihr Sohn Künstler wurde, und ihrer Tochter beizubringen, daß es eine Katastrophe wär, wenn ihr so ein Mann den Hof machte. Kinder faßten solche Anweisungen der Eltern oft als Machtausübung auf. In Wirklichkeit war es das aber nicht, sondern eher das Gegenteil: der Verzicht von Tevjes und Goldes auf die Möglichkeit, nach Selbsterfüllung und tieferer Liebe zu suchen. Deswegen konnte Tevje seine Fragen des zweiten Stadiums erst dann an Golde richten, als sich abzeichnete, daß ihre Tochter »weggeheiratet« werden würde.

Weil Glück zweitrangig war, nahmen Trunksucht, Frustration und Mißhandlung überhand. Im ersten Stadium war Scheidung zuzulassen nicht zweckmäßig. Mit acht Kindern und ohne eine Möglichkeit, zwei Familien zu ernähren, war Trennung keine Alternative. Und so haben wir uns lieber mit Trunksucht und Mißhandlung abgefunden als mit Scheidung und Not.

Kurz, die Generationen werden einander eher achten lernen, wenn wir ihre Sozialisation als zweckmäßig im Sinn des ersten Stadiums und nicht als gestört bezeichnen. Diskussionen über Familienwerte und Erziehungsstile, ohne zwischen Familien im ersten Stadium und Familien im zweiten Stadium zu unterscheiden, fördern nicht die gegenseitige Achtung.

Religion

Im ersten Stadium hatte die Kirche starre Regeln und unhinterfragbare Rituale, die Menschen dazu erzogen, für die nächste Generation Opfer zu bringen. Im zweiten Stadium ist es notwendig, Dinge in Frage zu stellen, um mit den Optionen des Lebens umgehen zu können. Starrheit ist eine schlechte Vorbereitung auf die Wechselfälle des Lebens.

Religionen im ersten Stadium mußten vorehelichen Sex verhindern, weil daraus Kinder hervorgingen, die nicht abgesichert waren. Im zweiten Stadium gab es Empfängisverhütung, und Sex konnte zu einem Mittel der Erfüllung, der Kommunikation und geistigen Verbindung werden: Ziele einer Beziehung des zweiten Stadiums. Deswegen brauchen sich Religionen im zweiten Stadium nun weniger damit zu befassen, dem körperlichen Kontakt zwischen den Geschlechtern Schranken zu setzen. Nun können sie ihnen helfen, sich gefühlsmäßig näherzukommen.

Kirchen im zweiten Stadium können es sich nun leisten zu verkünden, daß aus sexuellen Hemmungen oft auch spirituelle Hemmungen werden. Wenn Frauen z. B. beigebracht wird, ihre Sexualität zu unterdrücken, dann lernen Männer, Frauen das zu sagen, was diese hören wollen, nicht das, was sie wirklich empfinden.

Unehrlichkeit hemmt auch spirituell. Frauen setzen dann ihre Sexualität ein, um das zu hören, was sie gern hören wollen, statt ihre Sexualität zu genießen. Sie setzen Sexualität oft in Gegensatz zu Spiritualität und verweigern sich der Erfahrung, daß ein sexuelles

Band ein spirituelles Band festigen kann. Die sexuelle Unterdrückung von Frauen ist ein sicheres Mittel, um Frauen Kontrolle über Männer zu geben und Männer zur Unaufrichtigkeit zu zwingen. Viele Frauen beginnen inzwischen, ehrliche Männer solchen vorzuziehen, die sie beherrschen können. Kurz, Religionen im ersten Stadium betonten starre Regeln und unterstützten ein Paar darin, ihre Rollen zu ertragen. Religionen im zweiten Stadium betonen den Wert der Kommunikation und unterstützen Paare in ihrer Seelenpartnerschaft.

Kirchen im ersten Stadium werden weiterhin als Priester oder Geistliche Männer haben wollen, da es ja schließlich zur Männerrolle gehört, den Part des Problemlösers und Retters zu übernehmen. Während Kirchen im ersten Stadium überwiegend weibliche Gläubige und männliche geistliche Führer anziehen werden, werden Kirchen im zweiten Stadium beide Geschlechter mit der Leitung beauftragen, Männer aber nicht beschuldigen, weil sie in der Vergangenheit die Leitung hatten, sondern beiden Geschlechtern helfen, sich zu verändern, damit die Zukunft anders wird.

Sexualpolitik

Weltweit wurden Politiker, die mit der Ethik vom ersten Stadium aufgewachsen waren, plötzlich mit den ethischen Maßstäben des zweiten Stadiums gemessen. John F. Kennedys Affären wurden geheimgehalten, Ted Kennedy und Bill Clinton dagegen bezeichnete man als Schürzenjäger. Japanische Premierminister im ersten Stadium hatten Geishas, Premierminister Uno wurde sofort gestürzt, als bekanntwurde, daß er eine Geisha gehabt hatte. Der englische Minister John Profumo war Kandidat für das Amt des Premierministers. Als publik wurde, daß er eine Geliebte hatte, wurde er gezwungen, sich aus der Politik zurückzuziehen. Wie kam es zu dieser Veränderung? **Im ersten Stadium war Scheidung nicht erlaubt. Die Affären des Mannes gefährdeten also die ökonomische Sicherheit der Frau nicht. Im zweiten Stadium konnten Affären zur Scheidung führen, was die ökonomische Sicherheit von Frauen gefährdete.** Wir wollten keine politischen Führer als Vorbilder für ein Rollenverhalten, das die ökonomische Sicherheit von Frauen gefährdet.

Steht die beschriebene Sorge um Frauen nicht im Widerspruch zu der sexuellen Doppelmoral, die angeblich nur den Männern nützte? Nein. Es gab zwei Arten von Doppelmoral: 1. ein Mann durfte Affären haben, eine Frau nicht; 2. eine verheiratete Frau konnte ihren Ehemann zwingen, für Kinder aus ihren Affären zu sorgen, während ein verheirateter Mann seine Ehefrau nicht zwingen konnte, für Kinder aus seinen Affären zu sorgen.[15] Von dieser zweiten Form von Doppelmoral ist jedoch nie die Rede.

Beide Arten der Doppelmoral schützten aber die Frauen. Wie? Würden verheiratete Männer merken, daß sie für Kinder aus Affären der Frauen zu sorgen hätten, würden weniger Männer heiraten, und weniger Frauen und Kinder genössen Schutz.

Trotzdem waren Gesellschaften im ersten Stadium in einer Zwickmühle: Die Ehe garantierte Frauen lebenslange wirtschaftliche Sicherheit, sie garantierte aber Männern keine lebenslange sexuelle Erfüllung. Deswegen erfanden Gesellschaften im ersten Stadium einen ehelichen Handel, den ich das »Ehedreieck« nenne.

Das Ehedreieck bestand aus dem Ehemann, der Ehefrau und der Geliebten (oder, je nach Kulturkreis, der Geisha, Prostituierten, Zweitfrau oder dem Harem). Der Handel sah so aus: »Ehemann, deine oberste Pflicht ist es, die wirtschaftlichen Bedürfnisse von Ehefrau und Kindern zu befriedigen. Wenn du das tust, dafür aber nicht den Sex, die Jugend, Schönheit, Aufmerksamkeit und Leidenschaft bekommst, die dich einstmals dazu brachten, diese lebenslange Verpflichtung einzugehen, *dann erst* darfst du dich auch um einige deiner Bedürfnisse kümmern – unter zwei Bedingungen: Du mußt weiter für deine Familie sorgen (Scheidung ist nicht erlaubt, auch wenn deine Bedürfnisse nicht erfüllt werden), und du mußt in gewissem Umfang für diese jüngere, attraktivere Frau (Geisha, Geliebte, Prostituierte) sorgen, damit sie nicht gänzlich mittellos dasteht.«

Im ersten Stadium konnte sich niemand das Bedürfnis nach Intimität erfüllen – weder Ehemann und Ehefrau noch Geliebte oder Kinder. Manche Einzelpersonen natürlich schon, aber das war nicht die Hauptfunktion einer Ehe im ersten Stadium: die hieß Stabilität, und das Ehedreieck war der »große Stabilitätskompromiß«.

Gemessen an den Standards des zweiten Stadiums, waren Politiker, die Affären hatten und öffentlich Moral predigten, ganz eindeutig Heuchler. Doch das ließ die dahinterliegende moralische Einstellung außer acht, die im ersten Stadium gegolten hatte: Moral bedeutete, für die Familie zu sorgen. Eine Affäre hätte für die meisten Männer dieses Ziel unterminiert. Der Mann aber, der beides diskret vereinbaren konnte, war nicht geächtet, denn irgendwie war man sich einig, daß dieser Mann für andere Männer ein Anreiz war, erfolgreich und ein guter Beschützer zu sein. All das änderte sich, als Affären zu Scheidungen führten und Millionen von Frauen ohne die entsprechende Ausbildung auf den Arbeitsmarkt drängten. Politiker, die Affären hatten, waren dann bald ihren Posten los.

Diese veränderten Standards wurden »höhere Moral« genannt, und wieder standen Frauen als die besseren Menschen da. Frauen hatten aber keine höhere Moral. Warum nicht? Eine Affäre betraf ja in der Regel *beide* Geschlechter.

Was macht den Unterschied aus? In den achtziger und neunziger Jahren bekam Donna Rice, die Geliebte Gary Harts, Angebote für Werbung und Spielfilme, Bill Clintons Gennifer Flowers bekam schätzungsweise 100 000 Dollar für die Veröffentlichung ihrer Geschichte ... beide Geschlechter waren beteiligt; die Männer aber wurden als die Bösewichter hingestellt, die Frauen als Opfer, obwohl die Karrieren der Männer empfindlich gestört wurden, während sich die Frauen auf der Geschichte eine Karriere aufbauten.

Politik im zweiten Stadium

Wenn wir an politische Bosse, Bestechungen und Begünstigungen denken, fallen uns Männermacht, männliche Korruption, das Netzwerk der »Alten Herren«, männlicher Chauvinismus und männliche Dominanz ein. Um diesen Zusammenhang zu verstehen, müssen die Symbole männlicher Dominanz untersucht werden. Im ersten Stadium waren politische Bosse, Bestechungen und Begünstigungen hinnehmbar, nicht weil sie den Männern dienten, sondern weil sie auch den Familien – den Frauen und Kindern – zugute kamen. Der Boß blieb nur so lange an der Macht, wie er Arbeitsplätze schuf, um diese Familien zu ernähren. Er erbaute seine »Herrschaftsmaschine« aus der ökonomischen Unterschicht, und diese Jobs ernährten die

Armen. Die Tatsache, daß es Jobs waren und nicht staatliche Fürsorge, gab den Familien Selbstachtung. Wenn ein Mann zum Boß wurde, hieß das oft für eine ökonomische Unterschicht – Italiener, Iren, Juden oder Schwarze –, daß sie den wirtschaftlichen Durchbruch geschafft hatten. Das konnte man unterschiedlich beurteilen, es profitierten aber die Familien davon, nicht nur die Männer. In seinen extremen Formen (etwa bei der Mafia) sorgte dieses System nicht nur für Familien, sondern machte viel öfter Männer als Frauen zu Opfern dieses Systems.

Die Überwindung der Geschlechterrollen

Heute steht unser genetisches Erbe mit unserer genetischen Zukunft im Konflikt. **Zum erstenmal in der menschlichen Geschichte decken sich die Eigenschaften und Fähigkeiten, die zum Überleben unserer Spezies notwendig sind, mit denen, die notwendig sind zu lieben.** Eigenschaften, die es ermöglichen, das andere Geschlecht zu lieben, unsere Kinder zu lieben – in der Definition von Liebe im zweiten Stadium. Die Herausforderung für die Frau besteht darin, daß sie finanziell auf eigenen Beinen stehen und Liebe nicht mehr für ein ökonomisches Sicherheitsnetz einzutauschen braucht. Die Herausforderung für den Mann besteht darin, zu begreifen, daß sein Training zum Beschützer im ersten Stadium ihn eigentlich von Kindern, Ehefrau und dem Leben abschnitt. Die Rolle des Mannes im ersten Stadium kapselte ihn vom Familienleben ab – ganz anders als einen weiblichen Familienvorstand. In das zweite Stadium einzutreten, ist deshalb für Männer eine noch größere Herausforderung als für Frauen.

* * *

Die Behauptung, daß Männer nicht die Macht hatten, muß noch belegt werden. Denn war die männliche Rolle in der Vergangenheit nicht doch nur ein Mittel, um Frauen an ihrem Platz zu halten? Wurde den Frauen nicht das Wahlrecht vorenthalten, wurden sie nicht als Eigentum und Bürgerinnen zweiter Klasse behandelt, als Konkubinen, in Harems und als Prostituierte zum Objekt gemacht und als Hexen diffamiert? Warum kommen sie nicht in der Verfassung vor, warum wird ihnen der Zugang zu Führungspositionen und Arbeitsplätzen außer Haus verwehrt? Wir müssen untersuchen, ob die Begriffe »Macht«, »Patriarchat«, »Herrschaft« und »Sexismus« Chiffren für Männerprivilegien sind oder für die Verfügbarkeit und das Geopfertwerden von Männern.

3. KAPITEL
Sind »Macht«, »Patriarchat«, »Herrschaft« und »Sexismus« wirklich Chiffren für die Verfügbarkeit von Männern?

> Patriarchat ist die »universelle politische Struktur, die Männer auf Kosten von Frauen bevorzugt«.
> *Encyclopedia of Feminism*[1]

I. SKLAVE ... BLEIBT SKLAVE

Wenn Macht als Fähigkeit zur Selbstbestimmung definiert wird, dann lehrten viele Mythen, Legenden und die Geschichten der Bibel beiden Geschlechtern, Macht zu *verwirken* ...

Der Held als Sklave

Es war einmal eine Mutter, die wollte die schöne Statue der Hera sehen, hatte aber keine Pferde oder Ochsen für die Reise. Sie hatte aber zwei Söhne. Und diese Söhne wollten der Mutter unbedingt ihren Wunsch erfüllen. Sie spannten sich freiwillig vor einen Karren, um sie in glühender Hitze über die Berge zu dem entlegenen Dorf Argos zu ziehen, wo die Statue der Hera stand.[2]

Als sie in Argos ankamen, wurden die Söhne bejubelt und ihnen zu Ehren Statuen errichtet (die heute noch zu sehen sind).[3] Ihre Mutter betete zu Hera, sie möge ihren Söhnen das Beste zum Geschenk machen, das sie hatte. Das tat Hera. Die Jungen starben.

Wie lautet die traditionelle Interpretation? Das Beste, was einem Mann passieren kann, ist, auf der Höhe seines Ruhms und seiner Macht zu sterben. Und doch: Stellen wir uns vor, dieser Mythos würde von zwei Töchtern erzählen, die, wie Ochsen vor den Karren gespannt, ihren Vater durch die Landschaft ziehen. Würden wir dann den Tod der Töchter als Beweis dafür sehen, daß einer Frau nichts Besseres passieren kann, als auf der Höhe ihres Ruhms und ihrer Macht zu sterben?

Die Statuen und die Jubelrufe können auch als Aufforderung an die Söhne verstanden werden, ihr Leben geringer zu schätzen als den Wunsch ihrer Mutter, eine Statue anzusehen. Die Tatsache, daß es sich dabei um eine Statue der Hera handelte, der Königin der olympischen Göttinnen und Götter und Schutzherrin der verheirateten Frauen[4], ist symbolisch. Das Opfer der Männer symbolisiert ihren Auftrag: Sie sollen stark genug sein, um den Anforderungen von Müttern und der Ehe zu genügen, und sie sollen es sich zur Ehre anrechnen, wenn sie dabei ihr Leben lassen. Deswegen bedeutet das Wort Herkules »zu Ehren der Hera«.[5] War ein Held eigentlich ein Diener? Ja. Das Wort »Held« kommt vom griechischen *ser-ow*, wovon unser Wort Diener (englisch servant) stammt, aber auch die Worte »Sklave« und »Beschützer«.[6] *Ein Held war hauptsächlich ein Sklave, der dienen und beschützen mußte.* Er sollte die Gemeinschaft, besonders aber Frauen und Kinder schützen. Dafür bekamen Helden die Achtung und Liebe ihrer Schützlinge. Wir lobten die Kochkunst unserer Mutter, bestachen ihr Ego, und sie bekochte uns weiter. Sie blieb ihrer Sklavinnenrolle als Küchendienerin treu. Statuen und Geschichten über Ehre sind Ego-Bestechungen für Männer, damit sie Sklaven ihrer Heldenrolle bleiben. Lob läßt sie in dieser Rolle verharren.

Der weibliche Beitrag zum Schutz soll nicht unterschlagen werden. Die Frau, die auf ihre Weise schützte, war Hera, der Mann, der auf seine Weise schützte, war ein Held.

Waren Männer weniger als Besitz?

Männer wurden nicht als Besitz oder Tiere »angesehen«, sie wurden einfach so behandelt. Die Inkas im 15. Jahrhundert hatten keine Pferde, die sie mit Botschaften auf und ab über Bergpfade hetzen konnten. Man gab Männern Koka-Blätter (Kokain), wodurch sie weiter und schneller laufen konnten ... bis sie ausgebrannt waren.[7]

Die guten starben jung. Männer mußten nicht wie Frauen-als-Besitz beschützt werden, sie konnten benutzt und geopfert werden. Während der europäischen Pestepidemien im 14. Jahrhundert waren die Leichenträger einer hohen Ansteckungsgefahr ausgesetzt. Arme Landarbeiter (*gavoti*) waren jedoch bereit, diese Arbeit für Lohn zu verrichten. Viele starben. Doch ihre Familien konnten von dem Geld leben.[8]

Oberflächlich betrachtet hat es den Anschein, die *gavoti*, die Leichenträger, hätten »Geld« und die Läufer der Inkas körperliche Kraft und »Macht«. Beide wußten aber, daß sie sterben würden, damit ihre Familien leben konnten. Wenn das von Männern gemachte Regeln waren, was sagt das über Männer aus? Warum stellten sie Regeln auf, die sie zum Opfer für die eigenen Familien machten?

Warum wollten Männer unbedingt Gewinner sein?

Ich habe als Junge einmal im Museum einen Kopf gesehen, der von seinem Körper abgetrennt war. Der Aufseher erklärte mir, man nähme an, daß es sich dabei um den Anführer des *Gewinnerteams* im Ballspiel der Mayas (eine Art Fußball der Mayas und Azteken) handele. Zu anderen Zeiten wurde der Anführer des *Verliererteams* – oder das ganze Team – getötet.[9] Warum? Es hing davon ab, von wem die Gesellschaft sich besser beschützt fühlte: von den starken Gewinnern – dann wurden die Verlierer geopfert – oder von den Göttern, denen die Opferung der Gewinner wohlgefiel.

Wenn das Gewinnen an sich wichtig gewesen wäre, wären niemals die Gewinner geopfert worden. Die Gewinner wurden geopfert, und das lehrte alle, daß der Schutz der Gesellschaft wichtiger sei als das Leben der Männer und das Gewinnen. Männer waren darauf fixiert zu gewinnen, weil sie historisch darauf fixiert waren zu beschützen – auch wenn das auf ihre Kosten ging.

Der Bürgerkrieg: Männer als Bürger zweiter Klasse

Im amerikanischen Bürgerkrieg konnten sich zwei Personengruppen der Wehrpflicht entziehen: Männer der Oberschicht und Frauen. *Jede* Frau war in dieser Hinsicht einem Mann der Oberschicht gleichzusetzen, nur daß sich Männer aus der Oberschicht vom Tod freikaufen mußten. Das taten sie, indem sie dreihundert Dollar[10] (das sind heute rund 5 400 Dollar[11]) an einen armen Mann zahlten. Dieses Geld sicherte dessen Familie das Überleben, während er selber den Tod riskierte. Das Selbstwertgefühl des armen Mannes entsprach der Realität – daß er ein Nichts war, wenn er arm blieb. Als Kanonenfutter war er wenigstens für jemand etwas wert.

Warum konnte sich ein Mann der Oberschicht vom Bürgerkrieg freikaufen? Weil er der Gemeinschaft auf andere Weise nutzen konnte – durch die Herstellung von Munition in Fabriken oder die Erzeugung von Nahrungsmitteln, indem er die Ernten aufgrund seines Besitzes und seiner Sklaven sicherstellte. Zöge er selber in den Krieg, wären seine Sklaven in dieser Zeit unproduktiv, und wenn er umkam, waren sie vielleicht nie mehr produktiv. Der Mann aus der Oberschicht hatte nicht das Privileg, sich der Retterrolle zu entziehen – nur das Privileg, diese Rolle auf andere Art zu spielen. Während des Bürgerkriegs *erließ die Regierung den Conscription Act*[12], *den gesetzlichen Einberufungsbefehl. Das war im Grunde nichts anderes als Sklavenhandel, der nur Männer betraf.* Mehr als eine halbe Million Männer (623 026) wurden im Bürgerkrieg getötet[13] – was hochgerechnet den Toten von elf Vietnamkriegen entsprechen würde. Versuchen Sie sich elf Vietnamkriege hintereinander vorzustellen, zu denen nur Frauen eingezogen würden, 620 000 weibliche Soldaten – Ihre Schwester, Mutter, Tochter –, die in Leichensäcken nach Hause kämen.

Waren diese ganzen Kriegsangelegenheiten nicht reine »Männersache«? Kaum. Frauen »schimpften und spotteten« über Männer, die nicht kämpften.[14] In den Südstaaten gaben nur wenige Männer Suchanzeigen nach Ersatzmännern auf, weil, wie die preisgekrönte Fernsehserie über den Bürgerkrieg deutlich machte, »Frauen das nicht zuließen«.[15] Die meisten Frauen wollten keinen Mann heiraten, der »Angst« hatte zu kämpfen.

CHIFFREN FÜR DIE VERFÜGBARKEIT VON MÄNNERN? 89

Noch etwas können wir daraus lernen: Wenn Männer den Krieg so lieben, warum machten sie dann einen Aufstand, um gegen die Zwangsrekrutierung 1860 zu protestieren? Warum riskierten so viele Männer *im Norden* Anfeindungen, weil sie per Zeitungsanzeige Ersatzmänner suchten, um sich freizukaufen? Noch heute werden Männer beschimpft und verspottet, wenn es ihnen gelingt, sich dem Krieg zu entziehen. Fragen Sie Dan Quayle oder Bill Clinton!

Manche Jungen ziehen natürlich gern in den Krieg. Wenn sich Mädchen aus benachteiligten Verhältnissen freiwillig verstümmeln ließen, damit ihre Familien jährlich über 5 000 Dollar bekommen, würden wir diese Mädchen Heilige nennen. Die Jungen nennen wir »Machos«.

Wie in den meisten Kriegen glaubten auch im Bürgerkrieg beide Geschlechter an die Sache, für die jede Seite kämpfte. Eine davon war die Sklavenbefreiung. Im Grunde kämpften männliche weiße Sklaven für die Befreiung von schwarzen Sklaven. Schon lange haben wir die Versklavung der Schwarzen als Schuld erkannt. Das Sklaventum von Männern müssen wir erst noch wahrnehmen und begreifen.

In dieser Beziehung war kein Mann einer Frau gleichgestellt: Kein Mann, welcher Klasse auch immer, konnte davon ausgehen, daß eine Frau ihn vor einem Angriff schützte. Oder vor dem Hunger. Im ersten Stadium fürchtete man sich hauptsächlich vor Hunger und Überfällen. So gesehen waren Männer Bürger zweiter Klasse. Die jungen Männer starben noch vor ihrer Volljährigkeit und noch bevor sie das Wahlrecht hatten.

Wenn Mädchen bereit wären, ihr Leben für ein paar Medaillen in einem Bürgerkrieg aufs Spiel zu setzen, würden wir das mit geringem Selbstbewußtsein erklären und sofort ein Frauenproblem darin sehen. Es sind aber junge Männer, die das tun. Trotzdem behauptet ein feministischer Bestseller aus dem Jahr 1990, Gloria Steinems *Revolution from Within*, daß geringes Selbstbewußtsein ein Problem von Frauen sei.[16] Geringes Selbstbewußtsein ist auch ein Männerproblem – ein Problem, das entsteht, weil Männer auf ihre Weise Bürger zweiter Klasse sind. Dieses Problem nur bei einem Geschlecht zu sehen, wäre Sexismus des zweiten Stadiums.

Feministische Historikerinnen, die diese »Sklavenklasse« als Krieger- und Eliteklasse bezeichnen,[17] unterschlagen etwas: Krieger waren zwar eine Eliteklasse, aber mehr noch eine tote Klasse.

Die Gefahren des Heldentums

Heldentum hat seine Risiken: Der Junge lernte zu töten, dann wurde von ihm erwartet, daß er nur tötete, um zu beschützen. Er sollte nur Männer töten, Frauen und Kinder aber nicht. Es ist die Tragödie des Kriegers, daß er dem Feind immer mehr gleicht, je mehr er ihn bekämpft; je mehr wilde Tiere er tötet, desto mehr wird er zum Wilden. (Der Mythos des Zentauren – er ist halb Mensch, halb Tier – symbolisiert diese männliche Schizophrenie.) Eine Sage der Cherokee beschreibt diese Risiken sehr anschaulich:[18]

Der Häuptling des Teiches

Es war einmal ein schöner Teich, in dem gab es Gottes Kreaturen in Fülle: Fische, Schlangen und Frösche. Den ganzen Tag taten diese Geschöpfe das, was ihnen gefiel. In dem Teich lag ein Baumstamm. Die Tiere betrachteten diesen Baumstamm als ihren Unterschlupf, ihren Platz zum Fressen, fast als den Häuptling des Teiches. Eines Tages schwebte ein eleganter Reiher mit langen Beinen und schlankem Körper über den Rand des Teiches. Alle Tiere im Teich nahmen das als Zeichen dafür, daß sie zu größeren Dingen auserwählt seien. Sie hielten ein Palaver ab. Sie waren alle der Ansicht, daß der Baumstamm nichts tat, als den ganzen Tag zu schlafen. So wählten sie stolz den Reiher zu ihrem Häuptling. Binnen einer Woche hatte der Reiher alle Fische, alle Schlangen und alle Frösche aufgefressen.

Wenn Frauen erwarten, von Männern beschützt zu werden, gehen sie das Risiko ein, daß sich diese Stärke, die sie in einem Augenblick beschützt, im nächsten gegen sie wendet. So sind die Sportler, denen Frauen zujubeln, zu einem Drittel an den sexuellen Übergriffen auf dem Campus beteiligt.[19] Wenn Menschen allgemein Königen »göttliche Rechte« zugestehen, ist die eine Seite der Medaille der größere Schutz, die andere die größere Möglichkeit des Mißbrauchs. **Wenn einzelne Menschen den Drogen, Religionen, Königen oder Männern**

Macht verleihen, laufen sie Gefahr, entmachtet zu werden. Der Baumstamm tat nichts, die Tiere mußten selbst die Verantwortung übernehmen. Die Versuchung, einen Helden zu küren, besteht darin, Verantwortung abgeben zu können – dann kann man dem Helden, dem Patriarchat, den Politikern die Schuld zuschieben. Doch letztlich waren es die Tiere im Teich, die die Macht hatten. *Sie* hatten den Baumstamm – oder die Selbstverantwortung – zurückgewiesen und entschieden sich für den Helden ... für den Reiher. Wie das Genie nur ein schmaler Grat von der Zerstörung trennt, so trennt den Helden nur ein schmaler Grat von der Zerstörung anderer und der Selbstzerstörung.

Kommen Anführer nicht oft durch Manipulation an die Macht? Ja. *Die Führer werden aber auch von den Menschen manipuliert*, weil sie Personen an die Spitze setzen, die ihnen das erzählen, was sie hören wollen. Die Deutschen waren bereit, jemanden zum Kanzler zu machen, der ihnen sagte, daß es ihnen nicht so gut ging wie den Juden, weil die Juden sie unterdrückten. Adolf Hitler rührte an der Angst der »Arier«, sich für ihr Leben selbst verantwortlich zu fühlen. Er wurde schon bald dafür belohnt. Legt man nur genug Geld auf den Tisch, finden sich auch genug Leute, die käuflich sind.

II. SOZIALISATION ZUM SKLAVENTUM

Narben als Zeichen männlicher Reife

Die Narben und die Rituale der Frauen (Ohrläppchen und Nase durchstechen, das Füßeschnüren und Tragen von Korsetts) hatten mit Schönheit zu tun, die Narben und Rituale der Männer mit dem Schutz von Frauen. In Kulturen, in denen es dabei hauptsächlich auf Körperkraft ankommt, beispielsweise bei den Dodos in Uganda, wird ein Mann jedesmal mit einer Narbe belohnt, wenn er einen *Mann tötet; je mehr Narben er hat, desto begehrter ist er.*[20] In den Südstaaten war ein Mann um so begehrter, je mehr Duelle er gewonnen hatte. Unverheiratete Frauen sprachen von den Siegen eines Mannes wie ein Junggeselle von der Schönheit einer ledigen Frau.[21] Im 17. und 18. Jahrhundert mußte sich ein Mann, der ein »Gentleman« sein wollte, ein Schwert umhängen. Ein *Gentle*man würde die Ehre einer Frau mit dem Schwert verteidigen, um sich ihrer würdig zu erweisen und um der eigenen Ehre willen. Die Bezeichnung »Gentleman« war ein Ausdruck höchster Ehre.

Warum wurde ein Mann mit einem Schwert ein Gentleman genannt? Weil das Schwert nur gegen Männer eingesetzt werden sollte... Frauen gegenüber sollte er »gentle«, sanft, sein.

Denken Sie an die Folgen: Ein Mann, der etwas trägt, mit dem er töten kann, wird »gentle« genannt. Stellen Sie sich vor, eine Frau müßte erst ein Schwert tragen, bevor wir sie als Dame bezeichneten. Stellen Sie sich vor, daß von ihr erwartet würde, jede Frau zu töten, die einen Mann beleidigt.

Diese Tradition – der Mann tötet einen Mann, der eine Frau beleidigt – ist z. B. auf Sizilien immer noch lebendig, und verbale Reste davon gibt es auch noch bei uns: etwa wenn Männer Hemmungen haben, hinter dem Rücken der Frauen über sie zu lästern, während man ohne weiteres über Männer herziehen und sie hinter ihrem Rücken beschimpfen darf.* Narben, die ausgeschlagenen Zähne der Männer und die Beschneidung sind »symbolische Wunden« – Symbole für die Pflicht des Jungen, Schmerzen auszuhalten und sich in die Männerrolle als Krieger und Beschützer einzufügen.[22] In Gesellschaften, in denen Beschneidung üblich ist, ist sie meist eine Vorbedingung für die Ehe. (Das Gebet zum Abschluß des *bris*, der jüdischen Beschneidungszeremonie, lautet: »Da er nun in den Bund aufgenommen wurde, so soll er die Ehe eingehen...«[23])

Noch heute besitzen Narben, mit denen ein junger Mann seine Bereitschaft dokumentiert, seinen Körper einzusetzen, erotische Attraktivität. Wenn er älter ist allerdings nur, wenn sie sich zu Geld machen lassen. So fand ein Schulversager wie Mike Tyson bei einer schönen Absolventin des Sarah Lawrence College wie Robin Givens »Liebe«, *nur weil* sich seine Narben in Geld verwandelt hatten.

---

* Die Hemmungen der Männer werden in *Warum Männer so sind, wie sie sind* in dem Abschnitt »Die schlimmste Untreue« erklärt. Im Kapitel »Der neue Sexismus« steht Näheres über die Beschimpfung von Männern.

Verlobungsringe als Narben

Ein Verlobungsring ist eine moderne Form der rituellen Narben: *Die Narbe symbolisierte das physische Risiko, das nur vom Mann eingegangen wurde, um einer Frau physische Sicherheit zu bieten; der Verlobungsring symbolisiert das finanzielle Risiko, das nur vom Mann eingegangen wird, um einer Frau finanzielle Sicherheit zu bieten.* Beides symbolisiert die Bereitschaft des Mannes, eine Frau zu beschützen. Je größer der Diamant, je größer die Narbe, desto größer der Schutz.

Ein Offizier und Gentleman: die moderne Version des Duells

Wenn ein Mann heute sein Geld damit verdient, zu töten und zu beschützen, dann nennen wir ihn, nun ... *An Officer and a Gentleman.* Der Offizier war schließlich ein ausgebildeter Killer, doch als Richard Gere Deborah Winger eroberte, wurde er zum Gentleman. In dem Kino, in dem ich diesen Film sah, klatschten die Frauen Beifall. Wir nennen einen ausgebildeten Killer immer noch einen Gentleman, wenn er mit dem beim Töten verdienten Geld eine Frau beschützt.

Sterben für Gott

Der christliche Soldat

> As he died to make men holy
> let us die to make men free...
> (So wie er starb, um Menschen
> heilig zu machen, so laßt auch uns
> sterben, damit Menschen frei werden...)
> »Battle Hymn of the Republic«

Ein Mann, der starb, um zu retten, wurde angeblich geliebt. Für den männlichen Christen war Jesus und Liebe ein und dasselbe. Jesus rettet. Durch seinen Tod rettete Jesus andere. *Der Soldat ist der säkularisierte Jesus. Jesus in Uniform.* Viele junge Männer sind, wenn nur ein militärischer Rang winkt, christliche Überzeugung und ein bißchen schmissige Musik dabei ins Spiel kommen, bereit, ihr Leben in die Schußlinie zu stellen: »*Onward, Christian Soldiers*« – *Voran, ihr christlichen Soldaten!*

Der Druck auf den Mann, ein Retter oder Beschützer zu werden, ist Bestandteil jeder Religion. Hinduistische Männer haben die männlichen Bilder des Vishnu, Shiva und Krishna vor Augen; Buddhisten schauen auf Guatama Buddha; Christen auf Jesus; Moslems auf Allah...

Priester, Rabbis und Pastoren sind meist Männer ... und immer Beschützer.

Die Botschaft der Religionen an die Jungen lautet, daß sie überhaupt keine andere Wahl haben, als »Retter« zu werden. Im Garten von Gethsemane betete Jesus zu Gott, er möge den Kelch, sich als Erlöser ans Kreuz schlagen zu lassen, an ihm vorübergehen lassen. Jesus hat in seiner Angst und Verzweiflung Blut geschwitzt; den Kelch auszuschlagen, war ihm gleichwohl nicht vergönnt. Als Christus dann starb, fühlte er sich verraten (Mein Gott, mein Gott, warum hast du mich verlassen?).

Die Theologen streiten darüber, ob Jesus die Wahl hatte, seine Erlöserrolle zu spielen oder nicht: Hätte er sich wirklich verweigern können? Theoretisch natürlich schon, aber die Anerkennung Gottes symbolisiert Anerkennung schlechthin, und wenn alle, die einem etwas bedeuten, sagen: »Du hast eine Rolle: die des Erlösers«, dann kannst du dich kaum entziehen...

Heutzutage kommen Männer in ihren Garten Gethsemane zurück, stellen die alte Frage und versuchen mutig, eine zeitgemäße Anwort zu finden.

Gladiatoren und Jungfrauen

Gladiatorenkämpfe waren bei den Römern der Höhepunkt religiöser Feste. Es waren im Grunde Menschenschlächtereien – angefangen bei den Sklaven (die hofften, freigelassen zu werden) bis zu den Kriegern und Adligen (die hofften, Helden zu werden).[24] Weibliche Gottheiten wachten über die Gemetzel: die große Mutter, Ceres und Flora.[25] Die Spiele wurden mit feierlichen religiösen Prozessionen eröffnet, so wie wir heute mit der Nationalhymne ein Footballspiel eröffnen. Während Männer dem Tod ausgeliefert wurden, nahmen die vestalischen Jungfrauen (die keine Männer waren, wie Sie richtig erraten haben) die Ehrenplätze ein.[26] Die vestalischen Jungfrauen waren bei den Gladiatorenkämpfen das, was die Cheerleaderinnen heute beim American Football sind: weibliche Unterstützung für männliche Gewalt. *Beide* waren von Kindesbeinen an erzogen worden, diese Rollen zu spielen.

Warum haben ausgerechnet weibliche Gottheiten die Gewalt gegen Männer gesegnet? **Weil der eigentliche Zweck dieser Gewalt darin bestand, Gewalt gegen Frauen zu verhindern.** Beide Geschlechter wollten diesen Schutz, damit potentielle Eroberer angesichts der Stärke ihrer potentiellen Opfer es vorzogen, ein anderes Dorf zu verwüsteten.

Erziehen wir Männer immer noch dazu, sich zu opfern?

Heute ist Gewalt gegen Frauen zu Recht geächtet. Gewalt gegen Männer finden wir unterhaltsam. Denken Sie an American Football, Boxen, Ringen oder Eishockey, Rodeos und Automobilrennen. Bei all diesen Sportarten wird Gewalt gegen Männer verharmlost; ursprünglich hatte das den Sinn, daß »unser Team« – oder »unsere Gesellschaft« – seine besten Beschützer dazu bringen konnte, sich zu opfern. Heute noch wird die Gewalt gegen Männer im Sport staatlich finanziert und bezuschußt. Es ist unterhaltsam und gilt obendrein als erzieherisch wertvoll. Wir alle unterstützen das täglich.

Es ist nur zu logisch, daß die Schulteams nach gewalttätigen Gesellschaften (Wikinger, Azteken, Trojaner) oder nach gefährlichen Tieren (Tiger, Bären, Panther) benannt werden. Ja sogar unsere Autos heißen Jaguar, Cherokee, Puma, Fury und Stealth. Stellen Sie sich einmal vor, Ihre Tochter würde von einem jungen Mann abgeholt, der einen Ford Fairy (Fee), einen Dodge Daisy (Gänseblümchen) oder einen Plymouth Pansy (Stiefmütterchen) fährt... Oder (weil wir schon dabei sind) stellen Sie sich einen erwachsenen Mann vor, der Fan einer Mannschaft ist, die nicht Giants (Riesen) heißt, sondern Zwerge, nicht Atlanta Braves (Tapfere), sondern Atlanta Sensitives (Gefühlvolle).

Es ist kein Zufall, daß ein American-Football-Profiteam die »Wikinger« heißt. Bei den Wikingern gab es Wettkämpfe, bei denen der gewann, der am besten den Körper eines männlichen Opfers in der Mitte spalten konnte. Wikingern zuzujubeln heißt, den Vorgang zu bejubeln, der Männer dazu erzieht, für Anerkennung ihre Leiber zu opfern. Wir sorgen dafür, daß der Sklave ein Sklave bleibt.

Was würden wir empfinden, wenn ich diesen Abschnitt so beginnen würde: »Heute wird Gewalt gegen Frauen zu Recht *gefeiert.*« Wir würden daraus schließen, daß ich den Tod von Frauen wünschte; wenn wir Gewalt gegen Männer beklatschen, wünschen wir den Tod von Männern. Wir tun es, weil wir gelernt haben, daß wir desto besser geschützt werden, je besser wir Männer darauf vorbereiten, sich zu opfern. Die unbewußte Übersetzung von »unsere Mannschaft gewinnt« heißt, »unsere Gesellschaft wird beschützt«. Wir zelebrieren Gewalt gegen Männer und verabscheuen Gewalt gegen Frauen, weil der Sinn der Gewalt teilweise darin besteht, Frauen zu beschützen.

III. WARUM WAREN MÄNNER SO GEWALTTÄTIG UND FRAUEN SO LIEBEVOLL?

Sind Männer von Natur aus gewalttätig?

Hat eine Gesellschaft erstens genügend Nahrung, zweitens genügend Wasser und fühlt sie sich drittens nicht von Überfällen bedroht, sind Männer durchweg friedlich.

Die Männer von Tahiti, die Minoer von Kreta und die Semai in Zentralmalaysien waren in historischen Perioden, in denen diese drei Bedingungen erfüllt waren, friedlich.[27]

Als Männer nicht zu töten brauchten, suchten sich Frauen seltener Männer, die töteten, und Männer töteten dadurch seltener. (Männer vorzuziehen, die töteten, war nicht die Schuld der Frauen,

so wie das Töten nicht die Schuld der Männer war – beides war eine Überlebensnotwendigkeit.)
Selten heiratete die schöne Prinzessin den Kriegsdienstverweigerer. Warum? Wenige Gesellschaften konnten es sich leisten, den höchsten Preis einem Mann zu verleihen, der nicht töten wollte. Wären Männer *von Natur aus* gewalttätig, gäbe es keine Notwendigkeit, eine gesellschaftliche Struktur zu schaffen, die Männer dazu bringt, gewalttätig zu werden.
Wer andere töten konnte, war immer selber gefährdet. Männer tarnten ihre Verwundbarkeit gut, denn sie wollten eine gute Wahl sein. Zum erstenmal in der Geschichte der Menschheit muß ein »Familienmann« nicht mehr ein Mann sein, der tötet.

Waren Matriarchate friedlicher?

Manche Historikerinnen und Historiker behaupten, daß matriarchale Gesellschaften gerechter gewesen seien, weil Männer und Frauen partnerschaftlicher zusammenarbeiteten, und daß diese Gesellschaften friedlicher waren.[28] Doch das geht am Kern der Sache vorbei: Auf Tahiti entwickelten sich partnerschaftliche Modelle, weil die tahitianische Gesellschaft autark war und sich nicht von außen bedroht fühlte; mit Patriarchat oder Matriarchat hat das nichts zu tun.

Manche Historikerinnen und Historiker bezeichnen diese Gesellschaften als Matriarchate, weil ihre Hauptgottheiten weiblich waren. **Männliche Götter wurden aber zu Hauptgottheiten, wenn Schutz zum zentralen gesellschaftlichen Problem wurde** (Schutzgötter waren männlich und nicht weiblich, weil Töten zur männlichen Beschützerrolle gehörte). Es ist traurig, daß die Bezeichnung Matriarchat den Eindruck erweckt, als sei das Opfer der Männer Ausdruck ihrer Macht und als wären Friede und Partnerschaft das Verdienst der Frauen und nicht die Folge einer gesicherten Ernährungssituation, von genügend Wasser und einer guten Verteidigungslage.

Sind Frauen von Natur aus weniger kriegerisch?

Frauen an der Macht haben immer die gleichen Begründungen gebraucht wie männliche Machthaber, um Männer in den Tod zu schicken – ebenso oft und ebenso viele. So heißt z.B. ein Drink »Bloody Mary«, nach Mary Tudor (Königin Maria I.), die 300 Protestanten auf dem Scheiterhaufen verbrennen ließ. Als Elisabeth I., die Tochter Heinrichs des VIII., den Thron bestieg, verwüstete, verbrannte und raubte sie Irland gnadenlos aus, und das zu einer Zeit, als Irland die Insel der Heiligen und Gelehrten genannt wurde. Wenn ein römischer Herrscher starb, schickte seine Witwe 80 000 Männer in den Tod.[29] Wenn wir Kolumbus einen Ausbeuter nennen, dürfen wir Königin Isabella nicht vergessen, die ihn als ihren Gesandten auf den Weg geschickt hatte.

Die Zahl der Männer, die in den letzten Jahrzehnten von »eisernen« Ladies – Indira Gandhi, Golda Meir und Margaret Thatcher – in den Tod geschickt worden sind, steht den Kriegstoten eines durchschnittlichen männlichen Führers nicht nach. Denken wir an die vielen Männerleben, die Thatchers Falkland-Krieg kostete. **Ob die Führer nun männlich oder weiblich waren, die Truppen, die in einem Krieg geopfert wurden, bestanden fast zu hundert Prozent aus Männern.** Das hat sich in all den Jahren nicht geändert.* Auch wenn Frauen die Anführerinnen waren, es waren Männer, die ihr Leben lassen mußten. Gleichheit gab es zwar an der Spitze – aber nicht an der Basis.

Warum haben Männer Weltreiche gegründet?

Weltreiche werden oft als treffendstes Beispiel für den Machthunger und Eroberungsdrang der Männer angesehen. Es ist nicht ohne Ironie, daß *wir Männer kritisieren, daß sie Reiche gegründet haben, wir alle aber in diesen Reichen leben.* Doch *warum* schufen Män-

---

* Sogar in Israel können Frauen wählen, ob sie zu einer Kampfeinheit gehen wollen oder nicht. Männer sind dazu verpflichtet, und daß sich Frauen zu Kampfeinheiten melden, ist in der Praxis selten. Siehe auch 5. Kapitel »Kriegsheld oder Kriegssklave?«

ner die Weltreiche? Weltreiche waren für ein Land das, was Versicherungspolicen für den einzelnen sind: ein Sicherheitspolster. Als sich z. B. die europäischen Länder von Überfällen bedroht fühlten, wurde das Weltreich zu einer Pufferzone – ein guter Angriff war die beste Verteidigung. Ähnlich, wenn ihre Länder von einer Hungersnot heimgesucht wurden. Dann war Nahrung eher aus den Kolonien als vom Feind zu bekommen.

Warum wurden Länder überfallen, die keine Bedrohung darstellten? Denken Sie daran, warum die Europäer die amerikanischen Ureinwohner, die Indianer, überfallen haben, die Europa nie bedroht haben. Wenn sich eine Gruppe innerhalb eines Landes unterdrückt fühlte, floh sie, suchte sich ein anderes Territorium und brachte die friedlicheren Menschen um, die es wagten, sich zu widersetzen. Die, die töteten – und die, die getötet wurden –, waren Männer, doch die, die davon profitierten, waren Männer und Frauen.

Die vielen Kriege, die schließlich zur Gründung der Vereinigten Staaten von Amerika führten, sind ein anderes Beispiel dafür, daß Männer weniger wichtig waren als Besitz. Männer *starben* für Besitz; Frauen *lebten* von dem Besitz, der ihren Ehemann oft das Leben kostete. **Großmächte entstanden also durch den Tod von jungen Männern.** Weil junge Männer starben, können Weltreiche als die männliche Form der Unterwerfung betrachtet werden. Sie sind der männliche Beitrag zum Überleben.

Wie lange dauert es, bis sich männliche Gewalttätigkeit verändert?

Wie lange dauert es, bis sich eine fest überzeugte, männliche Killermentalität verändert? Die Wikinger sind als überaus grausame Krieger bekannt. Doch nachdem sie England erobert hatten, fanden die Engländerinnen Männer attraktiv, die mit Äxten töteten, und bald läuteten die Hochzeitsglocken. Innerhalb von zwei Generationen zogen sie nicht mehr raubend durch die Dörfer, sondern zogen ihre Kinder auf, zerstörten nicht mehr das Eigentum anderer, sondern bearbeiteten den eigenen Boden. Innerhalb von zwei Generationen hatten die Wikinger Schwerter zu Pflugscharen gemacht.

Es ist noch nicht gar so lange her, da brauchten die Japaner weniger als zwei Generationen, um aus Schwertern Schatzbriefe zu machen. Die Männer sind noch immer in der Pflicht, brauchen aber keine Gewalt mehr auszuüben. Warum nicht? Beide Kulturen definierten das, was zum Überleben notwendig war, neu – und die Männer paßten sich entsprechend an. Was erhalten blieb, ist nicht die Gewalt von Männern, sondern ihre Bereitschaft zu beschützen. Wenn sie beschützen können, indem sie Feinde töten, töten sie; wenn Männer aber beschützen können, indem sie einen Coup an der Wall Street landen, tun sie eben das. Die treibende Kraft der Männer sind weder Schwerter, noch Pflugscharen... es ist der Wunsch, das zu tun, wodurch sie Liebe und Anerkennung gewinnen.

Frauen – der zivilisierende Ausgleich?

Oft heißt es, Frauen seien der zivilisierende Ausgleich für die angeborene Kriegslust der Männer. **Da sie aber den Frauen das Töten abnahmen, könnte man sagen, daß die Männer die Frauen zivilisiert haben.** Als Überleben das vorrangige Ziel war, schützten Männer durch Töten Frauen und Kinder. Das war die männliche Form der Fürsorge.[30] Es war der männliche Anteil an der zivilisatorischen Balance. (Später, als zum Überleben Geld gebraucht wurde, war das Geldverdienen der »finanzielle Mutterleib« der Männer. Töten im Krieg und einen Coup an der Wall Street landen, sind zwei Arten, wie Männer beschützten.)

Wenn eine Frau sagt, daß sie einfühlsame Männer mag und sich dann in einen Fußballspieler, Chirurgen oder Rockstar verliebt, signalisiert sie dem Mann, daß er am meisten Liebe bekommen wird, wenn er am *wenigsten* im Gleichgewicht ist – also ganz auf die Arbeit konzentriert und darauf aus, ein Held zu werden. Hätte sie sich in einen einfühlsamen Krankenpfleger, einen selbstlosen Künstler oder einen sensiblen Taxifahrer verliebt, hätte sie ein echtes Zeichen zur Zivilisierung von Männern gesetzt. Sie hätte ihren Worten die Tat folgen lassen. Gesellschaften, in denen der Mann mit den kräftigsten Ellenbogen der Idealmann ist, erzeugen jene Tragödie Tag für Tag aufs neue: Daß sich Männer von der Liebe abspalten (lassen), um Liebe zu bekommen...

IV. DIE TRAGÖDIE DER MÄNNER: SICH VON DER LIEBE ABSCHNEIDEN, UM LIEBE ZU BEKOMMEN

Selbstwertgefühl und Männlichkeit

In Sparta wurden Jungen im Alter von sieben Jahren in Militärlager gebracht und dort erzogen.[31] Zu den Spielen, die sie dort »spielten«, gehörte das »Den Käse vom Altar stehlen«. Um an den Käse zu gelangen, mußten sie Spießruten laufen und Auspeitschungen über sich ergehen lassen, die so schrecklich waren, daß einige verbluteten oder an Gehirnerschütterung starben.[32]

Das Stehlen von Käse war eine passende Metapher: Mangel, Seuchen und Hungersnöte zwangen die Gesellschaft, sich gegen Raub zu schützen und die eigenen Krieger auf Raubzüge zu schikken, wenn das Nötigste zum Leben fehlte. Stehlen bedeutete Todesgefahr.

Warum wurden die Jungen im Alter von sieben Jahren aus dem Elternhaus herausgerissen? **Je weniger Intimität, Liebe und Geliebtwerden ein Junge erfahren hatte, desto eher würde er zum Selbstopfer bereit sein.** Er wurde bestochen, indem man ihm Respekt entgegenbrachte – *bedingten* Respekt allerdings, der »Liebe« genannt wurde, wenn er die Bedingungen erfüllte. Durch diesen gemeinen Trick wurde er von der Liebe abgetrennt, wenn er ihr nachjagte.

Opfertraining begann bei der Geburt – mit dem Penis. Forschungen über die männliche Beschneidung belegen, daß die Umstände der Beschneidung für männliche Säuglinge um so schmerzhafter waren, je dringender eine Gesellschaft Jäger und Krieger für ihr Überleben brauchte.[33]

Liebten Väter die Söhne, von denen sie sich trennten? –
Die Geschichte von Theseus

Als König Aigeus von Athen Vater werden sollte, sagte er, daß er seinen Sohn Theseus erst dann sehen wolle, wenn er stärker sei als alle anderen.[34] Warum? Aigeus befürchtete, daß ein verwöhnter

Prinz sein Volk nicht beschützen könne. Deswegen versagte er es sich, seinen Sohn zu sehen, bis Theseus einen schweren Felsbrocken hochheben konnte, den sonst niemand bewegen konnte, und er sein Leben aufs Spiel setzte, um den Minotaurus zu erschlagen, der die Menschen in seinem Königreich zu vernichten drohte.

Was bedeutete es, daß Theseus sein Leben aufs Spiel setzen mußte – etwa um Drachen zu töten? *Es zeigte die Funktion der Macht. Der König ist für seine Untertanen da.* Von einem guten Vater wurde erwartet, daß er seine Söhne darauf vorbereitete, sich zu opfern.

Ein guter Vater des ersten Stadiums hatte seinen Sohn darauf vorzubereiten, daß er sich nicht geliebt fühlen durfte, bis er Schützer und Retter sein konnte. Deswegen zeigte er ihm seine väterliche Liebe erst, als er imstande war, die Beschützerrolle des Vaters zu übernehmen.

Ist meine wortreiche Erklärung nur eine Verschleierung der Tatsache, daß König Aigeus ein liebloser Vater war? Nun, nachdem Theseus den Minotaurus erschlagen hatte, vergaß er, die weißen Segel zu setzen, die anzeigen sollten, daß er noch am Leben war. Als Aigeus meinte, sein Sohn sei umgekommen, war seine Verzweiflung so groß, daß er sich umbrachte.[35]

»Wann kommst du heim, Papa?«

Wenn wir uns Harry Chapins Lied »Cat's in the Cradle« anhören, erleben wir die männliche Tragödie in ihrer heutigen Form. Der Sohn fragt: »Wann kommst du heim, Papa?« Der Vater antwortet: »Ich weiß es nicht«, und hofft sehnsüchtig, mit ihm zusammensein zu können. Das kann er aber erst, *wenn er Zeit hat.* Er muß für den Unterhalt des Sohnes sorgen, und unglücklicherweise läßt der Druck auf den Vater erst nach, wenn der Sohn auf eigenen Füßen steht. Aber dann wird er von seinem Sohn zu hören bekommen: »Mein neuer Job ist schwierig, und die Kinder haben Grippe.«

Geschichtlich gesehen **hat ihre Pflichterfüllung den Vätern die Liebe entzogen, während die mütterliche Pflichterfüllung den Müttern Liebe einbrachte.** Väter bekommen keine echte Liebe und haben auch keine echte Macht. Paradoxerweise hatte der Sohn sich so schmerzlich nach einer Beziehung zu seinem Vater gesehnt, daß er sich schwor: »Eines Tages werde ich sein wie er...«

Der Club der toten Dichter

Es war die Pflicht eines Vaters im ersten Stadium, seinen Sohn so zu erziehen, daß er ihn ersetzen (ihn »töten«) konnte. Wenn wir das nicht begreifen, wird das Vater-Sohn-Verhältnis tief gespalten und gestört.

In dem Film *Der Club der toten Dichter* haßt der Sohn seinen Vater (Protagonist des ersten Stadiums) und verehrt seinen Lehrer (Protagonist des zweiten Stadiums; Robin Williams), weil er folgende drei Dinge nicht begriff: erstens, daß die Opfer seines Vaters es ihm ermöglicht hatten, Werte des zweiten Stadiums zu entdecken; zweitens, daß die Strenge, die sein Vater ihm gegenüber gezeigt hatte, ihm etwas von jener Stärke und Sicherheit vermittelte, die er brauchte, um ein Leben im zweiten Stadium führen zu können; drittens, daß die Strenge seines Vaters Ausdruck väterlicher Liebe war und sein Vater – wie er es eben verstand – ihn damit auch auf die Liebe zu einer Frau vorbereiten wollte.

Natürlich begriff der Vater nicht, daß er seinen Sohn entmutigte, jene Freiheiten auszuleben, die er ihm eröffnet hatte. Doch der Sohn kann mit seinem Vater – und damit mit sich selbst – nie im Frieden sein, solange er nicht begreift, daß sein Vater im guten Glauben gehandelt hat. Er wollte dem Sohn beibringen, wie man Liebe bekommt und Liebe gibt.

Wir zeigen Liebe durch Versorgen, und das hält uns ab, Liebe durch Beziehung zu zeigen. Die Liebe zu den Söhnen hat uns unseren Söhnen entfremdet. Das ist die Tragödie der Männer.

104 TEIL I. MYTHOS MÄNNERMACHT

V. DIE MACHT, DIE SCHÖNHEIT ÜBER UNS HAT

> Die Frau ist das Leben, und der Mann ist der Diener des Lebens...
> JOSEPH CAMPBELL, *als Erklärung, warum bei einem Kulttanz die Frauen in der Mitte sind, warum sie den Tanz führen und die Männer um die Frauen herum tanzen.*[36]

Die Geschichte von Rachel und Jakob

Das Alte Testament erzählt die Geschichte von Jakob. Jakob lebte bei seinem Onkel Laban. Laban hatte zwei Töchter: Lea und Rachel. Lea war unscheinbar, Rachel war schön. Jakob verliebte sich in – na, wen wohl? Doch als Jakob um Rachels Hand anhielt, verlangte sein Onkel von ihm, daß er sieben Jahre für ihn arbeiten müsse, um sich Rachel zu verdienen.

Als die sieben Jahre um waren, fand die Hochzeit statt. Doch als Jakobs Braut ihren Schleier lüftete, sah Jakob, daß sein Onkel ihn betrogen und ihm seine unscheinbare Cousine Lea untergeschoben hatte. Und Laban forderte, daß Jakob noch einmal sieben Jahre arbeiten müsse, um sich die schöne Rachel zu verdienen. Mußte er mit der unscheinbaren Lea verheiratet bleiben? Ja; und sie sollte seine erste und meistgeehrte Frau bleiben. Es kostete Jakob also vierzehn Jahre Arbeit für seinen Onkel Laban, um das Recht zu erlangen, künftig für Rachel und Lea sorgen zu dürfen.

Rachel bekam jedoch keine Söhne, und deswegen sagte sie zu Jakob, er solle mit ihrer Dienerin schlafen, um Söhne zu bekommen, die sie dann als ihre eigenen aufziehen wollte.[37] Lea brachte auf diese Weise Jakob dazu, mit *ihrer* Dienerin zwei Söhne zu haben. Am Ende sorgte Jakob für vier Frauen, zwölf Söhne und eine Tochter.[38]

Warum segnete Gott Bigamie, Sex mit Dienerinnen und Inzest mit Cousinen? **Weil das, was Gott in diesen Fällen segnete, Nachkommen erzeugte, die versorgt waren. Es war keine Frage der Moral, sondern der Unsterblichkeit.** Ergebnis des Inzests mit Cousinen war ja, daß die Linie Labans nicht ausstarb, daß vielmehr zwölf

Söhne geboren wurden, aus denen dann später die zwölf Stämme Israels entstanden.[39]
 Wie brachte Gott Jakob dazu, vier Frauen und dreizehn Kinder zu ernähren? Die Antwort sagt uns eine Menge über die Funktion weiblicher Schönheit. **Rachels Schönheit funktionierte wie ein Magnet, der Jakob dazu brachte, mit drei Frauen Nachkommen zu zeugen, die sonst keine Gelegenheit gehabt hätten, ihre Gene zu vererben.** Eine der Frauen war unscheinbar, und die anderen beiden waren von niederem Stand. Durch ihren Verkehr mit einem *verläßlichen* Mann von höherem Stand konnten auch die Dienerinnen Nachkommen zur Welt bringen, die aller Voraussicht nach beschützt wurden.

Gott segnete Rachel und Jakob nicht sofort mit Söhnen, denn dann hätte Jakob keinen Anreiz gehabt, Kinder mit den Dienerinnen zu haben, und Rachels Schönheit hätte verhindert, daß einige andere Frauen von einem Mann Kinder bekamen, der so fleißig und erfolgreich war, daß er sie versorgen und beschützen konnte.

Schönheit war ein Geschenk Gottes – oder das Geschenk der Spezies – an Rachel; Rachel sollte davon Gebrauch machen, um Gott – der Spezies – zu dienen. Gott (oder die Gesellschaft) lehrte die Menschen zu überleben: durch Zeugen von Kindern. Deshalb heißt das erste der 613 Gebote (Mitzwahs) der Thora: »Seid fruchtbar und mehret euch.«[40] Als ich für dieses Kapitel forschte, begriff ich, daß Biologie und Bibel dieses Gebot gemeinsam hatten.[41]

Die Schöne und das Biest – eine moderne Version von Rachel und Jakob

Die Schöne und das Biest erzählt die biblische Geschichte in Form einer Fabel. Rachels Schönheit und die Schönheit der Schönen ziehen einen Mann an, der ihre Familien vor Not schützen wird. Der Mann, der dies tut, mag für die Welt ein Biest sein, für die Frau ist er ein Prinz.

Bevor Jakob ein Ehemann und das Biest ein Prinz wurde, mußten sie einwilligen, die Früchte ihrer Arbeit der Familie der schönen Frau zur Verfügung zu stellen, und zwar ohne Garantie, daß die schöne Frau sie zum Mann nehmen würde, daß sie zueinander passen oder daß die Frau dann immer noch so schön sein würde. Gibt es heute noch Überbleibsel davon? Ja. Der Mann zahlt einer Frau das Abendessen und die Drinks, er kauft Kinokarten, Blumen und einen Verlobungsring, den sie behalten darf, auch wenn sie nicht heiraten. Früher und heute lernten die Frauen, nach Absicherung zu fragen, Männer lernten, Risiken einzugehen.

Das war nicht die Schuld der Frauen. Im ersten Stadium brauchten sie Absicherung – sonst hätten sie ihre Kinder nicht durchgebracht. Doch im zweiten Stadium brauchten sie zum Überleben die Fähigkeit, Risiken einzugehen. **Im ersten Stadium wurde aus dem Biest ein Prinz, als er der schönen Frau Sicherheiten bot; im zweiten Stadium ist der Prinz ein Mann, der Frauen nicht mit Garantien und Sicherheiten verführt.** Er ist selbstsicher genug, um innerlich ein Prinz zu sein, und sie ist frei genug, einen Mann zu suchen, der ein Prinz ist und keine Lebensversicherung.

Warum waren schöne junge Frauen so begehrt?

Schönheit war ein Zeichen für Gesundheit und Fortpflanzungskraft. Deswegen war eine schöne Frau eine, die breite Hüften hatte (zum Kinderkriegen), einen ebenmäßigen Körper (ohne Deformierungen), Haare und Zähne fielen ihr nicht aus (ein Zeichen der Gesundheit). Und sie war jung – am Beginn ihrer fruchtbaren Jahre.

Die Gesellschaft mußte die biologische Fixierung von Männern auf weibliche Schönheit verstärken und Frauen vom männlichen Einkommen abhängig machen, denn Abhängigkeit war ein Anreiz zu heiraten. Ein Mann, der nach der Schönheit, Jugend und dem Sex einer Frau süchtig war,»verlor den Kopf« – er würde die irrationale Entscheidung treffen, den Rest seines Lebens für sie zu sorgen. Weibliche Schönheit kann demnach als eine Art Marketinginstrument der Natur bezeichnet werden: als ein Vermarktungsmittel, um die Reproduktion ihrer Gene zu sichern.[42] Deshalb ist die Schönheit der Frauen die stärkste Droge der Welt.

So sehr sich auch das Schönheitsideal in der Geschichte gewandelt hat, etwas ist konstant geblieben: Weibliche Schönheit und weib-

licher Sex wurden mehr geschätzt als männliche Schönheit und
männlicher Sex. Besonders in Kulturen des ersten Stadiums. So
haben Frauen bewußt oder unbewußt gelernt, daß ihre Schönheit
und ihr Sex die Arbeit, das Geld und das Leben eines Mannes – von
vielen Männern – wert sind. Die Macht der Schönheit und des Sex
sind im kollektiven Unbewußten der Frauen verankert. Nicht jede
Frau will diese Macht aufgeben.

VI. UNMORALISCH ... ODER UNSTERBLICH?

Wurden sexuelle Freiheiten und voreheliche Sex verdammt, weil
sie die Moral untergruben, oder die Unsterblichkeit?
    Die Bibel enthält einige erstaunliche Antworten...

> TÖCHTER VERGEWALTIGEN BETRUNKENEN VATER,
> GOTT SEI EINVERSTANDEN, BEHAUPTEN SIE

Warum wäre eine solche »Schlagzeile« selbst für Medienzaren vom
Schlage eines William Randolph Hearst oder Rupert Murdoch
starker Tobak, obwohl sie nur die biblische Geschichte von Lot und
seinen Töchtern resümiert, die Gottes Segen dafür bekamen? In der
Bibel heißt es: »Da sagte die Ältere zu der Jüngeren: ›Unser Vater
ist alt, und kein Mann ist im Land, der Umgang mit uns pflegte...
Komm, wir wollen unseren Vater trunken machen und wollen uns
zu ihm legen, damit wir von unserem Vater Nachkommenschaft
erhalten!‹«[43] So machten die Töchter an zwei Abenden den Vater
betrunken, warteten, bis er eingeschlafen war und hatten dann Sex
mit ihm, *ohne daß er es merkte* (»Dieser merkte es nicht, wie sie
sich hinlegte, noch, wie sie aufstand«[44]). Beide wurden schwanger.
    Wurden Lot und seine Töchter wegen Inzest oder Vergewaltigung
bestraft? (Wenn ein Vater mit seiner Tochter Sex hätte, während sie
schlief, würden wir das Vergewaltigung nennen.) Nein. Gott segnete sie, und ihre beiden Söhne wurden sogar Anführer des Volkes.
Weit davon entfernt, sich wegen des Inzests zu schämen, wurde

nicht nur der erste der Söhne, Moab, nach dem Inzest benannt (Moab kommt aus dem Hebräischen und bedeutet »vom Vater«[45]), sondern das ganze Volk, dessen Stammvater er wurde: die Moabiter. Warum? Die Betrunkenheit, die Vergewaltigung und der Vater-Tochter-Inzest haben verhindert, daß die Familie erloschen ist.*

Warum vorehelicher Sex, sexuelle Freiheit und Homosexualität etwas Verbotenes waren

Vorehelicher Sex und sexuelle Freiheit wurden mißbilligt, weil die Kinder, die daraus hervorgingen, nicht versorgt und geschützt waren. Masturbation, Homosexualität und Sodomie (wie auch analer und oraler Sex) wurden mißbilligt, weil dabei keine Kinder gezeugt werden konnten.

Außereheliche Verhältnisse, Vielweiberei und Sex mit Dienerinnen, ja, sogar Inzest konnten durchaus erlaubt sein, *wenn* dies zu Nachkommen führte, für die gesorgt war; war das nicht der Fall, wurde auch das mißbilligt. **Die Prinzipien der Arterhaltung waren die geheimen Leitlinien hinter den Geboten der Moral.** Man könnte das die »Unsterblichkeits-Regel« nennen.

Homosexualität und Masturbation zu erlauben, war im ersten Stadium problematisch, denn das hieß, ein folgenloses Vergnügen zuzulassen. Denken Sie darüber nach. Eine homosexuelle Erfahrung kann zwei Stunden Vergnügen bedeuten. Die Folgen? Zwei Stunden sexuelles Vergnügen. Eine heterosexuelle Erfahrung kann auch zwei Stunden sexuelles Vergnügen bedeuten. Doch mit fast unabsehbaren Folgen: achtzehn Jahre lang Verantwortung. Kurz, *Hetero*sexualität war ein schlechtes Geschäft!

Homophobie war in der Gesellschaft des ersten Stadiums ein

---

* Bibelexegeten, die die Töchter als große Sünderinnen bezeichnen, tun das mit dem Argument, daß die Töchter andere Männer hätten finden können, um die Familienlinie fortzusetzen. Selbst diese Forscher scheinen bereit, über die »Unmoral« hinwegzugehen, wenn nur die Unsterblichkeit der Familie gesichert war. Siehe *The Pentateuch and Haftorahs*, Second Edition (London: Soncino Press, 1979), herausgegeben von Dr. J. H. Hertz, C.H., ehemals Oberrabbiner des britischen Empire, S. 69, Anm. 31.

Instrument. Sie sollte Männer davon abhalten, an anderen Sex als mit Frauen auch nur zu *denken*. **Homosexualität war für das Individuum ein besseres Geschäft,** Homophobie sollte diese Erkenntnis verhindern. **Homophobie kann mit der OPEC verglichen werden, die Länder, die ihr Erdöl aus billigeren Quellen beziehen, als Schwächlinge bezeichnet.** Homophobie war ein gesellschaftliches Druckmittel, das Männern keine andere Wahl ließ, als den vollen Preis für Sex zu zahlen.

Homosexuelle *Beziehungen* versprachen mehr als kostenlosen Sex. Sie versprachen kostenlose Beziehungen, kostenlose Gesellschaft, kostenlose Liebe. Frei von den Kosten, Nachkommen zu ernähren. Weil Homosexualität die größte Versuchung war, Fortpflanzung zu umgehen, und damit das Überleben der Art gefährdete, war sie mit Todesstrafe oder gesellschaftlicher Ächtung belegt. Das Alte Testament schrieb für männliche Homosexuelle die Todesstrafe vor. Das taten auch viele römische Kaiser, spanische Inquisitoren, englische Monarchen und einige amerikanische Kolonisten. So entstand Homophobie.

Die Angst, daß Homosexualität die Leute von der Heterosexualität weglocken könnte, scheint uns auch heute noch zu beeinflussen. Sie jagt uns mehr Angst ein, als andere Formen von Sexualität, die keine Nachkommen erzeugt. Wenn wir z. B. entdecken, daß jemand masturbiert hat, sagen wir nicht hinter seinem Rücken: »Er ist ein Masturbierer.« Doch wenn ein Mann mit einem anderen Mann Sex hat, sagen wir: »Er ist schwul.« Das Tabu der Homosexualität läßt die Person hinter einer bestimmten Form von Sexualität zurücktreten, genau wie Rassismus die Person hinter ihrer Rasse zurücktreten läßt. All diese Ängste mögen im ersten Stadium für die Erhaltung der Gattung funktional gewesen sein, für das Zusammenleben im zweiten Stadium sind sie es nicht mehr. Homophobie ist im zweiten Stadium auch deshalb disfunktional, weil sie Menschen zum Objekt macht. Das wiederum ist eine Vorbedingung für den Genozid und ist für die Menschheit ebenso bedrohlich wie die Atomtechnologie. Wir erkennen eine Gesellschaft im zweiten Stadium daran, ob sie sich von der Angst vor Homosexualität befreit hat und Homosexuelle nicht diskriminiert. Sie hat keine Angst, den Nächsten so zu lieben wie sich selbst.

War nicht Polygynie ein Beispiel, daß die Frau als Eigentum des Mannes gegolten hat?

> In keinem Land und zu keiner Zeit waren Frauen vor der Behauptung geschützt ... daß ihr Körper nur für den Mann, für sein Vergnügen und seine Nachkommenschaft da ist.
> The Women's History of the World[46]

Akademischer Feminismus setzt Geliebte, Konkubinen und Polygynie* oft gleich mit männlicher Dominanz. Wenn wir jedoch die Unsterblichkeits-Regel beachten, verstehen wir eher, warum Gott die vielen Frauen und Konkubinen Davids gesegnet hat – wie in der Geschichte von David und Goliath. Als König hatte David genug Reichtum und Macht, um mehr als eine Frau versorgen zu können – warum sollten also andere Frauen nicht auch etwas davon haben? Polygynie hieß *nicht*, daß *jeder* Mann mehrere Frauen haben konnte, sondern, daß einem armen Mann eine Ehefrau vorenthalten wurde, damit die Frau einen reichen Mann haben konnte. Niemand hatte Mitleid mit dem armen Mann, dem deswegen die Liebe vorenthalten wurde.

Polygynie war also ein System, das eine Frau davor bewahrte, mit einem armen Mann vorliebnehmen zu müssen, weil ein reicher Mann mehrere Frauen heiraten konnte. Polygynie war eine Art Sozialismus für die arme Frau: Der reiche Mann mußte für die arme Frau bezahlen. **Für einige Mormonenfrauen war sie das, was der Staat für so manche heutige Frau ist – ein Ersatzehemann.**

Polygynie war die von Männern gemachte religiöse Vorschrift, die arme Frauen auf Kosten armer Männer rettete. Sie war jedoch keine Verschwörung gegen Männer. Sie war das Resultat der Überlebenszwänge im ersten Stadium, die auf den Wunsch der Menschen nach Intimität keinerlei Rücksicht nahmen.

---

* Das Wort Poly*gamie* wird oft falsch gebraucht. Es bezeichnet nicht einen Mann, der mehrere Frauen hat, sondern Männer oder Frauen mit mehr als einem Partner oder einer Partnerin. Poly*gynie* bezeichnet einen Mann mit mehreren Frauen.

Polygynie und Christentum: Christus und seine Nonnen

Im Christentum zeigt sich die Billigung der Polygynie in der Form, daß die Nonnen Christus »heiraten«. Sie legen ein Gelöbnis ab und tragen einen Ehering, der die Vereinigung symbolisiert. Vom Standpunkt der Nonnen aus ist die polygyne Ehe zwischen ihnen und Christus ideal. Christus nimmt den Schutz von Millionen von Frauen auf sich, die Ehelosigkeit geloben. **Eine Braut Christi bliebe aber nicht ehelos, wenn der Hauptzweck von Polygynie die Befriedigung der männlichen Sexualwünsche wäre. Der Hauptzweck von Polygynie war der Schutz von Frauen durch den besten männlichen Retter.**

Deswegen ist Christus das übermenschliche männliche Rollenmodell: Er gewährt Schutz, stellt aber keine sexuellen Ansprüche; er kann das Brot verdienen – oder in Hungerzeiten wundersam vermehren –, er ist bereit zu sterben, um uns von dem Übel zu erlösen. Priester waren seine menschliche Verkörperung (Schutz, ohne sexuelle Ansprüche; Zuhören, ohne die Frau mit eigenen Problemen zu belasten). Die Familie des gewöhnlichen Mannes wäre aber in Not geraten, wenn er Frauen den ganzen Tag zugehört hätte, und die Spezies hätte nicht überlebt, wenn er im Zölibat gelebt hätte. Die sexuelle Energie des gewöhnlichen Mannes wurde vor der Ehe von allen Seiten stimuliert und nach der Heirat in Monogamie kanalisiert.

Das kirchliche »Patriarchat« tat eben das, was Patriarchate am besten konnten: Frauen schützen und Männern helfen, Frauen zu beschützen. Das ist auch ein Grund, warum mehr Frauen zur Kirche gehen als Männer. Deswegen erwarten Kirchen, je traditioneller, desto mehr von den Männern, daß sie die Retterrolle spielen. In dieser Hinsicht, war das »Patriarchat« für Frauen nützlicher als für Männer.

112   TEIL I. MYTHOS MÄNNERMACHT

Warum galt Scheidung als unmoralisch und ungesetzlich?

Wenn Frauen genug zu Essen und zu Trinken sowie ein Dach über dem Kopf hatten, so daß sie unabhängig von Männern leben konnten, ohne Not zu leiden, wurde Scheidung in der Regel legalisiert und moralisch toleriert.[47] Das war in der amerikanischen Mittelklasse seit den sechziger Jahren der Fall, bei den !Kung-Buschleuten der südafrikanischen Kalahariwüste, den Yoruba in Westafrika, den Hadza in Tansania und den Tamang in Nepal. Frauen, die ökonomisch abgesichert waren, entzogen sich oft einer Ehe. Sie taten das auch in Gesellschaften, die möglichst jede Frau verheiraten wollten. Kleopatra ist dafür ein Beispiel, die chinesische Kaiserin Wa der Wei-Dynastie, Elisabeth I. im 16. Jahrhundert und Katharina die Große von Rußland im 18. Jahrhundert.[48]

Von Männern gemachte Gesetze und religiöse Regeln gaben einer Frau fast immer elementare Sicherheit, auch wenn ein Mann die Scheidung wollte. Das Scheidungsverbot galt als »Gottes Wille« (»Was Gott verbunden hat, das soll der Mensch nicht trennen«), und damit hatten Frauen eine unanfechtbare Garantie. **Die Ehe-als-Sakrament war das weibliche »göttliche Recht«.** Jedenfalls so lange, wie Frauen es brauchten, um sich vor Not zu schützen.

Was lernen wir daraus? Wenn Männer und Frauen die Freiheit zur Scheidung haben wollen, müssen Frauen dazu erzogen werden, für sich selbst zu sorgen – und zwar wie Männer von frühester Kindheit an.

Warum war Sex auf Tahiti so frei, warum wurde er im Mittleren Osten so unterdrückt und warum ist er in Amerika so kompliziert?

Sex im Überfluß – Tahiti

Was geschah mit Sexualität, wenn es genug Nahrung und Wasser gab und keine Eindringlinge – so daß Frauen mit Sex nicht geizen mußten, bis sie einen Beschützer fanden? Die Menschen auf Tahiti hatten diesen Überfluß von dem Zeitpunkt an, als die Insel besiedelt wurde. Eltern und andere Erwachsene unterwiesen Kinder schon früh im sexuellen Umgang miteinander.[49] Als Jugendliche wurden sie von ihren Eltern ermutigt, sich an Sex mit allen zu erfreuen, die sie kennenlernten und zu denen sie sich hingezogen fühlten. Sogar Gruppensex wurde toleriert. Je mehr Liebhaber oder Liebhaberinnen das Kind hatte, desto zufriedener waren die Eltern.[50] Weil Kinderpflege kein Problem war, wurden Schwangerschaften vor der Ehe als Zeichen von Fruchtbarkeit gefeiert. Die tahitianische Religion kannte keine Vorschriften, die Sexualität verdammten. Sex wurde als Kombination von Vergnügen, Können und Sport betrachtet.

Innerhalb eines Jahrhunderts nach Cooks Entdeckung dieser Insel führten jedoch die Weißen mit Gewalt ihre sexualfeindlichen Moralvorstellungen ein. Die Weißen hatten keine Erklärung, *warum* sie Sex für unmoralisch hielten, und sogen so die Lebenskraft der Tahitianer aus. Wie Ian Campbell in seinem Buch *Lost Paradise* schrieb: »Wer nichts hat, wofür er lebt, stirbt. Innerhalb von drei Generationen sank die Bevölkerungszahl Tahitis von 140 000 auf weniger als 5 000.«[51]

Sex als Mangelware – OPEC

Werden Frauen in Ländern, die ihnen den Schleier aufzwingen, nicht machtlos gehalten? In islamischen Ländern versteckt der Purdah die Schönheit der Frauen. Sie wird nur einigen Auserwählten gezeigt – den guten Versorgern. Ein gewöhnlicher Mann konnte in diesem System eine gewöhnliche Frau erst sehen, nachdem er versprochen hatte, sie und ihre Kinder lebenslang zu beschützen und zu versorgen (z. B. durch Heirat). Bis dahin mußte er auf sie (und sie auf ihn) verzichten. Ihre Liebe, ihre Fürsorge, ihre Zuneigung, ihre Ermutigung, *ja sogar ihr Lächeln* waren an die Bedingung geknüpft, daß er für sie sorgen, sie beschützen und sogar den Tod für sie riskieren würde. So wurden fast *alle* Frauen von jemandem beschützt, nicht nur die schönen.

Den Männern im Mittleren Osten geht es mit weiblichem Sex und weiblicher Schönheit so wie der amerikanischen Bevölkerung mit Erdöl und Erdgas: Je knapper das Angebot, desto höher der Preis. Je öfter Frauen Sex gratis oder für wenig Geld »hergaben«, desto mehr verfiel der Preis ... deshalb sitzt die Wut auf Prostitution, Purdah-Verletzung (das Weglassen des Schleiers) und Pornographie, besonders bei Frauen, so tief. Deswegen sagten Eltern auch zu ihren Töchtern: »Gib dich nicht billig her.« »Billiger« Sex macht den Markt kaputt.

Stellen Sie sich das Ganze umgekehrt vor: Wenn Frauen versprechen müßten, ein Leben lang für einen Mann zu sorgen, bevor er seinen Schleier lüftete und ihr sein Lächeln zeigte, würden wir dieses System dann als eines bezeichnen, das Frauen privilegiert?

Auch heute noch sagen wir, daß jemand »sexuell entgegenkommend« ist, und meinen damit nicht Männer, sondern Frauen, weil wir voraussetzen, daß nur Frauen *eine Gegenleistung dafür* erwarten. Männer bezahlen jährlich Milliarden, um entblößte Frauenkörper sehen zu dürfen. Männer aber, die ihren Körper entblößen, werden ins Gefängnis gesteckt. Ihr stecken wir Geld zu, ihn stecken wir wegen Exhibitionismus ins Gefängnis. Ihre sexuelle Macht war mit Geld verbunden. Er lernte, mehr zu verdienen, um mehr zahlen zu können. Deswegen war er überrascht, als ihm gesagt wurde, daß sein zwanghaftes Mehr-verdienen-wollen Ausdruck *größerer* Macht sei.

Sex im schwankenden Angebot – Amerika

In den USA glaubten Feministinnen in den späten sechziger Jahren, daß die ökonomische Unabhängigkeit von Frauen ihnen auch ökonomischen Überfluß bescheren würde, und deswegen propagierten sie sexuelle Freiheit. Als sich herausstellte, daß Scheidungen zu finanziellen Verpflichtungen führten, begannen Feministinnen, Fundamentalisten und Fundamentalistinnen und die Frauenzeitschriften sexuelle Freiheiten wieder zu beschneiden. Eine Schlagzeile in *Cosmopolitan* lautete: »Sex: Er soll ihn sich verdienen.«[52] Das war noch *vor* der Herpesangst. Eine sorgfältige Analyse des Niedergangs der sexuellen Revolution zeigt, daß, wären Herpes und Aids nicht gewesen, irgend etwas anderes die sexuelle Freiheit wieder eingeschränkt hätte.[53] Frauen haben ein Interesse an ökonomischer Sicherheit; ihre sexuelle Zugänglichkeit hängt davon ab. Daß ein Mann gewöhnlich die Frau *vorher* zum Abendessen und zum Drink einlädt, verstärkt vielleicht dieses Interesse. Je traditioneller eine Frau ist, desto mehr Abendessen und Drinks braucht sie, um sich sexuell angesprochen zu fühlen. Sie wartet, bis er ihr eine Bindung verspricht, und das ist im Grunde ein Versprechen, lebenslang für sie zu sorgen.

VII. HABEN MÄNNER FRAUEN UNTERDRÜCKT?

Haben Männer Frauen als Besitz behandelt?

Erst wenn wir begreifen, daß Besitz wichtiger war als das Leben der Männer, begreifen wir den Doppelstatus von Frauen: Sie waren einerseits Besitz, andererseits wurden sie »auf ein Podest« gehoben. Es heißt zwar, daß Männer Frauen wie einen Besitz behandelten, aber selten, daß von Männern erwartet wurde zu sterben, um den Besitz zu schützen – das Leben von Männern war im Grunde nicht so wichtig wie der Besitz. Noch im 19. Jahrhundert bestimmte ein amerikanisches Bundesgesetz, daß der *Ehemann* für Verbrechen der Frau verurteilt wurde und daß *er* ins Gefängnis mußte, wenn *sie* schuldig gesprochen wurde.[54] Nur er kam in den Schuldturm, wenn seine Familie sich verschuldete.*

Historisch gesehen waren beide Geschlechter auf unterschiedliche Art Besitz. Junge Mayas banden sich vertraglich an ihre Schwiegerväter; in biblischer Zeit verdingte sich Jakob bei seinem Onkel Laban; in Amerika verdingte sich Johnny bei Uncle Sam ... In fast allen Gesellschaften, die Krieg führten, trugen junge Männer ihre Haut zu Markte und wurden schon von klein auf erzogen, stolz darauf zu sein.

In Amerika verdienten sich Zehntausende von Immigranten als vertraglich gebundene Dienstboten die Überfahrt. 90 Prozent von ihnen waren Männer. Diese Männer hatten sieben Jahre lang einen

---

* Da eine Frau kein »rechtsfähiges Subjekt« in der damaligen Rechtsordnung war, konnte sie keine Verträge schließen (und infolgedessen auch keine Schulden machen). – Anm. d. Red.

sklavenähnlichen Status.⁵⁵ Manche waren alleinstehend und hofften, genug Geld zu verdienen, um heiraten zu können. Andere hatten ihre Ehefrauen in Europa zurückgelassen. Denken Sie darüber nach. Gibt es einen größeren Liebesbeweis als den eines Mannes, der sich für eine Frau versklaven läßt, ohne von ihrer Kochkunst, ihrer Hausarbeit und ihrer Gesellschaft zu profitieren? Viele dieser Männer versklavten sich nicht nur am Muttertag – sie taten es täglich, sieben Jahre und länger. Nur Männer – das »unromantische Geschlecht« – taten das einseitig für ihre Frauen.

Viele der vertraglich gebundenen Männer dehnten ihren Vertrag auf vierzehn Jahre und mehr aus, um ihre Familien herüberzuholen. Diese Männer waren im Grunde Sklaven.

In Europa war es im frühen Mittelalter üblich, daß sich Männer als Gefolgsleute an Kriegsherren banden. In einer Zeremonie legte der Vasall seinen Eid ab. Der Fürst fragte den Vasallen, ob er »sein Mann« sein wolle, und zur Bekräftigung des Gelöbnisses küßten sie sich. Vom Vasallen wurde *verlangt*, daß er etwas tat, was Frauen selten für ihre Gatten tun: Er sollte es als Ehre betrachten, für den Schutz des Herrn zu sterben.⁵⁶

Wenn Männer nicht die Macht hatten, warum wurde dann Besitz durch Männer vererbt? Weil Männer dafür verantwortlich waren, Besitz zu erlangen. Männer zeichneten sich durch Besitz aus, Frauen durch Fruchtbarkeit und Kinder. Männer hatten Besitzrechte, um der Verantwortung für den Besitz gerecht werden zu können. Es gehörte zur gesellschaftlichen Norm, daß ein Mann seine Gattin mit so viel Besitz ausstattete, wie er selbst besaß, und das Scheidungstabu verhinderte, daß eine Frau den Besitz verlor, bevor der Mann ihn verlor.*

Frauen waren zwar Besitz, hatten aber auch Vorteile davon.

---

* Noch im *Bürgerlichen Gesetzbuch* von 1900 galt die Bestimmung, daß ausschließlich der Ehemann das Eigentum der Ehefrau verwalten und über es verfügen durfte. – Anm. d. Red.

Wenn Frauen so wertvoll waren, warum töteten dann Mütter weibliche und nicht männliche Babys?

Eltern – besonders alleinstehende *Mütter* – töteten manchmal weibliche Neugeborene, nie aber männliche. Warum nicht? In Notzeiten brauchte eine Familie eher Jungen, um die Felder zu bestellen und Nahrungsmittel zu erwirtschaften, als Mädchen, die Kinder bekommen, die wiederum ernährt werden mußten. Wenn für Kriege Jungen gebraucht wurden, opferte die Gesellschaft Mädchen oft als Babys und die Jungen später im Krieg. Warum wurden überhaupt Mädchen geopfert? Vernichtete ein Krieg das männliche Unterstützungssystem für Frauen, wurden manchmal kleine Mädchen »vernichtet«, bis Frauen wieder unterstützt werden konnten.

Es war keine Frage von weiblichen oder männlichen Neugeborenen. Die Frage lautete, wen die Gesellschaft zu einer bestimmten Zeit dringender brauchte.

Was ist die Lösung? Die Sozialisation beider Geschlechter für beide Rollen.

Haben Männer Frauen unterdrückt, indem sie Frauen aus bestimmten Bereichen ausschlossen?

Beide Geschlechter hatten eigene Domänen gesellschaftlichen Lebens, die voneinander getrennt waren.

Clubs, nur für Frauen

> Alle bekannten Gesellschaften werden von Männern regiert, die über die Reproduktionskräfte der Frauen bestimmen und von ihnen profitieren.
> ENCYCLOPEDIA OF FEMINISM[57]

In den meisten Kulturen durften nur Frauen bei der Geburt anwesend sein. Männer, auch Väter, waren ausgeschlossen.[58] Beide Geschlechter hatten also eigene Bereiche: Frauen hatten »Women only«-Clubs, und Männer hatten »Men only«-Clubs. Worin unterschieden sie sich? Von reinen Männerclubs sagten wir, sie seien der »Beweis« für Männerkumpanei, für männliche Dominanz und männlichen Chauvinismus. Und die reinen Frauenclubs? Wir sagten, sie seien ein Beweis für den Pflegeinstinkt von Frauen und das Versagen der Männer, sich um ihre Kinder zu kümmern.

Die ersten Männer, denen der Zutritt zu reinen Frauenclubs erlaubt wurde, waren...

Die ersten Männer, die zum weiblichen Gebärclub zugelassen wurden, waren nicht die Väter, sondern die Ärzte. Männliche Ärzte wurden erst im 19. Jahrhundert zugelassen, nachdem sie die Anästhesie entwickelt hatten.* Nun konnten sie die Schmerzen der Frauen lindern und durch bahnbrechende Techniken das Leben der Gebärenden retten. Ehemänner, die ihren Frauen nur Liebe und Unterstützung bieten konnten, blieben außen vor. Die Entscheidung, Ärzte zuzulassen und Ehemänner auszuschließen, war eine deutliche Botschaft an Männer, daß Frauen einen Retter dabeihaben wollten und diesen der Liebe und dem seelischen Beistand des Ehemanns vorzogen. Wir können verstehen, daß Männer sich als Geliebte und Väter abgewertet fühlten, wenn fremde weibliche Personen bei der Geburt dabeisein durften, sie aber nicht.**

Wenn Ehemänner die Macht hatten, wie konnten sie überhaupt ausgeschlossen werden? Wenn Frauen das Eigentum von Männern waren, warum war es ihnen dann nicht erlaubt, bei ihrem »Eigentum« zu sein? Wenn »männliche Institutionen« die Domäne von Männern gewesen sind, warum schlossen Krankenhäuser (»männliche Institutionen«) Ehemänner bis in die siebziger Jahre vom Kreißsaal aus? Wenn das Patriarchat eine männliche Verschwörung wäre, um den weiblichen Reproduktionsvorgang zu beherrschen, hätten sich Männer dann selbst davon ausgeschlossen? *Wollten* Männer denn überhaupt zugelassen werden? Nun, als Frauen sagten: »Männer, beteiligt euch«, da kamen Millionen von Vätern,

---

* Dies ist nicht ohne weiteres zu verallgemeinern. In Deutschland beispielsweise hatten sich die Ärzte schon mit Erlaß der ersten Hebammenordnung (ca. 1452, Regensburg) den Zutritt zu den Gebärstuben erzwungen. – Anm. d. Red.
** Zum Normalfall (im 20. Jahrhundert und in Deutschland) wurde das erst, als sich in den 50er Jahren die Klinikgeburten durchsetzten. Bis dahin waren bei Hausgeburten die Väter oft mit dabei, wenn sie das wollten. – Anm. d. Red.

und viele erlebten die glücklichsten Augenblicke ihres Lebens. Andererseits, wenn Männer früher wirklich gewollt hätten, wären sie dabeigewesen. Warum wollten sie nicht? Die Teilung der Arbeit führte zu einer Teilung der Rollen und der Interessen. Deswegen sind reine Männer- oder Frauenclubs nicht das Ergebnis einer Verschwörung von Männern oder Frauen, sondern das Ergebnis einer Rollenteilung.

Beide Geschlechter wehrten sich gegen Veränderung, als ihr traditioneller Verantwortungs- und Zuständigkeitsbereich gefährdet war (selbst wenn lebensrettende Hilfe angeboten wurde).

Heute werden Frauen oft als Schöpferinnen des Lebens verehrt und Männer als Zerstörer des Lebens bezeichnet. Ich glaube, wir sollten einfühlsamer sein und begreifen, daß beide Geschlechter Leben *fördern wollen* – Frauen setzten ihr Leben aufs Spiel, um Leben zu *schaffen*, und Männer setzen ihr Leben aufs Spiel, um Leben zu *beschützen*.

Sind Hexenverbrennungen der Beweis dafür, daß Frauen weniger wert waren als Männer?

Bei Hexen auf dem Scheiterhaufen denken wir meist an die Hexenprozesse von Salem und daran, was Männer Frauen antaten. Dabei kam die Sache ins Rollen, weil zwei *Mädchen* epileptische Anfälle hatten, für die sie die »Hexerei« mehrerer Frauen aus dem Ort verantwortlich machten.[59] Es kam zu den Salemer Hexenprozessen, weil alle den Mädchen blindlings glaubten und man sie retten wollte.

Wenn Frauen als Hexen verurteilt wurden, dann meinte man, keine Frau zu verurteilen, sondern ein Nichtwesen – ein *übernatürliches* Wesen. Im Prozeß sollte festgestellt werden, ob sie »tatsächlich« ein Nichtwesen war.

Frauen, die nicht bereit waren, ihren Part im »Überlebensspiel« zu spielen, waren stärker in Gefahr, zum Nichtwesen erklärt zu werden. Für eine Ledige, für eine Hebamme, die bei einer schlimmen Geburt geholfen oder selbst ein deformiertes Kind geboren hatte, für eine Häretikerin oder eine heilkundige Kräuterfrau, deren

Behandlung zum Tod geführt hatte, konnte es schnell gefährlich werden.[60] Es war auch riskant, sich offen für eine dieser Praktiken auszusprechen.

Zehn bis zwanzig Prozent der Verfolgten waren Männer.[61] Sie wurden Zauberer oder Hexenmeister genannt.[62] Auch Quäker, die sich weigerten, Kriegsdienst zu leisten, wurden auf dem Scheiterhaufen verbrannt. Ebenso erging es homosexuellen Männern.[63] »Faggot« (Schwuler) bezeichnete wörtlich ein Reisigbündel, das die Leute ins Feuer warfen, weniger wörtlich bezeichnete es einen Häretiker, der auf dem Scheiterhaufen verbrannt wurde.[64] Oft war dieser Häretiker ein Homosexueller.[65] Hexen (kinderlose Frauen) und Homosexuelle (Männer, die keine Kinder zeugten), beide wurden verbrannt.

Warum wurden viele Künstler und Schriftsteller verbrannt? Weil Schriften und Kunst die Leute dazu brachten, manches in Frage zu stellen. Wichtiger noch: **Künstler, Bildhauer und Schriftsteller gehörten zu den Randexistenzen, weil sie sich ganz ihrer Arbeit verschrieben und aus diesem Grund keine Familie versorgten.** Viele Homosexuelle hatten nie eine Familie gehabt und konnten deshalb Schriftsteller und Künstler werden. Sie standen auf besonders brüchigem Boden.

Künstler oder schwul zu sein, war nicht das *eigentliche* Problem. Wenn ein schwuler Mann einer Institution half, besser für deren Mitglieder zu sorgen – z.B. als Priester, Pastor oder Rabbi oder auf andere Art dazu beitrug, den Ruhm der Kirche zu mehren, wie es Michelangelo tat, indem er die Sixtinische Kapelle ausmalte[66] –, konnte er darauf hoffen, akzeptiert zu werden. In gleicher Weise hatte ein Künstler in der alten Sowjetunion zum Ruhm des Staates beizutragen. Ja sogar Schamanen, Heiler oder Orakel waren erlaubt, solange sie zum Schutz der Gesellschaft beitrugen.

VIII. WAR DIE WELT MÄNNERDOMINIERT, PATRIARCHAL UND SEXISTISCH?

> Ich regiere über die Athener, mein Eheweib regiert über mich.
> THEMISTOKLES, 528–462 v. Chr.[67]

Patriarchat oder Matriarchat: Herrschafts- oder Familienstruktur

> Kommt einmal her, Bursch; könnt Ihr wohl einem Menschen den Kopf abschlagen?
> Wenn der Mensch ein Junggesell ist, Herr, so kann ich's; ist's aber ein verheirateter Mann, so ist er seines Weibes Haupt; und ich kann unmöglich einen Weiberkopf abschlagen.
> SHAKESPEARE in *Maß für Maß*

Sprechen wir vom Patriarchat, meinen wir eine männerdominierte Politik- oder Machtstruktur. Wir vergessen dabei, daß die Familie im Alltagsleben des Individuums einen mindestens ebenso großen Einfluß hatte wie der Staat und daß die Familie von Frauen dominiert war. Wir vergessen, daß es hier auch eine Machtstruktur gab. Wie wir bereits wissen, hatte fast jede Frau in der frauendominierten Familienstruktur eine Hauptrolle inne, aber nur ein kleiner Prozentsatz von Männern hatte dies in den männerdominierten Strukturen von Religion und Politik.

Obwohl das Haus eines Mannes eher seine Hypothek als sein Schloß war, war es typisch für Männer, daß sie nach außen hin ihre Dominanz betonten, auch wenn sie sich innerlich ihrer Unterordnung bewußt waren...

Wenn es ein Privileg gewesen wäre, eine Frau ein Leben lang in eine Institution, Ehe genannt, aufzunehmen, warum kam das Wort »husband« von dem altgermanischen Wort »Haus« und dem altnorwegischen Wort »bound« oder »bondage«, Bindung?[68] Warum stammt es außerdem von Worten, die bedeuteten: »Mann, der zur Züchtung gehalten wird«, »einer, der den Boden bearbeitet« und »der männliche Teil des Paares bei niederen Tieren«?[69] Wenn die Ehe umgekehrt für Frauen so schrecklich wäre, wie häufig von feministischer Seite behauptet wird, warum ist sie dann der Dreh- und Angelpunkt weiblicher Phantasien – in alten Mythen und Legenden wie in Liebesromanen und Seifenopern der heutigen Zeit?

Die Jungen in Sparta, die nicht in ihrer Familie aufwachsen konnten, waren benachteiligt, nicht privilegiert. Männer, denen die Liebe von Frauen vorenthalten wurde, bis sie bei der Arbeit oder im Krieg ihr Leben aufs Spiel setzten, waren auch benachteiligt – oder tot. Junge Männer abzurichten, andere junge Männer zu töten, galt als moralisch richtig, wenn es das Leben sicherer machte und nur dann als unmoralisch, wenn es zu Unsicherheit führte. So gesehen verursachte das »Patriarchat« die Benachteiligung und den Tod von Männern, es schuf keine männlichen Privilegien.

Wir lebten also nie nur in einem Patriarchat oder nur in einem Matriarchat, sondern innerhalb jeder Gesellschaft in einer Mischform von Patriarchat und Matriarchat. Es gab keine männliche Dominanz, sondern männliche *und* weibliche Dominanz – eine Teilung von Dominanz, die ein Spiegel der Rollenteilung war. Jedes Geschlecht war in dem Bereich »dominant«, in dem es Verantwortung trug und sein Leben aufs Spiel setzte – dominant dort, wo es dienlich war.

Wie die männlichen Privilegien, so waren auch die weiblichen (z. B. beschützt zu werden, ohne zu töten oder getötet zu werden) die Belohnung, daß die zugewiesene Rolle ausgefüllt wurde. Beide Geschlechter wurden mit »Identität« belohnt, wenn sie mitspielten, mit Unsichtbarkeit bestraft, wenn sie versagten, und mit dem Tod, wenn sie aufbegehrten. Das Paradox der Männlichkeit ist, daß diejenigen, die ihrer Geschlechterrolle am besten folgten, Anführer genannt wurden. In Wirklichkeit aber waren sie keine Anführer, sondern Gefolgsleute.

Was ist Matriarchat und was ist Patriarchat?

Wie lautet dann die Definition von Patriarchat? Vielleicht am besten so: derjenige Bereich in einer bestimmten Kultur, der die Domäne der Männer ist und ihnen von der Gesamtgesellschaft (Männern wie Frauen) als ihr Herrschafts- und Verantwortungsbereich zur Bestandssicherung der Gemeinschaft zugewiesen wird.

Wie lautet die Definition von Matriarchat? Vielleicht so: derjenige Bereich in einer bestimmten Kultur, der die Domäne der Frauen ist und ihnen von der Gesamtgesellschaft (Männern wie Frauen) als ihr Herrschafts- und Verantwortungsbereich zur Bestandssicherung der Gemeinschaft zugewiesen wird.

Heute wird das Wort Patriarchat jedoch gebraucht, um Männer für alle Übel verantwortlich zu machen, und deswegen kann man es nicht mehr ohne diesen Beiklang benutzen. Mein Vorschlag: aus dem Sprachgebrauch streichen. Wenn Sie eine Gesellschaft beschreiben wollen, benennen Sie die Rollen, die beide Geschlechter spielten, um ihre Mitglieder am Leben zu halten. Dann werden wir eher Vielfalt entdecken als eine Verschwörung vermuten.

Ein Fehler des Feminismus ist die Annahme, Dominanz und Sexismus seien eine Einbahnstraße. So gesehen war der Feminismus eine recht traditionelle Bewegung: Er hielt an dem grundlegenden Glauben fest, daß Männer für alles verantwortlich waren, was geschah, Frauen nicht. Das stimmt natürlich nicht, weil es hieße, daß Frauen von Natur aus minderwertig oder dumm seien. Eine wirklich merkwürdige Position für eine feministische Bewegung. Wichtiger noch: Die Überzeugung, daß Männer für die Beschränkungen von Frauen verantwortlich seien, ist womöglich nur die Kehrseite des Glaubens an den Retter-Prinzen. Es mußten aber beide Geschlechter tun, was dem Leben der nächsten Generation dienlich war.

IX. UNSER GENETISCHES ERBE, UNSERE GENETISCHE ZUKUNFT

»Verdammt seien die Gene für den bleibenden Fluch und gelobt für die Tatsache, daß wir, als menschliche Wesen, auch bleiben.«[70]

Unser genetisches Erbe steht in Konflikt mit unserer genetischen Zukunft. **Daß in der Vergangenheit immer auf den Mann gesetzt wurde, der am besten töten konnte, hat dazu geführt, daß der Stärkste und Tüchtigste sich durchsetzt. Im Atomzeitalter aber beschwört dies die Vernichtung der ganzen Menschheit herauf.** In der Vergangenheit war der tötende Mann notwendig für das Überleben, für die Ehe und für die Familie. In Zukunft wird für das Überleben, für die Ehe und für die Familie der kommunikative Mann notwendig sein. Zum erstenmal in der Geschichte der Menschheit sind die Eigenschaften, die zum Überleben gebraucht werden, identisch mit denen, die zum Lieben nötig sind.

Ist es aber klug, etwas außer Kraft zu setzen, das über Millionen von Jahren natürlich war? Wenn es klug ist, ist es auch möglich? Und wenn es möglich ist, wie sollen wir es anstellen?

Die Frage lautet nicht: »Ist es natürlich?«,
sondern: »Ist es funktional?«

Wir neigen dazu, es für hilfreich zu halten, natürlich Gegebenes zu verstärken. Wenn aber ein Kind mit einer Behinderung auf die Welt kommt, wäre es unsinnig zu sagen: »Deine Behinderung ist natürlich, wir werden dir also zeigen, wie du sie steigern kannst!« Doch genau das tun wir mit der Aggressivität der Männer und der Passivität der Frauen. Wir bringen beiden Geschlechtern bei, ihre Handicaps zu steigern.

Angenommen, es wäre biologisch bewiesen, daß Frauen mit größerer Passivität geboren werden als Männer, dann lautet die einzig relevante Frage: »Können wir das für die Zukunft wollen, ist es sinnvoll?« **Wenn es nicht sinnvoll ist, ist die Notwendigkeit für eine**

Veränderung um so größer, je ausgeprägter die biologische Veranlagung ist.

Wenn weibliche Passivität tatsächlich angeboren ist, erhöht das den Bedarf an weiblichem Selbstbehauptungstraining. Wenn männliche Aggressivität tatsächlich angeboren ist, erhöht das den Bedarf an männlichem Selbstbehauptungstraining (nicht zu verwechseln mit Aggressivitätstraining).

Die Biologie gibt nur gute Hinweise auf das, was sich in der Vergangenheit im Überlebenskampf bewährt hat, nicht unbedingt auf das Verhalten, welches sich unter künftigen Verhältnissen bewähren wird. Die wichtigste Frage, die wir in bezug auf unsere Zukunft stellen können, lautet nicht: »Wie wird die Zukunft, und wie können wir uns darauf einstellen?«, sondern: »Wie soll unsere Zukunft aussehen, und wie können wir uns darauf einstellen?«

Gibt es noch Hoffnung?

Wenn sogar bei den Schimpansen, deren Gene mit den menschlichen fast identisch sind, die Männchen aggressiver sind als die Weibchen, gibt es dann überhaupt noch Hoffnung, daß sich die Menschen ändern, bevor sie sich umbringen? Ja. Und das, worauf wir unsere Hoffnung setzen können, ist der Anpassungsinstinkt.

In uns allen, ob männlich oder weiblich, steckt das Potential für den Killer-Beschützer und den Nährer-Erhalter.[71]

Als die Wikinger Zustimmung und verstärkendes Lob bekamen, wenn sie sich als Nährer-Erhalter verhielten und nicht als Killer-Beschützer, paßten sie sich bald an und änderten sich. Wandel war möglich, weil sie ihr Verhalten nach der Zustimmung ausrichteten. Umgekehrt steckt in jeder Frau das Potential für Aggressivität: Weibliche Fans, die sich zu einem Rockstar vorzukämpfen versuchen, sind aggressiver als männliche Fans in der gleichen Situation. Unsere Fähigkeit, uns anzupassen, reicht tiefer als unser Hang zur Aggression oder zur Passivität. Wir können uns einem Leben in Beverly Hills anpassen und dem Leben im Konzentrationslager... heute ein Botschafter sein und morgen eine Geisel...

Wie passen wir uns an?

Wir suchen uns bestimmte Typen von Männern und Frauen aus, mit denen wir Kinder haben, und so wird jedes Kind zu einer Abstimmung darüber, welche Art von Männern und Frauen wir wollen. Der Typ Mann oder Frau, den wir aussuchen, ist die wichtigste Wahl, die jeder Mensch trifft. Sie beginnt damit, welchem Typ von Männern und Frauen wir zujubeln und schöne Augen machen, sie geht weiter mit dem Typ, den wir heiraten, und endet mit dem Typ, mit dem wir Kinder bekommen. (Daneben sind alle unsere elterlichen Fähigkeiten zweitrangig).

Wie bringen wir Männer dazu, den Nährer-Erhalter in sich zu entwickeln? Zum Beispiel so: Cheerleaderinnen feuern eher Männer an, die zuhören, als Männer, die zuschlagen ... Männer wehren sich dagegen, daß sie eher dafür anerkannt werden, weil sie gewinnen können, und weniger, weil sie sich fürsorglich verhalten.

Frauen werden weiterhin die unangepaßte Version des Killer-Mannes wählen – Männer mit Ellbogen im Beruf –, bis sich Männer dagegen wehren. Männer werden sich nicht dagegen wehren, bis sie hinter den Zusammenhang kommen und sehen, welchen Preis sie für diese Rollenzuteilung zu zahlen haben: Herzinfarkt, Krebs, Selbstmord und die anderen fünfzehn Haupttodesursachen. Männer werden sich nicht wehren, bis sie verstehen, daß sie zum geopferten Geschlecht gemacht werden, wenn sie weiter in einer Rolle verharren, die aus einem vergangenen Stadium der Entwicklungsgeschichte stammt.

II. TEIL
MÄNNER: ALLEIN IM GLÄSERNEN KELLER

4. KAPITEL
Die Todesberufe:
»Mein Körper gehört mir nicht«

»Männer sind keine menschlichen Wesen, sondern menschliche Werke.«[1]

Es ist oft die Rede davon, daß Frauen in schlechtbezahlte Berufe mit schlechten Aufstiegschancen und schlechten Arbeitsbedingungen (z. B. Fabriken) abgedrängt werden. Der *Jobs Related Almanac*[2] (Handbuch des Arbeitsmarkts) zählt 250 Berufe auf und stuft sie nach Kategorien von sehr gut bis sehr schlecht ein. Die Einstufung wird aus der *Kombination* der Faktoren Bezahlung, Streß, Arbeitsumfeld, Aufstiegschancen, Gefahren am Arbeitsplatz und körperlicher Beanspruchung ermittelt. Demnach sind von den fünfundzwanzig schlechtesten Jobs vierundzwanzig fast reine Männerjobs.*

Hier einige Beispiele: Lastwagenfahrer, Metallarbeiter, Dachdecker, Kesselschmied, Holzarbeiter, Schreiner, Bauarbeiter oder Polier, Baumaschinenfahrer, Footballspieler, Schweißer, Mühlenarbeiter und Hüttenarbeiter. Alle diese »schlechtesten Jobs« haben eines gemeinsam: Sie werden zu 95 bis 100 Prozent von Männern ausgeübt.[3]

Täglich kommen ungefähr so viele Männer an ihrem Arbeitsplatz um wie während des Krieges an einem »durchschnittlichen Tag« in Vietnam.[4] Es gibt eigentlich drei männerspezifische Einberufungen: zu allen Kriegen, die Einberufung zum unbezahlten Leibwächter und die Einberufung zu allen gefährlichen Berufen – den »Todes-

---

* Der fünfundzwanzigste Beruf, in dem als einzige Ausnahme etwa zur Hälfte Frauen vertreten sind, war professionelles Tanzen. Es wurde, ebenso wie Profifootball, niedrig eingestuft. Zweifellos deswegen, weil mangelnde Arbeitsplatzgarantie, schlechte Langzeitperspektiven, hohe Verletzungsgefahr und ein hoher Streßfaktor zusammenkommen.

berufen«. Wenn Männer nicht gesetzlich einberufen werden, fühlen sie sich psychologisch einberufen und verpflichtet. Frauen gebären Kinder, Männer stellen den finanziellen »Mutterleib« bereit, in dem Kinder aufgezogen werden. Viele Männer ergreifen einen der Todesberufe, um diesen »Mutterleib« finanzieren zu können. Das unausgesprochene Motto dieser Todesberufe lautet: Mein Körper gehört mir **nicht.**

Die Todesberufe: ausschließlich Männer befinden sich im gläsernen Keller

- Männer erleiden 95 Prozent aller Berufsunfälle.[5]
- In den USA ist die Zahl der tödlichen Arbeitsunfälle drei- bis viermal höher als in Japan.[6] Wenn die USA die gleiche Unfallzahl hätten wie Japan, würden jährlich rund 6000 Männer und 400 Frauen weniger sterben.[7]
- In den USA kommt nur *ein* Beauftragter für Sicherheit am Arbeitsplatz auf *sechs* Fischerei- und Jagdbeauftragte.[8]
- In den USA gibt es in der Ausbildung von Betriebswirtschaftlern bisher keinen Kurs in Arbeitssicherheit.[9]
- Statistisch verliert in den USA in jeder *Arbeitsstunde* ein Bauarbeiter sein Leben.[10]
- Je gefährlicher ein Job, desto höher ist der Männeranteil. Hier einige Beispiele:[11]

Gefährliche Arbeiten

Feuerwehr	99 Prozent Männer
Holzfällen	98 Prozent Männer
Schwertransporte	98 Prozent Männer
Baugewerbe	98 Prozent Männer
Kohlebergbau	97 Prozent Männer

Sichere Arbeiten

Sekretär/in	99 Prozent Frauen
Rezeption	97 Prozent Frauen

Einer der Gründe, warum reine Männerberufe besser bezahlt werden, ist, daß sie gefährlicher sind. Die höhere Bezahlung könnte

DIE TODESBERUFE: »MEIN KÖRPER GEHÖRT MIR NICHT« 131

man als »Todesberufszulage« bezeichnen. Je gefährlicher eine Tätigkeit, desto höher ist die Wahrscheinlichkeit, daß sie an einen Mann vergeben wird.[12]
  Beide Geschlechter bauen an den unsichtbaren Barrieren, die beide behindern. So wie der Begriff »glass ceiling« die Barriere beschreibt, die Frauen von den gutbezahlten Jobs fernhält, beschreibt »glass cellar« die unsichtbare Barriere, die Männer in den Jobs festhält, die die höchsten Risiken aufweisen.
  Wir sind von den Insassen dieses gläsernen Kellers umgeben. Weil sie für uns jedoch Männer zweiter Wahl sind, machen wir sie unsichtbar. Wir verdunkeln den Keller. (Wir hören Frauen sagen: »Ich habe einen Arzt kennengelernt ...«, nicht: »Ich habe einen Müllmann kennengelernt ...«)

Männer im Alltag – Männer zweiter Wahl

Lassen Sie mich eine kleine Geschichte erzählen. Ich hatte gerade die Nachforschungen für dieses Kapitel beendet und wollte den Kopf freibekommen. Ich fand, ein Morgen mit allerlei Besorgungen wäre heute genau das Richtige.
  Wenn Sie die ersten Kapitel dieses Buches gelesen haben, werden Sie mißtrauisch sein. Sie haben bemerkt, daß jede Geschichte, die hier erzählt wird, eine kleine Moral hat, die Sie ziehen sollen. Haken Sie es ab unter Farrells Fabeln – aber Sie liegen völlig richtig, plötzlich sah ich überall jene Männer, über die ich geforscht hatte.
  Als ich gerade aus dem Haus gehen wollte, hörte ich den Lärm des Müllwagens. Normalerweise schießt einem nur durch den Sinn: »Ach ja, heute ist Müllabfuhr.« Diesmal gingen mir andere Gedanken durch den Kopf: Ein Müllmann hat ein zweieinhalbfach höheres Risiko, im Dienst getötet zu werden, als ein Polizist, und 70 Prozent aller Männer bei der städtischen Müllabfuhr von San Diego (wo ich wohne) hatten allein im letzten Jahr einen Arbeitsunfall.[13] Als dann der Müllmann zu meiner Tonne ging, brachte ich die 70 Prozent mit diesem Mann und seinem hohen Risiko von Rückenverletzung, Leistenbruch, Darmkrebs, Leberzirrhose oder auch dem, von einem Auto überfahren zu werden, in Zusammen-

hang. Ich sah Dinge, die ich nie zuvor wahrgenommen hatte ... zuerst das Stützkorsett für den Rücken, das einer der Männer trug, dann nahm ich sein Gesicht in mich auf, dann sah ich seinem Namen auf dem Schildchen, nach dem zu fragen ich mir bisher nie die Mühe gemacht hatte. Fahren Sie einmal mit mir im Müllauto einer dieser Männer mit.

Auf Terry Hennesys Route (es gibt ihn wirklich, die Geschichte ist wahr) liegt eine Zahnarztpraxis.[14] Als er kürzlich dort den Abfall einsammelte, zerplatzten einige Plastikbehälter mit Blut, und Blut spritzte ihm ins Gesicht. Nur wenige Wochen später fand er eine Handgranate aus dem Zweiten Weltkrieg und rund zwei Dutzend 9-mm-Munitionskapseln. Einige Monate später sammelte er eine Ladung von schwach radioaktivem Abfall ein. Seine Kollegen berichten von Batteriesäure, die auf die Kleidung und in die Gesichter spritzte, von Chlor, das aus einem Container schießt, einen Mann am Rücken trifft und ihn in Brand setzt, von heißer Asche, die in den Abfall geworfen wird und sich im Laderaum des Müllautos entzündet, von einem Container mit flüssigem Cyanid ...

Warum war ich mir all dieser Gefahren nicht bewußt gewesen? Wohl deshalb, weil Männer nicht davon sprechen, ihre Mißgeschicke mit Humor nehmen und sich »Cyanid-Mann«, »Radioaktiver« usw. nennen und weil die Verletzungen beispielsweise eines Footballspielers eindrucksvoller sind. Wenn ein Footballspieler ausfällt, beeinträchtigt das unser Ego: »Unser Verein« könnte dann ja verlieren. Wenn ein Müllmann stirbt, wird er ersetzt, wie irgendein Teil des Müllautos.

Früher sah ich den Sexismus darin, daß die Männer von der Müllabfuhr als Müllmänner bezeichnet wurden. Ich war mir nicht im klaren darüber, daß der eigentliche Sexismus darin bestand, daß es zu über 96 Prozent Männer waren, die aufgrund geringer Schulbildung und weil sie keine Berufsausbildung hatten, für gerade mal 9 bis 15 Dollar Stundenlohn eine Arbeit bei der Müllabfuhr anzunehmen gezwungen waren, um ihre Familien zu ernähren.[15] Oder besteht vielleicht der wirkliche Sexismus darin, etwas in den Müll zu werfen, das das Leben der Müllmänner aufs Spiel setzt?

Als ich einmal angefangen hatte, Müllmänner aus einem anderen Blickwinkel zu sehen, fiel mir noch etwas auf: Ich schaute sie anders an, sagen wir, eher wie Schwangere. Wenn ich eine schwangere Frau sehe, lächle ich automatisch. Es ist ein Lächeln, mit dem ich meine Anerkennung für ihre Freude und die ihr bevorstehende Aufgabe zum Ausdruck bringe. Doch einem Müllmann habe ich nie anerkennend zugelächelt für die Arbeit, die er verrichtet (obwohl er das mitversorgt, was die schwangere Frau in sich trägt, und auch er eine Last trägt, nur eine andere). Ich hatte auch kein Mitgefühl für seine fehlende Freude... Ich erwartete von ihm keine Freude. Er war praktisch unsichtbar, wie viele der Männer in den Todesberufen.

Wie immer, wenn sich der Blickwinkel auf etwas ändert, kommen neue Informationen auf einen zu, wie z. B. durch diesen Brief an Ann Landers:

> Liebe Ann,
> ich habe es satt, daß der Müllfahrer immer als Beispiel für einen leichten Idiotenjob herhalten muß. Ich bin mit einem Müllmann verheiratet, und so sieht sein Leben aus: Um 4 Uhr 30 morgens geht er zur Arbeit, sechs Tage in der Woche... Einmal hatten wir 50 Grad unter Null. Mein Mann war bei diesem scheußlichen Wetter zehn Stunden draußen... Er hat 2 500 Wohnungen auf seiner Tour... Wenn er bei jedem Halt auch nur einige Minuten länger brauchen würde, wäre er noch zwei, drei Stunden länger draußen... Er arbeitet im Akkord und bekommt 17,5 Cent pro Haus.[16]

Natürlich ist es seine *Ehefrau*, die schreibt. Der Müllmann selber bleibt stumm...

* * *

Auf dem Weg zum Supermarkt in Encinitas besorgte ich mir an einem Bankautomaten Bargeld. Ungefähr zur selben Zeit holte ein bewaffneter Bote aus einem anderen Automaten Geld. Es war der zweite bewaffnete Geldbote, der in dieser Woche von einer Kugel tödlich am Kopf getroffen wurde.[17] Jedesmal wenn ich einen Scheck gegen Bargeld einlöse, verdanke ich die Möglichkeit dazu einem bewaffneten Geldboten. Diese Kuriere transportieren buchstäblich jeden Cent Bargeld, der in der amerikanischen Wirtschaft zirkuliert. Einer von ihnen, ein Veteran, der an drei Kampfeinsätzen in

Vietnam teilgenommen hatte und dessen Zustellungsgebiet in der südlichen Innenstadt von Los Angeles lag, wo Gangs ihr Unwesen treiben, sagte zu mir: »Sobald du die Tür aufmachst, servierst du dich ihnen auf dem Tablett.«[18] Warum macht er dann seinen Job? David Troy Nelson drückt es so aus: »Nun ja, ich bin alleinerziehender Vater von zwei kleinen Kindern.« Er gibt sich für den Job her, um seinen zwei Kindern Essen geben zu können.

Das bringt mich auf Fleisch und Gemüse. Als ich im Supermarkt Hühnerbrust aussuchte, war mir die schlechte Behandlung der Hühner stärker im Bewußtsein als die schlechte Behandlung der Arbeiter, die die Hühner zerlegen. Von den 2 000 Arbeitern, die in der Morrell-Fleischfabrik arbeiten, verletzten sich *in einem Jahr* 800.[19] Einige dieser Arbeiter machen 1 000 Schneid- und Hackbewegungen in der Stunde. Bei einer jährlichen Wahrscheinlichkeit von vierzig Prozent, sich die Hand zu verletzen, war eine Verletzung nur eine Frage der Zeit. Bei Morrell sind fast 90 Prozent aller Arbeiter, die in den Jobs mit den größten Risiken arbeiten, Männer.[20] Dutzende hatten Operationen, die ein bis zwei Monate gebraucht hätten, um auskuriert zu werden, statt dessen wurde von den Männern verlangt, daß sie sofort nach der Operation wieder bei der Arbeit erschienen.

Als ich das Gemüse aussuchte, stand für mich selbstverständlich fest, daß ich all das gespritzte Gift, das dem Gemüse das schöne Aussehen gab, abwaschen würde. Jetzt dachte ich plötzlich an die Männer, die ihr Leben lang das Gift einatmeten, wenn es ihnen in den Flugzeugen und auf den Traktoren, mit denen sie es versprühten, ins Gesicht blies.

Ich hatte die Landwirtschaft immer für einen ziemlich risikolosen Beruf gehalten, in dem Männer und Frauen »Seite an Seite« arbeiten. Das war ein Irrtum. Den Bergbau ausgenommen, hat die Landwirtschaft die höchste Todesrate von allen Industrien.[21] Junge Männer haben ein *vierundzwanzigmal* höheres Risiko als junge Frauen, bei der landwirtschaftlichen Arbeit umzukommen.[22] Sie büßen auch mit höherer Wahrscheinlichkeit einen Arm, ein Bein oder einen Finger ein. In Wirklichkeit arbeiten Männer und Frauen nicht »Seite an Seite«. Männer arbeiten da, wo die Gefahren am größten sind, Frauen da, wo die Sicherheit am größten ist.

DIE TODESBERUFE: »MEIN KÖRPER GEHÖRT MIR NICHT« 135

Am Highway

    Als ich ein Fertiggericht für die Mikrowelle aussuchte, war ich den vielen Männern dankbar, die es produziert hatten – die pflügten, schleppten, sprühten und Amputationen riskierten, damit ich eine warme Mahlzeit essen konnte.

    Als ich den Supermarkt verließ und den Encinitas Boulevard hinunterging, zählte ich auf meinem sechs Häuserblocks weiten Weg rund dreißig Wanderarbeiter. Sie schauten sehnsüchtig nach jedem Passanten, in der Hoffnung auf irgendeinen Tagelöhnerjob in der Landwirtschaft. Ich sah einen Lastwagen vorbeifahren, sah, wie der Fahrer die Männer musterte, zwei von ihnen herauspickte und die anderen stehenließ. In den zehn Jahren, die ich in Encinitas bei San Diego lebe, habe ich Tausende von Wanderarbeitern an den Straßenecken warten sehen. *Alle* waren Männer. Und wenn diese den ganzen Tag vergeblich gewartet hatten, konnten sie abends in kein warmes Zuhause zurückkehren. Sie mußten in den kalten Hügeln kampieren. In San Diego sind diese Männer an jeder Ecke zu sehen.

    Nach sieben bis zehn Jahren Feldarbeit haben sich die Männer krummgeschuftet, und ihre Hände sind aufgeschürft. Die Pestizide, die zwei-, dreimal täglich auf die Felder gesprüht werden, dringen in ihre Haut ein, besonders in offene Schnittwunden an den Händen. Das Gift läßt nach und nach das Gehirn dieser Männer schrumpfen oder verursacht Krebs. Diejenigen, die es Jahr für Jahr wieder in die USA schaffen, um auf den Feldern zu arbeiten, sind der Gefahr eines Hirnschadens oder eines frühen Todes ausgesetzt (meist im Alter von vierzig Jahren).

Die meisten der Männer schicken ihren Lohn an ihre Ehefrauen und Kinder in Mexiko, die sie nur ein-, zweimal im Jahr besuchen. Dann gehen sie wieder illegal über die Grenze und riskieren, dafür ins Gefängnis gesteckt zu werden. Das kann man als Wanderarbeiter-Einberufung bezeichnen. Wieder eine Einberufung, die nur Männer trifft.

»Sich-opfern-um-zu-ernähren« ist die männliche Form von Fürsorge. Männer bieten ihren Familien ihre Art von Schoß, den finanziellen Mutterleib, und zwar in allen Gesellschaftsschichten. Sie stellen ihren Körper zur Verfügung.

Männer hängen sich aber keine Plakate um mit der Aufschrift »Mein Körper gehört mir«. Es ist ihnen nicht bewußt, daß sie Opfer sind. Keine Bewegung nennt diese Männer unterdrückt, weil sie das Geld für Frauen aufwenden, von denen sie weder bekocht noch sonstwie versorgt werden, oder weil sie für ihre Frauen für ein Haus bezahlen, während sie selbst im Freien nächtigen. Wenn ein Feldarbeiter politisch radikalisiert wird, lernt er, den Klassenunterschied zu sehen, dem Sexismus gegenüber bleibt er blind. Und doch nennen wir mexikanische Männer Patriarchen – so als wären die Regeln ihrer Gesellschaft zu ihrem Vorteil und gingen auf Kosten der Frauen.

Als ich an einem Supermarkt anhielt, um Grapefruitsaft zu kaufen, beobachtete ich einen großen Lastwagen, der in die enge Zufahrt zur Warenanlieferung fuhr. Das hatte ich schon oft gesehen, aber erst als mir bewußt wurde, daß der knappe Zeitplan der Lastwagenfahrer manchmal dazu führte, daß sie am Steuer einschliefen (ihre Todesrate ist die höchste aller Berufe[23]), bemerkte ich, daß der Fahrer eine Tasse Kaffee hastig trank. Jetzt nahm ich nicht mehr nur den Lastwagen wahr, der mir den Weg zum Parkplatz versperrte,

DIE TODESBERUFE: »MEIN KÖRPER GEHÖRT MIR NICHT« 137

sondern auch den Fahrer. Ich stellte ihn mir um vier Uhr morgens nach seiner achten Tasse Kaffee vor, wie er trotz Übermüdung weitermacht – alles, nur damit jeden Morgen meine Brötchen zu erschwinglichen Preisen auf den Tisch kommen.

Ich dachte daran, daß ich Ferntransporte eher mit den Todesfällen assoziiert hatte, die *durch* einen Lastwagenunfall verursacht wurden, nicht so sehr mit den verunglückten Fernfahrern. Meine innere Einstellung hatte sich geändert, und so wurde die Wartezeit zu einem Moment der Anerkennung. Ich lächelte ihm zu, und er muß es wahrgenommen haben, denn er lächelte zurück, als ob er die Anerkennung gespürt hätte.

Einen Monat später war ich es, der verblüfft war. Als ich mir den Film *Thelma und Louise* ansah und den begeisterten Applaus des Publikums hörte, als die beiden Frauen den Lastwagen des Fernfahrers anzünden, da war mir durchaus klar, was das Publikum damit ausdrücken wollte, aber ich war traurig darüber, was dem Publikum entgangen war.

Auf dem Nachhauseweg hatte ich plötzlich den Wunsch, bei einem Haus anzuhalten, das mir sehr gefiel. Es wurde gerade auf einer Klippe über dem Meer errichtet. Als ich den Männern zusah, wie sie Nägel ins Holz schlugen, stellte ich mir die Lastwagenfahrer vor, die die Stämme durch den Stadtverkehr, und die Holzarbeiter, die die Stämme durch halbzugefrorene Flüsse manövriert hatten (was Holzarbeit zu einer der gefährlichsten Arbeiten macht). Ich dachte an Sprüche aus dem Holzfällerjargon wie »toter Mann« und »Witwenmacher«, die darauf anspielen, daß bei der Holzarbeit Männer zu Tode kamen und ihre Frauen zu Witwen wurden. Mir wurde klar, daß dieses schöne Haus nur entstand, weil sich Bauarbeiter, Fernfahrer und Holzarbeiter Gefahren aussetzten. Als ich wegen des kühlen Winds aufbrach, sah ich einen Arbeiter im zweiten Stockwerk, der fast den Balken verfehlte, an dem er sich festhalten wollte, um nicht ins Meer zu stürzen.

Da fiel mir ein Freund wieder ein, der vor fast zehn Jahren vom Ausleger eines Krans getroffen worden war. Obwohl er sich etwas davon erholt hat, hat sich sein Leben total verändert – das Leben seiner Frau auch. Ich fragte mich, warum kaum ein Bundesstaat genügend Beauftragte für Sicherheit am Arbeitsplatz einstellt. Heute bleibt oft nichts weiter, als *nach* einem tödlichen Unfall die Ursache festzustellen.*

Die Fahrt hatte länger gedauert als erwartet, und deshalb gab ich ein wenig Gas. Im nächsten Augenblick hörte ich eine Sirene. Mir blieb fast das Herz stehen, bis ich im Rückspiegel ein Feuerwehrauto sah und mich wieder beruhigte. Als ich sicher war, daß es nicht auf mein Haus zufuhr, dachte ich über das Feuer im Metro-Goldwyn-Mayer-Grand-Hotel in Las Vegas nach, wo sechsundsiebzig Menschen in nahezu unzerstörten Zimmern gestorben waren, unberührt vom Feuer, unberührt vom Rauch.[24] Da ging mir zum erstenmal auf, daß Feuerwehrleuten mehr Gefahr von toxischen Emissionen droht als von Feuer oder Rauch – nicht immer unmittelbar, aber kumulativ. Warum?

Die Ursache für den Tod der Menschen ist die Plastikausstattung. Seit dem Zweiten Weltkrieg wurde zunehmend Plastik, Polyvinylchlorid (PVC), für die Herstellung von Telefonen, Möbeln, Teppichen, Tapeten, Papierkörben, sanitären Einrichtungen und Fernsehern verwendet. Geraten diese Gegenstände in Brand, entstehen tödliche chemische Verbindungen wie Chlor, Salzsäure, Phosphorgas (das so tödlich ist, daß es im Zweiten Weltkrieg als chemische Waffe eingesetzt wurde). Wenn ein Feuerwehrmann in ein Haus geht, sieht er vielleicht keine Flammen oder keinen Rauch, doch die unsichtbaren Dämpfe sind eine unsichtbare Giftgasbombe. Toxische Emissionen werden zu toxischer Munition. Und die Folgen?

Die Todesrate durch Krebs liegt bei Feuerwehrleuten um etwa 400 Prozent höher als bei der Durchschnittsbevölkerung.[25] Feuerwehrleute, die an Krebs erkranken, erreichen ein Durchschnittsalter von zweiundfünfzig Jahren.[26] Berufsbedingte Verletzungen, wie Rückenverletzungen, und Berufskrankheiten, wie Herzinfarkt, zwingen *jeden dritten* Feuerwehrmann zur vorzeitigen Aufgabe seines Berufes.[27] Einer von einundzwanzig Feuerwehrleuten steckt sich mit einer Krankheit an (davon ein Viertel mit Aids).[28]

Ehrenämter gelten zwar oft als Frauensache, 80 Prozent aller

---

* Da es in den USA kein mit europäischen und deutschen Verhältnissen vergleichbares Rentensystem gegeben hat, fehlte dort jene einflußreiche Lobby, die in Europa wesentlichen Einfluß auf die Entwicklung höherer Sicherheitsstandards über arbeitsrechtliche Regelungen genommen hat. – Anm. d. Red.

städtischen Feuerwehrleute in den USA, fast eine Million, aber sind Freiwillige – und zu 99 Prozent *männliche* Freiwillige.[29] Mir ist keine vergleichbare Zahl bei Frauen bekannt, die sich freiwillig in Todesgefahr begeben, um anderen das Leben zu retten.

Warum benutzen nicht mehr Feuerwehrleute einen Atemschutz? Die Ausrüstung für den Atemschutz erhöht die fünfundvierzig bis fünfundsechzig Kilo der Leitern, Äxte, Schläuche und Schutzkleidung, die von den Feuerwehrleuten bereits geschleppt werden, um noch mal fünfzehn Kilo. Feuer zu bekämpfen, verlangt einen organisierten Einsatz mit guter Kommunikation – Atemmasken hindern die Feuerwehrleute an der Kommunikation.

Die Feuerwehrleute wissen, daß irgendein anderer sterben könnte, wenn sie sich selbst besser schützen. Eine Flamme kann sich mit einer Geschwindigkeit von fünf Metern pro Sekunde ausbreiten. So war es z. B. bei dem Feuer 1980 im MGM-Grand-Hotel in Las Vegas. Innerhalb von Minuten starben fünfundachtzig Menschen. Es dauert ungefähr eine Minute, um die Sauerstoffmaske anzulegen. In dieser Zeit kann sich ein Feuer mehr als dreihundert Meter weit ausbreiten. Kurzum, viele Feuerwehrleute setzen ihr eigenes Leben aufs Spiel, um das von anderen zu retten.

Aber warum tun sie das? Um Anerkennung zu finden. Manche Feuerwehrleute fühlen sich allerdings wenig geachtet, so, wenn Hausbesitzer sich über die schmutzigen Stiefelabdrücke der Feuerwehrleute auf ihren Teppichen beklagen.

Als ich in die Auffahrt zu meinem Haus einbog, bemerkte ich einen Möbelwagen vor einem neuen Haus in der Nachbarschaft. Ich sah, wie die Möbelpacker gerade eine große Couch hochhoben, sie durch ein Tor bugsierten und dann eine gewundene Treppe hochjonglierten. Ich hörte, wie der Vater zu seinem Sohn sagte: »Paß auf beim Schleppen, sonst kriegst du es auch noch so übel am Kreuz wie ich.«

Ich sah mich in meinem Haus um und hatte Hochachtung davor, wie der Kühlschrank und die Aktenschränke hertransportiert worden waren, empfand Anerkennung für die Männer, die mein Leben angenehm machten und dabei unsichtbar blieben.

Als ich den ersten Entwurf dieses Kapitels einem Freund zeigte, der in der Kohleindustrie arbeitet, sagte er: »Du hast den Industriezweig mit den höchsten Risiken ausgelassen: den Bergbau.« Ich erwiderte, daß es wohl daran läge, daß ich in meinem Alltag wenig vom Bergbau zu sehen bekomme. Er korrigierte mich: »Den Bergmann bekommst du nicht zu sehen, aber du bist umgeben von den Erzeugnissen des Bergbaus.«[30] Ich wurde neugierig.

»Erstens«, sagte er, »Bergbau ist nicht nur Kohlebergbau, sondern auch Metallbergbau, Erdöl- und Gasabbau. Schau in den Spiegel und sieh dir deine Zähne an: Die Füllungen bestehen aus Gold, Silber, Quecksilber und Kunststoffen (Erdöl). Dein Brillengestell besteht nicht nur aus Metall, sondern auch aus Plastik, das aus einer Mischung von Kohle und Erdöl hergestellt wird. Und sicher hast du das Licht angeknipst. Es scheint aus Glühbirnen, die Wolfram, Quecksilber und Phosphor enthalten. Die Elektrizität, die das Licht leuchten läßt, fließt durch Kupfer- und Aluminiumdrähte aus Generatoren, die auch aus Kupfer bestehen und von Dampfturbinen angetrieben werden, für die die Energie aus Uran, Kohle oder Erdöl gewonnen wird.« Ich war beeindruckt.

»Und dann die Kleidung«, sagte er, »sie enthält meist Eisen, aus Eisenerz gewonnen, Kalkstein und Kohle. Deine Computer sind auch aus Plastik, Glas, Phosphor und Dutzenden von Metallen, die in Minen abgebaut werden. Die Manuskriptseiten, die du mir geschickt hast, werden von Klammern zusammengehalten (Eisenerz, Kalkstein, Kohle). Wenn deine Leser das Buch in der Hand halten, werden sie die Worte von Papier ablesen, das mit Schwefelsäure hergestellt wird, einem Nebenprodukt bei der Raffinierung von Erdöl und Eisenerz. Ist das Papier säurefrei, enthält es wahrscheinlich Calciumcarbonat (Kalkstein), das die Säure neutralisiert. Sogar der Kleber, der das Buch zusammenhält, ist teilweise aus Erdöl gemacht. Wenn der Schutzumschlag glänzt, dann deshalb, weil dem Papier Tonerde zugesetzt wurde.«

Was macht den Bergbau so gefährlich? Woche für Woche verursachen Felsbrocken, die von den Minendecken fallen, Quetschungen und Todesfälle unter den Bergleuten; freihängende elektrische Leitungen versetzen ihnen Stromschläge, und Transportfahrzeuge zerquetschen sie. Wenn in einem Büro die Decken einstürzen und Sekretärinnen getötet würden, elektrische Leitungen aus den Wänden auf die Schreibtische herabhingen und ihnen Stromschläge versetzen oder Transportsysteme sie zerquetschen würden, wie viele Frauen würden dann dort arbeiten wollen (für jeden Preis)? Wie lange würde der Arbeitgeber eine Klage umgehen können? Nun hatte ich für heute genug nachgedacht. Ich schaltete zur Entspannung den Fernsehapparat ein. Trotzdem entschied ich mich für die Nachrichten und nicht für den Spielfilm. Es wurde ein Bericht zum Thema Drogenbekämpfung gesendet.

Am nächsten Morgen machte ich dazu einige Recherchen. In den Jahren zwischen 1921 und 1992 waren *alle* verdeckten Ermittler der *Drug Enforcement Administration* (DEA; US-Behörde für Drogenbekämpfung), die bei der Arbeit getötet wurden, Männer.[31] Im Krieg gegen die Drogen wird also mit einer nach Geschlechtern getrennten Armee gekämpft: Die Frauen sind in sicheren Stellungen, die Männer an der Front.

Früher durchliefen DEA-Agenten ihr ganzes Berufsleben, ohne einmal ihre Waffe ziehen zu müssen.[32] Der Chefausbilder der DEA-Akademie sagt heute: »Ein DEA-Agent, der jetzt die Ausbildung abschließt, wird möglicherweise schon in der ersten Einsatzwoche seine Waffe gebrauchen müssen.«[33] Heute weist die DEA die höchste Überfallquote aller Polizeisparten auf.[34]

Es war mir nie in den Sinn gekommen, daß Drogenbekämpfung reine Männersache ist.

Die Retterberufe

Ergänzen Sie ganz spontan die folgenden Sätze:

– Kurz nachdem sie den Alarm gehört hatten, rettete ein Team von .... einige Frauen aus der brennenden Wohnung.
– Zwei .... haben im Central Park eine Joggerin überfallen.

Die meisten Leute denken an »Feuerwehrmänner« oder »Feuerwehrleute«, die die Frauen retten. Es gilt heute als sexistisch, wenn ein Fernsehsprecher das Wort »Feuerwehrmänner« benutzt statt »Feuerwehrleute«. Wenn aber eine Frau überfallen wird, dann sagt der Fernsehsprecher: »Zwei *Männer* haben eine Frau überfallen.« Wenn

Männer eine Frau *retten*, betonen wir ihre Funktion (*Feuer*wehrleute, Ärzte). Wenn Männer einer Frau *etwas antun*, denken wir überwiegend an ihr Geschlecht (Männer), nicht an das Verhalten einiger Männer (Gewalt). Auf diese Weise baut und staut sich unbewußt Männerhaß auf, was dazu führt, daß wir kein ungutes Gefühl haben, wenn der Tod von Männern hingenommen wird.

Bei Krankenschwestern sprechen wir vom »Helferinnenberuf«, Polizisten nennen wir »Bullen« (oder »Schweine«), wir sprechen nicht von einem »Helferberuf«. So kommt es, daß wir die körperliche Kraft der Männer mit Verletzung von Frauen assoziieren und nicht damit, daß sie diese Kraft meist einsetzen, um Frauen zu retten – sie tun das nicht nur als Polizisten und bei der Feuerwehr, sondern auch als Leibwächter. Sie sind bereit zu sterben, um zu verhindern, daß die geliebte Frau vergewaltigt, beraubt oder ermordet wird.

Die männliche Bereitschaft zu retten gibt es selbst an Orten, die wir normalerweise mit der männlichen Bereitschaft zu zerstören assoziieren. Als der glühende Kern des Atomreaktors in Tschernobyl in ein Becken mit radioaktivem Wasser zu fallen drohte, was zu Dampfexplosionen geführt und für noch mehr Menschen den frühen Krebstod bedeutet hätte, tauchten drei Männer freiwillig in das radioaktive Wasser, um Ventile zu öffnen, damit das Wasser ablaufen konnte. Sie verhinderten so eine Dampfexplosion. Obwohl der Chef der Anlage die Arbeiter davon abhalten wollte, in das kontaminierte Wasser zu steigen, meinte später einer dazu: »Wie hätte ich das nicht tun können, wo ich doch der einzige in der Schicht war, der wußte, wo die Ventile sind?«

Tschernobyl zeigt uns also nicht nur die Zerstörungsbereitschaft der Männer, sondern auch ihre Bereitschaft zu retten.

Zweierlei Maß bei den Todesberufen

Feministische Artikel stellen Bergbau, Baugewerbe und andere Todesberufe als Beispiele des männlichen Machtsystems hin, als »reine Männerclubs«. Als dann aber die Zeitschrift *Ms.* eine Bergarbeiterin vorstellte, wurde betont, daß die Frau »gezwungen« war, diesen

Job anzunehmen, weil er gut bezahlt ist, und daß sie ihre Familie nur ernähren konnte, weil sie diesen Job hatte.[35]

Ms. hätte nie zugegeben, daß die gefährlichen Berufe deswegen am besten bezahlt werden, weil sie so gefährlich sind, und fast reine Männerberufe waren, weil *Männer* für Gefahrenzulagen ihr Leben aufs Spiel setzten, um davon *ihre* Familien zu ernähren. Ms. konnte nicht zugeben, daß fast keine Frau in einer Mine arbeitete, um einen Ehemann zu ernähren. Oder daß diese Frau nicht zur Mine gegangen wäre, wenn sie einen Ehemann gehabt hätte. Dann hätte *er* dort gearbeitet, nicht sie. Todesberufe gelten als Privileg, wenn Männer sie ausüben, und als Unterdrückung, wenn Frauen sie ausüben. Hier wird mit zweierlei Maß gemessen, und deswegen fühlen sich zwei Generationen von Männern verkannt.

Frauen in den schlechtesten Jobs?

Wir haben festgestellt, daß 24 der 25 *schlechtesten* Jobs Männerjobs sind[36] und daß auch viele Männer in schlechtbezahlten Berufen arbeiten (Busschaffner, Türsteher, Spüler, Tankwart etc.). Viele der schlechtestbezahlten Jobs aber werden *tatsächlich* von Frauen ausgeübt. Warum die Unterscheidung zwischen »schlechtesten Jobs« und »schlechtbezahlten Jobs«? Weil viele der schlechtbezahlten Jobs deswegen schlecht bezahlt werden, weil sie sicherer und befriedigender sind, flexible Arbeitszeiten bieten und andere Vorzüge aufweisen. Deswegen sind sie begehrter und folglich schlechter bezahlt. *Egal* ob Männer oder Frauen einen Beruf mit diesen Vorzügen wählen: Sie wissen vorher, daß sie ein niedriger Lohn erwartet. Frauen entscheiden sich viel eher für einen Beruf, der mindestens sieben der folgenden acht Merkmale aufweist – die man zusammengenommen die »weibliche Berufsformel« nennen könnte:

Die »weibliche Berufsformel«

Frauen stellen heute 15 bis 30 Prozent in den wenigen gutbezahlten Berufen, die hohe Anforderungen an Persönlichkeit und Ausbildung stellen, wie Jura oder Medizin. Berufe aber, die zu 90 Prozent von Frauen ausgeübt werden, haben wenigstens sieben der folgenden acht Merkmale. Die Kombination aller sieben Merkmale macht den Beruf sehr gesucht – so gesucht, daß ein Arbeitgeber mehr als genug qualifizierte Bewerbungen bekommt und deswegen einen niedrigen Lohn dafür ansetzen kann.

- *Die Möglichkeit, am Ende des Arbeitstages »abzuschalten«* (Verkaufspersonal im Kaufhaus / Rechtsanwalt)
- *Geringe körperliche Belastung und Risiken* (Rezeption / Feuerwehr)
- *Tätigkeiten, die in Räumlichkeiten ausgeübt werden* (Sekretärin / Müllwerker)
- *Geringes Risiko* (Angestellte / Kapitalspekulation)
- *Angenehme oder flexible Arbeitszeit* (Krankenschwester / Arzt)
- *Kein Zwang zum Ortswechsel*, z. B. aufs Land – »zieh um, oder geh« (Firmensekretärin / Geschäftsführung)
- *Hohe Befriedigung* im Vergleich zur Ausbildung (Erzieherin / Bergarbeiter)
- *Kontakt mit Menschen* in einem angenehmen Umfeld (Kellnerin in einem Restaurant / Fernfahrer)

Beachten Sie, daß sich die weibliche Berufsformel auf alle Berufe anwenden läßt, die zu 90 Prozent von Frauen ausgeübt werden: Empfangsdame, Sekretärin, Erzieherin, Krankenschwester und Angestellte oder Verkäuferin in einem Warenhaus.

Die »Draußen-Berufe«

Typische Männerberufe werden meist im Freien ausgeübt, was sie, neben dem Risiko, durch einen Unfall zu Tode zu kommen, so gefährlich macht. Aufgrund des Ozonlochs in der Ozonschicht ist jemand, der täglich draußen an der Sonne arbeitet, auch einem höheren Krebsrisiko ausgesetzt. Dieses neu hinzugekommene Risiko für Feuerwehrleute und Bauarbeiter ist nicht sichtbar. Und was den Straßenarbeiter oder den Müllmann angeht – er nimmt nicht nur ultraviolette Strahlen über die Haut auf, sondern auch Abgase mit der Atemluft. Deswegen stehen die »Draußen«-Berufe auf der Liste der Todesberufe.

Je mehr eine Arbeit den Unbilden der Witterung ausgesetzt ist, desto wahrscheinlicher wird sie von einem Mann ausgeführt: Gräbenziehen war früher die Arbeit von Sträflingen und wurde als Ausbeutung der Gefangenen kritisiert.[37] Als Ausbeutung von Männern wird es toleriert. Der Tankwart, der bei Regen Benzin einfüllt, ist höchstwahrscheinlich ein Mann (wogegen die Person, die drinnen das Geld kassiert, ein Mann oder eine Frau sein kann). Ob Dachdecken oder Schweißen, wenn es sich um einen »Draußen«- Beruf handelt, ist es ein Männerberuf.

Die Bereitschaft, sich am Arbeitsplatz einer tödlichen Gefahr auszusetzen, ist bei Männern und Frauen unterschiedlich ausgeprägt. Das hat tiefere Gründe. Die Todesberufe sind eine Metapher dafür, daß der Mann meint, kein Anrecht auf Schutz zu haben. Schikanen werden »Jux« und »Frotzelei« genannt, und damit werden jene Männer ausgesondert, die genauso beschützt werden möchten, so daß ein Team von Beschützern übrigbleibt. Wichtig ist, mit der Gefahr für Leib und Leben fertigzuwerden, Schikanen werden locker hingenommen.

Das heißt nicht, daß Schikanen für den einzelnen gut sind. Im Gegenteil: Die Haltung, die andere beschützt, ist für den Selbstschutz äußerst schädlich. So kommt es, daß mehr New Yorker Polizisten Selbstmord begehen als im Dienst getötet werden.[38]

Jeder Mann, ob in einer Kohlenmine oder in einem Schützengraben, *rechnet* damit, daß über seinen Körper verfügt wird. Männliche Prostitution ist einfach eine Tatsache, und sich nicht prostituieren zu müssen ein Luxus. Deswegen lautet das unausgesprochene Motto der Todesberufe: Mein Körper *gehört mir nicht*.

* * *

Es ist also ein Mythos, daß Frauen in die schlechtesten Jobs abgedrängt werden. Jobs, für die eine geringe Vorbildung nötig ist und die ungefährlich sind, werden schlechter bezahlt, und Jobs, die einen hohen Grad von Befriedigung bieten, werden schlechter bezahlt – und zwar bei *beiden* Geschlechtern. Die schlechtesten Berufe sind fast immer »Männerberufe«. Sie werden häufiger von Männern ausgeübt, weil sie im allgemeinen mehr Münder zu füttern haben.

Wieviel lassen wir uns die Sicherheit der Männer am Arbeitsplatz kosten?

Männer sterben zu lassen, ist eine Sparmaßnahme. Sicherheit kostet Geld. Ein Bauunternehmer, der niedere Kostenvoranschläge einreicht, um einen Auftrag zu bekommen, muß die Männer bei der Arbeit antreiben, sonst geht er pleite. Ein Sicherheitsbeauftragter drückte es so aus: »Wenn alles hopp, hopp gehen muß, wenn du anfängst, die Leute zu hetzen, und alles im Schnellverfahren machst, kann was schiefgehen. Und dann gibt es Tote.«[39] Nein. Dann gibt es tote *Männer*. Wie viele von uns arbeiten in einem Bürogebäude, bei dessen Errichtung ein Mann ein Körperteil oder das Leben eingebüßt hat?

Wie lautet die Lösung? Strikte *Überwachung* der Sicherheitsstandards. Warum die Betonung auf Überwachung? Die Sicherheitsstandards sind gut, es ist die Überwachung, an der es mangelt. Nur wenn der Staat die Sicherheitsstandards überwacht, sind Firmen, die Kosten für Sicherheitsmaßnahmen einkalkulieren, nicht teurer als die Konkurrenz. Die heutige Praxis fördert Firmen, die das Leben von Männern aufs Spiel setzen.

Der Staat: der Ersatzehemann am Arbeitsplatz

> Kürzlich habe ich einen Artikel über den Schutz von Eulen im Nordwesten des Landes gelesen. Ich frage mich, wie viele Regierungsbeamte sich wie viele Jahre damit befaßt haben. Es gibt in der ganzen US-Regierung *keinen*, der sich hauptberuflich mit der Sicherheit von Arbeitsplätzen befaßt. Am liebsten würde ich zurück nach Kansas gehen, all die gottverdammten Eulen, die ihnen so wichtig sind, in Kisten packen und sie an die Regierungen in Washington und Oregon schicken.
> JOSEPH KINNEY, National Safe Workplace Institute[40]
> (Bundesanstalt für Sicherheit am Arbeitsplatz)

Kaum war staatlicherseits das höhere Risiko von tödlichen Unfällen am Arbeitsplatz bei Männern dokumentiert worden, kürzte die Regierung die Programme zum Schutz von Männern und erweiterte die Programme zum Schutz von Frauen.

DIE TODESBERUFE: »MEIN KÖRPER GEHÖRT MIR NICHT« 147

> Mike Luckovich
> ATLANTA CONSTITUTION
>
> Machen Sie nicht mich für die Toten beim Brand in der Hühnerfarm verantwortlich!... Ich bin kein einziges Mal da gewesen!...
>
> OSHA Abteilung für Sicherheit

Der Staat baute Personal in der Occupational Safety and Health Administration[41] (OSHA, Ministerium für Sicherheit und Gesundheit am Arbeitsplatz) ab, die sich um die Sicherheitsstandards für beide Geschlechter kümmerte und deswegen auch Männern genützt hätte. Dafür richtete er Spezialprogramme zum Schutz von berufstätigen Frauen ein. Er erließ den Federal Pregnancy Discrimination Act[42] (Bundesgesetz zum Schutz von Schwangeren vor Benachteiligung), der für die Diskriminierung oder Benachteiligung einer Schwangeren so hohe Entschädigungszahlungen vorsieht wie für einen Berufsunfall, obwohl Schwangerwerden eine Entscheidung ist, die in keinerlei Zusammenhang mit dem Beruf steht. Doch das ist noch nicht alles...

Als einige Frauen behaupteten, daß die Arbeit am Bildschirm die Ursache für ihre Fehlgeburten sei, reagierte der Staat sofort mit der Finanzierung einer Studie an über viertausend Frauen – um lediglich festzustellen, daß Frauen, die am Bildschirm arbeiteten, *weniger* Fehlgeburten hatten als andere.[43] Dann klagten Frauen über sexuelle Belästigung, und der Staat erweiterte den Schutz von Frauen deutlich, indem er die Kriterien für strafbares Verhalten von Männern weiter faßte. Baustellen mit wackeligen Gerüsten und Kohlebergwerke mit einsturzgefährdeten Decken wurden nicht vermehrt kontrolliert. Kurz, Männer wurden nicht vor vorzeitigem Tod geschützt, Frauen aber vor einem unerwünschten Flirt.

Wie die Vernachlässigung von Männern und die Überbehütung von Frauen zu Diskriminierung von Frauen führt

Frauen drängen erst dann zahlreicher in einen Beruf, wenn er physisch keine Gefahren birgt. Deswegen diskriminieren wir letztlich Frauen, wenn wir nicht dafür sorgen, daß aus den Todesberufen sichere Berufe werden. Doch wenn wir Frauen übermäßig behüten – und zwar nur Frauen –, führt dies auch zu ihrer Diskriminierung.

Es wird nicht laut ausgesprochen, aber: Je mehr Arbeitsschutzgesetze es für Frauen gibt, desto mehr Angst haben die Arbeitgeber, Frauen einzustellen. Wenn eine große Firma, die zu gleichen Teilen Männer und Frauen einstellt, Personal sucht, läßt sie Stellen eher unbesetzt und sucht freie Mitarbeiter, als daß sie eine Frau einstellt. Eine Frau bringt womöglich eine Klage wegen sexueller Belästigung ins Haus. Oder sie zeigt einen Mitarbeiter an, der sie kritisiert oder ihr kündigt.

Wenn ein Arbeitgeber sich vorstellt, daß der Name der Firma durch den Schmutz gezogen wird, daß er Anwälte einschalten und einer Frau vielleicht 100 000 Dollar Entschädigung zahlen muß (worauf sie die Firma verläßt, weil sie es nicht mehr nötig hat zu arbeiten), daß er von einer Frau auf Schadenersatz verklagt werden könnte, weil sie am Bildschirm arbeitet, daß er eine Frau durch Schwangerschaft verlieren könnte und Versicherungsprämien zu zahlen hat, daß seine männlichen leitenden Angestellten einerseits Angst davor haben müssen, die Frau zu kritisieren, andererseits aber auch, mit ihr zu scherzen, daß er... *Dann* fängt der Arbeitgeber unbewußt an, das Geschlecht zu diskriminieren, das ihm diese Schwierigkeiten bereiten kann. Er wird Personal abbauen und freie

Mitarbeiter anwerben oder sich vorzeitig zurückziehen oder Konkurs anmelden.

Der amerikanische Arbeitgeber, der Männer und Frauen gleich bezahlen, Frauen aber mehr schützen muß, steht vor einem neuen Dilemma. Es ist im eigenen Interesse des Arbeitgebers, einen *wettbewerbsfähigen* Lohn zu zahlen, aber den gleichen Lohn einer Frau zu zahlen, die ihn mit sehr viel größerer Wahrscheinlichkeit als ein Mann wegen sexueller Belästigung anzeigt oder weil die Sicherheitsvorschriften nicht eingehalten werden, das ist nicht zum Vorteil des Arbeitgebers. **Die Überbehütung von Frauen und die Vernachlässigung von Männern führt dann bald dazu, daß Frauen bei der Einstellung benachteiligt werden.**

So kommt es, daß Männer psychologisch darauf vorbereitet werden, ein Leben lang andere zu beschützen. Es entsteht ein Klima, in dem Männer geopfert werden können, geopfert für die drei W der Männer: women, work, war (Frauen, Job, Krieg)...

5. KAPITEL
Kriegsheld oder Kriegssklave?
Die Prostitution des Mannes in Uniform

> Jede Gesellschaft gründet sich auf den Tod von Männern.
> OLIVER WENDELL HOLMES
>
> Fast jeder dritte Amerikaner ist ein ehemaliger Kriegsteilnehmer.[1]
>
> Im Ersten Weltkrieg wurden allein in der Schlacht an der Somme mehr als *eine Million* Männer getötet oder verwundet.[2]

Um Männer verstehen zu können, muß man ihr Verhältnis zu den drei W verstehen: women, work, war (Frauen, Job, Krieg). Nur Jungen sind im Alter von achtzehn Jahren gesetzlich verpflichtet, sich für künftige Kriege mustern zu lassen. In Friedenszeiten haben beide Geschlechter die Möglichkeit, in die Armee einzutreten, wenn aber Krieg geführt wird, müssen nur die Männer in den Kampf ziehen. Im Kriegsfall werden nur unsere Söhne aufgefordert, sich binnen achtundvierzig Stunden in der Kaserne zu melden. Noch bevor Männer zur Wahl gehen können, sind sie verpflichtet, dieses Recht zu schützen, während Frauen das Wahlrecht haben ohne die Verpflichtung, es zu schützen.

I. PSYCHOLOGIE UND POLITIK DER DOPPELMORAL

Psychologie der Einberufung

Psychologisch fängt die Einberufung der Jungen schon vor der gesetzlichen Einberufung an und geht dann weiter. Wenn wir männliche Babys länger weinen lassen als weibliche[3] (und damit unseren

KRIEGSHELD ODER KRIEGSSKLAVE? 151

> Dear Dad,
> Remember the time you told me that real courage is putting your fear aside and doing the job? I thought about that a lot this morning. You see Dad, here in the Army, everything you taught me really means something.

The Army can teach you a lot. Because the Army gives you an education you can't get anywhere else.
In the Army, you'll learn a valuable skill. You'll learn to work as part of a team.
And you'll learn about confidence. Determination. Self-discipline. And character.
Plus, the Montgomery GI Bill and Army College Fund give you the opportunity to learn even more. If you qualify, you can earn as much as $25,200 to help pay for your college education. To find out more, call toll-free 1-800-USA-ARMY.
With your college diploma and your Army experience, you'll have something that most other young people don't: an edge on life.

ARMY. BE ALL YOU CAN BE.

Lieber Dad, weißt Du noch, wie Du mal zu mir gesagt hast, echter Mut besteht darin, die Angst beiseite zu schieben und seine Pflicht zu tun? Heute morgen habe ich lange darüber nachgedacht. Verstehst Du, hier in der Armee kann ich mit all dem, was Du mir beigebracht hast, etwas anfangen.

Die Armee kann Ihnen eine Menge beibringen. Die Armee gibt Ihnen eine Ausbildung, wie Sie sie sonst nirgends bekommen. In der Armee werden Sie einen wertvollen Beruf erlernen. Sie werden Teamarbeit kennenlernen. Sie werden Selbstvertrauen gewinnen. Zielstrebigkeit. Selbstdisziplin. Und erfahren, was Charakter ist.

Die Montgomery GI Bill und der Army College Fund (das Montgomery-Soldatengesetz und der Studienfond der Armee) bieten Ihnen darüber hinaus die Möglichkeit, Ihre Ausbildung zu erweitern. Nähere Informationen unter der gebührenfreien Rufnummer 1800-USA-ARMY.

Mit Ihrem Collegeabschluß und Ihrer Militärerfahrung werden Sie etwas haben, was die meisten anderen jungen Leute nicht haben: einen Vorsprung im Leben.

Söhnen zu verstehen geben, daß Jammern ihnen nicht hilft); sie beginnt mit brutalen Sportarten für Jungen, für Mädchen nicht...
All das zusammen könnte man als psychologische Einberufung bezeichnen. Sie beginnt in der Kindheit und setzt sich im Erwachsenenalter fort.

Doppelmoral an der Wahlurne

Margaret Thatcher war von der Wichtigkeit einer starken Landesverteidigung überzeugt. Deswegen schickte sie Hunderte von Männern – aber keine einzige Frau – auf die Falklandinseln und damit in den Tod.

Daraufhin stieg ihre Popularität bei Männern und Frauen derart, daß sie laut Umfrageerhebungen, nach denen sie eben noch als sichere Verliererin der bevorstehenden Wahlen ermittelt worden war, bald als sichere Gewinnerin galt. *Keine einzige Schlagzeile lautete:* »*Frau bleibt im Büro, während sie Männer töten läßt.*« Oder: »Ist Thatcher eine Heuchlerin? Sie schützt ihr Geschlecht vor, um sich dem Kampf zu entziehen, obwohl sie davon redet, wie wichtig eine starke Landesverteidigung sei.«

Als Margaret Thatcher Männer zum Töten schickte, nannte man sie nicht schwach, sondern eisern. Sie wurde nicht als weniger wählbar für ein hohes politisches Amt angesehen, sondern eher verstärkt wählbar.

Im Gegensatz dazu wurde Dan Quayle zur Zielscheibe des Spotts, weil er seinem Land nicht vor Ort in Vietnam, sondern in der National Guard (Nationalgarde, Miliz) gedient hatte, und Clinton fiel bei den Meinungsumfragen um 20 Prozent zurück, als er sich gegen den Vietnamkrieg aussprach und als bekannt wurde, daß er den gesetzlich vorgeschriebenen Weg eingeschlagen hatte, um nicht daran teilnehmen zu müssen. Für alle anderen Kandidaten hätte ein solcher Rückschlag das Aus bereits in den Vorwahlen bedeutet. Man könnte sagen, daß *die Art*, wie Quayle und Clinton mit der Situation umgingen, schuld daran war.

Warum hat aber niemand Geraldine Ferraro, als sie Präsidentschaftskandidatin war, nach ihrer Teilnahme am Krieg gefragt und sie dann für *die Art* kritisiert, wie sie sich der Einberufung entzogen hat? Wie hat sie sich der Einberufung entzogen? Indem sie sich ein weibliches Privileg zunutze gemacht hat, und das ist Sexismus. Wenn ein Mann, der in dem ROTC (Reserve Officers' Training Corps, Ausbildungskorps für Reserveoffiziere) gedient hat und seinem Gewissen gefolgt ist, als Wehrdienstverweigerer angesehen wird, während eine Frau, die sich durch den traditionellen Sexismus einen Vorteil verschafft, als Pionierin und nicht als Sexistin bezeichnet wird, dann müssen wir das überdenken. Genauer gesagt: Warum verurteilen wir unsere männlichen Politiker, wenn sie einen Krieg anfangen, und verurteilen sie dann erneut, wenn sie nicht daran teilnehmen wollen?

Überall auf der Welt lautet die grundlegende Botschaft: **Wenn du als Mann geboren bist, ist es nicht damit getan, daß du deinem Land (beispielsweise als Präsident oder Vizepräsident) zu dienen bereit bist. Zuerst mußt du für es zu sterben bereit sein, bevor du ihm auf andere Weise dienen darfst.**

Wie schon erwähnt, schickten Indira Gandhi, Golda Meir und Margaret Thatcher Männer in so großer Zahl in den Tod, die der eines durchschnittlichen männlichen Führers nicht nachsteht. Auch wenn Frauen an der Spitze eines Staates standen, waren es immer wieder Männer, die in den Kriegen starben. Gleichheit gab es zwar an der Spitze, nicht aber an der Basis.

Kriege werden mit weiblichen Führern nicht aufhören. Kriege werden aufhören, wenn jedes Land, in dem deutlich mehr Männer im Kampf sterben als Frauen, angeklagt wird, internationales Recht zu verletzen, wie es mit Sicherheit geschehen würde, wenn ein Land nur schwarze Männer, Juden, Frauen oder Schwule einziehen würde.

Es wird erst dann keinen Krieg mehr geben, wenn das Leben von Männern nicht leichtfertiger aufs Spiel gesetzt wird als das von Frauen.

Kampfeinsätze – was bedeutet das für das geopferte und was bedeutet das für das geschützte Geschlecht?

> Ich bin der Meinung, daß eine Frau für einen Kampfeinsatz viel zu kostbar ist.
> CASPAR WEINBERGER, amerikanischer Verteidigungsminister unter Reagan[4]

> Es ist nichts für eine Frau, bei einem Kampfeinsatz dabeizusein ... gefangengenommen oder erschossen zu werden, sie kann aber durchaus irgendwo in einer Raketenbasis auf einen Knopf drücken.
> SANDRA DAY O'CONNOR, Oberster Gerichtshof[5]

> Überall werden Männer im Krieg getötet. Aber hier geht es doch um meine Tochter!
> FRANK MITCHEL, pensionierter Hauptfeldwebel[6]

> Wenn auf See ein Feuer ausbricht und du einen Lukendeckel zuschlagen mußt, um das Schiff zu retten, kannst du das vielleicht einem Mann zumuten. Aber einer Frau...
> LARRY K. KENAVAN, Marineoffizier der US-Marine[7]

In der Armee sind die Kampfeinheiten jetzt in gefährdete und in weniger gefährdete Einheiten aufgeteilt.[8] Im Kriegsfall können *nur Männer* in die gefährdeten Einheiten *gezwungen* werden. Wenn sich Frauen nicht einmal freiwillig für die gefährdeten Einheiten melden dürfen, ist das eine klare Diskriminierung.

Es diskriminiert aber auch die Männer, die auf solche lebensgefährliche Einsätze abkommandiert werden.

Die Armee wird oft als das College für die Armen bezeichnet, doch der Dienst in diesen gefährdeten Einheiten ist eine schlechte Vorbereitung auf das Zivilleben. In der *New York Times* stehen keine Stellenangebote für Geschützführer, Panzerspezialisten und Infanteristen. Arme Männer hoffen auf eine Ausbildung zum Computerfachmann, Fluglotsen oder Flugzeugmechaniker, auf Bürojobs, auf eine Ausbildung zum Krankenpfleger, Sozialarbeiter oder Lehrer.

Wenn nur Männer in die gefährlichen Kampfeinheiten gezwungen werden, verlieren nur Männer die Möglichkeit zur Ausbildung in Berufen, die auch im Zivilleben nützlich sind. Hinzu kommt, daß der Dienst in Artillerie- und Infanterieeinheiten eher die Killermentalität verstärkt, zu schwersten psychischen Störungen führt und die Soldaten die größten Schwierigkeiten haben, sich später im zivilen Leben wieder zurechtzufinden. Diese »Diskriminierung von Frauen« macht also Männer beim Militär und im Zivilleben vermehrt zu Opfern.

Sie darf wählen, er nicht

Meine Prognose ist, daß es Frauen in Zukunft zunehmend gestattet sein wird, sich für *alle* Kampfeinsätze freiwillig zu melden. Wenn wir aber Frauen mehr *Wahlmöglichkeiten* geben, Männer im Kriegsfall aber immer noch *zum Kampfeinsatz zwingen,* dehnen wir die Ungerechtigkeit zeitlich aus. Im Kriegsfall heißt es:

Die Frau in der Armee kann wählen zwischen:
1. Kampfeinsatz
2. Kein Kampfeinsatz

Der Mann hat die »Wahl« zwischen:
1. Kampfeinsatz und
2. Kampfeinsatz

Die größere Wahlfreiheit für Frauen im Hinblick auf Kampfeinsätze wird obendrein noch als Fortschritt der Gleichberechtigung gefeiert (was es in Wirklichkeit nicht ist). Ein echter Fortschritt wäre, Frauen zu *verpflichten, sich genauso wie Männer zum Kampfeinsatz zu melden.* Gleichheit bedeutet gleiche Rechte und gleiche Pflichten.

Wie Gleichheit erreicht werden kann

Die Armee befürchtet, daß bei gleichen Anforderungen in der Kampfausbildung für Frauen und Männer das Niveau entweder gesenkt werden müßte oder daß bei gleichbleibenden Anforderungen 80 Prozent der Frauen scheitern würden. Doch es *gibt* einen

Weg, Kampfeinsätze beiden Geschlechtern nach Wahl zu ermöglichen, ohne die Kampfbereitschaft zu beeinträchtigen.

Der Sold: Angebot und Nachfrage

Wie ist das zu verstehen? Das Militär hebt den Sold für die Jobs an, für die sich kaum Leute finden lassen, und senkt den Sold für alle anderen. Wenn nur wenige Rekruten z.B. zur Infanterie wollen, werden Bezahlung und Vergünstigungen so lange angehoben, bis sich genügend geeignete Rekruten melden. Wenn alle Pilot werden wollen und viele Rekruten sich dafür eignen, wird die Bezahlung für Piloten herabgesetzt. Das Ergebnis wird sein, daß Frauen, die wirkliche Gleichstellung wollen – und sich für die unbeliebtesten Jobs melden –, besser bezahlt werden. Dieses System diskriminiert weder Männer noch Frauen, und die Anforderungen bleiben in allen Bereichen die gleichen. Psychologisch wird Respekt für die Frauen daraus resultieren, weil sie ihn verdienen und nicht mehr als diejenigen angefeindet werden, die bei gleicher Bezahlung die beliebtesten und angesehensten Jobs (wie Pilot) ergattern können.

Frauen im Golfkrieg – gleiche Bezahlung, ungleiche Risiken

Während des Einmarsches der USA in Panama hoben die Schlagzeilen auf den Titelseiten die erste Frau auf den Schild, die Soldaten in die Schlacht geführt hatte.[9] Obwohl *The New York Times* deutlich machte, daß die Frau angenommen hatte, sie würde sich auf einen unbewachten Hundezwinger zubewegen,[10] nutzte die Kongreßabgeordnete Schroeder den Vorfall, um drei Mythen zu verbreiten, drei Mythen, die im Golfkrieg noch verstärkt wurden:
1. Frauen und Männer tragen die *gleichen Risiken*.
2. Frauen werden Kampfpositionen verweigert, um ihnen *gleiche Chancen als Offizierinnen* zu verweigern.
3. Frauen werden Kampfpositionen verweigert, um ihnen *gleiche Bezahlung* zu verweigern.

KRIEGSHELD ODER KRIEGSSKLAVE? 157

Diese Mythen wurden durch die Titelgeschichten unserer Wochenmagazine noch verstärkt:

Weibliche Krieger. Sie teilen die Gefahr.

Die Tatsachen ergeben jedoch ein anderes Bild:

1. *Gleiche Risiken.* Wenn Frauen die gleichen Risiken eingingen, wären in Panama nicht 23 Männer getötet worden, aber keine einzige Frau (es wurde auch keine Frau verwundet).[11] Die militärischen Operationen und der Krieg am Persischen Golf hätten nicht zum Tod von 375 Männern gegenüber 15 getöteten Frauen geführt.[12] In beiden Kriegen zusammengenommen kamen auf eine getötete Frau 27 getötete Männer.[13] Weil aber in der Armee 9 Männer auf eine Frau kommen, war das Todesrisiko für jeden Mann dreimal so hoch wie das einer Frau.

Wenn *Männer* weniger als 4 Prozent aller Getöteten ausmachen würden und das Todesrisiko für Männer entsprechend geringer wäre, hätte die Kongreßabgeordnete Schroeder dann auch behauptet, Männer trügen das gleiche Risiko? Es kann nicht von Gleichheit die Rede sein, wenn Frauen unter den Getöteten die Ausnahme sind, Männer hingegen die Regel. Wurden Frauen Kampfpositionen verweigert, um ihnen gleiche Bezahlung als Offizierinnen zu verweigern? Oder um ihnen gleiche Bezahlung vorzuenthalten?

2. *Gleiche Chancen als Offizierinnen:* Der Frauenanteil in der gesamten Armee liegt bei 11,7 Prozent, der der Offizierinnen jedoch bei 12 Prozent.[14] *Frauen haben bessere Aufstiegschancen in der Armee, obwohl sie erst seit einigen Jahren Zugang zu ihr haben* (1980 schlossen die ersten Frauen in West Point ihre Ausbildung ab).

3. *Gleiche Bezahlung:* Männer und Frauen bekamen im Golfkrieg 110 Dollar Kampfzulage im Monat.[15] *Beide wurden gleich bezahlt, obwohl sie nicht das gleiche Risiko trugen.*

Kurz, Männer werden weniger schnell befördert und erhalten somit über eine längere Dauer ihrer Dienstzeit einen niedrigeren Sold, während sie einem dreifach höheren Todesrisiko ausgesetzt sind. Trotzdem wird uns weisgemacht, Frauen würden diskriminiert. Wenn Männer 30 Prozent der Hausarbeit machen, *kritisieren* wir sie, weil sie die Hausarbeit *nicht gerecht teilen,* wenn aber eine Frau die gleiche Kampfzulage wie die Männer bekommt, aber nur 25 Prozent des Kampfrisikos eines Mannes trägt, nennen wir sie eine Soldatin, die die »Gefahr *teilt*«.

Wem gehört mein Körper?

Welchen Geschlechts ist ein Fötus, dem zunächst das »Recht zu leben« eingeräumt wird, dem achtzehn Jahre später aber die »Pflicht zu sterben« abverlangt wird?

Alle unsere achtzehnjährigen Söhne für den Militärdienst zu erfassen für den Fall, daß das Land mehr Soldaten braucht, ist so sexistisch, als würden wir alle unsere achtzehnjährigen Töchter fürs Kinderkriegen erfassen für den Fall, daß das Land mehr Kinder braucht.

Fünfzehn Millionen Amerikaner sind derzeit in der Datenbank als rekrutierbar registriert.[16] Wie wahrscheinlich ist es, daß diese Jungen tatsächlich eingezogen werden? Wir wissen nur, daß innerhalb von vierundzwanzig bis zweiundsiebzig Stunden der Einberufungsbefehl im Briefkasten liegen kann.[17] So schnell kann sich das Leben unserer Söhne ändern. Die National Guard und Reserveeinheiten sind darauf vorbereitet, binnen vier Wochen 100 000 junge Männer in Kasernen aufzunehmen.[18] Diese Einheiten werden an jeweils einem Wochenende im Monat geschult, so daß sie Kommandozentralen und Feldbüros errichten und dem Musterungspersonal Auffrischungskurse geben können. Wenn es um Krieg geht, findet sich ein Weg![19]

Es entbehrt nicht einer gewissen Ironie, daß die Leiter der Musterungskommission auf ihr »gerechtes« System stolz sind – das keine Klasse oder Rasse, kein Bildungsniveau und keinen Berufsstand bevorzugt. Es ist bezeichnend für unsere Zeit, daß etwas gerecht genannt werden kann, das nur Männer für den potentiellen Tod registriert.

Die Musterungskommissionen tun von Gesetzes wegen das, was die Todesberufe auf psychologischer Ebene tun. Für eine Frau heißt es: »Mein Körper gehört mir«, für einen Mann: »Mein Körper gehört dem *Staat*.« Eine Frau hat das »Recht zu wählen«, ein Rekrut hat die Wahl zwischen »auf eine Mine treten, von einem Granatwerfer getroffen werden, erschossen werden, durch eine Handgranate sterben, in die Luft gejagt werden ... du kannst in tausend Teile zerfetzt werden, du kannst einen glatten Lungendurchschuß bekommen und unter dem Röcheln deiner letzten Atemzüge krepieren, du kannst mit diesem schwachen Pochen in den Ohren an Malaria verrecken.«[20]

G.I. bedeutet immer noch »Government Issue« (Staatseigentum), doch eines Tages wird aus dem G.I. ein M.I. werden (Men's Issue, ein Mann, der sich selbst gehört).

Seine Armee, ihre Armee

> Die Kampfausbildung zerstört dein Selbstbild, so daß du so umgeformt werden kannst, daß du in das Schema der Armee paßt.
>
> BRUCE GILKIN, Vietnamveteran[21]

Wenn jeder Mann in der Armee kraft Befehl zum Kämpfen gezwungen werden kann und jede Frau die Wahl hat, zu kämpfen oder nicht, dann schaffen wir zwei verschiedene Mentalitäten. In der Kampfausbildung lernen Männer, ihr Leben *abzuwerten*, während die Ausbildung in technischen Berufen, die auch im zivilen Leben von Nutzen sind, mit *Wertgebung* des eigenen Lebens im Einklang steht. Was folgt daraus?

Schikane, Spott und Frotzeleien erziehen zur Abwertung – deswegen schikanieren und verspotten Männer sich gegenseitig: Sie stutzen ihre Individualität zurecht, weil die Kriegsmaschinerie mit genormten Teilen am besten funktioniert. Schikane und Spott sind darum Vorbedingung für die Kampfausbildung in der »Männerarmee«. In der »Frauenarmee« aber darf gegen Schikane und Spott Protest erhoben werden – sie stehen im Widerspruch mit der Wertschätzung des eigenen Lebens.

Wären Männer- und Frauenarmeen räumlich voneinander getrennt, wären diese Unterschiede kein so großes Problem. Wenn den Männern jedoch gesagt wird, daß Frauen gleichgestellt sind, sie sie dann aber wie Gleichgestellte schikanieren und verspotten und das ihre Laufbahn ruiniert (und oft auch das Leben ihrer Familien), so bestärkt das die Männer nur in der Überzeugung, daß Frauen beides wollen, »die besten Rosinen herauspicken und den ganzen Kuchen für sich«.

Die »schwangere Marine«

> Es ist politisch nicht richtig, in der Truppe auch nur davon zu sprechen, aber ... ein großer Prozentsatz von Soldatinnen treibt ihre Föten bewußt ab, wenn diese ihren Zweck erfüllt haben, den Einsatz bei der Operation Wüstensturm zu umgehen ... Es ist nicht richtig, einen Fötus zu benutzen, um sich vor etwas zu drücken, wozu du dich vertraglich verpflichtet hast, und dann den Fötus zu töten.
>
> Militärarzt, Kuwait[22] (will nicht genannt werden)

Die Haltung, der eigenen Person Wert beizumessen, liegt auch dem »Syndrom der schwangeren Marine« zugrunde: das Phänomen Frau, die das technische Training absolviert und dann schwanger wird, kurz bevor ihr Schiff auslaufen soll, so als wäre sie für Heimaturlaub ausgebildet worden, nicht für eine Stationierung; oder, die schwanger wird, kurz nachdem ihr Schiff stationiert wurde, so daß sie sich immer mehr Pflichten entziehen kann und ihre Kameraden zwingt, ihre Arbeit zu übernehmen. Das alles ist mit der Wertgebung des eigenen Lebens, nicht aber mit einem militärischen Auftrag zu vereinbaren. Wenn über *40 Prozent* der Frauen auf Schiffen, wie der USS *Acadia*, während der Vorbereitungen zur Stationierung schwanger werden,[23] setzen sie mit ihrem Ausstieg das Leben von Männern aufs Spiel. Warum?

Die Marine bildet Teams aus. Jedes Mitglied des Teams wird darauf vorbereitet, mit den anderen in Situationen zusammenzuarbeiten, in denen der Bruchteil einer Sekunde über Leben und Tod entscheiden kann. Wenn Teile des Teams plötzlich fehlen, können diese nicht so einfach ersetzt werden, weil ihre spezielle Art der Zusammenarbeit mit den Personen, die das Team ausmachten, sie unentbehrlich gemacht hat. Im Grunde fällt ein ganzes *Team* aus, wenn auch nur eine Frau ausfällt. Was ist die Konsequenz? Stellen Sie sich vor, Lieutenant Conklin wäre ausgefallen, als die zwei irakischen Raketen ein riesiges Loch in die Seite der USS *Stark* rissen ...

Der Raketenangriff verursachte ein Feuer, das sich schnell ausbreitete und das Schiff und die 200 Mann Besatzung in die Luft zu jagen drohte.[24] Der siebenundzwanzig Jahre alte Lieutenant Conklin (eine wahre Begebenheit!) zog sich an beiden Füßen, beiden Händen und beiden Armen schwere Verbrennungen zu. Doch er wußte, daß er die Explosion des Schiffes eventuell verhindern konnte, wenn es ihm gelang, durch das brennende zerstörte Schiffswrack zur Mannschaftskabine zu kriechen und dort die Ventile der Wasserrohre zu schließen.

Der Gang zur Mannschaftskabine war stockdunkel, und es herrschte eine Hitze von etwa 400 Grad Fahrenheit (200 Grad Celsius) – (Papier entzündet sich bei etwa 451 Grad Fahrenheit, daher der Filmtitel *Fahrenheit 451*). Doch er ging hinein, nur mit einem T-Shirt geschützt, das er in Salzwasser getaucht hatte. Er schloß die Augen, damit nur die Augenlider verbrannten, nicht die Augen selbst. Er tastete sich durch das Rohrsystem vor, und jedesmal, wenn er ein glühendes Rohr berührte, riß es ihm Hautfetzen von Fingern und Händen – er sagte, es sei gewesen, als stecke er in einem glühendheißen Pizzaofen und berühre mit den Händen die heißen Bleche. Er hielt durch, bis er die Ventile der Wasserrohre geschlossen hatte, kämpfte sich den Weg zurück und führte seine Rettungsaktion weiter, weil er feststellte, daß das Schiff zu sinken drohte und weiterhin Gefahr bestand, daß es in die Luft flog.

Während Conklin sich darum kümmerte, war auch der heftig blutende Matrose Mark Caouette, dem ein Bein zerschossen worden war, nicht dazu zu bewegen, sich von einem Kameraden in Sicherheit bringen zu lassen. Er wollte weitere Ventile schließen. Seine verkohlte Leiche wurde später bei einem dieser Ventile gefunden. Gleichzeitig schleppte der Elektrotechniker Wayne Weaver sechs bis zwölf Männer in Sicherheit; er wurde später ebenfalls tot aufgefunden; er hielt einen Kameraden umklammert, den er hatte retten wollen. Diese Männer im Alter zwischen 19 und 36 Jahren retteten 163 Männern das Leben, 37 starben. Zu einem Team zu gehören, hieß für sie, den Wert des eigenen Lebens zurückzustellen. Es hieß nicht, die Vorteile der Ausbildung zu genießen und dann einen Weg zu finden, um kurz vor der Stationierung Landurlaub zu bekommen.

In den letzten zehn, zwanzig Jahren sahen wir es als Sexismus an, wenn solche Männer bei der Vorstellung, mit Frauen auf einem solchen Schiff (oder bei der freiwilligen Feuerwehr) zusammenzuarbeiten, ablehnend reagierten.

Einer der Soldaten erklärte es mir so: »Wir warten nicht einen Notfall ab, um herauszufinden, wer sein Leben riskiert und wer sich lieber absetzt. Wenn ein neuer Rekrut kommt, simulieren wir gefährliche Situationen und lassen es aussehen, als wäre einer in Lebensgefahr. Wir wollen wissen, ob der Neue den Kerl, der in Schwierigkeiten steckt, rettet oder ob er seine eigene Haut rettet. Aber wenn wir das mit Frauen testen, dann schreien sie: ›Diskriminierung‹. Natürlich nicht alle Frauen. Aber viele ...«

Das Schwangeren-Marine-Syndrom ist nur das äußere Anzeichen eines Problems, das in fast allen Untersuchungen des Militärs deutlich wird – von den US-Fernmeldetruppen[25] bis zur US-Armee.[26] Männer hatten den Eindruck, daß Frauen die leichteren Aufgaben zugewiesen oder daß sie unverdient befördert wurden, und zwar oft durch sexuelles »Entgegenkommen«. Sie waren verärgert, wenn diese Frauen dennoch gleich bezahlt wurden wie sie.

Die Ernsthaftigkeit von Frauen beim Militär wurde verstärkt in Frage gestellt, als eine Studie belegte, daß nur 21 Prozent der Frauen tatsächlich eine militärische Laufbahn anstrebten, Männer aber zu 51 Prozent.[27] Die Männer meinten, das spiegele sich auch darin wider, daß Soldatinnen sich besonders hübsch machten, ihre Haare hochsteckten und Make-up trugen – sogar unter simulierten Kampfbedingungen.[28]

Die Militärakademien haben z. B. auf den Umstand, daß Frauen in West Point sich viermal öfter krankmelden als Männer,[29] nicht damit reagiert, daß sie die Anforderungen an die Frauen an die der Männer angleichen. Statt dessen führten sie zwei Standards ein. So mußte z. B. ein Ausbildungslager der Elitekampftruppe Frauen von sämtlichen Infanteriefeldübungen befreien.[30] Was war das Resultat? Im Golfkrieg wurde oft von Männern erwartet, daß sie Hand anlegten, weil Frauen keine Lastwagenreifen wechseln, kein Fahrzeug aus dem Sand schieben, keine schweren Benzinkanister schleppen oder keinen verwundeten Soldaten wegtragen konnten.[31] Was jedoch noch wichtiger ist: Die Männer konnten ihrer Karriere ernsthaft schaden, wenn sie sich über diese Diskriminierung beschwerten.[32] Ironischerweise wurden sie der Diskriminierung bezichtigt, wenn sie sich über Diskriminierung beklagten.

Das ganze Bild zeigt also zwei verschiedene Mentalitäten: die

Du-mußt-kämpfen-Mentalität »seiner Armee« und die Du-kannst-kämpfen-wenn-Du-willst-Mentalität »ihrer Armee«.

Hier eine Armee von Männern, die ihr Leben *abwerten*, und dort eine Armee von Frauen, die ihrem Leben Wert beimessen. Das verstärkt den Eindruck, daß Frauen bluffen, wenn sie nach Gleichheit rufen. Es spaltet die Armee in zwei Teile.

Töten oder getötet werden...

Wenn Ihr Sohn sich weigert, sich mit achtzehn Jahren mustern zu lassen, kann er von allen staatlichen Berufen, von der Post bis zum FBI, ausgeschlossen werden.[33] Er kann bis zu 250 000 Dollar Strafe zahlen müssen und bis zu fünf Jahre Gefängnis bekommen.[34] Einmal im Gefängnis, ist Ihr Sohn mit seinem knabenhaften jungen Körper und weil er wegen seiner Kriegsdienstverweigerung als besonders friedfertig gilt, ein gefundener Kandidat für homosexuelle Vergewaltigung und damit für Aids. Kurz, er ist ein Todeskandidat. Warum? Weil er zu sensibel war, um zu töten.

Wenn also nur Männer in die Armee gezwungen werden und Kampfbereitschaft zeigen müssen, ist das nicht legalisierte Vergewaltigung von Männern? Ja. Wir haben aber das Gefühl zu übertreiben, wenn wir die Massenexekutionen von Männern – wie in dem Film *Glory* über den amerikanischen Bürgerkrieg – mit legalisierter Vergewaltigung vergleichen. Und warum? Nun, wir sind schlicht daran gewöhnt, den Tod von Männern als »Ehre« anzusehen.

Die Optionen der Frau und die Einbahnstraße des Mannes

In vielen Bundesstaaten darf ein achtzehnjähriger junger Mann, der sich nicht zur Armee gemeldet hat, keine staatliche Schule besuchen.[35] Er bekommt nicht einmal ein Darlehen für eine Privatschule.

Weil die Musterungspflicht nur für Männer gilt, kann eine Frau, die sich nicht registrieren läßt,

1. in eine staatliche Schule gehen,
2. mit staatlicher Hilfe in eine private Schule gehen oder
3. heiraten und berufstätig sein, allein leben und berufstätig sein, Kinder haben...

Ein Mann, der sich nicht registrieren läßt, kann

1. ins Gefängnis gehen.

Der Sonderstatus der Frau befreit sie von einem moralischen Dilemma und ermöglicht ihr, sich selbst und andere Frauen als unschuldiger und moralischer zu betrachten als Männer. Ja nicht einmal in Kriegszeiten werden Frauen gezwungen, ihre normalen Jobs aufzugeben und für zwei Jahre in Munitionsfabriken zu arbeiten.

Kurz gesagt, das Problem mit den Musterungskommissionen ist, daß sie Frauen *grundsätzlich ausmustern.*

Ein elementarer Verfassungsbruch

Warum werden der Zwang zur Musterung und der Zwang, in den Krieg zu ziehen, denen nur Männer unterworfen sind, schließlich als die Gesetze Amerikas erkannt werden, die am extremsten gegen die Verfassung verstoßen? Weil sie das höchste, unveräußerliche Recht brechen: das Recht auf Leben.

Wenn unseren Vätern und Söhnen wegen ihres Geschlechts das Recht auf Leben vorenthalten wird, ist das der schwerste Verstoß gegen das Recht auf gleichen gesetzlichen Schutz, wie es Artikel 14 der Verfassung festlegt. Dieses Recht war die Grundlage für fast alle bürgerlichen Gesetze.[36]

Je chauvinistischer ein Land, desto besser...

Je chauvinistischer ein Land, desto besser schützt es die Frauen und schränkt sie daher um so mehr ein. In Italien und Spanien sind Frauen grundsätzlich vom Militärdienst befreit. Sie sind nicht zugelassen. Dänemark läßt den Frauen mehr Wahlmöglichkeiten (zum

Militär zu gehen und zu kämpfen), schützt aber Frauen immer noch vor der Musterungspflicht.[37] In den USA haben Frauen die Wahl ohne die entsprechenden Pflichten. Deswegen sind diese Länder immer noch männlich-chauvinistisch und weiblich-chauvinistisch, aber nicht emanzipiert. **Wie emanzipiert ein Land ist, zeigt sich daran, inwieweit es Männer von der Pflicht befreit, Frauen zu schützen, und Frauen dazu erzieht, in gleichem Maß wie die Männer zum Schutz der Allgemeinheit beizutragen.** Kein Land der Welt ist sehr emanzipiert.

Sind Frauen in der israelischen und russischen Armee den Männern gleichgestellt?

Die weibliche Truppe der israelischen Verteidigungskräfte heißt CHEN, was im Hebräischen »Charme« bedeutet.[38]

Viele meinen, daß in der sowjetischen und israelischen Armee Männer und Frauen die gleichen Pflichten haben. Das stimmt nicht. In der sowjetischen Armee sind weniger als 1 Prozent Frauen. Frauen werden nicht in den Kampf geschickt.[39] In Israel sind beide Geschlechter wehrpflichtig, aber nur die Männer sind verpflichtet zu kämpfen. Frauen haben die Wahl, ob sie kämpfen wollen oder nicht. Sie entscheiden sich fast immer dagegen.

Wie die Amerikanerinnen so können auch sowjetische und israelische Frauen Jobs wählen, von denen sie *nach* dem Militärdienst profitieren (Fluglotsin, Köchin, Lehrerin, Technikerin).[40] **Die Steuerzahler jener Länder finanzieren den Frauen in der Armee also eine Ausbildung in Berufen, die ihnen auch im Zivilleben zugute kommen, während die Männer dazu ausgebildet werden zu töten, und sie laufen Gefahr, getötet zu werden. Die Männer, die dem Tod entrinnen und ins Zivilleben zurückkehren, haben gelernt, destruktiv zu sein, nicht konstruktiv.** (Und dann müssen sie sich den Vorwurf gefallen lassen, sie seien destruktiv.)

Müssen israelische Männer und Frauen nicht gleich lange dienen? Theoretisch ja, zumindest fast: israelische Männer drei Jahre und israelische Frauen zwei.[41] In der Praxis dient jedoch *der israelische Mann durchschnittlich dreizehn Jahre*, bis er mit 54 Jahren nicht mehr herangezogen werden kann, die Frau weniger als zwei Jahre.[42] Warum? Erstens, weil nur 50 Prozent der Frauen eingezogen werden (dagegen 90 Prozent der Männer).[43] Zweitens kann eine israelische Mutter nicht gezwungen werden, länger als zwei Jahre zu dienen, israelische Väter sehr wohl.[44] Drittens ist der israelische Mann bis zum 54. Lebensjahr – ob Vater oder nicht – auch in Friedenszeiten *zwei Monate im Jahr* dienstverpflichtet (*nach* seinen obligatorischen drei Jahren).[45] Mütter werden nicht verpflichtet, und Frauen ohne Kinder müssen sich lediglich bereit halten.[46] Viertens muß im Kriegsfall nur der Mann so lange dienen, wie von ihm verlangt wird.

II. DER GRÖSSTE »GLÄSERNE KELLER«

»Elite« oder *»Todeselite«: Haben männliche Konkurrenz und Macht das Militär hervorgebracht?*

> Meine politische Meinung? Sir, ich bin Soldat. Ich habe keine politische Meinung.
>
> HENRI GIRAUD, französicher General[47]

Wir erachten die hohen Militärs als eine Bastion der Männermacht. Wie in Frankreich, so bestimmt auch in den Vereinigten Staaten die Legislative die Politik, ob Krieg geführt wird. Die Entscheidung, zu kämpfen oder zu verhandeln, wird vom Präsidenten getroffen, und beide, Präsident und Legislative, werden vom Wahlvolk ermittelt. Der General ist sozusagen nur der Chauffeur. Seine Aufgabe ist es, uns dorthin zu bringen, wo wir hin wollen.

Der einzelne Soldat wird nicht zur Dominanz erzogen, sondern zur Unterordnung. Erst wenn er den Nachweis erbracht hat, daß er Befehle auszuführen vermag, darf er selber befehlen. Er darf Befehle erteilen, weil er gelernt hat, Befehle entgegenzunehmen, und seine scheinbare Dominanz resultiert aus seiner Unterordnung.

In unseren Augen sind die japanischen Männer das beste Beispiel für den dominanten Mann. Im Zweiten Weltkrieg wurden sie jedoch für den »Weg des Kriegers« erzogen. Der »Weg des Kriegers«

führte über die Unterwerfung: Der japanische Krieger war bereit, für den Kaiser und die Ahnen zu sterben. Er wurde in dem Glauben erzogen, daß es zum Sieg nur eine akzeptable Alternative gibt: den Tod. Die Kamikaze-Flieger sind ein Auswuchs des »Wegs des Kriegers« – der Weg der Versklavung, »ein Leben für die anderen«.

Oft ist vom Konkurrenzdenken der Männer die Rede, wir verschließen aber unsere Augen vor ihrem Altruismus. Beim Militär opfert sich jedoch ein Mann dem Staat und der Freiheit von Leuten, die er gar nicht kennt. Ziemlich altruistisch. Doch das Militär ist auch konkurrenzorientiert. Männer konkurrieren, um dienen zu dürfen oder um altruistisch sein zu dürfen. **Im Leben von Männern führt Konkurrenz oft zu Altruismus.**

Der »Töte-einen-Jungen«-Fonds

Im letzten iranisch-irakischen Krieg schickte der Iran – später auch der Irak – Jungen, oft erst sechs Jahre alt, als »menschliche Wellen« an die Front. Die Jungen warfen Granaten und schossen, was die Iraker dazu zwang, zurückzuschießen und die Jungen zu töten. Viele irakische Soldaten erzählten dann, daß sie die Erinnerung an den Moment, in dem sie einen sechs oder acht Jahre alten Jungen erschossen hatten, »nicht mehr losließ«. Sie erlitten Nervenzusammenbrüche, hatten Alpträume, und die Erinnerung daran verfolgte sie jahrelang.[48] Genau dafür wurden die iranischen Jungen benutzt: Sie sollten die Kampfmoral der Iraker untergraben.

Der Einsatz von kleinen Jungen fand im Iran breite Unterstützung. Es ist bekannt, daß, wenn eine Stadt angegriffen wurde, Familien ihre kleinen Söhne aufforderten, sich an die Front zu melden, weil sie sie lieber als Märtyrer im Kampf und damit der Aussicht auf das Paradies sterben sahen als kampflos bei einem Luftangriff. Die Jungen wurden mit der Aussicht auf das Paradies bestochen und meldeten sich »freiwillig«. Sie waren weit von der Volljährigkeit entfernt. Aus einer solchen Sozialisation von Jungen und Mädchen in der frühen Kindheit gehen Saddam Husseins, die gehaßt, und Frauen, die geschützt werden, hervor.

Der Krieg wird den Jungen nicht nur mit der Aussicht auf das

KRIEGSHELD ODER KRIEGSSKLAVE? 169

Ein Junge der schiitischen Miliz lernt zu töten, um dem Mädchen den Raum zu sichern, in dem es lieben kann.

Paradies schmackhaft gemacht, sondern auch, indem verschwiegen wird, daß er die Hölle sein kann. Niemand hat den sowjetischen Soldaten in Afghanistan gewarnt, daß ihn ein Leben lang die Erinnerung daran verfolgen würde, wie er das Baby einer toten Mutter aufnahm und der kleine Körper in seinen Händen im Wortsinne auseinanderbrach... Niemand hat einen anderen sowjetischen Soldaten gewarnt, daß er würde mitansehen müssen, wie ein afghanischer Rebell einem Kameraden die Haut am Bauch aufschnitt und sie ihm über den Kopf zog.[49]

Wenn wir verhindern wollen, daß Menschen sterben, bestechen wir sie nicht, sondern warnen sie. *Auf Werbung für Zigaretten wird vor deren Konsum gewarnt, auf Werbung der Armee findet sich keine Warnung.* Und was die kleinen Jungen angeht: Mit unseren Steuergeldern in den siebziger Jahren halfen wir Waffen finanzieren, die in den Iran verkauft wurden. Wir haben zu dieser »menschlichen Welle« beigetragen, indem wir in den »Töte-einen-Jungen«-Fonds einbezahlt haben.

170 TEIL II. MÄNNER: ALLEIN IM GLÄSERNEN KELLER

Wie bringt man Jungen dazu, sich in Gefahr zu begeben?

Auf diesem Foto sehen wir junge chinesische Männer, mit einem Stapel Ziegelsteinen auf dem Kopf, auf den mit einem Vorschlaghammer eingeschlagen wird. Sie sollen so lernen, die Angst vor dem

Tod zu verlieren. (Stellen Sie sich vor, daß das *Time*-Magazin Mädchen zeigte, denen mit einem Vorschlaghammer auf den Kopf geschlagen wird, es wäre undenkbar, daß nicht auf Sexismus hingewiesen würde.) Tatsächlich gibt es bei dieser Hau-die-Ziegel-auf-dem-Kopf-des-jungen-Mannes-Übung zwei Tricks. Erstens federn die Ziegel ein gut Teil des Hammerschlags ab.[50] Doch der zweite Trick ist der entscheidende: Den Männern wird vorgegaukelt, daß es nicht so schlimm ist, wie es aussieht, wenn man »seinen Kopf hinhält« und etwas riskiert. So bringt das Militär die Männer dazu, sich über ihre Ängste hinwegzusetzen – hier wird den Männern »wissenschaftlich bewiesen«, daß »sogar ein Weichling« in der Lage ist, mit einem Vorschlaghammer auf Menschen einzuschlagen.

III. WIE MÄNNER DAZU GEBRACHT WERDEN, SICH ZU OPFERN

Das Verteidigungsministerium stattete die Louisiana State University mit 2 Millionen Dollar für ein Forschungsprojekt aus, das zum Ziel hatte, hirnverletzte Soldaten wieder kampffähig zu machen (statt ihnen zu helfen, sich wieder im Zivilleben zurechtzufinden). Das Physicians' Committee for Responsible Medicine (Ärztevereinigung für eine verantwortliche Medizin) protestierte dagegen. Doch halt... *Der Protest bezog sich nicht auf den Wiedereinsatz hirnverletzter Männer*, sondern darauf, *daß Katzen Hirnverletzungen beigebracht* wurden, um festzustellen, wie man die Männer am besten wieder einsatzfähig machen konnte. Auch die Schlagzeile lautete: »Ärzte kritisieren ein Projekt, bei dem Katzen erschossen werden.«[51]

Warum ist uns das Leben von Männern so wenig wert?

Männerleben wurden geopfert, um unser Überleben zu sichern. So war es früher, so haben wir es gelernt. Die Gesellschaften maßen dem Leben eines Mannes keinen großen Wert bei. Achten Sie einmal darauf, wie die größere Sorge um das Leben von Frauen unbewußt in solchen Schlagzeilen zum Ausdruck kommt:

The New York Times
6 Americans, Including Woman, Among 10 Released by Baghdad

MARCH 5, 1991

6 Amerikaner, auch 1 Frau, unter den 10 von Bagdad Freigelassenen

Wenn Männer uns so wenig wert sind, warum wurden verheiratete Männer vom Kriegsdienst befreit? Weil uns das Leben von Männern dann wertvoll war, wenn es dem Überleben von Frauen und Kindern diente.

Unschuldige Frauen, schuldige Männer

Konservative und Liberale nehmen Sätze wie »unschuldige Frauen und Kinder« ohne weiteres hin. Wenn Geiseln genommen und anschließend Frauen und Kinder freigelassen werden, protestiert niemand gegen den Sexismus:

Los Angeles Times

WEDNESDAY, AUGUST 29, 1990

Foreign Women and Children Can Leave Iraq, Hussein Says

Ausländische Frauen und Kinder können den Irak verlassen, sagt Hussein

Stellen Sie sich ein Gesetz vor, das unsere Töchter dazu verpflichtete, in einen Dschungelkrieg zu ziehen und zu riskieren, erschossen zu werden. Wenn Sie dann einen Reporter beklagen hörten, daß »unschuldige *Männer* und Kinder« erschossen wurden, würden Sie dann nicht schreien wollen: »Moment mal, meine Tochter war auch unschuldig!« Uns allen wäre klar, daß die Nachrichtenmeldung

»dem Opfer die Schuld gibt«. Wenn ein Land Krieg führt, sind alle Bürgerinnen und Bürger dieses Landes gleichermaßen schuldig und gleichermaßen unschuldig. Als die Vereinigten Staaten den Irak angriffen, waren 76 Prozent der Frauen und 87 Prozent der Männer in den USA damit einverstanden.[52]

Wer ist schuldig? Wer verursacht einen Krieg? **Krieg ist eine Folge unserer Urangst vor Vernichtung. Diese Angst haben beide Geschlechter.** Weil diese Angst so tief verwurzelt ist, sind wir leicht davon zu überzeugen, jemand bedrohe unser Überleben, und übertreiben die drohende Gefahr. Warum? Wird die Bedrohung einmal *unterschätzt*, können auf einen Schlag alle ausgelöscht werden, wird die Bedrohung häufiger *überschätzt*, werden vor allem Männer ausgelöscht. Weil unsere Angst, nicht zu überleben, so tief verwurzelt ist, führte sie zum Nationalismus, eine sublimierte Form der Angst, die uns bereit machte, Männern weniger Lebensrecht einzuräumen und sie zu opfern. Es ist Zeit aufzuhören, diese Angst, die beide Geschlechter haben, allein den Männern in die Schuhe zu schieben.

Wenn Konservative und Liberale Sätze wie »unschuldige Frauen und Kinder« widerspruchslos hinnehmen, so begreifen sie nicht, daß solche Zuschreibungen dazu beitragen, Frauen an ihrem Platz zu halten: Je mehr eine Frau die Rolle der Unschuldigen akzeptiert, um so mehr braucht sie einen Beschützer, wodurch sie ihre Nichtschuld betont und noch mehr Schutz rechtfertigt. Eigentlich ist das eine machtvolle Position, aber sie hat ihren Preis: Je mehr Schutz sie braucht, um so eher entscheidet sie sich für einen chauvinistischen Mann als Partner, der sie zwar beschützt, aber nicht respektiert. Warum?

Warum lieben Männer Frauen mehr als sich selbst, respektieren sich selbst aber mehr als Frauen?

Bedenken Sie, daß wir unsere Kinder beschützen, *bevor* sie die Fähigkeit entwickeln, sich selber zu schützen. Die Fähigkeit, Schutz zu bieten, schafft Respekt. Doch Schutz bieten kann nur, wer mit der Schattenseite der Welt fertig wird. Und damit einher geht der Verlust der Unschuld. Wenn ein Mann, der Schutz bieten kann, auf eine unschuldige Frau trifft, »verliebt« er sich. Er verliebt sich, weil ihre Unschuld ihm ermöglicht, eine Verbindung zu einem Teil seines Ichs wiederherzustellen, der verlorenging, weil er mit der vielschichtigen Schattenseite zurechtkommen mußte. Es hat den Anschein, als habe er sich in sie verliebt, doch in Wirklichkeit hat er sich in seine verlorengegangene Unschuld verliebt. **Er liebte dieses unschuldige Selbst, weil seine Unschuld es ihm möglich machte, seine Seele klar und deutlich zu sehen, so wie wir Berge in einem Land ohne gravierende Luftverschmutzung deutlich sehen können.**

Je unschuldiger – oder traditioneller – die Frau, desto eher entscheidet sie sich für einen Mann, der mit der Vielschichtigkeit fertig wird. Gerade dank seiner Fähigkeit, mit der Vielschichtigkeit des Lebens umzugehen, *kann sie ihre Unschuld bewahren.* (Der Beschützer beschützt im wahrsten Sinne des Wortes ihre Unschuld.) Doch während er sich mit der Schattenseite des Lebens befaßt, entfernt er sich von seiner eigenen Spiritualität, weswegen sie ihn weniger liebt, während ihre Abhängigkeit von ihm größer wird.

Er hingegen wird spirituell abhängig von ihr und liebt sie mehr, respektiert sie aber weniger. Er respektiert den Teil seines Ichs, der mit Vielschichtigkeit umzugehen gelernt hat, haßt aber den Teil seines Ichs, der Kompromisse schließen mußte. Die unschuldige Frau wird von Männern fast religiös verehrt. Das ist kein Zufall. Der Reiz einer Religion – wie der einer »unschuldigen« Frau – liegt teilweise darin, daß sie uns ermöglicht, mit unserem reineren Geist, unserer Spiritualität in Berührung zu sein. Sie verschafft uns zeitweilig Erleichterung von der Vielschichtigkeit des Lebens.

Verlieben sich aber Frauen nicht gerade in Männer, die sie respektieren? Wir *nennen* es Liebe. Was sie jedoch wirklich fühlen, ist nicht Liebe, sondern Respekt. Jeder Mann, der auch nur einen Funken Selbstbeobachtung hat, ist sich oft nicht sicher, ob das, was sein Footballdreß oder seine Militäruniform auslöst, Liebe ist oder Respekt. So ist auch die Krise in dem Film *An Officer and a Gentleman* zu verstehen, als die »verliebte« Frau sich plötzlich entliebt, als der Pilot in spe sich entschließt, sich selber treu zu sein und nicht Pilot zu werden. Der Film wurde wegen des *Offiziers*, der die Frau eroberte, zum Traum von Frauen, nicht wegen seines Freundes, der in sich hineinhorchte und sich entschloß, nicht Offizier zu werden. Das Publikum nahm den Mann, der sich selbst treu blieb, nicht ernst und applaudierte dem, der bereit war, sich zu opfern. Es ging um die Wahl zwischen einer guten Pension und dem Wert der Selbstbeobachtung. Die meisten Männer folgen dem Applaus. Und sie erleben wenig Frauen, die den Film *The Dropout and a Gentleman (Der Versager und ein Gentleman)* beklatschen würden.

Männer werden sich selbst nicht lieben, noch die Frauen die Männer, solange die Rolle des Killer-Beschützers dem Mann zugeschoben wird. Wie lautet die Lösung? Männer und Frauen entwikkeln beide ihre eigene spirituelle Ganzheit, indem sie ihr Bedürfnis nach Schutz und nach Unschuld integrieren. Die Integration beider Bedürfnisse gibt uns innere Ruhe und Frieden. Wir müssen die Realität nicht leugnen, um spirituell zu sein.

Kriegsgeschichten – lieben Männer den Krieg?

Wir setzen Geschichten von Männern über den Krieg mit Prahlerei gleich, und deswegen haben wir den Eindruck, daß Männer den Krieg lieben – daß Krieg ein »Spielzeug« der Männer sei. Das *ist* ein Negativbild. Die Kehrseite davon ist die Verherrlichung des Selbst, das die Zerstörung des Ichs durch Verletzung anderer ausgleicht. Durch diese Zerstörung des Ichs wurde der Mann darauf vorbereitet, sich zu opfern. Durch das Erzählen über den Krieg verarbeiten Männer ihre Gefühle. **»Kriegsgeschichten« sind das Mittel der Männer, ihre Angst umzuformen.** Nach seiner Rückkehr aus Vietnam erzählte Bruce Gilkin folgende Geschichte:

> Wir haben unseren Schnaps mit Ratten geteilt, die keine Angst hatten, sich nah an dich ranzuwagen, wenn du wach warst, und überhaupt keine, wenn du geschlafen hast. Ich werde nie vergessen, als einmal eine Ratte über mein Gesicht lief. Sie zog einen Schwanz hinter sich her, der mir kilometerlang vorkam.
> BRUCE GILKIN, Vietnamveteran[53]

Es ist zu bezweifeln, daß es Bruce als angenehm empfand, daß die Ratte über sein Gesicht lief. Aber es zu erzählen, war Therapie für ihn. Das ist wie in einer Beziehung, in der ein großer Streit später zu einer immer wieder gern erzählten Geschichte wird. Kriegsgeschichten schildern den Krieg so, wie es *War of Roses* (Der Rosenkrieg) im Hinblick auf Beziehungen tut. Sie sind unser Instrument, dem Grauen eine andere Form zu geben – eine negative Erfahrung in eine akzeptable Erfahrung umzuwandeln. Das heißt nicht, daß wir den Kampf wollten.

Soldaten, die aus Vietnam und Afghanistan heimkehrten, kamen in Länder zurück, die ihre Geschichten über den Krieg nicht hören wollten. Ohne die Möglichkeit, durch Erzählen ihren Ängsten Ausdruck zu verleihen und so Selbstachtung zurückzugewinnen, wurden sie statt dessen von ihren Ängsten und von Selbstzweifeln überwältigt. Viele sowjetische Soldaten landeten in Sanatorien[54], viele amerikanische Soldaten landeten im Gefängnis, nahmen Drogen oder begingen Selbstmord.

Kriegsgeschichten schaffen eine doppelte Zwickmühle. Die erste ist die, daß das Erzählen von Kriegsgeschichten für den Erzähler zur psychischen Gesundung beiträgt, für den Sohn hingegen, der sie sich anhört, hingegen können sie negative Auswirkungen zur Folge haben. Unbewußt vermittelt der Vater seinem Sohn, daß er Beachtung bekommen kann, wenn er, genau wie er selbst, etwas tut, womit er sein Leben in Gefahr bringt. Die zweite Zwickmühle ist die: Diese Geschichten können den Erzähler vergessen machen, daß auch er Hilfe braucht, um sich von tieferen, noch schrecklicheren Ängsten zu befreien.

Die Lösung? Beratungspflicht für alle, die Kampf und Kampftraining durchgemacht haben. Und den Vater aufklären, daß er seinem Sohn (oder seiner Tochter) verständlich macht, daß er sein Leben aufs Spiel gesetzt hat, damit sein Kind sein Leben mit etwas anderem als mit Krieg füllen kann.

IV. WIE DIE POLITIK MÄNNER DAZU BRINGT, SICH ZU OPFERN

Die Zeitschrift *Parade* berichtet, daß zwischen 1914 und 1945 vierzig Millionen sowjetische Männer getötet wurden.[55] Die Schlagzeile des Magazins lautet: »Den kürzeren gezogen.« Die Männer, die starben? Nein. Die Frauen hätten den kürzeren gezogen, hieß es in dem Artikel, denn sie mußten Fabrikarbeit und Straßenreinigungsarbeiten übernehmen, weil dafür keine Männer mehr da waren.

Nach den beiden Weltkriegen wurden Kriegerrenten eingeführt, weil wir uns um die Heimkehrer sorgten. Doch in den 70er und 80er Jahren führte unsere mangelnde Fürsorge zur Vernachlässigung der Kriegsheimkehrer ...

Das Vermächtnis des posttraumatischen Streßsyndroms

> Ich bin in Vietnam getötet worden. Damals wußte ich es nur noch nicht.
>
> PAUL REUTERSHAN, Agent-Orange-Opfer[56]

- Seit Kriegsende haben mehr ehemalige Vietnamsoldaten Selbstmord begangen, als im Vietnamkrieg selbst getötet wurden.[57]

- Vorsichtige Schätzungen gehen davon aus, daß 20 Prozent aller Vietnamveteranen und 60 Prozent aller Soldaten, die an der Front gekämpft haben, zu Psychiatriefällen wurden.[58]

- Eine Umfrage ergab, daß über 400 000 von den Vietnamveteranen entweder gerade im Gefängnis, im Hafturlaub oder auf Bewährung waren oder auf ihre Gerichtsverhandlung warteten.[59]

- Allein in Los Angeles leben rund 20 000 obdachlose Vietnamveteranen. Das Veterans Administration Center (Zentralverwaltung der Veteranen) hält gerade mal 300 Betten für sie bereit.[60]

Um die psychologische Belastung, als Mann geboren zu sein, zu verstehen, befassen wir uns zunächst mit der Krankheit, an der 60 Prozent der Vietnamkriegsteilnehmer leiden.[61] Nach dem Bürgerkrieg wurde diese Krankheit Soldatenherz genannt – Herzklopfen, Brustschmerzen, Schwindelgefühl. Nach dem Zweiten Weltkrieg Kriegsneurose.[62] Nach dem Vietnamkrieg posttraumatisches Streßsyndrom (posttraumatic stress disorder, PTSD).

Das posttraumatische Streßsyndrom

Viele Männer beschrieben es so:

> Die Kopfschmerzen fingen ein paar Jahre nach meiner Rückkehr aus Vietnam an ... Einige Zeit darauf fand mich meine Frau Loretta nachts im Flur unserer Wohnung, in voller Kampfmontur und mit dem Bajonett in der Hand ... Es dauerte noch ganze zwölf Jahre, bis mir klar wurde, daß ich psychisch angeschlagen aus Vietnam heimgekehrt war.
> ... Manchmal werden sogar am hellichten Tag die Gesichter der Toten wieder lebendig. Solche Geschichten können Tausende von Vietnamveteranen erzählen. Das Problem ist, daß viele Veteranen einfach nicht darüber reden können, was schiefgelaufen ist. Ich mußte schier sterben, bis ich kapierte, daß drüber reden die einzige Möglichkeit war, damit zu leben.[63]

Was ist ein Flashback?

> Wenn ich eine freie Straße entlangfuhr, verwandelte sich das Linienflugzeug über mir in eine F-4, die von einer Landebahn in Vietnam abhob... Ein Hügel vor mir wurde zu einem Ziel, das im Tiefflug bombardiert werden sollte... Die Gedanken sprangen vor und zurück... Ich bin zu Hause, ich bin in Vietnam... Schau nicht auf die durchbrochenen weißen Linien auf der Straße, es sind Leuchtspurgeschosse in der dunklen Nacht.
> Wenn Sie diesen letzten Absatz hundertmal schneller lesen könnten, mit tausendmal größerer Intensität, dann hätten Sie eine Vorstellung von dem, was ein Flashback ist.[64]

Ein Freund schrieb mir: »Mein Exschwiegervater, der einen Zug mit Nazitruppen im Tiefflug angegriffen und bombardiert hatte, wachte noch Jahre danach Nacht für Nacht in panischer Angst und naß von kaltem Schweiß auf.«[65] Ein Militärhistoriker drückt es so aus: »Nicht die Angst, getötet zu werden, sondern die Angst, töten zu müssen, war der verbreitetste Grund für die Kampfmüdigkeit im Zweiten Weltkrieg.«[66]

Warum kommt es uns so vor, als wäre nach dem Vietnamkrieg mehr von versehrten Veteranen und Streßsyndromen die Rede als nach früheren Kriegen? Zeigt es eine größere Sensibilisierung an? Nicht ganz. Der Vietnamkrieg hinterließ dreimal so viele Kriegsversehrte wie der Zweite Weltkrieg.[67] Warum? Es liegt ironischerweise daran, daß die Rettungsdienste besser organisiert waren – Männer, denen die Beine zerfetzt worden waren, konnten gerettet werden. Im Zweiten Weltkrieg wären sie gestorben. Somit sagt uns die Gefallenenrate im Vietnamkrieg wenig über die Zahl der wirklichen Opfer. Die physischen und psychischen Folgen – die 50 000 Erblindeten, die 60 000, die Selbstmorde begingen (und das sind nur die registrierten Fälle), die ungewöhnlich hohe Zahl von »Unfalltoten«, die 33 000 Gelähmten – sagen mehr.[68]

In der Theorie haben wir begriffen, daß das eigentliche Vietnamtrauma mangelnde Anerkennung ist. Aber auf der praktischen Ebene haben wir diese Anerkennung nicht in angemessene Hilfe für die Kriegsheimkehrer umgesetzt, denen droht, obdachlos zu werden, keine Arbeit zu finden, an Folgeerkrankungen durch die Vergiftung mit Agent Orange zu sterben, am posttraumatischem Streßsyndrom zu leiden, im Gefängnis zu landen, Mord oder Selbstmord zu begehen.

Eine im *New England Journal of Medicine* erschienene Studie belegt, daß verwundete Vietnamveteranen stärker an PTSD leiden als Vergewaltigungsopfer und Opfer von Raubüberfällen,[69] aber sie bekam wenig öffentliche Aufmerksamkeit. Und es wurde wenig für sie getan. Es gibt z. B. in ganz New York nur vier Einrichtungen des Sozialdienstes, die sich um die Kriegsheimkehrer kümmern.[70] Vergleichen Sie das mit den über fünfzig Einrichtungen, die sich um Frauenprobleme kümmern und fast alle mit öffentlichen Geldern finanziert werden – entweder direkt (vom Staat) oder indirekt (durch Befreiung von der Steuer).

Warum weigert sich die US-Regierung, Dokumente über Kriegsgefangene herauszugeben?

Juni 1992. Ganz Amerika verfolgt, wie Boris Jelzin in einem Fernsehinterview zugibt, daß amerikanische Kriegsgefangene aus dem Vietnamkrieg, aus dem Zweiten Weltkrieg und dem Koreakrieg in sowjetische Arbeitslager verschleppt worden sind und daß einige davon noch am Leben sein könnten.[71]

Zwei Tage später erklärten die Medien, daß es ein »Versprecher« von Boris Jelzin gewesen sei. Tatsächlich hatte er seine Angaben dem amerikanischen Senate's Select Committee der POW-MIA Affairs (Amt für Kriegsgefangene und Vermißte) vorher schriftlich gegeben.[72] Die Regierung der USA war auch längst im Besitz von 11 700 Berichten über die mehr als 2 000 Amerikaner, die noch in Vietnam vermißt wurden – einschließlich 1400 Augenzeugenberichten.[73] Mehr als 8 000 Mann wurden in Korea vermißt, und 559 Fälle waren ungeklärt.[74] Minister John Foster Dulles wußte bereits 1954 aus vielen Berichten von amerikanischen Kriegsgefangenen im Koreakrieg von den Lagern in der Sowjetunion.[75]

Wurde die Sache vertuscht? Nur von den Medien? Und wenn etwas vertuscht wurde, warum? Es spricht alles für eine Vertuschung, aber nicht nur durch die Medien. Einige Monate zuvor bereits war Colonel Millard A. Peck, der ursprünglich für die Prüfung solcher Untersuchungsergebnisse verantwortlich war, zu dem Schluß gekommen, daß vertuscht worden war.[76] Er fand heraus, daß die Beauftragten im National Security Council (Staatssicherheitsministerium) und Verteidigungsministerium jede Spur aufnahmen und, anstatt ihr nachzugehen, »die Quellen anzweifelten... Der Vorsatz zu verharmlosen, ist sehr lebendig.«[77] Colonel Peck war so frustriert, daß er mit der Begründung zurücktrat, daß sein Amt als »Giftmülldeponie« benützt würde, »wo die ganze Schweinerei diskret begraben werden soll, damit die Öffentlichkeit möglichst nichts erfährt«.[78]

Colonel Peck wußte um sein Risiko. Er bat um sofortige Entlassung aus der Armee, »um sich den Ärger zu ersparen, aus den Augen und aus dem Weg geschafft und in irgendeine entlegene Gegend gekarrt zu werden«.[79]

Warum diese Vertuschung? Den »Fall« Kriegsgefangene und

Vermißte »abzuschließen«, hilft den Amerikanern, sich nach dem Krieg wieder in einem friedlichen Leben einzurichten. Nach dem Zweiten Weltkrieg, dem Koreakrieg und dem Vietnamkrieg erklärte die Regierung der USA alle Kriegsgefangenen und Vermißten für tot. Sie weigerte sich, Dokumente über diesen Personenkreis herauszugeben. Wir können diesen Wunsch verstehen, aber er spiegelt wider, daß wir lieber in Frieden gelassen werden wollen, als uns darum zu kümmern, ob die Männer, die Frieden und Freiheit für uns erkämpften, noch am Leben sind.

Bedenken wir folgendes: Würde es sich bei den Vermißten und Kriegsgefangenen um unsere Mütter, Töchter und Schwestern handeln, hätten wir dann nicht intuitiv gespürt, daß es keine gesunde Entwicklung für das Land gibt, bis auch der letzten Spur nachgegangen worden ist? Es wäre nach dem Zweiten Weltkrieg ein wichtiges Thema gewesen, und es wäre uns nach dem Korea- und Vietnamkrieg ebensowenig in den Sinn gekommen, die Sache zu vertuschen.

Daß wir uns so wenig um das Leben von Männern kümmern, gerät nicht nur ihnen selbst zum Nachteil: Viele Kinder kennen ihre Väter nur von Fotos auf dem Nachttisch ihrer Mutter. Frauen wußten nicht, ob sie ihre Männer gefühlsmäßig beerdigen oder auf ihren nächsten Anruf warten sollten.

Die Agent-Orange-Politik

Die Vereinigten Staaten versprühten in Vietnam rund 40 Millionen Tonnen Agent Orange, ein dioxinhaltiges chemisches Entlaubungsmittel. Labortests ergeben einen Zusammenhang von Vergiftungen mit Dioxin und Mißbildungen, Krebs, Unfruchtbarkeit und Fehlgeburten sowie Leber-, Nerven- und Immunsystemschäden.[80]

Admiral Elmo Zumwalt war im Vietnamkrieg für den Einsatz von Agent Orange verantwortlich. Die Entscheidung für den Einsatz von Agent Orange hat die US-Nation tiefer betroffen als jede andere. War es die unsensible Männermacht, die dazu führte? Wir werden sehen.

Zumwalt war *gegen* den Vietnamkrieg. Trotzdem hatte er das

Kommando über die Marinestreitkräfte, die im Innern des Landes stationiert waren. Er hatte Hunderte von jungen Männern hinausgeschickt und sie in Leichensäcken zurückkommen sehen. Sie wurden von vietnamesischen Soldaten, die sich im dichten Dschungel versteckt hielten, in Hinterhalte gelockt. Dann erfuhr er, daß Agent Orange den Schutz durch die Belaubung zerstören und sich somit die Anzahl der Gefallenen, die bei Überfällen aus dem Hinterhalt umkamen, verringern ließ.[81] Damals waren ihm die negativen Auswirkungen von Agent Orange nicht bekannt, aber bis zum heutigen Tag ist Zumwalt der Ansicht, daß seine Entscheidung, den späteren Folgen zum Trotz, mehr Menschenleben rettete, als sie kostete.

Bald nach dieser Entscheidung war sein eigener Sohn, Elmor junior, Agent Orange ausgesetzt und erkrankte an Krebs. (Zumwalts Enkel wurde mit mehreren Geburtsfehlern geboren.) Wie reagierte sein Sohn? Er schloß Versicherungen ab und kämpfte darum, die drei Jahre zu überstehen, die es dauerte, bis die Versicherungsgesellschaft für seine Familie aufkommen würde.[82] Nach Ablauf der drei Jahre traf er Vorkehrungen, daß der Bruder seiner Frau ihm aktive Sterbehilfe leistete. Seine Frau sollte in den Genuß der Versicherungsleistungen kommen, die Qual, ihn von lebenserhaltenden Apparaten abzuschalten und den Stecker aus der Wand zu ziehen, wollte er ihr aber ersparen. *So mußte ein anderer Mann mit dieser Qual leben.*

Hat er seinem Vater die Schuld zugeschoben? Nein. Er sagte: »Sicherlich sind durch seinen Entschluß, Agent Orange einzusetzen, Tausende noch am Leben. Mich eingeschlossen.«[83]

Wenn wir an die hohen Militärs denken, denken wir an Macht, selten an die innere Hölle, durch die die Zumwalts der Welt gehen, wenn sie Entscheidungen fällen, die ihre Söhne und Enkel für eine Sache verkrüppeln, der sie ablehnend gegenüberstehen.

Zu allen Zeiten haben wir Männern zugemutet, mit der Hölle zu leben, eine Entscheidung treffen zu müssen, die einen Mann das Leben kostete und zwei rettete. Männer würden es kaum als Macht empfinden, wenn sie das den Eltern des toten Jungen erklären müßten. Doch so wie Gott Abraham aufforderte, seinen einzigen Sohn zu opfern, um seine Liebe zu ihm unter Beweis zu stellen, so spürte auch Zumwalt seine Machtlosigkeit, als er, um Vaterlandsliebe zu beweisen, den Sohn opferte.

Gehört es nicht zum Mannsein, Mut zum Widerspruch zu haben? Teilweise. Elmo äußerte seine Meinung. Doch als er das getan und den Kampf verloren hatte, wußte er, wie alle Militärs, daß es seine Pflicht war, anderen zu dienen – nicht, Macht zu haben. Er konnte ein Held werden, aber nur innerhalb eines bestimmten Rahmens – dem des Dienens.[84]

Heute ist Admiral Zumwalt Sonderberater im Ministerium für Veteranenangelegenheiten, speziell für Fragen im Zusammenhang mit Agent Orange. Zumwalt hat sämtliche Studien über Agent Orange geprüft und dann eine Liste mit siebenundzwanzig Krankheiten erstellt, für die Vietnamveteranen entschädigt werden müßten, weil sie nachgewiesenermaßen durch Agent Orange ausgelöst werden.[85] Es wurden jedoch nur drei amtlich anerkannt. Warum?

Zumwalt erklärt, daß die chemische Industrie Angst davor hat, daß Dioxin als krebserregender Stoff gebrandmarkt wird, weil es nicht nur in Agent Orange, sondern auch in vielen anderen Produkten enthalten ist, die im Handel sind. Sie will Gerichtsverfahren vermeiden. Es gibt jedoch Hinweise, daß der Widerstand noch viel weiter reicht als bis in die chemische Industrie.

1987 führte das Center for Disease Control (staatliche Gesundheitsbehörde) eine Studie durch, die den Zusammenhang von Agent Orange mit bestimmten Krankheiten untersuchen sollte. Die Studie wurde plötzlich gestoppt, es hieß, weil das Weiße Haus nicht haftbar gemacht werden wollte. Das war Teil eines jahrzehntelangen Streits. Veteranengruppen hatten behauptet, daß aus Angst, haftbar gemacht zu werden, ein Zusammenhang abgestritten wurde. Regierung und chemische Industrie wiesen diese Behauptung zurück. Wer hat recht? Hier ist ein Hinweis:

Fast über Nacht kam Bewegung in die Sache. Es wurde ein Gesetz verabschiedet, das den Entschädigungsanspruch der Vietnamveteranen, die von Agent Orange betroffen waren, anerkannte.[86] Das Parlament stimmte zu, mit erstaunlichen 412 Jastimmen und keiner Gegenstimme.[87] Warum? Saddam Hussein drohte im Golfkrieg damit, chemische oder biologische Waffen gegen die amerikanischen Truppen einzusetzen. Plötzlich räumten die USA einen Zusammenhang zwischen Agent Orange und dadurch verursachten Krankheiten ein, und sie wollten Präzedenzfälle schaffen, weil Saddam Hussein die Rechnung würde bezahlen müssen. So machte das Gesetz neue Studien möglich und gewährleistete Entschädigungen.[88] Die Argumente wurden nicht verschwiegen.

Kurz gesagt, als es schien, als müßten amerikanische Firmen oder der Staat die Rechnung bezahlen, wurde alles getan, um einen Zusammenhang zwischen Agent Orange und Krebserkrankungen zu leugnen. Als es schien, als würde Saddam Hussein die Rechnung bezahlen müssen, tat man alles, um eine Verbindung zwischen Agent Orange und Krebserkrankungen *herzustellen* und Präzedenzfälle, was Entschädigungszahlungen anging, zu schaffen. Es gibt wohl kein treffenderes Beispiel für unsere Einstellung, was das Leben von Männern angeht. (Die Kehrtwendung war so offenkundig, daß es schon peinlich war.)

Wer ist schuld? Letztlich wir, die Bürgerinnen und Bürger der Vereinigten Staaten. Wenn Frauen freiwillig eine chemische Substanz einnehmen, die diese Schäden zur Folge hat (wie Thalidomid), sorgen wir für eine politische Stimmung, die garantiert, daß Frauen ihre Gerichtsverfahren gewinnen. Wenn Männern unter Zwang chemischen Substanzen ausgesetzt werden, dann zögern wir, sie zu entschädigen.

Die Frauenbewegung hat die Militärs als »Kriegerelite« bezeichnet.[89] Sie ist jedoch weniger eine Eliteklasse, auch keine Dienerklasse, sie ist eine tote Klasse.

Zumwalt hat ein Buch über seine Erfahrungen geschrieben und sagt darin: »Es gibt einen Aspekt, den ich mit allen anderen Vietnamveteranen gemeinsam habe: das Schweigen über den Dienst in diesem Krieg.«[90]

Auch ich verfolge mit meinem Buch das Ziel, Männer aus dem Schweigen herauszuführen – und damit weg von Drogen, Scheidung, Depression und Selbstmord sowie der Sackgasse der Isolation. Kommen wir zur erlernten Hilflosigkeit. Bis heute hat die Militärelite wenig getan, um sich selbst zu helfen.

V. EINE »KILLER-KLASSE« ZU SCHAFFEN HAT KONSEQUENZEN

Warum sind Männer so brutal? Warum müssen sie »ihre Männlichkeit beweisen«? Was sind die Konsequenzen, wenn wir unsere Männer für den Kampf ausbilden?

Als John Beverly aus Vietnam zurückkam und schwer unter posttraumatischem Streß litt, verstärkten seine Arbeitskollegen noch seine Qualen. Sie ließen Milchtüten platzen, zerschmetterten Bierflaschen und zündeten Feuerwerkskörper, um seine Reaktion zu beobachten. Seine Angst steigerte sich derart, daß er keiner Arbeit mehr nachgehen konnte.[91]

Warum tun Männer Männern so etwas an? **Männer, die einander verspotten, trainieren sich instinktiv gegenseitig, ein Beschützer zu werden.** Wie das? Niemand will einen Beschützer, der vor einer spöttischen Bemerkung davonläuft. So suchen und finden Jungen gegenseitig ihre Schwachpunkte heraus und merzen sie aus. Wenn sie eine Schwäche entdecken, »besiegen« sie ihren Widerpart, indem sie ihn verspotten – sie verhöhnen seine Schwäche so lange, bis er entweder untergeht oder schwimmen lernt. Wenn er untergeht, hat er sich »nicht als Mann bewiesen«. **Was bedeutet »sich nicht als Mann beweisen« wirklich? Es bedeutet, daß er Frauen und Kinder nicht beschützen kann, weil er zu sehr damit beschäftigt ist, seine eigene Schwäche nicht zu zeigen.** Frauen, die dies spüren, lehnen ihn als Partner ab.

Unser Verlangen, von Männern beschützt zu werden, hat uns »Polizeibrutalität« beschert, die Militärmentalität und die Mafia – all das assoziieren wir mit Männern. Wir müssen uns nicht wundern, daß Männer nicht zimperlich sind, wenn wir sie als »Weichklopfer« benutzen.

Wenn Männer in Kriegszeiten die Beschützerrolle spielen, bewahren sich ihre Ehefrauen meist ihr inneres Gleichgewicht, die Männer hingegen geraten völlig aus dem Gleichgewicht. Als der Zweite Weltkrieg z.B. *Rosie the Riveter* (Rosie an der Nietmaschine) hervorbrachte, symbolisierte »Rosie« die weibliche Energie, »Riveter«

die männliche. Die Jobs boten vielen Frauen die Möglichkeit, ihre weiblichen und männlichen Anteile gleichermaßen auszuleben. Ihre Ehemänner jedoch wurden gezwungen, fast ausschließlich ihre männlichen Anteile zu leben. Daher brachte der Krieg viele Frauen in emotionales Gleichgewicht, während er Männer aus der Bahn warf.

Der Krieg mag zu körperlichen Verwundungen führen, aber so mancher Veteran würde das verschmerzen, wenn er die Intimität mit seiner Frau und seinen Kindern wieder herstellen könnte, die ihm durch seine emotionale Amputation verlorengegangen ist. Ein Grund, warum es Bücher gibt wie *Men Who Hate Women and the Women Who Love Them* (Männer, die Frauen hassen, und Frauen, die diese Männer lieben), ist der, daß wir mit unseren Steuergeldern Männer dafür entlohnen zu hassen. Das Einkommen von Männern ermöglicht Frauen zu lieben. Das Orchester spielt die Melodie, die wir bestimmen.

Kämpfer für den Frieden

Männer kämpfen nicht nur im Krieg, sie sind vielfach auch Kämpfer für den Frieden. Meist handelt es sich bei denjenigen, die ihr Leben aufs Spiel setzen, ins Gefängnis geworfen oder im Kampf für den Frieden getötet werden, um Männer. Manche dieser Friedenskämpfer sind uns ein Begriff – Nelson Mandela, Martin Luther King, Gandhi, Dag Hammarskjöld –, die meisten aber sind vergessen. Erinnern Sie sich an Norm Morrison?

Nach jahrelangen verzweifelten Protesten gegen den Vietnamkrieg übergoß er sich auf den Treppen zum Pentagon mit Benzin und zündete sich an. Der Vorfall brachte die Kriegsgegner auf und lenkte die Aufmerksamkeit auf den »Feind im Innern«, wie ihn die Demonstranten nannten: das Pentagon.[92] Aber Norm Morrison ist in Vergessenheit geraten. Ebenso wie Brian Wilson, der sich wiederholt auf Eisenbahnschienen legte, um Munitionszüge aufzuhalten, die Nachschub für die Bombardierung der Menschen in Mittelamerika lieferten. Er wurde von einem dieser Züge überfahren.

Es sind legitime Fragen, ob Menschen wie Norm Morrison zum

Erhalt des Friedens beitragen oder ob sie die militärische Stärke untergraben, die der Sicherung des Friedens dient, ob das Militär den Frieden sichert oder eine Militärmentalität schafft, die zu Krieg neigt. Es ist die Frage, ob Japans neuer Weg der ökonomischen Stärke oder die historische Methode der Schweiz, neutral zu bleiben, eine Nation glücklicher macht als noch so viele Soldaten oder Friedenskämpfer. Wir tendieren aber dazu, Männer zu beschuldigen, Krieger zu sein, und lassen außer acht, daß sie auch Kämpfer für den Frieden sind. Niemand verleiht den Brian Wilsons oder Norm Morrisons Ehrenabzeichen für Verdienste um den Frieden.

Der Soldat in Zivil

Am Veteranentag wird ein Soldat vergessen: der Soldat in Zivil. CIA-, FBI- und DEA-Agenten sind Soldaten in Zivil. Diese Soldaten haben vertraglich auf ihre Redefreiheit verzichtet, um dafür die Möglichkeit einzutauschen, eine Familie zu ernähren.

Die Bedingung, nicht über seine Sorgen, Ängste und über ethische Fragen zu sprechen – auch nicht mit seiner Frau oder mit dem besten Freund –, bereitet ihm Abend für Abend posttraumatischen Streß. Dem Mittel des Erzählens beraubt, um seinen Ängsten Ausdruck zu verleihen, erkrankt er an Krebs und erleidet einen frühen Tod, um dann ehrenvoll zu Grabe getragen zu werden.

Hat die Verdrängung von Gefühlen tatsächlich Krebserkrankungen zur Folge? Seriöse Krebsstatistiken weisen nach, daß Menschen, die ihre Gefühle unterdrücken, ein sechsmal höheres Krebsrisiko haben als Raucher.[93] Der Soldat in Zivil, der gezwungen wird zu verdrängen, stirbt nicht an dem, was er nicht weiß, sondern an dem, was er weiß. All die Gefühle und Überlegungen, die er nicht zum Ausdruck bringen und die er nur in seinem Kopf hin und her bewegen darf, können dazu führen, daß er an einem Gehirntumor erkrankt.

Als William Casey, der frühere Direktor der CIA, beschuldigt wurde, in der Iran-Contra-Affäre etwas zu vertuschen, zeigte er keinerlei Gefühle. Er starb an Hirntumor. Gleichzeitig war in derselben Sache Bud McFarlane angeklagt. Er unternahm einen

Selbstmordversuch, doch dann ging er aus sich heraus und sagte aus, worauf er sich wieder erholte.

Dafür, daß der Soldat in Zivil seine Empfindungen nicht mit seiner Ehefrau teilt, wird er mit einem Einkommen entlohnt, das er mit ihr teilt. Seine Verdrängung gibt ihr Gelegenheit, ihren Gefühlen Ausdruck zu verleihen – oft in Form von Kritik an seinem Verdrängen. Seine aufgezwungene Verdrängung verschafft ihr am Ende eine Witwenrente. Der Mann im ersten Stadium schafft die Witwe des zweiten Stadiums.

VI. DAS DILEMMA DES SOLDATEN IM ÜBERGANGSSTADIUM

Soldaten des ersten Stadiums befreien Frauen, damit sie sich zu Frauen des zweiten Stadiums weiterentwickeln können

> Frauen erleben sich in fünfundneunzig Prozent aller Fälle als Opfer. Oder als Benachteiligte oder als solche, die um ihr Leben kämpften ... Frauen sind nicht nach Vietnam gegangen und haben dort keine Städte und Dörfer in die Luft gesprengt. Sie sind keine Rambos.
>
> JODIE FOSTER, *The New York Magazine*[94]

Muhammad Alis Weigerung, sich am Vietnamkrieg zu beteiligen, weil er ihn für ein Verbrechen ansah, brachte ihn auf dem Gipfel seiner Karriere ins Gefängnis und stahl ihm unwiederbringliche vier Jahre seiner Lebenszeit. Zur selben Zeit befand sich Jodie Foster ungefährdet im eigenen Zuhause, wurde reich und berühmt und verdiente Geld mit ihrem Sex-Appeal. Was hätte Jodie Foster gesagt, wenn ein sexistisches Gesetz sie im Alter zwischen vierundzwanzig und siebenundzwanzig ins Gefängnis gebracht hätte? Oder wenn ihr Körper so geringschätzt würde, daß sie, um Geld zu verdienen, sich Boxhieben aussetzen müßte, die schließlich zu Hirnschäden und Parkinsonscher Krankheit führen können?

So, wie der erste Jahrgang von Collegestudenten von seinen

Stadium-I-Vätern befreit wurde und sich seinen Eltern intellektuell überlegen fühlen konnte, so wurden die Jodie Fosters von Stadium-I-Männern befreit und konnten sich Männern moralisch überlegen fühlen, die ihnen das schmutzige Geschäft des Krieges abnahmen.

Männern erscheint es merkwürdig, wenn Frauen wie Jodie Foster erst ignorieren, daß Männer geopfert wurden, dem Opfer die Schuld zuschieben und sich schließlich selbst als Opfer hinstellen. Besonders wenn das eine Jodie Foster sagt, die in einer Zeit aufwuchs, in der Frauen den Traum des »eigenen Zimmers« als Realität erlebten, während ihre männlichen Altersgenossen die Realität des »eigenen Leichensacks« erlebten. Männer sahen traurig mit an, daß Frauen einen Vorsprung in der Berufslaufbahn hatten, während sie in einem Krieg kämpften, der ihre Seelen zerstörte. Es ist bitter, aus diesem Krieg zurückzukehren und sich anhören zu müssen, daß sich eine Frau als Opfer von Sexismus bezeichnet, weil sie an ihrem Arbeitsplatz, den anzunehmen sie kein Gesetz gezwungen hat, gebeten wurde, Kaffee zu kochen.

In den siebziger Jahren wurde eine amerikanische Frau als »befreit« und als »Superfrau« bezeichnet, während ein amerikanischer Mann, der in Vietnam kämpfte, »Babykiller« genannt wurde, »Verräter«, wenn er dagegen demonstrierte, und »apathisch«, wenn er keins von beidem tat. Sogar Männer, die mit einer Lähmung vom Hals abwärts nach Hause zurückkehrten, wurden buchstäblich bespuckt. Das passierte nicht nur in Amerika. Sowjetische Frauen, die ungefährdet in ihrem Zuhause lebten, galten als »befreit« und »überlastet«, während eine Million sowjetischer Männer, die nach größter Todesgefahr aus Afghanistan heimkehrten, nicht etwa »Helden«, sondern »Trottel« genannt wurden. Es war die Rede von sowjetischen Hausfrauen, die vor den Läden Schlange stehen mußten, aber kaum von den sowjetischen Männern, die in afghanischen Wüsten schmachteten, von giftigen Skorpionen gestochen wurden und sich mit Malaria, Gelbsucht, Typhus, Hepatitis und Durchfall ansteckten.[95] Als sie nach Hause zurückkehrten, nannte sie die sowjetische Regierung bloß die *nicht einsatzfähigen Hilfstruppen*. Diese Ablehnung und Unehrenhaftigkeit führten bei den Männern zu Alkoholismus, Einweisung in Kliniken und Selbstmord. Doch es wurde immer nur von den überlasteten sowjetischen Frauen geredet.

Die heute erwachsenen Männer gehören einer Generation an, die für etwas kritisiert wird, wozu sie eine Generation von Frauen verpflichtet hat, die privilegiert genug war, um sich dieser Verpflichtung zu entziehen. Sie sind eine Generation von Männern, die keine Anerkennung bekommt, aber mit einer Generation von Frauen zusammenlebt, die sich anerkannt fühlen kann. Diese Kluft in bezug auf Anerkennung wurde durch ein anderes Phänomen noch vergrößert ...

Rollentausch

Im Gefolge des Golfkriegs gab es Hunderte von Zeitungsberichten über Frauen, die in den Krieg zogen, und über Männer, die einen »Rollentausch« vollzogen. Die Berichte handelten fast immer davon, daß die Männer die Schwierigkeiten der Frauenrolle entdeckten.[96] Frauen mit Kindern, die mit einem Soldaten verheiratet sind, haben selten, und Männer, die mit Soldatinnen verheiratet sind, fast alle einen Vollzeitberuf.[97] So übernahm z.B. ein Marineoffizier, der in den vergangenen fünf Jahren alles in allem nur siebzehn Monate zu Hause gewesen war, die Verantwortung für seine vier Kinder im Alter von 2, 4, 6 und 13 Jahren.

Weil die Medien aber nur der neuen Rolle der Frau Aufmerksamkeit schenkten, fühlte sich der Marineoffizier schuldbewußt: »Ich habe Angst, daß meine Frau verwundet wird. Sie wäre jetzt nicht dort, wenn ich genug Geld verdienen würde und wir von einem Einkommen leben könnten.«[98] Er fühlte sich schuldig, weil er finanziell nicht für sechs Personen aufkommen konnte, obwohl er ganztags für seine vier Kinder und die Hausarbeit verantwortlich war.

Der Soldat im Übergangsstadium

Wir können den inneren Konflikt des chinesischen Soldaten auf dem Tiananmen-Platz ermessen, als er zögerte, Menschen seines Alters umzubringen, die ihm Essen anboten. Dann steckte er seinen Panzer in Brand – alles in Uniform. Wir etikettieren das gern als Konflikt zwischen Moral und Unmoral, doch für den Soldaten war es ein Dilemma zwischen zwei Arten von moralisch bzw. zwei Arten von unmoralisch.

Was den Soldaten, ob in Afghanistan, Vietnam oder auf dem Tiananmen-Platz, das Leben zur Hölle gemacht hat, war der innere

Konflikt. Auf den äußeren Konflikt waren sie gefaßt, doch nun geriet er in einen inneren Konflikt mit Überzeugungen.

Und dann kamen sie nach Hause, wo sie keine Anerkennung erwartete, sondern Isolation. Wir müssen uns um unsere Söhne kümmern, und das heißt, ein Netzwerk zur Unterstützung ehemaliger Kriegssoldaten schaffen, damit sie mit den völlig neuartigen Ängsten umzugehen lernen.

Als unsere Veteranen zu Hause in den Spiegel schauten und zwei Gesichter sie daraus hervor anblickten, haben sie sich gefragt, ob sie die gedungenen Mörder unschuldiger Frauen, Kinder und Männer waren – und manchmal auch unabsichtlich der Mörder eines Kameraden, wie Ron Kovic in dem Film *Geboren am 4. Juli*. Wir haben die Pflicht, ihnen zu helfen, ihre Ängste und sich selbst besser verstehen zu lernen. Es fällt ihnen schwer, über ihre Ängste und Alpträume zu sprechen, wenn sie entweder als Verräter angesehen werden oder ihr Kampfeinsatz nicht anerkannt wird. Die gleiche Hilfe brauchen auch unsere Kriegssoldatinnen, ohne außer acht zu lassen, daß es die männlichen Kampftruppen sind, die am extremsten unter posttraumatischem Streß leiden.

VII. LÖSUNGSMÖGLICHKEITEN

*Das Kriegssklaventum der Männer –
kann ihm ein Ende gemacht werden?*

Von Rambo zur Realität

> Seine Beine sind nie gefunden worden.   LEROY V. QUINTANA[99]

Politische Veränderungen fangen oft mit Dingen an, die nicht nur etwas ins Bewußtsein rücken, sondern die Allgemeinheit regelrecht aufrütteln. So wie eine Rambo-Puppe das Ideal der Gewalt verkörpert, so müßte es eine »Reality-Puppe« geben, die die Realität der Gewalt vor Augen führt.

Von der Reality-Puppe könnte es eine Reihe verschiedener Modelle geben... Ein Paraplegie-Modell mit Rollstuhl und »Zubehör«, etwa Armen und Beinen unterschiedlicher Rasse, die austauschbar wären, und Miniaturprothesen; ein Leichen-Modell mit Leichensack, Sarg und Urne – in verschiedenen Ausführungen, je nachdem, ob für Arm oder Reich; ein Gefangenen-Modell mit Bambuskäfig und unter Sonderbewachung; ein Vermißten-Modell, das nach dem Verladen verlorengeht...

Die Modelle mit posttraumatischem Streß tragen alle Zwangsjacken und sind mit Tabletten und Whisky (Zuckerwasser) ausgestattet. Im männlichen Posttraumatischen-Streß-Modell ist ein Geräuschmelder eingebaut. Wenn eine Tür zugeschlagen wird, setzt ein Flashback ein. Er läßt seine Wut an einer »mißhandelten Barbie« aus. Das meistverkaufte Zubehör für das Mißhandelte-Barbie-Modell ist ein Telefon, das automatisch den Polizeinotruf wählt, um den Mann, der unter posttraumatischem Streß leidet, anzuzeigen.

Die Puppen, die zur Verhinderung eingesetzt werden, wirken auf uns brutaler als die, die Gewalt verherrlichen. Das ist es, was aufrüttelt.

Männerleiden gegen Erdöl

Der Zweite Weltkrieg gilt gemeinhin als ein Krieg, der Amerika von der Depression befreite und Wohlstand brachte. Der Golfkrieg hätte nicht stattgefunden, wenn Kuwait nicht für Erdöl, sondern Karotten bekannt wäre. Im Golfkrieg waren immer noch 96 Prozent aller Gefallenen Männer; er ist nur eins der jüngsten Beispiele für den Tausch von Männern gegen Geld und Macht. Es war ein Krieg, in dem Männerleiden gegen Erdöl eingetauscht wurden. Das wird so weitergehen, bis wir dagegen Protest einlegen.

Wie können wir Männer in Friedenszeiten beschäftigen, die der Krieg um ihre Arbeit gebracht hat?

Krieg verlangt die Bereitschaft, das Leben zu opfern, Frieden die Fähigkeit, das Leben zu leben. Krieg verlangt die Opferung der

Individualität, und die Kasernen sind das Grab der Individualität. Weil im Frieden die Individualität wiedergewonnen werden muß, müssen Wiedereingliederungsprogramme den Veteranen helfen, ihre schlummernde Individualität zu wecken. Im Krieg sind Mißtrauen und paranoides Verhalten zweckmäßig, zu Hause sind sie unzweckmäßig. Die Wiedereingliederungsprogramme dienen dazu, Vertrauen neu einzuüben.

Im Krieg ist es einem Soldaten quasi verboten, zu weinen und um Hilfe zu bitten, weil es seine Einheit schwächen würde, wenn er sich um sich selbst kümmerte. Im Frieden muß der Veteran lernen, daß Weinen keine Schwäche ist, sondern daß es stärkt. Es stärkt und reinigt das Immunsystem, es stärkt seine Kinder, weil sie durch Weinen ihrerseits ihr Immunsystem stärken, es stärkt seine Familie, weil es dem einzelnen eher das Gefühl gibt, Teil eines Teams zu sein und nicht abhängig von ihm. Im Frieden kann der Veteran lernen, daß Selbsthilfe und eine starke Einheit – die Familieneinheit – zu sein, sich gut miteinander vereinbaren lassen.

Familientherapie und Eheberatung waren im Krieg nebensächlich; sie lenkten vom Überleben der Nation ab. Im Frieden sind sie jedoch notwendig, um zusammenzufügen, was der Krieg auseinanderriß. Warum? Hier einige Beispiele...

Ein Soldat, der in die Familie zurückkehrt, hat Probleme, die er bis dato nicht kannte. Als Soldat hat er gelernt, daß er keine Rechte hat, während seine Frau in ebenjener Zeit die Erfahrung gemacht hat, daß sie alle Rechte hat. Das heißt, seine Frau hat alle Anordnungen selber getroffen und sich nur insoweit nach den Kindern gerichtet, wie es in ihrem Befinden lag. Admiral Zumwalt hatte Befehlsgewalt in einem Krieg, den er ablehnte, und bekam seinerseits Befehle von Vorgesetzten, die sie wiederum von den Politikern bekommen, und die wiederum sind vom Votum des Wahlvolkes und von Umfrageerhebungen abhängig. Der Soldat war immer hin und her gerissen zwischen Unterwerfung und dem *Anschein* von Dominanz, während seine Frau als Mutter, auch als »Nur-Hausfrau«, ihre eigene Befehlshaberin war, ihre eigene Politikerin, die einzige Stimme, die zählte, und die einzige Umfrageerhebung, nach der sie sich richten mußte.

Die Ausbildung, die für einen Soldaten zweckdienlich sein mag, entwickelt sicher nicht die Fähigkeiten, die ein Vater bei der Erziehung seiner Kinder braucht. Der Soldat lernt als allererstes, Befehle unhinterfragt auszuführen, dann, ohne sie in Frage zu stellen, Befehle zu erteilen, während er weiterhin unhinterfragt Befehle ausführt. Ein Vater, der seinem Kind beibringt, auf Befehl zu agieren, bereitet das Kind gut auf Kriegszeiten, aber schlecht auf Friedenszeiten vor. Kurz gesagt, Familientherapie und Eheberatung sind notwendig, um Familienliebe zu fördern und Familienkriege zu vermeiden.

Ein Soldat muß eigene Rechte opfern, um für andere Rechte zu erhalten. Er muß seine Fähigkeit, Autorität in Frage zu stellen, aufgeben, um anderen das Recht, Autorität in Frage zu stellen, zu erhalten. Es ist naheliegend, diese Kader von Selbstaufopferern nach einem Krieg in Reserve zu halten. Eine Gesellschaft, die sich um die Männer kümmert, sorgt jedoch dafür, daß Veteranen ihre Individualität wiedererlangen. Tun wir es nicht, messen wir unbewußt unserer eigenen Sicherheit mehr Wert bei als dem Leben eines Soldaten.

Unsere Sicherheit erhöht sich jedoch, wenn ehemalige Kriegssoldaten lernen, ihre Gefühle zu offenbaren (statt Schnapsflaschen aufzumachen); wenn wir sie eher auf ein Leben zu Hause vorbereiten als auf ein Leben im Gefängnis, wenn sie sich zu guten Familienvätern entwickeln können, statt daß wir vaterlose Familien schaffen. Eine Nation, die sich um ihre Kriegsveteranen kümmert, schult sie, Krieg und Berufslaufbahn *zu trennen*. Das tut sie, indem sie sie darin unterweist, daß sich ihnen im Frieden eine bessere Zukunft auftut als im Krieg.

Sollten wir Männern helfen, die den Kriegsdienst verweigern?

Wir können Kriege nicht überwinden, wenn wir Männern zu verstehen geben, daß wir sie verachten, wenn sie nicht kämpfen. (Und uns dann wundern, daß Männer in den Krieg ziehen, um Anerkennung zu bekommen.) Wenn künftig auch Frauen eingezogen werden, werden voraussichtlich Frauen, die den Kriegsdienst verweigern, gelobt, und man wird die Verweigerung als Beweis der friedlicheren Natur der Frau interpretieren. Ein Freund von mir, der den Kriegsdienst (in Vietnam) aus Gewissensgründen verweigert hat und dafür nicht religiöse Gründe vorbrachte, mußte vier Jahre lang prozessieren, er kämpfte gegen das FBI, er verlor seinen Job... sein Leben war die Hölle. Wir, seine Freunde, sahen in seinen Augen den Zorn über sein ruiniertes Leben, und seine Magengeschwüre zeugten davon, daß es keine echte Flucht vor dem Kampfeinsatz gab. Oder vor posttraumatischem Streß.

Es gab keine Organisation, die meinem Freund geholfen hätte oder den Männern, die lieber nach Kanada flohen, statt zu töten, noch den Bill Clintons. Sie alle waren hin und her gerissen zwischen ihrem Gewissen und dem, was als Bewährung für ihren Mut hingestellt wird. Es gibt auch keine Organisation, die einen achtzehnjährigen Jungen, der aufgrund irreführender Werbung zum Militär geht, als Opfer auffaßt. Wenn er dann sieht, wie es wirklich dort ist, hat er nur noch die Wahl, die Armee irgendwie doch durchzustehen, ins Gefängnis zu gehen oder zu desertieren, was ihm – so oder so – ein Leben lang anhängen wird. (Versuchen Sie einmal, mit einer unehrenhaften Entlassung an einen guten Posten zu kommen.)

Frauen, die zu Verräterinnen wurden – wie etwa Tokyo Rose –, gewährte unser Präsident großzügig Vergebung. Den Männern aber, ohne deren Verweigerung der Vietnamkrieg vielleicht noch länger gedauert und das Gewissen einer weiteren Generation belastet hätte, wurde sie verwehrt. Vielleicht sollten die Kriegsdienstverweigerer einen Orden der Weisheit bekommen, weil sie einen alternativen Weg fanden, anderen das Leben zu retten – und dafür ihre Karriere, ihre Gesundheit und ihre Beziehungen opferten.

Ist Gleichberechtigung beim Militär politisch durchzusetzen?

Als John F. Kennedy von Anführern der Bürgerrechtsbewegung aufgefordert wurde, der Durchsetzung gleicher Bürgerrechte den Vorrang einzuräumen, antwortete er: »Machen Sie es politisch möglich.« Obwohl es kein Gesetz geben kann, das mehr in Widerspruch zu unserer Verfassung steht als die Verpflichtung zu Wehr- und Kriegsdienst nur für Männer, ist beides zusammengenommen der schlagende Beweis, daß die Verfassungswidrigkeit eines Gesetzes nicht ausreicht, daß es geändert wird, wenn das politische Klima dazu nicht gegeben ist.

Wie lautet die Vorhersage für das politische Klima von morgen (für gleiche Pflichten)? Teils heiter, teils wolkig. Der heitere Teil: 75 Prozent der Männer und 69 Prozent der Frauen befürworten bereits den Militärdienst für beide Geschlechter (wenn überhaupt jemand eingezogen werden muß).[100] Der düstere Teil: 57 Prozent aller Frauen im wehrpflichtigen Alter, aber nur 24 Prozent der Männer im wehrpflichtigen Alter äußerten, daß sie nicht bereit wären zu dienen, wenn sie eingezogen würden.[101] Und was den »Kampfeinsatz von Frauen« angeht, so sind nur 12 Prozent der Männer und 9 Prozent der Frauen dafür.[102] Das bedeutet: Weder Männer noch Frauen wollen wirkliche Gleichberechtigung, und Frauen wollen sie noch weniger als Männer. Bei jeder Präsidentschaftswahl gehen sieben Millionen mehr Frauen als Männer zur Wahlurne.[103]

An diesen Prozentzahlen wird sich so lange nichts ändern, wie wir antimännlichen Sexismus nicht genauso bekämpfen wie Antisemitismus. Die Vernichtung von Juden nennen wir »Holocaust«, die Vernichtung von Männern aber »Schlacht«. Als Juden abgeschlachtet wurden, waren wir entsetzt, wenn aber Männer abgeschlachtet werden, wird die Schlacht glorifiziert. Hitler nannte die Vernichtungslager »Arbeitslager«. Wir bezeichnen die Einberufung, die nur für Männer gilt, als männliche »Macht«. Diejenigen Deutschen, die den Gestank nach verbranntem Fleisch aus den nahen Verbrennungsöfen rochen und lieber an »Arbeitslager« glauben wollten, werden heute genauso verurteilt wie diejenigen, die die Lager einführten. Macht sich das Wahlvolk, das die Wehrpflicht nur für Männer unterstützt und diese gern als »Männermacht« tituliert, genauso schuldig wie der Gesetzgeber? Der wird schließlich von den Wählerinnen und Wählern bestimmt ...

Kurzum, Einstellungen und Ansichten machen Politik, und Politik ebnet den Weg zur Gleichheit. Ich bin überzeugt, daß sich etwas ändert, wenn wir bei den Eltern hinterfragen, ob sie ihre Söhne für »opferungswürdiger« halten als ihre Töchter ... die Söhne auffordern, ihrem eigenen Leben genausoviel Wert beizumessen wie dem ihrer Freundinnen ... Frauen im wehrpflichtigen Alter klarmachen, daß Verantwortung Rechte nach sich zieht, aber auch Achtung ...

Es wird sich etwas ändern, wenn wir bei Frauen im wehrpflichtigen Alter hinterfragen, ob sie ihre Söhne zum Töten erziehen wollen, nur weil sie männlichen Geschlechts sind ... wenn wir allen begreiflich machen, daß die Zeit für einen evolutionären Wandel gekommen ist und wir alle Pionierarbeit zu leisten haben.

Politische Veränderungen bedingen das Überdenken grundlegender Annahmen, z. B. der Forderung, daß beide Geschlechter in den Krieg zu ziehen haben, wenn beide dafür gestimmt haben; Aufklärung darüber, daß wir uns niemals aus dem Schema »unschuldige Frau/schuldiger Mann« werden befreien können, wenn wir Frauen grundsätzlich für nicht schuldig erachten und Männer grundsätzlich zum Töten anhalten. Wir müssen begreifen, daß Männer weiterhin Gewaltverbrechen begehen werden, solange wir ihnen unterstellen, nur sie hätten für Gewalt verantwortlich zu sein.

Was können wir tun, bis dieser Paradigmenwechsel erfolgt – solange auf jede gefallene Frau siebenundzwanzig gefallene Männer kommen? Kay Schwartz und ihr Sohn haben sich etwas einfallen lassen.

Am zehnten Jahrestag nach Kriegsende hat mein Sohn auf dem Computer ein Spruchband entworfen. Wir haben es an unserer Garage befestigt. Auf dem Spruchband stand: »Vietnam – 10 Jahre – wir erinnern uns. Denen die starben – Danke. Denen die zurückkehrten – Willkommen zu Hause.«... Ich saß auf der Terrasse und trank Kaffee, als ein junger Mann vorbeikam, der Telefonbücher auslieferte. Er ging näher zur Garage und las das Spruchband. Er kam zu mir auf die Terrasse, legte die Telefonbücher hin, stand da und weinte.

Er sagte: »Lady, ich finde Ihr Transparent gut.«

Ich mußte auch weinen und sagte: »Es tut mir leid, es kommt zehn Jahre zu spät.«

Wir weinten beide, und dann sagte er: »Lady, es ist nie zu spät.«

KAY SCHWARTZ, Addison, Illinois[104]

6. KAPITEL
Wenn Männer angeblich die Macht haben, warum begehen sie dann öfter Selbstmord als Frauen?

– Ein Ehemann, dessen Frau stirbt, begeht mit zehnmal größerer Wahrscheinlichkeit Selbstmord als eine Ehefrau, deren Mann stirbt.[1]

– Arbeitslose Männer begehen doppelt so häufig Selbstmord wie Männer, die einen Job haben. Bei den Frauen gibt es keinen Unterschied in der Selbstmordrate zwischen denen mit und denen ohne Arbeitsstelle.[2]

– In der Zeit der großen Wirtschaftsdepression lag die Selbstmordrate der Männer um 650 Prozent über der der Frauen.[3]

– Die Selbstmordrate bei männlichen Jugendlichen hat in letzter Zeit um das Dreifache schneller gegenüber der von Mädchen zugenommen.[4]

– Vor zwanzig Jahren begingen junge Männer (zwischen 25 und 34 Jahren) um das Zweifache so häufig Selbstmord wie junge Frauen, heute um das Vierfache. (Bei den Männer *stieg* die Rate um 26 Prozent, bei den Frauen *sank* sie um 33 Prozent.)[5]

Diese Zahlen werfen eine Reihe von Fragen auf: *Warum* ist die Selbstmordrate bei Jungen in letzter Zeit im Vergleich zu der der Mädchen so stark angestiegen? Warum ist Liebesverlust für Männer so zerstörerisch? Wenn Arbeitslosigkeit bei Männern zu Selbstmord führt – hat dann Arbeitslosigkeit so gravierende Auswirkungen auf Männer wie eine Vergewaltigung auf eine Frau? Ist die Depression bei Frauen das, was der Selbstmord bei Männern ist? Warum machen Frauen öfter Selbstmordversuche? Warum sterben viermal mehr Männer durch Selbstmord?[6] Warum ist die »Selbstmordklasse« zugleich die »erfolgreiche Klasse«? Ist es möglich, daß Männer öfter Selbstmord begehen, weil wir uns weniger um sie kümmern, – daß die »Selbstmordklasse« die »ungeliebte Klasse« ist? Beginnen wir bei den männlichen Jugendlichen. Warum schnellt die Selbstmordrate bei Jungen in dem Alter, in dem sich ihre Geschlechterrolle ausprägt, um 25 000 Prozent in die Höhe, bei Mädchen dagegen nicht?[7]

Warum mehr Jungen als Mädchen in der Pubertät Selbstmord begehen

Wenn ein junger Mann bei den Trukesen (auf den westlichen Pazifikinseln) eine schwierige Beziehung zu einer Frau hat, wird von ihm *amwunumwun* erwartet, eine Art Gefühlsstarre. Männliche Trukesen begehen mit fünfundzwanzigmal größerer Häufigkeit Selbstmord als männliche Amerikaner in der gleichen Situation.[8]

Jungen und Mädchen in der *Vorpubertät* verleihen ihren Gefühlen in gleichem Maße Ausdruck, und ihre Selbstmordrate ist in etwa gleich hoch. Mit dem Einsetzen der Pubertät jedoch beginnen amerikanische Jungen (wie die trukesischen Jungen), sich emotional zurückzuziehen. Während der Pubertät steigt die Selbstmordrate bei den Jungen, die bis dahin unter der der Mädchen lag, um fast das Vierfache gegenüber der bei den Mädchen.[9]

Bei beiden Geschlechtern spitzt sich in der Pubertät die Angst vor der Geschlechterrolle enorm zu. Die Angst vor Zurückweisung schafft einen Gefühlszustand, der ungemein leicht brüchig ist. Weniger attraktive Mädchen fühlen sich besonders verletzbar ... verletzbar und unsichtbar. Das attraktive Mädchen spürt nach und nach ihre Abhängigkeit von einer Macht, die vergänglich ist. Wenn Jungen um ihre Aufmerksamkeit werben wie um eine Berühmtheit, entwickelt sie sich im Grunde zu einer genetischen Berühmtheit – und genetische Berühmtheiten werden abhängig von Beachtung. Das ist für Mädchen sicher problematisch. Trotzdem glaube ich, daß in dieser Zeit in den Jungen etwas vorgeht, was sie in höhere Selbstmordgefahr bringt.

Wenn wir Jungen von der körperlichen Attraktivität der Mädchen abhängiger machen als umgekehrt, dann fühlen sich Jungen den Mädchen nicht gleichwertig. Deshalb markieren Jungen vor Mädchen die Erfolgreichen, ergreifen die Initiative und halten Mädchen aus. Sie wollen ihre Ungleichwertigkeit kompensieren. Wenn sie auf unpassende Weise den Erfolgreichen mimen oder Initiative ergreifen – oder wenn sie meinen, daß sie ihr Lebtag nicht genug Geld verdienen werden, um sich leisten zu können, wonach sie sich sehnen – macht das angst, und in extremer Form führt sie zum Selbstmord. Erfolgszwang, Zahlzwang und der Zwang, die Initiative zu ergreifen, sind so immens angsterregend, weil der Junge spürt, daß ihn genau das als Erwachsenen permanent erwartet. (Was Hänschen nicht lernt...)

Der Jugendliche erlebt, daß derjenige Junge die »Liebe« einer genetischen Berühmtheit erlangt, der folgendes am besten kann:

– *Erfolg haben.* Werde ein Anführer (Sportler, Schülersprecher), biete »gute Zukunftsaussichten« oder ein Auto.
– *Die Initiative ergreifen.* Sie kann wählen, ob sie die Initiative ergreift oder nicht. Von ihm wird Initiative erwartet. Von ihm wird erwartet, daß er den Wink eines Mädchens versteht, dabei versteht er kaum, was mit ihm selbst vorgeht.

In dem Maß, in dem ein Mädchen ihr eigenes Selbst nicht versteht, wird ein Junge von Angst überwältigt, ihre unklaren Botschaften nicht richtig zu verstehen. Seine Hormone machen ihn für Sex bereit, nicht für Zurückweisung. Noch bevor er weiß, was Sex ist, wird von ihm erwartet, daß er auf die richtige Weise die Initiative ergreift. Er weiß, daß er sexuellen Umgang mit Mädchen haben will, aber nicht, ob Mädchen Sex mit ihm wollen (und die Mädchen, die ihn am meisten interessieren, weisen ihn am ehesten zurück). Und wenn er heutzutage einen Wink falsch interpretiert, kann er ins Gefängnis kommen. Sie nicht. Das macht Angst.
– *Zahlen.* Je schöner das Mädchen, desto mehr muß er für sie hinblättern – und verdienen.

Jungen müssen diese drei Dinge lernen, um sich Zugang zur Liebe der Mädchen zu verschaffen. Das junge Mädchen hat ihre eigenen

Ängste, muß sich aber meist weniger produzieren und hat mehr Möglichkeiten, Liebe zu bekommen. Ihr Körper und ihr Intellekt sind genetische Gaben. Deswegen ist ein favorisiertes Mädchen meist eine genetische Berühmtheit, ein favorisierter Junge dagegen hat sich eher durch Leistung Berühmtheit erworben. Je abhängiger er von genetischer Berühmtheit ist, desto stärker ist der Druck auf ihn, selbst Berühmtheit zu erwerben.

Erfolgsdruck – aber nichts in den Händen haben

Was die Angst eines männlichen Jugendlichen so überwältigend macht, ist der von der Gesellschaft ausgeübte Erfolgsdruck, **ohne daß einem Jungen die entsprechenden Mittel dazu zur Verfügung stehen**. Deswegen trägt er nicht nur viele Risiken, sondern hat auch viele Mißerfolge. Und die sind unübersehbar. Fast jeder Junge fühlt sich wie ein heimliches Mitglied im »Club der Versager«.

Zweitens, die größten Gewinner – etwa Football-Spieler – verschaffen sich Liebe über Selbstausbeutung. **Manchen Jungen macht es angst, Liebe nur über Selbstausbeutung zu erlangen. Aber keine Liebe zu bekommen, verursacht noch mehr Angst.** Ein Junge ist also gefangen zwischen der Angst, von Jungen ausgebeutet zu werden, und der Angst vor der Zurückweisung durch Mädchen.

Der Junge, der intellektuelle, aber keine körperlichen Talente hat (der »Streber«), formt seine Identität in den Jahren, in denen die Jungen, die er am wenigsten respektiert, die »Liebe« der Mädchen bekommen, die er am meisten begehrt. Andererseits fürchtet der Junge, der körperliche, weniger intellektuelle Begabungen hat, daß seine Heldentage mit seinem letzten Schultag zu Ende sein werden. Weder die Gewinner noch die Verlierer verstehen in dieser Phase, was das alles zu bedeuten hat. Sie reden auch nicht darüber. Die Angst verkrampft den Magen, wird mit Alkohol betäubt und hinter dem Lenkrad des Autos ausgelebt. Wenn ein männlicher Jugendlicher fünfzehnmal eher als der Durchschnittsfahrer Gefahr läuft, jemand mit dem Auto zu Tode zu fahren,[10] so hat sich männliche Sozialisation mit der Technik verbündet.

Aus dem Beschützer, der den Feind tötet, wurde ein Beschützer, der versehentlich tötet. Wir haben Michael Dukakis nicht gewählt, weil er Willy Horton freiließ, doch wir alle kreieren die Willy Hortons. Wir jubeln ihnen sogar zu. Und dann heiraten wir die Willy Lomans. Wenn ein Junge sich gezwungen sieht, Erfolg zu haben, wenn alles, was er tut, seine Unzulänglichkeit offenbart, während er noch auf der Suche nach seiner Identität ist, wenn es nicht erlaubt ist, mit Gleichaltrigen über seine Ängste zu sprechen, können seine Isolation und seine Selbstzweifel zum Selbstmord führen. Deswegen steigt in dieser Phase die Suizidrate der Jungen derart dramatisch an.[11]

Warum ist die Selbstmordrate der Jungen so viel schneller gestiegen als die der Mädchen?

Mädchen wachsen in einer Welt auf, die ihnen Wahlfreiheiten läßt: Sie können sich aussuchen, was sie werden wollen – Hausfrauen, Mütter, Sekretärinnen, oder Karriere machen. Mädchen können außer Haus Erfolg suchen, im häuslichen Bereich für andere sorgen oder eine Kombination von beidem wählen, je nach persönlicher Neigung. Jungen müssen »draußen« Erfolg haben, ganz egal, ob das ihrer Persönlichkeit entspricht oder nicht. Auf manche Jungen paßt dieses vorgegebene Lebensschema, wie es einmal für beide Geschlechter galt, nicht. Das trifft insbesondere auf schwule Jungen zu, denen immer noch nicht gestattet ist, sich »feminin« zu geben, im Gegensatz zu lesbischen Mädchen, denen es mittlerweile eher gestattet ist, sich »maskulin« zu geben. Vielleicht ist das der Grund, warum die Selbstmordrate bei schwulen Jungen dreimal so hoch ist wie bei lesbischen Mädchen.[12]

Früher führte der Pfad zur Liebe für beide Geschlechter über einen schmalen Grat – sie mußte ihn sexuell anziehen und zugleich standhaft bleiben, er mußte die Initiative ergreifen und Beharrlichkeit an den Tag legen. Heute hat sie die Möglichkeit, beim Flirt die aktive Rolle zu übernehmen. Von ihm dagegen wird immer noch erwartet, daß er die Initiative ergreift, eine neue Möglichkeit kam aber nicht hinzu. Früher hatten beide Geschlechter Angst vor unerwünschter Schwangerschaft. Heute hat die Pille ihre Angst reduziert und das Kondom seine Angst erhöht. Heute muß der pubertierende

Junge immer noch eine Zurückweisung riskieren, während er gleichzeitig seine eigene Angst vor Ansteckung mit Aids überwinden muß und ihr versichern soll, daß sie keine Angst vor einer Schwangerschaft zu haben braucht. Er ist immer noch für das sexuelle Risiko zuständig, aber jetzt kann er im Gefängnis landen, wenn er es übereilt eingeht, und er gilt als Versager, wenn er es nicht schnell genug tut.

Heute hat ein Mädchen die Wahl, die Pille zu nehmen und den Jungen darüber zu informieren oder es bleibenzulassen. Früher stellte eine Schwangerschaft ein Problem für sie und für ihn dar, in größerem Maße aber für das Mädchen. Heute bedeutet eine Schwangerschaft für ein Mädchen die Entscheidung zu einer Abtreibung (ob das dem Jungen gefällt oder nicht) oder den Jungen zu achtzehn Jahren Unterhalt für das Kind zu verpflichten (ob das dem Jungen gefällt oder nicht). Kurzum, heute fällt sie die Entscheidung, nicht er. Jedesmal, wenn sie mit einem Mann schläft, kann sie ihre Wahl neu treffen. Er jedoch riskiert jedesmal, sich für den Rest seines Lebens zum Gefangenen ihrer Entscheidung zu machen.

In keinem Land der industrialisierten Welt sind die Jungen frei von Erfolgsdruck. In Form von Mutproben trainieren sie sich dafür. Jungen fordern einander heraus, vor einen nahenden Zug oder ein fahrendes Auto oder von Bäumen zu springen oder zu stehlen.[13] Das kommt einer geradezu rituellen Wiederbelebung ihres genetischen Erbes gleich: Sie stellen ihre Bereitschaft unter Beweis, ihr Leben zu opfern, um das Leben anderer zu beschützen. Es ist noch heute spürbar, daß wir den Erfolg von Männern höher einstufen als ihr Leben. Folgende Fernsehwerbung spiegelt diese Realität:

> Ein Mädchen winkt. Zwei Jungen fahren mit ihren Autos auf eine Klippe zu. Der Junge, der als erster aus seinem Auto springt, gilt als Feigling. Bei dem anderen Jungen klemmt die Autotür, er schlidert mit seinem Auto über den Rand der Klippe und stürzt ins Meer. Nur eine Jeansjacke und eine Jeanshose tauchen wieder auf. Quer über dem Bildschirm steht: »Union Bay – Mode, die überdauert.«[14]

Wenn ein Mädchen mit seinem Auto ins Meer stürzen würde, käme kein Werbefachmann auf die Idee, den Tod dieses Mädchens auszuschlachten, um damit Mode zu verkaufen, »die überdauert« ...

und so weibliche Opferbereitschaft für Modewerbung zu mißbrauchen. Etwas Derartiges würde als Beispiel dafür herhalten müssen, Frauen als das geopferte Geschlecht anzusehen.

Warum ist »das Wesen, das nicht lieben kann«, am Boden zerstört, wenn es die geliebte Partnerin verliert?

Bedeutende feministische Therapeutinnen wie Carol Gilligan und Jean Baker Miller behaupten, daß der Verlust einer Beziehung für Frauen einschneidender sei als für Männer.[15] Wenn das so ist, warum begehen Männer, deren Ehefrauen sterben, dann zehnmal häufiger Selbstmord als Frauen, deren Männer sterben?[16] Eine Bekannte von mir meinte dazu: »Es muß daran liegen, daß Männer meist schon in Rente sind, wenn sie verwitwen, und sie sich nicht in ihre Arbeit vergraben können.« Also bin ich diesem Hinweis nachgegangen und habe folgendes ermittelt: **Auch ein Dreißigjähriger, dessen Frau stirbt, begeht mit elfmal größerer Wahrscheinlichkeit Selbstmord als ein Dreißigjähriger, dessen Frau am Leben ist.**[17]

Im Alter von dreißig Jahren könnten Männer sich in ihre Arbeit stürzen, und sie sind körperlich und finanziell attraktiv für Frauen. Trotzdem wirkt sich der Verlust einer geliebten Frau verheerend aus und wird oft auch dadurch nicht gemildert, daß der Mann nun Umgang mit vielen Frauen hätte. Männer mögen sich in ihre Arbeit vergraben oder auch eine neue Beziehung eingehen, den Schmerz begraben sie nicht. **Es ist der Verlust geliebter Partnerinnen, der Männer zerstört.**

Der Soldat: topfit und ein Häufchen Elend

> In den achtziger Jahren begingen mehr Männer Selbstmord, als im Libanon, in Grenada und in Panama zusammengenommen getötet wurden.[18] Und auf jeden Suizid kamen schätzungsweise acht Selbstmordversuche.[19]

Wir meinen, der Militär sei mehr an Macht und Sex interessiert als an Gefühlen und Liebe. Tatsächlich jedoch ist er nicht stärker

selbstmordgefährdet, wenn man ihm Beförderung oder Sex verweigert, sondern wenn er Liebesverlust erleidet.[20] Die zweithäufigste Selbstmordursache? Keine Freunde.[21] Drittens? Mangel an Achtung seitens der Familie (wenn sie ihm z. B. auch nach einer Beförderung noch keine Achtung entgegenbringt).[22]
Warum ist »das Geschlecht, das nicht lieben kann«, ruiniert, wenn es die Liebe verliert? *Warum* sind Männer solche »Weichlinge«?

Stellen Sie sich vor, Sie würden auf einen Schlag alle Ihre Beziehungen verlieren und dürften mit anderen über den Verlust jeweils, sagen wir drei Minuten, sprechen. Ähnlich kann sich Scheidung oder der Tod seiner Frau für einen Mann anfühlen: Oft ist seine Frau »alle seine Beziehungen« – seine einzige intime Gesprächspartnerin. (Er hat das Gefühl, daß er bei seinem Arbeitskollegen – der nicht selten auch sein »bester Freund« ist – höchstens drei Minuten Zeit in Anspruch nehmen darf, um mit ihm über seine Scheidung zu sprechen.)

Wenn feministische Therapeutinnen der Fachwelt mitteilen, daß Frauen stärker auf die Beziehung bezogen lebten und sie deswegen der Verlust einer Beziehung tiefer verletze, ist es, wie wenn sie sagen würden, ein Mann sei mehr auf Geld fixiert und müsse deswegen nach der Scheidung den größeren Anteil Geld bekommen. Diese Argumentation nimmt einen Vorteil weiblicher Sozialisation als Vorwand, um sich einen weiteren Vorteil zu verschaffen – unter dem Deckmantel des »Opfers«. Was folgt daraus? Wir sorgen uns um trauernde Frauen, isolieren trauernde Männer und schaffen ein Klima, das Männer zu potentiellen Selbstmordkandidaten macht. Um es mit den Worten einer Bekannten von mir auszudrücken: »Als mein Großvater starb, wurde Großmutter sofort Mitglied in der Greeley Widows' Society ... Von einer Greeley Widowers' Society habe ich noch nicht gehört.« Wir kommen erst gar nicht auf die Idee, ein Netz von Hilfen für verwitwete Männer aufzubauen, von finanzieller Unterstützung ganz zu schweigen.

Begehen Frauen weniger häufig Selbstmord als Männer, weil Selbstmord ein egoistischer Akt ist?

Jimmy Stewarts Filmheld überlegt sich, ob er wegen der 5 000 Dollar Versicherungspolice für seine Frau Selbstmord begehen soll. Der Film heißt *It's a Wonderful Life* (Was für ein wunderbares Leben. Was täte er wohl, wenn es ein schreckliches Leben wäre!)

Als die Landwirtschaftskrise der frühen achtziger Jahre im Mittleren Westen zu Zwangsvollstreckungen und Pleiten führte, stieg die Selbstmordrate unter den männlichen Farmern um das Dreifache.[23]

Wenn ich in meinen Workshops auf die Suizidrate von Männern zu sprechen komme, wendet meist eine Frau ein: »Aber ist Selbstmord nicht egoistisch? Es bleiben zurück Menschen, die einen brauchen und lieben.« Das trifft zu – aber viel mehr für *Frauen* als für Männer. Und zwar aus folgendem Grund: Wenn eine Frau geschieden wird, erhält sie meist das Sorgerecht für die Kinder, und diese bringen 90 Prozent ihrer Zeit mit ihr zu. Sie spürt Tag um Tag, daß sie geliebt und gebraucht wird. Ich habe Tausende von Frauen und Männern, deren Freunde oder Verwandte Selbstmord begangen hatten, davon erzählen hören und komme zu dem Schluß, daß **Menschen, die sich wirklich geliebt und gebraucht fühlen, kaum Selbstmord begehen.**

Weil eine Frau eher Menschen zurückläßt, die auf sie angewiesen sind und sie lieben, ist die Wahrscheinlichkeit, daß sie Selbstmord begeht, erheblich geringer. Männer begehen häufiger Selbstmord, wenn sie ihren Arbeitsplatz oder ihre gesamten Ersparnisse in einer Phase wirtschaftlicher Depression verlieren. **Der Mann meint, er »bringe eine Last um«, wenn er sich selbst umbringt. Für ihn ist Selbstmord keine egoistische Tat, sondern ein Akt der Liebe** – er nimmt eine Last von seiner Familie. (So sieht er es zumindest zum Zeitpunkt der Tat.) Wenn er jedoch sicher ist, daß er wieder Geld verdienen wird – also *keine* Last mehr ist –, nimmt er sich nicht das Leben. Und er begeht ebenfalls nicht Selbstmord, wenn jemand ihm glaubhaft versichert, daß er nicht als Last empfunden wird, einzig weil er seinen Arbeitsplatz verloren hat.

Wenn eine Frau auf einen Mann, der Selbstmord begangen hat,

Wut hat, dann zumeist, weil sie ihm Egoismus unterstellt. Das hätte im Fall ihres Selbstmords zugetroffen, seine Situation ist eine andere.

Dem Selbstmord bei Männern ist nur vorzubeugen, wenn wir sie als menschliche Wesen behandeln und sie nicht nur in der Funktion des Geldlieferanten sehen. Solange sich daran nichts ändert, steigt die Wahrscheinlichkeit, daß sie Selbstmord begehen, im selben Maße, wie das Einkommen abnimmt.

Warum machen Frauen häufiger Selbstmordversuche als Männer?

Warum *versuchen* dreimal mehr Frauen als Männer, sich umzubringen? Gemeinhin heißt es, daß sie damit Aufmerksamkeit erregen wollen; aber das erklärt nicht, was sie mit dieser Aufmerksamkeit erreichen wollen: **Die Frau möchte von ihrer Familie, ihren Freundinnen und Freunden wichtig genommen werden.** Sie hat es satt, daß Liebe für sie nur bedeutet, für andere dasein zu müssen. Diesen Hinweis gibt sie mit dem Suizid-»Versuch« – der eigentlich gar keiner ist, sondern ein Warnsignal, so wie eine gelbe Ampel ein Warnsignal ist.

Vielen Männern ist danach zumute, Warnsignale auszusenden. Sie glauben aber, daß sie das Desaster selber verschuldet haben und deswegen nicht das Recht haben, um Hilfe zu bitten. Das wiederum hält sie davon ab, sich einzugestehen, daß ihnen danach zumute ist.

Sie wissen außerdem, daß das Eingeständnis eines Versagens Folgen nach sich ziehen kann. Kollegen und Freunde, die einen Fehler entdecken, lassen den Mann eher links liegen, bei Beförderungen rangiert er an letzter Stelle, und damit steigt die Wahrscheinlichkeit eines finanziellen Rückschlags. Männer haben somit nur wenig Möglichkeiten auszuprobieren, was geschieht, wenn sie andere um Hilfe bitten. Also stehen sie alles allein durch. Wenn sie dabei erfolgreich sind, gut; wenn nicht, wird niemand sie lieben, sie sind ein Nichts, nein, schlimmer noch – sie sind eine Last.

Deshalb glaube ich, daß Männer zu Selbstmord tendieren, wenn sie das Gefühl haben, von niemandem geliebt und gebraucht zu werden (und das ist keine Selbstsucht), oder wenn sie meinen, daß sie ihren Lieben eine Last sind.

Weshalb ist die Klasse der Selbstmordkandidaten zugleich die Klasse der Erfolgreichen?

Die »Selbstmordklasse« besteht zu 91 Prozent aus Weißen,[24] ist meist gebildet und gehört der Mittelschicht an: Sie ist also die »Erfolgsklasse«. Oder war es zumindest, bis sie ihre Arbeit und ihre Ersparnisse verlor. Doch warum dann Selbstmord? Ist nicht das Gefühl, nicht geliebt zu sein und nicht gebraucht zu werden, der Auslöser? **Ein Mann muß um jeden Preis Erfolg aufweisen, um Liebe zu bekommen. Hat er keinen Erfolg mehr, muß er auch um Liebe fürchten.** Zu Recht? Nun, oft ist seine Befürchtung nicht ganz unberechtigt. In den meisten Fällen trifft zu, daß eine Frau ihren Mann nicht geheiratet hätte, wenn er es nur bis zum Kassierer in einem Supermarkt gebracht hätte. Tatsache ist wohl auch, daß ihn der Erfolg, der ihm die Liebe einbrachte, eher auf Erfolg spezialisierte als auf Liebesfähigkeit. Möglich ist auch, daß er die Liebe seiner Ehefrau oder Freundin unterschätzt. Tatsachen und Befürchtungen sind für ihn jedoch gleichermaßen real, und deswegen stehen Mann, Liebe und Selbstmord in engem Zusammenhang. Oder besser gesagt, es gibt ein gestörtes Verhältnis zwischen Männern und den Realitäten des Lebens.

Die Verwundbarkeit von Männern und Frauen: Arbeitslosigkeit und Vergewaltigung

Es war einmal eine Frau, die lernte einen sprechenden Frosch kennen. Der Frosch sagte, er sei verzaubert...eigentlich sei er ein Ölarbeiter aus Texas.
»Wenn du mich küßt, bin ich erlöst«, erklärte der Frosch. »Dann werde ich dich immer lieben und ein Leben lang für dich sorgen.« Aber die Frau machte keine Anstalten.
»Was ist los?« fragte der sprechende Frosch.
»Du machst wohl Witze!« sagte die Frau lachend. »Für einen sprechenden Frosch kann ich doch viel mehr bekommen!«

George Reeves, einst ein gefeierter Mann beim Fernsehen, eben ein Supermann, fand lange Zeit keinen anderen Job als Schauspieler. Er war fünfundvierzig. Seine Verlobte sah, wie er die Treppe hinaufging, und hörte, daß er eine Schublade öffnete. Sie sagte zu ihren Freunden: »Jetzt bringt er sich um.« Einige Sekunden später fiel ein Schuß. Supermann war tot. Supermann war arbeitslos gewesen.[25]

Aus den Berichten von vielen Frauen wissen wir, daß sie sich nach einer Vergewaltigung erniedrigt, geschändet, hilflos, wütend, schuldig, depressiv fühlen, daß ihr Selbstwertgefühl auf den Nullpunkt sinkt und sie sich an allem selber die Schuld geben, daß viele an Selbstmord denken. Sie fühlen sich machtlos wie eine Ameise unter lauter Elefanten.

Auch Männer, die entlassen werden oder eine der »drei Arten der Arbeitslosigkeit erfahren – Unterbeschäftigung, Arbeitsplatzverlust und die Angst vor Arbeitslosigkeit«[26] –, fühlen sich oft erniedrigt, geschändet, hilflos, wütend, schuldig, depressiv, ihr Selbstwertgefühl sinkt auf den Nullpunkt, sie geben sich selber die Schuld an allem und denken an Selbstmord. Ihre Verwundbarkeit führt dazu, daß sie sich so machtlos fühlen, als wären sie die Ameise und müßten gegen den Rest der Welt allein ankämpfen.

Durch Arbeitslosigkeit sieht sich ein Mann um jene Eigenschaft gebracht, um deretwillen er sich von Frauen begehrt und geliebt fühlt. Männer empfinden ihre Arbeitslosigkeit nicht als selbstgewähltes Schicksal, sowenig wie Frauen eine Vergewaltigung.

Sicher sind auch Frauen von Arbeitslosigkeit und Männer von Vergewaltigung betroffen. Der arbeitslose Mann jedoch wird zur Zielscheibe des Spotts. Die arbeitslose Frau nicht (es gibt keine Witze über texanische Ölarbeiterinnen). Die attraktive arbeitslose Frau, die das Zeug zu einer guten Hausfrau hat, ist eine gesuchte Partnerin; der attraktive arbeitslose Mann, der das Zeug zu einem guten Hausmann hat, ist kein begehrter Partner.

Trotz aller Vergleichbarkeiten zwischen der Arbeitslosigkeit eines Mannes und der Vergewaltigung einer Frau würde niemand es wagen, Witze über die Wertminderung der Frau zu reißen. Wenn wir Männer nach ihrem Einkommen bewerten, fangen sie an, Einkommen mit Selbstwert gleichzusetzen. Keine Hoffnung auf Arbeit, das bedeutet, keine Hoffnung auf Liebe, das wiederum keine Hoffnung auf Leben ... also Selbstmord. Wir könnten Männern helfen, wenn es genauso viele Anlaufstellen für Arbeitslose gäbe, wie es sie für vergewaltigte Frauen und Mädchen gibt, und wenn Witze über arbeitslose Männer genauso *tabu wären*, wie sie es über vergewaltigte Frauen sind.

Warum eine aufgezwungene Frühpensionierung Männer depressiv macht und sie an Selbstmord denken läßt

Wenn ein Mann gezwungen wird, vorzeitig in Pension zu gehen, wird er meist »durch einen jüngeren Mann ersetzt«. **Es bereitet ihm die gleichen Gefühle wie einer Frau, die »durch eine jüngere Frau ersetzt wird«.** Fügt man diesen Gefühlen noch die Empfindungen hinzu, wie sie Männer im Fall von Arbeitslosigkeit und Frauen im Fall von Vergewaltigung haben, so wird einem begreiflich, daß Männer, die gezwungen werden, vorzeitig in Pension zu gehen, früher sterben.

Warum werden viele Männer durch den Eintritt ins Rentenalter mehr beeinträchtigt als Frauen durch das sogenannte »leere Nest«, wenn also ihre Kinder aus dem Haus gehen? **Wenn die Kinder aus dem Haus sind, können Frauen einen Beruf in Angriff nehmen; wenn ein Mann seinen Beruf aufgibt, sind seine Kinder aus dem Haus.** Wir bringen Verständis auf für die Frau von heute, die in die Jahre kam und »vergaß, Kinder zu haben«[27], nicht aber für den Mann, der über seiner Verantwortung für den finanziellen Mutterleib eigentlich immer »vergessen mußte, Kinder zu haben«. Keine Männerbewegung befaßt sich mit dem Gefühl der »Machtlosigkeit« von Männern, daß sie als Geldgeber für ihre Kinder fungieren, während sie der Liebe ihrer Kinder beraubt werden.

Was wissen wir über den Selbstmord von Männern und was wissen wir nicht?

Als eine Lehrerin, die ich gut kenne, ihre Klasse befragte: »Wenn du Selbstmord begehen wolltest, wie würdest du es tun?«, gaben die meisten Mädchen zur Antwort: »Mit einer Überdosis Tabletten oder Drogen.« Die Hälfte der Jungen dagegen versicherten, daß sie sich betrinken und mit dem Auto entweder sich von einer Klippe stürzen oder gegen einen Telegrafenmast fahren würden.

Die von den Mädchen gewählte Methode – die Überdosis – findet in der Statistik ihren Niederschlag als »Selbstmordversuch« bzw. »Selbstmord« (à la Marilyn Monroe). Die von den Jungen gewählte Methode findet als Unfall unter Alkoholeinwirkung Eingang in die Statistik. Vielleicht würden wir eine realistischere Zahl der männlichen *Selbstmordversuche* erhalten, wenn wir die Frustrationen der Jungen vor einer Autofahrt unter Alkoholeinfluß untersuchen würden? Wir müßten zur Suizidrate der Männer etwa die Hälfte der bei »Unfällen« unter Alkoholeinfluß Getöteten hinzurechnen. Dann dürfte die Zahl realistisch sein.

Die Selbstmordrate der älteren Männer ist ebenso unvollständig dokumentiert. Ältere Männer begehen mit 14,5mal höherer Wahrscheinlichkeit Selbstmord als ältere Frauen.[28] Krankenschwestern berichten, daß sie auch dazu tendieren, einfach ihre Medikamente einzunehmen »vergessen«. Doch ein solcher Tod wird nicht als Selbstmord registriert. Wann unterlassen Männer, ihre Medikamente einzunehmen? Wenn keine Frau in der Nähe ist. Weil Männer überlebensunfähig sind, wenn sie nicht bedient werden? Nein. Weil Männer ohne Liebe nicht zu leben vermögen? Die Versicherungsgesellschaften zahlen eine Police nicht aus, wenn ein Versicherungsnehmer binnen zwei Jahren nach Versicherungsabschluß Selbstmord begeht.[29] Das ist der vielleicht gewichtigste Grund für die Verschleierung von Selbstmorden bei Männern. Es ist anzunehmen, daß jährlich Tausende von Selbstmorden als Unfälle deklariert werden. Ich glaube, daß wir vielfach nur die halbe Wahrheit erfahren, wenn unsere Väter oder Großväter Selbstmord begehen.

Wenn ein Mann Selbstmord begeht, leidet auch seine Frau

Tut ein Mann oder eine Frau sich etwas an, ist auch die Umgebung betroffen. Eine Bekannte von mir fand ihren Vater, der sich erhängt hatte. Seither gibt es kaum einen Tag in ihrem Leben, an dem sie nicht mit der Erinnerung an das Geschehen zu kämpfen hat. So haben mir viele Frauen in meinen Workshops von ihren Ängsten erzählt, daß ihr alkoholsüchtiger Mann Selbstmord begehen könnte, wenn sie ihn verlassen. Ihre Befürchtung ist wohlbegründet, wie neuere Studien belegen.[30] Viele Frauen stecken in dieser Klemme.

Die Lösung? Solange wir Männern nicht Selbsthilfegruppen und andere Hilfen anbieten, werden sehr viele Frauen Schuldgefühle haben, wenn sie ihre Ehemänner verlassen. Wäre Selbstmord ein Problem primär der Frauen, gäbe es dann nicht staatlich finanzierte Frauen-Suizid-Spezialabteilungen in unseren Krankenhäusern? Gäbe es dann nicht in jeder Gemeinde und jedem Kirchenverband eine Selbsthilfegruppe für selbstmordgefährdete Frauen? Gäbe es dann nicht staatlich finanzierte Seminare für Frauen, die arbeitslos oder aus dem Beruf entlassen wurden? Es wird sich für Männer (und auch für Frauen) so lange nichts ändern, wie wir für die Machtlosigkeit der Männer nicht die gleiche Anteilnahme aufbringen wie für die Machtlosigkeit der Frauen.

Die Depression der Frau und der Selbstmord des Mannes

MYTHOS: Frauen leiden häufiger als Männer unter Depressionen.

RICHTIG IST: Frauen leiden nicht häufiger als Männer unter Depressionen, aber sie *klagen* öfter darüber. Neuere Studien belegen, daß Klinikärzte bei Männern in zwei Dritteln aller Fälle eine Depression nicht erkennen, bei Frauen in der Hälfte aller Fälle. Bei Frauen wird auch mit höherer Wahrscheinlichkeit eine Depression diagnostiziert, von der sich später herausstellt, daß es keine war.[31] Erst wenn wir Frauen und Männer gezielt befragen, stellt sich heraus, daß *Männer und Frauen gleich oft an Depressionen leiden.*[32]

MYTHOS: Die Depression der Frau ist das Gegenstück zum Selbstmord des Mannes.

RICHTIG IST: Die Depression der Frau ist nicht das Gegenstück zum Selbstmord des Mannes. Es gibt Frauen Kraft, wenn sie über Depressionen klagen, während sich das von einem Selbstmord nun wahrlich nicht sagen läßt. Wenn eine Frau über Depressionen klagt, wird ihr Hilfe angeboten; Selbstmord dagegen läßt alle hilflos zurück. Das Klagen über Depressionen ist schon ein Teil der Lösung. Selbstmord ist das einzige »Symptom«, für das es keine Lösung gibt.

Depressionen bei Frauen werden statistisch häufiger erfaßt, weil Frauen öfter zum Arzt gehen, ihre Probleme einen Namen haben

(z. B. Magersucht, Bulimie, Burnout, Depression, Mißhandlung durch den Ehemann) und ein Netz von Hilfsangeboten es ihnen möglich macht, Depression zum Thema zu machen. **Es ist psychisch gesünder, eine Depression zu thematisieren als sie in sich hineinzufressen.** Es ist die einzige und beste Methode zu verhindern, daß aus dem »Schnupfen« die »Lungenentzündung«, sprich Suizid, wird. Darüber sprechen ist bereits ein Teil der Lösung.

Warum fällt es Frauen leichter, eine Depression zum Thema zu machen? Freundinnen hören ihnen zu, Frauenzentren hören ihnen zu, und Frauenhäuser hören ihnen zu und gewähren ihnen Schutz. So gibt es z. B. Frauennotruftelefone für die 12 Prozent amerikanischen Ehefrauen, die von ihren Männern mißhandelt werden, sowie für Töchter, die von ihren Vätern sexuell mißbraucht werden. (Wer aber schenkt den 12 Prozent aller amerikanischen Ehemänner Gehör, die von ihren Frauen mißhandelt werden[33], oder Söhnen, die von ihren Müttern sexuell mißbraucht werden?)

Frauenbücher und feministische Psychologinnen geben den Problemen der Frauen Namen, die dann in jeder Frauenzeitschrift Verbeitung finden. Für Frauenkrankheiten gibt es eigens ausgebildete Frauenärzte sowie Geburtshelfer; ein Pendant für Männer gibt es nicht. So kommt es, daß »alle zuhören, wenn Frauen reden« und ihre Probleme formulieren.

Ist Depression womöglich deshalb eher ein Problem von Frauen, weil sie ein Ausdruck ihrer Abhängigkeit von Männern ist?

Das *Thematisieren* der Depression hat tatsächlich mit der Abhängigkeit der Frauen von Männern zu tun.[34] Aber es ist eine Abhängigkeit von Männern, die so erfolgreich sind, daß die Frau den Freiraum hat, sich mit anderem als dem bloßen Überleben zu beschäftigen. Deswegen assoziieren wir Depressionen mit der Frau aus der Mittelschicht, nicht der Arbeiterfrau. Die Arbeiterfrau ist viel zu sehr mit dem Überleben beschäftigt. **Depression ist eine Diagnose, die mit steigender Tendenz bei den Frauen anzutreffen ist, die sich den Luxus erlauben können, sich neben dem Überleben mit vielen anderen Dingen befassen zu können.** Je mehr eine Person sich dem zweiten Stadium annähert, desto eher kann sie es sich

erlauben, Depressionen in den Brennpunkt zu rücken. Ein Mann muß seine Depressionen unterdrücken, vor allem an seinem Arbeitsplatz. Was aber unterdrückt wird, kommt auf andere Weise zum Ausdruck – in Form von Alkoholismus oder Selbstmord.
Und die Lösung? Die Frau, die finanzielle Verantwortung übernimmt, hat Ziele vor Augen und fühlt sich gefordert und neigt daher weniger zu Depressionen. Der Ehemann ist nicht ihre einzige Quelle der Bestätigung, sondern die findet sie auch in ihrem Job. Sie entwickelt die Fähigkeit, ihr Leben selbst in die Hand zu nehmen, und das ist das beste Antidepressivum.

Wer hilft den Männern dabei, daß sie Depressionen zulassen und darüber sprechen können?

Tun Männer etwas, um sich gegenseitig zu helfen, ihre Depressionen zum Thema zu machen? Wenig. Männer kaufen immer noch lieber Abenteuerbücher, Wirtschaftsjournale und Sportzeitschriften, die ihnen vermitteln, Probleme zu lösen, Hindernisse zu überwinden und Gefühle zu unterdrücken. Es gibt kaum Männerhäuser, »maskulinistische« Psychologen, Notruftelefone für Männer oder Männerzentren. Das größte »Männerzentrum« des Landes ist das Gefängnis von San Quentin.

Finden Männer bei Psychologen Hilfe? Ja, wenn sie an den richtigen geraten. Doch als die American Psychological Association feststellte, daß jüngere Leute häufiger über Depressionen klagen als ältere, lautete die fast einhellige Meinung, dies sei darauf zurückzuführen, daß die jüngeren mehr über Psychologie *wissen* und deswegen eher bereit sind, das Problem Depressionen zu thematisieren.[35] Sie sahen in dieser Bereitschaft ein Zeichen der Stärke. Als jedoch später festgestellt wurde, daß *Frauen* häufiger als Männer unter Depressionen zu leiden schienen, wurde eine Arbeitsgruppe eingerichtet, die dieses Problem untersuchen sollte. Die Vorsitzende dieser Arbeitsgruppe verkündete sofort, daß Frauen zweifellos deswegen häufiger über Depressionen klagten, weil vornehmlich sie *Opfer* der sozialen Umwälzungen der jüngeren Zeit seien. Von dem Augenblick an, als sich die statistischen Angaben auf die Frauen bezogen, wurde das Thematisieren von Depression nicht mehr als Zeichen des Fortschritts, sondern als Beweis des Opferstatus gesehen.[36] Auch von der American *Psychological* Association!

So schätzt auch Dan Kiley (bekannt durch das Buch *Das Peter-Pan-Syndrom*), daß *10 bis 20 Millionen* Frauen in Amerika zwar mit einem Mann zusammenleben, aber sich dennoch allein fühlen.[37] Warum nur *Frauen*? Er »erklärt« es so: »Die große Mehrzahl dieser Leidenden ist weiblich (Männer lassen Einsamkeitsgefühle meist nicht zu).« Tatsache ist aber, daß Menschen schlimmer leiden, wenn sie ihren Gefühlen *nicht Ausdruck verleihen können*. Sie brauchen intensivere Hilfe statt weniger Hilfe.

Ist es nicht ein mißratener Ansatz, *nur* die Frauen als Opfer hinzustellen? Sicher. Aber es ist clevere Politik. Warum? Indem wir Frauen herausheben, betonen wir ihre Besonderheit. Und worin besteht diese? Es ist ihre Besonderheit des Opfers.

Und die Lösung? Wir müssen von der Paarbeziehung ausgehen. Oder dem *Problem*, das beide Geschlechter haben. Das würde bedeuten, daß sich eine Frau genauso sagen lassen muß: »Ihr Mann fühlt sich auch mit Ihnen einsam, vielleicht lebt *auch er* in einer unbefriedigenden Beziehung.«

Der Frau-als-Opfer-Ansatz beschert uns Bücher, die den Leserinnen vermitteln, daß sie für Glück und Wohlbefinden anderer zuviel Verantwortung übernehmen. Es wäre fairer zu sagen, daß dies beide Geschlechter auf unterschiedliche Weise tun. Daß sich Frauen Verantwortung für andere aufladen, schlägt sich eher in emotionaler Anteilnahme nieder; Männer hingegen neigen eher dazu, sich zur Übernahme praktischer Problemlösungen verpflichtet zu fühlen.

Der Ehemann einer solchen Frau gilt oft als »schwierig, anspruchsvoll und unkommunikativ«. Wie kann ein Mann aber so sein, der gar nichts über sich und seine Gefühle mitteilen darf? Wenn seine Kritik gehört und nicht von vornherein abgestempelt wird, wäre das der erste Schritt zu einer wirklichen Kommunikation.

Wir müssen den Männern Gehör schenken, auch wenn sie es nicht perfekt beherrschen, sich adäquat mitzuteilen. Männer leiden, auch wenn sie sich nichts anmerken lassen. Solange wir ihnen kein Gehör schenken, werden Männer nicht über ihre Depressionen sprechen, weder bei ihren Therapeuten noch bei sonstwem. Sie werden die »Weichlinge« bleiben und damit die Selbstmordklasse.

7. KAPITEL
Warum leben Frauen länger?

Gibt es biologische Gründe?

In Bangladesch werden die Männer heute älter als die Frauen. In Harlem werden die Frauen heute älter als die Männer. Besser: In Harlem werden die Frauen *viel* älter als die Männer.[1] Wenn der biologische Faktor die einzige Variable ist, warum gibt es dann diese Unterschiede?

Lebenserwartung und soziale Stellung

Es ist erwiesen, daß Farbige eine um 20 Prozent geringere Aussicht wie Weiße haben, ein Lebensalter von 85 Jahren zu erreichen,[2] und wir führen dies darauf zurück, daß Farbige im allgemeinen weniger Macht, Einfluß und Geld besitzen. Aber ...

Die Aussicht, ein Lebensalter von 85 Jahren zu erreichen, ist für einen kleinen Jungen nur halb so groß wie für ein kleines Mädchen.[3]

Im Alter von etwa 25 Jahren ist das Bestreben eines Mannes, »es zu schaffen«, am stärksten ausgeprägt. Hier die Wahrscheinlichkeit, mit der schwarze und weiße Frauen und Männer dieses 25. Lebensjahr überleben:

Wahrscheinlichkeit, dieses Jahr zu überleben
(Fünfundzwanzigjährige)[4]

Frauen (weiß)	1 754 zu 1
Frauen (schwarz)	943 zu 1
Männer (weiß)	561 zu 1
Männer (schwarz)	311 zu 1

Graphisch dargestellt, sieht das so aus:[5]

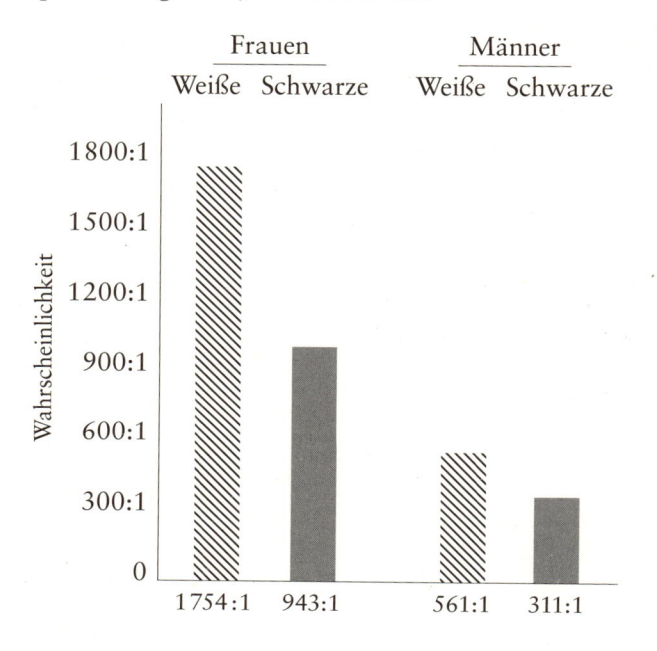

	Frauen		Männer	
	Weiße	Schwarze	Weiße	Schwarze
Wahrscheinlichkeit	1754:1	943:1	561:1	311:1

Schwarze sterben früher als Weiße, und sie sind von zwölf der fünfzehn Haupttodesursachen betroffen. Männer sterben früher als Frauen, und sie sind von allen *fünfzehn* Haupttodesursachen betroffen.[6]

Der Industrialisierungsfaktor

Je höher industrialisiert eine Gesellschaft ist, desto höher ist die Lebenserwartung beider Geschlechter. Je nach Grad der Industrialisierung steigt jedoch die Spanne der Lebenserwartung von Frauen gegenüber der von Männern fast um das Doppelte.[7]

In den vorindustriellen Gesellschaften (z.B. Italien und Irland im 19. Jahrhundert) betrug die Differenz in der Lebenserwartung zwischen den Geschlechtern in der Regel nur ein oder zwei Jahre.[8]

Todesraten von Männern und Frauen
aufgeschlüsselt nach den Haupttodesursachen*[9]

Rangfolge**	Todesursache	Männer – Frauen
1.	Herzkrankheit	1,9 zu 1
2.	Krebs	1,5 zu 1
3.	Hirnschlag	1,2 zu 1
4.	Unfälle u. andere Außeneinwirkungen	2,7 zu 1
5.	Lungenkrankheiten	2,0 zu 1
6.	Lungenentzündung und Grippe	1,8 zu 1
7.	Diabetes	1,1 zu 1
8.	Suizid	3,9 zu 1
9.	Chronische Leberkrankheit u. Zirrhose	2,3 zu 1
10.	Arterienverkalkung	1,3 zu 1
11.	Nierenentzündung	1,5 zu 1
12.	Mord	2,0 zu 1
13.	Blutvergiftung	1,4 zu 1
14.	Tod vor, während oder kurz nach der Geburt***	1,3 zu 1
15.	Aids	9,1 zu 1

* Die medizinischen Bezeichnungen der Krankheiten sind in den Anmerkungen aufgeführt.
** Rangfolge nach Häufigkeit.
*** Bei Todesfällen von Kindern liegt dem Vergleich die Kindersterblichkeitsrate zugrunde; sie sind nicht nach Alter aufgeschlüsselt.

Robert Kennedy jr. fand im Zuge seiner Ahnenforschung heraus, daß die Lebenserwartung irischer Landfrauen um die Jahrhundertwende *niedriger* war als die von Männern.[10]

Früher starben Frauen auf dem Lande häufiger als Männer an Tuberkulose, Diphterie, Masern, Herzkrankheiten, Verbrennungen und Verbrühungen.[11] Als Frauen vermehrt in die Städte abzuwandern begannen, wie um 1800 in England, sank ihre Todesrate um mehr als ein Drittel.[12] Was war geschehen?

Dort wo Frauen und Männer die etwa gleiche Lebenserwartung haben, scheint das damit zusammenzuhängen, daß Frauen sowohl im Kindbett sterben als auch gleichermaßen häufig wie die Männer an Infektionskrankheiten, die auf schlechte hygienische Verhältnisse und unsauberes Wasser zurückzuführen sind. Sie erkranken gleich oft infolge mangelnder Gesundheitsvorsorge oder Mangelernährung. In den industrialisierten Gesellschaften sind viele Krankheiten auf Streß zurückzuführen, der eine Schwächung des Immunsystems zur Folge hat. **Weil für die Männer Streß zu einem lebensbestimmenden Faktor geworden ist, liegt ihre Lebenserwartung derart dramatisch unter der der Frauen.**

Zweierlei Maß in industrialisierten Gesellschaften

Im Zuge der Industrialisierung verließen Männer ihre Höfe und damit ihre Familien, um in Fabriken zu arbeiten. Viele Männer waren plötzlich ihrer Quelle emotionaler Zuwendung entzogen. Ihre Frauen lebten weiter im Kreis der Familie. Sie bekamen nun weniger Kinder und hatten gleichzeitig mehr Haushaltsgeld; schließlich konnten sie dank Verhütungsmitteln über eine Schwangerschaft selbst bestimmen, und es sank die Wahrscheinlichkeit, im Kindbett und an Krankheiten zu sterben. Diese Gründe zusammengenommen sorgten dafür, daß sich die Lebenserwartung der Frauen seit 1920 fast verdoppelt hat.[13] **Was wir Macht der Männer nannten, verlieh also Frauen Macht.** Sie schenkte den Frauen buchstäblich das Leben. Fast ausschließlich Frauen sind auf den Zug gesprungen, der zur Selbstverwirklichung führte.

Die neue Rolle der Männer – fern von zu Hause zu arbeiten – verlangt ihnen so viel ab, daß sie auch Frauen zu Drogenkonsum und Selbstmord treiben würde. Das Resultat spiegelt der Titel des Liedes »Only the Good Die Young« (Nur die Guten sterben jung). Was haben alle diejenigen, die jung starben, gemeinsam? Nehmen Sie Jim Morrison, Jim Croce, Jimi Hendrix, John Belushi, Janis Joplin, Buddy Holly, Charlie Parker, Patsy Cline, Elvis Presley, Martin Luther King und die Kennedys. Sie alle waren sehr *erfolgreich*, und ihr Leben fand *fern von zu Hause* statt – losgelöst von ihrem Lebensmittelpunkt und ihrer Quelle der Liebe. Und das ließ sie zugrunde gehen.

Die Industrialisierung machte außerhäusliche Arbeit zur Angelegenheit der Männer. Männer und Frauen, die fern von zu Hause arbeiten, sind verwundbar, und das zeigt, daß die Geschlechter-»Rolle« eine größere Rolle spielt als genetische Faktoren.

Arbeiten Frauen heute nicht auch außer Haus? Ja, aber nach der Geburt des ersten Kindes geben *zwei Drittel* aller berufstätigen Frauen mindestens ein Jahr lang ihren Arbeitsplatz auf.[14] Ehemänner versorgen plötzlich statt nur einer drei Personen. Insgesamt ist es dreiundvierzigmal wahrscheinlicher, daß eine Frau aus familiären Gründen für sechs Monate oder länger aus dem Berufsleben ausscheidet als ein Mann.[15] **Eine Frau kann ihre Rolle ihrer Persönlichkeit entsprechend gestalten,** während das Gebot für Männer – Vollzeitarbeit – ihm keine Flexibiliät gestattet.

Warum hat sich die Kluft zwischen der Lebenserwartung von Frauen und der von Männern zwischen 1975 und 1990 *leicht* verringert (von acht auf sieben Jahre)? Teils deswegen, weil die Männer ihre Lebensgewohnheiten umstellten und gesundheitsbewußter lebten, die Frauen dagegen nicht. Es sterben zunehmend Frauen an Brustkrebs – die Chinesen nennen das »die Krankheit des Überflusses«.

Außerdem arbeiten auch Frauen vermehrt außer Haus und leiden nun ebenso an den streßbedingten Krankheiten, die die Berufswelt kennzeichnen.

Andererseits: Warum hat sich die Differenz nicht signifikanter verringert? Weil der Ehemann der *vollberufstätigen* Frau auch heute noch insgesamt neun Stunden länger *außer Haus* arbeitet und zwei Stunden längere Wegzeiten pro Woche hat als sie.[16] Trotz gleicher Arbeitsbelastung balanciert sie Job und Hausarbeit wesentlich besser aus als er. Wenn ihr Mann einigermaßen erfolgreich ist, kann sie sich diese Balance in jedem Lebensabschnitt erhalten. Ihre erweiterte Wahlmöglichkeit, eine bessere Balance und ihr größeres Eingebundensein in die Familie resultieren schießlich darin, daß ihre Lebenserwartung um sieben Jahre über der der Männer liegt. **Die industrialisierte Gesellschaft hat die Wahlmöglichkeiten der Frauen erweitert und die Rollenfixierung für Männer verstärkt.** Sie kann sich alles erhalten, was ihr wichtig ist. Ihn trennt die Fixierung auf seine Rolle von der Liebe ab. Bei beiden Geschlechtern sind gegenüber früher Fortschritte festzustellen, doch der Frau verschafft die ihr eingeräumte Möglichkeit zur Balance meßbare Lebenszeit, während für ihn die Abtrennung von Liebe den Tod bedeutet.

»Einen Treffer an der Wall Street landen« ist die moderne Version des Killer-Beschützers: Noch immer wird sein Tod hingenommen, sie genießt weiterhin Schutz. Oder mit anderen Worten: Für den Schutz beider ist immer noch er verantwortlich, und noch immer stellt er sich vor sie und schützt sie besser als sich selbst.

Der genetische Faktor

Hätten Männer aufgrund genetischer Faktoren ein funktionstüchtigeres Immunsystem, wäre uns das Grund genug, uns verstärkt um die Gesundheit von Frauen zu kümmern nach dem Motto: »Frauen sind schwach, Frauen brauchen erhöhten Schutz.«
Das Doppel-X-Chromosom der Frau kommt jedoch einem genetischen »Reparatursystem« gleich.[17] Das heißt, wenn das X-Chromosom des Gens defekt ist, ist mit hoher Wahrscheinlichkeit das entsprechende Gen des anderen Strangs in Ordnung.[18] Männer verfügen nicht über einen derartigen Reparaturmechanismus, sondern haben statt des doppelten X-Chromosoms ein X- und ein nicht homologes Y-Chromosom.

Dieser von der Natur gegebene Vorteil ist aber nicht bei allen Lebewesen anzutreffen. Bei Vögeln, Schmetterlingen und Motten haben die Männchen diesen genetischen »Hilfsmechanismus«, dennoch sterben sie früher.[19] Beim Menschen sind fast alle vorzeitigen Todesfälle, ob durch Suizid, Herzinfarkt, Krebs oder gar Mord, auf streßbedingte Krankheiten und Beeinträchtigungen zurückzuführen, die mit der Männerrolle in Zusammenhang stehen.

Mehr noch: Die Verletzlichkeit der Männer aufgrund ihrer gesellschaftlichen Rolle ist eng mit biologischen Faktoren verknüpft. Wenn Männer z.B. geradezu reflexartig zur Rettung von Frauen herbeieilen, laufen sie nicht nur Gefahr, erstochen, erschossen oder niedergeschlagen zu werden, sondern solche Rettungsaktionen führen auch zur Ausschüttung von »Streßhormonen«, z.B. von Testosteron, das das Immunsystem schwächt,[20] sowie von Adrenalin (oder Epinephrin), das die Blutgerinnung erhöht und anfälliger macht für Herzversagen.

So, wie manche Länder Raketen bauen »für den Fall, daß« und dann feststellen müssen, daß sie sich finanziell übernommen haben, und außerstande sind, sich anderweitig zu wappnen, so zahlen Männer einen biologischen Preis für ihre Rolle als jederzeit einsatzbereiter unbezahlter Leibwächter von Frauen.

Warum die Männerrolle lebensgefährlich ist

Im Kleinkindalter zwischen 1 bis 4 Jahren ist die Sterblichkeitsrate bei Jungen und Mädchen etwa identisch. Wenn sie aber Erfahrungen mit ihrer jeweiligen Geschlechterrolle machen, die sie als Erwachsene erwartet – im Alter zwischen 15 und 24 Jahren –, steigt die Todesrate der Männer um das Dreifache gegenüber der der Frauen.[21] Die Männerrolle ist dreimal riskanter, als es die Frauenrolle für Frauen ist.[22] Wie schon erwähnt, machen Erfolgsdruck, Zahlzwang und der Druck, durch Hartnäckigbleiben um die Liebe eines Mädchens zu werben, Jungen solche Angst, daß sie im Selbstmord den letzten Ausweg sehen. Jungen entwickeln eine Reihe von Bewältigungsmechanismen; sie lernen, unauffällig zu sterben, auch wenn sie nach außen hin erfolgreich sind. Zwei Beispiele:

Die männliche Art, mit Schwächen umzugehen

Wenn Sie jemals einen pubertierenden Sohn hatten (oder sich selbst als Pubertierender als Beispiel nehmen), dann wissen Sie, daß sein »bester Freund« derjenige ist, mit dem er sich am besten gegenseitig aufziehen kann. Warum ist dieses gegenseitige Aufziehen der normale Umgangston zwischen männlichen Jugendlichen? Und warum führt diese Art, Schwächen aufzudecken, zu gravierenden psychischen Schäden?

Durch gegenseitiges Aufziehen trainiert der Heranwachsende, als Erwachsener Kritik hinzunehmen, denn das ist eine Voraussetzung für Erfolg. Positiv daran ist, daß Männer am Arbeitsplatz und in privaten Beziehungen Kritik wegzustecken vermögen und sie nicht persönlich nehmen. Die Kehrseite davon ist die »indirekte Steuer«.

Indirekte Steuer? Im *New Journal of Medicine* war kürzlich folgendes zu lesen: Der Herzschlag wird unregelmäßig, wenn eigene Schwächen thematisiert werden. Der Herzschlag wird etwa so unregelmäßig, wie wenn man auf einem Heimtrainer bis zur Erschöpfung oder bis zum Auftreten von Brustschmerzen radfährt.[23] Vielleicht ist an ihnen geübte Kritik eine der Ursachen, daß Männer unter fünfzig viermal so häufig an Herzkrankheiten leiden wie Frauen.[24] Unsere Söhne trainieren also quasi für Herzkrankheiten. Während Männer Beziehungen pflegen, indem sie Kritik aneinander üben, pflegen Frauen Beziehungen durch gegenseitige Unterstützung. Erst seit kurzem ist nachgewiesen, daß **bei Herzkrankheiten der Risikofaktor Einsamkeit eine große Rolle spielt.**[25] Eine Herzerkrankung ist also die indirekte Steuer auf das gegenseitige Aufziehen. Die männliche Art, Schwächen aufzudecken, kann in der Folge unmittelbar zu Herzerkrankungen führen.

Männliche Fürsorge

In fast jeder Männergruppe, die ich bisher organisiert habe, haben Männer das Thema auf ihre Probleme am Arbeitsplatz gebracht – insbesondere auf das Gefühl, von Kollegen und Vorgesetzten kritisiert und nicht geschätzt zu werden. Auf die Frage, ob sie darüber mit ihrer Frau oder Freundin gesprochen haben, antworten die meisten: Ja, aber nur oberflächlich. Warum? Sie wenden ein, daß ihre Frauen sich sonst Sorgen machen könnten.

Die Ehefrau nicht mit Berufsproblemen in Unruhe zu versetzen, ist eine der vielen Formen männlicher Fürsorge – er möchte die Frau, die er liebt, vor Ungewißheiten bewahren. Er baut eine Fassade der Selbstsicherheit auf, und die hindert ihn, Hilfe zu suchen, auch wenn er sich zutiefst verunsichert fühlt.

Dieses männliche Dilemma ist die Ursache für Streß, der wiederum das Immunsystem der Männer schwächt. Manchmal sucht er zeitweilig bei einer »Ersatzfrau« Entspannung (Zweitfrau, Zweitjob, noch ein Glas, noch einen Schuß), und deswegen haben Männer dreimal häufiger Alkoholprobleme als Frauen.[26] Wenn er keinen Ausweg findet, sucht die Misere ihn heim: in Form von Krebs, Herzinfarkt...

Was Männer schleichend umbringt

Die Strategie der Männer, sich durch Alkohol und anderes zeitweilig Entlastung zu verschaffen, macht ihr langsames Sterben weniger offensichtlich, als es früher der Fall war. Männer sterben nicht mehr in Kohlebergwerken, sie sterben einen inneren Tod: etwa wenn seine lebenslange Sorge um die Familie seine Frau veranlaßt, ihn zu verlassen. Wenn er seine Kinder fortgehen sieht und sie gegen ihn aufgehetzt werden, ist er schnell völlig am Ende seiner Kraft.

Wenn der Erfolgsdruck größer ist als die Mittel, die sie zur Verfügung haben, werden Männer zum geopferten Geschlecht:

Das geopferte Geschlecht

	Männer	Frauen	Männeranteil
Obdachlose[27]	165 000–231 000	32 000–45 000	83 %
Aids-Tote[28]	69 929	7 421	90 %
Namen auf dem Vietnam Veterans Memorial in Washington, D.C.[29]	58 183	8	99,99 %
In Südostasien vermißte amerikanische Soldaten[30]	2 267	0	100 %
Inhaftierte[31]	758 294	46 230	94 %

Eine Gruppe von Männern hat die schlechtesten Voraussetzungen, um im Kampf um Erfolg zu bestehen: männliche Schwarze jeder Alterskategorie.

Der schwarze Mann: vierfach benachteiligt

Die einzige Gruppe, deren Lebenserwartung seit 1980 abgenommen hat, ist die der schwarzen Männer.[32] Warum? Für schwarze Männer ist die Kluft zwischen dem ersten Stadium und dem zweiten Stadium am größten, also zwischen der früher erforderlichen Fähigkeit, mittels physischer Kraft als Sklave zu überleben, und den heutigen Anforderungen, die Technik zu meistern. Darum liegt die

Lebenserwartung des schwarzen Mannes neun Jahre unter der der schwarzen Frau.[33] Trotzdem ist sehr viel mehr die Rede von der doppelten Diskriminierung durch Rassismus und Sexismus, der schwarze Frauen ausgesetzt sind.

Es befinden sich mehr schwarze Männer im Gefängnis als zur Ausbildung auf einem College sind.[34] Das heißt, daß auf vier schwarze Männer je einer kommt, der sich derzeit in Haft befindet oder dessen Strafe zur Bewährung ausgesetzt wurde.[35] Diese Zahl ist um 50 Prozent höher als die schwarzer Collegeschüler.[36] Das gilt nicht ansatzweise für schwarze Frauen. Wenn es das täte, stellen Sie sich die vielen Arbeitsförderungsmaßnahmen, Bildungs- und Wiedereingliederungsprogramme vor, die wir schwarzen Frauen anbieten würden. Der schwarze Mann ist nicht einer doppelten Diskriminierung ausgesetzt, sondern einer vierfachen: Rassismus, Sexismus, Feindseligkeit und Benachteiligung.

Aus verschiedenen Gründen sind weder Weiße noch Schwarze bereit, die Tatsache, daß der schwarze Mann als Sklave zur Feldarbeit eingesetzt wurde, zu hinterfragen. Der schwarze Mann war von körperlicher Kraft abhängiger als in der Regel schwarze Frauen – die heutige Technik macht körperliche Kraft aber zunehmend überflüssig. Wenn weiße Frauen oder Männer hart arbeiteten, *kam das ihren Familien* zugute. Wenn aber schwarze Frauen oder Männer hart arbeiteten, profitierte *jemand anderer* davon. Deswegen sicherte harte Arbeit Weißen das Überleben, schwarze Sklaven dagegen sicherten damit das Überleben eines anderen – und zwar auf ihre Kosten. Unsere Weigerung, dies zur Sprache zu bringen, hält uns davon ab, Förderprogramme für Schwarze zu entwickeln, z.B. um Vater-Sohn-Unternehmen zu unterstützen (statt das Geld der schwarzen Mutter zu geben, so daß sie den Sohn vom Vater *fernhalten* kann).

Der schwarze Mann wird zwar manchmal als erwiesenermaßen benachteiligt bezeichnet, er erhält aber nicht den Schutz, der einer solchen Gruppe normalerweise gewährt wird. So werden schwarze Männer staatlich sanktioniert, häufig systematisch von ihren Familien ferngehalten, wie es beispielsweise die Zielsetzung des Programms »Aid to Families with Dependent Children« (Hilfe für Familien mit minderjährigen Kindern) zeigt. Es werden den Familien nur Hilfen gewährt, wenn der Vater *nicht* in der Familie lebt, und dem Vater werden somit die zwei wichtigsten Quellen der Lebensfreude entzogen: Liebe und das Gefühl, gebraucht zu werden.

Werden Frauen von der medizinischen Forschung vernachlässigt?

Die Auffassung, daß sich das Gesundheitswesen aus sexistischen Gründen mehr um die Männer gekümmert habe als um die Frauen, hat Konsequenzen nach sich gezogen: Staat und Industrie fingen an, sich zu Lasten der Männer stärker für die Belange der Gesundheit der Frau zu engagieren. So ist kürzlich ein Office of Research on Women's Health (Forschungsstelle für Frauengesundheit), aber kein Office of Research on Men's Health (Forschungsstelle für Männergesundheit) eingerichtet worden.[37] Es gibt auch ein Office of Minority Health, das Frauen als Minorität einstuft, aber kein entsprechendes Amt, das Männer als Minorität anerkennt (beispielsweise weil ausschließlich Männer so früh an den fünfzehn häufigsten Todesursachen sterben). Die Auffassung, Frauen seien vernachlässigt worden, hat Privatkliniken und Krankenkassen veranlaßt, Frauengesundheitszentren einzurichten, aber kaum Männergesundheitszentren.[39] Untersuchen wir also die Mythen und vergleichen sie mit der Realität.

HAUPTMYTHOS: **Die Gesundheit von Frauen ist uns weniger Geld und Beachtung wert als die Gesundheit von Männern.**

HILFSMYTHOS NR. 1: »Keine 20 Prozent der Forschungsmittel des *National Health Institute, NHI (Bundesgesundheitsamt)* werden für die Gesundheit von Frauen ausgegeben.«[40]

TATSACHE: *Keine einzige der mit Gesundheitsfragen befaßten staatlichen Behörden gibt für die Gesundheit von Männern gleichviel aus wie für die Gesundheit von Frauen.* Daß weniger als 20 Prozent der Forschungsmittel des NHI für die Gesundheit von Frauen aufgewendet werden, liegt daran, daß 85 Prozent des Budgets in *nicht geschlechtsspezifische* Projekte fließen (also in die Grundlagenforschung). Für die Forschungen zur Gesundheit von Frauen sind 10 Prozent des Etats vorgesehen, für die von Männern 5 Prozent. (Diese Angaben stammen vom Office of Research on *Women's* Health, der Forschungsstelle für Frauengesundheit des NHI.)[41]

HILFSMYTHOS NR.2: Dem Umstand, daß in fast allen medizinischen Bereichen vorrangig über Männer geforscht wurde, liegt Sexismus zugrunde.

TATSACHE: Eine Auswertung von dreitausend medizinischen Zeitschriften im *Index Medicus* ergab, daß auf *dreiundzwanzig* Artikel über die Gesundheit von Frauen *einer kommt, der sich mit der Gesundheit von Männern befaßt.*[42]

TATSACHE/FOLGERUNG: Unter Zugrundelegung solcher Vorstellungen verwundert es nicht, daß neue Produkte und Medikamente, bei denen unerwünschte Nebenwirkungen nicht ausgeschlossen sind, oft an Gefangenen getestet werden. Das ist nur möglich, weil wir Strafgefangene als minderwertig erachten. Vielfach werden sie ausschließlich an Männern getestet, weil uns Männer generell weniger wert sind. Für Forschungen zur Wirkung von Sulfonamiden und LSD und für andere Experimente wurden Soldaten als Versuchskaninchen herangezogen. Haben die Soldaten etwas dafür bekommen? Ja. Freizeit während eines Dienstes, den nur Männer absolvieren müssen. Kurz gesagt: **Wir führen mehr Forschungsexperimente an Gefängnisinsassen, an Soldaten und generell an Männern durch als an Frauen, und zwar aus dem gleichen Grund, weshalb wir anstelle von Menschen Ratten zur Forschung heranziehen.**

HILFSMYTHOS NR.3: *Wenn es eine Krankheit gäbe, die für Männer so lebensbedrohlich wäre wie Brustkrebs für Frauen, würden Männern die erforderlichen Forschungsmittel zur Verfügung gestellt, um die Krankheit in den Griff zu bekommen.*

TATSACHE: Die Wahrscheinlichkeit für eine Frau, an Brustkrebs zu sterben, ist vierzehn Prozent höher als die Wahrscheinlichkeit für einen Mann, an Prostatakrebs zu sterben.[43] Es werden aber 660 Prozent mehr Gelder für die Erforschung von Brustkrebs eingesetzt als zur Erforschung von Prostatakrebs.[44] Das Verhältnis Todesrate/Forschungsmittel liegt also bei 47 zu 1 zugunsten der Frauen.

TATSACHE: Die Todesrate bei Prostatakrebs ist in den letzten fünf Jahren auf das Doppelte der Todesrate bei Brustkrebs gestiegen.[45]

TATSACHE: Schwarze amerikanische Männer weisen die höchste Prostatakrebsrate *der Welt* auf.[46]

WARUM LEBEN FRAUEN LÄNGER? 229

HILFSMYTHOS NR. 4: Sämtliche Gesundheitsprobleme von Frauen wurden vernachlässigt – von Eierstockkrebs bis hin zur Menopause, und zwar sowohl in Forschung als auch Therapie.

TATSACHE: Es gibt eine Forschungslücke in der Frauengesundheitsforschung. Man weiß z. B. wenig über Eierstockkrebs und Menopause. Das Office of Research on Women's Health des NHI befaßt sich derzeit damit. Es gibt aber auch Forschungslücken über folgende siebzehn Gesundheitsfragen von Männern, mit denen sich *niemand* befaßt:

- Die Pille für Männer
- Selbstmord
- Posttraumatisches Streßsyndrom
- Beschneidung als Ursache psychischer Traumen
- Die Midlife-crisis bei Männern
- Leseschwäche
- Die Ursachen männlicher Gewalt
- Obdachlosigkeit
- Drogenkonsum
- Farbenblindheit
- Hodenkrebs
- Prostatakrebs
- Gehörverlust im Alter über 30 Jahren
- Impotenz
- Unspezifische Harnröhrenentzündung
- Entzündung der Nebenhoden
- Klinefeltersyndrom und andere Erbkrankheiten, an denen nur Männer erkranken

TATSACHE: Männer leiden öfter an einer Geisteskrankheit als Frauen, Frauen kommen mit fast zweifach höherer Wahrscheinlichkeit wegen einer Geisteskrankheit in Behandlung.[47]

Sicher besteht ein Bedarf an einer Ausweitung der Forschung zur Gesundheit von Frauen, so wie es bei Männern diesen Bedarf im Hinblick auf Grundlagenforschung gibt. Die jeweils gesonderte Forschung darf jedoch nicht von Geschlechterpolitik beeinflußt werden, so daß die Grundlagenforschung (Gen- und Zellforschung, Transplantationsmedizin etc.) vernachlässigt würde, weil letzte beiden Geschlechtern zugute käme. Wie können wir das alles erreichen? Wir könnten medizinische Forschungen stärker unterstützen als militärische Forschungen, das wäre ein Anfang.

HILFSMYTHOS NR. 5: Frauen sind heute genauso anfällig für Herzinfarkte wie Männer, trotzdem hat sich die Forschung ausschließlich mit Männern befaßt.

Zuerst zu Herzkrankheiten mit tödlichem Ausgang...

TATSACHE: Verglichen mit anderen Krankheiten ist Herzinfarkt inzwischen die häufigste Todesursache bei Frauen geworden. Männer sind noch viel anfälliger für Herzinfarkte als Frauen: Männer unter 65 Jahren sterben dreimal häufiger daran als Frauen generell.[48] Auch noch nach dem 85. Lebensjahr ist die Todesrate durch Herzinfarkt bei den Männern etwas höher als bei den Frauen.[49]

Anders ausgedrückt: **Fast dreiviertel der Frauen, die an einem Herzinfarkt sterben, sind 75 Jahre oder älter.**[50] Statistisch gesehen erreichen Männer dieses Alter gar nicht.[51]

Nun zum landläufig bekanntesten Fall von Sexismus in der Medizin: Die Auswirkung von Aspirin auf Herzinfarkt ist ausschließlich bei Männern erforscht worden...

TATSACHE: Ja, es ist eine Studie über die Auswirkung von Aspirin auf Herzinfarkt bei männlichen Ärzten erstellt worden.[52] Es ist aber gleichzeitig eine gleichartige Studie bei Krankenschwestern gemacht worden.[53] Die Presse hat aber nur die Studie an Männern als sexistisch tituliert. Die Studie an den Frauen ging jedoch über einen längeren Zeitraum und umfaßte mehr Frauen als die Männerstudie an Männern.[54]

Ist es wirklich erforderlich, weitere Forschungen darüber anzustellen, warum Männer in erheblich jüngeren Jahren als Frauen an Koronarerkrankungen sterben? Ja. Ein Beispiel: Männer, die einen Herzinfarkt erlitten hatten, wurden in zwei Gruppen eingeteilt, wobei der einen Gruppentherapie angeboten wurde, der anderen nicht. Bei den Männern, die an der Gruppentherapie teilnahmen, verbesserte sich die Durchblutung der Herzkranzgefäße, bei den Männern der anderen Gruppe verschlechterte sie sich.[55] Wenn Herzinfarkte durch Streß verursacht und bei adäquater Streßbewältigung zurückgehen, müssen wir mehr darüber erfahren, welche Arten von Streß zum Infarkt führen und welche Therapien dagegen helfen. Die Antworten auf diese Fragen kommen beiden Geschlechtern zugute.

Trotzdem sollten geschlechtsspezifische Studien, sei es mit dem Ziel, Herzinfarkte zu verhindern, oder Mißhandlungen in der Ehe Einhalt zu gebieten, die Ausnahme bleiben. Die Finanzierung einer Studie, die sich mit einem von beiden Geschlechtern befaßt, sollte von dem *Nachweis* abhängig gemacht werden, daß bei dem jeweils anderen Geschlecht kein Bedarf an Forschung besteht. Die bloße Annahme, daß sich die Forschung bei einem der Geschlechter erübrige, genügt nicht.

HILFSMYTHOS NR. 6: Männer mit Symptomen, die auf einen Herzinfarkt hindeuten, kommen eher in den Genuß der neuesten Diagnoseverfahren und effektivsten Operationsmethoden wie Bypass und Herzkranzgefäßtransplantation. Das ist Sexismus.

TATSACHE: Frauen sterben mehr als doppelt so häufig wie Männer nach Bypassoperationen und Herzkranzgefäßtransplantationen.[56] Warum? Frauen haben feinere Herzkranzgefäße, die sich nach der Operation wieder verschließen können.[57]

Es liegt aber auch mit daran, daß fast dreiviertel aller Frauen, die an einer Herzkrankheit leiden, über 75 Jahre alt sind und zudem häufig Brustkrebs haben oder daß andere Komplikationen das Operationsrisiko enorm erhöhen.[58] Deswegen lehnt eine sechzigjährige Frau eine Bypassoperation oder Gefäßtransplantation eher ab als ein Mann gleichen Alters. Darum besteht sie auch seltener auf teuren und aufwendigen Diagnoseverfahren.

Mit dem Leitwort vom »aufgeklärten Patienten« wird eben gesagt, daß nicht der Arzt die letzte Entscheidung trifft, sondern der Patient oder die Patientin. Wenn Patienten alle Gegebenheiten sorgfältig abwägen, führt das zwangsläufig zu weniger Untersuchungen und weniger Operationen. Die Entscheidung einer Patientin sexistisch zu nennen, heißt, sie für dumm zu halten, weil sie sich selbst schützt.

TATSACHE: Sieht man vom Alter und anderen Risikofaktoren (Diabetes, Bluthochdruck, Übergewicht) ab, gibt es in der Behandlung des Herzinfarkts keinerlei Unterschiede zwischen Männern und Frauen.[59]

Die medizinische Forschung hat den vermutlich größten Beitrag dazu geleistet, daß die Lebenserwartung von Frauen seit 1920 um fast 50 Prozent gestiegen ist. Sie hat den Frauen die Pille eingebracht (den Männern nicht), es sterben weniger Frauen bei der Geburt, und sie hat Behandlungsmethoden für Krankheiten geliefert, an denen Frauen früher zudem mit gleich hoher Wahrscheinlichkeit starben wie die Männer (Tuberkulose, Diphterie, Kinderlähmung). Frauen hatten früher im Durchschnitt eine um ein Jahr höhere Lebenserwartung als Männer, heute sind es sieben Jahre. Wenn das von feministischer Seite Frauendiskriminierung genannt wird, so entbehrt das nicht einer gewissen Ironie. Wie würde aus feministischer Sicht das Medizinsystem heißen, wenn Männer eine höhere Lebenserwartung hätten? Oder wenn Frauen in so jungem Lebensalter wie die Männer an einer der fünfzehn Haupttodesursachen sterben würden?

Gesundheitspolitik: Krebs bei Männern, Krebs bei Frauen

Warum werden für die Erforschung von Brustkrebs 660 Prozent mehr an Geldmitteln bereitgestellt als für die Erforschung von Prostatakrebs, obwohl Männer an dieser männerspezifischen Krebsart etwa gleich häufig sterben wie Frauen an Brustkrebs? Weil wir alles über Prostatakrebs wissen, was es zu wissen gibt? Wir werden der Sache auf den Grund gehen.

Um 1920 wurde eine neue Operationsmethode bei Prostatavergrößerung entwickelt. *Sechzig Jahre lang hat niemand untersucht, ob die neue Methode vorteilhafter ist als die alte.* Als diese Untersuchungen endlich stattfanden, stellte sich heraus, daß die neue Operationsmethode das Risiko, innerhalb von fünf Jahren nach der Operation zu sterben, um 45 Prozent erhöht hat. 1989 wurden die Daten endlich im *New England Journal of Medicine* veröffentlicht – siebzig Jahre waren darüber ins Land gegangen.[60]

Studien über Prostatakrebs haben ergeben, daß ein Mann, der sterilisiert ist, viermal häufiger daran erkrankt als ein Mann, der nicht sterilisiert ist.[61]

Trotz dieser Ergebnisse konnten die Wissenschaftler aus Geldmangel auf diesem Gebiet nicht weiterforschen. Deswegen wissen wir nicht, ob Vasektomie Prostatakrebs verursacht oder etwas eine Rolle spielt, das mit Vasektomie in Zusammenhang steht (z. B. der Testosteronspiegel).

WARUM LEBEN FRAUEN LÄNGER? 233

> **Mary Brodie won't feel the lump in her breast for another two years.**
>
> Like a lot of women, Mary Brodie understands the importance of regular breast self-examination. And because she's never felt a lump, she thinks everything is fine. It's the same conclusion a lot of women reach.
>
> Unfortunately, it's wrong. The tiny tumor that's forming in her breast is too small to feel. But with mammography, it's not too small to see. And tomorrow Mary is getting her first mammogram. Thanks, in part, to a new x-ray film created by DuPont that makes it safer for women to start mammography early.
>
> And for Mary, early detection means a two year head start on the rest of her life. At DuPont, we make the things that make a difference.
>
> *Better things for better living* **DUPONT**

Mary Brodie wird den Knoten in ihrer Brust erst in zwei Jahren fühlen.

Wie viele Frauen, so ist auch Mary Brodie von der Notwendigkeit regelmäßiger Selbstkontrolle der Brust überzeugt. Weil sie nie einen Knoten ertastet hat, meint sie, es sei alles in Ordnung. Das meinen viele Frauen. Aber das stimmt leider nicht. Der winzige Tumor in ihrer Brust läßt sich nicht ertasten. Die Mammographie aber kann auch winzige Tumore sichtbar machen. Morgen geht Mary zu ihrer ersten Mammographie. Dank eines neuen Röntgenfilms von DuPont sind Mammographieaufnahmen heute viel zuverlässiger. Für Mary bedeutet Früherkennung, einen Vorsprung von zwei Jahren im Leben zu haben. DuPont stellt Dinge her, auf die es ankommt.

Bessere Geräte für ein besseres Leben.

Ähnlich verhält es sich bei Hodenkrebs, der häufigsten Todesursache bei Männern im Alter zwischen 15 und 34 Jahren. Wenn Hodenkrebs im frühen Stadium erkannt wird, beträgt die Überlebenschance 87 Prozent.[62] Wir weisen aber nur Frauen auf die Krebsfrüherkennung hin.[63] Wenn wir Männer dazu ermuntern würden, regelmäßig Rektumuntersuchungen vornehmen zu lassen und die Hoden regelmäßig selbst zu kontrollieren, so wie Frauen dazu angehalten werden, regelmäßig ihre Brust selbst zu kontrollieren, würden wir genauso vielen Männern das Leben retten wie Frauen. Bei den Richtern Blackmun und Stevens am Supreme Court of Justice (Obersten Bundesgericht) wurde der Prostatakrebs bei einer solchen Routineuntersuchung entdeckt.[64] Gerade noch rechtzeitig.

Ist die lückenhafte Erforschung der Antibabypille ein Beispiel mangelnder Fürsorge für Frauen?

Als in Europa die Antibabypille bereits auf dem Markt war, in Amerika dagegen noch nicht, machten die Amerikanerinnen einen Riesenwirbel. Sie sahen darin ein Zeichen, daß man den Tod von Frauen bei der Geburt oder bei einer Abtreibung ohne weiteres hinzunehmen bereit war. Dann ließ die Food and Drug Administration (FDA, Gesundheitsministerium) die Antibabypille zu. Wie sich später herausstellte, war die Hormondosierung jedoch unnötig hoch. Daraufhin wurde das Ministerium heftig kritisiert, weil es derart leichtfertig die Gesundheit von Frauen aufs Spiel gesetzt und nicht die nötigen Tests durchgeführt hatte, um die Hormondosis so niedrig wie möglich zu halten.[65]

Als es um die Gesundheit von Frauen ging, stolperten wir vor Eifer fast über unsere eigenen Füße. Für die leicht zugänglichen Daten über die Gesundheit von Männern interessierte sich jahrzehntelang niemand.

Nehmen Ärzte (weil sie Männer sind) Krankheitssymptome von Männern ernster als die von Frauen?

Die Bejahung dieser Fragestellung konnte eine Studie von Lawrence Schneiderman, die im *Journal of the American Medical Association* erschien, dem Anschein nach zuverlässig belegen.[66] Dann sprach ich mit Dr. Schneidermann, und es stellte sich heraus, daß er eigentlich zwei Studien vorgelegt hatte: Die eine bestätigte, daß Männer etwas sorgfältiger behandelt wurden, die andere stellte keine Unterschiede in der Behandlung im Vergleich zu den Frauen fest. Die erste Studie fand nicht nur in den ärztlichen Medien ein breites Echo.[67] Die Ergebnisse der zweiten Studie wurden in einer kleinen unbedeutenden Zeitschrift veröffentlicht und ansonsten ignoriert.[68] Während die Frauen, die die erste Studie umfaßte, wesentlich häufiger (150 Prozent) als Männer den Arzt aufsuchten, war die Anzahl der Arztbesuche in der zweiten Studie bei beiden identisch.

Ist es wirklich eine Bevorzugung von Männern, wenn Ärzte sich eingehender mit ihnen als mit den Frauen befassen? Nicht, wenn man bedenkt, daß Männer eher im Krankenhaus landen,[69] eher an einer der fünfzehn Haupttodesursachen sterben, und wenn man bedenkt, daß sie oft erst dann ärztliche Hilfe suchen, wenn die Symptome nicht mehr zu übersehen sind. Darum ist die zweite Studie ein Beleg dafür, daß Männer bei *schwereren* Krankheiten die *gleiche* Behandlung erfahren, und das ist eine Benachteiligung der Männer.

Es ist aber eine Tatsache, daß Ärzten Effizienz und der eigene Erfolg oft wichtiger sind als der Patient. Unsensibles Verhalten ist die Schattenseite des täglichen Umgangs mit dem Tod. Zweifellos erfahren sowohl Patientinnen als auch Patienten mehr Herablassung als echte Zuwendung. Herablassung ist die Schattenseite der Beschützerhaltung. Werden Frauen geringschätziger behandelt als Männer? Gut möglich. Sie genießen mehr Schutz und bekommen auch dessen Schattenseite, die Herablassung, massiv zu spüren ...

Lösungsvorschläge

Obwohl eine offizielle Studie den Nachweis erbracht hat, daß der Gesundheitszustand von Männern im allgemeinen wesentlich schlechter ist als der von Frauen, schlechter auch als der aller Minoritätengruppen, war landauf, landab die Schlagzeile zu lesen: »Große Gesundheitsdefizite bei den Minoritäten.«[70] Die Schlagzeile lautete nicht etwa: »Große Gesundheitsdefizite bei *Männern*.« Warum wohl? Weil wir den Tod von Männern mit unserem Überleben assoziieren. Das geschieht unbewußt, und deswegen machen wir uns nicht die Mühe, dafür zu sorgen, daß die Lebenserwartung von Männern ansteigt. Erst wenn wir unsere Einstellung ändern, wird der Staat Forschungsprojekte für die Kriegsheimkehrer nicht länger blockieren. Ein grundlegender Wandel aber wird erst einsetzen, wenn wir diese fatale Assoziation auflösen.

Würde eine Veränderung eintreten, wenn wir ein Office of Men's Health (Männergesundheitsministerium) einrichteten? Aber ja. Wir würden von Männerproblemen erfahren, von denen wir bisher nicht einmal etwas ahnten. Erinnern Sie sich an den Mitschüler in der Grundschule oder in der Mittelstufe, den mit den vergrößerten Brüsten und den Sprechproblemen? An meiner Schule nannte man einen solchen Jungen »Fettsack« oder »Riesenbaby«. In Wirklichkeit litt er am Klinefeltersyndrom, einer Chromosomenanomalie (47 statt 46 Chromosomen), die nur bei Jungen auftritt und die zur Unfruchtbarkeit führt. Wenn dieser Junge also am Klinefeltersyndrom litt, wußten das wahrscheinlich weder seine Eltern noch seine Lehrer, noch er selber. Dabei wäre es wichtig gewesen, daß alle darüber informiert sind, um angemessen mit ihm umgehen zu können, statt daherzureden, er solle weniger essen und deutlicher sprechen. Er hätte die Unterstützung einer Selbsthilfegruppe gebraucht, nicht eine Klasse, die ihn »Fettsack« titulierte. Ich bin mir ganz sicher, daß er Schäden fürs Leben davongetragen hat. Dabei hätten wir ihm helfen können, wenn es ein Office of Men's Health, eine Gesundheitsbehörde für Männer, gegeben hätte, die uns aufgeklärt hätte.

Eine umfassende Gesundheitsvorsorge könnte Jahr für Jahr mehr Männer vor dem Tod durch Prostatakrebs bewahren, als pro

Jahr im Vietnamkrieg umgekommen sind.[71] Intensive Forschungsarbeit würde Beweise erbringen, inwieweit ein Zusammenhang zwischen Vasektomie und Prostatakrebs besteht.[72] Männer, deren Hoden erst nach dem sechsten Lebensjahr in das Skrotum gewandert sind, erkranken zehnmal häufiger an Hodenkrebs. Aber die wenigsten Männer kennen bei sich weder den Zeitpunkt, wann das bei ihnen der Fall war, noch daß es überhaupt von Bedeutung ist. Das gilt auch für die meisten Eltern, die sich somit genausowenig an den Zeitpunkt erinnern können. Eine Gesundheitsbehörde für Männer könnte diese Aufklärungsarbeit leisten und auch ein paar wichtige Fragen stellen, z. B.: »Warum werden im Fernsehen die Brüste einer Frau gezeigt und deren Aufbau detailliert veranschaulicht, der Penis und die Hoden eines Mannes sowie deren Aufbau aber nicht einmal anhand einer Zeichnung erläutert?«

Eine Gesundheitsbehörde für Männer könnte im ganzen Land Notruftelefone für Selbstmordgefährdete einrichten und ein Netzwerk von Selbsthilfegruppen für ältere Männer ins Leben rufen, weil sie erheblich mehr selbstmordgefährdet sind als gleichaltrige Frauen. Sie könnte Schulberater ausbilden, die Hilfe anbieten, wenn männliche Jugendliche unter Streß in Gefahr geraten, Selbstmord zu begehen.

Eine solche Behörde könnte Männer darüber aufklären, daß sie siebenmal häufiger als Frauen wegen Trunkenheit am Steuer verurteilt werden,[73] aber nur mit dreifach höherer Wahrscheinlichkeit eine Entziehungskur bekommen.[74]

Wir führen den steigenden Alkohol- und Zigarettenkonsum von Frauen häufig auf den gestiegenen Streß zurück (was oftmals zutrifft), unterlassen es aber, das traditionell höhere Streßniveau der Männer entsprechend zu deuten. Schließlich sind sie es, die häufiger dem Alkohol verfallen und häufiger an Lungenkrebs sterben. Bei Frauen sind wir also durchaus offen für neue Erklärungsmuster und neue Wege der Hilfe, und das ist gut so. Nur sollten wir die gleiche Offenheit auch Männern entgegenbringen.

Wir können das ändern. Wir können unsere Söhne weiter dazu erziehen, als Feuerwehrmänner von uns verursachte Brände zu bekämpfen, und uns dann wundern, wenn sie auch ihre Gefühle bekämpfen. Wir können uns aber auch darum bemühen, der Sozialisation unserer Söhne etwas entgegenzusetzen. Mädchen sollten nicht mehr dazu erzogen werden, nur Jungen zu lieben, die für sie bezahlen, die Erfolg haben und die die Initiative ergreifen. Wir können dem harten American Football der Jungen, der sie unter dem Deckmantel der Erziehung quält und brutalisiert, die Unterstützung entziehen. Es könnten Hilfsprogramme eingerichtet werden, die Männer davor bewahren, 95 Prozent der Gefängnisinsassen und 85 Prozent der Obdachlosen zu stellen. Kurzum, wir könnten für Männer das tun, was wir sofort für Frauen täten, wenn deren Lebenserwartung auch nur ein Jahr unter der der Männer läge; heute leben Frauen sieben Jahre länger. Was täten wir nicht alles, wenn es Frauen wären, die am häufigsten von den fünfzehn Haupttodesursachen betroffen wären!

8. KAPITEL
Der Ausweg in den Wahnsinn

> Einmal sagte ein Mann zu mir, nachdem er jahrein, jahraus jeden Morgen und jeden Abend am Bahnsteig der U-Bahn gestanden hatte: »Wenn ich hier stehe, stirbt jedesmal ein Stückchen in mir, aber ich weiß, daß ich es für meine Familie tue.«
> BILL MOYERS, Koautor von *The Power of Myth*[1]

> Ich habe in meinem ganzen Leben nie das getan, was ich wirklich wollte.
> SINCLAIR LEWIS, *Babbitt*

Was unterscheidet einen verheirateten Karrieremann von einer verheirateten Karrierefrau? Je höher ein Mann auf der Karriereleiter steigt, um so weniger wahrscheinlich ist es, daß seine Frau außer Haus arbeitet. (Die Ehefrauen der Topmanager, vom stellvertretenden Leiter einer Firma aufwärts, bleiben zu 87 Prozent zu Hause.[2]) Dagegen sind fast alle Ehemänner von Topmanagerinnen voll berufstätig. Ein verheirateter Karrieremann hat also eine Frau, die eine finanzielle *Last* für ihn ist, die verheiratete Karrierefrau dagegen einen Mann, der eine finanzielle *Entlastung* ist. Er erhält von seiner Frau mehr häusliche Unterstützung, zahlt dafür aber mit einer größeren Verpflichtung zum Beruf. Sie erhält weniger häusliche Unterstützung, kann aber ihren Beruf lockerer angehen.

Ein Mann in einer meiner Workshops drückte es so aus: »Nach meiner Entlassung wurde aus der Abfindungszahlung ein Abfindungsalptraum. Als meine Frau krank wurde und ich auch nur eine Sekunde lang zögerte, den besten und teuersten Arzt zu konsultieren, fühlte ich mich schuldig. Dann mußten wir umziehen, und als ich mitansehen mußte, wie sich die Kinder von ihren besten Freunden verabschiedeten, brach es mir schier das Herz. Wenige Tage nachdem ich erlebt hatte, wie sie geweint hatten, bekam ich einen Herzinfarkt.«

Wenn wir eine Karrierefrau seufzen hören: »Ich bräuchte eben eine Haushälterin«, stimmen ihr alle zu, niemand sagt: »Trage die finanzielle Last für einen Ehemann, dann hast du einen Hausmann.« In meinen Arbeitsgruppen habe ich viele Männer kennengelernt, die gern bereit gewesen wären, sich im Tausch gegen das Gehalt einer Karrierefrau, die sie liebten, um den Haushalt zu kümmern, zu kochen, die Kinder zu versorgen und die Außenkontakte zu pflegen. Ich habe aber nur wenige Karrierefrauen kennengelernt, die bereit gewesen wären, diese Männer zu finanzieren. Heiratsannoncen mit dem Text: »Erfolgreiche Frau sucht gutaussehenden Hausmann« habe ich in den Zeitungen auch noch nicht entdeckt.

Weil die Familie für berufstätige Männer eine finanzielle »Last« darstellt, für berufstätige Frauen aber eine finanzielle »Entlastung«, tappen Männer eher in diverse Fallen: in die des »erfolgreichen Rechtsanwaltes«, in die des »unermüdlichen Arztes« und in die des »tapferen Soldaten«.

Der erfolgreiche Rechtsanwalt

- Wenn sie die Wahl hätten, würden 41 Prozent der Rechtsanwälte einen anderen Beruf vorziehen.[3]

- Bei den Anwälten gibt es fast doppelt so viele Alkoholiker wie im Bevölkerungsdurchschnitt.[4]

Viele Anwälte träumen davon, ein Perry Mason zu werden, werden natürlich nur eine blasse Kopie des Ideals. Sie möchten mit Menschen zusammenarbeiten, sind aber von Menschen isoliert. Sie möchten der Gerechtigkeit dienen, müssen sich aber am Gericht prostituieren.

Weibliche und männliche Firmenanwälte gleichermaßen fühlen sich oft wie Prostituierte. Eine Frau, die diesen Beruf aufgegeben hat und Bergführerin geworden ist, hat es so formuliert: »Rechtsanwälte müssen die Position ihres Klienten vertreten und die eigenen Gefühle davon trennen. Das kommt dir in deinem Beruf als Anwältin zugute, aber für dich als Person ist es lausig.«[5]

Beide Geschlechter sind also desillusioniert, fühlen sich nicht wohl in ihrer Haut und haben oft bereits bis zu 80 000 Dollar

Schulden, bis sie mit dem Studium fertig sind. Ich habe bisher nur jüngere männliche Rechtsanwälte sagen hören, was ein guter Freund mir einmal anvertraut hat: »Eigentlich wollte ich immer in den Staatsdienst, aber da ist die Bezahlung schlecht. Ich werde nie heiraten und Kinder haben können, wenn ich nicht in die freie Wirtschaft gehe.«

Es waren meine männlichen Freunde, die der Verlockung eines hohen Gehalts nicht widerstehen konnten und in ihrem Beruf blieben, auch wenn sie ihre Tätigkeit verabscheuten. Entsprechen die Gepflogenheiten in der freien Wirtschaft ihnen nicht, sind sie eher bereit, sich selbst zu verleugnen, statt ihren Beruf aufzugeben. Deshalb tappen sie auch öfter in die Falle: Um überdurchschnittlich viel zu verdienen, muß ein Rechtsanwalt sechzig bis achtzig Stunden pro Woche für seine Klienten im Einsatz sein. Weil aber die vielen Dienstbesprechungen und Verwaltungsarbeiten den Klienten nicht in Rechnung gestellt werden können, liegt die wöchentliche Arbeitszeit eines Rechtsanwalts oft bei fünfundsiebzig bis neunzig Stunden.[6] Die Falle ist zugeschnappt.

Die Falle kann auch zu Korruption führen. Als Anita Hill bei einer Privatfirma angestellt war, wurde sie z.B. verdächtigt, den Klienten fiktive Stunden in Rechnung gestellt zu haben. Warum? Einer ihrer früheren Kollegen meinte: »Sie konnte die Erwartungen, die in junge Mitarbeiter der Firma gesetzt wurden, nicht erfüllen.«[7] Sie kündigte und arbeitete fortan bei der Regierung und später an einer Universität – sie hatte keinen Mann und keine Kinder zu versorgen.

Ihr übersteigertes Streben nach Einkommen und Anerkennung beschert vielen Anwälten Herzschmerzen, Bluthochdruck, Arthritis und Schlaflosigkeit, und das im Alter zwischen dreißig und vierzig Jahren. Wenn wir über einen Anwaltswitz lachen, dann lachen wir im Grunde über die größere Bereitschaft von Männern, sich für Geld und Ruhm zu prostituieren.

Der unermüdliche Arzt

– Kinder- und Frauenärzte im ersten klinischen Ausbildungsjahr haben eine *durchschnittliche* Wochenarbeitszeit von neunzig Stunden. Jeder zehnte Chirurg kommt auf hundertzweiundzwanzig Wochenstunden.[8]

– In New York kommen Ärzte im Bereitschaftsdienst auf etwa 2,4 Stunden Schlaf pro Nacht.[9]

Als in New York eine junge Frau starb, weil übermüdeten Ärzten Fehler unterlaufen waren, wurde eine Untersuchungskommission eingesetzt, die prüfen sollte, ob die übermäßig langen Dienstzeiten der Ärzte Risiken für Patientinnen und Patienten mit sich bringen.[10] Eine Frau war gestorben, und welche Konsequenzen wurden daraus gezogen? Im Bundesstaat New York wurden erstmals Empfehlungen erlassen, die Dienstzeiten der Ärzte zu begrenzen: »Keine Schicht länger als 24 Stunden und nicht mehr als 80 Stunden Dienstzeit pro Woche.«[11]

Die *New York Times* widmete der Arbeit dieser Kommission zwei ausführliche Artikel, **in denen jedoch mit keinem Wort die Auswirkungen erwähnt wurden, die die langen ärztlichen Dienstzeiten auf das Leben dieser Ärzte haben: daß ihre Ehen darunter leiden, daß sie zuwenig Zeit für ihre Kinder haben und daß sie praktisch Sklaven ihrer Arbeit sind.**

Eine Legende aus Zentralafrika veranschaulicht, daß es immer und überall lebensgefährlich und risikoreich ist, ein »Medizinmann« zu sein:

> Es war einmal ein halber Mann: Er hatte nur ein Bein und einen Arm, er war ein halber Mann, so daß er, von der einen Seite her gesehen, unsichtbar war. Wenn er dich traf, forderte er dich zum Kampf heraus. Du mußtest die Herausforderung nicht annehmen. Wenn du dich aber darauf einließest und den Kampf verloren hattest, mußtest du sterben. Wenn du aber den Kampf angenommen und gewonnen hattest, zeigte er dir die Anwendung von so vielen Arzneien, daß du ein großer Medizinmann wurdest.[12]

Als ich vor einigen Jahren in San Diego an der medizinischen

Fakultät der University of California lehrte, hatte ich junge, unverbrauchte intelligente Medizinstudentinnen und -studenten im Lehrsaal vor mir sitzen mit Blicken, die zu sagen schienen: »Was kostet die Welt.« Ein paar Jahre später waren die meisten Männer ausgelaugt, abweisend und in sich verschlossen. Sie waren zu »halben« Männern geworden. Aus den meisten Frauen dagegen waren »Dreiviertelfrauen« geworden. Wie war es zu diesem Unterschied gekommen?

Zunächst einmal wußten die meisten Frauen bereits am Ende des ersten Studienjahres, daß sie sich einen medizinischen Bereich mit günstigen Arbeitszeiten suchen würden und ferner einen, in dem sie weniger mit dem Tod in Berührung kommen würden. Das führte landesweit dazu, daß Frauen sich eher in Kinder- oder Erwachsenenpsychiatrie spezialisierten und alle chirurgischen Fächer mieden sowie auch die Ausbildung zu Herz- oder Lungenfachärztinnen.[13] Frauen konnten also verhindern, »halbe Menschen« zu werden, indem sie Bereiche umgingen, in denen sie permanent mit dem Tod konfrontiert oder in denen sie zu Gefangenen eines von anderen erstellten Dienstplans geworden wären. Männer könnten von diesen Frauen lernen.

Die männlichen Studenten bemühten sich stärker um langfristig ideale Positionen, Positionen, die ihnen einmal größtmögliche ärztliche Freiheit bieten würden. Die Konkurrenz um diese Stellen war aber groß, und so schlossen viele Männer eben Kompromisse. Sie wählten Arbeitsgebiete, in denen sie ständig mit dem Tod konfrontiert waren und eine 100-Stunden-Woche hatten. Dafür verdienten sie so viel Geld, das auszugeben nur ihre Familie die Zeit hatte. Auf dem Weg zu einer größtmöglichen ärztlichen Freiheit haben sie die Kontrolle über ihr eigenes Leben verloren.

Doch während der Mann für das gemeinsame Einkommen sorgt, entfernt er sich gefühlsmäßig immer mehr von seiner Frau. Das führt manchmal zur tatsächlichen Scheidung, häufiger aber zur psychischen Scheidung. So berichtet ein Artikel in der Zeitschrift *Medical/Mrs* von einem erstaunlichen Ausmaß an Feindseligkeit der Arztehefrauen gegenüber ihren Männern.[14] Diese Frauen hielten jedoch an ihrer Ehe fest. Warum? Als Grund gaben sie an, von einer Ehe vor allem finanzielle Sicherheit zu erwarten. Ihre Ehemänner nahmen den Wunsch ihrer Frauen nach Sicherheit offensichtlich stärker wahr als die Feindseligkeit, die ihnen, den Garanten dieser Sicherheit, entgegengebracht wurde. Die Männer gaben sich oft der *Illusion* emotionaler Sicherheit hin. Die finanzielle Sicherheit der Frauen war jedoch keine Illusion, die war real.

Der »tapfere Soldat«[15]

> Bei den Japanern heißt es *karoshi* – plötzlicher Tod durch Überarbeitung. Die Zahl solcher Todesfälle unter den japanischen Topmanagern hat in den letzten Jahren um 1400 Prozent zugenommen.[16]

Eine von der japanischen Regierung in Auftrag gegebene Studie belegt, daß leitende Angestellte *durchschnittlich* siebzig Stunden in der Woche arbeiten: fast zwölf Stunden am Tag, sechs Tage in der Woche.[17] Es ist keine Seltenheit, daß diese Manager keinen einzigen Tag Urlaub nehmen.[18]

Heute war ich bei meiner Schwester. Die haben zwei Vasen.

Bei meinem Aufenthalt in Japan habe ich festgestellt, daß die Arbeitszeit nur einen Teil der Belastung ausmacht. Für den Weg zum Arbeitsplatz und zurück brauchen die meisten über eine Stunde. Diese zehn Stunden sind also noch der 70-Stunden-Woche hinzuzurechnen. Mehr als 95 Prozent aller, die zur Rush-hour in die Vorortzüge steigen, sind Männer. Arbeitsessen mit Kunden mögen ganz nett verlaufen, aber sie sind selten streßfrei, denn es ist wichtig, einen guten Eindruck zu machen. Davon kann es abhängen, ob ein Geschäft zustande kommt oder nicht.

Wie werden japanische Geschäftsleute auf diesen Dienst an der Firma vorbereitet? Zu jedem typisch japanischen Trainingsprogramm für Geschäftsleute gehört ein Härtetest.[19] Die Teilnehmer müssen z. B. kopfstehend eine fünfzehn Seiten lange Rede rückwärts aufsagen. Sie durchlaufen verschiedene Leistungsstufen, und wenn sie einen Schritt »bestanden« haben, stehen ihnen neue Erniedrigungen bevor.

Warum gleicht ein Trainingsprogramm für Manager eher einem Unterwerfungsritual? Spielen da erwachsene Männer Kleine-Jungen-Spiele? Gibt es Vergleichbares auch in den USA?

Zunächst zum Sinn und Zweck. Leihen Sie sich den Videofilm *Full Metal Jacket* aus – er schildert das Leben in der amerikanischen Armee, besonders während der Rekrutenausbildung. Der Sergeant erniedrigt die Männer, tritt sie und bringt sie in lebensgefährliche Situationen. Warum? »Ihr sollt keine Individuen sein, sondern Maschinen.« Killermaschinen. Dazu muß das Ich abgewertet werden: Ein Mann, der sich selbst Wert beimißt, wird sein Leben nicht an der Front aufs Spiel setzen. Die Rekrutenausbildung ist der Härtetest schlechthin für amerikanische Männer.

Aber was bei der Rekrutenausbildung passiert, das erschließt sich uns leichter als die sublimeren Formen der Konditionierung in Managertrainingsprogrammen. Der Härtetest der Japaner und die Rekrutenausbildung der Amerikaner haben aber gemeinsam, daß beide Trainingsprogramme Männer zu »Maschinen« machen. Das geschieht durch Abwertung der individuellen Persönlichkeit. Die Individualität wird dem Firmenziel oder dem militärischen Ziel untergeordnet.

Männer in der Rekrutenausbildung und Männer, die am Managertraining teilnehmen, unterscheiden sich jedoch im Hinblick auf Beförderung, Status und Einkommen. Diese Faktoren bilden den Anreiz für das Individuum, seine Individualität zu opfern. Je sicherer eine Firma oder die Armee darauf bauen kann, daß der einzelne ihren Zielen treu und umsichtig dient, mit desto höherem Status und Einkommen zeichnet sie diese Person aus. Viele Männer meinen, sie würden damit als Individuum besonders herausragen, dabei sind sie in Wirklichkeit nur ein besonders gut funktionierender Teil einer Maschine.

Die Ironie besteht darin, daß der Mann als Individuum für seine Anpassung an eine Gruppe ausgezeichnet wird. Die Armeeuniform, einheitliche Firmenkleidung und die akademische Kleiderordnung repräsentieren diese Konformität. Ob Beförderung oder Verwundetenorden, **beides symbolisiert individuelle Anerkennung für die übergeordnete Konformität – die Unterwerfung unter die Maschinerie.** Innerhalb dieses Rahmens kann der Mann relevante Entscheidungen treffen, die ganze Verantwortung übernehmen und ein guter Anführer sein. Er kann ein guter Vorgesetzter sein, weil er die dafür nötigen Regeln kennt, und die, die er anführt, kennen diese Regeln ebenfalls. Der Rahmen ist jedoch starr, und die Individualität eines Mannes besteht in der individuellen Unterordnung innerhalb dieses Rahmens. Im Verlauf dieses Prozesses werden Männer in höheren Positionen oft »hochrangiges Mittelmaß«.

Die typischen Jungenspiele erziehen die Jungen dazu, das »Seinen-Mann-stehen« als höchsten Wert im Leben zu begreifen. Mutproben – bis hin zum tödlichen Risiko – und gegenseitiges Aufziehen bereiten den Boden für die Abwertung der eigenen Person. So lernt ein Junge, daß sein Leben weniger wichtig ist als seine Rolle. Zuerst ist es seine Rolle im Sport (Basketball und Eishockey laufen dem Football noch den Rang ab), dann seine Rolle in der Armee, in einer Firma oder einer Universität...

Und die Jugendbanden? Sie sind nichts weiter als finanziell schlecht ausgestattete Footballvereine. Die männliche Adoleszenz ist ein einziges großes Rekrutenausbildungslager. Doch spielen nun Männer Kleine-Jungen-Spiele ... oder die Jungen Große-Männer-Spiele?

DER AUSWEG IN DEN WAHNSINN   247

Den »tapferen Soldaten« vor sich selbst schützen

Der »tapfere Soldat« ist ein Gefangener seines Strebens nach Anerkennung. Es vollzieht sich meist erst dann ein Gesinnungswandel, wenn seine Ehe oder seine Karriere scheitert. Wenn er im Beruf versagt, findet er sich auf einem Arbeitsmarkt wieder, wo von ihm erwartet wird, daß Arbeit für ihn einen noch höheren Stellenwert hat (denn schließlich hat er gerade versagt). Wenn seine Ehe schiefgeht, findet er sich auf einem Heiratsmarkt wieder, auf dem er als Topanwalt mehr wert ist als ein Vorschullehrer. Die Phasen seiner Selbstbestimmung sind kurz bemessen. Er bleibt ein Getriebener.

Wir sind es, die ihn auf Trab halten! Versuchen Sie mal ein reines Männerbüro zu finden, in dem ein Sofa oder auch nur ein bequemer Sessel steht. Versuchen Sie mal einen Politiker zu finden, der zugibt, daß er sich gern Mittags ein wenig ausruht. Warum tun sie es nicht? Wir haben uns über Ronald Reagan wegen seiner Mittagsschläfchen lustig gemacht, statt ihn zu beglückwünschen. In ihren Memoiren erklärt Nancy Reagan ausdrücklich, daß ihr Mann keinen Mittagsschlaf hielt und daß er nur schwer zu bewegen war, sich auf einer Couch ein wenig auszuruhen oder sich auf langen Flügen hinzulegen. Sie schreibt: »Ich habe nie verstanden, wer das aufgebracht hat. Die Presse bekam jeden Tag eine Kopie seiner Termine und wußte, daß er Mittags so gut wie nie zu Hause war.«[20]

Zog Reagan sich diesen Ruf nicht auch deswegen zu, weil er bei offiziellen Anlässen oft einnickte? Doch Nancy Reagan behauptet: »Es stimmt, daß Ronnie 1982 bei einem Treffen mit dem Papst einmal eingenickt ist... Er hatte in der Nacht davor fast keinen Schlaf bekommen, und früh am nächsten Morgen flogen wir nach Rom und fuhren vom Flughafen direkt zum Vatikan zur Papstaudienz.«[21]

Und was ist daran komisch? **Eine Hausfrau kann am Tag ein Schläfchen halten, ohne daß die ganze Nation über sie lacht.** Vielleicht sollten wir zum »Managerschläfchen« und zum »Angestelltenschläfchen« *ermuntern*. Dem termingeplagten Manager würden ein paar Minuten Schlaf guttun. Und wie nützlich und segensreich könnten Gymnastik- und Meditationsräume in Betrieben sein. Einige japanische Firmen stellen für ihre Arbeiter zum Ausruhen gläserne Kabinen mit gedämpftem Licht und sanfter Musik zur Verfügung. »Wenn die Zeit abgelaufen ist, wird dem Arbeiter kalte Luft ins Gesicht geblasen, und er wird wieder an die Arbeit geschickt.«[22] (Auf die kalte Luft könnte ich verzichten, aber auf das Schläfchen ...)

Letzten Endes kann sich der »tapfere Soldat« nur selbst davor schützen, in den Wahnsinn getrieben zu werden. Frauen können ihm dabei helfen, indem sie andere Wertmaßstäbe anlegen und beispielsweise genauso »hinunterheiraten« wie sie »hinaufheiraten«. Realistisch betrachtet, werden dies jedoch nur wenige Frauen tun, solange die Männer zu schwach sind, um es von ihnen zu verlangen.

Wenn der »finanzielle Mutterleib« seine Dienste versagt

Unter den amerikanischen Männern haben schwarze Männer, Indianer und Schwule den schwersten Stand. Etwas haben sie gemeinsam: **Sie halten Frauen kein finanzielles Sicherheitsnetz bereit.**

Ohnmächtige Beschützer: der schwarze Mann und der Indianer

Die Indianer waren außerstande Nahrung, Wasser und Land vor den weißen Eindringlingen zu schützen. In Form von Sagen und Mythen wurde der indianische Mann darauf vorbereitet, sein Leben zu opfern. Doch die Niederlage im Kampf gegen die Weißen endete schließlich damit, daß er mit seiner Familie ins Reservat verbannt wurde. Legenden und Pfeil und Bogen vermochten gegen Technik, Gewehre und Kugeln nichts auszurichten. Als er sich und die Seinen nicht mehr durch das Töten eines Büffels beschützen konnte, wurde der Indianer überflüssig und geopfert. Er bekam wenig Zuwendung, dafür um so mehr Alkohol.

Schwarze Männer aus Sklavenfamilien traten ins Industriezeitalter ein, ohne die dafür nötige Ausbildung, und waren deswegen außerstande, ihre Familien zu beschützen. Auch sie wurden von Frauen zurückgewiesen. Nur erfolgreiche Schwarze – meist physisch erfolgreiche wie Wilt Chamberlain und Magic Johnson –, fanden nach Belieben Frauen. Schwarze Männer, die keinen Erfolg hatten, wurden in Filmen und Romanen lächerlich gemacht (z.B. *Die Farbe Lila* und *Die Frauen von Brewster Place*.) Weil sie nichts besseres wußten oder finden konnten, wählten viele afro-amerikanische Männer ungewöhnliche, riskante und schnelle Methoden, um »es zu schaffen«: Sie wurden Drogendealer oder versuchten ihr Glück mit hohen Einsätzen bei Lotterien und Wetten. Wenn diese Methoden ihnen dann nicht das erhoffte Geld brachten, das sie zum Schutz von Frauen einzusetzen gedachten, wurden sie ebenso wie die indianischen Männer von den Frauen abgelehnt. Sie hofften auf ein wenig Liebe und spielten weiter, und wenn sie verloren, nahmen viele tödliche Drogen.

Verweigerter Schutz: der schwule Mann

Die Feindseligkeit, die einem schwulen Mann entgegengebracht wird, zielt noch tiefer als die gegen einen Schwarzen oder einen Indianer. Schwarze und Indianer, die nicht angemessen für Frauen sorgen konnten, hatten wenigstens den *Vorsatz*, Frauen zu beschützen; es gelang ihnen nur nicht ausreichend. Schwule dagegen haben von vornherein nicht die Absicht, für Frauen zu sorgen. Also haben wir ihre Weigerung, Frauen zu beschützen, als »unmoralisch« abqualifiziert. Wir ächten sie und entziehen ihnen die Grundlagen zum Überleben. Wir haben sie, wie die Hexen, als Ketzer hingestellt. Als Homosexuelle auf dem Scheiterhaufen verbrannt wurden, haben wir sie als »faggots«, Reisigbündel, bezeichnet.[23]

Warum wohl? Überlegen Sie mal. Schwuler Sex bedeutet sexuelles Vergnügen und – Schluß. Heterosexueller Sex bedeutet sexuelles Vergnügen und danach möglicherweise lebenslange Verantwortung und Verpflichtung. Heterosexualität ist ein schlechter unguter Tausch! Die Angst, die hinter der Homophobie steckt, ist die, daß niemand mehr für die nächsten Generationen sorgen würde, wenn alle nur ihren Spaß haben wollen. So wurde »Spaß haben« zu einem Synonym für Unreife, und »Hedonismus« wurde auf viele Arten unterdrückt. Die meisten Kulturen tolerierten Homosexualität nur, wenn das Überleben gesichert war, wie z.B. die amerikanische Mittelklasse nach dem Zweiten Weltkrieg und die Griechen und Römer nach dem erfolgreichen Aufbau ihrer Weltreiche.

Kümmern wir uns auch heute noch zu wenig um das Leben von Männern, die die Rolle des Beschützers verweigern? Unsere anfängliche Nachlässigkeit gegenüber der Krankheit Aids – die erst ins Gegenteil umschlug, als sich herausstellte, daß auch Heterosexuelle gefährdet sind – macht unsere Einstellung recht deutlich.

Versager: der obdachlose Mann

- Von den erwachsenen Obdachlosen in San Francisco sind 96 Prozent Männer.[24] In anderen Großstädten sind es weniger – der Durchschnitt liegt bei 85 Prozent.[25]

- Es gibt dreimal so viele alleinstehende obdachlose Männer wie obdachlose Kinder, Jugendliche und alleinstehende Frauen *zusammengenommen*.[26]

Alleinstehende Obdachlose

Kinder und Jugendliche bis zu 19 Jahren	6 %
Frauen	20 %
Männer	74 %

Nur 16 Prozent aller Obdachlosen leben in einem Familienverband oder familienähnlichen Beziehungen.[27] Selbst wenn man die familienähnlichen Beziehungen mitzählt, leben mehr alleinstehende Männer auf der Straße als Kinder, alleinstehende Frauen, verheiratete Frauen oder verheiratete Männer *zusammengenommen*.[28]

Unwillkürlich gehen wir davon aus, daß es obdachlosen *Familien* am schlechtesten ergänge. Statistiken belegen jedoch, daß von allen Betroffenen am ehesten Familien wieder ein Dach über dem Kopf verschafft wird und sie mit Nahrungsmitteln versorgt werden, daß ihnen auch am ehesten wieder ein Arbeitsplatz angeboten wird. Die alleinstehenden Wohnungslosen trifft es mit Abstand am schlimmsten.[29] Als ich die Verteilung von Essen und Kleidung unter Obdachlosen organisierte, war ich schockiert über den hohen Anteil von Männern und Jungen unter ihnen. Ich erinnere mich an einen Mann, der vor Kälte zitternd mit seinen vier Kindern auf einer dreckigen Matratze kauerte. Die zwei jüngsten Kinder hatte er mit seinem Mantel zugedeckt. In New York habe ich einmal beobachtet, wie ein Mann mit einer Ratte um die Abfälle kämpfte; mit froststarren Händen wühlte er zwischen Windeln und Tampons nach Salatblättern. In fast jedem Bericht über Obdachlosigkeit (so in einem offiziellen Bericht aus Kalifornien, wo der Anteil der Frauen bei 10 Prozent liegt) steht ein Satz wie folgender: »Frauen stellen den geringeren Teil unter den Obdachlosen, haben aber besonders große Probleme.«[30] Das stimmt durchaus, aber ich vermisse eine Erwähnung, daß auch Männer die Obdachlosigkeit hart trifft.

Obdachlose Männer haben nicht nur kein Dach über dem Kopf, sie fristen ihr Dasein auch ohne Liebe und ohne die Aussicht, Liebe zu bekommen, solange sie obdachlos sind. In ihrem früheren Leben hatten viele von ihnen eine Wohnung, Kinder und eine Ehefrau, aber als ihnen die Möglichkeit, Schutz zu gewähren, genommen wurde, verloren sie auch ihre Angehörigen. Mit dem Leben auf der Straße traten sie einem fast reinen Männerclub bei.

Warum bieten wir den obdachlosen Männern so wenig Hilfe an? Teils weil wir nicht begreifen, daß wir Männer oft zur Annahme von Jobs treiben, die der Obdachlosigkeit sehr nahe kommen, wie Handelsreisender, Saisonarbeiter, Hafenarbeiter, Fernfahrer, Jobs im Straßen- und Schienenbau ... (sie müssen schließlich Geld verdienen für die Familie), zum Teil aber auch, weil wir auf Männer, die versagen, anders reagieren, als auf Frauen, die versagen ...

Obdachlose Männer und obdachlose Frauen

Viele von uns wissen aus eigener Anschauung, daß früher fast ausschließlich obdachlose Männer im Straßenbild anzutreffen waren?
   Im Volksmund hießen sie Penner. Dann traten vereinzelt auch obdachlose Frauen in Erscheinung, und ihnen haben wir den Namen »Bag*ladies*« gegeben. Als der Frauenanteil unter den Obdachlosen 15 Prozent erreicht hatte, wurden sie offiziell als Obdachlose anerkannt, und es wurden staatliche Hilfsprogramme entwickelt. Dieser Unterschied in der Titulierung, »Penner« auf der einen Seite, »Bagladies« auf der anderen, beweist, daß wir zwischen Männern, die obdachlos geworden sind, und Frauen in der gleichen Situation einen Unterschied machen.

- Als Kapitän Joseph Hazelwood die Kontrolle über seinen Öltanker verlor und auslaufendes Öl eine Umweltkatastrophe verursachte, gerieten er und die *Exxon Valdez* in Verruf. Joseph Hazelwood wurde vor Gericht gestellt und mit Gefängnis bestraft. Es wurden Witze über ihn und seine Trinkgewohnheiten in Umlauf gebracht. Die Tatsache, daß der übermüdete Kapitän und seine Mannschaft durch eine unvorhergesehene Terminplanänderung zum Weiterfahren gezwungen worden waren, was sie am Ende ihre Karriere kostete, hat niemanden interessiert.

- Als eine Fluglotsin einen Fehler machte und dadurch einen Flugzeugabsturz verursachte, der dreißig Menschen das Leben kostete, wurde sie von ihren Kolleginnen und Kollegen in einem Hotel untergebracht und von der Öffentlichkeit abgeschirmt. Sie wurde tagelang von ihnen betreut und getröstet. Sie wurde keineswegs zur Zielscheibe von Witzen, sondern bekam psychotherapeutische Hilfe, auf Kosten der Steuerzahler.[31] Die Verwaltung der staatlichen Fluggesellschaften erhob nicht Anklage gegen sie, sondern stellte ihr einen Therapeuten. Der staatliche Flugsicherungsdienst verhinderte, daß ihr Name in der Presse genannt wurde;[32] er ist bis heute nicht bekannt.

Die Schlagzeilen in den Zeitungen, von der *Los Angeles Times* bis zur *New York Times*, berichteten vom Kummer der *Fluglotsin*, nicht von der Trauer der Familien, die bei dem Absturz ihre Angehörigen verloren hatten, oder von den Qualen der Überlebenden.

Los Angeles Times

Controller Was Stricken by Grief, Tears After Crash

■ **Disaster:** Co-workers spent hours after the accident counseling her and hid her from publicity for days.

Fluglotsin von Trauer überwältigt. Tränen nach dem Absturz / Flugzeugabsturz: Kolleginnen und Kollegen trösteten sie nach dem Unglück stundenlang und versteckten sie tagelang vor der Öffentlichkeit.

Ich habe bis heute keinen einzigen Zeitungsartikel entdeckt, der sich mit Kapitän Hazelwoods Kummer befaßt. Ich befürworte selbstverständlich die psychotherapeutische Hilfe, die die Behörden der Fluglotsin angedeihen ließen. Ich kann mir aber in etwa die Reaktion der Öffentlichkeit ausmalen, wenn Kapitän Hazelwood nach der *Exxon-Valdez*-Katastrophe Aufmunterung zuteil geworden wäre. Wenn ein Mann, der Schutz bieten soll, darin versagt, verklagen wir ihn, wenn aber eine Frau darin versagt, schützen wir sie. Den Kummer von Frauen nehmen wir einfach wichtiger.

Kündigungen: Opfer und »Täter«

Da Entlassung oder Kündigung für Männer dem gleichzusetzen ist, was eine Vergewaltigung für eine Frau bedeutet,* wird der Vorgesetzte, der einen Angestellten entläßt, unbewußt in die Nähe eines Vergewaltigers gerückt. Weil der Chef in der Regel ein Mann ist, fühlen sich Millionen von Männern einerseits als Vergewaltiger, andererseits als Retter: Sie sprechen einerseits Kündigungen aus, um andererseits Arbeitsplätze zu retten. Weil aber nur wenige Verständnis für den inneren Konflikt des Managers aufbringen, fühlt er sich isoliert, einsam und einem Teil seiner Selbst entfremdet: Der Grundstein für eine Alkoholsucht ist gelegt.

Wegen seiner Trunksucht muß er sich dann von anderen Kritik gefallen lassen. Zunächst bringen seine Freunde Verständnis für ihn auf, aber da er sein eigenes Problem nicht begreift, kann er es auch nicht artikulieren. Er ist genauso hilflos wie seine Freunde.

Ein gewisser Bildungsgrad kann die Möglichkeit zu tieferer Einsicht in sich bergen. Aber den meisten Managern bleibt schließlich nur die Feststellung, daß auch viele Akademiker in ihnen so etwas wie Vergewaltiger sehen. Die Ablehnung der Akademiker ist allerdings ideologisch verpackt. Der Marxismus bekämpft die Ausbeutung und Unterjochung der Arbeiterklasse. Viele Akademiker schützen diese Ideologie vor, um ihre Ablehnung eines Managers, der Leute entläßt, zu verschleiern.

* Siehe 6. Kapitel

Gibt es eine Lösung? Erstens müssen wir begreifen, daß der Manager, der Leute entläßt, lediglich das Negativbild der Retterrolle darstellt: Er sichert Arbeitsplätze, indem er die Firma wettbewerbsfähig erhält und damit wirtschaftlich gesichert. Zweitens müssen wir Arbeitslosen Wiedereingliederungsmöglichkeiten anbieten, die ihn oder sie unterstützen, einen anderen Beruf zu ergreifen. Drittens müssen wir in der Industrie Werbefeldzüge für alle Männer in leitenden Positionen initiieren, damit sie auch in wirtschaftlich kritischen Phasen nicht plötzlich als »minderwertig« gelten, weil sie sich zu Entlassungen gezwungen sehen.

Wie es Männern wieder besser gehen kann

Kampf um Liebe / Kampf ums Geld

Männer können ihre Gesundheit wiedererlangen,[33] wenn *beiden* Geschlechtern die Möglichkeit eingeräumt wird, ein ausgewogenes Verhältnis zwischen Familie und Beruf herzustellen. Männer müssen verlangen, daß ihre Frauen sie finanziell unterstützen, damit sie ihrer Vaterrolle gerecht werden können, so wie die Männer heute Frauen finanziell unterstützen, damit sie ihrer Mutterrolle nachkommen können. Frauen müssen Zustimmung erfahren, wenn sie einen liebevollen Mann einem auf Kampf ausgerichteten Mann vorziehen. Das bedeutet, daß sich Männer gegen Frauen zur Wehr setzen müssen, die in ihnen vorrangig ihre Funktion als Geldverdiener sehen. Wenn z. B. eine Frau sagt: »Ich habe gerade einen tollen Anwalt kennengelernt...«, muß ein Mann den Mut haben, einzuwenden: »Wie oft hast du schon gesagt: Ich habe gerade einen tollen Vater kennengelernt?« Oder: »Wie würdest du reagieren, wenn ich sagen würde: Ich habe gerade eine Frau mit einem tollen Busen kennengelernt?«

Wir können auch eine Menge aus den Veränderungen lernen, die in der Arbeitswelt stattgefunden haben, seit sich dort der Frauenanteil erhöht hat. Ein Beispiel: Als noch fast ausschließlich Männer Psychologen und Psychiater wurden, dauerte die Ausbildung fünf bis zwölf Jahre. Dann drängten vermehrt Frauen in die therapeutischen Berufe, und die Ausbildung wurde auf zwei bis drei Jahre gesenkt. Innerhalb von zehn Jahren lockerten die Versicherungen ihre Vorschriften und erstatteten die Behandlungskosten auch bei Klienten von Therapeutinnen und Therapeuten mit einer zweijährigen Ausbildung und einem einjährigen Praktikum. Im umgekehrten Fall hätte man von einer »plötzlichen Lockerung der Vorschriften, als Männer auftauchten«, gesprochen und das als »typisch für eine männerdominierte Gesellschaft« bezeichnet.

Bedingt durch den hohen Frauenanteil wurden die Psychotherapie und angrenzende Bereiche flexibler gestaltet. Als Frauen Ärztinnen wurden, ging man in manchen Staaten Amerikas erstmals daran, die Arbeitszeiten für Ärzte zu begrenzen. Therapeuten brauchen nun nicht mehr als fünf Stunden pro Woche zu arbeiten, sie werden dennoch amtlich anerkannt. Manche Arbeitsfelder, die Männer sich versagt hatten, erhielten schnell ihre öffentliche Zulassung, als Frauen sich darin betätigten: Körper- und Sextherapie, Suchttherapie und feministische Therapie. Klienten und Therapeuten profitierten von den erweiterten Möglichkeiten. Die Suizidrate bei Psychiatern war hoch, als dieser Beruf noch fast ausschließlich von Männern ausgeübt wurde. Selbst von den klinischen Psychologen, die unter weniger starkem Druck standen, sagten 1970 46 Prozent, daß sie einen anderen Beruf ergreifen würden, wenn sie noch einmal von vorn anfangen könnten.[34] Durch den höheren Frauenanteil, günstigere Arbeitszeiten und verkürzte Ausbildung wurde der anstrengende Beruf gesundheitsverträglicher.

Wird der steigende Frauenanteil in der Arbeitswelt schließlich dazu führen, daß wir Arbeitsschutzmaßnahmen auch auf Männer ausdehnen? Ja und nein. Ja, wenn wir dafür sorgen, daß Ärztinnen *und* Ärzte nicht mehr als achtzig Stunden in der Woche zu arbeiten brauchen. Nein, wenn Arbeitsplätze in gefährliche männliche und sichere weibliche Jobs eingeteilt werden. Nein, wenn Männer zu ungünstigen Zeiten an ungünstigen Orten zu arbeiten haben und Frauen zu günstigen Zeiten an günstigen Orten. Wenn Männer unregelmäßige Arbeitszeiten auf sich nehmen und sich z. B. auf Chirurgie spezialisieren und Frauen regelmäßige Arbeitszeiten etwa in der Psychiatrie vorziehen, verstärken sie die Trennung: hier die geschützte weibliche Klasse, dort die gefährdete männliche Klasse.

9. KAPITEL
Gewalt – gegen wen?

- Auf jede ermordete Frau kommen drei ermordete Männer.[1]
- Je brutaler ein Verbrechen, desto eher ist das Opfer männlich. Ausnahme ist die Vergewaltigung.[2]
- Die meisten Opfer von Gewaltverbrechen (Vergewaltigung ausgenommen) sind männlich. Die Zahl dieser Gewaltverbrechen ist um 36 Prozent gestiegen.[3] Die Zahl der Vergewaltigungen, dem einzigen Gewaltverbrechen mit meist weiblichen Opfern, ist um 33 Prozent *gesunken*.[4]
- Der Anteil von Vergewaltigungen an der Gesamtzahl der Gewaltverbrechen beträgt 6 Prozent. Bei den restlichen 94 Prozent sind vorwiegend Männer die Opfer.[5]
- Das Risiko des Durchschnittsamerikaners, ermordet zu werden, ist 1 zu 153. Das Risiko eines Schwarzen ist 1 zu 28.[6]
- Das Justizministerium führte eine landesweite Umfrage durch und fand heraus, daß 41 Prozent der Amerikaner es weniger schlimm finden, wenn eine Frau ihren Ehemann ermordet als umgekehrt.[7]
- *Ehefrauen* gaben an, daß sie öfter ihre Männer tätlich angriffen als umgekehrt. (Ergebnis einer landesweiten Studie über Gewalt in der Familie. Die Haushalte wurden nach dem Zufallsprinzip ausgesucht.[8])
- Schwarze werden sechsmal häufiger Opfer eines Mordes als Weiße.[9] Fünfundvierzig Prozent aller Schwarzen werden mehr als dreimal häufiger Opfer von Gewaltverbrechen.[10]

Sind nicht Männer die Täter, und ist Gewalt nicht ein Zeichen der Männermacht?

Wir sind ohne weiteres bereit, im letztgenannten Punkt ein Beispiel der Machtlosigkeit der Schwarzen zu sehen. Die Tatsache, daß *Männer* eher Opfer von Gewaltverbrechen werden, sehen wir aber nicht als Ausdruck der Machtlosigkeit der Männer. Wenn die Statistik belegt, daß Männer öfter Opfer von Gewaltverbrechen werden als Frauen, tendieren wir zu: »Das ist eben Gewalt von Männern gegen Männer.« Wenn die Statistik aussagt, daß Schwarze öfter Opfer von Verbrechen werden als Weiße, nennen wir es rassistisch, wenn jemand kommentiert: »Das ist eben Gewalt von Schwarzen gegen Schwarze.« Opfer bleibt Opfer, wer auch immer das Verbrechen begangen hat.

Warum werden die meisten Gewaltverbrechen von Männern begangen? Spiegelt sich darin die Macht der Männer? Wohl kaum. Schwarze begehen nicht deswegen mehr Verbrechen als Weiße, weil sie mehr Macht haben. Die Stadt Flint in Michigan bringt uns auf die richtige Spur.

Mitte der 80er Jahre mußte die Stadt die Schließung mehrerer Fabriken von General Motors verkraften. 30 000 Automobilarbeiter zogen gezwungenermaßen weg, viele wurden arbeitslos.[11] 1985 verzeichnete die Stadt, die vorher eine niedrige Kriminalitätsrate aufwies, einen enormen Anstieg von Selbstmorden und Alkoholkranken, vor allem aber von Gewalt gegen Ehefrauen, Vergewaltigung und Mord. Flint hatte bald eine höhere Kriminalitätsrate als die Stadt New York. 1985 wurden 285 Vergewaltigungen gemeldet, erschreckend viel für eine Stadt mit 150 000 Einwohnern.

Was können wir daraus schließen? Diese Zahlen geben uns einen Hinweis darauf, daß Mord, Vergewaltigung, Verprügeln der Ehefrau, aber auch Alkoholismus und Selbstmord nichts anderes sind als Macht auf Zeit: wenige Augenblicke von Machtempfinden gegen das jahrelange Gefühl der Machtlosigkeit. Die Verbrechen sind Manifestationen der Hoffnungslosigkeit, begangen von Machtlosen. Deswegen gehen sie hauptsächlich auf das Konto von Schwarzen und von Männern.

Verbrechen, besonders solche, bei denen Geld im Spiel ist, sind Hinweise auf die Diskrepanz zwischen der *Erwartung* und der tatsächlich gegebenen Möglichkeit, Geld für den Lebensunterhalt zu verdienen.[12] Deswegen begehen Frauen, die berufstätig sind und ausreichend verdienen, selten ein Verbrechen. Frauen, die eine Arbeit haben und wenig verdienen, dagegen durchaus.

Wenn uns wirklich daran gelegen ist, daß Männer gleich wenig

258　TEIL II. MÄNNER: ALLEIN IM GLÄSERNEN KELLER

Verbrechen begehen wie Frauen, müssen sich unsere Rollenerwartungen ändern. Wir dürfen von Männern nicht erwarten, daß sie mehr für Frauen sorgen als umgekehrt.

Unsichtbare Gewalt

– Ein Mann betrat einen Vorlesungssaal der Universität von Montreal und erschoß mehrere Studentinnen. Das Verbrechen machte in der ganzen Welt Schlagzeilen. Als Motiv wurde Frauenhaß angegeben. Die kanadische Regierung gab Millionen von Dollar dafür aus, die Haltung von Männern gegenüber Frauen zu ändern. Etwa zur gleichen Zeit erschoß eine Frau aus Chicago, Laurie Dann, fünf kleine Schuljungen, vergiftete bei zwei Studentenverbindungen das Essen, steckte das Gebäude des *Young Men Jewish Council* in Brand, verbrannte zwei weitere Jungen in ihrer Kellerwohnung,[13] *erschoß ihren eigenen Sohn* und begründete den Mord an dem Achtjährigen damit, daß er ein Vergewaltiger sei. In keiner einzigen Schlagzeile der *Tribune* von Chicago gibt es einen Hinweis darauf, daß alle Opfer dieser Frau Jungen waren.[14] Kein Staat investierte Millionen, um die Haltung von Frauen gegenüber Männern zu ändern.

– Bei den Unruhen, die auf das Urteil im Fall Rodney King folgten, wurden zehn Menschen von der Polizei getötet. Es waren ausschließlich Männer.[15] Wenn es Schwarze, Latinos oder Frauen gewesen wären – wäre das unkommentiert geblieben?

Warum blieb der Mann als Opfer unsichtbar? Es liegt zum Teil an den ebenfalls nicht sichtbaren Erwartungen, die eine Gesellschaft an Männer hat. Bei ihnen wird davon ausgegangen, daß sie Geschäfte plündern, bei Frauen nicht. Haben weniger Frauen als Männer an den Plünderungen teilgenommen, weil sie moralischer sind?

Nicht ganz. Erstens haben auch Tausende von Frauen geplündert, es wurde aber keine von der Polizei erschossen. Zweitens wird kaum ein Mann einen gestohlenen Fernsehapparat nach Hause schleppen, wenn er weiß, daß er damit bei seiner Frau auf Ablehnung stößt. Drittens stimmten beide großen politischen Parteien darin überein, daß die Plünderungen durch Schwarze und Latinos nach dem Rodney-King-Urteil zumindest teilweise darauf zurückzuführen seien, daß die Armen kaum Zukunftsperspektiven haben und kaum an der Macht teilhaben. Die Tatsache aber, daß in der Hauptsache *Männer* die Plünderungen begingen, führte nicht zu dem gleichen Schluß.

Mordversuch an einem Lehrer

In Michigan versuchte ein siebzehnjähriger Schüler, einen Lehrer seiner Schule zu erwürgen.[16] Danach wurden keine besonderen Schutzvorkehrungen für die Lehrer getroffen. Zwei Monate später beging ein Vierzehnjähriger die gleiche Tat an einer Lehrerin – an derselben Schule. Die Schule berief sofort alle Lehrerinnen ab und reduzierte das Kollegium von einundzwanzig auf neun Personen. Die Sache hatte aber einen Haken: Die männlichen Lehrer mußten bleiben und *fast doppelt so große* Klassen unterrichten. Je größer die Klasse, desto größer die Gefahr von Gewalt. **Schutz für alle Frauen brachte alle Männer in Gefahr. Die Männer wurden natürlich nicht gefragt.**

Prügelstrafe – für Jungen

In neunundzwanzig Bundesstaaten ist körperliche Züchtigung in den Schulen immer noch gesetzlich erlaubt.[17] In der Realität jedoch sieht es so aus, daß in den meisten Schulbezirken, die die Prügelstrafe zulassen, ein Lehrer, der ein *Mädchen* mit einem Lineal schlägt, sofort von den Eltern angezeigt wird. Und ein Lehrer, der ein Mädchen mit der Hand schlägt, kann seine Anstellung und seine Pension in den Wind schreiben. *Prügelstrafe ist in der Praxis eine reine Jungenstrafe.* In vielen Schulen wird dagegen protestiert, daß Lehrer eher dazu neigen, schwarze Jungen zu schlagen als weiße. Es wird aber an keiner Schule dagegen protestiert, daß nur Jungen geschlagen werden. Wir verwahren uns nicht gegen die Gewalt gegen Jungen, weil wir sie im Unterschied zu der gegen Mädchen nicht wahrnehmen.

Sexueller Mißbrauch: die unsichtbaren Opfer

Sexuellen Mißbrauch assoziieren wir mit Kindern und damit, daß Mädchen neunmal häufiger Opfer werden als Jungen. In Wirklichkeit ist das Verhältnis 1,7 zu 1.[18] Wir vermuten als Täter stets einen Mann. Es ist aber so, daß Mädchen zumeist von Männern mißbraucht werden und Jungen zumeist von Frauen – von Müttern, älteren Schwestern sowie anderen weiblichen Verwandten und Babysitterinnen.[19] Umfragen in Einrichtungen für sexuell mißbrauchte Kinder zeigen ein anderes Bild. Es sind dort grundsätzlich mehr Mädchen anzutreffen, weil wir einem Mädchen, das mißbraucht wird, eher Hilfe anbieten. Nur wenn wir erwachsene Männer ebenso wie Frauen nach sexuellem Mißbrauch in ihrer Kindheit befragen, wird der Mißbrauch auch gleichermaßen sichtbar.

Warum nehmen wir Männer, die Hilfe brauchen, nicht wahr: ob als Opfer von Mißbrauch in der Kindheit, von häuslicher Gewalt oder Prostatakrebs oder Obdachlosigkeit? **Historisch bedingt fühlen sich Männer von der Frau-als-Opfer angezogen und Frauen vom Mann-als-Opfer abgestoßen.** Auch heute noch wird eine Frau, die eine Reifenpanne hat, einem fremden Mann gestatten, ihr zu helfen. Wenn er eine Reifenpanne hat, wird sie wohl kaum anhalten, um ihm zu helfen.

Männer werden nur in dem Maß Fortschritte machen, wie die Gesellschaft begreift, daß Männer sich nur deswegen zur Frau-als-Opfer hingezogen fühlen, weil sie ein geringes Selbstwertgefühl haben. Männer glauben, nur dann einer Frau wert zu sein, wenn sie etwas für sie tun, daß sie nur unter *dieser Bedingung wahrgenommen werden.*

»Krieg gegen Frauen«?

> ... die Art, wie wir Frauen behandeln, führt zu Gewalt gegen Frauen und kann ihnen die volle Teilhabe am amerikanischen Leben verwehren... Es ist für mich undenkbar, daß meine Enkelinnen nicht die gleichen Chancen haben sollten wie meine Enkel... Dieser Krieg gegen die Frauen muß ein Ende haben.
> Präsident BUSH, 26. Juni 1989 vor der American Association of University Women (Amerikanische Vereinigung von Frauen an der Universität)[20]

GEWALT – GEGEN WEN? 261

Calvin and Hobbes 1986 © Watterson. Dist. by Universal Press Syndicate.

Die Schlagzeile nach der Rede von Präsident Bush lautete: »Der Krieg gegen Frauen muß ein Ende haben.«[21]
   Stellen Sie sich einmal vor, Präsident Clinton würde eines Tages

vor der American Association of University *Men* (die, wenn es soweit käme, natürlich längst aufgelöst wäre) folgende Rede halten:

Bürgerinnen und Bürger Amerikas...

... die Art, wie wir Jungen behandeln, macht aus ihnen gewalttätige Väter und Ehemänner. Hillary und ich fragen deshalb: Warum fördern wir bei Jungen gewalttätiges Verhalten und stecken sie ins Gefängnis, wenn sie schließlich gewalttätige Erwachsene geworden sind?

Es ist unmoralisch, das Geld, das für Erziehung gedacht ist, dafür auszugeben, daß unsere Söhne lernen, wie sie sich schon in der Grundschule beim Football gegenseitig die Fr... ähm, Verzeihung, fertigmachen können.[22] Kleinen Jungen zuzujubeln, wenn sie sich gegenseitig verletzen, das ist keine Erziehung, sondern Mißbrauch. Nur Jungen so zu erziehen, ist Sexismus, weil sie keine andere Wahl haben. Wenn Hillary und ich sehen, wie unser Beifall kleine Jungen dazu bringt, ihre Angst und ihre Tränen zu unterdrücken, wird uns klar, daß wir das nicht mehr tun dürfen. Dann können unsere Jungen ihre Angst zeigen.

Footballförderung ist Förderung von Verletzungen. Stellen Sie sich einmal vor, die Cheerleaderinnen hätten so häufig Bandscheibenvorfälle, ausgerenkte Schultern, gebrochene Wirbel und verletzte Knie, mit den entsprechenden Spätfolgen im Alter, wie Jungen auf dem Spielfeld. Würden wir dann mit Steuergeldern Cheerleaderinnen fördern? Auch Hillary bezweifelt das.

Wir halten es für unmoralisch, unseren Söhnen zu vermitteln, daß sie an Sex-Appeal gewinnen, wenn sie sich dem Risiko einer Gehirnerschütterung aussetzen. Würden wir Mädchen ermutigen, ihren Sex-Appeal zu erhöhen, indem sie ihren Körper einsetzen – etwa durch Sex auf dem Spielfeld mit den Jungen einer anderen Schule? Wer würde sie dabei noch anfeuern? Unsere Männer würden sanfter werden, wenn sie für Sanftheit Applaus bekämen.

Hillary und ich sind der Auffassung, daß Football unseren Söhnen die Bereitschaft anerzieht, sich lebensgefährlichen Risiken bei der Arbeit auszusetzen und sich als Achtzehnjährige zur Musterung zu melden. Das Risiko, einen tödlichen Arbeitsunfall zu erleiden, ist für unsere Söhne sechzehnmal höher als für unsere Töchter. Wir halten die Behauptung für unzulässig, daß wir die Gleichberechtigung von Männern und Frauen anstreben, wenn wir unsere Söhne derartigen Gefahren aussetzen und sie damit zum geopferten Geschlecht machen.

Deswegen erlasse ich heute das Equal Life Amendment (Gesetz für gleiches Recht auf Leben). Wir können nicht länger hinnehmen, in

einem Land zu leben, das Männern das gleiche Recht auf Leben vorenthält.
Dieser Krieg gegen unsere Söhne muß ein Ende haben. Er ist Amerikas längster Krieg und eine Vorbereitung auf den Atomkrieg. Solange diese Art von Gewalt tabuisiert ist, wird Gewalt kein Ende haben.
Präsident CLINTON, 26. Juni, vor der zukünftigen American-Association-of-University-*Men*-Versammlung

Männer als Opfer von Gewalt: darüber spricht man nicht

- Als 1989 eine Joggerin im Central Park vergewaltigt und mißhandelt wurde,[23] gab es landauf, landab Demonstrationen von Frauen unter dem Motto: »Wir erobern uns die Nacht zurück.« Und wie hieß der Lösungsvorschlag? Die Überschrift von Ellen Goodmans Kommentar lautete: »Sicherheit für Frauen? Sperrt die Männer weg.«[24]

- Als 1989 ein Jogger im Central Park mit einem Knüppel krankenhausreif geschlagen wurde, zeigte er diesen Überfall an.[25] Er war im Monat zuvor zufällig zweimal Augenzeuge gewesen, wie zwei weitere Männer im Central Park getreten, gestoßen und verprügelt worden waren. Er hatte auch diese beiden Zwischenfälle der Polizei gemeldet. Später rief er die Polizei an und erkundigte sich, wie viele Überfälle in den letzten zwei Monaten verübt worden waren. Kein einziger, lautete die Auskunft.

Unser Zorn auf Männer, die Verbrechen begehen, macht uns blind für Männer, die Opfer von Verbrechen werden. Mit den Überfällen auf die beiden Männer, die der Jogger der Polizei gemeldet hatte, wurde verfahren, als wären sie nie verübt worden. Man stelle sich das Ausmaß der öffentlichen Empörung vor, wenn eine Frau die Vergewaltigung von drei verschiedenen Frauen zur Anzeige gebracht hätte und die Anzeigen gar nicht entgegengenommen, geschweige denn verfolgt worden wären. Wenn die Polizei Verbrechen gegen Frauen eher aufnimmt als Verbrechen an Männern, werden die Verbrechen an Frauen auch eher zur Kenntnis genommen.

Gewaltverbrechen an unschuldigen Frauen schaffen ein Klima von Mißtrauen, unter dem unschuldige Männer zu leiden haben. Jeder Mann, der eine Frau zu sich nach Hause einlädt, riskiert eine

Absage, und zwar nicht nur, weil sie eine Einladung von einem Mann von vornherein mit Skepsis betrachtet, sondern auch, weil die Vergewaltigung, von der sie gerade gehört oder gelesen hat, die Wahrscheinlichkeit erhöht, daß sie die Einladung ablehnt. Er ist verdächtig, auch wenn er selbst Opfer von Männergewalt oder bei einer mutigen Tat zum Schutz von Frauen verletzt wurde.

Gewalt gegen kleine Jungen

> Ich sah, wie sie meinen Sohn an seinen ausgestrecken Armen und gespreizten Beinen festbanden und mit dem Stahlding seinen Penis berührten. Da wußte ich, daß die Entscheidung zur Beschneidung ein fürchterlicher Fehler war. Nie habe ich ein Kind so schreien hören. Ich werde es mein Lebtag nicht vergessen.[26]

Gewalt gegen Mädchen nennen wir Kindesmißhandlung, und sie wird gesetzlich verfolgt. Gewalt gegen Jungen in Form der Beschneidung dagegen wird geduldet und steht nicht unter Strafe. In Amerika ist die Beschneidung der häufigste chirurgische Eingriff.[27]

Die Notwendigkeit, die Vorhaut am Penis eines kleinen Jungen zu entfernen, wird in fast allen Ländern mit hohem medizinischem Standard bestritten: Norwegen, Frankreich, Schweden, England, Dänemark, Japan und Finnland. In England sank die Zahl der Beschneidungen drastisch: von 50 Prozent im Jahr 1950 auf heute 0,5 Prozent.[28]

In den Vereinigten Staaten wird die Beschneidung traditionellerweise ohne Narkose durchgeführt.[29] Die Schmerzbetäubung bei der Beschneidung von Neugeborenen erhöht jedoch erheblich deren Chancen, den Eingriff zu überleben,[30] berichtet das *New England Journal of Medicine*. Die Narkose verringert den Streß des Kindes und beugt Infektionen und Embolien vor.

Haben die Jungen im Säuglingsalter bei der Beschneidung überhaupt Schmerzen? Im *Journal of the American Medical Association* heißt es, daß die Jungen bei der Beschneidung heftig schreien und sich »ihr Herzschlag und ihre Atemfrequenz, der Sauerstoff- und Cortisonspiegel dramatisch verändern«.[31]

Wenn ein Junge dieses erste traumatische Erlebnis überstanden hat – gibt es Spätfolgen irgendwelcher Art? *Darüber gibt es keine Untersuchungen.* Es gibt auch nicht genügend Daten darüber, ob eine Beschneidung Krebs und Infektionen verhindert oder verursacht. Wir müssen uns daher auf indirekt sich ergebende Vermutungen verlassen sowie darauf, was wir über andere Traumen von Neugeborenen wissen. So ist z. B. belegt, daß sich die Isolierung eines Säuglings in einem Inkubator auf seine Entwicklung und sein späteres Verhalten auswirkt.[32] Fest steht auch, daß Männer in Kanada und Australien, die im allgemeinen nicht beschnitten werden, keine Hygieneprobleme haben und keine höhere Infektions- und Krebsrate aufweisen.[33] Aber mangelnde Information verunsichert uns, und wir bleiben weiter im ungewissen, obwohl uns eine umfassende Studie über die Spätfolgen der Beschneidung weniger kosten würde als *zwei Minuten* Golfkrieg.[34]

Die Kritik an der Beschneidungspraxis erlitt ihren wohl größten Rückschlag durch eine Studie, die angeblich belegen konnte, daß Frauen von nichtbeschnittenen Männern ein höheres Risiko hätten, an Gebärmutterhalskrebs zu erkranken, als Frauen beschnittener Männer.[35] Diese Studie erfuhr enorme Publizität.[36] Als zwei Folgestudien widerlegten, daß Frauen nichtbeschnittener Männer ein größeres Risiko hätten, fanden sie kaum Beachtung.[37]

Beschneidung wird meist mit Gesundheits- und Hygieneargumenten gerechtfertigt. Es stimmt, daß ein beschnittener Penis nicht so intensiver Reinigung bedarf wie ein nicht beschnittener Penis. Ein nicht beschnittener Penis sondert mehr Smegma ab und muß mit einer milden Seife und Wasser gewaschen werden. Smegma ist jedoch ein natürliches Gleitmittel, wie Körper- und Haarfett. In Ländern, in denen die Beschneidung nicht üblich ist, lernen die Jungen, den Penis zu säubern, so wie sie lernen, sich die Haare zu waschen, sich zu baden oder sich die Fingernägel zu reinigen. Niemand kommt auf den Gedanken, die Fingernägel zu entfernen, um sie nicht mehr reinigen zu müssen.

Edward Wallerstein, einer der kompetentesten Urologen des Landes und ein Fachmann in Fragen der Beschneidung, erklärt, daß fast alle Gründe, die für die Beschneidung angeführt werden, auch die Entfernung der Klitoris bei Mädchen rechtfertigen könnten.[38] Der weibliche Körper produziert Smegma in der Klitoris, die der

Penisspitze beim Mann entspricht. Wenn sie nicht gewaschen wird, können auch hier Schmutz, Keime, übler Geruch und Infektionen auftreten. Aber das veranlaßt uns schließlich auch nicht zur Beschneidung der Klitoris.

Würden wir die weibliche Beschneidung praktizieren, wären wir schnell damit bei der Hand, diese Tradition als Unterdrückung der Sexualität von Mädchen zu bezeichnen. Beschneidungen an Jungen werden in Amerika weiterhin ohne wissenschaftliche Untersuchungen durchgeführt, und das beweist, daß wir unsere männlichen Kinder weiter dazu erziehen wollen, Schmerzen klaglos zu ertragen. Sie sollen, ohne Fragen zu stellen, bereit sein, ihre Körper zu opfern, so wie sie ungefragt ihre Vorhaut zu opfern gezwungen werden.

Gewalt gegen Männer heißt...

Ein Werbespot für Coca-Cola zeigt einen Mann, der an eine Coladose gelangen will und dabei riskiert, daß ihm von einer Haifischflosse die Hoden abgetrennt werden. Die Flosse ähnelt einer Kreissäge.

Die Firma macht sich das Wissen darum zunutze, daß dem Leben eines Mannes weniger Wert beigemessen wird als einer Flasche Coca-Cola!

Jedes amerikanische Schulkind verfolgt bis zu seinem achtzehnten Lebensjahr etwa 40 000 Morde im Fernsehen mit.[39] Es sind zu 97 Prozent Männer, die in den im Fernsehen gezeigten Spielfilmen umgebracht werden.[40] Die feministische Devise lautet jedoch: »Es gibt keine Entschuldigung für Gewalt gegen *Frauen.*«

Warum kommt uns die Zahl der Männer, die in Filmen einem Mord zum Opfer fallen, etwas hochgegriffen vor? Weil wir es »Unterhaltung« nennen und nicht »Gewalt gegen Männer«, wenn sämtliche Leichen in Western und Kriegsfilmen männlichen Geschlechts sind. Es liegt aber auch daran, daß ganze Serien von den *Gefahren* handeln, denen Frauen ausgesetzt sind, und uns das Gefühl vermitteln, Frauen wären permanenter Gewalt ausgeliefert.

Wenn einer Frau dagegen lediglich eine Verletzung zugefügt wird, wie in dem Western *Unforgiven* aus dem Jahre 1992, handelt der gesamte Film von der Bestrafung derjenigen, die ihr etwas angetan haben. Rund ein Dutzend Männer müssen sterben, bis zwei von ihnen kapieren, daß man einer Frau besser nichts antut. (Ich spreche von *rund einem Dutzend*, weil die Männer, die ihretwegen sterben müssen, weniger im Rampenlicht sind als die eine einzelne Frau, der eine Verletzung zugefügt wurde.) **Es ist typisch für Frau-in-Gefahr-Filme, daß die Frau gerettet wird und viele Männer dabei ihr Leben lassen müssen.** Einem Mann, der eine Frau in Gefahr bringt, wird nicht verziehen. Eine Frau, deren Leben in Gefahr gebracht wird, bleibt unauslöschlich im Gedächtnis haften. Männer, die bei dem Versuch, sie zu retten, umkommen, geraten in Vergessenheit. So ist es möglich, daß die 97 Prozent in Filmen gemordeter Männer nicht wahrgenommen werden.

Wird im Kino Gewalt gegen Frauen besonders ausgeschlachtet?

Wir sind versucht zu antworten: »Nein, amerikanische Filme schlachten Gewalt gegen *beide* Geschlechter aus.« Aber das stimmt nicht ganz. Bei objektiver Betrachtung stellen wir fest, daß 97 Prozent der Menschen, die in Filmen ihr Leben lassen müssen, Männer sind.[41] Unsere Aufmerksamkeit jedoch wurde auf die Gewalt gegen Frauen gelenkt.

Nicht nur Western und Kriegsfilme sind wahre Mann-gegen-Mann-Tötungsorgien, sondern auch Kriminal- und Frau-in-Gefahr-Filme. Rufen wir uns doch einmal in Erinnerung, wer in der *West Side Story* oder in anderen Filmen über Gangs und Jugendbanden getötet wird. Alle diese Filme bleiben im Programm, weil wir uns immer noch nicht daran satt gesehen haben, wie Männer Männer oder gar Jungen Jungen töten – und weil wir dafür auch noch Geld ausgeben.

Im Gegensatz dazu lautet das ungeschriebene Gesetz der Filmindustrie, daß »unschuldige Frauen, wenn sie in mehr als drei Filmszenen aufgetreten sind, nicht mehr einem Mord anheim fallen dürfen«. Fast immer wird diese Regel eingehalten. (Doch Vorsicht: Nachdem Ihnen dieses Prinzip einmal klargeworden ist, können Sie den Ausgang fast jedes Spielfilms voraussagen.)

In der Regel wird im Film eine Frau nicht getötet, es sei denn:

- es handelt sich um einen Horrorfilm (da reicht der Tod eines Mannes nicht aus);
- sie wird dargestellt, als wäre sie keine »richtige Frau«, wodurch sie ihr besonderes Anrecht auf Schutz verwirkt. Sie ist z.B. ein Wesen von einem anderen Stern (wie in *Aliens* und *Blade Runner*); sie hat alle negativen Eigenschaften eines Mannes (*Aliens*) oder sie ist vollkommen verrückt *und* eine Mörderin (*Misery, Eine verhängnisvolle Affäre*);
- sie bedroht das Leben einer anderen unschuldigen Frau;
- sie hatte weniger als drei Auftritte (wir haben sie kaum oder gar nicht kennengelernt – sie ist für uns nicht »real«);
- der ganze Film handelt davon, wie ihr Tod gerächt wird, wodurch er eigentlich zum moralischen Film wird, der uns lehrt, daß ein Mann sein Leben lassen muß, wenn eine Frau umgebracht wird.

In den Frau-in-Gefahr-Filmen hat jedoch nicht nur derjenige Mann sein Leben verwirkt, der die Frau in Gefahr gebracht hat, sondern auch andere unschuldige Männer. So wird uns z.B. in *Das Schweigen der Lämmer* vor Augen geführt, daß viele *unschuldige* Männer (die Gefängniswärter) mit ihrem Leben bezahlen müssen, weil ein Mann eine Frau getötet hat (was aber nicht gezeigt wird) und eine weitere Frau *möglicherweise* in Gefahr ist. Den Mord an einer Frau zu zeigen, wird aber vermieden.

Die unschuldigen Gefängniswärter werden ohne Anteilnahme, aber gründlich verstümmelt, und das auch eher beiläufig. Ihr Tod verleiht dem Film mehr Spannung; er ist wie das Salz in der Suppe, während unsere Hauptsorge Jodie Foster gilt. Wäre weibliches Gefängnispersonal getötet worden, dann nicht bloß als Dreingabe zur Haupthandlung. Nur der Mord an Männern ist so wenig sichtbar wie das Salz in der Suppe. Wenn dieses ungeschriebene Gesetz gebrochen und Frauen quasi nebenbei ermordet worden wären, hätte dieser Verstoß gegen die politische Korrektheit einen öffentlichen Aufschrei ausgelöst und der Film wäre nicht mehrfach preisgekrönt worden. Frau-in-Gefahr-Filme laufen also oft auf nichts anderes hinaus als Töte-den-Mann-Filme.

Was passiert, wenn ein *Roman* gegen die Faustregel verstößt, nach der eine Frau nach ihrem dritten Auftritt nicht mehr umkommen darf? Wir können zwei Dinge vorhersagen: 1. Der Roman wird nicht verfilmt werden, und 2., wenn gegen die Gewalt in dem Film protestiert wird, dann nur gegen die Gewalt, die Frauen erleiden. In dem Roman *American Psycho* z. B. fallen Männer, Frauen und ein Junge einem Mord zum Opfer (es sterben acht Männer und ein Junge, die Morde an drei Männern und dem Jungen werden genau beschrieben).[42] Hunderte von Protesten und Artikeln im ganzen Land befaßten sich ausschließlich mit der Gewalt gegen die Frauen. Ich bin mir sicher, daß aus diesem Roman kein erfolgreicher Film werden würde, geschweige denn, daß er mit Preisen ausgezeichnet würde.

Frau-in-Gefahr-Filme sind eigentlich nichts anderes als die modernisierte Version der alten Sagen, in denen ein Mann die Prinzessin vor dem Drachen rettet und dabei sein Leben verliert. Es sind Unterrichtsfilme für Frauen, die ihnen vermitteln, den besten Beschützer zu wählen und alle übrigen Charaktermerkmale eines Mannes zu vernachlässigen. Und dann nennen wir Frauen »Opfer« und Männer »mächtig«.

Gewalt gegen Männer als ein Akt von Frauenemanzipation

Der Film *Thelma und Louise* gilt als emanzipatorischer Frauenfilm. (Er wurde als einziger Film auf der 25. Jahreskonferenz der National Organization of Women gezeigt.) In der gesamten amerikanischen Filmgeschichte wurden bisher nie zwei Männer als Helden der Männerbewegung gefeiert, die ihre Ehefrauen verlassen hatten, sich mit zwielichtigen Frauen herumtrieben, dann eine Frau töteten und die andere in der Wüstenhitze aussetzten und sich selbst überließen. *Männliche Massenmörder werden auf den Treffen der Männerbewegung verurteilt, nicht verehrt.* Sollte auf einem Männertreffen jemals einer den Mord an einer Frau durch einen Mann eine Befreiungstat und einen Akt der Verbrüderung nennen, werde ich Protest einlegen und das als Faschismus bezeichnen.

Als Männer gegen diesen Film protestierten, war die allgemeine Reaktion: »Schau an, wenn Männer morden, protestiert niemand.

Aber jetzt, da Frauen es tun, hagelt es Proteste.« Darum geht es aber nicht. In all den Polizei-, Kriminal- und Kriegsfilmen, den Western und Gangsterfilmen töten Männer andere *Männer*, und wenn ein Mann eine Frau ermordet, wird er von den anderen umgebracht. Vielfach lassen Männer ihr Leben, weil sie Frauen Schutz bieten wollen, bei Frauen trifft das im umgekehrten Fall selten zu.

In *Thelma und Louise* sind die Rollen ganz traditionell verteilt: Es erscheint keine Frau, die versucht, die beiden Frauen festzunehmen, die die Männer umgebracht haben, keine Frau, die eine andere umbringen will, und keine, die einen Mann beschützen will und dabei ermordet wird.

Die »Erschieße-den-Mann-und-finde-einen-Menschen«-Filme

Heute hat das Töten von Männern in Filmen eine neue Qualität erreicht: Es wird nicht mehr Gewalt gegen Männer genannt, sondern männliche Selbsthilfe.

In dem Film *Regarding Henry* »tötet« eine Schußverletzung am Kopf einen arroganten Anwalt und verwandelt ihn in einen fürsorglichen Anwalt. In *Doctor* »tötet« Krebs den arroganten Arzt und verwandelt ihn in einen fürsorglichen Arzt. Ähnlich in *Doc Hollywood*. In anderen Filmen werden aus eiskalten Geschäftsmännern sensible Geschäftsmänner, und in *Robin Hood* wird dessen Vorleben als verwöhnter Edelmann »getötet«, und er wandelt sich zu einem Helden der Armen. Dazu ist ein Krieg notwendig und ein Vater, der sich erhängt hat.

All diese Ärzte, Anwälte, Geschäftsmänner und Edelmänner sind ein Symbol dafür, daß der Mann erst sterben und erst nach vollzogener Wandlung ein Anrecht darauf hat zu leben. Wenn es eine Flut von Filmen gäbe mit der Botschaft, daß ein Schwarzer oder eine Frau oder ein Jude erst einmal den Tod kennengelernt haben muß, damit ein wirklicher Mensch aus ihm werden kann...

Tod an der Spitze

Im wirklichen Leben geht es nicht zu wie im Kino: Je mehr ein Mann dem Bild eines Helden entspricht, desto größer ist die Wahrscheinlichkeit, daß er umgebracht wird. Ein Viertel aller amerikanischen Präsidenten starben während ihrer Amtszeit, viele von ihnen wurden ermordet. Fast alle charismatischen Führer zwischen 1960 und 1980 wurden umgebracht oder verunglückten auf ungeklärte Weise. Nicht nur die Kennedys, Martin Luther King und Malcolm X in den USA, sondern auch Salvador Allende in Chile, Patrice Lumumba in Belgisch-Kongo, Olaf Palme in Schweden, Anwar Sadat in Ägypten sowie Dag Hammarskjöld von den Vereinten Nationen. Sie alle wurden »aus dem Weg geräumt«, als jemand zu der Feststellung gelangte, daß die Rolle, die diese Männer spielten, nicht mehr mit den Interessen anderer konform ging. Männer in Führungspositionen mußten ihr Leben ebenso für ihr Land opfern wie Männer beim Militär. Das ist die moderne Form von Königsmord.

Mit Ausnahme von Indira Gandhi wurde in der jüngsten Geschichte keine weibliche Führungsperson ermordet. Es ist viel wahrscheinlicher, daß eine Frau nach der Ermordung ihres Ehemannes selbst an die Macht kommt, als daß sie ermordet wird. Auf diese Weise wurde Corazon Aquino Präsidentin der Philippinen und Violetta Chamorro Präsidentin von Nicaragua. Benazir Bhutto wurde nach der Ermordung ihres *Vaters* zur Premierministerin gewählt (nur eine Variante ein und desselben Vorgangs).

Was tun wir, um der Gewalt gegen Männer ein Ende zu setzen?

Es ist Sexismus, wenn jegliche Gewalt gegen Frauen als ein Ausdruck von Frauenhaß angesehen, Gewalt von Frauen gegen Männer aber nur der allgemeinen Kriminalität zugerechnet wird. Diese Sichtweise läßt den Ruf nach Gesetzen, die Frauen noch weiter ausgedehnten Schutz gewähren, noch lauter werden. Als z. B. Untersuchungen über mißhandelte Frauen veröffentlicht, die rund ein Dutzend Studien über die gleiche Anzahl von mißhandelten Männern aber übergangen wurden,[43] hielten wir es für gerechtfertigt,

Gesetze zum Schutz von mißhandelten Frauen zu erlassen. Daß es auch ein »Syndrom des mißhandelten Mannes« geben könnte, wurde überhaupt nicht in Erwägung gezogen. Bald wurde das »Mißhandlungssyndrom« zu einem der zwölf mildernden Umstände, die eine Frau für sich in Anspruch nehmen kann, wenn sie einen Mord begangen hat. Einem Mann unter der gleichen Anklage werden diese mildernden Umstände nicht zugebilligt. Wenn das Fernsehen Gewalt gegen Frauen, von Schauspielern gespielt, in Fiction-Filmen zeigt, dürfen wir das einen Verstoß gegen die bürgerlichen Grundrechte nennen, aber die ganz *real* stattfindende Gewalt gegen Männer beim Football und Boxen gehört weiterhin zu den normalen akzeptierten Sportarten.

Obwohl Männer mit viel höherer Wahrscheinlichkeit Opfer eines Gewaltverbrechens werden (Vergewaltigung ausgenommen), unterstützt der Senat einen Gesetzentwurf, der sich mit der Gewalt gegen *Frauen* befaßt. Dieses Gesetz bezeichnet Gewalt gegen Frauen als »Verbrechen aus Haß« und einen Verstoß gegen die Grundrechte der Frau. Aber Männer als Opfer von Gewalt werden noch nicht einmal erwähnt.

Damit wird die *Ungleichheit* zum Gesetz erhoben. Ein solches Gesetz wäre nur dann mit dem Grundgesetz zu vereinbaren, wenn Frauen viel häufiger Opfer von Gewalt wären als Männer. Weil es sich aber umgekehrt verhält, ist ein Gesetz zum Schutz von Frauen vor Gewalt nicht mit dem Grundgesetz zu vereinbaren. Ein solches Gesetz für Männer wäre dagegen durchaus legitim.

Um dem Gesetz zum Schutz der Frauen vor Gewalt Wirksamkeit zu verleihen, wurden 300 Millionen Dollar bereitgestellt, zum Schutz von Männern kein einziger Cent. Frauenhäuser für mißhandelte Frauen wurden mit 75 Millionen Dollar ausgestattet, entsprechende Häuser für Männer nicht. Die Untertitel des Gesetzes sind bezeichnend: Sicherheit auf den Straßen *für Frauen,* Sicherheit in den Familien *für Frauen* (Hervorhebung vom Autor)...

Es ist außerdem vorgeschrieben, daß der zuständige Ausschuß des Kongresses die Gesetzesvorhaben erst, nachdem eine Anhörung stattgefunden hat, prüft und ausarbeitet. Diese Anhörung soll alle Seiten einer Sache beleuchten. In diesem Fall wurden aber nur Frauen eingeladen – fünfzehn Frauen, kein einziger Mann –, um vor der Gesetzgebenden Versammlung zu sprechen.[44] Keiner von den Männern, die um Anhörung gebeten hatten, wurde zugelassen.

Was können wir tun, um der Gewalt gegen Männer und Frauen ein Ende zu machen? Der Anfang muß sein, daß wir aufhören, von Männern zu verlangen, sich um unserer Sicherheit willen zu opfern und ihr Leben aufs Spiel zu setzen – als private Leibwächter oder als Leibwächter der Nation. Darüber hinaus müssen wir auch aufhören, Politiker zu wählen, die meinen, Frauen beschützen zu müssen, und darüber die Männer vergessen. Erinnern wir uns: Der Gesetzgeber kann nicht hören, was wir nicht formulieren. Wir müssen unsere Stimme erheben, damit dieser Prozeß in Gang gesetzt wird.

10. KAPITEL
Wenn uns der Schutz von Männern genauso wichtig wäre wie der Schutz von Tieren ...

In den vorhergehenden Kapiteln haben wir festgestellt, daß früher unser Überleben davon abhing, daß sich die Frauen Männer aussuchten, die bereit waren, für ihren Schutz ihr Leben zu opfern. Wir sind ferner zu der Einsicht gelangt, daß heute die Wahl eines männlichen Killers unser Überleben gefährdet. Welches sind nun die wichtigsten gefühlsmäßigen Barrieren, die sich vor uns auftun, wenn wir die Geschlechter nicht weiterhin in ein geopfertes Geschlecht und ein beschütztes Geschlecht aufteilen wollen? Wie beeinflußt unsere Tendenz dazu generell unser Umfeld und schafft zwei verschiedene Rechtssysteme: eines zur Verfolgung des »Verbrechergeschlechts« und eines zum Schutz des »Opfergeschlechts«? Ich fange am besten mit einer Erfahrung an, die ich selbst gemacht habe.

Es ist ein paar Jahre her. Ich ging mit einer Freundin im Wald spazieren, als plötzlich ein Mann vor uns auftauchte. Blitzschnell machte sie einen Schritt zurück und ich einen Schritt vor. Ob wir so reagierten, weil wir unterschiedlich groß waren oder unterschiedlich sozialisiert, tut hier nichts zur Sache. Wie die meisten Männer, so bringe auch ich unbewußt in jede Beziehung zu einer Frau das Wissen ein, daß ich nicht Herr über meinen Körper bin.

Ich wollte, das träfe nur auf einem Waldspaziergang zu. Wenn ich mich mit einer Frau in meiner Wohnung aufhielt und wir ein verdächtiges Geräusch hörten, das uns angst machte, traute ich mich lange nicht – ohne mich schuldig zu fühlen –, sie zu bitten, mit mir *zusammen* der Sache auf den Grund zu gehen. (Als sich erstmals eine Frau unaufgefordert dazu *anbot*, stieg sie enorm in meiner Achtung.) Die meisten Männer sind nicht nur die unbezahlten

Leibwächter von Frauen, sie *zahlen* auch noch dafür: Wenn sie bei einem Treffen die Rechnung begleichen, für das gemeinsame Wochenende aufkommen oder Schutz auf einem Spaziergang bieten, *zahlen die Männer* im Grunde dafür, daß sie für die Frauen den Leibwächter spielen.

Das ist eine der vielen Formen männlicher Fürsorge. Wir haben sie »Macht« genannt, und so wurde die dahintersteckende Fürsorge nicht mehr wahrgenommen.

Gibt es heute nicht viele Frauen, die sich und ihre Kinder selbst beschützen? Ja, das stimmt. Viele Frauen schützen sich selber und setzen ihr Leben aufs Spiel, um ihre Kinder zu schützen, es ist aber unwahrscheinlich, daß sie ihr Leben riskieren, um einen *erwachsenen* Mann zu schützen. So konnten wir in den Zeitungen von einer Mutter lesen, die ihr Kind, das unter einem Auto eingequetscht war, rettete, indem sie das Auto anhob. Aber ich habe noch nirgends gelesen, daß eine Frau etwas Vergleichbares für einen erwachsenen Mann getan hätte.

Wenn sich eine Gesellschaft im zweiten Stadium mit der Frage befaßt, warum sie traditionellerweise bestrebt ist, eher Frauen zu retten als Männer, dann muß sie sich darüber klarwerden, warum das so ist und warum sie sich in erster Linie für die Rettung von Mädchen einsetzt.

Der Rette-ein-Mädchen-Fonds

> Wenn Children International Patinnen und Paten für Kinder sucht, sind von den achtzehn abgebildeten Kindern siebzehn Mädchen.[1] Des weiteren ist zu lesen: »Wenn Sie ein Kind adoptieren, wird *sie* Ihnen schreiben, sie wird genug zu essen haben, sie ...«

In anderen Anzeigen wird sogar die Armut so definiert: »Armut ist Hunger, Armut ist ein kleines *Mädchen* ...«

Warum diese Konzentration auf das leidende *Mädchen*? Die Organisationen sind auf Spendengelder aus. Die Erfahrung hat sie gelehrt, daß uns Mädchen wichtiger sind.

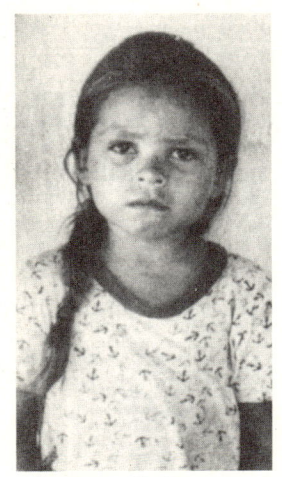

Poverty is hunger and a little girl growing old too fast.

Elena is barely six. But hunger and despair have already left their mark on her little face.

Living in a crowded hut with no heat or water, she has only one meal a day of thin soup. Through our sponsorship plan, Elena, or a child like her, can have a better diet, clothes, medical attention, schooling.

Your help can light up not only a little face, but an entire life.

Write to: Mrs. Jeanne Clarke Wood
Children, Incorporated, P.O. Box 5381
Dept. N5E9, Richmond, Va. 23220 USA

☐ I wish to sponsor a ☐ boy, ☐ girl, in ☐ Asia, ☐ Latin America, ☐ Middle East, ☐ Africa, ☐ USA, ☐ Greatest Need.
☐ I will give $21 a month ($252 a year). Enclosed is my gift for a full year ☐, the first month ☐. Please send me the child's name, story, address and picture.
☐ I can't sponsor, but will help $_____
☐ Please send me further information

NAME
ADDRESS
CITY   STATE   ZIP
☐ Check ☐ Am. Express ☐ MasterCard ☐ Visa
CARD NO   EXP DATE
SIGNATURE
1-800-538-5381

CHILDREN, INC.

U.S. gifts are fully tax deductible
Annual financial statements are available on request

Armut ist Hunger, Armut ist ein kleines Mädchen, das aussieht wie eine alte Frau. Elena ist erst sechs. Hunger und Not haben das kleine Gesicht gezeichnet. Sie lebt in einer Hütte mit zu vielen Menschen auf engstem Raum, ohne Strom und Wasser. Einmal am Tag bekommt sie eine dünne Suppe zu essen. Wir unterstützen Elena und andere Kinder wie sie, damit sie genug zu essen, Kleidung und medizinische Versorgung erhält und zur Schule gehen kann. Sie können das kleine Gesicht zum Strahlen und Licht in dieses junge Leben bringen.

Arbeitsbedingungen und Umweltkatastrophen

In Three Mile Island, wo 80 Prozent aller Beschäftigten Männer sind,[2] führten Schlafmangel und Erschöpfung dazu, daß ein Kühlwasserverlust nicht bemerkt wurde, was beinahe zu einer Kernschmelze im Reaktor geführt hätte.[3] Auch die Explosion der Raumfähre *Challenger* und die Katastrophe von Tschernobyl sind auf den Schlafmangel der Angestellten zurückzuführen.[4] Wie bereits gesagt, wurde bei dem *Exxon-Valdez*-Tankerunglück der Kapitän schuldig gesprochen, der Untersuchungsausschuß mußte später dann aber zugeben, daß die wahre Ursache in der Entscheidung lag, den vorgeschriebenen Ruhetag zu streichen und die übermüdete Mannschaft wieder auf Fahrt zu schicken.[5]

Hätte sich die Crew geweigert, wäre diese schreckliche Umweltkatastrophe vielleicht nicht passiert. Man könnte es als Karma sehen und zu der Auffassung gelangen, daß die gesamte Umwelt bestraft wurde, weil wir uns nicht um das Arbeitsumfeld, um die Lebensbedingungen der Männer gekümmert haben.

Steht der werdenden Mutter mehr Schutz zu als dem werdenden Vater?

Unsere Bereitschaft, berufstätigen Frauen in ihren fruchtbaren Jahren speziellen Schutz angedeihen zu lassen, erscheint einleuchtend. Jetzt haben allerdings Genetiker herausgefunden, daß es für die Kinder genauso schädlich ist, wenn deren Väter vor der Zeugung toxischen Einflüssen ausgesetzt waren. In den Eierstöcken der Frau sind von Anfang an alle Eier komplett angelegt. Um Spermien zu produzieren, müssen sich jedoch Zellen *teilen*.[6] Zum Zeitpunkt der Teilung sind die Zellwände besonders anfällig für Schädigungen durch Toxine, die genetische Schäden verursachen können.

Die Ursache von Geburtsschäden ist in 60 bis 80 Prozent der Fälle nicht bekannt. Bisher haben die Wissenschaftler erst 30 von geschätzten 900 Chemikalien ermittelt, die schädliche Auswirkungen auf die Entwicklung des Fötus haben. Wenn wir bedenken, daß in der der Hauptsache Männer die Arbeiten ausführen, bei denen

Chemikalien zum Einsatz kommen, wird uns deutlich, daß ein unmittelbarer Zusammenhang zwischen der Gesundheit unserer Kinder und der der Männer besteht. Elmo Zumwalts Sohn, nur ein Beispiel von vielen, zeigt diesen Zusammenhang.

Selbstverwirklichung am Arbeitsplatz: ein großer Irrtum

Einer der größten Irrtümer der Frauenbewegung ist der, den Arbeitsplatz mit »Macht« und »Selbstverwirklichung« gleichzusetzen. Arbeitgeber müßten die Leute nicht bezahlen, wenn sie ihnen Macht und Selbstverwirklichung bieten würden. Es gibt durchaus Angestellte, die sich in ihrem Job relativ frei fühlen und Erfüllung finden – herzlichen Glückwunsch! Der Durchschnittsmann ist sich jedoch bewußt, daß er seinen Körper für die Firma einsetzt und daß er Leistungszulagen nur bekommt, weil er dann noch mehr leistet. Vergünstigungen und Zulagen müssen mit verstärktem Arbeitseinsatz verdient werden.

Doch was nützt uns diese Einsicht im täglichen Umgang mit Männern?

Ändert sich unser Umgang mit Männern, wenn wir mehr auf ihre Probleme eingehen?

Kürzlich bin ich nach Houston geflogen und habe auf dem Flug einen Arbeiter kennengelernt, der bei Boeing in der Raumfahrtindustrie angestellt war. Früher hätte ich ihn nach der Stealth-Rakete gefragt und vielleicht mit ihm eine Diskussion darüber angefangen. Statt dessen habe ich ihn nach seinen Arbeitsbedingungen gefragt und erfahren, daß er mit Chemikalien zu tun hat, die Gedächtnisverlust, Müdigkeit und Hepatitis verursachen können. Er sagte, daß er mir die verwendeten Chemikalien nicht nennen dürfe, weil sie geheim bleiben müßten. Als ich ihn fragte, warum er nicht zum Arzt ginge, antwortete er, die Geheimhaltung sei so strikt einzuhalten, daß er nicht einmal einen Arzt einweihen dürfe. Als ich nicht lockerließ und sagte: »Ist Ihre Gesundheit denn nicht wichtiger als die Geheimhaltung?« erwiderte er: »Es geht nicht nur um mein Leben ... Wenn ich diesen Job verliere, leiden meine Frau und meine zwei Kinder darunter.« Um sich selbst Mut zum Weitermachen einzureden, zeigte er mir ein Foto von seiner Familie vor dem Weihnachtsbaum.

Die Haltung der Männer zur Prostitution

Ich werde oft gefragt, warum sich Männer eigentlich nicht weiter darüber aufregen, daß Frauen – vor allem arme Frauen – ihren Körper verkaufen müssen, um Geld zu verdienen. Männer müssen sich tagtäglich prostituieren – als Bergarbeiter, als Feuerwehrmann, als Arbeiter in der Fleischfabrik, als Bauarbeiter, Holzfäller, Soldat – diese Männer sind Prostituierten gleichzusetzen, weil sie ihren Familien zuliebe ihren Körper für Geld hergeben.

Der Mann der Mittelklasse prostituiert sich auf andere Art: Seinen Traum, Schriftsteller zu werden, hat er aufgegeben, als die Kinder auf die Welt kamen. Von da an begann für ihn der Alptraum, Werbetexte für ein Produkt verfassen zu müssen, von dem er nicht viel hielt, und das würde er sein Lebtag lang tun müssen. Je ärmer ein Mann, desto deutlicher bekommt er die eigene Prostitution zu spüren. Aus der Sicht der Männer ist Prostitution nicht allein auf Frauen beschränkt.

Die meisten Männer wagen nicht, über sich selbst nachzudenken, solange sie ihre Familie nicht optimal abgesichert haben. Doch viele Männer erleben, daß ihre Familie gerade dann eine bessere Wohnung, ein größeres Auto oder eine Privatschule für die Kinder fordert, wenn sie kurz vor Erreichen dieses Ziels stehen. Männer, die zur seltenen Ausnahme gehören, weil sie beides vermögen – ihre Familien versorgen und in sich hineinhören – fürchten sich davor, den Prostituierten in sich zu entdecken, zu dem sie geworden sind, während sie für andere sorgten. Das ist die männliche Version von Abhängigkeit: An erster Stelle rangieren Frau und Kinder, erst dann folgt der Mann.

Wie beide, Konservative und Liberale, Männer opfern

Konservative und Liberale erhöhen den Schutz für Frauen und erwarten von Männern verstärkt, daß sie sich opfern. Die Konservativen begründen dies mit den Geschlechterrollen. **Die Liberalen nennen es Sexismus, wenn eine Maßnahme Frauen schadet, und beschuldigen Männer, wenn sie Männern schadet.** Reine Männerclubs etwa benachteiligen Frauen, und Liberale bezeichnen sie daher als sexistisch. Die Wehrpflicht erweist sich einseitig als Nachteil für die Männer, und dann beschuldigen die Liberalen die Männer, daß sie Kriege führen, für die sie aber ausschließlich Männer verpflichtet haben. Beide Parteien sehen es als biologisches Schicksal an, wenn Frauen grundsätzlich Vorteile, Männer grundsätzlich Nachteile haben. So stimmen die Liberalen prinzipiell allen Gesetzen zu, die Frauen schützen.* Wenn es um den Schutz von Frauen geht und um den fahrlässigen Umgang mit Männern, sind beide Parteien gleichermaßen konservativ – beide befinden sich noch im ersten Stadium. Dahinter steckt das unhinterfragte Bild von der Frau als Opfer.

Frauen als Opfer: die Golf-von-Tonking-Macht

Die Macht des Opfers ist für die Beziehung zwischen den Geschlechtern das, was die Golf-von-Tonking-Macht im Krieg ist. Lyndon B. Johnson konnte ungestraft behaupten, die Kommunisten hätten ein amerikanisches Schiff im Golf von Tonking angegriffen, weil er wußte, daß der Kongreß nicht wagen würde, seine falsche Anschuldigung nachzuprüfen. Der Kongreß ging a priori davon aus, daß Amerika unschuldig sei und die Kommunisten Verbrecher. **Heute haben Frauen in Amerika diese Golf-von-Tonking-Macht: Es wird davon ausgegangen, daß sie unschuldig sind, und das gibt ihnen die**

---

* *Die Liberalen unterstützen gesetzliche Bestrebungen, die Gewalt gegen Frauen als »Verbrechen aus Haß« einordnen wollen (die Gewalt gegen Männer aber nicht); sie wollen Frauen vor sexueller Belästigung schützen, Männer aber nicht vor den Todesberufen und vor Arbeitsunfällen; sie wollen Müttern mit kleinen Kindern den Zugriff auf staatliche Unterstützung erleichtern, den Vätern aber nicht; sie setzen sich für den speziellen Schutz von Frauen vor Gericht ein.*

Macht, Anschuldigungen vorzubringen, und mündet darin, daß sie nicht so streng ins Kreuzverhör genommen werden wie Männer. Der Staat hat in erschreckendem Ausmaß den Schutz von Frauen über alles andere gestellt, und davon handelt der dritte Teil dieses Buches: von dem Staat als Ersatzehemann.

III. TEIL
DER STAAT ALS ERSATZ-EHEMANN

Eine Übersicht

> Wenn nur eins der beiden Geschlecht gewinnt, verlieren beide.
>
> WARREN FARRELL

Wenn um 1800 in den USA eine Frau ein Verbrechen begangen hatte, kam ihr *Ehemann* ins Gefängnis.[1] Auch die englischen Gesetze bestimmten, daß der Mann in den Schuldturm mußte, wenn sich eine Familie verschuldete. Männer faßten die Gesetze unbewußt so ab, daß sie Frauen schützten. Gesetze wurden zwar *von Männern* gemacht, aber nicht *für Männer*.

In diesem Kapitel werden wir feststellen, daß in einer Zeit, in der Frauen angeblich unabhängig sind, ein Gesetz nach dem anderen so formuliert worden ist, daß es Frauen schützt. Gerät ein Gesetz mit den Grundrechten der Männer in Konflikt, werden eher die Grundrechte zur Disposition gestellt, als der Schutz von Frauen angetastet.

Die gesetzliche Ebene spiegelt immer die tiefere psychologische Ebene wider. Wir werden feststellen, daß viele Frauen nach anderen Rettern suchten, als sie ihren Ehemann-als-Retter durch Scheidung verloren. Die geschiedenen Männer, die nicht mehr geliebt wurden, suchten andere Wege, um Frauen zu retten und Gegenliebe zu bekommen.

Die Suche nach einem Erlöser und das Bestreben, ein Retter zu sein, nahmen verschiedene Formen an. New-Age-Anhängerinnen gelangten vom Vater über den Ehemann zum Guru, und Männer wetteiferten darum, ihr Guru zu sein. Traditionelle Frauen bewegten sich vom Vater über den Ehemann zu »Gottvater«, und Männer wetteiferten darum, ihr »Vater« zu sein, als Priester, Pastor und Rabbi. Feministische Frauen gingen den gleichen Weg und hatten dann die Wahl, entweder sich selbst zu retten oder sich an den größten aller Erlöser zu wenden: an den Staat als Ersatzehemann. Männer überboten sich darin, den Staat entsprechend zu formen.

Männliche Institutionen (die Legislative) boten allen Frauen Schutz, wenn andere Männer (die Ehemänner) nach einer Scheidung die einzelne Frau nicht mehr beschützten. Deswegen mußten die Steuern angehoben werden. Davon wiederum waren vorwiegend Männer betroffen, und überwiegend Frauen kamen in den Genuß des Geldes. Das kollektive Unbewußte will eben Frauen beschützen, wenn der Ehemann als Beschützer aufgrund einer Scheidung ausfällt.

Das kollektive Unbewußte der Frauen will immer noch beschützt werden. In San Diego büßt derzeit ein Polizeibeamter eine langjährige Gefängnisstrafe ab, weil er Frauen am Strand vergewaltigt hat. Seine Frau verlangt nun von der Behörde, daß sie ihr den Lohn zahlt, den ihr Mann nicht mehr verdienen kann... Sie erwartet, daß der Staat als Ersatzehemann einspringt. Sie hat die Behörde ferner verklagt, den Mann überhaupt eingestellt zu haben. Sie also geht davon aus, daß der Staat seinen Charakter besser beurteilen kann als sie selbst.[2]

Sind diese von Männern gemachten Gesetze ein Spiegel männlicher Werte? Teilweise. Männer gewähren Frauen größeren Schutz als sich selbst. Dienen diese Gesetze dem Eigeninteresse der Männer? In gewisser Weise ja. Männer, die von Frauen geliebt werden wollen, lernen, die Interessen von Frauen zu wahren, und zwar mehr als die eigenen.

Beweist die Tatsache, daß fast alle Gesetzgeber Männer sind, daß Männer das Sagen haben und die Interessen von Frauen nicht unbedingt berücksichtigen müssen? Theoretisch ja. In der Praxis kann das amerikanische Rechtssystem jedoch nicht von der Wählerschaft getrennt gesehen werden. Bei den Präsidentschaftswahlen 1992 waren 54 Prozent der Wählerschaft weiblich, 46 Prozent männlich.[3] (Es gibt sieben Millionen mehr weibliche als männliche Wähler.)

Der Gesetzgeber ist für die Wählerschaft nichts anderes als der Chauffeur für den Arbeitgeber. Nur dem Anschein nach bestimmen beide die Fahrtrichtung, sie werden aber beide entlassen, wenn sie nicht die befohlene Richtung einhalten. Manchmal hat es den Anschein, daß der Gesetzgeber Frauen nicht beschützt, was aber lediglich darauf zurückzuführen ist, daß Frauen sich oft nicht einig sind, wie dieser Schutz aussehen soll. (Frauen haben z.B. bei den vier Wahlen vor Clinton fast gleich oft sowohl die Republikaner als auch die Demokraten gewählt.) Wir werden feststellen, daß aus der Tendenz des Gesetzgebers, Frauen höheren Schutz zu gewähren, den Männern verheerende Nachteile erwachsen sind, obwohl ihnen die Verfassung die gleichen Rechte garantiert. In den achtziger Jahren gab es auf einmal zwei Auslegungen von Rechtsprechung, eine für Männer und eine für Frauen; Mord wurde mit zweierlei Maß gemessen, je nach Geschlecht. Wir werden sehen, daß es in den neunziger Jahren zwar für Frauen, die einen Mord begangen haben, zwölf Rechtfertigungen gibt, die sich strafmildernd auswirken, nicht aber für Männer. Auf vielen Colleges konnte eine Frau einen Mann wegen Vergewaltigung hinauswerfen lassen, auch wenn sie entschieden dem Geschlechtsverkehr mit diesem Mann zugestimmt hatte.

Die folgenden Kapitel werden zeigen, warum sich die Gesetzgebung mit sexueller Belästigung und »date rape« (Vergewaltigung nach einer Verabredung) befaßt, wie sich diese Gesetze auf Wirtschaft, Regierung, Rechtsprechung und auf Frauen des kommenden Jahrhunderts auswirken werden, und welche Schritte wir unternehmen müssen, um aus der Sackgasse herauszukommen.

Wir werden sehen, inwiefern sich die feministische Haltung geändert hat. Hat sie früher gesetzliche Diskriminierung aufgrund biologischer Unterschiede bekämpft, so betont sie heute die biologischen Unterschiede, wenn dadurch Frauenrechte gestärkt werden können. So z.B. das Recht, ein Kind auszutragen, auch wenn der Vater dagegen ist, und diesen dann achtzehn Jahre lang Unterhalt zahlen zu lassen.

Wir werden uns mit dem Dilemma der Arbeitgeber befassen, die Frauen Sonderrechte einräumen müssen, sie aber mit dem gleichen Respekt behandeln sollen. Die feministische Forderung nach Gehaltsfortzahlung im Fall einer Schwangerschaft z.B. machte aus der Schwangerschaft schnell die einzige »Behinderung« am Arbeitsplatz; dabei steht die Entscheidung zur Schwangerschaft in keinerlei Zusammenhang mit dem Arbeitsplatz und kann von einer Frau aus den verschiedensten Gründen gewollt sein.

Solche »Frauenschutzgesetze« haben sich in der wohl stillsten

Gesetzesrevolution der Geschichte längst ihren Platz erobert. Noch um 1970 war feministische Rechtswissenschaft kein Begriff. Heute sind fast alle Bücher und Artikel einer kürzlich erschienenen siebzigseitigen Bibliographie über feministische Rechtswissenschaft von feministischen Juristinnen verfaßt worden.[4] Kein einziger namhafter Wissenschaftler hat in einem der juristischen Magazine je Kritik am Feminismus geübt. Geoffrey Hazard, Professor an der juristischen Fakultät der Yale University, wurde nach dem Grund dafür gefragt. Er war der Auffassung, daß in der politisch korrekten Atmosphäre der Universitäten jeder Abweichler sofort als »frauenfeindlich« etikettiert würde.[5]

Noch ist der Beweis nicht erbracht, daß das System Frauen beschützt und daß es eigentlich zwei Arten von Rechtsprechung gibt, nämlich eine für Frauen und eine für Männer.

11. KAPITEL
Wie das System seine Hand über die Frauen hält ... und die Gesetze dabei mithelfen

Gleiches Verbrechen, unterschiedliche Strafzumessung

- Über einen Mann, der wegen Mordes verurteilt wird, wird mit zwanzigmal höherer Wahrscheinlichkeit die Todesstrafe verhängt als über eine Frau, die wegen Mordes verurteilt wird.[1]
- Seit 1954 ist in den USA keine Frau hingerichtet worden, die ausschließlich Männer getötet hat.[2]
- Seit der Wiedereinführung der Todesstrafe 1976 sind 120 Männer hingerichtet worden, aber nur eine Frau.[3] Diese Frau aus North Carolina bat um ihre Exekution.
- Wird in North Carolina ein Mann wegen Totschlags verurteilt, ist das Strafmaß durchschnittlich um 12,6 Jahre höher als das einer Frau bei einer vergleichbaren Tat.[4]
- Das amerikanische Justizministerium dokumentiert landesweit folgende Unterschiede im Strafmaß:

Unterschiedliche Haftdauer (Monate) für gleiche Vergehen[5]

Straftat	weiblich	männlich	höheres Strafmaß für Männer
Vergewaltigung	117	159	74 %
Raubüberfall mit Körperverletzung	49	83	59 %
Einbruch	46	66	70 %
Diebstahl	36	48	75 %

- Die Tatsache, ein Mann zu sein, hat einen größeren Einfluß auf das Strafmaß als die Rasse oder ein sonstiger Faktor.[6] Die Richtlinien zur Festsetzung des Strafmaßes wurden jedoch erlassen, um Rassendiskriminierung zu verhindern.

TEIL III. DER STAAT ALS ERSATZEHEMANN

Werden Männer aufgrund dieser Richtlinien weniger diskriminiert? Vielleicht...

- Die Urteilsrichtlinien des Bundesstaates Washington gehören zu den strengsten in den Vereinigten Staaten. Trotzdem fällt das Strafmaß für Männer um 23 Prozent höher aus als das für Frauen.[7] Selbst wenn sich Vorgeschichte und Straftat gleichen, haben Frauen eine um 57 Prozent höhere Chance als Männer, daß die Strafe zur Bewährung ausgesetzt wird.[8] Frauen werden auch eher zur vorzeitigen Entlassung aus dem Gefängnis vorgeschlagen, und 59 Prozent dieser Gruppe kommen tatsächlich früher frei. Hier einige Beispiele für 1991:

Vorzeitig entlassene Ersttäterinnen und Ersttäter (in Prozent)[9]

Straftat	weiblich	männlich
Wohnungseinbruch	63	35
Raubüberfall	20	13
Einbruch	40	32
Schwerer Diebstahl	38	25
Einfacher Diebstahl	17	9
Betrug	48	35
Strafvereitelung	36	15

- Staatsanwälte stellen durchgehend fest, daß Frauen für das gleiche Vergehen fast immer mit einer niedrigeren Kaution davonkommen als Männer.[10]

Frauen werden auch häufiger freigelassen als Männer, wenn sie sich schriftlich verpflichten, zur Verhandlung zu erscheinen. Doch der wirkliche Sexismus beginnt lange vor der Entlassung aus dem Gefängnis...

Partner bei der Straftat, nicht der Strafzumessung

Inoffizielle Absprachen zugunsten der Frauen

Wenn es bei einem verheirateten Paar darum geht, durch inoffizielle Absprachen (plea bargain) dem Gericht Prozeßzeit zu ersparen und mit einem Schuldbekenntnis ein milderes Urteil zu erwirken, heißt es oft: Gut, wir knöpfen uns den Mann vor. Wir geben uns damit zufrieden, wenn der Ehemann ein Geständnis ablegt, die Anklage gegen die Frau wird fallengelassen. Natürlich ist er dann vorbestraft, sie nicht. Wenn sie beide rückfällig werden, wird er »selbstverständlich« härter bestraft.

J. DENNIS KOHLER, Staatsanwalt [11]

Ein Ehepaar betreibt von zu Hause aus illegale Drogengeschäfte. Gemeinsam verpacken sie die Drogen auf ihrem Küchentisch. Im Prozeß wird der Mann als der Drahtzieher bezeichnet und wandert ins Gefängnis. Die Frau bekommt Bewährung. Ein Verteidiger von Dealern nennt diese für Dealer typische unterschiedliche Behandlung das »Drogendealerschema«.[12]

Solche Fälle, in denen die Frau deutlich bevorzugt behandelt wird, sind ein Verstoß gegen die Verfassung, das Diskriminierung aufgrund des Geschlechts verbietet. Wenn Staatsanwälte prinzipiell weißen Männern zusagen würden, ihren Fall nicht weiter zu verfolgen, wenn sie gegen einen Schwarzen aussagen, würde das Rassenunruhen auslösen.

Wenn es sich um ein Paar handelt, vereinbaren die beiden oft, daß er die Sache ausbaden soll, obwohl der Mann meist eine höhere Strafe bekommt und stärker gefährdet ist, im Gefängnis das Opfer einer Vergewaltigung zu werden. Wenn sich Schwarze auf einen solchen Handel einließen, um Weißen aus der Bedrängnis zu helfen, würden Schwarze darin sofort »antrainierte Unterwürfigkeit« sehen.

Auch wenn sie nicht die Rädelsführer waren, bekommen Männer die längeren Gefängnisstrafen*... Warum?

Wenn ein Mann und eine Frau gemeinsam ein Verbrechen begehen und er für die Rolle des »Anstifters« einsteht, erhält die Frau eine geringere Strafe, weil man annimmt, daß sie machtlos war, unter seinem Einfluß stand und gegen ihren Willen an der Sache beteiligt. Wenn die *Frau* die Anführerin ist und der *Mann* ihr zuarbeitet, nützt es ihm nicht viel, wenn er behauptet, unter ihrem Einfluß

---

* Im deutschen Strafrecht wird »der Anführer« immer strenger als der »Beihelfer« bestraft, unabhängig davon, ob eine »Machtlosigkeit« der Frau angenommen wird oder nicht. (Anm. d. Red.)

gestanden zu haben. Nehmen wir den Fall Peggy McMartin: Sie war Rektorin einer Schule und hatte ihren neunzehnjährigen Enkel angestellt; er hatte keine abgeschlossene Schulbildung.[13] Er arbeitete fünf Jahre unter Anleitung seiner Großmutter, dann wurden *beide* wegen sexueller Belästigung von 52 Kindern vor Gericht gestellt. Seine Großmutter bekam nur ein Drittel der Strafe, die über ihn verhängt wurde.[14] Er war fast fünf Jahre in Haft, bis das Gericht endlich feststellte, daß beide *unschuldig* waren. Sie, die Rektorin, war weniger als zwei Jahre im Gefängnis.

Wenn es sich um einen männlichen Schulrektor und seine neunzehnjährige Enkelin gehandelt hätte, wäre sie dann, noch vor dem rechtskräftigen Urteil, fünf Jahre ins Gefängnis gesteckt worden? Hätten wir diesen längsten Prozeß der amerikanischen Verbrechensgeschichte einer unschuldigen jungen Frau, die ihre besten Jahre im Gefängnis verbringen muß, weil sie angeblich Kinder belästigt hat, zugemutet?

Die Todesstrafe: eine Strafe, die nur Männer trifft

> [Dem Henker] fiel es schwer, sich mit der Aufgabe anzufreunden, das Leben einer Angehörigen jenes Geschlechts auszulöschen, von dem es immer geheißen hatte, daß es Achtung und Liebe verdiene, weil es Leben spendet.[15]

- Dreiundzwanzig Amerikaner, deren Unschuld sich später herausstellte, wurden hingerichtet – alle waren Männer.[16]
- In den USA begehen jährlich rund 1900 Frauen einen Mord.[17]
- Wenn Frauen morden, sind ihre Opfer in 90 Prozent der Fälle Männer.[18]

Seit 1954 haben in den USA rund 70 000 Frauen einen Mord begangen. Etwa 60 000 Männer sind ihnen zum Opfer gefallen, und doch ist **keine einzige Frau hingerichtet worden, die einen dieser Männer getötet hat.**[19]

In den letzten vierzig Jahren haben wir Frauen erhöhten Schutz geboten, den für Männer haben wir reduziert. Selbst minderjährige Jungen, wie Heath Wilkins zum Beispiel, haben keinen Schutz erfahren. Das ist seine Geschichte:

– Marjorie Filipiak und der sechzehnjährige Heath Wilkins wurden wegen gemeinschaftlich begangenen Mordes verurteilt. Beide waren keine hartgesottenen Verbrecher. Heath Wilkins wurde zum Tode verurteilt, Marjorie Filipiak wurde freigesprochen.[20]

– Als sich herausstellte, daß Heath Wilkins als Kind sexuell mißbraucht worden war, erkannten die Richter dies nicht als eine mögliche Erklärung für seine Tat an; sie beharrten auf dem Todesurteil.[21] Josephine Mesa hatte die gleiche Vorgeschichte und wurde von der Jury freigesprochen.[22] Josephine Mesa hatte ihren dreiundzwanzig Monate alten Sohn mit einem Toilettenstößel umgebracht.

Im Gefängnis, die Situation in den USA

Weibliche Strafgefangene werden in einer ehemaligen Schule, nicht weit von der Hauptstadt, untergebracht. Die Einrichtungen für Männer sind schlicht und ergreifend Gefängnisse. Dort gibt es Zellen, Wächter, Banden... Die Einrichtung für Frauen hat immer noch etwas von einer Schule, und das Personal dort bemüht sich um Reformen und Rehabilitation.
Rechtsanwalt DAVID D. BUTLER[23], über die unterschiedliche Behandlung von Frauen und Männern in Gefängnissen in Iowa

Ein Gefangener ist um 1 000 Prozent mehr gefährdet als eine Gefangene, durch Selbstmord, Mord oder Hinrichtung zu sterben.[24]

Obwohl Frauengefängnisse sicherer und besser auf Rehabilitation eingestellt sind als Männergefängnisse, bezogen sich sämtliche diesbezüglichen Pressemeldungen der letzten Zeit auf die Misere der weiblichen Strafgefangenen. Die Misere betrifft aber nicht nur die Frauen. Doch was resultiert daraus? In Kalifornien wird z. B. eine Studie finanziert, die sich *ausschließlich mit Gesundheitsfragen der weiblichen Gefangenen befaßt*.[25] Der Bundesstaat Wisconsin wendet für einen weiblichen Sträfling 2 000 Dollar im Monat auf, für einen männlichen 1 000 Dollar.[26]

In einem Bereich sind Frauengefängnisse tatsächlich schlechter ausgestattet: dem der Berufsausbildung. Männer werden eher für besser bezahlte Berufe, wie Schweißer oder Mechaniker, ausgebildet, Frauen ausschließlich für schlechter bezahlte Jobs, wie Kosmetikerin oder Wäschereiarbeiterin.[27] Hier muß sich etwas ändern.

Der Frauenanteil in den Gefängnissen ist mittlerweile landesweit auf sechs Prozent gestiegen,[28] und schon gibt es in vielen Staaten Programme, die inhaftierten Frauen besondere Privilegien verschaffen. In Lancaster, Massachusetts, gibt es für inhaftierte Mütter eigene Räumlichkeiten, damit ihre Kinder sie besuchen können, für Väter gibt es solche speziellen Besuchsräume nicht.[29] Im Bedford-Hills-Gefängnis von New York verfügt die Frauenabteilung über eine Säuglingstation, die Männerabteilung nicht. In Minnesota sind Frauengefängnisse ähnlich wie Schulen in Pavillonbauweise errichtet; weibliche Schwerverbrecher können in Frauenhäusern der Kommunen mithelfen. Für Männer gibt es nichts Vergleichbares.

Frauen im Gefängnis tendieren dazu, ein »abhängiges« Verhalten an den Tag zu legen und eher als Männer mit dem Gefängnispersonal zusammenzuarbeiten, bei Drogenentzugsprogrammen mitzumachen, Beratung in Anspruch zu nehmen[30] und öfter den Gesundheitsdienst des Gefängnisses wegen Kopf- und Magenschmerzen u. ä. aufzusuchen.

Wie es zu Ungleichheiten kommt

Mehr Verurteilungen

Wenn ein Staat bevorzugt Frauen die Möglichkeit einräumt, durch die Aussage gegen einen Mann eine gerichtliche Verurteilung zu umgehen, hat das gravierende Folgen. Die Presse berichtet über die den Mann belastenden Aussagen, und das wiederum bestärkt das Vorurteil über den schuldigen Mann und die unschuldige Frau. Der Glaube an die Unschuld der Frauen wird zur sich selbst erfüllenden Prophezeiung, und deswegen wird Frauen vermehrt die Möglichkeit einer außergerichtlichen Regelung geboten.

Sollten beide ein weiteres Verbrechen begehen, ist der Mann bereits vorbestraft und erhält daher eine schwerere Strafe. Sein langer Gefängnisaufenthalt verhärtet ihn, was ihm das Gericht wiederum ankreidet und was für höhere Rückfallquoten sorgt. Auf diese Weise werden die Vorstrafenregister der Männer länger, die der Frauen werden von vornherein gering gehalten. Es entsteht ein Teufelskreis.

Wie Gleichberechtigungskommissionen die Unterschiede noch verschärfen

In letzter Zeit haben staatliche Untersuchungkommissionen verlauten lassen, daß es die Frauen seien, die diskriminiert werden. Hier ein Beispiel:

> Bei Frauen wird eine Strafe oft zur Bewährung ausgesetzt, Männer sitzen ihre Strafe ab. Die staatlichen Stellen behaupten dann, Frauen würden diskriminiert, weil deren Bewährungszeiten länger sind![31]

Diese Kommissionen beklagen auch den Mangel an ortsnahen Frauengefängnissen. Angehörige, die einen Besuch machen wollen, müssen weite Wege in Kauf nehmen. Der Grund für den Mangel aber wird verschwiegen: Es sind keine weiteren Frauengefängnisse vonnöten, weil Frauen in den Prozessen *zu ihren Gunsten diskriminiert* werden. Würden Frauen gleich oft und gleich hart bestraft wie Männer, gäbe es mehr Frauengefängnisse.

Bei Frauen wird die Strafe häufiger zur Bewährung ausgesetzt, ihre Gefängnisaufenthalte sind kürzer, und sie kommen öfter in therapeutische Einrichtungen statt ins Gefängnis. Sich dann über einen Mangel an Gefängnissen zu beklagen, das nenne ich Chuzpe. Die *New York Times* berichtet jedoch von dieser Forderung, ohne sie zu hinterfragen.[32]

Warum erkennt eine staatliche Kommission nicht, daß der Gleichberechtigung von Männern und Frauen so nicht gedient ist? Weil diese Kommissionen eigentlich feministische Kommissionen sind. Der Staat richtet sich bei der Auswahl der Projekte nach den Empfehlungen feministischer Organisationen wie der NOW oder der Vereinigung der Richterinnen (National Association of Women Judges).[33] Staatliche Kommissionen sind sie nur in dem Sinn, als sie vom Staat *bezahlt* werden, d. h. von uns allen. Die Leitung liegt meist in den Händen aktiver Feministinnen. Aktivisten der Männerbewegung sind in ihnen nur in Ausnahmefällen in leitenden Positionen zu finden.[34] Deswegen nahmen die Kommissionen zwar die Überfüllung der Frauengefängnisse zur Kenntnis, übersahen aber die noch schlimmere Überfüllung der Männergefängnisse. Sie bemerkten die speziellen Frauenprobleme in diesen Einrichtungen, die speziellen Männerprobleme, wie die Vergewaltigung von Männern durch Männer, erfaßten sie nicht.

Eine feministische Staatskommission ähnelt einer Kommission über das Parteienfinanzierungssystem, die von der Regierungspartei eingesetzt worden ist. Stellen Sie sich vor, diese Kommission würde von einer einzelnen politischen Partei finanziert und geführt, andere Parteien wären systematisch ausgeschlossen, und in der *New York Times* würden die Resultate unhinterfragt veröffentlicht. Das wäre ein Skandal. **Wenn die feministische Seite Vergleichbares macht, finden wir das in Ordnung und legitim.** Der Feminismus bestimmt, einem Einparteiensystem ähnlich, einseitig die Politik für beide Geschlechter.

Bestimmen allein die Feministinnen diese Politik?

Verständlich, daß feministische Kommissionen *über* Diskriminierung *selber* diskriminieren. Männerdominierte Gremien legen aber oft die gleiche Befangenheit an den Tag. So erklärt das amerikanische Justizministerium die höheren Haftstrafen der Männer damit,[35] daß Zuchthausstrafen für Männer grundsätzlich härter ausfielen als für Frauen.[36] Das ist Sexismus, denn die Frage lautet doch: Warum werden Männer so behandelt?

Stellen Sie sich vor, Sie lesen in einem Regierungsbericht, ein Geschwisterpaar habe Kaugummi gestohlen. Der Junge wurde zur Strafe ins Gefängnis gesteckt, das Mädchen wurde zur Strafe in ihr Zimmer geschickt. Wenn daraufhin erklärt würde, daß Jungen eher ins Gefängnis gesteckt werden als Mädchen und Gefängnisstrafen im allgemeinen länger dauern als Hausarrest, würden wir dann nicht sagen:»Moment, das trifft nicht den Kern der Sache! Warum landet der Junge zur Strafe im Gefängnis, das Mädchen dagegen nicht? Beide haben doch das gleiche angestellt.«

Das Bedürfnis, Sexismus zu negieren, wenn er sich gegen Männer richtet, ist tiefer verwurzelt und geht über den bloßen Feminismus hinaus. Es ist ein Teil unseres kollektiven unbewußten Verhaltens. Wenn der Mann-als-Beschützer ausfällt, übernimmt der Staat diesen Part.

Der Ritterlichkeitsfaktor[37]

> Weiße der Mittelklasse, die bei der Strafjustiz arbeiten, halten Frauen im Grunde für außerstande, die Verbrechen zu begehen, derer sie angeklagt sind. Deswegen suchen sie nach Begründungen, warum die Frau die Tat nicht begangen haben kann. Doch nur weißen Frauen der Mittelklasse wird diese Sympathie entgegengebracht, den armen Frauen und denen von Minderheiten nicht.
> BARBARA SWARTZ, Direktorin des Frauengefängnis-Projektes[38]

Und so funktioniert der Ritterlichkeitsfaktor: Das Gericht soll alle gleich behandeln. Je mehr ein Richter oder ein Schöffengericht Frauen aber als schwächeres Geschlecht betrachtet, desto größer ist die (meist unbewußte) Tendenz des Gerichts, der Frau *besonderen* Schutz zu gewähren. Damit soll ihre Schwäche kompensiert und Gleichbehandlung erreicht werden. So argumentieren Richter, die wir als chauvinistisch, ritterlich oder patriarchal bezeichnen. So argumentieren aber auch unreife Feministinnen. Chauvinist und Feministin – beide schützen einseitig *Frauen*. Viele Richterinnen dagegen schützen Frauen nicht. Ein Rechtsanwalt drückte es so aus: »Wenn es mehr Richterinnen gäbe, würden mehr Frauen im Gefängnis landen.«[39]

Ritterlichkeit auf ganzer Linie: der Kreislauf

> Ich sage den Frauen, was sie anziehen sollen und welche Frisur für sie vorteilhaft ist. Sie sollen auf die Männer unter den Geschworenen sexy wirken – auch auf den Richter. Die weiblichen Geschworenen soll sie aber nicht mit allzu auffallendem Aussehen gegen sich einnehmen. Am besten ist, wenn die Frau während des ganzen Gerichtsverfahrens leise vor sich hin weint.
> Rechtsanwalt FRANK P. LUCIANNA[40]

»Für einen Staatsanwalt ist es schwer, eine Frau nach Strich und Faden ins Kreuzverhör zu nehmen, weil das die Geschworenen befremdet. Es ist wie ein Eiertanz«, sagt Michael Breslin, Rechtsanwalt aus New Jersey.[41] Er behauptet, daß alle diesen Beschützerinstinkt haben, besonders jedoch ältere Geschworene. Ein auf Zivilrecht spezialisierter Anwalt meint schlicht: »Ich vertrete viel lieber weibliche Klienten, weil das System ganz klar auf ihrer Seite ist.«[42] Richter, Geschworene, Rechtsanwälte, Klientinnen und die Polizei: Zusammengenommen bilden sie den geschlossenen Kreislauf. Rechtsanwälte aus vielen Städten berichten, es sei so unwahrscheinlich, daß eine Frau wegen Trunkenheit am Steuer verurteilt wird, daß die Polizei sich nicht mehr die Mühe macht, sie anzuzeigen.[43] Es stimmt, und es ist unfair, daß wir ein »männerdominiertes Rechtssystem haben mit chauvinistischen Richtern«. Männer, die höhere Strafen bekommen, finden es reichlich unfair.

Nicht nur das Strafrecht, auch das Familienrecht ist von diesem Beschützerinstinkt zugunsten der Frauen durchdrungen. Bei geschiedenen Vätern und Müttern ist das ziemlich offensichtlich: **Frauen sagen wir, sie hätten ein Recht auf die Kinder, und Männern, sie hätten um die Kinder zu kämpfen.** Weniger offensichtlich ist die Ungerechtigkeit, wenn es um die eheliche Zugewinngemeinschaft geht. Erinnern Sie sich an den Fall von Jim und Tammy Faye Bakker?

Die eheliche Zugewinngemeinschaft: Sie hat Rechte, er Pflichten

Als sich Tammy Faye Bakker von Jim scheiden ließ, bekam sie die Hälfte der Geschäftsgewinne. Warum? In der Ehe sind beide gleichberechtigt. Wie ein Paar die Rollen aufteilt, ist seine Privatsache. Die Zugewinngemeinschaft machte jedoch die gleichen Rechte und Pflichten, was die Gewinne und Schulden eines Paares anging, zu einer öffentlichen Angelegenheit. Jim und Tammy Faye hatten das gleiche Anrecht auf den Gewinn, egal wie sie die Rollen aufgeteilt hatten. Als dann aber das Geschäft Pleite ging, endete das Ganze für Jim mit einer Gefängnisstrafe von vierzig Jahren; Tammy Faye ging straffrei aus. Sie mußte nicht einmal vor Gericht erscheinen.*

---

* Nach deutschem Recht kann ein Geschäftszusammenbruch nur handelsrechtliche oder strafrechtliche Konsequenzen haben, aber keine Auswirkungen auf die familienrechtlich geregelte Zugewinngemeinschaft. (Anm. d. Red.)

Auf den ersten Blick mag das gerechtfertigt erscheinen, *falls* sie nicht über die Vorgänge informiert worden war. Wenn Gleichberechtigung bedeutet, daß die Frau ein gesetzliches Recht auf den Zugewinn in einer Ehe hat, ungeachtet der Rolle, die sie übernimmt, oder wie die Gewinne zustande kommen, bedeutet das auch, daß sie vor dem Gesetz die Verantwortung für alle Unregelmäßigkeiten trägt, mit denen diese Gewinne erzielt wurden – unabhängig von ihrem Part, den sie dabei spielte. **Aus der rollenunabhängigen Zugewinngemeinschaft muß eine rollenunabhängige Verantwortungsgemeinschaft werden.**

Trägt ein Mann für Finanzaktionen nicht doch die größere Verantwortung für den Fall, daß er mit dem Gesetz in Konflikt gerät? Schließlich ist Geld sein traditioneller Bereich. Ja, aber nur, wenn er auf die Fragen seiner Frau systematisch falsche Antworten gegeben hat. **Wenn ein verheirateter Mann mehr Verantwortung trägt als seine Frau, wenn etwas mit den Finanzen schiefgeht, dann sollte eine verheiratete Frau mehr Verantwortung tragen als ihr Mann, wenn es Probleme mit den Kindern gibt.** Niemand würde wagen, für den Schaden, den Kinder anrichten, *allein die Mutter* finanziell zur Verantwortung zu ziehen, weil »der Vater nichts von den Schwierigkeiten seiner Kinder gewußt hat«. Wir würden sogar sagen, daß diese Ahnungslosigkeit des Vaters den Schaden *mit verursacht* hat. Den ahnungslosen Vater betrachten wir als nachlässig, nicht als unschuldig.

Wenn ein Kind einen Schaden verursacht, sind theoretisch beide Eltern dafür verantwortlich, praktisch verdient jedoch der Mann das Geld für die Schadensregulierung. Niemand sagt zu der Mutter: »Sie haben sich die Kritik Ihres Mannes an der Überbehütung Ihrer Kinder lautstark verbeten. Deswegen hat er sich zurückgezogen. Nun müssen Sie für den Schaden von einer halben Million aufkommen, den ihr Sohn verursacht hat, weil er ohne Haftpflichtversicherung einen Autounfall hatte. Wenn Sie sich weigern zu zahlen, kommen Sie ins Gefängnis.« Es ist immer der *Mann*, der zur Kasse gebeten wird, wenn etwas mit der weiblichen oder der männlichen Rolle schiefläuft.

Die Zugewinngemeinschaft verstärkt die traditionellen Geschlechterrollen, weil sie dem Ehemann die gesamte finanzielle Verantwortung zuschreibt. Sie muß eine echte Verantwortungsgemeinschaft werden. Wenn die Frau sagt: »Unterschreibe du die Urkunde und den Scheck«, erspart sie sich vielleicht eine Gefängnisstrafe, hat aber vollen Anteil an einem möglichen Gewinn. Wenn er durch Steuerhinterziehung, die Weitergabe von Insiderwissen oder Drogenhandel ein Vermögen macht und nicht erwischt wird, profitiert auch sie von dem Geld. Im Fall einer Verurteilung droht ihm Gefängnis, ihr nicht. In ihrer heutigen Form ist die Zugewinngemeinschaft ungerecht, weil sie Frauen alle Rechte gibt und den Männern sämtliche Pflichten aufbürdet.

Wenn eine Frau sich des Vorteils ihrer finanziellen Ahnungslosigkeit bewußt ist, so ist das für den Mann gefährlich. Er macht sich eher schuldig, wenn sie sich aus Geldsachen heraushält. Je größer ihre finanzielle Ahnungslosigkeit, desto schwerer seine finanzielle Bürde und desto größer die Versuchung für den Mann, die Grenzen des Gesetzes auszuloten. Was wäre, wenn er sich nie um die Kinder kümmern würde? Dann würde seine »Unschuld« schwer auf ihren Schultern lasten und für die Kinder Nachteile mit sich bringen. Bisher haben nur wenige Richter einen Zusammenhang zwischen finanzieller Unschuld und finanzieller Schuld hergestellt.

Wenn eine Frau ihre finanzielle Unwissenheit pflegt und gleichzeitig finanziellen Druck ausübt, ist der Mann extrem gefährdet.

Er spürt den psychologischen Druck, ein größeres Haus zu kaufen, und unternimmt Transaktionen, die am Rand der Legalität sind. Wenn die Sache gutgeht, steigen die Erwartungen an ihn, und bald gibt es einen neuen Druck (die Kinder sollen auf eine bessere Schule), und er treibt illegale Geschäfte. Wenn er erwischt wird, sagt er vor Gericht nicht: »Ich habe mich von meiner Frau psychologisch unter Druck gesetzt gefühlt, Euer Ehren. Ich hatte dieses Gefühl von ›antrainierter Hilflosigkeit‹.« Er würde sonst ausgelacht.

Wenn Mann und Frau das Vermögen gemeinsam besitzen, aber nur er die Verantwortung trägt, fallen wir in eine Zeit zurück, in der Frauen wie unmündige Kinder behandelt wurden. Familien fußten dann nicht auf der Basis von Gleichheit, sondern auf Unschuld. Wir befinden uns wieder im ersten Stadium, als die Trennung der männlichen und weiblichen Arbeitsbereiche auch zu einer Trennung der Interessen führte. Wenn Besitz *und* Verantwortung geteilt werden, führt das zu gemeinsamer Arbeit und zu gemeinsamen Interessen. Daraus gehen Familien des zweiten Stadiums hervor, die durch Teamarbeit, wie sie das zweite Stadium vorsieht, zur stabilen Einheit werden.

Zugewinngemeinschaft ohne gemeinsame Verantwortung schadet den Frauen*

Die Zugewinngemeinschaft ohne gemeinsame Verantwortung gereicht Frauen letztlich zum Nachteil. Ihre Unwissenheit in Geldsachen zahlt sich nur kurzfristig aus. Langfristig führt sie zu der verbreitetsten Form »antrainierter Hilflosigkeit«, der finanziellen Ahnungslosigkeit. Wenn eine Frau mit ihrer Ehe unzufrieden und sich ihrer finanziellen Ahnungslosigkeit bewußt ist, ist ihr klar, daß sie nach einer Scheidung nicht gut zurechtkommen wird. Sie wird Angst davor entwickeln, ihre wahren Gefühle auszudrücken, und fühlt sich bald wie eine Prostituierte.

Dieses Gefühl ist ein Teil der moralischen Zwickmühle von Frauen. Wir können uns nicht wirklich als moralisch gefestigt betrachten, bevor wir wissen, welche Kompromisse wir einzugehen bereit sind, um unsere Familie finanziell abzusichern. Unwissenheit in finanziellen Dingen erlaubt vielen Frauen den Luxus, sich mit Spiritualität oder ausschließlich mit der Familie zu befassen. Sie brauchen sich nicht mit Geldsachen die Finger schmutzig zu machen. Eine Frau, die sich der moralischen Verantwortung für die Finanzen entzieht, kann sich als moralisch höherstehend betrachten. Doch das Gefühl der moralischen Überlegenheit beschert ihr andererseits das Gefühl, sich zu prostituieren. Sie steckt in einer moralischen Klemme.

Das gleiche kollektive Unbewußte, das allein dem Mann die finanzielle Verantwortung und beiden Eheleuten den gemeinsamen Besitz zuschreibt, siedelt die Frau auf der Stufe eines Kindes an. Das war nachvollziehbar, solange sich die Welt noch im ersten Stadium

---

* Im deutschen Recht wird der Anteil am Erreichen des Zugewinns bei der Frau darin gesehen, daß sie für die Reproduktion der Familie sorgt und damit den Mann überhaupt erst in die Lage versetzt, gewinnbringende Geschäfte zu tätigen. (Anm. d. Red.)

befand. Im Jahr 2020 wird möglicherweise eine Frau Präsidentin der Vereinigten Staaten sein (zuvor hatte sie möglicherweise den Posten einer Vizepräsidentin inne). Eine solche Frau als Kind anzusehen heißt dann wohl, daß das Land von einem Kind regiert werden würde. Ist das überzogen dargestellt? Nun, denken Sie daran, daß wir Geraldine Ferraro wie ein Kind behandelt haben: Als ihr Mann ihre Wahlkampagne finanzierte, betrachteten wir dieses Geld als Familienbesitz, das zur Hälfte ihr gehörte. Dann tauchte der Verdacht auf, das Geld könnte illegal erworben worden sein. Nur ihrem Mann drohte eine Gefängnisstrafe. Man warf ihm vor, »Geraldine Ferraro demontiert« zu haben. Mrs. Ferraro wurde nicht als Gleichverantwortliche behandelt. Haben wir sie unbewußt als Kind betrachtet? Sehen wir uns die Sache genauer an:

Hätte ein Hausmann sich für ein Amt beworben und das Geld, das seine Frau verdient hat, für die Wahlkampagne eingesetzt, hätte es geheißen: Er nützt sie aus. Wir hätten uns gefragt, ob einem Mann, der nicht einmal für den Unterhalt seiner Familie genügend Geld verdient, die Finanzen eines ganzen Landes anvertraut werden können. Wenn seine Frau das Geld dann auch noch illegal erworben hätte, würden wir sagen: »Wenn er nicht mal sein eigenes Haus von Korruption frei halten kann, wie dann eine Regierung? ... Wenn er mit der Person, die er liebt, nicht die Verantwortung für die Korruption teilt, wie dann die Verantwortung mit den vielen Fremden, die er zu ernennen hat?«

Als aber eine Feministin und potentielle amerikanische Präsidentin das Geld verwendete, das ihr Mann verdient hatte, wurde das von niemandem hinterfragt. Wir haben auch nicht gefragt, ob sie ein Anrecht auf das Geld hatte sowie das Recht, die Verantwortung für finanzielle Unregelmäßigkeiten abzulehnen. Niemand hat eingewandt: »Wenn sie in guten Zeiten ein Team waren, warum nicht auch in schlechten Zeiten?« **Wir haben die Angriffe auf ihn als Sexismus gegen sie betrachtet, nicht gegen ihn.** (Wenn ein Mann zur Kandidatur steht, wird der Mann wegen solcher finanziellen Unregelmäßigkeiten ins Verhör genommen; verhält es sich umgekehrt, wird ebenfalls der Mann dazu verhört. Das ist eine Diskriminierung der Männer.)

Wenn wir Frauen ermutigen, für ein hohes politisches Amt zu

kandidieren, müssen wir sie auch in jeder Hinsicht wie Erwachsene behandeln. Sonst wird das Land einmal von einem Kind regiert. Und wie kommen wir zu einer Lösung? Besitz muß geteilt werden, die Verantwortung gleichermaßen. Dann entwickeln sich Familien im zweiten Stadium für ein Land im zweiten Stadium.

12. KAPITEL
Mörderinnen und gerichtliche Freisprüche: zwölf mildernde Umstände, die nur für Frauen gelten

Es sind sowohl Männer als auch Frauen, die nahe Angehörige umbringen. Wie nach der Tat mit ihnen verfahren wird – darin liegt der Unterschied. Frauen, die einen vorsätzlichen Mord begangen haben, können zwölf mildernde Umstände geltend machen, die vielfach zur Folge haben, daß die Anklage fallengelassen oder erheblich eingeschränkt wird. Bisher hat kein Mann in ähnlichen Fällen erfolgreich diese mildernden Umstände ins Feld führen können. Es gibt auch keine vergleichbaren Rechtfertigungen, die nur für Männer gelten. *Jeder einzelne* mildernde Umstand verletzt daher die in der Verfassung garantierte Gleichheit vor dem Gesetz. Alle zwölf zusammen sind der schlagende Beweis, daß in unserem Rechtssystem mit zweierlei Maß gemessen wird. Diese Doppelmoral in der Rechtsprechung wird unserem Rechtssystem auf Jahrzehnte hinaus weiter großen Schaden zufügen und die Entscheidung unserer Kinder beeinflussen, ob sie sich auf eine Ehe einlassen oder nicht. Hier die Erläuterung aller zwölf mildernden Umstände:

I. »DIE UNSCHULDIGE FRAU«

Ich beginne mit dem Grundsatz von der »unschuldigen Frau«, weil er allen zwölf mildernden Umständen zugrunde liegt. Wir könnten es auch das »weibliche Glaubwürdigkeitsprinzip« nennen, wegen der Tendenz, Frauen für glaubwürdiger zu halten als Männer, weil sie als die grundsätzlich unschuldigeren von beiden gelten. Wenn eine Frau ihre Behauptung, vergewaltigt oder vom Ehemann mißhandelt worden zu sein, zurücknimmt, wird ihr diese Zurücknahme oft *nicht* abgenommen. Der Glaube an die prinzipielle Unschuld der Frau ist also noch stärker als die Tendenz, Frauen alles abzunehmen. Der Fall von Bessie Reese ist ein Beispiel dafür ...

Bessie Reeses Ehemann unternahm eine Reise und beschloß, nicht zu Bessie zurückzukehren. Weil ihr Mann zusammen mit James Richardson fortgegangen war, rächte sich Bessie an ihm. Sie vergiftete das Essen der sieben Kinder von Richardson. Alle sieben Kinder starben.[1]

Bessie Reese geriet nie in Verdacht. Sie mußte sich nie einem Lügendetektortest unterziehen. War dieses Vertrauen gerechtfertigt? Eigentlich nicht. Sie hatte schon einmal vor Gericht gestanden, weil sie ihren ersten Mann vergiftet hatte (sie wurde freigesprochen[2]), und war einmal verurteilt worden, weil sie ihren zweiten Mann erschossen hatte (sie war kurze Zeit im Gefängnis).

James Richardson wurde zum Tode verurteilt. Als Bessie den Kindern das Mittagessen auf den Tisch gestellt hatte, arbeiteten James und seine Frau jedoch acht Meilen weit weg auf einer Orangenplantage in Arcadia, Florida. Richardson wurde fälschlicherweise beschuldigt, den Lügendetektortest nicht bestanden zu haben. Der Staatsanwalt, der Richardsons Berufung bearbeitete, gab zu, daß im ersten Prozeß niemand den Test zu sehen bekommen habe.[3]

James Richardson mußte buchstäblich mit ansehen, wie sein Sarg gezimmert wurde. 1972 wurde dann das Todesurteil vorläufig aufgehoben, und Bessie Reese gab endlich zu, daß sie die Kinder vergiftet hatte. Zu dem Zeitpunkt saß James bereits zwanzig Jahre im Gefängnis. Doch der Glaube an die »unschuldige Frau« und den »schuldigen Mann« war so unerschütterlich, daß selbst eine zweite eidesstattliche Erklärung von Bessie nicht ausreichte, um den Fall wieder aufzurollen. **Das zeigt uns, wie das »Prinzip der unschuldigen Frau« funktioniert: Wenn Frauen ihre Unschuld an einem Verbrechen beteuern, wird ihnen geglaubt, und wenn sie sich eines Verbrechens bezichtigen, wird ihre Glaubwürdigkeit angezweifelt.**

Es mußte erst Proteste wegen Rassismus geben (James war schwarz, Bessie weiß), damit Richardsons Fall neu verhandelt und er freigelassen wurde. Er hatte einundzwanzig Jahre im Gefängnis hinter sich. Ich habe mich bei dem neu eingesetzten Staatsanwalt erkundigt, warum nie ein Verdacht auf Bessie gefallen sei. Er wollte sich offiziell dazu nicht äußern, meinte aber, daß »viele Leute in der Stadt gesehen haben, daß der Sheriff monatelang zu jeder Tages- und Nachtzeit bei Bessie Reese ein und aus ging.[4] Es gab Gerüchte über eine Affäre der beiden.«

Rassismus wird wahrgenommen, Sexismus nicht

Dieser Fall ist als ein Beispiel für Rassismus in die Annalen eingegangen. Wenn es jedoch rein um Rassismus gegangen wäre, wäre die schwarze Mrs. Richardson ebenso verhört worden. Obwohl sich Mrs. Richardson am selben Ort wie ihr Mann aufhielt zum Zeitpunkt, als die Kinder vergiftet wurden, wurden weder sie noch Bessie ernsthaft als Verdächtige in Betracht gezogen. Der Verdacht fiel allein auf den Mann.

Der Fall Bessie Reese ist ein Fall von Sexismus. Dies wird in der Weigerung der Öffentlichkeit deutlich, den nötigen politischen Druck zu erzeugen, auch Bessie der Tat zu verdächtigen. Dabei hatte sie bereits zwei Gattenmorde begangen, und es gab Gerüchte über ihre Affäre. Bessies sexuelle Macht brachte den Sheriff so weit, daß er selbst kriminell wurde, um Bessie zu schützen. Das ist Sexismus der übelsten Art. Wenn wir Frauen, die töten, beschützen, zahlen wir einen hohen Preis: Sie werden weiter morden, genau wie männliche Mörder. Sie bringen nicht nur Männer um, deren Leben wir weniger Wert beimessen als dem von Frauen, sondern auch Kinder. Bis heute wurde Bessie Reese nicht wegen der von ihr gestandenen Morde verurteilt.[5]

Von der Schwierigkeit, die Unschuld einer Frau in Zweifel zu ziehen – Tawana Brawley

Die fünfzehnjährige schwarze Tawana Brawley behauptete, von einer Bande weißer Rassisten vergewaltigt, in eine Abfalltonne gesteckt und mit Exkrementen überschüttet worden zu sein.[6] Ein Arzt sagte aber aus, daß er keine Anzeichen für eine Vergewaltigung oder sonstige

Gewaltanwendung festgestellt habe. Eine Frau gab zu Protokoll, daß sie gesehen habe, daß Tawana von sich aus in die Abfalltonne geklettert sei. Außerdem wurden in Tawanas Nase Wattepfropfen gefunden, die den Gestank abhalten sollten. Trotzdem sagte Mario Cuomo, der Gouverneur von New York: »Sie können mir nicht erzählen, daß sie das selber gemacht hat, außer Sie können mir ein Motiv nennen.«

Es wurde ihm durchaus ein Motiv genannt: Tawana und ihre Mutter brauchten für den Freund der Mutter, mit dem sie zusammenlebte, eine Ausrede, weshalb Tawana nicht nach Hause gekommen war. Dem Gouverneur scheint es ein dringlicheres Anliegen gewesen zu sein, das Bild von der unschuldigen Frau aufrechtzuerhalten, und seine Angst, als Rassist oder Sexist dazustehen, war so groß, daß er das Motiv lieber nicht zur Kenntnis genommen hat.

Die Öffentlichkeit hat nur den Rassismus hinter Tawana Brawleys Schwindel wahrgenommen, nicht den Sexismus. Die beiden Frauen haben sich gemeinsam eine Geschichte mit gleich mehreren männlichen Verbrechern und einem einzelnen weiblichen Opfer ausgedacht. Niemand hat ihnen vorgehalten, daß sie das Stereotyp vom Mann als Vergewaltiger verstärkt haben sowie das Bild vom Mann, der mit anderen Männern zusammen, als Mitglied einer Gruppe, über Frauen herfällt. Sie hatten mit der Angst der Frauen vor Männern gespielt. Ein Mann hat seine Vertrauenswürdigkeit gegenüber einer Frau unter Beweis zu stellen. Der Rassismus wurde zur Kenntnis genommen, der Sexismus nicht.

Arsen und Spitzenhäubchen

Als Blanche Taylor Moore und ihr Mann auf Hochzeitsreise waren, fühlte er sich plötzlich so elend, daß er ins Krankenhaus gebracht werden mußte. Der Arzt stellte eine Arsenvergiftung fest. Die erste Dosis war nicht stark genug gewesen, um ihn umzubringen, worauf Blanche eine weitere Ration in seine Milch rührte. Als die Sache herauskam, erinnerten sich einige Leute in ihrem Wohnort, daß Blanches erster Mann an Arsenvergiftung gestorben war. Andere erinnerten sich, daß ein Freund einem »Herzinfarkt« erlegen sei. Jetzt schöpfte die Polizei Verdacht. Der Leichnam des Freundes wurde exhumiert, und es konnten Spuren von Arsen nachgewiesen werden. Dann wurde ihr Vater exhumiert. Auch in dessen Leiche wurde Arsen nachgewiesen.[7]

Als Blanches Taten bekannt wurden, gingen einige zur Polizei, weil sie den Verdacht hatten, daß Blanche auch ihre Verwandten vergiftet habe. Blanche hatte fünfundzwanzig Jahre lang als unschuldig gegolten. Soviel ich weiß, wurde noch kein Mann als unschuldig angesehen, von dem die Mutter, die erste Frau, die Freundin und beinahe auch die zweite Frau an Vergiftung gestorben sind. Schon gar nicht, wenn sich alle Morde am selben Ort abgespielt haben wie in Blanches Fall. Kann es sein, daß gegen Blanche nicht so sorgfältig ermittelt wurde, wie man es bei einem Mann getan hätte? Und daß sie deswegen stets aufs neue Menschen umbringen konnte?

Die Excedrin-Vergiftungen: »Nimm zwei, und du bist tot.«

Fünf Jahre lang studierte Stella Nickell Bücher aus der Leihbibliothek über Gifte und experimentierte mit diversen Giften an Bruce, ihrem Mann.[8] Schließlich hatte sie einen Weg gefunden: Sie mixte Excedrin (Schmerzmittel) mit Zyankali und wartete Bruces todbringenden Kopfschmerz ab. Bei der gerichtlich angeordneten Untersuchung der Todesursache wurde das Zyankali nicht gefunden, und im Untersuchungsbericht wurde ein Lungenemphysem als Todesursache angegeben. Das ärgerte Stella. Sie war darauf aus, daß das Zyankali entdeckt wurde. Es sollte nach einer versehentlich falsch dosierten Einnahme von Excedrin aussehen, nach einer Art »Unfall«. Warum? Bei einem Unfall bekäme sie 176 000 Dollar von der Versicherung, bei einem Tod durch Herzversagen aber nur 71 000 Dollar. Um zu beweisen, daß es sich um einen Unfall gehandelt hatte, ging sie in die Supermärkte der Umgegend und bot mit Zyankali versetztes Excedrin zum Kauf an. Eine Frau namens Sue Snow kaufte davon und starb daran.[9] Sofort traten fünfundachtzig FBI-Beamte und Polizisten auf den Plan. Schließlich wurde Stella überführt und verurteilt. Doch allein Stellas Gier hat zu ihrer Verurteilung geführt.

Genau wie im Fall von Blanche Taylor Moore setzen wir das Leben unschuldiger Männer und Frauen aufs Spiel, wenn wir unbewußt von der Annahme ausgehen: Sie ist eine Frau, also ist sie unschuldig, weitere Nachforschungen erübrigen sich. Stella und Blanche wurden von vornherein keinem Verhör unterzogen. Sie galten nicht als Kriminelle, nein, sie waren frei, konnten ihre Kinder versorgen, die Versicherungssumme kassieren und wieder heiraten. Wölfen im Schafspelz gleich konnten die Serienmörderinnen weitere Opfer umbringen.

Von der Schwierigkeit, einem Mann zu glauben

Delissa Carter hatte ihre Mutter erstochen. Sie behauptete, sie sei *Augenzeugin*, daß der Mörder ihr Mann Nathaniel gewesen sei.[10] Zwei Zeugen sagten aus, daß sich Nathaniel zur Tatzeit in Peekskill, New York, aufgehalten habe, also weit entfernt vom Tatort. Obwohl Delissa sich am Tatort aufgehalten hatte, galt dem Obersten Gerichtshof von New York ihr Wort mehr als das ihres Mannes und das zweier Zeugen. Nathaniel wurde zu fünfundzwanzig Jahren Gefängnis verurteilt. Von drei Zufällen hing es dann ab, sonst hätte Nathaniels Unschuld nicht bewiesen werden können.[11] Zu dem Zeitpunkt saß er aber schon seit einem Jahr im Gefängnis.

Was geschieht, wenn ein Mann und eine Frau vor Gericht stehen und beide darum kämpfen, daß der Richter und die Geschworenen ihnen Glauben schenken, und ihre Glaubwürdigkeit gegeneinander abgewogen werden muß? Solange nicht das Gegenteil bewiesen ist, wird die Frau automatisch für unschuldig angesehen und der Mann für schuldig. Das Prinzip der unschuldigen Frau liegt allen zwölf mildernden Umständen zugrunde.

II. DAS PRÄMENSTRUELLE SYNDROM (»BIOLOGIE ALS SCHICKSAL«)

Als Dr. Edgar Berman 1970 erklärte, daß die weiblichen Hormone während der Menstruation und Menopause die Entscheidungsfähigkeit von Frauen einschränkten, erregte das den Zorn der Feministinnen. Er galt bald als Paradebeispiel eines chauvinistischen

Arztes.¹² Doch um 1980 hieß es von einigen Feministinnen, daß das prämenstruelle Syndrom (PMS) mit ein Auslöser sein könne, wenn eine Frau einen Mann ermordet, und daß eine Frau unter diesen Umständen freizusprechen sei. In England kam Christine English frei, weil ihre »prämenstruellen Spannungen« als strafmildernd anerkannt wurden. Sie hatte gestanden, mit ihrem Auto, in dem auch ihr Freund saß, einen Strommast gerammt zu haben, um ihn *vorsätzlich* zu töten. Ein anderer Fall: Sandie Smith hatte einen ihrer Kollegen umgebracht, und ihre Strafe wurde zur Bewährung ausgesetzt. Sie mußte sich lediglich verpflichten, sich einmal im Monat Progesteron injizieren zu lassen, um ihre prämenstruellen Spannungen zu regulieren.¹³

Um 1990 galt nicht mehr allein PMS als Rechtfertigung für einen Mord, sondern es konnten andere hormonelle Probleme als Auslöser für einen Mord ins Feld geführt werden. Sheryl Lynn Massip legte ihren sechs Monate alten Sohn unter ihr Auto und überrollte ihn mehrmals. Sie war sich nicht sicher, ob er tot war, und überfuhr ihn ein weiteres Mal. Sie berief sich auf eine nachgeburtliche Depression und mußte sich daraufhin einer *ambulanten* medizinischen Behandlung unterziehen.¹⁴ Keine einzige Feministin hat dagegen Protest eingelegt.

In den 70er Jahren hatte es von feministischer Seite geheißen: »Über meinen Körper bestimme ich.« In den 80er und 90er Jahren hieß es: »Über meinen Körper bestimme ich, wenn mir das mehr Möglichkeiten gibt zu morden.« Und: »Über meinen Körper kann *nicht* ich bestimmen, wenn mir das mehr Möglichkeit zu morden verschafft.«

Das Magazin *Ms.* hat zu diesem Widerspruch eingewandt: »Jede Frau ist eben anders.«¹⁵ Das stimmt. Doch PMS als Strafmilderungsgrund heranzuziehen, ist Sexismus und kann sich schnell gegen die Frauen selbst richten. Warum? Wenn eine Frau unter PMS-Einfluß Gefahr läuft, einen Mord zu begehen, darf sie dann unter diesem Hormoneinfluß Auto fahren ... und wenn ihr gar nicht bewußt ist, daß sie unter PMS-Einfluß steht, darf sich dann eine Frau überhaupt noch ans Steuer setzen? Auch hier gilt wieder: Frauen werden wie Kinder behandelt.

Die Rechtfertigung, daß »manche Frauen stärker von Hormonen

beeinflußt werden als andere«, gibt einer Frau die Möglichkeit, sich
für einen Managerposten zu bewerben und zu verkünden: »Stellen
Sie mich ein, PMS ist für mich kein Problem«; eine andere kann
morden und fordern: »Lassen Sie mich frei, ich leide unter PMS.«
Sie kann auch einen Managerposten antreten, dann einen Mord
begehen und verlangen: »Lassen Sie mich frei, ich leide seit kurzem
unter PMS.« *All dies ist rechtens.* Wenn weiterhin der Hormoneinfluß einer Frau vor Gericht als Rechtfertigung für Mord akzeptiert
wird, wird das auf die Beschäftigungssituation von Frauen Einfluß
haben. Begünstigung von Frauen wendet sich am Ende gegen sie.

Die PMS-Rechtfertigung ebnet der Testosteron-Rechtfertigung
den Weg: Wenn eine Frau einen Mord begeht und sich dann mit
PMS herausreden kann, warum sollte sich ein Mann nach einer
verübten Vergewaltigung dann nicht mit dem Einfluß von Testosteron herausreden? Und die Lösung? Das Verbrechen muß bestraft
werden – der Einfluß weiblicher oder männlicher Hormone auf das
Begehen einer Tat darf im Hinblick auf die Strafzumessung nur eine
untergeordnete Rolle spielen.

III. DER EHEMANN, DER ZUM EINLENKEN BEREIT IST

Der Film *I Love You to Death* beruht auf der wahren Geschichte
einer Frau, die ihren Mann umbringen will, als sie feststellt, daß er
ihr untreu gewesen ist. Zusammen mit ihrer Mutter versucht sie
ihn zu vergiften. Dann heuern sie einen Schlägertrupp an, der ihn
malträtiert und ihm einen Kopfschuß verpaßt. Durch einen Zufall
werden sie überführt und kommen ins Gefängnis. Wie durch ein
Wunder hat der Mann überlebt.

Was war sein erster Schritt? Sobald er sich wieder erholt hatte,
informierte er die Polizei, daß er keine Anzeige erstatten würde.
Was hat er als nächstes getan? Er hat den Mordversuch seiner Frau
verteidigt. Weil er ihr untreu gewesen war, fühlte er sich so nieder-
trächtig, daß er seiner Frau *dankte*! Dann bat er sie, sich wieder mit

ihm zu versöhnen. Sie hat ihn zunächst beschimpft und sich dann einverstanden erklärt.

I Love You to Death beruht auf einer wahren Geschichte und ist als eine Komödie verfilmt worden. Stellen Sie sich vor, welche Proteste es hageln würde, wenn eine *wahre* Geschichte von einem Mann, der vorhat, seine Frau umzubringen, in Form einer Komödie verfilmt würde. Ist dieses Musterbeispiel eines Ehemanns, der zum Einlenken bereit ist, eine Ausnahme? Nein. Folgende Geschichte ist kaum zu glauben: »Frau schießt fünfmal auf ihren Mann und bekommt Bewährung«,[16] so faßte die treffende Schlagzeile den Vorgang kurz und knapp zusammen.

Als Jennifer Eidenschink und ihr Mann Steven sich trennten, hat Jennifer sich eine Pistole besorgt. Sie bittet ihren Mann herzukommen, um einen präparierten Tierkopf von der Wand zu nehmen. Während er damit beschäftigt ist, feuert sie acht Kugeln aus ihrer 22er Halbautomatik-Pistole auf ihn ab.[17] Fünf Schüsse treffen ihn, drei davon in den Bauch.

Steven, ein Sportler, hat einen irreparablen Nervenschaden und eine Gehbehinderung davongetragen. Er kann keinen Sport mehr treiben, der ihm so viel bedeutet hatte. Jennifer hat behauptet, daß er sie mißbraucht habe. Weil Steven überlebt hat, konnte er sich dagegen verwahren, und sie mußte zugeben, daß sie gelogen hatte.[18] Das Gericht von Wisconsin hat sie freigesprochen. Sie mußte lediglich eine Beratungsstelle aufsuchen und eineinhalb Wochen in einer sozialen Einrichtung arbeiten. Nach einer Anklage wegen versuchten Mordes! Der Richter war von zwei Dingen beeinflußt: Die Kinder brauchten ihre Mutter, und noch Stevens Aussage *zugunsten seiner Frau*.[19] Doch es geht noch weiter ...

Als es Steven besser ging, zog er wieder zu seiner Frau – wie im Kino! Ach ja, Jennifer wurde dazu verurteilt, 22 000 Dollar für Stevens ärztliche Behandlung zu bezahlen. Jennifer hatte aber kein eigenes Einkommen. *Sie dürfen raten, wer diese Rechnungen bezahlt hat.* Es liegt einem auf der Zunge zu sagen: »O Gott, die haben es nicht anders verdient!« Es geht hier aber um etwas anderes. Ich erwähne den »stets zum Einlenken bereiten Ehemann« deshalb, weil ich noch von keiner Frau gehört habe, die ihren Mann verteidigt hätte, nachdem er sie zu ermorden versucht hat.

Der »zum Einlenken bereite Ehemann« ist ein Beispiel für »erlernte Hilflosigkeit«. Wenn eine Frau auch nur ansatzweise erlernte Hilflosigkeit an den Tag legt, sehen wir darin eine Krankheit, ja eine so erhebliche Behinderung, daß sie als Rechtfertigung für die Ermordung eines Mannes akzeptiert wird. Wenn ein Mann einen Mordversuch an einer Frau begeht und Symptome erlernter Hilflosigkeit zeigt, kann er sie ausgeschlossen zu seinen Gunsten einsetzen... Er kann erlernte Hilflosigkeit nur einsetzen, um die Frau zu verteidigen, die ihn umzubringen versucht hat. Das funktioniert folgendermaßen...

IV. DAS »SYNDROM DER GESCHLAGENEN FRAU« – EIN FALL VON »ERLERNTER HILFLOSIGKEIT«

Dezember 1990. Der Gouverneur von Ohio entläßt fünfundzwanzig Frauen aus dem Gefängnis, die wegen Mord an ihren Männern oder Freunden verurteilt worden waren.[20] Alle Frauen hatten behauptet, daß ihr Mann sie mißbraucht habe. In den Monaten darauf folgten andere Gouverneure diesem Beispiel.[21]

Bis 1982 wäre jeder ausgelacht worden, der einen *vorsätzlichen* Mord als Notwehr bezeichnet hätte. Doch dann gewann Lenore Walker den ersten Prozeß, in dem die Theorie von der erlernten Hilflosigkeit auf eine Frau angewandt wurde. Diese Theorie besagt, daß eine Frau, die von ihrem Mann oder Freund geschlagen wird, um ihr Leben fürchtet und sich so hilflos fühlt, daß sie ihn nicht zu verlassen wagt. Wenn sie ihn umbringt, ist das als Selbstverteidigung aufzufassen – auch wenn sie den Mord von langer Hand geplant hat.[22]

Die Frau wird als Opfer des »Syndroms der geschlagenen Frau« hingestellt. Wäre es nicht auch denkbar, daß eine Frau Mord einsetzt, um an eine Versicherungssumme zu kommen? Lenore Walker weist das von sich und behauptet: »*Frauen* töten keine Männer, außer sie werden zur Verzweiflung getrieben.«[23] Ironischerweise haben aber Feministinnen gesagt: »Es gibt keine Rechtfertigung für

Gewalt gegen Frauen.« Jetzt sagen sie: »Es gibt *immer* eine Rechtfertigung für Gewalt gegen einen Mann ... wenn sie von einer Frau ausgeht.« Diese Art von Sexismus ist in fünfzehn Bundesstaaten gesetzlich verankert.

Heute, in den neunziger Jahren, kann eine Frau, etwa in Ohio oder Kalifornien, ihren Ehemann im Schlaf umbringen und dann behaupten, sie habe in Notwehr gehandelt, weil sie sich »hilflos *gefühlt*« hat.[24] Erstmals in der Geschichte Amerikas wurde vorsätzlicher Mord, die schwerste Form des Mordes, als Notwehr bezeichnet – allerdings nur, wenn eine Frau angeklagt, und nur, wenn ein Mann das Opfer war. So kommt es, daß wir zwar ein »Syndrom der geschlagenen Frau« kennen, aber kein »Syndrom des geschlagenen Mannes«. Sind Frauen als einzige Opfer der erlernten Hilflosigkeit? Kennen Männer diesen Zustand nicht genauso?

Hier ein Beispiel:

Das »Geprügelter-Mann-Syndrom«

Als kleiner Junge hat Tom Hayhurst oft miterlebt, daß seine Mutter Geschirr und Telefonapparat nach seinem Vater warf. Sein Vater *hat nie zurückgeschlagen*[25] und war emotional so abhängig von seiner Frau, daß er es nicht geschafft hat, sie zu verlassen. Schließlich schoß sich sein Vater eine Kugel in den Kopf.

Toms Mutter hat auch ihre Kinder mißhandelt. Diese zogen eines nach dem anderen weg, bis auf Toms behinderte Schwester. Doch dann hatte Toms Mutter einen schweren Autounfall. Sie bat Tom, heimzukommen und ihr und der behinderten Schwester beizustehen. Tom kündigte seine Arbeitsstelle in Arizona und kümmerte sich um seine Mutter. Er tat dies unentgeltlich, und so hatte er kein Geld für eine eigene Wohnung. Weil er wußte, daß das Zusammenleben mit seiner Mutter unerträglich war, quartierte er sich in einem Wohnwagen auf dem Grundstück ein. Im Prozeßbericht steht: »Trotzdem beschimpfte und mißhandelte sie ihn und warf mit Gegenständen nach ihm.«[26] Tom erklärte: »Schließlich bin ich explodiert. Ich habe eine Eisenstange genommen und zugeschlagen.« Dieser Schlag tötete sie.

Tom, ein eher schmächtiger Mann, wurde von dem Psychologen

als »pflichtbewußt und altruistisch« bezeichnet, als »passiv und friedfertig ... ein Ästhet«. Tom wurde zu fünfzehn Jahren Gefängnis verurteilt. Im Gefängnis würde er Sträflingen begegnen, die besonders auf schmächtige Männer aus sind und sie vergewaltigen. Tom wurde nicht freigelassen, um für seine behinderte Schwester zu sorgen, wie manche Mutter, die ihren Mann ermordet hat und dann auf Bewährung auf freien Fuß gesetzt wird, damit sie sich um die Kinder kümmern kann.

Es gibt wohl kaum jemanden mit einer einsichtigeren Geschichte, was erlernte Hilflosigkeit angeht, als ein Sohn, der mit angesehen hat, wie sein Vater sich umbringt, anstatt fortzugehen oder sich zur Wehr zu setzen. Kaum jemand fühlt sich so in die Enge getrieben wie ein Sohn, der seine Mutter und seine behinderte Schwester unterstützt und dafür ein Leben in Armut in Kauf nimmt. Kaum jemand, der oder die einen Mord begeht, kann so sehr wie er für sich ins Feld führen, daß alle Familienmitglieder erheblich mißhandelt worden sind, bis eines sich endlich wehrte.

Wie wäre die Strafe wohl ausgefallen, wenn Tom eine Theresa gewesen wäre? Eine Tochter, die ihren Beruf aufgegeben hat, um dem verzweifelten Flehen ihres Vaters zu folgen, der sie mißhandelt hat, für einen behinderten Bruder zu sorgen? Nehmen wir ferner an, Theresas Vater hätte sie fortgesetzt mißhandelt, und sie hätte endlich zurückgeschlagen und ihn unabsichtlich getötet: Wäre sie überhaupt vor Gericht gestellt worden? Wäre sie nicht auf Bewährung auf freien Fuß gesetzt worden, hätte sie nicht Beratung bekommen und sich den Ruf einer feministischen Heldin erworben? Hätte es nicht einen Fernsehbericht über sie gegeben, der ihr »Pflichtbewußtsein trotz Mißhandlung« hervorgehoben hätte, mit einem Happy-End, weil sie »endlich zurückgeschlagen und den Teufelskreis der Abhängigkeit durchbrochen hat«?

Es würde sicherlich gezeigt werden, wie sie sich befreit und sich um ihren behinderten Bruder kümmert, unbehelligt vom bösen Vater.

Der Mord am schlafenden Ehemann

Der Fernsehfilm *The Burning Bed* aus dem Jahr 1984 mit Farrah Fawcett in der Hauptrolle war ein Riesenerfolg. Der Film beruht auf einer wahren Geschichte: Eine mißhandelte Ehefrau hat ihren Mann ermordet. Sie hat, während er schlief, das Bett in Brand gesetzt. Das Gericht hat sie nicht schuldig gesprochen, denn er hat sie mißhandelt.[27] Dieser Film hatte »eine der höchsten Einschaltquoten seit langem«.[28] In meinem Buch *Warum Männer so sind, wie sie sind* habe ich meine Befürchtung geschildert, daß dieser populäre Film eine gefährliche Botschaft verbreiten könnte: Wenn eine Frau sich mißhandelt fühlt, braucht sie ihren Mann nicht zu verlassen, sie kann ihn umbringen. Das führt entweder zu einer geschlechtsspezifischen Definition von Notwehr oder zu dem gleichen Recht für Männer, Frauen, die sie mißhandeln, zu ermorden.*

Seit Mitte der achtziger Jahre haben die Morde »im brennenden Bett« erheblich zugenommen. Judy Norman aus North Carolina hat ihren Mann im Schlaf mit einem Kopfschuß getötet. Sie hat sich auf Notwehr berufen, weil er sie mißhandelt hatte. Der Oberste Gerichtshof war der Auffassung, daß man nur in Fällen unmittelbarer Lebensgefahr von Notwehr sprechen kann und daß sie ihn hätte verlassen können, während er schlief. Als das Gericht nicht zu ihrer Rettung bereit war, schritt der Gouverneur ein. Er milderte ihr Urteil ab. Sie mußte ganze zwei Monate Gefängnis absitzen, und während dieser Zeit lernte sie für eine Prüfung.[29]

Ohio war 1990 der fünfzehnte Bundesstaat,[30] der Frauen das Recht zubilligte, ihren Mann im Schlaf zu ermorden. Sie konnten meist einer Strafe entgehen, wenn sie die *Behauptung* aufstellten, von ihrem Ehemann mißhandelt worden zu sein. (Diese konnten sich schließlich nicht gegen den Vorwurf wehren.) Die Frauen mußten nicht den Nachweis erbringen, daß sie sich in unmittelbarer Lebensgefahr befunden hatten und Flucht nicht möglich war. Auf dieser Grundlage ließ der Gouverneur von Ohio die »Fünfundzwanzig von Ohio« frei.[31]

---

* Diese Interpretation von Notwehr kennt das deutsche Recht nicht. Es wurde hingegen festgestellt, daß mehr Frauen wegen Mordes als wegen Totschlags verurteilt werden, weil sie aufgrund geringerer Körperkräfte den Mann nur in »heimtückischer« Absicht zu töten in der Lage sind. (Anm. d. Red.)

Warum wurden diese Frauen auf freien Fuß gesetzt?

BEGRÜNDUNG NR. 1: Wenn eine Frau immer wieder körperlich mißhandelt wird, leidet sie noch nach Jahren unter den Folgen. Deswegen ist ihr Angriff auf den Mißhandler ein Ausdruck emotionaler Notwehr.

TATSACHE: Frauen leiden in der Tat noch Jahre später unter den Folgen körperlicher Mißhandlung. Aber Männer, die mißhandelt werden, leiden nicht minder. **Es gibt über ein Dutzend Studien, die sich mit Frauen und Männern befassen und belegen, daß *beide* Geschlechter gleich oft und im gleichen Ausmaß an häuslicher Gewaltanwendung beteiligt sind.**[32]* Wenn ein Mann von seiner Frau mit einem Messer niedergestochen oder ihm mit einer Bratpfanne ins Gesicht geschlagen wird, sind die emotionalen Folgen so ernst, daß ein Mann sich schämt, davon zu berichten.

Auch Kriegsveteranen leiden an dem »Syndrom des geschlagenen Mannes« in Form von posttraumatischem Streß. Auch sie leiden noch Jahre später an den Folgen. Doch wenn ein an diesen Folgen leidender Mann Admiral Zumwalt umbringen würde, weil er den Einsatz von Agent Orange angeordnet hat, würde er wegen Mordes verurteilt. Männer, die an diesem Syndrom leiden, dürfen ihren Peiniger nicht angreifen und können sich hinterher nicht mit Notwehr herausreden. Sie dürfen es nicht, obwohl das Gesetz sie zwingt, sich den Schlägen zu unterwerfen, und sie keinen Ausweg haben.

BEGRÜNDUNG NR. 2: Es handelt sich um körperliche Notwehr.

TATSACHE: Ein Drittel der Frauen, die wegen Mordes an ihrem Ehemann im Gefängnis sitzen, haben Männer auf dem Gewissen, die behindert waren oder wehrlos (z. B. im Schlaf, Rollstuhlfahrer oder einen besinnungslos betrunkenen Mann). Rund 60 Prozent haben den Mord vorsätzlich begangen.[33] Trotzdem hat hinterher die Hälfte der Frauen Notwehr geltend gemacht. Sie behaupten, in *unmittelbarer* Lebensgefahr gewesen zu sein.[34]

BEGRÜNDUNG NR. 3: »Frauen töten keine Männer, außer sie sind zur Verzweiflung getrieben worden.«

TATSACHE: Dreißig Prozent der Frauen, die wegen Mord an einem Mann in Haft sind, waren vorher schon gewalttätig gewesen.[35]

TATSACHE: Einige Frauen, die wegen Mordes an ihrem Ehemann im

---

* Diese vierzehn Studien werden in meinem nächsten Buch referiert. Einige Studien sind in den Anmerkungen verzeichnet.

Gefängnis sind, wurden von diesen mißhandelt. Dr. Coramae Richey Mann hat in sechs Großstädten eine Untersuchung über Hunderte von Frauen angestellt, die ihren Mann oder Liebhaber ermordet haben, und *fand nicht eine, die von ihrem Mann geschlagen worden war.*[36] Es gibt also durchaus Frauen, die morden, ohne zuvor mißhandelt worden zu sein.

TATSACHE: Die Lebensversicherungen von Männern, die von ihren Frauen umgebracht werden, liegen im statistischen Durchschnitt über der Summe, die dieser Mann zum Lebensunterhalt seiner Frau beigetragen hatte.[37] (Sie bringt selten ihre Einkommensquelle um.)

BEGRÜNDUNG NR. 4: Frauen haben größere Angst als Männer, ihren Mißhandler anzuzeigen.

TATSACHE: Obwohl vierzehn verschiedene Studien über das Verhalten von Männern und Frauen belegen, daß *beide gleich* oft zuschlagen[38], gehen 90 Prozent aller Anzeigen von Frauen aus, und 90 Prozent aller Unterlassungsklagen in den USA werden von Frauen gegen Männer erhoben.[39] Frauen zeigen ihre Mißhandler etwa neunmal häufiger an als Männer. Weil Männer dazu erzogen sind, ihr Los zu »tragen wie ein Mann«, haben sie die größere Angst, ihre Mißhandlerinnen anzuzeigen.

BEGRÜNDUNG NR. 5: Die Frau sagt, daß sie nirgends Hilfe bekommt.

TATSACHE: Es entbehrt nicht einer gewissen Ironie, daß der Weg für Frauen, die ihren Mann verlassen wollen, in den achtziger Jahren bestens geebnet wurde: Es gibt Notruftelefone, Frauenhäuser und Frauenzentren. Fernsehspots verbreiten die entsprechenden Telefonnummern. Es gibt in fast jeder Stadt ein Haus für mißhandelte Frauen, aber keine für mißhandelte Männer. Die meisten Städte haben Frauenzentren, ihre »Männerzentren« sind die Gefängnisse. Frauen haben ein viel dichteres Netz von Freundinnen, an die sie sich um Hilfe wenden können, wenn ihr Mann sie mißhandelt. Männer haben das nicht. Es gibt ausschließlich für Frauen eine vom Staat finanzierte Möglichkeit, um ihren Mißhandler verlassen zu können, und doch werden einzig Frauen freigesprochen, wenn sie ihren Peiniger ermordet haben.

BEGRÜNDUNG NR. 6: Egal, wohin eine Frau flieht, sie kann nirgends vor dem Mann sicher sein (wie in dem Film *Sleeping with the Enemy).*

TATSACHE: Dieses Problem haben *beide* Geschlechter. Kevin Svobodas Frau wurde verhaftet, weil sie einen Auftragskiller für seine Ermordung angeheuert hatte. Sie hat dennoch einen weiteren Versuch dazu unternommen. Noch während des Prozesses setzte sie erneut einen

Killer auf Kevin an.[40] Sie wurde nur überführt, weil einer der angeheuerten Killer ein verdeckter Ermittler der Polizei war. Kevin sagt: »Ich bin nirgends mehr sicher.« Er meinte, sie wolle ihn umbringen lassen, um 130 000 Dollar von der Lebensversicherung zu kassieren. Sollten wir Kevin das Recht zugestehen, seine Frau aus »Notwehr« zu ermorden?

Auch Daniel Broderick versuchte, den Mißhandlungen seiner Frau Elizabeth zu entkommen. Sie hatte mit einem Lastwagen die Haustür eingefahren, hatte trotz Hausverbots bei ihm eingebrochen, wertvolle Kunstgegenstände zerstört und mehrmals gedroht, ihn umzubringen.

Daniel Broderick, einer der besten Anwälte von San Diego, wußte, daß er ihr nicht zuvorkommen durfte, weil er sonst des vorsätzlichen Mordes angeklagt werden würde. Ihm würde man nicht das »Syndrom des geschlagenen Mannes« zugute halten, um sein Urteil abzumildern.

War er tatsächlich in Gefahr? Nun, Elizabeth hatte ein Gewehr gekauft, drang in das Schlafzimmer ein, in dem Dan und seine zweite Frau Linda schliefen, und erschoß beide.

BEGRÜNDUNG NR. 7: Die Polizei nimmt die Klagen von Frauen über Mißhandlungen nicht ernst. Es hat keinen Zweck, Anzeige zu erstatten.

TATSACHE: In zwölf Bundesstaaten und in vielen Städten Amerikas wird so verfahren: Wenn eine Frau zur Polizei geht, **wird ihr Mann verhaftet, selbst wenn es keine Beweise für eine Mißhandlung gibt und die Frau es ablehnt, Anzeige zu erstatten.**[41] Das heißt, eine Frau wird beim Wort genommen, wenn sie eine Beschwerde vorbringt, nur ihre Weigerung, Anzeige zu erstatten, wird nicht ernst genommen. Das hängt mit dem Grundsatz der unschuldigen Frau zusammen.

Obwohl alle Rechtsvorgaben für beide Geschlechter gleichermaßen zutreffen, finden sie in der Praxis nicht Anwendung, um etwa einen Mann vor einer Frau zu schützen oder einen Homosexuellen vor potentiellen Vergewaltigern. Wenn ein Schwuler niedergeschlagen wird und er die Polizei ruft, werden meist beide Beteiligte verhaftet.[42]

In allen anderen Fällen wird einzig die Frau aufgefordert, Anzeige zu erstatten, auch wenn die Polizei keine Spuren von Mißhandlungen feststellen kann. Meist wird ihr verschwiegen, daß sie die Anzeige nicht mehr zurückziehen kann.* Das Verfahren gegen ihren

---

* In Deutschland ist die Rechtspraxis eine andere: Ein einmal gestellter Strafantrag kann auch wieder zurückgezogen werden. (Anm. d. Red.)

Mann wird, *auch gegen ihren Willen*, eingeleitet. Sie wird also absolut beim Wort genommen, wenn sie eine Beschwerde vorbringt, und wie ein Kind behandelt, wenn sie deutlich macht: »Ich trage selbst die Verantwortung.« **Der Glaube an ihre Unschuld ist einfach stärker.**

Das »geprügelte-Frau-Syndrom« – Fiktion und Wirklichkeit

Marlene Wagshall wartete, bis Joshua, ihr Mann, schlief. Dann stellte sie sich neben das Bett, ging in Kampfposition, so wie sie es in einem Kursus trainiert hatte, richtete eine 357er Magnum auf seine Brust und drückte ab.[43] Ihre Tochter sah voller Entsetzen mit an, wie ihr Vater sich zur Tür schleppte, die er schließen wollte, damit die Kinder nicht diese Familientragödie mit ansehen müßten. Sie sah ihren Vater nicht wieder. In einer achtzehnstündigen Operation wurden ihm die Milz, Teile der Leber, die Bauchspeicheldrüse und Teile des Darms entfernt. Joshua überlebte. Seine Kinder aber waren verschwunden – Marlene hatte sie entführt.

Das Gericht sprach Marlene schuldig, nicht nur des versuchten Mordes, sondern auch anderer Delikte wegen. Trotzdem gelang es der feministischen Verteidigerin Elizabeth Holtzman, daß der versuchte Mord in minderschweren Totschlag umgewandelt wurde. Marlenes Gesuch wurde stattgegeben, und sie mußte *einen Tag im Gefängnis* zubringen. Im Anschluß wurde die Strafe fünf Jahre zur Bewährung ausgesetzt.[44]

Warum? Marlene führte ins Feld, daß sie von ihrem Mann geschlagen worden sei. Dafür gab es jedoch keinerlei Beweise – keine Augenzeugenberichte der Kinder, keine ärztlichen Atteste, die Nachbarn konnten es nicht bestätigen. Die Presse wollte erfahren haben, daß Marlene Fotos gefunden habe, die ihren Mann mit einer nackten Frau zeigten, und daß sie aus Wut zur Waffe gegriffen habe. Joshua aber gab zu Protokoll, daß der Angriff wohlüberlegt gewesen war und Methode hatte.

Welche Schlüsse können wir daraus ziehen? Wenn jeder Frau zugebilligt werden würde, ihren Mann umzubringen, nämlich in dem Fall, daß er eine außereheliche Affäre unterhält, dann müßte das auch für den umgekehrten Fall gelten, denn Artikel 14 der

Verfassung muß für beide Geschlechter gelten, nicht nur für Frauen, sondern auch für Männer.

Wird es Frauen künftig noch leichter gemacht werden, ihre Ehemänner aus dem Weg zu räumen? Elizabeth Holtzman, jene Verteidigerin, der es gelang, die Strafe für Mord und Entführung auf einen Tag Haft herunterzuhandeln, bekleidet heute als Rechnungsprüferin von New York eine der höchsten Beamtenpositionen. Sie ist eine aussichtsreiche Kandidatin für das Präsidentenamt bzw. das Amt des Obersten Bundesrichter.

Ein politisches Instrument?

Delia Alaniz zahlte einem mittellosen jungen Mann 200 Dollar; dafür sollte er ihren Mann ermorden. Als sie nach vollendeter Tat gefaßt und verurteilt wurde, bombardierten feministische und hispanische Gruppen das Büro des Gouverneurs mit Telefonanrufen. Sie organisierten Mahnwachen und Protestmärsche. Sie wollten ihre Entlassung aus dem Gefängnis erreichen, weil Delia behauptet hatte, von ihrem Mann mißhandelt worden zu sein.[45] Der Druck auf den Gouverneur verstärkte sich, als der Fall in einer beliebten Fernsehsendung aufgegriffen und dabei die Seite des getöteten Ehemannes sowie seiner Familie und Freunde in keiner Weise zur Sprache kam.[46] (Erst gegen Ende der Sendung erwähnte der Moderator beiläufig, daß *die Frau zu der Zeit, als sie den Killer angeheuert hatte, einen Liebhaber gehabt hatte.*)

Gouverneur Gardner von Washington hielt dem Druck nicht stand.[47] Nach einem Jahr und zehn Monaten ließ er Delia Alaniz frei. Der junge Mann aus schlechten sozialen Verhältnissen, den sie angeheuert hatte, sitzt noch heute seine Haftstrafe von dreißig Jahren ab.[48] (Es hat niemanden interessiert, ob er mißhandelt worden ist. Wenn ja, hätte er in dem Fall seine Eltern umbringen dürfen, und wäre er dann vom Gouverneur begnadigt worden?)

Als Gouverneur Gardner Delia Alaniz freiließ, sagte er: »Gewalt gegen Frauen und Kinder ist in unserer Gesellschaft allzu verbreitet.«[49] Man bemerke: Sie tötet ihn, und er spricht lediglich von Gewalt gegen Frauen. Sie setzt für ihre Zwecke einen benachteiligten jungen Mann ein, und als einziges ist von Gewalt gegen Frauen die

Rede ... Wenn eine Frau einen Mann ermordet, steht fest: Sie hat Gewalt angewendet, und er ist tot. Die Botschaft, die das Syndrom der geschlagenen Frau und der erlernten Hilflosigkeit Frauen vermittelt, lautet: Ein toter Ehemann ist besser als ein lebender Zeuge. Ein toter Kläger ist für sie die wirksamste Verteidigung.

Ist die feministische Seite genauso besorgt, wenn eine Frau ihren Mann fortgesetzt mißhandelt? Mal hat Betty King aus Florida ihren Mann Eddie mit Säure übergossen, mal sein Gesicht mit einem Teppichmesser aufgeschlitzt. Ein andermal hat sie ihm auf einem Parkplatz ein Messer in den Rücken gestoßen, einmal hat sie ihn mit einem Gewehr angeschossen. Eddie King hat sie in keinem der Fälle angezeigt. Betty wurde nur wegen zwei Angriffen angezeigt und verhaftet, die vor Zeugen in der Öffentlichkeit stattgefunden hatten (einmal hat sie ihn in einer Bar niedergestochen).[50]

Als sie sich einmal im Haus von Freunden lautstark stritten, faßte Betty King in ihre Handtasche und wollte Eddie erschießen. Dieser fürchtete um sein Leben, zog eine Waffe und kam ihr zuvor. Die Nachforschungen ergaben, daß er in *unmittelbarer* Lebensgefahr gewesen war. Es gab jedoch einen Aufschrei des Protestes unter den Feministinnen und in der Presse, weil Eddie, dem mißhandelten *Ehemann*, Notwehr zugestanden wurde.

Der Mißbrauch von Frauen findet kein Ende, solange »erlernte Hilflosigkeit« als Freibrief gilt

Der mildernde Umstand »erlernte Hilflosigkeit« richtet den allergrößten Schaden an, wenn er auf Mütter Anwendung findet. Es ist nachgewiesen, daß Mütter, die morden, Kinder heranziehen, die mit hoher Wahrscheinlichkeit ebenfalls zu Mördern werden.[51] Mütter, die einen Mord begehen, haben typischerweise das »latente Gefühl, daß andere an ihrem Unglück schuld sind, daß sie die einzigen sind, die leiden, und daß sich die ganze Welt gegen sie verschworen hat«.[52] Die Kinder übernehmen diese Haltung. Insbesondere die Mädchen, die in der Mutter ihr Rollenvorbild sehen. *Wollen wir, daß diese Mütter Kinder aufziehen?*

Ideologisch dogmatische Feministinnen gehen zumeist von der Annahme aus, es gäbe eine weltweite Verschwörung gegen die

Frauen. Selbst Gloria Steinem spricht von »wir« gegen »den Feind«.[53] Sie sind der Auffassung, *andere* wären für die Ungerechtigkeiten verantwortlich, die sie erleiden. Diese Haltungen stellen Kirkpatrick und Humphrey[54] in ihren Studien auch bei Frauen fest, die jemanden umgebracht haben.

Das Syndrom der erlernten Hilflosigkeit verwandelt eine Persönlichkeitsstörung, die Gefahr für das Leben anderer bedeutet, in ein gesetzlich verbrieftes Mittel der Strafverteidigung. Es verstärkt bei manchen Frauen die Überzeugung, daß sich ein Problem am einfachsten lösen läßt, indem sie es beseitigen.

Wenn wir solche Frauen auf freien Fuß setzen und zulassen, daß sie ihre Kinder aufziehen, wird sich die erlernte Hilflosigkeit auf die nächste Generation übertragen. Die Töchter dieser Frauen übernehmen die Haltung ihrer Mütter, Mord als legitimes Mittel anzusehen. Aus diesem Grund sperrt man ja auch Väter ein, die einen Mord begangen haben, und läßt sie ihre Kinder nicht erziehen. Daß eine Mörderin, die Mutter ist, Straffreiheit wegen mildernder Umstände bekommt, wird fatale Folgen für die Kinder dieser Frauen haben.

V. »DIE DEPRESSIVE MUTTER«: WOCHENBETT DEPRESSION UND TROTZALTER

Rufen Sie sich Sheryl Lynn Massip ins Gedächtnis, eine Mutter Mitte Zwanzig, die mit dem Auto ihren sechs Monate alten Sohn überfuhr. Sie vertuschte den Mord, bis sie überführt wurde. Dann gab sie an, sie habe unter einer nachgeburtlichen Depression gelitten. Ihre Strafe? Psychologische Behandlung.[55]

Haben auch frischgebackene Väter Depressionen?

Sicher haben Mütter nach einer Geburt ihre »Heultage«. Doch Väter ebenso. Ein Vater hat oft den Eindruck, die Kindsmutter hätte ihn wegen eines »anderen Liebhabers« verlassen. Ehemänner berichten:

»Sie und das Baby kuscheln auf dem Sofa, und ich darf zuschauen«, oder: »Ich fühle mich überflüssig«, oder: »Meine Frau und ich haben vor der Geburt des Kindes viel Zeit miteinander zugebracht. Jetzt ist damit Schluß.« Sie berichten auch: »Seit das Baby da ist, haben wir nicht mehr miteinander geschlafen. Und das ist jetzt zwei Jahre her.« Wenn einer dieser Männer sein Kind umbringen würde, wie Sheryl Lynn es getan hat, würden wir ihn wohl kaum wegen einer Depression oder weil er an dem »Rette-die-Ehe-Syndrom« leidet in Therapie schicken. Wie erklärt sich, daß eine Frau als »Strafe« für Kindsmord in den Genuß einer *psychologischen Behandlung* kommt, weil sie zum Zeitpunkt der Tat an einer Wochenbettdepression gelitten hat? Ein Mann bekäme für Kindsmord *lebenslänglich*, Depression hin oder her.

Das Trotzalter

Josephine Mesa prügelte ihren zweijährigen Sohn mit dem Holzgriff eines Toilettenstößels zu Tode.[56] Dann steckte sie die Kindsleiche in die Abfalltonne vor ihrem Haus am Strand von Kalifornien. Als Leute die Mülltonnen nach etwas Brauchbarem durchsuchten und dabei das Kind fanden, gab sie vor, das Kind nicht zu kennen. Als schließlich alles gegen sie sprach, gestand sie. Was führte sie zu ihrer Verteidigung an? Sie war deprimiert gewesen. Das Kind hatte sich gerade im Trotzalter befunden. Wie hoch fiel die Strafe aus? Beratung, Bewährung und Antidepressiva. *Sie verbrachte keinen einzigen Tag hinter Gittern.*[57] (Sogar ihre Bewährungshelferin empfahl 30 Tage Haft, als sie zu mehreren Terminen nicht erschien.)

Los Angeles Times

Woman Who Killed Child Remains Free
Judge Says He Hopes Treatment Will Improve Her Mental Health
By TOM GORMAN, *Times Staff Writer*

Los Angeles Times »Frau nach Kindsmord freigesprochen«
Richter: Ich hoffe, daß eine Therapie ihre seelische Gesundheit wiederherstellt. Tom Gorman, Times-Reporter

VI. »MÜTTER TÖTEN NICHT«

> Illinois. Paula Sims gab an, ihre älteste Tochter, Loralei, sei von einem maskierten bewaffneten Mann entführt worden. Sie hatte Loralei jedoch ermordet. Sie kam mit ihrer Lüge durch.[58] Als sie sich über ihre zweite Tochter, Heather Lee, ärgerte, erstickte sie sie, warf sie in den Müllbehälter und behauptete, ein maskierter und bewaffneter Mann habe auch diese Tochter entführt. Erst jetzt wurde der Fall ernsthaft untersucht, und die Sache kam ans Licht.

Wäre Heather Lee heute noch am Leben, wenn Mütter nicht eine Art Immunität gegen Verdächtigungen genießen würden und deshalb weniger häufig gründliche Nachforschungen angestellt werden?

VII. »KINDER BRAUCHEN IHRE MUTTER«

> Colorado. Lory Fosters Mann litt nach seiner Rückkehr aus Vietnam unter schweren Stimmungsschwankungen. Er war vom posttraumatisches Streß betroffen sowie Diabetes.[59] Einmal hatten sie Streit, und er mißhandelte sie. Daraufhin ermordete sie ihn. Doch nicht einmal der Staatsanwalt plädierte für eine Gefängnisstrafe. Warum nicht? Damit Lory für ihre Kinder sorgen konnte...

Lory wurde auf Kosten des Staates Beratung und Hilfe zuteil. Der Staat zahlte ihr also die notwendige Hilfe, nachdem sie das Gesetz gebrochen hatte. Er hatte das Gesetz befolgt, und als er Hilfe nötig gehabt hätte, wurde sie ihm nicht gewährt.

Fallbeispiele

Josephine Mesa, Paula Sims und Lory Foster waren allesamt Mütter und wurden nicht zu Gefängnis verurteilt. Die am häufigsten vorgebrachte Rechtfertigung für die Freilassung von Müttern, die eins ihrer Kinder getötet haben, lautet, daß ihre übrigen Kinder sie brauchen. Aber Josephine Mesa wurde auf freien Fuß gesetzt, obwohl sie ihren einzigen Sohn getötet hat. Paula Sims hat ihr ältestes Kind umgebracht, und sie konnte auch das zweite umbringen, weil sie nach der ersten Tat nicht verhaftet worden war. Wenn es sich wirklich so verhielte, daß »Kindeswohl Vorrang hat«, würden Väter ebensooft freigelassen wie Mütter. Das geschieht aber nicht, auch dann nicht, wenn keine Mutter da ist, die sich um die Kinder kümmert. Ist diese »Kinder-haben-den-Vorrang«-Begründung womöglich ein rationaler Vorwand, weil man Frauen freilassen *will*? Hat sie wirklich etwas mit Liebe zum Kind zu tun?

Wie ist es im umgekehrten Fall?

Meines Wissens wurde noch kein Mann, der seine Frau vorsätzlich ermordet hat, auf freien Fuß gesetzt mit der Begründung, daß »Kinder ihren Vater brauchen«. Selbst wenn der Mann den Nachweis erbringen konnte, daß seine Frau ihn umbringen wollte. Erinnern wir uns an den Fall Dan Broderick, der wußte, daß seine Frau plante, ihn umzubringen, und keine legalen Mittel fand, sie daran zu hindern (obwohl er einer der besten Anwälte San Diegos war). Selbst als Elizabeth mit einem Lastwagen die Haustür einfuhr und sein Leben und das seiner Kinder in Gefahr brachte (Dan hatte das alleinige Sorgerecht für die Kinder), konnte sich Dan nicht auf »speziellen Schutz als Vater« berufen und Elizabeth umbringen. Auch nicht in Notwehr. Warum nicht? Das Gericht *gesteht einem Mann nur dann* Notwehr zu, wenn er sich in *unmittelbarer* Lebensgefahr befunden hat und Flucht nicht möglich war.[60] Dan konnte nicht nachweisen, daß sein Leben *unmittelbar* in Gefahr war, und das hat seinen Tod bedeutet.

Hätte es Dan Broderick Rechtens erlaubt sein sollen, seine Frau umzubringen, weil sie ihn und die Kinder mit dem Tod bedroht hat? Nein. Das Gesetz kann Menschen wie Dan nur Mittel und Wege bieten, Anzeige zu erstatten. Es muß ebenso mißhandelten Frauen die Möglichkeit verschaffen, eine Mißhandlung zur Anzeige zu bringen. Es sollte niemandem zubilligen, erst zum äußersten Mittel des Mordes greifen zu dürfen.

VIII. »VATER IST SCHULD«, VERSTÄNDNIS FÜR DIE MUTTER

Ramiro Rodriguez fuhr vom Supermarkt nach Hause. Seine Tochter saß auf dem Schoß seiner Frau.[61] Als Ramiro nach links abbog, fuhr ein Lastwagen in das Auto, und das Kind kam bei dem Unfall um. Ramiro wurde wegen fahrlässiger Tötung angeklagt. Warum? Seine Tochter hatte nicht im Kindersicherheitssitz gesessen.

Ramiro wandte ein, daß seiner Tochter übel gewesen war und daß sie im Arm gehalten werden wollte. Also entschied seine Frau, sie auf den Schoß zu nehmen. Es wurde aber einzig und allein Ramiro angeklagt.

Obwohl es die Entscheidung der Mutter war, Veronica nicht in den Kindersitz zu setzen, wurde allein der Vater angeklagt. Ramiro wurde schließlich freigelassen, weil es zu Protesten kam, die sich gegen den Rassismus dieses Urteils richteten.[62] (Er war ein Latino.) Den Sexismus hat niemand zur Kenntnis genommen.

Betrachten wir uns das vollständige Bild. *Beide* Eltern haben die Entscheidung gefällt, daß die Mutter das Kind im Arm halten soll, während der Vater am Steuer sitzt und das Auto lenkt. Entweder müßten beide wegen fahrlässiger Tötung angeklagt werden oder keiner von beiden. Ramiro und seine Frau haben gemeinsam eine Entscheidung für das Kind getroffen, aber einzig Ramiro wird beschuldigt. Wie kann Ramiro der Kindestötung angeklagt werden, wenn Sheryl Lynn Massip, die ihr Kind vorsätzlich mit dem Auto zu Tode fährt, freigesprochen wird?

IX. »DAS KIND GEHÖRT MIR, ICH KANN IHM ALLES ZUMUTEN«

– Kimberly Hardy nahm wenige Stunden vor der Geburt ihres Sohnes Kokain. Das Baby wurde bereits drogensüchtig geboren, und sie wurde für schuldig befunden, weil sie ihrem Sohn quasi über die Nabelschnur Kokain verabreicht hatte. Dieses Urteil wurde vom Obersten Gerichtshof von Michigan *aufgehoben*.[63]

- Seit 1987 sind eine Million Kinder drogensüchtig zur Welt gekommen, aber nur sechzig Mütter wurden angeklagt und nur eine verurteilt.[64]
- Elf Prozent aller Babys in Amerika werden von drogensüchtigen Müttern geboren.[65] Diese leben vorwiegend in Mutter-Kind-Heimen[66] (nur 21 Prozent der Kinder leben in solchen Heimen[67]). Im Jargon der Drogendealer bedeutet »Muttertag« der Tag, an dem drogensüchtige Mütter ihre Sozialhilfeschecks bekommen und vor den Häusern der Dealer Schlange stehen.[68]

Wenn eine Frau abtreibt, ist für viele strittig, ob ein Fötus als ein vollwertiger Mensch anzusehen ist. Wenn aber eine Mutter Stunden vor der Geburt ihrem Ungeborenen Drogen verabreicht, haben wir es mit einem mißhandelten *Kind* zu tun. Stirbt das Kind, ist das fahrlässige Tötung. Geht mit dem Recht auf Abtreibung das Recht auf Mißhandlung einher?

Lautet die Frage, ob ein Fötus Rechte hat oder nicht? Nein. Die Antwort darauf kennen wir bereits. Verursacht z. B. eine drogensüchtige Mutter einen Verkehrsunfall, bei dem das ungeborene Kind einer anderen Frau getötet wird, wird die drogensüchtige Frau dafür zur Verantwortung gezogen. **Eine Frau hat also nicht das Recht, den Fötus einer anderen Frau zu schädigen, aber ihren eigenen:** »Das Kind gehört mir, ich kann ihm schaden, wenn ich will.« Es dreht sich also nicht mehr um die Rechte des Fötus oder des Kindes, sondern um die von Müttern. Drei Prozent der Babys im Staat Washington *sterben* an einer Kokainvergiftung, bisher ist *keine einzige* von den Müttern dafür mit Gefängnis bestraft worden. Im Hinblick auf diese Fälle ist das Recht auf den eigenen Körper gleichzusetzen mit dem Recht zu töten – nicht einen Fötus, sondern ein ausgewachsenes Kind.

Einen alkoholisierten Autofahrer machen wir für den von ihm verursachten Schaden verantwortlich. Warum sollte eine drogensüchtige Mutter nicht für von ihr verursachten Schaden zur Verantwortung gezogen werden? Ein betrunkener Autofahrer verletzt nicht unbedingt einen Menschen, die drogensüchtige Mutter fast zwangsläufig. Stehen einer Mutter, die ihr Kind drogenabhängig macht, mehr Rechte zu als sonst einem Kindesmißhandler oder Drogenhändler? Wie können wir einem Drogenhändler lebenslänglich geben, eine Mutter aber, die ihrem eigenen Kind Drogen verabreicht, von jeder Strafverfolgung verschonen? Wenn wir mitfühlend die Umstände berücksichtigen, die sie zur Droge greifen ließen, wie steht es dann mit unserem Mitleid für den Drogenhändler, den Kindesmißhandler, den Mörder...

Eine Mutter, die ihr Kind vorgeburtlich drogenabhängig macht, ist nicht nur eine Drogendealerin und Kindesmißhandlerin. 1991 kamen die ersten Kinder, die vor ihrer Geburt Rauschgift ausgesetzt waren, ins schulpflichtige Alter. Viele dieser Kinder sind in ihrer Entwicklung zurück, haben leichte Sprachstörungen und Gehirnlähmungen. Andere lernen erst sehr spät sprechen, können die Buchstaben nicht auseinanderhalten und sich insgesamt keinen Moment ruhig verhalten.[69] Solche Kinder treiben die geduldigsten Lehrerinnen und Lehrer zur Verzweiflung, und deswegen schaden diese Mütter nicht nur den eigenen, sondern auch anderen Kindern.

Werden diese geschädigten Kinder in speziellen Klassen zusammengefaßt, belaufen sich die Kosten für den Unterricht auf jährlich rund 15 000 Dollar pro Kind, bei herkömmlichen Klassen auf 3 500 Dollar.[70] Das ist einer der Gründe, warum staatliche Schulen teurer sind als Privatschulen. Genaugenommen kommt der Durchschnittsbürger für ein Schulsystem auf, das seine eigenen Kinder benachteiligt.

X. ABSPRACHEN ZUGUNSTEN DER FRAU

Eine Frau wird eher als unschuldig angesehen als ein Mann, und ihre Aussage gibt eher den Ausschlag. Bei einem Verbrechen, das von einer Frau und einem Mann gemeinsam begangen wurde, legt die Strafverfolgungsbehörde häufig dem Mann durch inoffizielle Absprache ein Schuldbekenntnis nahe, was dem Gericht Prozeßzeit erspart und der Frau eine mildere Strafe beschert. Und wenn gerade Wahlen anstehen und der Staatsanwalt sein Amt erhalten will, macht er sich den Ritterlichkeitsfaktor zunutze. Er steht da wie ein Held, wenn er einen Mann verfolgen läßt, und wie ein Tyrann, wenn er eine Frau hinter Gitter bringt. Er macht auch schnell die Erfahrung, daß es probater ist, den Mann als Drahtzieher hinzustellen. Wenn er sich jedoch für die Strafverfolgung der Frau entscheidet, kann deren Anwalt wiederum die Svengali-Strategie verfolgen...

XI. DIE SVENGALI-STRATEGIE

Eine schöne Frau – sie wurde »Miss America Bandit« genannt – verübte einen bewaffneten Raubüberfall auf eine Bank. Das staatlich festgelegte Mindeststrafmaß beträgt viereinhalb bis fünf Jahre Gefängnis. Der Richter verurteilte sie zu zwei Jahren Gefängnis, weil sie ihm anvertraut hatte, daß sie zum Zeitpunkt der Tat in ihren Friseur verliebt gewesen war und der darauf bestanden habe, daß sie die Bank überfällt. Der Richter zog folgenden Schluß: »Männer haben schon immer einen schlechten Einfluß auf Frauen ausgeübt, und Frauen scheinen sehr anfällig dafür zu sein, besonders wenn Sex mit hineinspielt ... Mir scheint, daß das Svengali-Trilby-Motiv* als die treibende Kraft hinter dieser Dame steckt ... Sex spielt die Hauptrolle.«[71]

Können Sie sich vorstellen, daß über einen Mann ein milderes Urteil verhängt wird, weil er zum Zeitpunkt der Tat verliebt war und weil »Frauen schon immer einen schlechten Einfluß auf Männer ausgeübt haben«? Wenn im beschriebenen Fall also nicht das Fällen eines gerechten Urteils im Vordergrund stand – was dann? »Miss America Bandit« war eine Schönheit, und Richter, wie die meisten Männer auch, beschützen schöne Frauen instinktiv. So ein »Engel« sollte das Gesetz brechen? Das ginge doch mit dem Teufel zu (und der ist natürlich männlich)! Aus diesem Grund kam für die Hauptrolle in dem Film *The Burning Bed* auch einzig und allein Farrah Fawcett in Frage; sie gilt als die schönste Frau Amerikas. Wer kann den Sexualpartner oder die Sexualpartnerin besser in Versuchung führen, etwas Unmoralisches zu tun, Männer oder Frauen? Wir werden sehen.

* Svengali ist eine Romanfigur, die imstande sein soll, Trilby zu hypnotisieren. Sie dürfen raten, wer die Frau ist!

XII. DINGE DIR EINEN MÖRDER UND MACH DIR SELBST DIE FINGER NICHT SCHMUTZIG

Ist Auftragsmord für Frauen die gegebene Methode?

Als ich diesen Abschnitt über Auftragsmord zu schreiben anfing, habe ich meine Unterlagen durchgesehen und bin auf verblüffende Fakten gestoßen. Erstens: Frauen, die einen Mord in Auftrag gegeben hatten, haben dafür ausschließlich männliche Jugendliche oder erwachsene Männer angeheuert. Zweitens: Ihre Opfer waren in den meisten Fällen ihre Ehemänner, Exehemänner oder Väter – Männer, die sie einmal geliebt hatten. Drittens: Die Lebensversicherung des Getöteten war meist deutlich höher als sein in den nächsten Jahren zu erwartendes Einkommen.[72] Viertens: Die Frauen wurden oft erst als Verdächtige in Betracht gezogen, wenn ein Zufall auf ihre Spur führte. Fünftens: Die Frau wählte meist eine der folgenden drei Methoden – sie überredete einen Freund, den Mord für sie auszuführen (im umgekehrten Svengali-Stil), sie heuerte junge Männer aus schlechten sozialen Verhältnissen an, die den Mord für einen nicht nennenswerten Betrag ausführten, oder sie beauftragte einen professionellen Killer, den sie mit dem Geld bezahlte, das ihr Mann verdient hatte.

- Dixie Dyson wünschte ihrem Mann zum letztenmal eine gute Nacht. Sie hatte einen langjährigen Freund und einen Liebhaber dazu gebracht, »einzubrechen«, sie dann zu »vergewaltigen«, ihren Mann zu töten und dann zu »fliehen«. Sie wollte dessen Lebensversicherung kassieren.[73]
  Im letzten Moment sprang der Freund ab, aber der Liebhaber und Dixie töteten ihren Ehemann mit siebenundzwanzig Messerstichen. Sie wurden gefaßt. Gegen Dixie erging ein milderes Urteil, weil sie sich auf den Handel einließ und gegen den Freund sowie den Mittäter aussagte. Der Freund, der *abgesprungen war*, wurde zu fünfundzwanzig Jahren Gefängnis *wegen Verschwörung* verurteilt.[74]

- Deborah Ann Werner stand ein Drittel des väterlichen Vermögens zu. Sie bat ihre Tochter, *ein paar Jungen* aufzutreiben, die den Vater mit einem Messer ermorden sollten.[75]

- Diana Bogdanoff ging mit ihrem Mann zu einem abgelegenen Teil des Nacktbadestrands. Ihr Mann hatte nichts dagegen einzuwenden. Doch Diana hatte verschwiegen, daß sie zwei junge Männer angeheuert hatte, die ihn, vor ihren Augen, umbringen sollten. Nachdem er mit einem Kopfschuß getötet worden war, zeigte sie die Killer an,[76] konnte aber kein Motiv für den Mord nennen – es fehlte weder Geld, noch war sie sexuell belästigt worden.[77]
  Diana geriet erst in Verdacht, als ein anonymer Anrufer sich an den überregionalen Verbrechensnotruf wandte. Der Anrufer hatte zufällig im Radio von dem Mord gehört und sich an ein Gespräch mit einem Freund erinnert, der einen völlig identisch gelagerten Mordauftrag abgelehnt hatte... eine Frau namens Diana, ein abgelegener Nacktbadestrand. Ohne diesen Hinweis wäre kein Verdacht auf Diana gefallen.[78]

- Roberta Pearce, eine pädagogische Hilfskraft, bot zweien ihrer fünfzehnjährigen Schüler je 50 000 Dollar, Sex und ein Auto. Als Gegenleistung dafür sollten sie ihren Mann umbringen.[79] Roberta erhoffte sich, in den Besitz des Hauses zu kommen, über das sie sich mit ihrem Mann gestritten hatte, sowie 200 000 Dollar von der Lebensversicherung zu kassieren.

- Mary Kay Cassidy und ihr jugendlicher Liebhaber töteten Mary Kays Mann.[80] Obwohl der Mann zu Freunden gesagt hatte, daß er fürchte, seine Frau wolle ihn umbringen, galt diese nach der Tat nicht als verdächtig. Sie und ihr Liebhaber »betrauerten« den Tod des Ehemanns und führten ihr Verhältnis monatelang weiter. Die Bewohner von Monongahela, Pennsylvania, fühlten mit ihr.
  Durch Zufall entdeckten Verwandte des Getöteten beim Putzen des Hauses ein Tonband mit einem Gespräch zwischen Mary Kay und ihrem Liebhaber, in dem sie den Plan schmieden, ihren Ehemann zu ermorden. Dieser hatte offensichtlich Stunden vor seinem Tod angefangen, die Telefongespräche aufzuzeichnen. Er selbst hat das Band nicht mehr abhören können. Erst als Mary Kay das Tonband vorgespielt wurde, gestand sie.

- Pamela Smart, eine Lehrerin aus New Hampshire, überredete ihren jugendlichen Liebhaber, ihren Mann zu ermorden.[81] Pamela und ihr Freund versuchten, ein junges Mädchen hineinzuziehen. Als das Mädchen der Polizei ein Tonband mit einem Gespräch übergab, das bewies, daß Pamela den Mord geplant hatte, heuerte diese angeblich einen Killer an, der sie, das Mädchen, umbringen sollte.[82] Pamela beschuldigte ihren Mann nicht der Mißhandlung. Was war dann ihr

Motiv? Ihr Mann war Versicherungsvertreter. In keinem der 500 Zeitungsartikel über die Tat wurde auf einen möglichen Zusammenhang hingewiesen.[83]

Wie hat die Öffentlichkeit reagiert? Pamela wird von einem weltweiten Fanclub unterstützt, der sich »Freunde von Pamela Smart« nennt. Als sie vor dem Gefängnis eine Mahnwache hielten, erlaubte ihr der Gefängnisdirektor, über eine durch Lautsprecher verstärkte Telefonleitung zu den vierhundert Leuten zu sprechen.[84]

Ich weiß von keinem Fanclub für einen Mann, der des Mordes an einer Frau schuldig ist – an einer Frau, von der er niemals mißhandelt worden ist.

* * *

Das Abstoßendste an der Anheuerung von Gelegenheitsverbrechern ist, daß viele Frauen junge Männer aus schlechten sozialen Verhältnissen mit dem Mord beauftragen. Solche Frauen machen sich nicht nur des Mordes schuldig, sondern auch der *psychologischen Vergewaltigung junger Männer*. Ein erwachsener Mann, der ein fünfzehnjähriges Mädchen beauftragen würde, seine Frau umzubringen, müßte mit der Todesstrafe rechnen. Insbesondere, wenn er ein sexuelles Verhältnis mit dem Mädchen hätte.

Wer sich einen professionellen Killer leisten will, muß über ein entsprechend hohes Einkommen verfügen. **Frauen, die einen professionellen Killer beauftragen, gehören meist der Mittelschicht an. Den Mord an ihrem Ehemann finanzieren sie mit dem Geld, das er selbst verdient hat.** So ist auch Constantina Branco vorgegangen. Sie hat vom Konto ihres Mannes Geld abgehoben, um einen Killer zu bezahlen.[85]

Was hat die arme Frau mit einer Frau der Mittelschicht gemein? Beide würden nicht den Mann umbringen, von dessen Gehalt sie leben, es sei denn, die Versicherungssumme ist um ein Vielfaches höher als sein über Jahre zu erwartendes Einkommen.[86] Diese Frauen bringen sich also nicht um ihre Einkommensquelle; sie morden, um an erheblich mehr Geld zu kommen.

Auftragsmorde bieten Gelegenheit, die Unterschiede zwischen der männlichen und der weiblichen Art zu töten zu studieren. Wie räumen Männer und wie Frauen die Menschen aus dem Weg, die sie einst geliebt haben? Der Mann führt den Mord selbst aus. Die Frau beauftragt einen Mann damit. Ein Mann begeht einen Mord meist in einem Anfall von Wut; er ist »außer sich«. Auftragsmord ist immer geplanter Mord. Wenn ein Mann vorsätzlich mordet, tötet er oft seine Frau, die Kinder und dann *sich selbst*. Das trifft auf Frauen nur in seltenen Ausnahmefällen zu.

Gibt es Männer, die einen Killer auf ihre Frau ansetzen? Ja, das gibt es, aber häufig geschieht dann folgendes: Der angeheuerte Mörder bringt es nicht über sich, die Frau umzubringen; er zeigt statt dessen seinen Auftraggeber an.[87] (Wenn ein professioneller Killer eine Frau umbringen soll, erwacht auch in ihm der Beschützerinstinkt.) Es kommt also durchaus vor, daß ein Mann einen Auftragsmord plant, doch vielfach geht dann der Schuß sozusagen nach hinten los.

Mildernde Umstände für Männer – welche gäbe es?

Es gibt keine mildernden Umstände, die nur für Männer gelten, wenn es um Mord an einer Frau geht. Und das ist gut so. Wenn es aber welche gäbe, wäre das Gegenstück zum prämenstruellen Syndrom der Frau das Testosteronsyndrom des Mannes. Das Gegenstück zur »unschuldigen Frau« wäre der »rationale Mann«, was der ebenso sexistischen Annahme gleichkäme, daß ein Mann keinen Mord begehen würde, wenn er nicht einen plausiblen Grund dafür hätte. Es müßte mildernde Umstände geben für straffällig gewordene Väter und geschlagene Männer sowie im Fall all jener Rollen, die den Männern automatisch und prinzipiell aufgebürdet werden ... wie der des Leibwächters.

Das Risiko des Leibwächters

Sicher erinnern Sie sich an den Fall von Marlon Brandos Sohn Christian. Er wurde von einer solchen Wut gepackt, als seine Halbschwester Cheyenne von ihrem Freund »verhauen« wurde, daß er eine Pistole zog, mit dem Freund rang und ihn dabei erschoß.[88] Er sagte aus, es sei ein Versehen gewesen.

Hätte sich Christian Brando nicht auf das Risiko des Leibwächters berufen können? Inwiefern? Wenn eine Frau ungestraft einen Mann umbringen darf, der sie mißbraucht, warum darf dann ein Mann nicht ungestraft einen männlichen Mißhandler umbringen?

Das Recht, jemand zu Tode zu bringen, räumen wir eher einer Frau ein als dem Staat

Die zwölf mildernden Umstände zusammengenommen, die nur für Frauen gelten, versetzen fast jede Frau in die Lage, nach Belieben die »Todesstrafe zu verhängen«. Es ist schon merkwürdig, daß wir heute Liberalität darin sehen, einer Frau diese Möglichkeit zuzugestehen, dem Staat hingegen nicht.

Dem Staat fällt nicht das Recht zu, jemanden umzubringen und dann zu behaupten, er oder sie habe jemanden mißhandelt. So kann nur eine Frau mit einem Mann verfahren. Es ist merkwürdig, daß wir es für einen Ausdruck von Liberalität halten, wenn eine Frau verhindern kann, daß ein Mann ein ordentliches Gerichtsverfahren bekommt, während wir von »totalitären« Methoden sprechen, wenn das – umgekehrt – einer Frau angetan würde.

Sechs Scheuklappen, die verhindern, daß wir Morde an Männern registrieren, die auf das Konto von Frauen gehen

Laut Statistik des Justizministeriums werden doppelt so häufig Frauen von Männern getötet wie Männer von Frauen.[89] Sehen wir uns das genauer an. Männer sind tatsächlich häufiger Serienmörder als Frauen. Diese Verbrechen haben eine hohe Aufklärungsquote, da sie einem bestimmten Muster folgen.

Es gibt nun bestimmte Mechanismen, die uns – als hätten wir Scheuklappen – daran hindern, von Frauen begangene Morde zu registrieren. Erster Punkt: Eine Frau neigt eher dazu, einen Mann zu vergiften als zu erschießen, und Vergiftungen werden oft als Herzinfarkt oder Unfall deklariert. Blanche Taylor Moore (*Arsen und Spitzenhäubchen*) konnte auf diese Weise fünfundzwanzig Jahre lang Männer umbringen, bevor ihr etwas nachgewiesen wurde. Stella Nickells Excedrin-Morde wurden zunächst irgendwelchen Ganoven zugeschrieben.

Ein Auftragsmord wird außerdem nicht so leicht aufgedeckt, weil er sorgfältig geplant und oft von einem Professionellen ausgeführt wird. Wird der Killer gefaßt, registriert ihn das Justizministerium als »Gewohnheitsverbrecher«. Dieser Mord wird nie als ein Fall von *Frau tötet Mann* registriert. Das ist der zweite Punkt.

Männer, die Frauen umbringen, stammen oft aus schlechten sozioökonomischen Verhältnissen; Frauen, die ihre Männer oder Liebhaber ermorden, eher aus der Mittelschicht. Der dritte Punkt heißt Geld. Jean Harris (die den Autor von *Die Scarsdale-Diät* umbrachte) war Rektorin einer Privatschule;[91] Elizabeth Broderick war Grundschullehrerin und in die High Society aufgestiegen; Pamela Smart war Lehrerin in New Hampshire.[92] Gegen Geld lassen sich die besten Anwälte anheuern, die eher Freisprüche wegen angeblich erwiesener Unschuld erwirken. Daher sind in der Statistik des Justizministeriums weniger Frauen als Männer vertreten, die des Mordes angeklagt sind.

Am meisten schlagen wohl der Ritterlichkeitsfaktor und der Faktor der unschuldigen Frau zu Buche, denn sie schließen von vornherein aus, daß eine Frau als Verdächtige in Frage kommt. Außergerichtliche Absprachen führen manchmal sogar dazu, daß eine Anklage fallengelassen wird. Z. B. wenn die Frau einen minderjährigen Jungen, ihren Liebhaber oder einen Berufskiller angeheuert hat.

Diese sechs Faktoren zeigen, daß wir bewußt oder unbewußt die Morde von Frauen an Männern anders wahrnehmen als im umgekehrten Fall, was sich schließlich in einer verfälschten Statistik niederschlägt.

Aber auch die Medien gehen manipulativ vor. So neigen sie dazu, von Männern verübte Morde an Frauen in die internationalen Schlagzeilen zu hieven (z. B. den Mörder von Montreal, die Würger von Hillside und Boston). Wenn eine Frau einen Mann umbringt, wird darüber in der Regel nur in den Lokalzeitungen berichtet, außer es handelt sich bei dem Mann um eine berühmte Persönlichkeit.

Kurz gesagt, die Statistik gibt keinen Aufschluß darüber, welches von beiden Geschlechtern eine höhere Mordrate am jeweils anderen Geschlecht aufweist. Was wir sicher wissen, ist nur, daß beide Geschlechter mehr Männer umbringen.

Auf dem Weg zu einer Lösung

Niemand will sich verschlechtern

Gesetze, die einem von beiden Geschlechtern mehr Rechte an die Hand geben, haben dennoch Auswirkung auf beide Geschlechter – und niemand geht gern eine Verpflichtung ein, die Nachteile mit sich bringt. In Australien beispielsweise gilt es als häusliche Gewaltanwendung, wenn ein Mann seiner Frau gegenüber einen lauten Ton anschlägt: die sogenannte »Dezibel-Regel«. Schreit eine Frau ihren Mann an, wird das als legitime Verteidigung gegen männliche Dominanz akzeptiert.[93] Aufgrund dieser Doppelmoral scheuen australische Männer zunehmend vor einer Heirat zurück. Australische Feministinnen kämpfen jedoch dafür, daß sämtliche Gesetze, die die Ehe betreffen, auch auf nichteheliche Lebensgemeinschaften angewendet werden. Solche Gesetze führen lediglich dazu, daß die Kluft zwischen Männern und Frauen größer wird.

Was können wir tun, damit künftig weniger Mißhandlungen und Morde geschehen?

Frauen, die einen Mann ermorden, tun dies, weil sie sich ihm hilflos ausgeliefert fühlen, Männer wenden aus ebendemselben Grund Gewalt gegenüber Frauen an. Mißhandlung rührt nicht von Macht her, sondern von Ohnmacht, und das trifft für *beide* Geschlechter gleichermaßen zu. Der Mißbrauch von Gewalt ist nichts weiter als eine kurzzeitige Demonstration von Macht, die meist einem Gefühl der Machtlosigkeit und des Versagens entspringt. Um dem Mißbrauch von Gewalt Einhalt zu gebieten, muß die künstlich geschaffene Trennung zwischen körperlichem Mißbrauch und seelischem Mißbrauch aufgehoben werden. Wir nähern uns einer Lösung an, wenn Männer und Frauen gleichermaßen lernen, einander zuzuhören – auf eine Weise, wie sie den meisten unserer Eltern nicht vergönnt war. Wenn beide Geschlechter dahin gelangen, daß sie sich für Partnerinnen oder Partner entscheiden, die selbstsicher genug sind und zuzuhören vermögen, statt zum körperlichen Angriff überzugehen, und die bei verbalen oder physischen Attacken ihr Heil in der Flucht suchen.

Es gibt keine Garantie auf körperliche Unversehrtheit. Aber wir meiden ja auch gefährliche Stadtviertel und suchen diese nicht auf, um uns dann womöglich gezwungen zu sehen, Leute zu erschießen, die uns bedrohen.

Wir kommen einer Lösung näher, wenn an den Schulen Möglichkeiten einer verbesserten Kommunikation gelehrt würden, nicht indem wir Mord in der Ehe billigen. Wir nähern uns einer Lösung an, wenn wir endlich öffentlich einräumen, daß Mädchen und Jungen gleichermaßen zur Gewaltanwendung in Form von Schlägen neigen.[94] Kurzum, wenn wir Mißbrauch und Mord ein Ende bereiten wollen, müssen wir Beratung und Therapie anbieten. Männer und Frauen müssen lernen, sich gegenseitig zu beschützen, und es darf nicht nur einem Geschlecht das Recht zugebilligt werden, sich den Staat als Beschützer zunutze zu machen.

13. KAPITEL
Sexualverhalten – Sexualpolitik

Warum sexuelle Belästigungen für Frauen so schlimm sind

Wenn eine Frau sich am Arbeitsplatz einem Mann körperlich nähern würde, würde ein Mann nicht hingehen und um Hilfe schreien. Wie also soll ein Mann begreifen, daß sexuelle Belästigung für Frauen ein derart wichtiges Thema ist?
 Männer müssen sich vorstellen, wenn Frauen ihnen ständig Komplimente wegen ihrer handwerklichen Fähigkeiten machen würden. (Vielen Frauen werden von Männern Komplimente wegen ihrer Schönheit gemacht.) Doch nun soll etwa eine Sozialarbeiterin Ihre Fähigkeiten *als Vater* beurteilen; denn ob Sie Ihr Kind behalten dürfen oder nicht, hängt davon ab. Stellen Sie sich vor, daß Sie das Baby wickeln, und die Sozialarbeiterin wirft ein, Ihre dreckigen Fingernägel sähen wirklich toll aus. Sie würden zu dem Schluß kommen, daß sie sich nicht auf Ihre Arbeit als Vater konzentriert. Ist das nicht so, als würde Ihnen mitgeteilt: »Ein Mann hat das Auto zu reparieren.« Nun geht es aber darum, daß Ihnen möglicherweise Ihr Kind weggenommen wird, wenn die Sozialarbeiterin Sie in Ihrer Rolle nicht ernst nimmt. Werden Sie in dieser Situation die Bemerkung als Kompliment auffassen? Nicht anders ist einer Managerin zumute, weil ihr Job auf dem Spiel steht, wenn nicht sie in ihrer Arbeitsfunktion gemeint ist.
 Stellen Sie sich weiter vor, die Sozialarbeiterin würde an *andere* Männer Komplimente verteilen, an Sie aber nicht. Würden Sie sich erleichtert fühlen? Einerseits ja. Wenn Sie jedoch feststellen, daß sie diejenigen Männer, die ihr Auto kostenlos reparieren, zugleich auch als bessere *Väter* einstuft, würden Sie hellhörig werden. Insbesondere, da das Kind nur einem Vater zugesprochen werden kann. (So wie der gutdotierte Posten auch nur von einer einzelnen Frau eingenommen werden kann.)

Es ist schwer für Männer, das nachzuvollziehen, denn als Jungen haben sie mehr Aufmerksamkeit und Zuwendung erfahren, wenn sie Zielstrebigkeit an den Tag legten und erfolgreich waren, und diese Eigenschaften sind auch im Beruf gefragt. Dort bringen sie ihm Geld und berufliches Weiterkommen ein. Bei den Mädchen wurde derjenigen die größte Aufmerksamkeit zuteil, die äußerliche Attraktivität zu bieten hatte. Bei einer Ingenieurin spielte jedoch äußerliche Attraktivität im Hinblick auf Gehalt und berufliches Weiterkommen keine Rolle. **Deswegen haben sich Frauen in der Berufswelt oft befremdlich gefühlt – an ihrem Arbeitsplatz findet nicht einfach eine Fortsetzung dessen statt, was sie aus ihrer Jugend kennen.**

Wie kann ein Mann das *gefühlsmäßig* verstehen? Frauen ist zumute, als wären sie tagtäglich, ihr Leben lang, bei einem Schönheitswettbewerb. (Ob attraktiv oder nicht, sie werden von Eltern, Verwandten, Jungen und anderen Frauen ständig kritisch beäugt.) In meinen Workshops, besonders denen bei großen Firmen, fordere ich die Männer auf, sich in diesen »Dauer-Schönheitswettbewerb« der Frauen einzufühlen. Der Mann muß sich einmal vorstellen, daß er allein nach seiner äußeren Erscheinung beurteilt wird, und zwar von einer Jury, die sich ausschließlich aus Frauen zusammensetzt.

Diese Frauen befinden dann darüber, ob er befördert wird. Die Männer, die es bis in die Endrunde schaffen, fühlen sich geschmeichelt, aber auch frustriert, weil sie sich fragen, ob sie es vielleicht aus einer grundlegend falschen Beurteilung heraus so weit geschafft haben. Sie empfinden ihrem Körper gegenüber eine Art Haßliebe, ein Phänomen, wie es bei vielen Frauen anzutreffen ist. Männer, die nicht die Endrunde erreicht haben, fühlen sich zurückgewiesen. Alle empfinden die Arbeitsatmosphäre als feindselig, jeder Mann auf seine Art.

Ich habe erlebt, daß Männer weinend den Tagungsraum verlassen haben. Diese Männer sind kurzzeitig sozusagen in »die Schuhe einer Frau geschlüpft«.

Warum ärgern sich manche Frauen so über Pin-ups am Arbeitsplatz?

Ein Bild mit einem Pin-up-Girl am Arbeitsplatz symbolisiert für viele Frauen, daß dem Mann der Körper einer Frau wichtiger ist als ihre Arbeit. Eine Frau, die ihre Arbeit ernst nimmt, gewinnt den Eindruck, daß sie es mit einem Mann zu tun hat, der am Arbeitsplatz sowohl das eine als auch das andere will – gleichgültig, was sie, die Frau, wünscht. Sie findet es unpassend, diese zweierlei Dinge zu vermengen. Ein Mann würde es auch unpassend finden, wenn er mit einer Frau in ihr Schlafzimmer ginge, und es lägen etliche Hundertdollarscheine auf dem Nachttisch.

Viele Frauen reagieren auf solche Pin-ups, indem sie hingehen und entsprechende Bilder von Männern aufhängen:»Dann merken die Männer, wie das ist.« Doch es erzielt den gegenteiligen Effekt. Es signalisiert den Männern, daß diese Frauen fortwährend an Männerkörpern und Sex interessiert sind, so daß sie auch während der Arbeitszeit ständig daran denken müssen, was dem Mann durchaus recht ist.

Wie kann eine Frau einem Mann begreiflich machen, was sie empfindet, wenn er ihr solche Pin-ups zumutet? Ich schlage Frauen vor, Bilder von Männern dagegenzusetzen, die »Erfolgsobjekte« repräsentieren, besonders von solchen Männern, die es bereits in jungen Jahren zu etwas gebracht haben. Wenn sie in einer Computerfirma arbeitet, könnte sie sich ein Bild von Steven Jobs einrahmen; oder ein Foto vom Besitzer ihrer Firma; oder vom obersten Chef ihres Vorgesetzten; wenn sie aufs College geht, könnte es Bon Jovi oder Axl Rose sein ...

Auch eine Liste von den hundert reichsten Männern der Welt kann gute Dienste leisten. Warum? Männer können so das Gefühl von Hilflosigkeit nachempfinden, wie es Frauen beim Anblick von Pin-ups befällt. Beide Arten von Bildern bewirken, daß sich die Kolleginnen und Kollegen unzulänglich fühlen – wie zweite Wahl. Das Gefühl, in einem Bereich Zurückweisung zu erfahren, in dem sich eine Person andernorts durchaus geschätzt fühlt, führt zu einer feindseligen Arbeitsatmosphäre.

Warum Männer Gesetze gegen sexuelle Belästigung als unfair empfinden

- 1991. Die Universität von Toronto beschuldigte einen Chemieprofessor der sexuellen Belästigung, weil er eine Studentin am Swimmingpool »fortgesetzt« angestarrt habe.[1] Er habe dadurch eine feindselige Atmosphäre geschaffen.

- 1991/92. In der Herrentoilette einer Oberschule gab es ein anzügliches Graffito, das lange nicht entfernt wurde. Die Schule wurde der sexuellen Belästigung beschuldigt und zu einer Geldstrafe von 15 000 Dollar verurteilt, weil sie dem Mädchen, das in dem Graffito genannt war, »seelische Ängste« verursacht habe.[2]

- 1992. Die sechsjährige Cheltzie beklagte sich, daß die Jungen in ihrem Schulbus unflätige Ausdrücke benutzten und sie verspotteten. Ihre Mutter klagte im Namen von Cheltzie wegen sexueller Belästigung. Der Schulleiter bemerkte dazu: »In Zukunft haben wir eine unflätige Ausdrucksweise als sexuelle Belästigung einzuordnen, nicht mehr als disziplinarisches Problem.«[3]

In den sechziger Jahren war der Begriff »sexuelle Belästigung« noch vollkommen unbekannt. Frauen, die in den sechziger und siebziger Jahren geschieden wurden, bezogen nach der Scheidung ihr Einkommen aus Erwerbsarbeit. Jetzt verlangten sie den gleichen Schutz, den sie zu Hause genossen hatten, von ihrem Arbeitgeber. Fast über Nacht änderten sich die Regeln am Arbeitsplatz.

Männer sind früher nicht auf die Idee gekommen, Anzeige zu erstatten, um sich vor verletzenden Witzen zu schützen. Männer hatten aber Mittel zur Verfügung, um sich dagegen zu wehren. Wenn ein Kollege sie beleidigte, wurde er gemieden. Wenn jemandem nicht zu trauen war, geriet er in Verruf. Manche Männer reagierten aggressiv-passiv auf einen autoritären Chef, der sie mit Arbeit überlastete – sagten »ja klar« und erledigten dann die Arbeit nur zur Hälfte; andere machten Überstunden oder nahmen den Chef beiseite und redeten mit ihm, wieder andere reichten schriftliche Beschwerden ein. Und wenn alles nichts half, baten sie um eine Versetzung oder suchten sich einen anderen Job.

Männer sind zu keiner Zeit auf den Gedanken gekommen, ihren Brötchengeber anzuzeigen. Warum nicht? Weil er auch der Ernährer ihrer Familien war. Die von den Männern ausgefochtenen Kämpfe führten in aller Regel dazu, daß sie ihre Familien noch besser versorgen konnten – dank höherer Gehälter und Arbeitszulagen sowie dank Witwenrenten und Versicherungen, die nach ihrem Ableben ausbezahlt wurden. Im Grunde haben sie stets um mehr Schutz für ihre Familien gekämpft, nicht für sich selbst.

Anfang der siebziger Jahre kam dann der Begriff »sexuelle Belästigung« auf. Er war verknüpft mit dem Gedanken an eine Frau, der mit Kündigung gedroht wurde, wenn sie nicht zu einem Verhältnis mit ihrem Chef bereit war. Fast alle waren sich darin einig, daß es sich hierbei um Belästigung handelt. Dann wurde der Begriff ausgedehnt und auch auf den Chef angewandt, der eine schnellere Beförderung versprach, wenn ihm die Frau als Gegenleistung Sex zu bieten hatte. Fast alle Männer lehnten diese Art von Handel ebenso ab wie die Frauen, denn sie waren es, die dabei im Arbeitsleben den kürzeren zogen und deren sexuelles Entgegenkommen nicht von Interesse war. Sie waren im Gegenteil der Auffassung, daß es im Interesse der *Firma* sei, einen Chef hinauszuwerfen, der die Firma aus persönlichem Lustgewinn ausbeutete. Sie sahen jedoch keine Notwendigkeit für ein Eingreifen des Staates.

Von Männern weitgehend unbeachtet, dehnte der Staat die rechtliche Definition von sexueller Belästigung weiter aus: Von jetzt an galt alles als »feindselige Arbeitsatmosphäre«, *was eine Frau als solche definierte.*[4] Männer verschlossen die Augen davor, bis der Fall von Clarence Thomas sie zwang, den Kopf aus dem Sand zu ziehen. Sie mußten nun feststellen, daß eine *Unterhaltung* über Pornographie bereits als sexuelle Belästigung definiert werden konnte. Wer einen schmutzigen Witz erzählte, eine Angestellte »Schätzchen« nannte oder einen längeren Blick auf den kurzen Rock einer Kollegin richtete, machte sich bereits schuldig. Verstößt das Erzählen eines schmutzigen Witzes bereits gegen das Gesetz? Ja.[5] Und ein Blick? Ja, auch. Und eine Angestellte mit »Schätzchen« anreden? Ja. *All das ist wider das Gesetz, wenn* es einer Frau gegen den Strich geht und wenn es ein Mann ist, der das »Delikt« verübt.

Gelten die rechtlichen Vorgaben denn nicht für beide Geschlechter gleichermaßen? Manche ja, viele nicht. Die Richtlinien im Hinblick auf sexuelle Belästigung schreiben z.B. dem Arbeitgeber vor, solche Verhaltensweisen von Männern in seinem Betrieb »zu unterbinden«, die von *Frauen* als »feindselig« und »einschüchternd« angesehen werden – wie »unerwünschte sexuelle Anträge«[6] oder dreckige Witze. Die Richtlinien des Arbeitsministeriums sind in einer Broschüre zusammengefaßt, die den Titel trägt: »Rechtsratgeber für die berufstätige *Frau*« (Hervorhebung vom Autor), nicht »Rechtsratgeber für Berufstätige«.[7] In der Praxis würde sich jeder Mann, der eine Frau anzeigt, weil sie sich mit ihm über Pornographie unterhalten hat oder ihm vorgeschlagen hat, mit ihr auszugehen (wie im Fall von Hill gegen Thomas), schlicht lächerlich machen und deswegen bald die Firma verlassen müssen.

Wer definiert den Begriff »feindselige Atmosphäre«? Die Frau. *Die Ansichten des Mannes werden nicht berücksichtigt.* Bei allen anderen kriminellen Handlungen ist das Motiv von entscheidender Bedeutung. **Die Gesetze gegen sexuelle Belästigung benachteiligen in ihrer heutigen Form alle Männer.** Die Verfassung garantiert Gleichheit vor dem Gesetz, *ungeachtet* des Geschlechts; in diesem Punkt wird es auf himmelschreiende Weise verletzt. Der politische Wille, Frauen besonderen Schutz zu gewähren, siegt über den Auftrag der Gesetzgebung, beide Geschlechter in gleicher Weise zu schützen.

Was geschieht, wenn Aussage gegen Aussage steht? Als die Richtlinien der Equal Employment Opportunity Commission (EEOC, Kommission zur Gleichstellung im Berufsleben) erarbeitet wurden, konnte zunächst die »bloße Behauptung« sexueller Belästigung, ohne Beweise, nicht zu einer Verurteilung führen. Es ist nicht ohne Ironie, daß Clarence Thomas Vorsitzender dieser Kommission war, als diese Entscheidung *ins Gegenteil verändert wurde*: **Wenn heute Aussage gegen Aussage steht, genügt die »bloße Behauptung«,** sie muß nicht von Beweisen gestützt werden![8] Clarence Thomas hat am eigenen Leib erfahren, was es bedeutet, unter Gesetzen leben zu müssen, die von einem selbst verfaßt worden sind.

Aber es kommt noch schlimmer: Die Frau muß dem Mann persönlich gegenüber nicht zum Ausdruck bringen, daß sie sich von ihm belästigt fühlt. Es genügt, wenn sie *einer Freundin am Arbeitsplatz* davon erzählt. Die Gleichstellungskommission befand: »Beklagt sich eine Frau bei ihrer Freundin am Arbeitsplatz, ist das ein ausreichender Beweis für das Vorliegen einer sexuellen Belästigung.«[9] Was heute als Beweis für ein Delikt gilt, nannte man früher schlicht Klatsch und Tratsch.

So kam es, daß allein zwischen 1980 und 1990 50 000 Fälle von sexueller Belästigung angezeigt wurden.[10] Die großen Firmen Amerikas bekamen es mit der Angst zu tun und haben seither Programme entwickelt, um den Richtlinien der Gleichstellungskommission zu entsprechen. **Frauen haben binnen eines Jahrzehnts größeren Schutz vor kränkenden Witzen am Arbeitsplatz erhalten als Männer in Jahrhunderten an Schutz vor tödlichen Arbeitsunfällen.** Als Frauen auf den Arbeitsmarkt drängten und der Staat zum Ersatzehemann wurde, bekamen viele Männer zu spüren, daß es vorteilhafter war, ein Opfer zu sein als ein Unternehmer. Es gab einen allgemeinen Wertewandel in der Arbeitswelt: Aus einer Nation von Unternehmern wurde eine Nation von Opfern.

»Deine Lippen sagen nein, deine Augen sagen ja«

Sie mögen es glauben oder nicht, doch nicht das ist es, was Männer am meisten stört. Was ist es dann? Erstens: Männer erleben, daß Frauen immer noch ihr altes Spiel spielen und daß sie, zweitens, nicht die Verantwortung für ihr Spiel übernehmen, weil es die Gesetze gegen sexuelle Belästigung gibt. *Cosmopolitan* z. B., eine Zeitschrift, die im Vergleich zu allen anderen den höchsten Anteil an alleinstehenden berufstätigen Leserinnen aufweist, erklärt Frauen, wie sie *am Arbeitsplatz* indirekt Initiativen ergreifen können, die in den Männern *unbewußte* Reaktionen auslösen.[11] Und was passiert, wenn nicht der ins Auge gefaßte Mann reagiert? Andere Artikel handeln davon, wie eine Klage wegen sexueller Belästigung auszusehen hat, wenn auf diese indirekten Initiativen der falsche Mann mit direkten Initiativen reagiert![12]

Hier eine Aufzählung einiger indirekter Initiativen, die *Cosmopolitan* für den Arbeitsplatz empfiehlt:[13]

- »Wenn Sie an seinem Schreibtisch vorbeigehen, lassen Sie einen Stapel Akten fallen oder ihre Handtasche, dann bücken Sie sich danach. Er wird Ihnen helfen. Lehnen Sie sich an ihn, legen Sie ihm die Hand auf die Schulter, um das Gleichgewicht nicht zu verlieren...«

- »Wenn Sie schöne Beine haben, tragen Sie einen sehr kurzen engen Rock und hohe Absätze. Strecken Sie sich, mit dem Rücken zu dem Mann, nach einem Aktenordner etc. ...«
- »Streifen Sie ihn im Aufzug...«
- »Sagen Sie bei einem Geschäftsessen unvermutet etwas leicht Unpassendes wie: ›Blau steht Ihnen gut.‹ Sie sollten diese Bemerkung einfließen lassen, wenn Sie eigentlich von etwas anderem reden, z. B.: ›Ich habe heute an dieser Werbekampagne gearbeitet, wußten Sie eigentlich, daß Blau Ihnen großartig steht?‹«

Die indirekte Initiative einer Frau ist ein Königsweg, weil sie damit weder ihr Selbstwertgefühl noch ihre Karriere aufs Spiel setzt.

»Ms. Chase, ich habe die hehrsten Absichten
und bin im Rechtsschutz. Hiermit lade ich Sie höflich
zum Abendessen ein. Sie können das Angebot
gern ablehnen, wenn Sie sich dadurch
in irgendeiner Weise sexuell
belästigt fühlen.«

SEXUALVERHALTEN – SEXUALPOLITIK

Cosmopolitan rät z. B.: »Berühren Sie ihn innerhalb der ersten Sekunden der Begegnung, und sei es nur, um einen imaginären Fussel zu entfernen.«[14] Wenn er darauf reagiert und sie zum Essen einlädt, die Beziehung dann aber beendet, kann *er* wegen Belästigung angezeigt werden. (Er hat »die Initiative ergriffen«.) Wenn er dann vor Gericht steht, würde es wohl keinem Mann einfallen, dem Richter zu unterbreiten: »Euer Ehren, ich habe sie zum Essen eingeladen, wegen der Art, wie sie einen imaginären Fussel von meinem Anzug entfernt hat.«

Was geschieht, wenn er den »Wink mit dem Fussel« nicht kapiert? *Cosmopolitan* rät: »Schauen Sie ihm auf die Hose ... mit einem koketten Blick oder einem Lächeln.«[15] Und wenn er auch diesen Wink nicht versteht? Dann kann sie »wunderbare, rote Unterwäsche tragen und sie ›zufällig‹ hervorblitzen lassen ... die Bluse ist ein wenig aufgeknöpft, damit der Mann einen heimlichen Blick auf den roten Spitzen-BH werfen kann ... Sie legen Ihre Beine übereinander, und der Rock rutscht hoch ...«

Aber *Cosmopolitan* steht nicht allein da mit solcherart Empfehlungen. Als Frauen verstärkt auf den Arbeitsmarkt drängten, fanden Groschenromane die Formel, die berufstätige Frauen anspricht. Diese Formel besteht aus einem erfolgreichen Mann, der eine berufstätige Frau umwirbt, diese sträubt sich und entzieht sich, *der Mann überwindet ihren Widerstand,* und dann »erobert er sie im Sturm«. Das ist die uralte Geschichte: Er umwirbt und gibt sich hartnäckig; sie lockt an und widersteht. Doch genau das entspricht heute auch der Definition von sexueller Belästigung.

Wollen Frauen solche Geschichten denn tatsächlich lesen? O ja. *Die Frau, die gern Liebesromane liest, verschlingt rund 20 Romane im Monat,* doppelt so viel wie noch 1983.[16] Der Verlag, der diese Formel der berufstätigen Frau erfand, stand 1970 am Rand des Bankrotts, heute hat er einen Marktanteil bei Liebesromanen von 80 Prozent.[17] Und dieser Markt floriert – er macht 46 Prozent aller Taschenbücher aus, die in den USA erscheinen.[18]

Es ist ihr Wunschtraum, »erobert« zu werden, nicht seiner. Er ist das Opfer und gleichzeitig der Täter. Das wird ihm vollends klar, wenn er feststellt, daß eine Frau ein Buch liest mit dem Titel *Liebe am Arbeitsplatz: Wie Sie sich im Job einen Mann angeln.*[19]

Der Autor des Buches liefert auch eine Liste der zehn angesehensten Männerberufe und die zehn in diesen Berufen geeignetsten Positionen, in denen sich eine Frau »ihren Mann angeln« kann.[20]

Was ist gegen einen Minirock schon einzuwenden?

Viele Frauen fragen sich, was gegen einen Minirock und einen kleinen Flirt am Arbeitsplatz einzuwenden sein soll. Die meisten Männer hätten auch nichts dagegen, wenn aus ihrer Reaktion darauf ebensowenig Aufhebens gemacht würde.

Will eine Frau in ihrem Beruf ernst genommen werden, ist das Thema für sie von Belang. Und zwar aus folgendem Grund: Ihre *indirekte* Initiative signalisiert dem Mann, daß sie dazu neigt, sich direkter Verantwortung zu entziehen, und daß er es mit einer Frau der alten Schule zu tun hat. **Indirekte Initiativen sollten traditionellerweise zur Heirat führen und damit zur Aufgabe ihrer Berufstätigkeit. Minirock und Flirt vermitteln einem Mann, daß diese Frau ihr berufliches Engagement aufgeben möchte.** Sie möchte zumindest nicht mehr gezwungen sein, Geld zu verdienen. Wenn Sie der Chef oder die Chefin wären, wen würden Sie eher befördern: eine Person, die die Wahl hat, durch Arbeit Geld zu verdienen, oder eine Person, die zum Arbeiten verpflichtet ist (um z. B. eine Ehefrau und drei Kinder zu ernähren)? Wen würden Sie ernster nehmen?

An sich ist keine dieser weiblichen Verhaltensweisen falsch, wie es auch für einen Mann nicht falsch ist, die Initiative zu ergreifen. In fast allen Kulturen und zu allen Zeiten bedienten sich Frauen indirekter Initiativen, um dem Mann zu signalisieren, daß er *direkte* Initiativen ergreifen soll. Ein Flirt war eine Aufforderung dazu. In manchen Kulturen waren rotgeschminkte Lippen ein Zeichen, daß die Frau bereit war für Fellatio. Auf den Südseeinseln bedeutete eine frische Blume im Haar einer Frau, daß sie »zu haben war«. Blumen, Lippenstift und Minirock haben so starke Signalwirkung, daß *jeder* Mann sich angesprochen fühlt. Denn nur wenn die Frau auf alle Männer eine Wirkung ausübt, hat sie die Auswahl und kann sich für den »besten« Mann entscheiden.

Worin lag der Sinn, daß die Frau früher eher zögerte und die Aufforderung eines Mannes ausschlug? Es bot ihr die Möglichkeit, einen Mann zu finden, der mit den Enttäuschungen des Lebens umzugehen vermochte und dessen Interesse an ihr so groß war, daß er es riskierte, die gesamte Verantwortung zu übernehmen, auch für den Fall, daß er scheiterte. So gesehen sind **Anzeigen wegen sexueller Belästigung lediglich die moderne Form des weiblichen Auswahlverfahrens.** Sie kann sich einen Mann aussuchen, dem sie so wichtig ist, daß er seine Karriere aufs Spiel setzt, der genügend Taktgefühl besitzt, um die Initiative zu ergreifen, ohne sich lächerlich zu machen, und der mutig genug ist, den ersten Schritt zu tun, obwohl er eine Anzeige riskiert. Sie kann sich einen Mann aussuchen, der Erfolg hat und der die gesamte Verantwortung übernimmt. In dem Punkt hat sich also nichts geändert...

Früher wurde das Überwinden von Widerstand »Werbung« genannt oder »den Hof machen«. Heute kann es »Werbung« heißen *oder* »sexuelle Belästigung«. Die Grenzen sind fließend...

Wenn es klappt, war es ein Werben, wenn nicht, war es sexuelle Belästigung

Bei meinen Vorträgen bitte ich alle berufstätigen Frauen, die ihren Mann am Arbeitsplatz kennengelernt haben, die Hand zu heben. Fast zwei Drittel haben einen Kollegen, einen Kunden oder jemanden, bei dem sie Kundin waren, geheiratet.[21] Weitere 15 Prozent leben mit einem Mann zusammen oder haben eine langjährige Beziehung zu einem Mann gehabt, den sie am Arbeitsplatz kennengelernt haben. Hier zeigt sich ein Dilemma. Die meisten Männer, die diese Frauen geheiratet haben, waren ihnen in der Firmenhierarchie übergeordnet, und fast alle haben als erste die Initiative ergriffen. **Sexuelle Belästigung wird oft so definiert: Ein Vorgesetzter ergreift einer Angestellten gegenüber sexuell die Initiative. Wenn seine Unternehmung gelingt, wird sie als Umwerben bezeichnet, wenn sie scheitert, sexuelle Belästigung.**

Ist es nicht erst dann sexuelle Belästigung, wenn er weiter hartnäckig bleibt? Rechtlich gesehen nicht. Manche Frauen empfinden jedwede Initiative – auch einen einzelnen Versuch – als unangenehm und beklagen sofort die feindselige Atmosphäre. Und das genügt (in den USA; Anm. d. Red.), um Anzeige zu erstatten.

Viele Frauen gestehen, daß sie mit einem Mann verheiratet sind, dem sie anfangs Widerstand entgegengesetzt haben. An den heutigen Standards gemessen, sind sie mit einem Belästiger verheiratet. Viele von ihnen sind froh, daß der Mann solche Hartnäckigkeit an den Tag gelegt hat.

Sollten Kolleginnen und Kollegen Liebesbeziehungen miteinander eingehen?

Insbesondere Frauen betonen, daß es ihnen wichtig sei, einen Mann erst näher kennenzulernen, bevor sie sich auf ein Verhältnis mit ihm einlassen. Die Berufswelt bietet einer Frau die Gelegenheit, den Mann genau zu beobachten: Wie löst er Probleme? Welche Fähigkeiten, Charaktereigenschaften und moralischen Grundsätze hat er? Welche Gewohnheiten? Für die meisten Frauen ist das Kennenlernen eines Mannes am Arbeitsplatz wesentlich günstiger als etwa in einer Bar. Über 35 Millionen Amerikanerinnen und Amerikaner haben jede Woche irgendeine Art von »sozio-sexuellem« Kontakt an ihrem Arbeitsplatz.[22] Das sind mehr als 80 Prozent aller Berufstätigen.[23] Wenn es klappt, gibt es eine Hochzeit, und das Foto der Frau erscheint in der Zeitung, wenn nicht, gibt es eine Klage, und das Foto des Mannes erscheint in der Zeitung.

Warum erzählen Männer schmutzige Witze?

Um eines vorweg klarzustellen: Frauen erzählen auch schmutzige Witze. Als der fast ausschließlich männlich besetzte Kongreß über Gesetze beriet, die das Erzählen schmutziger Witze unter Strafe stellen sollten, weil sie »eine feindselige Atmosphäre« schaffen, wurden von den weiblichen Kongreßabgeordneten männerfeindliche Witze erzählt.[24] Zum Beispiel folgender: »Was ist der Unterschied zwischen Bundesanleihen und Männern?« – »Anleihen reifen.« Das war erlaubt. Hätten jedoch Männer gefragt: »Was ist der Unterschied zwischen Bundesanleihen und Frauen?« und geantwortet: »Bundesanleihen gewinnen an Wert, je älter sie sind«, hätten sie verklagt werden können. Die Frauen erzählten sich auch diesen Witz: »Warum ist es gut, daß es weibliche Astronauten gibt?« – »Weil dann jemand nach dem Weg fragen kann, wenn die Crew sich im Weltraum verirrt.« Anscheinend hat sich keiner der männlichen Abgeordneten zu fragen getraut: »Und wer hat auf die Frage der weiblichen Astronauten nach dem Weg geantwortet?« Obwohl die beiden Geschlechter ihren jeweils spezifischen Humor haben, war im Streit zwischen Clarence Thomas und Anita Hill vorwiegend davon die Rede, daß Chefs mit schmutzigen Witzen Macht über Frauen ausüben.

Das stimmt nicht. Männer erzählen schmutzige Witze, wenn sie mit Gleichgestellten zusammen sind, unter Freunden und überall dort, *wo sie sich wohl fühlen*. Es kann vorkommen, daß ein Vorgesetzter einen zweifelhaften Witz erzählt, um seinem Team zu signalisieren, ihn nicht gar so ernst zu nehmen und sich *nicht* vor ihm zu fürchten. Er beabsichtigt damit, eine kollegiale Atmosphäre zu schaffen und das Betriebsklima aufzulockern. Es verwirrt Männer, wenn Frauen behaupten, daß sie sich von diesen Zirkeln ausgeschlossen fühlen, aber möglicherweise Anzeige erstatten, wenn sie daran teilnehmen dürfen!

Es mutet höchst sonderbar an, daß für die Kampagne »Lachen ist gesund« Millionen von Dollar ausgegeben werden und daß wir gleichzeitig viel Geld dafür aufwenden, eine bestimmte Spielart von Humor zu unterbinden.[25] Wir lachen über schmutzige Witze genauso wie über »saubere« und stimulieren damit eben die Sauerstoffversorgung unseres Körpers. »Schmutzige« Witze sind nicht schmutziger als andere – sie spielen nur mit unserer Scheinheiligkeit. Denn es ist scheinheilig, Sex als »schmutzig« zu bezeichnen und dann mit einer geliebten Person zu schlafen.

Wenn ein Mann sich von einer Frau angezogen fühlt und ihm klar ist, daß er die Initiative ergreifen muß, steigert das nicht seine Macht, sondern seine Ohnmacht. Diese wird von der Möglichkeit einer drohenden Anzeige noch vergrößert. Witze dienen dazu, das Terrain zu sondieren: Wenn sie über einen Witz lacht, ist sie vielleicht interessiert; wenn sie angewidert dreinschaut, wohl eher nicht. Er würde sich weitaus machtvoller fühlen, wenn *sie* es übernehmen müßte, die Lage zu sondieren.

Manche Beratungsstellen ermutigen Frauen, über jeden Vorfall Buch zu führen, der Anzeichen von sexueller Belästigung hat, auch über schmutzige Witze. Die meisten Chefs gehen nicht davon aus, daß sich Angestellte von solchen Witzen verletzt fühlen, wenn dies jedoch der Fall ist, möchten sie davon unter vier Augen erfahren. Sie empfinden es als abstoßend, wenn eine Frau darüber Tagebuch führt, sich bei einer Freundin am Arbeitsplatz beklagt und ihn am Ende anzeigt.

Frauen nennen es Belästigung, Männer nennen es Frotzelei

Eine Psychologin der Marine vertritt ihren neuen Studentinnen gegenüber die Ansicht, daß es ein typischer Fall von sexueller Belästigung sei, wenn *ein Mann* die Frage an sie richtet: »Warum besuchen Sie die Marineakademie?«[26] Die Zeitschrift *Psychology Today* stützt diese Meinung.[27]

Ich frage mich, ob diese Übersensibilität mit schuld daran ist, daß doppelt so viele Frauen ihre militärische Ausbildung abbrechen wie Männer.[28] Inwiefern steht dies miteinander in Zusammenhang? Die weiblichen Rekruten werden nicht darüber in Kenntnis gesetzt, daß alle Neulinge bei der Armee, Männer und Frauen, hochgenommen werden. Bei Frauen kann das »sexistisch« genannt werden, Männer dagegen müssen sich allerlei gefallen lassen. So werden Männer, die klein von Statur sind, wegen ihrer Körpergröße aufgezogen (»Was ist größer, dein IQ oder du?«), ein Stotterer wird nachgeäfft, einer vom Land muß es aushalten, daß sein Dialekt imitiert wird, ein Neuling, der von den Vorgesetzten gelobt wird, muß sich »Arschkriecher« nennen lassen ...

Frotzeleien basieren auf der Einsicht, daß jede Person wunde Punkte hat. Der Rekrut soll mit ihrer Hilfe lernen, einen Angriff auf seine Schwachpunkte zu überstehen und sich dem Team unterzuordnen. Der Neuling lernt, lachend über Kritik hinwegzugehen, sie als Herausforderung aufzufassen und nicht innerlich daran zu verbrechen. **Da mit einer Frau kein Spott getrieben werden darf, kann sie nicht ausgelotet werden, und deswegen wird ihr kein Vertrauen entgegengebracht.**

Gleichberechtigung beinhaltet auch Schikanieren und Spöttelei – was nichts anderes ist als Überlebenstraining. Deswegen wird in Berufen, die lebensgefährliche Risiken mit sich bringen, am meisten gefrotzelt: bei der Feuerwehr, bei Polizei und Kriminalpolizei, beim Militär und bei so harten Jobs wie dem des Waldarbeiters. Frotzelei und die Bedrohung durch tödliche Lebensgefahren im Arbeitsumfeld stehen in unmittelbarem Zusammenhang. Das wurde aber in dem erwähnten Marinekurs nicht begriffen. Ironischerweise wurde dieser Kurs angeboten unter dem Titel »Überlebenstraining«.[29]

Lernt der Rekrut oder der Neuling in einer Firma, »den Angriff nicht persönlich zu nehmen«? Nein, denn der Angriff *ist* persönlich gemeint. Der Neuling lernt, ihn dessenungeachtet auszuhalten. Ziel ist es, ihn zu einem noch stärkeren Glied der Kette zu machen oder ihn zum Aufgeben zu bewegen. Nur ein persönlicher Angriff liefert die Antwort auf die Frage: »Bist du bereit, deine Persönlichkeit einer Maschinerie unterzuordnen?« Oder: »Hast du begriffen, daß du ein ersetzbares Teilchen der Maschine bist?« **Frauen wehren sich gegen Kritik und Schikanen, weil sie im allgemeinen nicht dazu erzogen sind, sich als ersetzbares Teilchen einer Maschine anzusehen.**

Wollen wir dieses System der institutionalisierten Belästigung weiter aufrechterhalten? Es hat seine Nachteile. Frauen wird es gelingen, seine Exzesse einzudämmen. Sensible Künstlernaturen sind keine Drachentöter. Weil es bewaffnete Männer gibt, können andere sich den Luxus erlauben, sich nicht zu bewaffnen. Ohne Männer in Waffen hätte Amerika der Judenverfolgung Hitlers nicht Einhalt gebieten können. Frotzelei und Schikane ist kein System, das Männern mehr Macht verleiht, im Gegenteil. Männer werden so lange mürbe gemacht, bis sie ihren eigenen Stellenwert in den größeren Zusammenhang einzuordnen gelernt haben, mit anderen Worten: daß sie unwichtig sind.

Die Psychologin bei der Marine hat nicht begriffen, daß durch Schikanen Opferbereitschaft anerzogen wird. Sie ist vermutlich der Auffassung, allein die Männer sollten Opfer bringen. Leider teilt auch *Psychology Today* die Ansicht, Schikanen seien Sexismus und ein Komplott gegen die Frauen.[30] **Dabei handelt es sich eher um ein Komplott gegen die Männer, das jetzt, da auch Frauen betroffen sind, endlich hinterfragt wird.**

Kann die Gesetzgebung gegen sexuelle Belästigung Frauen zum Nachteil geraten?

Gesetze gegen sexuelle Belästigung erhöhen die Kosten für die Beschäftigung von Frauen, und das liefert Arbeitgebern einen willkommenen Vorwand, um Frauen zu diskriminieren. Ein Freund von mir besaß eine der größten Forschungsfirmen Kaliforniens. Er kündigte einer Frau, die ein gespanntes Verhältnis zu ihren Kolleginnen und Kollegen hatte. Einige Wochen nach der Kündigung zeigte sie ihn wegen sexueller Belästigung an. Weder war er sexuell an ihr interessiert, noch hatte es bis zu dem Zeitpunkt einschlägige Klagen gegen ihn oder jemand aus der Firma gegeben. Mit einer Ausnahme: Der Frau, die ihn angezeigt hatte, wurde vorgeworfen, zwei Männer sexuell belästigt und dann diskriminiert zu haben, als sie nicht in ihrem Sinn positiv reagierten. Der gerichtliche Hickhack, der nun folgte, hinderte die Firma an ihrer eigentlichen Arbeit, und das führte, neben der Rezession, zur Aufgabe des Betriebs.

Mein Freund fühlte sich wie mißbraucht. Anfangs versuchte er das Geschehen mit seinen Freunden zu thematisieren, aber er sah, wie sie ihn mißtrauisch beäugten. Heute erwähnt er die Angelegenheit mit keinem Wort mehr, aber das hat seinen Preis. Den gleichen Preis, den eine vergewaltigte Frau zahlt, wenn sie von Freundinnen und Freunden, den Verwandten und der Polizei nichts als mißtrauische Blicke erntet.

Je mehr Männer in einer Firma arbeiten, die Frauen beschäftigt, desto besser muß sie sich gegen eventuelle gerichtliche Auseinandersetzungen absichern. Jedem männlichen leitenden Angestellten droht von seiten der Frauen Gefahr, so daß permanent deren Karriere in Frage steht. Jede Firma muß um ihr gut eingespieltes Führungsteam fürchten. Es könnte sich auflösen, die Arbeitsmoral könnte schwinden, und die verbleibenden Angestellten wären völlig verunsichert. Das führt zu Scheinheiligkeiten bei den Firmen: Sämtliche Frauenförderrichtlinien werden peinlich genau eingehalten, aber das Gespräch verstummt, sobald eine Frau den Raum betritt. All das endet in wahrer Diskriminierung, und die »gläserne Decke« wird nicht eben dünner.

Die Frau, die wirkliche Gleichheit will, zahlt einen hohen Preis.

Gesetze gegen sexuelle Belästigung schaffen oft eine feindselige Umgebung, in der Frauen wie Kinder behandelt werden. Eine Atmosphäre, in der selbst Unternehmerinnen lieber Männer einstellen. Wenn die Männer sich am Arbeitsplatz ständig übervorsichtig verhalten müssen, kann dies das einst gut funktionierende Team bis hin zur Arbeitsunfähigkeit lähmen. Die Sache hat noch weitergehende Folgen. Wenn der Staat Firmen zwingt, Frauen besonderen Schutz zu bieten, sie aber ungeachtet ihrer Leistung gleichermaßen zu befördern wie Männer, schadet er der internationalen Wettbewerbsfähigkeit des Landes. Dann gibt es rasch insgesamt weniger Arbeitsplätze und weniger Aufstiegsmöglichkeiten für Frauen.

Die Sowjetunion hatte den »Big Brother«, der alles reglementiert, gerade abgesetzt, da wurde er in Amerika eingeführt. Das fanden manche Firmenchefs kurios. (Und was noch kurioser ist – auf Drängen von Feministinnen!)

Gibt es eine Lösung? Wir müssen herausfinden, wie wir beiden Geschlechtern Schutz gewähren können, ohne die Arbeitswelt zu lähmen. Wir müssen uns fragen, wem die dortige Lage der Dinge tatsächlich zum Nachteil gereicht. Das wird deutlicher, wenn wir die sieben sexuellen Interaktionen, zu denen es am Arbeitsplatz kommt, näher untersuchen.

Sexualität am Arbeitsplatz

– **Sexuelle Erpressung.** Ein Vorgesetzter droht ihr oder ihm mit Entlassung, wenn sie oder er seine sexuellen Wünsche nicht erfüllt.

Droht z. B. ein stellvertretender Leiter einer Firma einer Sekretärin mit Entlassung, wenn sie sich weigert, mit ihm zu schlafen, ist es im Interesse der *Firma*, ihn loszuwerden. Warum? Der stellvertretende Leiter einer Firma, der geneigt ist, aus sexuellen Erwägungen jemanden zu entlassen, der oder die der Firma Gewinn einbringt, begeht Betrug an der Firma. Jedem Leiter und jeder Leiterin dürfte bewußt sein, daß dem geringsten Beweis sexueller Erpressung der Rauswurf folgen würde. Daher ist sexuelle Erpressung in großen Firmen selten anzutreffen.

– **Sexuelle Bestechung.** Ein Vorgesetzter verspricht direkt oder indirekt eine *Beförderung* für sexuelles Entgegenkommen. Die Firma läuft Gefahr, ein Vermögen einzubüßen, wenn statt fähiger weniger kompetente Angestellte befördert werden, weil sie besagtes Entgegenkommen gezeigt haben. Es liegt also im Eigeninteresse der Firma, diesem leitenden Angestellten zu kündigen. Eine Angestellte oder ein Angestellter, die sich als bestechlich erwiesen haben, sollten allerdings nicht das Recht haben, Anzeige zu erstatten, wenn die Dinge nicht so laufen wie geplant. Sie oder er sollte aber von der Person verklagt werden, die bei der Beförderung übergangen wurde.

– **Prostitution.** Eine Angestellte geht ein sexuelles Verhältnis ein, um befördert zu werden; ein Kaufmann oder eine Kauffrau tut es, um einen Auftrag zu bekommen. Es spielt in dem Fall keine Rolle, ob der Beischlaf vollzogen wurde oder lediglich als Zusage im Raum stand.

Wenn z. B. eine weibliche Angestellte Sex verspricht, um eine Beförderung zu bekommen, und der Mann geht darauf ein, sollten gerechterweise *beide* von allen Angestellten, den männlichen und den weiblichen, verklagt werden. Letzteren wurden schließlich nicht die gleichen Chancen zugestanden, sich mit legitimen Mitteln für eine Beförderung zu qualifizieren.

Ähnlich liegt der Fall, wenn eine Frau Sex verspricht, um einen potentiellen Kunden zum Kaufabschluß zu bewegen. Wenn ihr Vorhaben von Erfolg gekrönt ist, sollte, erstens, der Arbeitgeber dem *Kunden* eine Abfuhr erteilen, weil er allein zur Aufbesserung seines Sexuallebens ein Produkt gekauft hat, das er sonst womöglich nicht in Betracht gezogen hätte. Zweitens sollte die Frau verklagt werden. Vom wem? Von den konkurrierenden Firmen. Denn sie haben in Konkurrenz treten müssen mit dem illegalen »Verkauf« eines weiblichen Körpers, und das ist nicht eben fairer Wettbewerb.

– **Inzest.** Hier handelt es sich um Sex unter Angestellten im gegenseitigen Einverständnis. Wie in der Familie, so gelten auch am Arbeitsplatz bestimmte Grenzen, die durch ein sexuelles Verhält-

nis verwischt werden können. Inzest am Arbeitsplatz kommt hauptsächlich in zwei Formen vor:
– *Sex zwischen Arbeitgeber und Arbeitnehmer.* Wenn gegenseitiges Einverständnis besteht, ergeben sich aus einem solchen Verhältnis die gleichen Probleme wie beim Eltern-Kind-Inzest: Der Arbeitgeber, die Arbeitgeberin ist außerstande, Grenzen zu ziehen, weil er, sie sich von dem Arbeitnehmer, der Arbeitnehmerin abhängig fühlt.

Das ist auch das Kernproblem des Eltern-Kind-Inzests: Die elterliche Autorität wird untergraben, weil das Kind spürt, daß es Macht über den Vater oder die Mutter ausüben kann. Wenn auch nur eine einzelne Person in der Firma über diese Macht verfügt, kommen Eifersucht und Ressentiments auf.
– *Sex unter Gleichrangigen.* Diese Form von Sexualität ist für die Firmenfamilie das, was Sexualität unter Geschwistern für die Familie ist.

Die anderen Angestellten fühlen sich ausgeschlossen. Wenn das Verhältnis geheimgehalten wird, kann es die Beteiligten in die Verzweiflung treiben. Es ist am besten, das sexuelle Verhältnis offenzulegen und alle damit verbundenen Gefühle gemeinsam zu besprechen.

Arbeitsplatz-Inzest bedeutet eine Schwächung der Firma und damit der gesamten Belegschaft.

– **Sexuelle Belästigung.** Fortgesetzte sexuelle Annäherungsversuche, nachdem der oder die Angestellte sich dagegen verwahrt hat.

Um vor Gericht bestehen zu können, sollte die wiederholte entschiedene Ablehnung solcher Übergriffe möglichst in schriftlicher Form vorliegen, weil sich der Tatbestand sonst nicht von dem üblichen Flirt am Arbeitsplatz unterscheiden läßt, den fast alle ledigen (und nicht wenige verheiratete!) Arbeitnehmerinnen und Arbeitnehmer praktizieren.

Warum die Unterscheidung zwischen einer mündlichen und einer schriftlichen Ablehnung? Die Erklärung folgt.*

---

* Siehe 14. Kapitel, »Wie mit Vergewaltigung Politik gemacht wird«.

– **Flirt.** Aufreizende Kleidung, kokette Blicke, Berührungen sowie ... alle Arten von indirekter Initiative, wie sie *Cosmopolitan* berufstätigen Frauen für den Arbeitsplatz empfiehlt. Flirt am Arbeitsplatz ist eine Aufforderung, an etwas anderes zu denken als an Arbeit und sich einer anderweitigen Beschäftigung zu widmen. Flirt am Arbeitsplatz kann wie ein Computervirus wirken: Das geplante Programm wird behindert. Aus Angst, ein mögliches Liebesverhältnis zu stören, finden keine ehrliche Kritik und kein offenes Feedback statt. Männliche leitende Angestellte werden dazu verführt, Leute aus Gründen einzustellen, die nicht unbedingt mit den Zielen der Firma konform gehen.

– **Pornographie.** Hierzu zählen Pin-ups, anzügliche Witze und sexuelle Anspielungen in der Gruppe, ohne daß ein Flirt mit einer bestimmten Person ins Auge gefaßt wird.

Pornographie am Arbeitsplatz ist die eher männliche Art, das Terrain zu sondieren, und gehört zu dem, was in den staatlichen Gesetzesregelungen als sexuelle Belästigung definiert ist. Sie kann einen Mann den beruflichen Erfolg kosten. Der Flirt am Arbeitsplatz, die eher weibliche Art der Kontaktaufnahme (siehe die Beispiele in *Cosmopolitan)*, wurde von der Gleichstellungskommission völlig ignoriert und kann daher von Frauen risikolos praktiziert werden. Das führt zu verdrehten Situationen ...

Mein Freund Guy hat mir geschrieben, er habe eine Arbeitskollegin fotografiert, wie sie verführerisch im Minirock dasitzt, mit aufgeknöpfter Bluse, so daß BH und Brustansatz zu sehen sind. Er hat das Bild an einen Aktenschrank geklebt. Das Gesicht der Frau im Profil war nicht auf Anhieb zu erkennen.

Der Chef rief Guy sofort zu sich und befahl ihm, »dieses pornographische Bild unverzüglich vom Aktenschrank zu entfernen«. Als Guy dann unschuldig sagte, daß »es sich dabei um eine Aufnahme von einer Frau aus der eigenen Firma handelt«, lachte der Chef, weil er die verdrehte Situation erkannte, bestand aber auf der **Entfernung des Fotos. Der Frau, von der die »pornographische« Aufnahme gemacht worden war, wurde kein Verweis erteilt, sich weniger anzüglich zu kleiden.** Manche Frauen erzeugen durch Kleidung und Gebaren eine derart anzügliche Atmosphäre am Arbeitsplatz, daß sich – wie in diesem Fall durch ein Foto ausgelöst – andere Frauen zum Protest gegen Pornographie herausgefordert fühlen.

Monate später wurde Guy erneut in das Chefbüro zitiert. Sein Chef kündigte ihm, weil es Beschwerden gegeben hatte: Er würde sich »zu sehr für Männerrechte einsetzen«. Keine der Beschwerden hatte mit einer untadeligen Arbeitsleistung zu tun. Guy arbeitete in einem »männerdominierten« Beruf unter einem männlichen Chef.

Guys Foto zielte nicht darauf ab, Frauen sexuell zu erregen. Guy wurde gekündigt, obwohl es Frauen sind, die sich offenherzig und anzüglich kleiden, um bei Männern Interesse zu wecken. Pornographie am Arbeitsplatz (die männliche Art der Kontaktaufnahme, die manche Frauen stört) ist verboten, anzügliche Kleidung (die weibliche Art der Kontaktaufnahme, die die Mehrzahl der Männer in der Tat stört) wird toleriert.

Der geile Professor und die prüde Studentin

> Als ich an meinem Buch *Warum Männer so sind, wie sie sind* in der Universitätsbibliothek von San Diego arbeitete, hörte ich aus dem nahen Büro ein Keuchen. Natürlich bin ich nicht extra hingegangen und habe nachgeschaut, aber »zufällig« war der Vorhang nicht ganz zugezogen, und ich sah einen Dozenten, der mit einer Studentin ... na ja ...

Wenn ich die beiden angezeigt hätte, wer hätte dann bestraft werden sollen? Sie können mehrere Möglichkeiten ankreuzen:

- 1. Keiner von beiden. Es sind zwei Erwachsene, die in gegenseitigem Einverständnis gehandelt haben.
- 2. Wenn sie 17 Jahre alt war – der Dozent. Wegen Vergewaltigung.
- 3. Wenn sie 18 Jahre alt war – der Dozent. Wegen sexueller Belästigung.
- 4. Beide, aufgrund ihrer jeweiligen Rolle. Wegen einer Art von Inzest (der ihr anderen Studentinnen und Studenten gegenüber einen Vorteil verschafft).
- 5. Die Studentin, wegen des Verdachts auf sexuelle Bestechung, Prostitution und Lehrer-Schülerin-Inzest.

Auf derlei verschiedene Weisen ließe sich Sex mit Lehrern auslegen. Hätten Sie oder ich Anzeige erstattet, wäre der Studentin mit Sicherheit Schutz gewährt und der Dozent um seine berufliche Karriere gebracht worden.

Sex mit Lehrpersonen schafft ähnliche Probleme wie Sex am Arbeitsplatz. Und doch sind gerichtliche Klagen nicht die Lösung. Gesetze sind in diesen Fällen ganz und gar nicht hilfreich. Sex zwischen Männern und Frauen kann in gegenseitigem Einverständnis geschehen. Das Gesetz kennt nur Schwarz oder Weiß, während Männer und Frauen in einer komplexen Umwelt leben, die sie sehen, riechen, hören, schmecken und spüren und von der sie sich in ihren wechselnden Entscheidungen beeinflussen lassen.

Hier liegt auch noch ein anderes, tieferes Problem. Ein Universitätsdozent hat mir von einer Studentin erzählt, die am Semesterende zu ihm kam, weil sie befürchtete, den Abschluß nicht zu schaffen. Sie war sehr nervös und niedergeschlagen. Die beiden sind in ein Lokal auf dem Campus gegangen, um die Angelegenheit zu bereden. Sie ist in Tränen ausgebrochen und hat gejammert, daß sie für das Studium wohl zu dumm sei. Er hat für einen Augenblick ihre Hand genommen und ihr versichert, daß sie gescheit sei und »es schaffen« würde.

Sie hat dann doch nicht bestanden, und kurz darauf hat sie ihn wegen Belästigung angezeigt. Als Zeugin trat eine Studentin auf, die die beiden im Lokal gesehen und beobachtet hatte, daß »er ihre Hand genommen und sie darüber nicht sehr glücklich ausgesehen habe«! Gleich zu Beginn des neuen Semesters wurde der Fall verhandelt und auf dem Campus zum Tagesthema. Mein Freund wurde schuldig gesprochen.

Dreiviertel aller Studentinnen von Harvard wären gern an einer Fakultät, »wo man einander kennt«.[31] Doch die Objektivität bleibt auf der Strecke. Rechnen die Frauen damit, daß ihnen die Dozenten fachlich entgegenkommen, daß die Universität sie aber vor sexuellen Annäherungen beschützt?

Universitäten haben die Aufgabe, Verständnis dafür zu wecken, daß es vielschichtige Probleme gibt, denen mit simplem Schwarzweißdenken nicht beizukommen ist. Das Bild vom »geilen Professor und der prüden Studentin« ist eine törichte Simplifizierung.

Frauen nennen es »Opfer zum Täter machen«, Männer nennen es »Verantwortung übernehmen«

Wenn ein Mann einer Bardame an den Hintern faßt, kann er angezeigt werden – auch wenn sie von seinem Getränkeumsatz profitiert. Stellen Sie sich vor, weibliche Fans von Elvis Presley hätten ihm nach einem Konzert auf der Straße den Hintern getätschelt, und er hätte sie deswegen verklagt. Sicher hätte man ihm gesagt, daß er sie mit seinem heißen Bühnendreß angemacht und provoziert habe und er gefälligst die Verantwortung dafür übernehmen solle. Manche hätten sogar gesagt, daß er seine Berühmtheit »mißbraucht« habe, um junge Mädchen »zu verführen«. Wenn ein weiblicher Star seine Berühmtheit ausnutzt, nehmen wir ihn in Schutz, wenn ein männlicher Star das gleiche tut, nehmen wir – auch die Frau in Schutz. Frauen werden immer beschützt, egal wer für eine bestimmte Situation verantwortlich ist.

Eine ähnliche Doppelmoral praktizieren wir, wenn es um Sex mit Lehrern geht. Wird ein Autofahrer von der Polizei angehalten, fühlt sich der Fahrer ähnlich unter die Lupe genommen wie Studentinnen und Studenten, wenn sie von einem Professor oder einer Professorin geprüft werden. Wenn der Fahrer mit einem größeren Geldschein winkt, gilt das als Bestechungsversuch. Wenn eine Studentin dem Professor einen auffordernden Blick zuwirft, nennen wir das auch Bestechung? Wenn sie ihn dann anzeigt, weil er auf ihren einladenden Blick reagiert hat, nennen wir das Betrug?

Der Flirtversuch der Studentin hat auf den Dozenten eine ähnliche Wirkung wie der Geldschein auf den Polizisten. Vielleicht ist es schon sexuelle Bestechung, wenn eine Studentin durch ihren Charme erreicht, daß sie eine Arbeit erst später abgeben muß? (»Charme« läßt auf »Absichten« schließen.) Schließlich gilt ein »längerer« Blick von einem Professor auch bereits als sexuelle Belästigung. Im Fall des Autofahrers und des Polizisten ist klar, daß *beide* verantwortlich sind, wenn das Geld die Hände wechselt. Sollten dann nicht auch Professor und Studentin verantwortlich sein, wenn Sexualität ins Spiel kommt? Sonst wird die Gesetzgebung gegen sexuelle Belästigung zu einem Keuschheitsgürtel für Männer, zu dem die Frauen den Schlüssel besitzen.

Der Mißbrauch des Mißbrauchs

Die gerichtliche Klage einer einzelnen Frau wegen sexueller Belästigung kann ganze Behördenapparate oder gar die Exekutive lahmlegen. So geschehen im Fall Anita Hill. Sie kann eine Firma ruinieren (den Forschungsbetrieb meines Freundes) oder die Karriere eines Mannes (wie bei Senator Brock Adams). Aber Behörden und Firmen können mit der Strafverfolgung sexueller Belästigung von Frauen auch den Männern schaden. Ein Staat, der sexuelle Ausdrücke, die als unpassend erachtet werden, als sexuelle Belästigung deklarieren kann, droht manipuliert zu werden. Er kann noch leichter manipuliert werden als ein Staat, der mißliebige politische Ausdrücke als Bedrohung der nationalen Sicherheit bezeichnet. Und eine Firma, die vergleichbar streng überwacht und dirigiert, macht jeden männlichen amerikanischen Angestellten zu einem »Jasager« und Opportunisten.

> Gordon Hamel war ein geschätzter Mitarbeiter mit untadeliger Vergangenheit. Als er feststellte, daß seine Firma unsaubere Geschäfte machte, prangerte er diese Machenschaften an. Die Firma suchte nach einer Möglichkeit, sich zu rächen. Schließlich kam ihr die Idee, ihn wegen sexueller Belästigung anzuzeigen. Dafür reichten ein anzügliches Grinsen oder ein schmutziger Witz aus – irgend etwas, das Frauen als »feindselige Atmosphäre« bezeichnen konnten. Es endete damit, daß Gordon Hamel sein Haus verkaufen mußte, um seine Verteidigung vor Gericht zu finanzieren, und er sagt heute, daß er einen Teufel getan hätte, die Machenschaften der Firma aufzudecken, wenn er geahnt hätte, was passieren würde.[32]

Die beiden berühmtesten Fälle von sexueller Belästigung Anfang der neunziger Jahre sind der von Dr. Frances Conley gegen die Universität von Stanford und der von Anita Hill gegen Clarence Thomas. Niemand kann noch sagen, wo hier die Wahrheit anfängt und wo sie aufhört. Aber fest steht, daß ganz Amerika das folgende Bild vor Augen hat: Ein rein männlich besetztes staatliches Gremium richtet über eine Frau, und eine nur durch Männer repräsentierte medizinische Fakultät drängt eine Ärztin ins Abseits. Hier kämpft Diana gegen Goliath.

Als Frances Conley ihren Posten an der Universität aufkündigte, begründete sie diesen Schritt mit ihrem Überdruß, fünfundzwanzig Jahre »unsensiblen Umgangs mit Geschlechterrollen« ertragen haben zu müssen. Sie kam sofort auf die Titelseiten von *People, The New York Times, Times, Newsweek* und *Glamour.* Monatelang gab es keinen einzigen Artikel, der sich mit den beschuldigten Kollegen befaßte. Die Medien sahen keinen Grund, sie zu fragen, was sie denn dazu zu sagen hätten. Die Männer aber schreckten vor einer öffentlichen Auseinandersetzung zurück und hielten sich bedeckt.

Schließlich erschien ein Leitartikel über die Kündigung von Frances Conley, der als einziger näher auf die Begleitumstände einging. Aber zu dem Zeitpunkt hatte man so seine Meinung. Im folgenden die Tatsachen, über die wir nicht informiert wurden: Kollegen von Frances Conley berichten, daß es »typisch Fran« gewesen sei, über den männlichen Testosteronspiegel Witze zu reißen und Männern mit Kastration zu drohen – »der wird abgeschnitten«.[33] Von ihren männlichen Kollegen redete sie als »Mr. Dies« und »Mr. Das«. Wenn sie einen Kollegen mit einer Operation an einem Mann beauftragte, rief sie: »Die übliche Klempnerarbeit.« Männlichen Medizinstudenten, die auf dem Campus wohnten und die sie betreute, warf sie vor, sie hätten Fett angesetzt, und wenn sie sich zu wehren wagten, antwortete sie: »Na, dann ist Ihr Fett anscheinend zwischen die Ohren gewandert.«[34]

Frances behauptete, daß ihr die Männer dauernd nachstellten und ihr Anträge machten. Später gab sie zu, daß der letzte Antrag zehn Jahre zurücklag. Eine Krankenschwester, die vierzehn Jahre lang ihre Mitarbeiterin im OP der Neurochirurgie gewesen war, hat sich ihre Gedanken über Frances' Klagen gemacht und ist zu dem Schluß gekommen: »Es hat solche Vorfälle nicht gegeben. Nie. Ich mag Fran, ich war mit ihr befreundet, ehrlich. Aber ich habe gedacht, jetzt ist sie durchgedreht.«[35]

Was waren Frances' Motive? Ihre Kollegen, ihre Mutter und ihre Schwester berichteten, daß Frances um jeden Preis auf den Lehrstuhl für Neurochirurgie berufen werden wollte und sich maßlos ärgerte, als zwei unabhängige Berater Gerald Silverberg als geeignetsten Kandidaten vorschlugen.[36] Von dem Zeitpunkt an drohte sie mit ihrer Kündigung.

An ihrem letzten Arbeitstag, nach all dem Presserummel über den Terror, dem sie angeblich ausgesetzt gewesen war, erschien sie im Büro des Dekans. Sie hatte es sich anders überlegt. Sie wollte ihre Stelle nun doch behalten.[37] Welche Überraschung: Die Fakultät, die so gedemütigt worden war, nahm sie wieder auf.

Was lernen wir daraus? Wenn ein Heer von Reportern und Feministinnen nur die Sicht der Frau zur Kenntnis nimmt und die Männer dazu schweigen, nimmt der Zorn auf die Männer immer mehr zu. Und dann ist ein Fall wie der von Anita Hill möglich.

Die andere Seite von Anita Hill

Anita Hill kennen wir bereits als politisch konservative Frau, die gegen den politisch konservativen Clarence Thomas vor einem rein männlich besetzten Gericht klagte, das »einfach nichts kapiert hat«. Mut schien ihr einziges Motiv für ihre Klage zu sein. Es wurde verschwiegen, daß Anita Hill sich zuvor vergeblich um die Stelle einer Beisitzerin und Beraterin in der Kommission für Gleichberechtigung beworben hatte.[38] Oder daß viele ihrer Kolleginnen und Kollegen sie für eine der am wenigsten tauglichen Mitarbeiterinnen in Clarence Thomas' Team hielten.[39] Ihre Kollegin Phyllis Berry hat sie folgendermaßen beschrieben: »Ich halte sie nicht für vertrauenswürdig, sie ist egoistisch und sehr verbittert darüber, daß ein Kollege die Stelle als Leiter des Beratungsstabes bekommen hat, die sie gern innegehabt hätte.«[40]

Als Anita Hill aus dem Ministerium ausschied, ging sie an die Oral-Roberts-Universität sowie an die Universität von Oklahoma, deren juristische Fakultäten in keinem guten Ruf stehen.

Studenten der Oral-Roberts-Universität berichteten seltsame Dinge über Anita Hill. Lawrence Shiles, einer ihrer Studenten, gab vor Gericht folgende eidesstattliche Erklärung ab: »Als ich meine Arbeit zurückbekam, fand ich zwischen den Seiten zehn bis zwölf Schamhaare. Ich spähte zu Jeff Londoffs Arbeit hinüber und sah, daß auch darin Schamhaare lagen.«[41] Mark Stewart berichtete das gleiche. Die jungen Männer erstatteten allerdings nicht Anzeige wegen sexueller Belästigung, sie taten, was junge Männer eben tun: Sie machten sich darüber lustig, was viele Studenten bestätigten.

An der Universität von Oklahoma war bekannt, daß Anita zu sagen pflegte, der weiße Mann befände sich auf der untersten Stufe der Evolution und daß »Frauen stets und ständig ausgenützt werden«.[42] Manche Studenten waren dadurch so verunsichert, daß sie beim Abfassen von Seminararbeiten ihre Handschrift verstellten, um sie glauben zu machen, die Arbeit stamme von einer Frau. Einer ihrer Kollegen hat erklärt: »Ihre Art zu flirten und ihre provokante Kleidung waren nicht nett oder sexy. Sie setzte beides eher wie eine Waffe ein.«[43]

Welcher Tätigkeit ist Anita Hill nachgegangen, bevor sie in das Ministerium eintrat? Sie war in der Rechtsanwaltspraxis Wald, Harkrader und Ross angestellt. Sie fälschte Arbeitszeitberichte, um den Kunden mehr Stunden berechnen zu können, und wurde dabei erwischt.[44] Ihre Arbeitsleistung war so schwach, daß ihr John Burke, einer der Partner, kündigte.[45] Bald darauf reichte sie Klage wegen sexueller Belästigung ein. Das Team hatte den Eindruck, daß sie damit von ihren schwachen Leistungen ablenken wollte.[46] Nur wenige haben von Anita Hills Vorgesetztem in der Equal Employment Opportunity Commission (EEOC, Kommission für Gleichberechtigung der Frauen in der Arbeitswelt) erfahren, der eine Sammlung pornographischer Bilder besaß und offen davon erzählte. Bei ihrem Vorgesetzten handelte es sich aber nicht um Richter Thomas.[47] Einer der vier Zeugen von Anita Hill, der bestätigt hat, daß sie von Richter Thomas belästigt worden sei, bezog sich auf eine Zeit, als sie noch gar nicht bei ihm angestellt war. Das haben auch nur wenige erfahren.

Auch ich weiß nicht mit Bestimmtheit, was in diesem Fall wahr ist und was nicht. Ich weiß nur, daß in der Öffentlichkeit das Bild von einer konservativen, uneigennützigen Frau entstanden ist und nicht das von einer schillernden Persönlichkeit mit womöglich vielschichtigen Motiven. Es ist nicht fair, einen Mann der sexuellen Belästigung zu bezichtigen und ihn strafrechtlich zu verurteilen, ohne zu klären, ob die Frau, die ihn dessen beschuldigt, dies womöglich aus Verbitterung darüber getan hat, weil sie nicht befördert worden ist. Wir würden den Vorwurf eines Mannes gegenüber einer Frau, als Mutter versagt zu haben, ohne Rücksicht darauf, daß er ihn womöglich aus Verbitterung über das nicht ihm zugestandene

Sorgerecht für die Kinder erhoben hat, ebensowenig einfach hinnehmen. Wenn die Medien grundsätzlich die Frau als unschuldiges Opfer und den Mann als Übeltäter hinstellen, noch *bevor* genauere Untersuchungen dies nachweisen, wird die negative Seite der Frauen und die positive Seite der Männer ausgeblendet. Es entsteht Haß, der dann wiederum beklagt wird.

Einige Lösungsvorschläge

Wenn sich eine Frau sexuell belästigt fühlt, sollte sie dies dem Mann gegenüber *unmittelbar* zum Ausdruck bringen. Lassen sich so tatsächlich Fortschritte erzielen? Zwei feministische Autorinnen haben einhundert Frauen befragt, die sexuell belästigt worden waren, und haben festgestellt, **daß die Männer ihr Verhalten sofort änderten und korrigierten, wenn die Frauen sie unmittelbar darauf hinwiesen, daß sie sich durch bestimmte Verhaltensweisen sexuell belästigt fühlten.**[48] Sie entschuldigten sich, und manche schickten den Frauen Blumen. Die wenigsten Frauen haben einen Sinn dafür, wie verletzlich Männer sind, und wissen auch gar nicht, wie sehr Männer Frauen gefallen wollen. Männer wollen Frauen nicht »ärgern«. Die Autorinnen der oben beschriebenen Fallsammlung haben das aber nicht entsprechend gewürdigt, daß Männer ihr Verhalten sofort umstellen, wenn sie dazu aufgefordert werden!

Ferner müssen beide Geschlechter endlich verstehen lernen, daß hinter dem Verhalten des anderen die besten Absichten stecken. Immerhin waren bestimmte Verhaltensweisen jahrtausendelang sinnvoll und sind es erst in heutiger Zeit, da es um die Gleichberechtigung von Männern und Frauen geht, nicht mehr.

Drittens sollten beide Geschlechter dazu erzogen werden, sexuell die Initiative zu ergreifen und dafür die Verantwortung zu übernehmen. Wird die Verantwortung weiter allein den Männern zugemutet, ist die Gesetzgebung im Hinblick auf sexuelle Belästigung am Arbeitsplatz nichts als ein weiterer Feuerreif, durch den Männer springen müssen, um sich für die Liebe von Frauen zu qualifizieren.

Viertens sollten Feministinnen die Frauen ermuntern, beim Flirt den aktiven Part zu übernehmen und die Ungewißheit in ihrer Rolle als Verführerin auszuhalten lernen. Sie sollten Frauen auch darüber aufklären, daß es auf eigenes Handeln ankommt, statt dies allein von den Männern zu erwarten. Frauen zeigen Männer an, die auf die falsche Art oder zum falschen Zeitpunkt die Initiative ergreifen, und heiraten dann denjenigen, der sich wunschgemäß verhielt. Frauen müssen die Macht der *indirekten* Initiative eintauschen gegen die Verantwortung der direkten Initiative. Sie müssen aufhören, die Rolle des Opfers zu spielen.

Fünftens: Statt sexuelle Belästigung nur aus der Sicht der Frauen zu betrachten, sollte sich die Diskussion darüber auf einer höheren Ebene bewegen; sie sollte die Auflösung der starren Geschlechterrollen zum Thema haben und sich wertneutral mit sexuellem *Kontakt* befassen. Wenn es um Sexualität am Arbeitsplatz oder in der Schule geht, ist eine verbesserte Kommunikation innerhalb der entsprechenden Institution hilfreicher als die Einmischung des Staats. Eine Institution will vermeiden, in einem schlechten Licht zu erscheinen, und ist daher bemüht, Fehlverhalten zu korrigieren. Dies ist noch nicht die ganze Lösung des Problems. Ein solcher Ansatz zur Regulierung bestimmter sexueller Verhaltensweisen ist aber vielversprechender als ihre Reglementierung durch Gesetze, die mit der großen Gefahr des Mißbrauchs durch falsche Beschuldigungen einhergehen.

Folgerungen

Sexuelle Belästigung ist ein Beispiel neben den anderen großen Herausforderungen des 21. Jahrhunderts: unser genetisches Erbe, das uns gebietet, Frauen zu beschützen, sowie das Stereotyp von der unschuldigen Frau und dem schuldigen Mann. Wir müssen die Arbeitswelt flexibel erhalten und dürfen nicht zulassen, daß sie in Reglementierungen erstarrt; wir müssen auf bestimmte sexuelle Verhaltensweisen mit verstärkter Kommunikation reagieren, nicht mit zunehmender gesetzlicher Reglementierung, denn Kommunikation ist der Sache eher dienlich. Begegnen wir allen Spielarten des männlich-weiblichen Geschlechterreigens mit den starren Regeln des ersten Stadiums, machen wir Rückschritte, keine Fortschritte.

Wenn wir Menschen allgemein vor Verletzungen bewahren wollen, müßten wir auch Gesetze gegen die Liebe erlassen, gegen die Ehe, gegen Autos und gegen Klatsch. Wenn wir Männer vor Verletzungen bewahren wollten, dürfte es keiner Frau gestattet sein, einen Mann zurückzuweisen. Die meisten von uns leben aber lieber in einem Land, in dem sie Fehler machen dürfen, statt in einem, das auf jeden Fehler mit einem Rechtsstreit antwortet.

Die frühe feministische Bewegung hat das sehr wohl erkannt. Sie hat *gegen* Schutzbestimmungen und beschützende Gesetze gekämpft. Ihr war bewußt, daß es keine Gleichheit geben würde, solange die Prinzessin vor der Erbse beschützt wird. Heute haben Frauen es stattdessen mit »Unebenheiten« am Arbeitsplatz zu tun, die es zu überwinden gilt. Feministinnen, die beschützende Gesetze fordern, verhindern die Gleichheit.

Gesetze gegen sexuelle Belästigung sind sexistisch, weil sie ausschließlich Männer und ihre Rolle, die sie spielen, für das mangelhafte Zusammenspiel der Geschlechter verantwortlich machen. Sie schützen Frauen, die sich aufreizend verhalten, nicht aber die Kollegen und die Firma vor solchen Frauen, die ihre Sexualität einsetzen, etwa um befördert zu werden. Letzten Endes ignorieren diese Gesetze viele Belange der Frau und ihrer Rolle. Sie berücksichtigen sie einzig in ihrer Rolle als Opfer.

14. KAPITEL
Wie mit Vergewaltigung Politik gemacht wird

> Alle Männer sind Vergewaltiger und sonst gar nichts.
> MARILYN FRENCH, Autorin von *Frauen*[1]

> Männer, die grundlos einer Vergewaltigung beschuldigt werden, können aus dieser Erfahrung lernen.
> Studentenvertreterin am Vassar College[2]

Stellen Sie sich vor, Ihr Sohn wäre mit einer Frau vom Vassar College befreundet, die die Auffassung vertritt, daß es einem Mann guttut, wenn er grundlos einer Vergewaltigung verdächtigt wird. Wenn er in den Semesterferien nach Hause kommt und Ihnen erzählt, daß er kommendes Semester seine Zeit eventuell im Gefängnis wird zubringen müssen – wo er von den Mithäftlingen als »Frischfleisch« betrachtet wird –, erwidern Sie dann: »Manchmal ist es eine ganz gute Erfahrung für einen Mann, einer Vergewaltigung verdächtigt zu werden, auch wenn er unschuldig ist.« Möchten Sie mit Ihren Steuergeldern ein College fördern, das Ihrem Sohn gegenüber so gefühllos reagiert, bloß weil er ein Mann ist?

Wenn Ihr Sohn statt aufs College zum Militär ginge, was würden Sie zu der unter Verschluß gehaltenen Studie der Luftwaffe sagen, die belegt, daß sechzig Prozent aller Beschuldigungen wegen Vergewaltigung sich als unhaltbar erweisen?[3]*

Kommen wir nun zu Ihrer Tochter. Sie wissen, daß es häufig zu »date rape« kommt. Sie möchten aber, daß Ihre Tochter Freude am Ausgehen hat und keine schlechten Erfahrungen macht. Sollte Ihre Tochter von dem Mann, mit dem sie ausgeht, vergewaltigt werden, wird ihr Vertrauen in die Männer erschüttert. Die Frage lautet: Wie

---
* Nähere Einzelheiten folgen.

kann das erste Rendezvous zu einem schönen Erlebnis für unsere Söhne und Töchter werden? Indem wir uns schlicht heraushalten? Indem wir es kriminalisieren (z. B. alle Männer ins Gefängnis stecken, die eine Frau weiter umwerben, auch wenn sie nach dem ersten Treffen weitere Treffen ablehnt)? Durch eine andere Erziehung? Und wenn ja, heißt das, unsere Kinder sollen lernen, was wir gelernt haben oder etwas anderes? Und das wäre?

In den achtziger und neunziger Jahren haben wir auf Kriminalisierung gesetzt, und diese hat sich ausschließlich auf die männliche Rolle konzentriert. Ich glaube, daß eher eine andere Erziehung vonnöten ist und daß die Geschlechterrollen von Männern und Frauen modernisiert werden müssen. Wir müssen die Regeln für das zwanglose Kennenlernen dem zweiten Stadium anpassen, und zwar für beide Geschlechter gemeinsam. Räumen wir also mit den falschen Vorstellungen auf, die zur Kriminalisierung geführt haben.

Ist Vergewaltigung etwas, womit Männer ihre Macht demonstrieren?

MYTHOS: Vergewaltigung ist eine Demonstration der politischen und ökonomischen Macht der Männer.

TATSACHE: Das Risiko eines Schwarzen, wegen Vergewaltigung angezeigt zu werden, ist dreimal so hoch wie das eines Weißen.[4]

Haben Schwarze plötzlich mehr Macht? Vergewaltigung hat wohl doch weniger mit Macht zu tun, als mit Machtlosigkeit.

Ist Vergewaltigung ein Ausbruch von Männergewalt?

MYTHOS: Vergewaltigung hat nichts mit sexueller Attraktivität zu tun – sie ist ganz einfach ein Akt der Gewalt.[5] Das wird durch die Tatsache »bewiesen«, daß auch alte Frauen vergewaltigt werden.

TATSACHE: **Im Alter der größten sexuellen Attraktivität ist die Wahrscheinlichkeit, vergewaltigt zu werden, 8400 Prozent höher als ab dem fünfzigsten Lebensjahr.**[6]

Im Alter zwischen 16 und 19 Jahren beträgt die Wahrscheinlichkeit für eine Frau, vergewaltigt zu werden, 84 zu 20000; ist sie zwischen 50 und 64 Jahre alt, ist die Wahrscheinlichkeit 1 zu 20000.[7] Sexuelle Attraktivität und die Häufigkeit von Vergewaltigungen stehen also sehr wohl miteinander im Zusammenhang.

Vergewaltigung ist eine Gewalttat, und sie sollte wie andere Gewalttaten geahndet werden, bei denen es für uns ja auch nicht ausschlaggebend ist, welcher Körperteil im besonderen betroffen ist. Sonst müßte beispielsweise ein körperlicher Angriff, bei dem die Hoden mitbetroffen sind, die ja auch ein äußerst empfindliches Körperteil sind, ebenfalls als ein besonders schweres Delikt gelten; das gleiche müßte für Schläge auf den Kopf oder für Kopfverletzungen gelten. Vergewaltigung mit so hohen Strafen zu belegen, wäre nur gerechtfertigt, wenn sie jede andere Art der Körperverletzung überträfe. Aber daß die Vagina wichtiger sei als der Kopf einer Frau, werden auch die Feministinnen nicht behaupten wollen.

Aus welchem Grund wird denn abgestritten, daß bei einer Vergewaltigung sexuelle Anziehung im Spiel ist? Er liegt darin, daß wir nicht wahrhaben wollen, daß in unserer Kultur Männer in einem Maße auf weibliche Schönheit fixiert werden, daß sie bei Verweigerungen wie Suchtabhängige reagieren. Und diese Abhängigkeit der Männer hängt direkt mit den Privilegien zusammen, die schöne Frauen genießen. Für diese sind Männer bereit, sich abzuschinden und um Erfolg zu kämpfen, für sie sind sie bereit, finanziell aufzukommen, um sie wollen sie werben.

Ist »date rape« ein Verbrechen oder ein Mißverständnis?

VERBREITETE MEINUNG: Date rape ist ein Verbrechen, kein Mißverständnis.

GEGENMEINUNG: Alle, die beruflich mit beiden Geschlechtern zu tun haben, kennen diese Situation: Ein Mann denkt, er hätte eben mit einer Frau liebevoll geschlafen, die Frau findet, sie wäre vergewaltigt worden. Es ist auch möglich, daß eine Frau am Abend, wenn sie etwas getrunken hat, der Auffassung ist, sie hätte freiwillig und gern mit dem Mann geschlafen, daß sie am nächsten Morgen in nüchternem

Zustand aber zu dem Schluß gelangt, sie sei vergewaltigt worden – ohne daß der Mann gemeinhin als Vergewaltiger bekannt ist. Oder daß eine Frau zunächst zu dem Schluß kommt, ein schönes sexuelles Erlebnis gehabt zu haben, weil der Mann zu ihr gesagt hat: »Ich liebe dich«, daß sie sich im nachhinein aber vergewaltigt fühlt, wenn er sich nicht mehr bei ihr meldet. Das bedeutet aber nicht, daß der Mann sie tatsächlich vergewaltigt hat.

Es ist auch möglich, daß eine Frau das Schlafzimmer eines Mannes betritt und ihn auffordert, mit ihr zu schlafen, und meint, was sie sagt. Dann fängt sie an, ihn zu küssen, schläft mit ihm und wünscht sich am nächsten Morgen, sie hätte es nicht getan. Wie das? Küssen ist wie eine Tüte voller Chips, man kann nicht aufhören zu naschen, und plötzlich hat man mehr gegessen, als man wollte.

Eine Frau, die sagt: »Ich will aber nur reden«, wenn sie das Schlafzimmer eines Mannes betritt, dann aber auf eine Berührung der Schulter reagiert, auf ein Streicheln, einen Kuß, hat nicht *mit Worten* mitgeteilt: »Ich habe es mir anders überlegt«, sie hat dies nonverbal getan. Mit Worten hat sie Körperkontakt abgelehnt, doch kann der Mann für ihre *verbale* Ablehnung verantwortlich gemacht werden. Dann würden wir von ihm verlangen, mehr Verantwortung für sie zu übernehmen, als sie selbst es tut. Ihn zu einem Verbrecher abzustempeln, weil er nicht für sie die Verantwortung übernimmt, das bedeutet, ihn zu bestrafen, weil er es ablehnt, den Elternpart zu spielen. Frauen erfahren also nicht nur nicht die gleiche Behandlung wie Männer, sondern sie werden wie Kinder behandelt.

All das verunsichert viele Männer. Sie wissen nicht, was sie glauben sollen: dem, was ihre Lippen sagen, oder dem, was ihre Lippen ihm signalisieren.

Das Problem bei der Beurteilung sexuellen Verhaltens ist, daß Leute urteilen, die zu diesem Zeitpunkt nicht sexuell stimuliert sind. Die Richter stehen der betreffenden Frau in einem meist kahlen Gerichtssaal gegenüber, befragen sie nach ihren sexuellen Vorstellungen zum Zeitpunkt des Geschehens, und kommen rasch zu dem Beschluß, daß alles über ihre Vorstellungen Hinausgehende in die Verantwortung des Mannes fällt. Das ist nicht nur eine Beleidigung der Frau, sondern auch eine Fehleinschätzung sexueller Energie.

Einen Mann zu verurteilen, weil eine Frau sexuell weitergegangen ist, als es ursprünglich ihre Absicht war, ist absurd. Die Hersteller von Chips verklagen wir ja auch nicht, weil wir mehr davon gegessen haben als beabsichtigt. Kurz gesagt: Date rape kann ein Verbrechen sein, ein Mißverständnis oder einfach Reue über eine falsche Entscheidung.

Muß sich nicht die Männerrolle verändern, weil es eben Männer sind, die vergewaltigen?

VERBREITETE MEINUNG: Das Rollenbild des Mannes macht eine Verabredung zu einem Problem, denn die Männer sind es, die vergewaltigen, nicht die Frauen.

MEINE MEINUNG: Die Rollenbilder beider Geschlechter sind problematisch, und deswegen haben beide Geschlechter Probleme mit dem Kennenlernen. Frauen befürchten eine Vergewaltigung, Männer befürchten, ausgenommen, zurückgewiesen, getäuscht und belogen zu werden.

»Date rape«

Die Jahrtausende praktizierte sexuelle Selektion und das Festhalten an starren Geschlechterrollen haben zum Problem der Vergewaltigung beim ersten Kennenlernen geführt.
Dies geschieht folgendermaßen im Laufe unseres Sozialisationsprozesses:[8]

- Jungen werden zu Sexualität mit Mädchen ermutigt, Mädchen werden vor Sexualität mit Jungen gewarnt. Sex sei schmutzig und gefährlich, heißt es landläufig (Herpes, Aids), und dann...
- Den Jungen wird vermittelt, daß sie die Verantwortung für all die »schmutzigen Sachen« tragen, deswegen begegnet man ihnen mit Mißtrauen und Ablehnung.
- Ein junger Mann verkraftet die Zurückweisung seiner Person durch eine Frau nicht, also wird ihm vermittelt, in Frauen Sexualobjekte zu sehen. Das lindert die Enttäuschung.
- Die Frau wird zum Objekt gemacht und fühlt sich sich selbst entfremdet, der Mann fühlt sich nach einer Zurückweisung verletzt,

wütend und machtlos. Wenn Zurückweisung und sexuelle Identität miteinander gekoppelt werden, ist Gewalt die Folge – besonders bei Jungen, die über *keinerlei* Machtmittel verfügen. Seine Gewalt und seine Art, Frauen als Objekte zu behandeln, verstärken die alte Meinung: Sex ist schmutzig und gefährlich, und Männern ist nicht zu trauen.

Männer geraten in eine üble Falle: Ein Mann wird sexuell zurückgewiesen, bis er seine Vertrauenswürdigkeit unter Beweis stellt, daß er »nicht nur das eine will«. Andererseits bekommt er keine Sexualität, wenn er nicht darauf aus ist.

Es ist wichtig festzuhalten, daß es hier um etwas geht, das beide Geschlechter betrifft, nicht nur eines. Wenn wir erreichen wollen, daß Männer kein Date rape mehr begehen, müssen wir uns auch gegen die Passivität von Frauen wenden. Heute haben Frauen die Wahl, sich wie früher passiv zu verhalten und indirekte Initiativen zu ergreifen oder von der neuen Möglichkeit Gebrauch zu machen und selbst aktiv zu werden. Von Frauen wird keine Initiative *erwartet.* Ihnen wird auch nicht das Gefühl vermittelt, etwas stimme nicht mit ihnen, wenn sie passiv bleiben. Frauen werden mehr Möglichkeiten eingeräumt, aber es werden keine neuen Anforderungen an sie gestellt. Männern bleiben die alten Anforderungen, neue Möglichkeiten kommen nicht hinzu – außer der Möglichkeit, im Gefängnis zu landen, wenn sie ihre alte Rolle schlecht spielen.

Frauen haben den Begriff »date rape« eingeführt, um den schmerzlichsten Aspekt des Zusammenseins mit einem Mann zu benennen. Männer haben keine passenden Begriffe für die aus ihrer Sicht schmerzlichsten Aspekte des Zusammenseins mit einer Frau. Am traumatischsten ist sicherlich die mögliche Gefahr, von einer Frau wegen Vergewaltigung angezeigt zu werden, während er der Ansicht war, sie hätte freiwillig und gern mit ihm geschlafen. Männer, nach den schlimmsten Aspekten der männlichen Geschlechterrolle befragt, würden folgende nennen: mit einer Frau auszugehen und sich bestohlen, zurückgewiesen, alleinverantwortlich und belogen zu fühlen.

Ausgenommen und zurückgewiesen

Das Ausgehen mit einer Frau hat für viele Männer unübersehbare Schattenseiten. Es ist üblich, daß er das Portemonnaie zückt und für beide bezahlt. Das empfindet er als gesellschaftlich legitimierten Diebstahl. Oft fühlt sich ein junger Mann nach einem gemeinsamen Abend mit einer Frau bestohlen und zurückgewiesen zugleich. Junge Männer setzen alles daran, um Zurückweisung zu vermeiden (sie gehen z. B. zur Armee). Wenn ein Mann immer für die Kosten beider aufgekommen ist und dann enttäuscht wird, kommt es zur Männerversion eines »date rape«, er fühlt sich ausgenommen und über den Tisch gezogen.

Wenn Männer sich mit Frauen treffen, dann sind sie es, die die Rechnungen begleichen und gleichzeitig eine Zurückweisung riskieren. Männer hinterfragen zunehmend diese alten Regeln und wollen es nicht länger dulden, daß die Frau kurz verschwindet, wenn die Rechnung gebracht wird. Männer haben bislang versäumt, von ihrem Zahlzwang zu sprechen, der sie in Berufe drängt, die ihnen eigentlich nicht zusagen, die aber besser bezahlt werden. Sie haben bisher nicht darauf verwiesen, daß zwischen diesen »Männerberufen« und Streß, Herzinfarkt und Selbstmord ein Zusammenhang besteht. Klar ist ihnen jedoch, daß Frauen die **Möglichkeit** haben, den ersten Schritt zu tun und die Kosten zu übernehmen, daß beides von Männern aber immer noch erwartet wird.

Getäuscht und belogen

Wenn ein Mann, der das verbale Nein einer Frau ignoriert, eine Vergewaltigung begeht, begeht eine Frau, die zwar verbal einen Mann zurückweist, durch ihre Körpersprache aber das Gegenteil signalisiert, einen Betrug. Und eine Frau, die weiterschmust, nachdem sie nein gesagt hat, lügt.

Ist das bei Frauen immer noch verbreitet? Zwei Feministinnen bejahen es. Fast 40 Prozent der von ihnen befragten Studentinnen gaben an, schon einmal nein gesagt und ja gemeint zu haben.[9] Aus der Erfahrung meiner eigenen Arbeit mit über 150 000 Frauen und Männern – die Hälfte davon ledig – kann ich es ebenfalls bestätigen.

Fast alle unverheirateten Frauen gestanden, daß sie schon einmal mit zu einem Mann nach Hause gegangen sind, »nur um sich zu unterhalten«, und sich dann gern von einem Kuß verführen ließen. Sie hatten auch alle in jüngster Zeit einmal gesagt: »Bitte nicht weiter«, obwohl sich beider Lippen und Zungen noch berührten.

Früher haben wir dies nicht als »date rape« bezeichnet, sondern es galt als aufregend. Haben wir das vergessen? Die von Frauen so gern gelesenen Liebesromane heißen nicht *Ein Nein, und er zog sich zurück*, sondern eher *Sweet Savage Love* (Süße wilde Liebe).[10] In diesem Roman verschmäht die Frau die Hand des sanften Liebhabers, der sie vor dem Vergewaltiger rettet, und heiratet den, der sie wiederholt und brutal vergewaltigt hat. Das Motto »Heirate deinen Vergewaltiger« scheint anzukommen, denn *Sweet Savage Love* wurde ein Bestseller und Dauerbrenner unter den Liebesgeschichten. Und aus Sicht der Frauen – nicht der Männer – ist Rhett Butler, der die strampelnde schreiende Scarlett O'Hara zum Bett trägt, der große Held in *Vom Winde verweht*. Der Roman wird nahezu ausschließlich von Frauen gekauft. Es ist wichtig, daß Männer das Ja oder Nein einer Frau respektieren. Aber es ist genauso wichtig, daß ein Mann nicht ins Gefängnis wandert, wenn er dem körperlich signalisierten Ja mehr Glauben schenkt als dem verbalen Nein. Vielleicht möchte er nur ihr Traummann sein. Nur ein schmaler Grat trennt den Traum vom Alptraum, und das birgt die Gefahr.

Männer und Frauen empfinden und erfahren Sexualität so unterschiedlich, daß nur ein Rollentausch echtes Verständnis wecken kann: Die Frau bittet den Mann um ein Rendezvous. Dann bleibt ihr der Part, seine verbalen und körpersprachlichen Signale richtig zu interpretieren, ob ein Nein für den Rest des Abends oder nur für ein paar Minuten gilt und welches Signal lediglich »nicht so hastig« bedeutet ... und der Mann macht am eigenen Leib die Erfahrung, wie es ist, wenn sein Nein ignoriert wird.

Die Vergewaltigung durch einen Fremden und die Vergewaltigung durch einen Bekannten oder einen Freund?

Gemeinhin heißt es: »Vergewaltigung bleibt Vergewaltigung.« Nein, das stimmt nicht. Ein Fremder, der sich mit dem Messer in der Hand einer Frau aufdrängt, unterscheidet sich von einem Mann und einer Frau, die angetrunken miteinander ins Bett gehen und den Akt am nächsten Morgen bereuen. *Worin* genau liegt der Unterschied? Wenn eine Frau mit einem Mann ausgeht, ist sie nicht unbedingt auf Sexualität aus, aber sie möchte sondieren, ob Sexualität *möglich wäre*. Bei einem Fremden oder einem flüchtig Bekannten ist das nicht ihre Absicht. In dieser Hinsicht unterscheidet sich Vergewaltigung nach einem Rendezvous von einer Vergewaltigung durch einen Bekannten. Das sollte säuberlich auseinandergehalten werden.

Warum ist in den letzten zehn Jahren alles so kompliziert geworden? Schauen wir uns die Sache genauer an...

Ein epidemisches Delikt, für das allein Männer verantwortlich gemacht werden

> Fast die Hälfte aller Frauen wird einmal in ihrem Leben Opfer einer Vergewaltigung oder eines Vergewaltigungsversuchs.[11] Wir leben unter männlicher Vorherrschaft, und da ist Sexualität etwas, was Männer Frauen antun. Das Ja einer Frau als Zeichen des Einverständnisses zu betrachten, ist unter den gegebenen Umständen falsch.[12]
>
> CATHERINE MACKINNON, über den Prozeß Hill gegen Thomas

Catherine MacKinnon ist Rechtsexpertin für Vergewaltigung in Form von »date rape« und landesweit bekannt. Sie sagt nun, daß das Ja einer Frau *nicht* ehrlich gemeint zu sein braucht. Warum nicht? Weil sie ja sagen muß, *um zu überleben*.[13] Unter diesem Vorzeichen wird verständlich, daß MacKinnon zu dem Ergebnis kommt, die Hälfte aller Frauen würde einmal im Leben Opfer einer Vergewaltigung oder einer versuchten Vergewaltigung.

Großes Medienecho fand eine von der Zeitschrift *Ms.* in Auftrag gegebene Studie,[14] die belegte, daß 25 Prozent aller Collegestudentinnen schon einmal vergewaltigt worden sind. Um diesen hohen Wert von 25 Prozent zu erreichen, lautete die Frage so:[15]

> Haben Sie einmal Geschlechtsverkehr gehabt, obwohl sie eigentlich nicht wollten, weil Sie der Mann mit seinem Drängen und Bitten so bestürmt hat?[16]

Es ist bemerkenswert, daß sich diese Frauen nicht als vergewaltigt bezeichneten, sondern daß sie dem Mann bloß »nachgegeben« hatten. Möglicherweise haben sie nur deshalb »nachgegeben«, weil sie Angst hatten, den Mann zu verlieren, wenn sie hart blieben, und ihn mit dem Ja vielleicht nur binden wollten. Nur wenn wir die Definition von Vergewaltigung auf solche Situationen ausdehnen, wird Vergewaltigung zu einem Delikt, das sich epidemisch ausbreitet.

Doch woraus ist zu schließen, daß sich diese Frauen gar nicht vergewaltigt fühlten? *Weil sie in 42 Prozent der Fälle angaben, mit denselben Männern danach noch ein- oder mehrmals geschlafen zu haben.*[17]

Männer sind bei einer Verabredung mit einer Frau in der Klemme: Wir erwarten von ihnen immer noch, daß sie beim Sex die aktivere Rolle spielen, sie sind deshalb immer die »Schuldigen«, wenn eine Begegnung mißglückt.

In Wahrheit sind *beide* Geschlechter beteiligt, wenn es um unerwünschte Sexualität geht. Eine Feministin, die mutig genug war, beiden Geschlechtern solche Fragen zu stellen, mußte überrascht feststellen, daß *94 Prozent der Männer* (und 98 Prozent der Frauen) sagten, sie hätten in ihrer Collegezeit *unerwünschte* sexuelle Aktivitäten erlebt.[18] Die Überraschung war noch größer, als sie feststellte, daß 63 Prozent der Männer und 46 Prozent der Frauen angaben, *unerwünschten Geschlechtsverkehr* gehabt zu haben.[19] Wenn wir die feministische Definition von Vergewaltigung als unerwünschten Sexualverkehr zugrunde legen, sind in Wirklichkeit alle davon betroffen. Und es entsteht der Eindruck, Vergewaltigung wäre einer Epidemie gleich verbeitet. So wird Vergewaltigung aber auch verharmlost.

Eine Freundin hat diesen Abschnitt gelesen und gemeint: »Mir fällt kein Grund ein, warum ein Mann nicht mit einer Frau schlafen wollen könnte.«

Was könnte ein solcher Grund sein? Ein junger Mann, der noch aufs College geht, scheut manchmal vor Geschlechtsverkehr zurück, weil er das Gefühl hat, daß die Frau sich mehr Bindung verspricht als beabsichtigt. Dann schläft er aber doch mit ihr, weil er derjenige war, der sie bedrängt hat, bevor sie deutlich gemacht hat, daß sie an einer langfristigen Bindung interessiert ist. In seiner heftigen Leidenschaft kann er nicht mehr nein sagen, obwohl er um den Haken an der Sache weiß. Der Mann meldet sich am nächsten Tag nicht bei ihr, weil er sie nicht weiter in die Irre führen möchte, und die Frau ist enttäuscht, weil er nach der gemeinsamen Nacht nicht anruft. Vor diesem Hintergrund kommt es zu Vergewaltigungsvorwürfen, und manche Frauen erstatten dann tatsächlich Anzeige.

Wie häufig ist Vergewaltigung wirklich? Die aussagekräftigste Antwort liefert die landesweite anonyme Haushaltsbefragung, in der Frauen befragt werden, ob sie schon einmal vergewaltigt worden sind und ob sie Anzeige erstattet haben. Es zeigt sich, daß rund ein Drittel die Vergewaltigungen nicht anzeigte und etwa die Hälfte eine versuchte Vergewaltigung der Polizei nicht meldete.[20] Wenn wir die Zahl der Frauen, die Anzeige erstatteten, hinzuzählen, stellen wir fest, daß etwa eine von fünfundzwanzig Frauen einmal im Leben Opfer einer Vergewaltigung wird und eine von dreiundzwanzig Frauen Opfer einer versuchten Vergewaltigung.[21]

Behindert die ausufernde Definition von Vergewaltigung die Erarbeitung objektiverer Studien durch den Staat? Gut möglich. Das Justizministerium hatte z. B. *vor* den Vergewaltigungsprozessen von William Kennedy Smith und Mike Tyson einen *Rückgang* von Vergewaltigungen und Vergewaltigungsversuchen festgestellt (von 33 Prozent zwischen 1973 und 1988, d. h. von 1,8 Vergewaltigungen auf 1000 Frauen auf 1,2).[22]

Nach den Prozessen, als Frauen sich bereits als vergewaltigt betrachteten, wenn sie das *Gefühl* hatten, zum Geschlechtsverkehr gezwungen worden zu sein, registrierte das Justizministerium erstmals in jüngerer Zeit einen Anstieg.[23]

Gesetze, die die Definition von Vergewaltigung und »date rape« derart ausweiten, haben die gleiche Auswirkung wie ein Tempolimit von 30 Kilometern pro Stunde. Alle verstoßen gegen das Gebot, und gravierende Verstöße werden nicht mehr ernst genommen.

Doch ein Tempolimit, das alle Autofahrer, die dagegen verstoßen, kriminalisiert, betrifft zumindest beide Geschlechter; Gesetze, die jeden Mann, der sich mit einer Frau trifft, potentiell zum Kriminellen machten, beziehen sich auf nur ein Geschlecht. Deswegen sind es sexistische Gesetze. **Das ist, als gälte das Tempolimit nur für Männer, und Frauen hätten freie Fahrt.**

Überhöhte Vergewaltigungszahlen steigern die Angst der Frauen, nachts auf die Straße zu gehen. Und sie lassen ihr Mißtrauen gegenüber Männern anwachsen.

Überhöhte Vergewaltigungszahlen mögen einer bestimmten Politik entgegenkommen; sie sind aber von Nachteil für Frauen, die Männer lieben wollen. Frauen um der Politik willen zu schaden, entspricht nicht meiner Definition von Befreiung.

Kann ein Mann angeklagt werden, weil er mit einer Frau Sex gehabt hat, die ja gesagt hat?

Wisconsin, 1990. Mark Peterson wird schuldig befunden, eine Frau sexuell belästigt zu haben, die, laut ärztlichem Befund, in sechsundvierzig Persönlichkeiten gespalten ist.[24] Sie behauptete, daß eine dieser Persönlichkeiten, ein Mädchen von sechs Jahren, ihr gesagt habe, daß sie mit einem Mann geschlafen habe. Dann beschuldigte sie Mark Peterson des sexuellen Übergriffs. Sechs ihrer sechsundvierzig Persönlichkeiten wurden in den Zeugenstand berufen, vier wurden einzeln vereidigt. Sie gab zu, daß die Persönlichkeit, die Sex gehabt hatte – die »spielerische« Persönlichkeit –, damit einverstanden gewesen sei.

Ein Unglück kommt selten allein: Mark wurde landauf, landab von der Presse als Krimineller bezeichnet. In seiner Stadt wird er für den Rest seines Lebens als Vergewaltiger stigmatisiert sein. Er wird immer wieder auf diese Vorstrafe angesprochen werden. Der Name der Frau tauchte in der Presse nicht auf. Männer in Wisconsin können nicht sicher sein, daß es sich bei der Frau, mit der sie gerade ins Bett gehen wollen, nicht um diese Person handelt. Oder um eine mit einer ähnlichen Krankengeschichte.

Männer sollen also nicht nur wissen, wann sie einem Nein zu glauben haben, sie sollen auch ein Ja richtig einschätzen können.

Wir machen den Mann sogar zum Kriminellen, wenn er das nicht beherrscht.

Diese Geschichte von der Frau mit der multiplen Persönlichkeit hat Anklänge an eine alte Indianersage, die ein Häuptling den männlichen Jugendlichen erzählt, um sie vor den doppelzüngigen Botschaften der Frauen zu warnen. Es handelt sich aber um einen Fall, der 1990 in einem der fortschrittlichsten Bundesstaaten verhandelt wurde. Er beweist, daß unser Rechtssystem dazu tendiert, Frauen Vorrechte einzuräumen und Männer strafrechtlich zu verfolgen. Wenn eine Frau vor Gericht heute eine Aussage macht und am nächsten Tag das Gegenteil beschwört und wir den Mann verurteilen, weil er aus ihr nicht schlau geworden ist, dann vermitteln wir Männern folgende Botschaft: Frauen haben Rechte, Männer tragen die Verantwortung.

Ist der Fall dieser multiplen Persönlichkeit wirklich ein gutes Beispiel für die heutige Realität? Ja. Im ganzen Land räumen »fortschrittliche« Universitäten wie Berkeley, Harvard und Swathmore einer Frau das Recht ein, nachträglich zu behaupten, sie sei vergewaltigt worden, wenn sie ihre Einwilligung dazu unter Alkoholeinfluß gegeben hatte![25] Einfacher ausgedrückt: Es kann Ihrem Sohn passieren, daß er zusammen mit einer Frau Alkohol zu sich nimmt, dann mit ihr schläft und am nächsten Morgen beschuldigt wird, sie vergewaltigt zu haben, weil sie unter Alkoholeinfluß eine andere Persönlichkeit war und diese zugestimmt hat.

Ms. MacKinnon und die Bundesbehörde, die mit Vergewaltigungen, »date rape« und ehelichen Vergewaltigungen befaßt ist, und andere Feministinnen wollen diese Auffassung über den Bereich der Universitäten hinaus auf das allgemeine Strafrecht ausdehnen.[26] Ist das rechtlich möglich? Ja. In vielen Bundesstaaten gibt es bereits Gesetze, die einer Person »unter gewissen Umständen« die Zurechnungsfähigkeit absprechen – z. B. bei geistiger Behinderung.

Ist es Frauen einmal erlaubt zu behaupten, daß ein Ja eigentlich keine Zustimmung war, weil sie »unter einem gewissen Einfluß« standen, dann gibt es kein Halten mehr. Wir haben bereits festgestellt, daß Sheryl Lynn Massip ihren kleinen Sohn mit dem Auto überfahren und sich vor Gericht mit einer nachgeburtlicher Depression herausreden konnte. Von nun an können Frauen behaupten, sie hätten unter dem Einfluß einer traumatischen Scheidung gestanden, sie trauerten um ein verstorbenes Kind, oder sie hätten einfach unter extremem Streß gehandelt. Sogar der Hinweis eines Mannes, er sei an einer langfristigen Beziehung interessiert, kann gegen ihn verwendet werden. (»Als er sich am nächsten Morgen nicht meldete, wußte ich, daß er mich in der Nacht angelogen hatte. Ich wäre nie mit ihm ins Bett gegangen, wenn ich nicht den Eindruck gehabt hätte, daß er eine dauerhafte Bindung will. Ich habe unter seinem Einfluß gestanden, weil er gesagt hat, er liebe mich. Er hat gelogen – und er hat mich vergewaltigt.«)

Im Zeitalter der Gleichberechtigung sprechen wir die Frau von Verantwortung frei, wenn sie Alkohol getrunken hat, und schieben ihm die Schuld in die Schuhe, obwohl auch er nicht mehr nüchtern war. Es entbehrt nicht einer gewissen Ironie, daß der Feminismus diese neue Ungerechtigkeit fördert. Auf sexuellem Gebiet sind die Geschlechter natürlich nicht gleich. Oft fürchtet sich ein Mann vor der größeren sexuellen Macht einer Frau so sehr, daß er mit ein paar Drinks seine Angst vor einer Zurückweisung zu vergessen sucht. Er greift zum Alkohol, nicht sie. Von ihm wird erwartet, daß er sie zu einem Drink einlädt, nicht umgekehrt. Gibt es einen besseren Beweis für ihre Macht über ihn? Kurz gesagt, viele Männer fühlen sich »unter einem Einfluß«, sobald sie eine schöne Frau sehen.

Eine Rechtsprechung, die in dieses Fahrwasser gerät, stellt eine große Gefahr für Frauen dar. Frauen kaufen ein bestimmtes Parfüm, um Männer »zu beeinflussen«; sie lachen über einen Mann »mit einem harten Schwanz und weichem Hirn«. Wir haben bereits festgestellt, daß fast alle Kulturen Mechanismen entwickeln, Männer auf schöne junge Frauen zu fixieren, um sie zu Festlegungen und Entscheidungen zu bringen, die irrational sind und nicht in ihrem eigenen Interesse liegen. Aus diesem Grund müßte man eigentlich Männern eher eine verminderte Zurechnungsfähigkeit zugestehen, wenn es um schöne Frauen geht. Es ist schon eigenartig, daß wir heute die Verantwortung eines alkoholisierten Autofahrers stark betonen, Frauen aber von Verantwortung entlasten, wenn sie Alkohol trinken und dann mit einem Mann ins Bett gehen.[27]

Wenn Alkohol im Spiel ist, muß besonders genau unterschieden werden, ob eine Frau zugestimmt oder abgelehnt hat. Ein Mann sollte nur dann verantwortlich gemacht werden, wenn eine Frau nach ein paar Drinks verbal und in ihrer Körpersprache Ablehnung signalisiert hat. Die Gesellschaft erwartet immer noch von Männern, daß sie die sexuelle Initiative ergreifen, und deswegen ist es sexistisch, sie ins Gefängnis zu stecken, wenn sie dies bestens beherrschen. Wir kriminalisieren ja auch Verkäuferinnen und Verkäufer nicht, wenn sie ihre Kundschaft zu einem Drink einladen und es ihnen gelingt, das Nein in ein Vielleicht und dann in ein Ja zu verwandeln. Wenn ein Kunde sich entscheidet, übermäßig dem Alkohol zuzusprechen, und seine Zustimmung zum Kauf sich dann als eine schlechte Entscheidung herausstellt, die er bereut, bekommt *der Kunde* Probleme, nicht das Verkaufspersonal. Von *Erwachsenen* wird eben erwartet, daß sie Verantwortung übernehmen.

Ist ein Mann, der fälschlich beschuldigt wird, ein vergewaltigter Mann?

Eine Frau, die berichtet, sie sei vergewaltigt worden, braucht unsere ganze Aufmerksamkeit; wir müssen ihr zuhören und ihr Glauben schenken, wir müssen ihr helfen, indem wir ihr Unterstützung geben. Sie soll wieder ein normales Leben führen und Vertrauen entwickeln können. Jeder Mensch, dem etwas angetan worden ist, braucht liebevolle Anteilnahme, und zwar mehr als alles andere.

Wenn ein Mann berichtet, daß er fälschlicherweise einer Vergewaltigung bezichtigt wird, teilt er uns zugleich mit, daß er sich vergewaltigt fühlt. Es wird ihm unterstellt, eine höchst verabscheuenswerte Person zu sein. Das kann das Leben eines Mannes ruinieren, selbst wenn die Anklage von einem jungen Mädchen stammt, die noch vor der Gerichtsverhandlung zugibt, gelogen zu haben. So erging es Grover Gale.

Eine Dreizehnjährige aus North Carolina beschuldigte Grover Gale, sie viermal vergewaltigt zu haben.[28] Grover verbrachte sechsunddreißig Tage im Gefängnis, und in dieser Zeit verlor er seinen Job, verschuldete sich, konnte seine Miete nicht mehr bezahlen und seine Ehe stand kurz vor der Scheidung. Dann gab das Mädchen, dessen Name nie in den Zeitungen genannt wurde, zu, daß sie die ganze Sache erfunden habe, um sich vor ihrem siebzehnjährigen Freund interessant zu machen.[29]

Als Grover aus dem Gefängnis entlassen wurde, mochte ihn sein eigener Sohn nicht mehr umarmen. In der Stadt zeigten die Leute mit dem Finger auf ihn und nannten ihn »Kinderschänder« und »Vergewaltiger«. Er wurde sogar bespuckt. Die Familie sah sich gezwungen wegzuziehen, trotz der Schulden. Nun lebt sie in einem anderen Bundesland in einer kleinen Stadt, wo sie niemand kennt. Grover Gale hat immer noch 15 000 Dollar Schulden, die durch Gerichtskosten und Mietrückstand aufgelaufen sind.

Grover ist sich unschlüssig, ob er klagen soll oder versuchen, die Sache zu vergessen. Seine Wut und den Ärger wird er nicht los und frist ihn in sich hinein. Manchmal stürmt er aus der Wohnung, steigt in sein Auto und rast über die Landstraße. Er hält an und versetzt dem Auto Fußtritte, bis er sich wieder beruhigt hat. Er sagt: »Seit dieser Geschichte bin ich fertig.« Seine Frau bricht noch heute in Tränen aus, wenn die Rede auf diese Anschuldigung kommt.[30]

Grovers Leben ist in den Grundfesten erschüttert worden. Er ist das Opfer einer Vergewaltigung geworden. Er kann es sich aber nicht leisten, eine Beratungsstelle aufzusuchen, und der Staat finanziert ihm keine Therapie. Die Psychologen fürchten, verantwortlich gemacht zu werden, und sagen: »Wenn ich ihn behandle, als sei er unschuldig, und er begeht später doch eine Vergewaltigung, werde ich als Fachmann dafür verantwortlich gemacht. Schließlich hätte ich es besser wissen müssen.«[31] Einmal angeklagt, kann kein Verfahren den Schatten zum Verschwinden bringen, der dem Mann überallhin folgt. *Dr.* William Kennedy Smith wird noch heute selten mit seinem Titel angeredet. Seine Stelle in der Inneren Medizin des Universitätskrankenhauses von New Mexico wurde während seines Prozesses ausgesetzt. Das ist verständlich. Doch als er freigesprochen wurde, konnte sich die Universität nicht entscheiden, ihn wieder einzustellen.[32] Der Schatten verfolgt ihn.

Ist Grover Gale nicht die Ausnahme? Sind falsche Beschuldigungen nicht selten?

Sind falsche Beschuldigungen eine Seltenheit?

> Zu meinem großen Kummer mußten wir feststellen, daß mindestens 60 Prozent aller Vergewaltigungsanzeigen nicht gerechtfertigt waren.
> Dr. CHARLES P. MCDOWELL, Beauftragter der US-Luftwaffe für besondere Forschungsaufgaben[33]

Als die amerikanische Luftwaffe 556 Fälle von angeblicher Vergewaltigung untersuchte, gaben 27 Prozent der Frauen zu, gelogen zu haben (entweder kurz vor dem Test mit dem Lügendetektor oder nachdem sie ihn nicht bestanden hatten).[34] Es gab aber auch Fälle, die unklar waren und von drei unabhängigen Personen genauer erforscht wurden. Die Gutachter richteten sich nach den 25 typischen Kriterien bei falscher Beschuldigung. Wenn *alle drei* zu dem Schluß kamen, daß keine Vergewaltigung vorlag, wurde der Fall entsprechend unter falscher Beschuldigung eingeordnet. (Es ging bei dieser Untersuchung nicht um Bestrafung, sondern um Forschung.) Das Resultat war, daß sich 60 Prozent der Vergewaltigungsanzeigen als haltlos erwiesen.

Dr. McDowell, der Sonderbeauftragte der Luftwaffe, hatte sich bereits einmal hervorgetan, weil er als einer der ersten die Ansicht vertreten hatte, daß Gary Dotson von Cathleen Crowell Webb fälschlicherweise beschuldigt worden sei. Webb war so davon beeindruckt, daß sie seine Analyse in ihrem Buch *Forgive Me*[35] veröffentlichte. Dr. McDowell hatte trotzdem Bedenken, seine Ergebnisse zu veröffentlichen, weil er dachte, sie träfen vielleicht nur auf das Militär zu und könnten nicht verallgemeinert werden. Daraufhin studierte er in zwei größeren Städten die Unterlagen der Polizei. Auch hier bestätigte sich, daß 60 Prozent der Anzeigen ungerechtfertigt waren, doch die Städte baten um Anonymität, weil sie politische Folgen fürchteten.

Die meisten Bezirke und Städte halten ihre polizeilichen Akten unter Verschluß. Diejenigen, die es nicht tun, ordnen falsche Anzeigen – also die erlogenen – als »unbegründet« ein, genau wie Klagen, die mangels Beweisen eingestellt werden, oder Klagen mit zu schlechter Beweislage, um Anklage erheben zu können. Dank der *Washington Post* legten einige Bezirke ihre Akten offen. Zwei der größten, Prince George in Maryland und Fairfay in Virginia, hatten 30 bis 40 Prozent der Anzeigen als falsch bzw. »unbegründet« eingestuft.[36] (Bei Einbrüchen, Raub und Autodiebstahl lag die Zahl der Falschanzeigen zwischen einem und fünf Prozent.[37])

Stehen diese Ergebnisse nicht mit dem *Uniform Crime Report* (Allgemeiner Kriminalitätsbericht) des FBI in Konflikt, der durch die Medien ging und der von 9 Prozent Falschanzeigen ausgeht?[38] Nein. Der FBI kennt die Zahl der Frauen, die eine Vergewaltigung anzeigten, weiß aber nicht, ob der Angeklagte schuldig oder freigesprochen wurde. In 47 Prozent der Fälle wurde der angebliche Vergewaltiger nicht einmal identifiziert, oder es gab nicht genügend Anhaltspunkte, um ihn verhaften zu können.[39] Die restlichen 53 Prozent wurden festgenommen, aber *der FBI erhält keine Information darüber, ob es wirklich einen Schuldspruch gab.*[40] Kurz gesagt, die Unterlagen des FBI sind so wenig aussagekräftig, daß die Rate der Falschanzeigen bei Vergewaltigung zwischen 0 und 100 Prozent liegt.

Ein zu Unrecht beschuldigter Mann fühlt sich emotional vergewaltigt, aber oft folgt dem noch die ökonomische Vergewaltigung. 1993 behauptete eine Frau, im Kaufhaus Nordstrom vergewaltigt worden zu sein. Nordstrom änderte in seinen zweiundsiebzig Häusern das Sicherheitssystem. Dann wurden durch einen Labortest Beweise gesichert, die den Angaben der Frau widersprachen, und schließlich wurde sie der Lüge überführt.[41] Zwei Wochen lang ging der Name der Firma im ganzen Land durch die Presse; der Name der Klägerin wurde jedoch vertraulich behandelt. Der oberste Landesrichter lehnte es ab, die Frau zur Verantwortung zu ziehen. Die Firma Nordstrom mußte Verluste hinnehmen, die ihr niemand ersetzte. Alle, die bei Nordstrom einkaufen, zahlen indirekt für diese falsche Beschuldigung.

Festzuhalten bleibt: Es gibt viele Falschanzeigen wegen Vergewaltigung; diese sind für die Beschuldigten alles andere als eine Bagatelle, und die Sache ist politisch hochbrisant. Nur eine ausgesprochen mutige und integre Politikerin kann es wagen, dieses Thema auf die Tagesordnung zu setzen. Die genaue Zahl der Falschanzeigen ist überhaupt nicht das Entscheidende. Viel wichtiger ist, daß die Gerichte begreifen, daß beide Geschlechter Opfer sein können; daß es sich im Fall von »date rape« um ein Mißverständnis handeln kann; daß eine Frau, die tatsächlich Opfer einer Vergewaltigung geworden ist, sich möglicherweise nicht getraut, eine echte Anzeige zu machen; und daß das Leben eines Mannes ruiniert sein kann, auch wenn er *freigesprochen* wird; daß deswegen beide Parteien einen fairen Prozeß bekommen müssen (und nicht Frauen besser geschützt werden dürfen als Männer).

Warum sollte eine Frau denn eine Falschanzeige machen?

Als ich erstmals von unwahren Behauptungen und Falschanzeigen von Vergewaltigungen hörte, dachte ich bei mir: »Viele Männer nehmen ein Nein nicht ernst, und, davon abgesehen, was sollte eine Frau motivieren, eine Falschanzeige zu machen? Irgend etwas wird schon dran sein.« Doch als der Gouverneur von New York Tawana Brawley auf den Leim ging, die behauptet hatte, Opfer einer Vergewaltigung durch mehrere Männer geworden zu sein, und der Gouverneur von Illinois Gary Dotson die Wiederaufnahme des Verfahrens verweigerte, Jahre nachdem der DNA-Test dessen Unschuld bewiesen hatte, begann ich zu überlegen, welche Motive hinter diesen unwahren Beschuldigungen liegen mochten.

Nachforschungen der *Washington Post* ergaben eine ganze Reihe von Motiven.[42] Wut auf einen Exfreund war sehr häufig als Motiv zu erkennen. Kathryn Tuccis Exfreund verbrachte dreizehn Monate in Haft, bis Kathryn zugab, gelogen zu haben. (Zur Strafe für ihre Lüge mußte sie in einer gemeinnützigen Einrichtung arbeiten.) Meistens brauchten junge Mädchen eine Entschuldigung für spätes Heimkommen, für eine außer Haus verbrachte Nacht oder eine Erklärung für eine Schwangerschaft.

Eine der Frauen beschuldigte den Zeitungsmann, sie mit vorgehaltener Pistole vergewaltigt zu haben, weil sie eine Entschuldigung für ihr Zuspätkommen bei der Arbeit brauchte. Das war bereits ihre zweite Falschanzeige in einem Jahr. Beim erstenmal hatte das keinerlei Folgen für sie, und so meinte sie, es noch mal probieren zu können. Diesmal hatte es aber Konsequenzen: Sie mußte sich bei einer Beratungsstelle melden.[43]

Einzig die Studie der Luftwaffe enthält eine systematische Auswertung der Motive:

Frauen, die eine Falschanzeige wegen Vergewaltigung gestanden hatten, gaben dafür folgende Motive an:[44]

Grund	Prozent
Wut- oder Rachegefühle	20
Um Schuld- oder Schamgefühle zu kompensieren	20
Befürchtung, schwanger zu sein	13
Um ein Verhältnis zu vertuschen	12
Um die Liebe des Ehemannes auf die Probe zu stellen	9
Geistige oder psychische Verwirrung	9
Um persönliche Verantwortung zu vermeiden	4
Zahlungsschwierigkeiten oder Erpressung	4
Die Angst, sich mit einer Geschlechtskrankheit angesteckt zu haben	3
Andere Gründe	6

Dr. McDowell stellte fest, daß die meisten falschen Beschuldigungen einen bestimmten Zweck erfüllen sollen. Manchmal dienen sie dazu, mit Schuldgefühlen fertigzuwerden oder Rache zu üben, manchmal werden sie gebraucht, um den Eltern sagen zu können: »Ich bin nicht aus Leichtsinn schwanger geworden – es war eine Vergewaltigung«; oder eine Frau kann ihrem Mann sagen: »Ich hatte keine Affäre, ich kann nichts dafür ... ich bin vergewaltigt worden.«[45]

Eine Gesellschaft, die Frauen vorschreibt, wann und mit wem sie Sex haben dürfen, und sie verurteilt, wenn sie sich nicht an die Regeln halten, drängt Frauen dazu, solche falschen Behauptungen vorzubringen. Ein Fall aus der Studie der Luftwaffe zeigt das ganz deutlich:

> Eine zweiundzwanzigjährige Rekrutin hatte während einer Party Sex mit einem Kameraden. Sie gab zu, alkoholisiert gewesen zu sein, und schämte sich deswegen vor den anderen Gästen, die alles mitbekommen hatten. Deswegen behauptete sie, vergewaltigt worden zu sein.[46]

Wenn füher eine Frau sich aus »Leichtsinn« auf etwas einließ, mußte sie das mit sich selbst und der Welt abmachen. Heute steht ihr der Ausweg offen, jemand zu beschuldigen, sie vergewaltigt zu haben. Die Schuld und die Schande, die sie auf sich lasten fühlt, kann sie damit auf das Konto des Mannes umbuchen. Die Frage ist, ob in der heutigen Gesellschaft Schuldgefühle dieser Art überhaupt noch eine Funktion haben; solange jedenfalls solche Schuldgefühlkonten aufgetan werden, müssen sie natürlich auch einen Inhaber haben, der den Part des Schuldigen übernehmen kann.

Schuldgefühle zuzulassen, mag manchmal auch richtig sein – beispielsweise wenn wir ein Versprechen nicht halten. Vergewaltigung ist heute eine so schwerwiegende und aufgeladene Beschuldigung, daß selbst eine Behörde wie die Marine sich nicht nachzuhaken getraut, ob sie zutreffend ist oder ob mit der Anzeige vielleicht jemand seine Schuldgefühle loswerden will. Bleiben solche Anschuldigen ungeprüft, ist das geradezu eine Einladung zu Falschanzeigen. Eine Beschuldigung aus solchen Motiven hat Kermit Cain, Seemann des Jahres 1980 und ein Freund von mir, die Karriere gekostet. Als er und eine Soldatin seiner Einheit nach einem gemeinsam verbrachten Abend zu ihm nach Haus gingen, berichtet er, geschah folgendes:

> »Ich sagte, ich ginge jetzt hoch in mein Zimmer. Sie folgte mir, und kaum war die Tür zu, zog sie sich fast nackt aus und legte sich auf mein Bett. Am nächsten Morgen gingen wir zu ihr nach Hause.
> Wochen später wurde ich in das Büro des Kommandeurs gerufen. Ich erfuhr, daß ich ins Gefängnis mußte; Gründe wurden mir keine genannt, nur daß ›Sie alles nur noch schlimmer machen, wenn Sie sich sträuben‹. Danach befragte der Offizier der Inneren Führung jede Frau, mit der ich in Kontakt gewesen war, behauptete, ich sei ein Vergewaltiger, und gab ihnen zu verstehen, daß sie anderen Frauen nützen würden, wenn sie gegen mich aussagten. Es gelang ihnen in zwei Fällen, weitere Falschaussagen gegen mich zu bekommen, weil sie den Frauen einredeten, es ginge um eine gerechte Sache.
> Kein Rechtsanwalt wollte meinen Fall übernehmen. Deswegen stellten mein Vater und ich drei Jahre lang auf eigene Faust Nachforschungen an und fanden heraus, daß die junge Frau sich unerlaubt von der Truppe entfernt hatte, um einem Drogentest zu entgehen. Sie hatte bereits einen Test nicht bestanden und wußte, daß ihr beim zweitenmal

eine unehrenhafte Entlassung drohte. Als sie zu ihren Eltern zurückkehrte und gefragt wurde, warum sie die Kaserne verlassen hatte, sagte sie, sie sei vergewaltigt worden. Die Mutter rief ihren Abgeordneten an, der wiederum den Kommandeur der Truppe, und so kam die Sache ins Rollen ...

Ich erfuhr davon, weil eine ihrer drei Zimmerkameradinnen Mitleid mit mir hatte (ich hatte zwanzig Kilo abgenommen und war am Rand des Selbstmords) und mir erzählte, daß sie zufällig gehört habe, wie meine Anklägerin mit einer Zimmerkameradin – ihrer Liebhaberin – die ganze Geschichte ausgeheckt hatte. Sie brauchte eine Entschuldigung, um zum Zeitpunkt des Drogentests nicht bei der Truppe zu sein. Sie erzählte, daß die beiden über diesen Plan gelacht und gewitzelt hätten.

Nach langem Forschen waren meine Beweise so klar, daß ich mir einen Anwalt nehmen konnte. Als wir zum Marinegericht zitiert wurden, stellten wir fest, daß ihnen schon alle Beweise vorlagen – man händigte sie aber meinem Rechtsanwalt nicht aus. Wir mußten alles selber herausfinden. Erst nach Ende des Prozesses wurde ich von allen Anklagen freigesprochen und wieder in die Truppe aufgenommen. Aber es ist klar, daß meine Laufbahn ruiniert war. Ich weiß nicht, ob ich heute noch am Leben wäre, wenn ich nicht Susan (seine jetzige Partnerin) kennengelernt hätte, wenn die eine Zimmerkameradin nichts von dem Komplott gehört hätte oder wenn mein Vater mir nicht so viel geholfen hätte.«[47]

Kermits Erfahrung öffnete mir die Augen. Ich sah, daß ein, zwei Frauen die männliche Beschützermaschinerie in Gang setzen konnten, und die war derart daran interessiert, eine Frau zu beschützen, daß sie über elementare Bürgerrechte hinwegwalzte. Damit brachte sie sich in die mißliche Lage, die Lügen der Frau zu decken, um sich nicht lächerlich zu machen. Männlicher Chauvinismus dreht sich um den Schutz von Frauen und gleicht darin dem Feminismus.

Nicht nur die Konservativen beim Militär wollen Frauen vor Verantwortung schützen. An vielen Universitäten, von Berkeley über Harvard zu Swarthmore, läuft es ähnlich; eine Frau kann sich einladen lassen, nach einigen Drinks mit ihrem Begleiter ins Bett gehen und am nächsten Morgen behaupten, sie sei vergewaltigt worden, weil sie betrunken gewesen sei und deshalb nicht einwilligen konnte.[48] Die gesellschaftliche Erwartung an den Mann, für die Drinks aufzukommen, wird ihm nun so ausgelegt: Er »nötigt« die Frau zum

Trinken und »lockt« sie dann ins Bett. Ausgerechnet an liberalen Universitäten gilt dies als Beweis, daß der Mann ein Unterdrücker ist und die Frau unschuldig.

Man sollte meinen, daß Universitäten mit den besten und klügsten Studentinnen daran interessiert wären, Frauen anders zu sozialisieren. Studentinnen könnten ermutigt werden, Männer zum Ausgehen aufzufordern, die Initiative zu ergreifen, Männer um Treffen zu bitten – auf diese Weise würden sie doch aufs Geschäftsleben vorbereitet und dazu erzogen, ihr Leben in die eigenen Hände zu nehmen. Statt dessen behandeln auch diese Universitäten Frauen wie Kinder, denen man nichts zumuten kann, und erziehen Männer zur Übernahme der alleinigen Verantwortung. Dann beschuldigen sie Firmen der Diskriminierung, wenn diese Frauen im Beruf weniger erfolgreich sind als ihre männlichen Altersgenossen.

Anreize für falsche Beschuldigungen

Frauen können durch falsche Behauptungen eigene Schuldgefühle vermeiden, nicht eingehaltene Zusagen vertuschen und Rache üben. Doch mittlerweile gibt es geradezu Anreize, falsche Anschuldigungen zu erheben. Zum Beispiel werden Frauen, die einen Mann wegen Vergewaltigung anzeigen, zu feministischen Heldinnen erhoben, noch bevor der Prozeß stattgefunden hat (wie im Fall von Tawana Brawley und den Anklägerinnen von Tyson und Smith).

Drei weniger offenkundige Anreize lassen eine Falschanzeige noch interessanter erscheinen: erstens Geld, zweitens die Möglichkeit einer legalen Abtreibung und drittens Vorbilder im Fernsehen.

Finanzielle Anreize

> Elf Frauen, die am Miss-Black-America-Festumzug teilgenommen hatten, behaupteten, Mike Tyson hätte ihnen an den Po gefaßt. Der Organisator des Umzugs klagte und verlangte 607 Millionen Dollar Schmerzensgeld. Mehrere Klägerinnen gaben schließlich zu, daß sie gelogen hatten in der Hoffnung, etwas von dem Geld abzustauben.[49]

Was heißt das? Wenn jede Frau dadurch an 20 bis 30 Millionen Dollar kommen kann, verleiten wir dann nicht regelrecht dazu, falsche Anzeigen zu machen? Der Miss-Black-America-Umzug bekam mehr Publicity als je zuvor. Der Beginn des Prozesses machte in der Sensationspresse Schlagzeilen; die Nachricht, daß die Klagen fallengelassen wurden, war im Kleingedruckten versteckt.

Wenn wir dem Widerruf einer Anklage nicht den gleichen Platz einräumen wie der Anklage, steht der gute Ruf des Angeklagten auf dem Spiel. Das widerfuhr Tyson, dessen Image schon nicht das beste war, als er beschuldigt wurde, eine der Bewerberinnen um den Titel der Black Miss America, Desiree Washington, vergewaltigt zu haben. Er wäre wohl nicht ohne weiteres schuldig gesprochen worden, wenn die Schlagzeilen gelautet hätte: »Schwarze Schönheiten vom großen Geld verführt.«

Oft wird eingewendet, daß Frauen Hemmungen haben, eine Vergewaltigung oder sexuelle Belästigung anzuzeigen, weil ihnen nicht geglaubt wird, weil ihr Privatleben ausgeforscht wird und ihr Name in der Presse erscheint. Das *stimmt*. Meistens. Aber es trifft nicht auf alle Frauen zu. Aus der Perspektive des Mannes genügen diese wenigen übrigen Frauen, um das Zusammensein mit einer Frau zu einem gefährlichen Unternehmen zu machen, auf dem er nicht nur Zurückweisung riskiert, sondern auch ein Gerichtsverfahren. Die Folge davon: Beide Geschlechter vereinsamen.

Abtreibungsgesetze

> Norma McCorvey wollte auf legalem Wege abtreiben lassen und behauptete deswegen, sie sei vergewaltigt worden. Der Fall wurde unter dem Titel *Roe versus Wade* verfilmt. Vierzehn Jahre später gab sie zu, gelogen zu haben.[50]

Ein junges Mädchen, dem ausschließlich nach einer Vergewaltigung eine Abtreibung gewährt wird, wird zu einer falschen Behauptung verführt. Als nächstes stellt sich die Frage: Wer ist der Vergewaltiger? Oft gerät eine Reihe von Männern unter Verdacht. Die Zukunft eines unverheirateten Mädchens scheint von »so einem Kerl« abzuhängen, die Medien mischen sich ein und verurteilen den Mann. Wenn der junge Mann sich verteidigen will und wegen Verleumdung klagt, kann das Mädchen praktisch nicht mehr zugeben, daß sie gelogen hat. Unterläßt er die Verleumdungsklage, hat er überhaupt keine Möglichkeit zu Verteidigung. Egal was er tut, es gerät ihm zum Nachteil.

Sollte nicht die Behauptung der Frau, sie sei vergewaltigt worden, genügen, um ihr eine Abtreibung zuzugestehen? Muß denn der Vergewaltiger unbedingt festgestellt werden? Das entspräche einer völligen Freigabe der Abtreibung, würde Frauen zum Lügen zwingen und die Vergewaltigungszahlen in die Höhe treiben. Also keine gute Lösung.

Wird Abtreibung einzig im Fall von Inzest gestattet, fühlt sich die Frau gedrängt, ein Familienmitglied zu beschuldigen – den Vater, Stiefvater, Onkel oder Bruder –, um ihr Ziel zu erreichen. Das fördert nicht unbedingt die Familienharmonie.

Der zu Unrecht beschuldigte Mann verliert seine Arbeit und seinen guten Ruf, auch wenn sich, wie im Fall von Jane Roe, später herausstellt, daß die Frau »auf Vergewaltigung klagen mußte«, um eine Abtreibung zugestanden zu bekommen. Wir beschuldigen also einen Mann zugunsten einer Frau. Das erinnert an Fälle, in denen Schwarze beschuldigt wurden, um Weiße freisprechen zu können. Dieses Verfahren hat die Rassenkonflikte geschürt und schürt heute den Geschlechterkampf. Sind Schwarze betroffen, nennen wir es Rassismus; wenn es Männern widerfährt, Frauenbefreiung.

Der Haken an der Sache ist, daß jede unzulässige Vergewaltigungsanzeige die Zweifel von Polizei und Justiz an der Glaubwürdigkeit von Frauen, die tatsächlich vergewaltigt worden sind, verstärkt.

Fernsehen

> Florida. Ein neunjähriges Mädchen behauptete, der Freund ihrer Mutter, Ivie Cornell Norris, habe sie vergewaltigt. Norris saß 513 Tage im Bezirksgefängnis von Florida und hätte noch lange einsitzen können. Wie kam es zu seiner Freilassung? Mit elf Jahren konnte das Mädchen genügend Leuten klarmachen, daß sie damals gelogen hatte.[51]

Warum hatte sie gelogen? Es gab oft Streit zwischen ihrer Mutter und Mr. Norris, und sie wollte ihn »weg haben«. Wie konnte sie mit neun Jahren etwas durchsetzen und die Leute überzeugen? Sie hatte im Fernsehen die Serie *21 Jump Street* gesehen und sich an einer Folge orientiert, die von einer Vergewaltigung handelte...

Auch unter den Falschanzeigen der Frauen in der Luftwaffe war eine, die sich genau an das Schema einer Fernsehsendung hielt, die sie kurz vorher gesehen hatte.[52] Erst als in ihrer Geschichte einige Ungereimtheiten auftauchten, gab sie zu, daß sie sich an einem Fernsehfilm orientiert hatte. Und ihr Motiv? Sie wollte die Aufmerksamkeit des Ehemannes auf sich ziehen.

Wenn sein Wort gegen ihr Wort steht

Mit dem Namen Gary Dotson verbinden wir einen Mann, der zu Unrecht angeklagt wurde, eine Vergewaltigung begangen zu haben. Nur wenige wissen, daß Cathleen Crowell Webb zwar sehr schnell geglaubt wurde, als sie Gary Dotson beschuldigte, aber nicht, als sie widerrief und seine Unschuld beteuerte. Oder daß der Fall Dotson nur aufgrund einiger Zufälle noch einmal neu verhandelt wurde. Hätte es diese erstaunlichen Zufälle nicht gegeben, würde Gary Dotson heute noch die zunächst über ihn verhängte langjährige Haftstrafe verbüßen.

Der erste Zufall war der Gesinnungswandel von Cathleen Webb. Sie wurde gläubig, und ihre Schuld belastete sie schwer. Sie gab zu, daß sie die Geschichte frei erfunden hätte, weil sie eine sexuelle Begegnung mit ihrem Liebhaber vertuschen wollte.

Der zweite Zufall war die Entwicklung eines neuen DNA-Tests, der bewies, daß die Samenspuren an Mrs. Webbs Unterwäsche nicht von Dotson, sondern von Cathys damaligem Liebhaber stammten. *Obwohl es diese zwei Umstände waren – Cathys Aussage und »Dotsons« Samenspuren –, die zur Verurteilung geführt hatten, wurde der Fall nicht wiederaufgenommen, als sich die neuen Erkenntnisse ergaben.* Stellen Sie sich vor, eine Frau säße wegen eines Mordversuchs an einem Mann im Gefängnis, und der würde eines Tages zugeben, daß er die Frau zu Unrecht angezeigt hätte. Würde man *der Frau* ein Wiederaufnahmeverfahren verweigern?

Der dritte Zufall war, daß zur richtigen Zeit zwei außerordentlich engagierte Journalisten auftauchten, die sich bemühten, Licht in den Fall Dotson zu bringen. Es war ein weiterer, vierter Zufall, daß ein berühmter Anwalt bereit war, den Fall eines rechtskräftig verurteilten Vergewaltigers zu übernehmen.

Der fünfte Zufall ist der beschämendste. Als der vorsitzende Richter Dotson ein neues Gerichtsverfahren verweigerte, stellte sich Gouverneur Thompson gerade zur Wiederwahl. Weil Thompson Vorsitzender des Prisoner Review Board (Revisionsinstanz des Gerichts) von Illinois war und früherer Staatsanwalt, besaß er die nötige Glaubwürdigkeit, um eine außerordentliche öffentliche »Überprüfung« des Falles anordnen zu können. Er konnte die Weigerung des Richters übergehen.

Das »Verfahren« des Gouverneurs, das im Fernsehen übertragen wurde, entwickelte sich zu einer wahren Seifenoper, die ganz Chicago verfolgte. Erst als sich in der Öffentlichkeit Verständnis für Cathys und Garys Probleme entwickelte, konnte er politische Maßnahmen ergreifen, ohne damit politischen Selbstmord zu begehen. Obwohl Dotson im Gefängnis seinen Schulabschluß gemacht und ein Studium angefangen hatte, meinte Thompson, sich hart zeigen zu müssen, und stellte ihn weiter unter Polizeiaufsicht.

Es ist sicher, daß eine Frau in diesem Fall als Heldin dastehen würde, weil ihr, einem Opfer der Männerjustiz, die Rehabilitation gelungen ist. Man würde ihr viele tausend Dollar für die Filmrechte ihrer Geschichte bieten. Doch obwohl der Fall Dotson der berühmteste seiner Art war und alle Elemente eines spannenden Spielfilms aufweist, sah sich John Hoover, der die Rechte daran innehat, innerhalb seines Hauses großem Widerstand ausgesetzt. Es gelang ihm nicht, eine größere Filmgesellschaft für Cathleens Geschichte zu finden, weil sich die feministischen Filmemacherinnen dagegen wehrten.[53] Am meisten erstaunte ihn, daß feministische Produzentinnen bis heute nicht wahrhaben wollen, daß eine Frau eine Vergewaltigung herbeilügen kann. Es ist bezeichnend, mit welcher Fahrlässigkeit einem sechzehnjährigen Mädchen geglaubt wurde, daß sie vergewaltigt worden sei, ihrem Widerruf im reiferen Alter von dreiundzwanzig jedoch nicht. Cathleen Webb schreibt in ihrem Buch *Forgive me*, daß auch sie darüber verwundert war.[54]

Wie reagierte Dotson, als der zwölfjährige Alptraum schließlich mit seiner Freilassung endete? Dotson hat über Cathleen Webb gesagt: »Ich habe ihr schon lange vergeben. Ich hege ihr gegenüber keine Feindseligkeit.« Ich weiß nicht, was Männer besser können – verzeihen oder Gefühle unterdrücken.

Bei einer morgendlichen Talk-Show bat der Moderator Dotson, Mrs. Webb zu umarmen. Man stelle sich vor, er hätte eine Frau aufgefordert, ihren Vergewaltiger zu umarmen!

Hat dieser Justizirrtum nun dazu geführt, daß die Richter die Geschworenen nachdrücklich darauf hinweisen, daß es nur dann zu einem Schuldspruch kommen darf, wenn die Beweise »über jeden Zweifel« erhaben sind? Nein. Der Staat von Kalifornien verlangt, die Geschworenen zu belehren, *daß ein Vergewaltigungsurteil sich nur auf die Aussage der Anklageerhebungen zu stützen braucht und keiner anderen Beweise bedarf.*[55]

Gesetze, die nur das Privatleben von Frauen schützen

Es gibt Gesetze, die verhindern, daß bei einem Vergewaltigungsprozeß das sexuelle Vorleben einer Frau vor Gericht gegen sie verwendet werden kann. Für Männer gibt es keinen entsprechenden Schutz. Als die feministische Seite anfing, solche Gesetze zu fordern, wurden sie als grobe Verletzung des Gleichheitsgrundsatzes kritisiert und zurückgewiesen (denn sie schützten eine Partei mehr als die andere). Man sah in diesen Gesetzen einen Verstoß gegen Artikel 14 der Verfassung, der für alle den gleichen Schutz vorsieht.

Dann setzte sich die Auffassung durch, daß Frauen keine Motive hatten, eine erfundene Vergewaltigung anzuzeigen, und das politische Klima änderte sich. Man ging davon aus, daß eine Frau, die wegen Vergewaltigung klagt, bereits ein Opfer sei und die Erörterung ihres sexuellen Vorlebens vor Gericht sie ein zweites Mal zum Opfer machen würde. Als sich dann die Gerichte dieser Auffassung anschlossen, meinte man, den Frauen einen besseren Schutz gewähren zu müssen. Anfang der 90er Jahre wurde dieser Gedanke vom Obersten Gerichtshof gesetzlich verankert.[56]

Wir sind zu der Erkenntnis gelangt, daß es nicht nur viele Motive gibt, eine Vergewaltigung vorzutäuschen, sondern auch einige gesellschaftliche *Anreize*. Wir haben weiter festgestellt, daß eine falsche Beschuldigung ebenso als eine Art von Vergewaltigung anzusehen ist. Deswegen verstößt es tatsächlich gegen den Grundsatz der Gleichheit vor dem Gesetz, wenn die sexuelle Vergangenheit einer Frau besser geschützt wird als die eines Mannes. **Das Ziel eines Prozesses besteht darin, festzustellen, ob eine Vergewaltigung stattgefunden hat oder nicht. Die Frage lautet nicht: Wer braucht den größeren Schutz während des Prozesses.** Es ist Aufgabe des Rechtsanwalts, den Richter davon zu überzeugen, daß die Vorgeschichte eine wichtige Rolle spielen kann; es ist nicht Aufgabe des Gesetzes zu verhindern, daß die sexuelle Vergangenheit einer Frau gegen sie ausgelegt werden kann. Das Gesetz schützt ja den Mann auch nicht davor.

Das bedeutet in der Praxis: Eine Frau beschuldigt einen Mann der Vergewaltigung. Der FBI oder die Polizei sucht die Frauen auf, mit denen der Mann geschlafen hat, erzählt ihnen von dem Vergewaltigungsvorwurf und fragt dann, ob sie sich nicht auch von diesem Mann vergewaltigt gefühlt haben. Wenn diese Frauen antworten: »Na ja, einmal vielleicht, damals, als...«, werden sie weiter aufgefordert, eine Zeugenaussage zu machen, »um andere Frauen vor solchen Dingen zu schützen«. Er hingegen darf, laut jüngster Rechtsprechung, nicht einmal aussagen, daß sie früher eine sexuelle Beziehung *zu ihm* gehabt hatte, ohne das Gericht vorher darüber zu informieren, so daß sie ihre Verteidigung vorbereiten kann.[57]

Das bedeutet ferner, daß uns noch während des Prozesses Feministinnen im Fernsehen glauben machen wollen, daß Vergewaltigung das einzige Verbrechen sei, bei dem die Glaubwürdigkeit des Opfers in Frage gestellt wird. Das ist eine Ungeheuerlichkeit, weil zu dem Zeitpunkt ja noch nicht feststeht, wer von beiden das Opfer ist. Das Strafgesetz bestimmt, daß die Beweise genauestens geprüft werden müssen, bis die Schuld der angeklagten Person zweifelsfrei feststeht. Das ist der Unterschied zwischen einer freien Gesellschaftsordnung und einer Diktatur. Wird der gesetzliche Schutz des oder der Angeklagten mißachtet, führt das zu Treibjagden auf vermeintliche Staatsgegner, zu Faschismus und Hexenjagden.

Wir haben die Gesetze zum Schutz von Frauen im Vergewaltigunsprozeß eingeführt, weil im Grunde seines Herzens niemand eine Frau von vornherein der Falschaussage verdächtigen will, die behauptet, sie sei vergewaltigt worden. Umgekehrt will auch niemand einen möglichen Vergewaltiger in Schutz nehmen, außer es handelt sich um einen Angehörigen. Die Vergewaltigung einer Frau stellt zwei Archetypen gegeneinander: den »bösesten aller Männer« gegen die »unschuldigste aller Frauen«. Wir haben keinen Urinstinkt, der den »bösen Mann« in Schutz nimmt.

Die Identität der Anklägerin wird nicht preisgegeben, die des Beklagten wird vermarktet

Als William Kennedy Smith angeklagt wurde, gab es Schlagzeilen in der Boulevardpresse, und er war auf jedem Fernsehschirm zu sehen, im Supermarkt und im Schlafzimmer – die meisten Leute bekamen ihn länger zu Gesicht als die eigenen Familienangehörigen. Über die Person der Klägerin hingegen wurde nur wenig bekannt; nur eine Handvoll Leute hätten sie erkannt, wenn sie ihr in einem Lokal begegnet wären. Dahinter steht der Gedanke, daß das Opfer geschützt werden muß. Doch das heißt, daß wir die Frau schon vor dem Prozeß als Opfer betrachten. Wenn das bereits feststeht, wozu brauchen wir dann noch einen Prozeß? Wenn ein Mann zu Unrecht beschuldigt wird, ist *er* das Opfer. Warum wird nur sie geschützt, wenn der Prozeß doch erst *entscheiden* soll, wer von beiden das Opfer ist?

Es ist keine Situation denkbar, in der die Identität des Klägers geschützt wird. Hätte ein Mann Jackie Kennedy Onassis beschuldigt, sie hätte versucht, ihn zu ermorden, wäre seine Identität geheimgehalten worden? Eine Frau zu beschützen und einen Mann an den Pranger zu stellen, weil damit Millionen von Dollar zu machen sind, schadet ihm und kann sein Leben ruinieren, selbst wenn der angebliche Täter seine Unschuld erweisen kann.

Schützt das Gesetz einen Mann, der von einer Frau vergewaltigt wird?

Eine Kinderpflegerin gesteht, daß sie sechs Monate lang eine sexuelle Beziehung zu einem zwölfjährigen Jungen in ihrer Gruppe unterhalten hat. Ihre Strafe wird zur Bewährung ausgesetzt; sie muß nicht ins Gefängnis und lediglich 500 Dollar für die Therapie des Jungen bezahlen.[58]

Dieses milde Urteil für eine Vergewaltigerin verursachte keinen Aufschrei. Es wurde 1992 ausgesprochen, dem Jahr in dem Mike Tyson für das gleiche Vergehen eine sechsjährige Haftstrafe erhielt.

Kann ein erwachsener Mann von einer Frau vergewaltigt werden?

Wenn wir Vergewaltigung als ungewollte sexuelle Aktivität definieren, zählen sich 94 Prozent der Männer zu Betroffenen.[59] Abgesehen davon, zu einem Opfer falscher Anschuldigungen gemacht zu werden, gibt es noch andere Möglichkeiten, wie ein erwachsener Mann von einer Frau vergewaltigt werden kann.

Wie ist das möglich?

Oft wird behauptet, ein Mann könne von einer Frau nicht vergewaltigt werden, weil dies voraussetzt, daß er eine Erektion hat, und »wenn er eine Erektion hat, will er doch den Geschlechtsverkehr, also ist es keine Vergewaltigung«. Dem entspricht bei der Frau das Feuchtwerden der Vagina; es kann sich aber kein Mann gegen den Vorwurf der Vergewaltigung mit dem Einwand wehren: »Ja, Euer Ehren, sie hat nein gesagt, aber ihre Vagina war feucht, und also wollte sie doch Geschlechtsverkehr, und deswegen war es keine Vergewaltigung.«

Ein eregierter Penis bzw. eine feuchte Vagina sind in den meisten Fällen ein Anzeichen für sexuelle Erregung. Aber nicht grundsätzlich. Ein Mann kann mitten in der Nacht eine Erektion haben, aber keinen Sex wollen, weil er zu müde ist. Sollen wir Geschlechtsverkehr mit einem Baby zulassen, weil es eine Erektion hat?

Vorgetäuschte Verhütung als Form der Vergewaltigung

Diese Art der Vergewaltigung praktizieren erwachsene Frauen am häufigsten. Eine Frau kann am Abend mit einem Mann ins Bett gehen und ihn am nächsten Morgen als Vergewaltiger bezeichnen. Aber auch ein Mann kann sich vergewaltigt fühlen, wenn ihm die Frau sagt, daß sie verhütet, und eine Woche später verkündet, sie sei schwanger. Wenn sie dann sagt: »Ich kriege das Kind, ob es dir gefällt oder nicht«, zieht diese Form der Vergewaltigung für ihn ein Leben lang Folgen nach sich. Der große Unterschied zwischen beiden Formen der Vergewaltigung besteht darin, daß die Vergewaltigung durch vorgetäuschte Verhütung Rechtens ist. Um für das Kind aufzukommen, ist er womöglich gezwungen, einen Job anzunehmen, der ihm nicht zusagt, was wiederum zu erhöhtem Streß und somit frühem Tod führen kann. Ihre Entscheidung betrifft also auch seinen Körper. Wenn ohne seine Einwilligung über seinen Körper verfügt wird, dann ist das Vergewaltigung.

Wenn Männer Männer vergewaltigen, gibt es auch Opfer...

Zu den meisten Vergewaltigungen von Männern kommt es in Gefängnissen. Auch jenseits der Gefängnismauern sind rund neun Prozent der Opfer aller Vergewaltigungen, die zur Anzeige kommen und registriert werden, Männer (ob dabei hauptsächlich Männer die Täter sind, ist nicht belegt).[60] Für einen Mann ist die Wahrscheinlichkeit, Opfer einer Vergewaltigung zu werden, etwa so hoch wie für eine Frau, an Aids zu sterben – etwa 10 Prozent aller Aids-Toten sind Frauen.[61] Von wem ist mehr die Rede, von vergewaltigten Männern oder von Frauen, die an Aids sterben? Daß die Vergewaltigung von Häftlingen zum Gefängnisalltag gehört, wollen wir nicht zur Kenntnis nehmen. Diese Männer sind schwer traumatisiert; den Statistiken ist zu entnehmen, daß überdurchschnittlich viele nach ihrer Entlassung selbst zu Tätern werden und eine Frau vergewaltigen.[62] Dieser Zusammenhang ist Thema des Films *American Me*, der auf einer wahren Geschichte beruht. Um die vergewaltigten Frauen kümmern wir uns, was mit den Männern geschehen ist und was ihnen als Häftling widerfahren ist, blenden wir aus.

Schon als Untersuchungshäftling sind sie das »Frischfleisch«, auf das die anderen Mitinsassen die Jagd eröffnen. Wir sagen uns vielleicht: »Nun, das tun Männern anderen Männern an, und außerdem sind sie ja nicht umsonst im Gefängnis.« Dem vergewaltigten Mann verleiht es aber keine besseren Gefühle, weil er das Opfer eines Mannes wurde, noch trägt es zu seinem sexuellen Selbstbewußtsein bei, wenn er von seinen Vergewaltigern jahrelang als »schwul« oder »andersrum« bezeichnet wird. Viele dieser Männer werden zu »Punks«, was im Gefängnisjargon »sexueller Sklave« bedeutet. Das heißt, sie werden von dem Mann, der sie als erster vergewaltigt hat, an andere Häftlinge gegen Drogen oder andere Waren »weitervermietet«. Viele werden Opfer von Gruppenvergewaltigungen oder anderer perverser Praktiken, die zu schweren Verletzungen am After führen.[63]

Allem Anschein nach werden jährlich so viele Männer im Gefängnis vergewaltigt wie Frauen außerhalb der Haftanstalten.[64] Der Vergewaltigung von Männern im Gefängnis haben wir lange nicht soviel Beachtung wie der Vergewaltigung von Frauen geschenkt, und daher können wir uns nur auf eine kalifornische Studie aus dem Jahr 1982 beziehen. Trifft die Angabe von 14 Prozent zu, dann werden jährlich rund eine Million Männer in Gefängnissen und Haftanstalten vergewaltigt.[65] Zum Vergleich: Rund 120 000 Frauen werden jährlich Opfer einer Vergewaltigung oder eines Vergewaltigungsversuchs.[66]

Würden weibliche Häftlinge gleichermaßen häufig von anderen weiblichen Gefangenen vergewaltigt,[67] würden wir das sehr schnell als Verletzung von Artikel 8 der Verfassung bezeichnen, der »brutale und ungewöhnliche Bestrafung« verbietet. Auch Artikel 13, der sexuelle Abhängigkeit (»Punks«) untersagt, würde zitiert werden. Wir würden Einzelzellen verlangen, strenge Bestrafung der Täter, mehr Aufsichtspersonal und Entlassung der Gefängnisaufseherinnen, die Vergewaltigung von Frauen tolerieren. Statt dessen wird in manchen Bundesstaaten für einen weiblichen Häftling doppelt soviel Geld aufgewendet wie für einen männlichen.[68] Jetzt, da Frauen vermehrt kriminell werden und ins Gefängnis kommen, gibt es zunehmend Fernsehsendungen zu diesem Thema. Bisher haben wir dem Zusammenhang zwischen der Vernachlässigung von Männern und der Vergewaltigung von Frauen keinerlei Beachtung geschenkt.

Vergewaltigung in der Ehe

Als sich ein australisches Ehepaar liebte (er meinte es jedenfalls), wollte die Ehefrau den Beischlaf abbrechen. Am nächsten Morgen ging sie zur Polizei und zeigte ihn an: Es sei eine Vergewaltigung gewesen, weil es dreißig Sekunden gedauert habe, bis er von ihr abließ. Er sagte, er hätte ihr aufs Wort Folge geleistet. Er bekam vier Jahre Gefängnis.[69]

Die australischen Männer reagierten bezeichnenderweise mit der Unterdrückung ihrer Gefühle, indem sie Witze rissen über den »Dreißig-Sekunden-Vergewaltiger«, während australische Frauenzeitschriften in vielen Artikeln die zunehmende Bindungsangst der Männer kritisierten.

In den USA verlangte William Hetherington ein Revisionsverfahren und verfaßte folgendes Flugblatt:[70] **Ich heiße William Hetherington.** Ich bin ein Mann, der zu Unrecht wegen ehelicher Vergewaltigung angeklagt und zu 15 bis 30 Jahren GEFÄNGNIS VERURTEILT wurde. Ich will nichts weiter, als vor Gericht aussagen...
Ich wurde zu Unrecht beschuldigt und verurteilt, nachdem ich normale eheliche Beziehungen mit meiner Frau hatte. Ich habe weder Gewalt noch Zwang angewendet. Ich habe sie auch nicht persönlich beleidigt. Ihre Anzeige genügte, um mich ins Gefängnis zu bringen. **Ihr Motiv für die Vergewaltigungsklage** war, im bevorstehenden Scheidungsverfahren das Sorgerecht für unsere drei Kinder zu bekommen. Ich hatte die Kinder drei Monate lang unter meiner Obhut, nachdem meine Frau fortgegangen war. Meine Frau stellte bereits viermal diese Behauptung auf, diese Klagen wurden aber alle abgewiesen.
Ich konnte mir keinen Anwalt meiner Wahl nehmen, weil meine Frau im Scheidungsverfahren erreichte, daß mir der Zugriff auf mein Geld gesperrt wurde. Der Richter verweigerte mir trotz meines Vermögens einen Pflichtverteidiger. Ich konnte nicht einmal Berufung einlegen, weil ich nicht als bedürftig galt und somit die Voraussetzungen nicht erfüllte. **Mein Leben ist ein Alptraum.** Ich habe vier Jahre im Gefängnis zugebracht, weil ich das »Verbrechen« begangen habe, sechzehn Jahre lang eheliche Beziehungen zu meiner Frau unterhalten zu haben, wofür ich dann wegen Vergewaltigung angezeigt wurde.

Ich verlange einen Rechtsbeistand.
Ich verlange den Zugang zu meinem Vermögen, um die Gerichtskosten bezahlen zu können.
Ich verlange eine Besuchsregelung für meine Kinder.

Und das stand nicht in dem Flugblatt:

- Hetheringtons Frau hatte *alle vier* Vergewaltigungsanzeigen gegen ihn in der Zeit erstattet, als sich das Paar um das Sorgerecht für die Kinder stritt.[71]
- Die politische Dynamik: Sie wollte die Anzeige zurückziehen, aber es war gerade Wahlkampf, der Staatsanwalt brauchte Stimmen, und die feministischen Gruppen drängten auf Verurteilung.[72]
- Da er nicht vorbestraft war, durfte die Strafe nicht mehr als zehn Jahre betragen. Der Richter verhängte aber fünfzehn bis dreißig Jahre.[73]

Warum wurde Vergewaltigung in der Ehe plötzlich ein Thema? Die Institution Ehe gibt es doch bereits Tausende von Jahren? In Ländern mit hohen Scheidungsraten wie Australien und Kanada nehmen auch die Vergewaltigungen in der Ehe zu. Die entsprechenden Gesetze geben Frauen eine Bombe an die Hand. Die meisten Ehemänner wissen, daß ihre berufliche Karriere ruiniert wäre, wenn es Schlagzeilen gäbe wie: »Lehrer in Pleasantville ein Vergewaltiger?«

Wir haben bereits festgestellt, daß es bei beiden Geschlechtern ungewollt zu sexuellen Beziehungen kommen kann, sogar beim ersten Rendezvous. **Beide Geschlechter haben manchmal »Mitleid-Sex«**, und das ganz besonders in länger währenden Beziehungen. *In allen guten Beziehungen wird manchmal »nachgegeben«*, vor allem wenn der Partner oder die Partnerin mit Nachdruck darauf besteht. Auch wenn dies laut Umfrage der Zeitschrift *Ms.* als Vergewaltigung gilt: In der Eheberatung nennt es sich Beziehung.

Die Gesetzgebung zur Vergewaltigung in der Ehe begünstigt den Mißbrauch. Wenn ein Mann die Scheidung einreichen will, kann seine Frau dagegenhalten: »Wenn du das tust, zeige ich dich wegen ehelicher Vergewaltigung an.« Der Staat ist im ehelichen Schlafzimmer stets mit von der Partie.

Was können wir tun? Sollte es überhaupt gesetzliche Regelungen zur Sexualität geben?

Lösungsmöglichkeiten

Können Gesetze Vergewaltigungen verhindern?

Ein Teil der Vergewaltigungen läßt sich durch Gesetze verhindern. Wenn ein Mann im Gefängnis landen kann, weil er emotionalen Druck ausgeübt hat, werden Männer weniger Druck machen; wenn eine Frau behaupten kann, sie sei vergewaltigt worden, als sie »unter Alkoholeinfluß« stand, werden weniger Männer Frauen zu einem Drink einladen, es wird weniger Sex geben und damit weniger unerwünschten Sex. Schärfere Gesetze werden Millionen von Männern davon abhalten, mit einer Frau ein Rendezvous zu verabreden, weil sie fürchten, daß der romantische Abend in einem ruinierten Leben endet. Weniger Verabredungen, weniger Vergewaltigungen.

Gesetze können alles mögliche verhindern – fragt sich nur, um welchen Preis?

Es ist kein Fortschritt, sondern ein Rückschritt, wenn wir die alten Verhaltensmuster von Männern und Frauen des ersten Stadiums gegen feministische eintauschen, d. h., der Mann verhält sich wie früher, und die Frau zeigt ihn dafür an. Wenn in Amerika »Big Sister« herrscht, wird das Land emotional verarmen, so wie die Sowjetunion unter »Big Brother« ökonomisch verarmt ist.

Ein Gesetz kann uns Sicherheit geben – die Hoffnung auf ein Rendezvous hat aber mit Liebe zu tun, und Liebe bedeutet auch Risiko. Sie ist so risikoreich wie das Leben im ganzen. Ein Gesetz, das Risiken verhindert, verhindert auch die Liebe.

Wenn wir Gesetze gegen »date rape« für nötig befinden, muß die Strafe dem Vergehen angemessen sein und wie bei Mord verschiedene Schweregrade berücksichtigen. Geschlechtsverkehr mit einer Frau, die aus freien Stücken mit einem Mann ausgeht, die Alkohol trinkt und zu oralem Sex bereit ist (wie im Fall von Tyson und Kennedy Smith), muß anders beurteilt werden als Sex, der mit Waffengewalt erzwungen wird. Ohne eine solche Unterscheidung wird einerseits Vergewaltigung verharmlost und andererseits einzig und allein die männliche Geschlechterrolle kriminalisiert.

Wenn wir Gesetze gegen »date rape« für nötig erachten, **sollte, wenn sich die Anschuldigung als ungerechtfertigt herausstellt, der**

Kläger oder die Klägerin bestraft werden. In China gibt es auf allen Gebieten der Kriminalität selten Falschanzeigen, denn wenn sich herausstellt, daß die Anzeige unbegründet war, wird dem Kläger eine Strafe auferlegt. Schließlich sollten wir in diesen Fällen genetische Tests durchführen und prinzipiell den Lügendetektor einsetzen. Die Untersuchungen müssen von neutraler Seite überwacht und im Zweifelsfall wiederholt werden. Lügendetektoren arbeiten nicht immer fehlerfrei, aber es erfordert viel Übung, sie zu überlisten, nur wenige können es. Seitdem keine Lügendetektoren mehr eingesetzt werden dürfen, sind in vielen Fällen die Männer den Anschuldigungen völlig wehrlos ausgesetzt.

Kriminalisierung ist auch immer ein Spiegel dafür, daß die Prävention vernachlässigt wurde. Untersuchen wir also die Präventionsmöglichkeiten genauer.

Resozialisierung

Nicht Kriminalisierung hilft uns weiter, sondern Resozialisierung. Ein Gesetz kann unmöglich alle Nuancen berücksichtigen. Körpersprache ist ausdrucksvoller als verbale Sprache, und Augen, die »ja« sagen, sind beredter als verneinende Worte. Wenn unsere differenzierten Reaktionen in Gesetze gezwängt werden, haben wir bald eine »Zwangsjackengeneration« – eine Generation, die Angst hat zu flirten, weil sie befürchten muß, daß ihre Liebesbriefe vor Gericht verlesen werden. **Gesetze gegen »date rape« machen Menschen, die sich umwerben, zu potentiellen Angeklagten.**

Frauen werden nicht durch umfassendere Gesetze vor »date rape« geschützt, sondern durch eine andere Erziehung. Eine Erziehung, die beide Geschlechter ermutigt, die Initiative zu ergreifen und für die Essensrechnung im Restaurant aufzukommen. Die Zahl der Vergewaltigungen wird nicht sinken, solange wir Männer, die nicht die Initiative ergreifen, »Feiglinge« nennen, diejenigen, die sie ergreifen, »Vergewaltiger«, und diejenigen, die es ungeschickt anfangen, »Trottel«. Wenn der Erfolgsdruck ausschließlich auf die Männer erhöht wird, sehen sie sich gezwungen, Frauen noch weit mehr zu Sexualobjekten zu degradieren – und das führt zu noch mehr Vergewaltigungen. **Männer werden so lange Vergewaltigungen begehen, solange wir von ihnen die Initiative erwarten.** Schieben wir Männern immer mehr Verantwortung zu, führt das nicht zu Gleichberechtigung, sondern zu Frauenprivilegien. Wenn wir für Verabredungen gesetzliche Regelungen erlassen, entsteht ein Klima des Hasses. Liebe entsteht aber aus Kommunikation. Wie können wir Kriminalisierung durch Resozialisierung ersetzen und, statt Gesetzte zu erlassen, miteinander ins Gespräch kommen? Wir müssen eine neue »Beziehungssprache« lernen.

Von der Sprache der Vergewaltigung zur Sprache der Beziehung: vom ersten zum zweiten Stadium

Wie wir im Schulunterricht mit dem Computer umgehen lernen, um uns im technischen Zeitalter zurechtzufinden, könnten wir in der Schule auch neue Kommunikationsformen zwischen Männern und Frauen erproben. Männer und Frauen lernen, Verantwortung für ihre verbalen und nonverbalen Signale zu übernehmen sowie Signale auszusenden, die zu einer gelungenen Beziehung führen. Hätte die Vergewaltigung in dem Film *Thelma und Louise* vermieden werden können, wenn die ausgesendeten Signale eindeutig gewesen wären?

Thelma möchte einen Mann kennenlernen. Hätte sie die Beziehungssprache des zweiten Stadiums beherrscht, hätte sie sich überlegt, auf welchen Typus Mann sie sich einläßt. Im Film sehen wir, daß sie zwar darauf besteht, daß ihr Nein respektiert wird, daß sie andererseits aber durchaus Bereitschaft signalisiert, mit ihm Sex zu haben. Wenn sie also einen einigermaßen sensiblen, aber auch aufregenden Liebhaber möchte, sollte sie ihn nicht in einer Bar suchen, wo er mit Kennerblick Frauen prüft, sondern eher in einem Supermarkt. Vielleicht wäre ihre Wahl auf den Verkäufer gefallen, der gerade mit Kennerblick Wassermelonen prüft.

Aber auch in einer Bar hätte ihr etwas Übung auf dem Gebiet der Beziehungssprache nicht geschadet. Thelma könnte sich nämlich dort nach einem Mann umsehen, der zuhören kann und das Nein einer Frau respektiert. Wenn sie einen solchen Mann dort nicht antrifft, könnte sie *gehen* (oder bleiben, sollte aber nur wenig Alkohol zu sich nehmen). Wenn sie aber einen ihr genehmen Mann entdeckt, weiß sie, dank ihres Trainings in der Beziehungssprache des zweiten Stadiums, wie sie auf den Mann zugehen kann und ihn anzusprechen hat. Ihre Körpersprache setzt sie so ein, daß er merkt, sie will nicht nur spielen oder necken. Wie funktioniert das in der Praxis? Sie kann ihn z.B. zu einem Drink einladen und ihn zum Tanzen auffordern. Das zeigt ihm, daß *sie* die Entscheidungen trifft, und wenn ihn das überfordert, wendet sie sich ab. Warum sich mit einem Mann abgeben, dem eine selbstsichere Frau zuviel abverlangt?

Doch wie hat sich Thelma verhalten? Sie betrinkt sich und geht nicht auf einen Mann zu. Schließlich tanzt, schmust und flirtet sie mit dem Mann, den sie und Louise schon wiederholt mit Worten und Gesten abgewiesen haben. **In der denkbar ungeeignetsten Umgebung wählt sie den denkbar ungeeignetsten Mann – den einzigen, der bereits deutlich gemacht hat, daß er ein Nein nicht akzeptieren will und kann.** Als sie dann mit ihm zu dem dunklen Parkplatz geht und er sie trotz ihres Widerstandes zum Geschlechtsverkehr zwingt, wird uns Zuschauern der Eindruck vermittelt, *alle Männer* wären gefühllose Vergewaltiger. Es wird uns nicht etwa gezeigt, wie Thelma und Louise gekonnt Beziehungssprache einsetzen, um die Situation unter Kontrolle zu halten, nein, sie werden uns als feministische Heldinnen präsentiert, weil sie bereit sind zu morden.

Die neue Beziehungssprache sollte Frauen lehren, die Initiative zu ergreifen und somit eine tatsächlich eigenständige Wahl zu treffen. Das bedeutet wahre Macht und ist mehr als die für Frauen bislang typische »Veto-Macht«. Frauen sollten darum wissen, welche Botschaften sie unterschwellig mit ihren verschiedenen Arten von Veto aussenden. Die Regeln in einer Beziehung werden früh fixiert. Daß der Mann beim ersten Treffen im Restaurant die Rechnung für beide bezahlt, daß eine Frau ihm erst zweimal einen Korb gibt und seine Einladung erst beim dritten Mal Gehör findet, wird die spätere Beziehung prägen. Es wird die Regel gelten, daß er der Werbende ist, der **mehrfache Zurückweisung in Kauf zu nehmen und darauf zu warten hat, bis sich ihr Nein in ein Ja verwandelt.** Und wenn sich zwischen den beiden diese Interaktionsformen einbürgern und

»bewähren«, warum sollten sie dann nicht auch bestimmen, wie sie im Sexualleben miteinander umgehen?

Eine neue Beziehungssprache zu entwickeln, bedeutet auch, daß die Männer die Erfahrung machen, (1) daß Frauen, die initiativ sind, nicht mehr auf der Suche nach Schutzräumen ihrer angestammten Opfer- und Klägerinnenrolle sind, (2) daß solche Frauen Verantwortung übernehmen wollen und damit fertig werden, wenn sie einen Korb bekommen, und (3) daß sie mit diesen Frauen viel gemein haben, weil seine und ihre Erfahrungswelt sich immer mehr ähneln.

Auch junge Männer lernen, daß von ihnen etwas anderes erwartet wird. Vielen wäre es willkommen, wenn die Frau den ersten Schritt macht, für beide zahlt und ihn verführt. Männer fühlen sich Frauen *unterlegen*, solange wir sie auf den Körper und die Attraktivität der Frau fixieren. (Lehnen Feministinnen deshalb einen Rollentausch ab?)

Bereits junge Männer müssen verstehen lernen, daß sie sich von ihren eigenen Gefühlen abspalten, wenn stets sie es sind, die mit Zurückweisungen rechnen müssen. Eltern müssen für Erziehungsprogramme kämpfen, in denen ihre Töchter lernen, daß Partnerschaft darin besteht, Verantwortung zu teilen. Die Eltern selbst werden sich umorientieren müssen, um ihren Kindern gute Vorbilder zu werden.

Daß Vergewaltigung aufhört, etwas zu sein, auf das wir täglich gefaßt sein müssen, wird uns nur gelingen, wenn die Kinder in der Schule und die Studentinnen und Studenten an der Universität verändertes Rollenverhalten lernen und studieren. *Was die Geschlechterrollen angeht, steckt die Menschheit noch in der Pubertät.* Evolution vollzieht sich nicht reibungslos. Wie in der Pubertät sind die Frauen den Männern einen Schritt voraus.

Die neuen Verhaltensmuster müssen im Rollenspiel und anschließender Diskussion im Klassenzimmer geprobt und angeeignet werden; Mädchen üben, einen Jungen einzuladen und den ersten Schritt zu tun; Jungen werden die Erfahrung machen, daß Mädchen, die mit den Schönheiten auf den Reklametafeln wenig Ähnlichkeit haben, sich als kein bißchen weniger attraktiv entpuppen. Sicherlich werden die alten Rollen nicht von heute auf morgen über Bord geworfen werden, aber die Jungen und Mädchen werden um so mehr Verständnis füreinander entwickeln können, je öfter sie »in die Schuhe des anderen Geschlechts« geschlüpft sind.

Verkehrssünder schicken wir wieder in die Fahrschule, genauso sollten Männer, die eine Frau vergewaltigt haben, in eine Beziehungsschule geschickt werden. Vielleicht werden sie dort nachholen können, was sie nie gelernt haben.

Frauen müssen gleichermaßen Verantwortung übernehmen und so wie die Männer das gesamte Spektrum an Gefühlen durchleben können, was mit vielen Zurückweisungen verbunden ist. Das würde bei den Männern das Gefühl von Wut und Machtlosigkeit – den Auslösern von Vergewaltigung – verringern und zugleich den Frauen jene Gefühle nehmen, die sie veranlassen, falsche Beschuldigungen gegen Männer vorzubringen.

Die Beziehungssprache des zweiten Stadiums muß beiden Geschlechtern die freie Bestimmung darüber ermöglichen, ob sie Sex wollen oder nicht. (Anders als den Frauen ist es Männern quasi nicht »gestattet«, den Wunsch nach Sex seitens einer Frau abzulehnen. Bei einer Frau, die Sex zurückweist, stellen wir nicht deren Weiblichkeit in Frage, doch wir »wundern« uns über einen Mann, wenn er keinen Sex will. Sie wird deswegen nicht als abnorm angesehen, er dagegen sehr wohl.) Männer werden lernen, Sex abzulehnen, und Frauen werden die Erfahrung machen, daß Männer ihnen einen Korb geben.

Es gibt keine einfachen Lösungen für diese Probleme. Doch aus der isoliert feministischen Sicht werden sich keine Antworten finden lassen. Sie lassen sich einzig und allein finden, wenn Männer und Frauen sich gegenseitig darin unterstützen, das traditionelle Beziehungsgeflecht zwischen Mann und Frau, das Generationen lang seinen Zweck erfüllt hat, heute aber nicht mehr sinnvoll ist, neu zu knüpfen.

15. KAPITEL
Vater Staat oder: der Staat als Ersatzehemann

RICHTIG ODER FALSCH? Arbeitgeber dürfen niemanden aufgrund des Geschlechts bei der Einstellung und Beförderung benachteiligen.[1]

ANTWORT: Falsch. Der Oberste Gerichtshof ordnete 1987 an, daß in männerdominierten Berufen auch Frauen eingestellt werden können, die weniger qualifiziert sind als Männer.[2] Diese Regelung galt aber nicht auch für Männer in sogenannten Frauenberufen, wie Grundschullehrerin, Krankenschwester, Sekretärin, Empfangsdame oder Stewardeß. Das Gesetz befürwortet Diskriminierung im Berufsleben, weil es Frauenquoten festsetzt, die Einstellung von Frauen nachdrücklich unterstützt und alle vom Staat abhängigen Institutionen auffordert, einen bestimmten Anteil ihrer Geschäfte mit Firmen zu machen, die im Besitz von Frauen (oder Angehörigen einer Minderheit) sind.

Wenn heute ein Arbeitgeber eine Frau einstellt, wird von ihm erwartet, daß er die Ausfallzeiten während der Schwangerschaft (Gesetz zum Schutz von Schwangeren[3]) und während des Mutterschutzes finanziert sowie für firmeninterne Kinderbetreuung sorgt (höhere Versicherungsprämien und Personal für die Kinderbetreuung treiben die Betriebskosten in die Höhe).

Der Staat als Ersatzehemann tut für Frauen das, was die Gewerkschaften für Männer bis heute nicht erreicht haben. Dabei sind es überwiegend Männer, die die Gewerkschaftsbeiträge bezahlen, für diese »Errungenschaften« des Feminismus dagegen kommen Steuerzahlerinnen und Steuerzahler auf. Im Zweierverband haben sich Staat und Feminismus zu einer Art Frauengewerkschaft entwickelt, die aus Steuermitteln finanziert wird.

Alle möchten Frauen retten

Es gibt Hunderte von staatlichen Programmen, die reine Frauenorganisationen unterstützen: wie z. B. den »Women, Infants and Children Club« (das WIC-Programm, Hilfe für Frauen, Kleinkinder und Kinder). Einen »Men, Infants and Children Club« gibt es nicht. Aus Landes- und Bundesmitteln werden mehr als 15 000 Projekte, die sich mit Studien über Frauen befassen, aber nur 91 vergleichbare Projekte in bezug auf Männer gefördert.[4]

Die feministische Ideologie hat sich ursprünglich gegen die reinen Männerclubs in männerdominierten Bereichen gewandt, ist dann aber bald dazu übergegangen, reine Frauenorganisationen in frauendominierten Bereichen zu unterstützen. Geld für Männer aufzuwenden, hieß, daß weniger Geld für die Frauen zur Verfügung stand. Mittel zur Familienplanung waren ursprünglich für beide Geschlechter gedacht, ab 1982 gab es *nur noch für die weibliche* Klientel Geld.[6] Dieses Vorgehen verdrängte die Männer aus den Familien. Reine Männerclubs wurden für ungesetzlich erklärt, reine Frauenclubs wurden finanziell unterstützt.

In Kanada fördert der Staat Fraueninteressen, wie sie aus feministischer Sicht definiert werden, noch extremer. Das Bildungsministerium unterstützt die kanadische Dachorganisation der Frauenverbände[7], und jede Provinz hat ihr eigenes Frauenministerium (das Büro in Ontario ist mit 51 Stellen und einem Budget von 8 Millionen Dollar ausgestattet).[8]

Hier wird mit riesigen Summen von Steuergeldern jeder Aspekt des Lebens subventioniert, wie ihn Frauen, feministische Frauen, definieren. Ideologeme des Feminismus wurden zu Grundlagen einer neuen Disziplin »Frauenstudien«, und Studentinnen, die in diesem Fach ihr Examen machten, nannten ihre Ideologie Bildung. Dann war für Tausende von Jobs plötzlich eine feministische Einstellung Voraussetzung, und der Feminismus wurde verbürokratisiert. Der einst revolutionäre Feminismus fing an zu definieren, was politisch die korrekte Linie ist, und die Universitäten taten sich hierin besonders hervor. Darin unterscheidet sich der Feminismus nicht vom Kommunismus.

Abhängige Frauen – ein treueres Stimmvieh?

Die Parteien gleichen Eltern im Streit um das Sorgerecht, die mit Versprechungen um die Liebe der Töchter wetteifern. Wie wirkt sich das auf Frauen aus? Es ist verboten, Bären und Delphine zu füttern, weil es die Tiere vom Menschen abhängig werden läßt und somit zu ihrem *Aussterben* zu führen droht. Die Spezies Mensch selbst aber nimmt den Zusammenhang zwischen kurzfristiger Hilfe und langfristigem Schaden nicht wahr: Wir statten Frauen mit Geld aus, damit sie mehr Kinder aufziehen können, machen sie mit jedem weiteren Kind zunehmend von Hilfe abhängig und hindern sie so daran, für sich selbst zu sorgen. Die eigentliche Diskriminierung der Frauen besteht also in unbegrenzter »Fütterung«.

Wenn Parteien oder Eltern mit Geschenken und Gaben um die Liebe der Frauen bzw. der Töchter wetteifern, ernten sie ironischerweise keine Dankbarkeit, sondern lösen eine stetig steigende Anspruchshaltung aus. Es hat durchaus seine Richtigkeit, daß ihnen Dankbarkeit vorenthalten wird, denn Parteien ebenso wie um die Liebe ihrer Tochter heischende Eltern fördern unbewußt deren Abhängigkeit von ihnen. Die Frau wird dadurch zur beschenkten Person, nicht zur gleichwertigen Partnerin. Parteien und Eltern verfehlen so ihr eigentliches Ziel: Sie sollen selbstbestimmte Erwachsene heranziehen und niemand in kindlicher Abhängigkeit halten.

Doch da liegt der Hase im Pfeffer. Wenn das Kind in der Frau mit seiner Anspruchshaltung die Mehrheit hat und alle überstimmen kann, ist es egal, ob wir ein Patriarchat oder ein Matriarchat haben, da die angeblichen Opfer herrschen. Die Frau-als-Kind fühlt sich *ganz real* als Opfer, weil ihr nicht vermittelt wird, aus eigener Kraft das zu erreichen, worauf sie ein Anrecht zu haben meint. Ihr wird beigebracht, sich zu verschaffen, was sie haben will, und sie sagt: »Als Frau habe ich ein Recht darauf«, doch sie lernt nicht das Hochgefühl kennen, das gelebter Autonomie entspringt. Selbst wenn sie per Quotenregelung an der Entscheidungsfindung beteiligt wird, regt sie sich weiter über den »männerdominierten Staat« auf, weil sie die Demütigung spürt, mit der diese Pseudogleichheit verbunden ist. Frauen lenken zwar mit ihrer Stimmenmehrheit das Staatswesen, haben aber gleichzeitig Zorn auf den Staat.

Beide großen Parteien sind auf die Stimmen der Frauen angewiesen, doch für die Demokratische Partei sind sie von überlebenswichtiger Bedeutung. Deswegen halten besonders die Demokraten das »Kind« in Abhängigkeit. Frauen, die sich in einem Übergangsstadium befinden, also unabhängig sein wollen und gleichzeitig den Staat als heimlichen Beschützer nicht verlieren wollen, wählen bevorzugt die Demokratische Partei.

Daher entfremden sich viele Männer der Demokratischen Partei, und das macht diese Partei noch abhängiger von den Stimmen der Frauen. Ein Wähler hat es so ausgedrückt:

> »Meine Familie und ich waren treue Anhänger der Demokraten und sind nun zu den Republikanern übergewechselt.
> Die Demokratische Partei ... hat:
> – Männer im Berufsleben, an den Universitäten, bei der Scheidung und beim Sorgerecht diskriminiert;
> – absurde Gesetze verabschiedet (wie die Gesetze gegen Vergewaltigung in der Ehe und gegen sexuelle Belästigung), die unschuldige Männer durch die auf nichts begründete Anzeige einer Frau ins Gefängnis bringen können...
> Die Demokratische Partei will den amerikanischen Mann allem Anschein nach zum Bürger zweiter Klasse machen.«[9]
> Eric D. Sherman

Die drei Auswege, die der Staat Frauen aus der Unterschicht eröffnet

Wir haben festgestellt, daß der *Mann aus der Mittelschicht* einer Frau drei Optionen eröffnet: Vollzeitberuf, Vollzeit-Hausfrau und eine Kombination aus beidem. Der Mann aus der Unterschicht kann das seiner Frau nicht bieten. Also springt der Staat ein, und so »heiratet« eine Frau lieber den Staat als einen einkommensschwachen Mann. Der Staat nimmt die Rolle des Ersatzehemanns ein und drängt den Mann aus der Unterschicht ins Abseits.

Es geht nicht allein darum, daß der Staat für den Lebensunterhalt der Frauen und Kinder aufkommt, sondern daß er die Männer aus dem Leben der Familie hinausdrängt. Da es kein MIC-Programm (für *Men, Infants and Children*) gibt, ist das WIC-Programm einem staatlich finanzierten reinen Frauenverband gleichzusetzen. Hilfsprogramme wie die WIC, für *Frauen*, Kleinkinder und Kinder, offenbaren ihre Sexismus wenigstens offen, andere, wie Aid to *Families* (Hilfe für Familien), verschleiern ihn. Wollen nämlich Männer in den Genuß dieser Hilfe für »Familien« kommen, müssen sie weit höhere Hürden nehmen als Frauen. Da gibt es z. B. die »Hundert-Stunden-Regel«,[10] die Müttern zugesteht, hundert Stunden im Monat, ohne Anrechnung auf ihre staatliche Unterstützung, erwerbstätig zu sein. Ein Vater kann diese Regelung nicht für sich in Anspruch nehmen.[11] Wenn ein Vater ein Geschäft eröffnet und dabei Geld *einbüßt*, erhält er keine Sozialhilfe, eine Mutter unter gleichen Bedingungen dagegen sehr wohl. Das ist ein klarer Verstoß gegen das Gebot der Gleichbehandlung und Gleichstellung vor dem Gesetz. Doch niemand legt den Finger auf diese Wunde.

Dem Gesetz nach steht ausschließlich Frauen Geld vom Staat zu, und mit diesem Instrument hält der Staat alle Männer, die nicht über Geld verfügen, an »ihrem Platz« – auf der Straße –, so lange, bis ein Mann sich in den Besitz von Geld bringt. Gelingt ihm das nicht, bleibt er außen vor, wenn es ihm gelingt, hat er mit anderen Männern um die Liebe der Frau zu konkurrieren – sowie mit sämtlichen Hilfsprogrammen des Staates. Natürlich muß er ihr mehr bieten, als sie an Sozialhilfe erhält, denn er muß zusätzlich seinen eigenen Lebensunterhalt bestreiten.

Oft wird Klage geführt, daß »die Sozialhilfe kaum ausreicht, eine Familie zu ernähren«. Das stimmt. Ein Mann mit niederem Einkommen bietet einer Frau immer noch mehr als alle staatlichen Hilfsprogramme. Das staatliche Hilfsprogramm für Familien schüttet jährlich 10 Milliarden Dollar an 10 Millionen Frauen aus.[12] Im Einzelfall reicht das nicht für das Auskommen einer ganzen Familie. Man muß aber auch die Lebensmittelbezugsscheine berücksichtigen, die Hilfe im Krankheitsfall, Wohngeld, verbilligtes Essen in der Schule, Hilfsgelder für Alleinerziehende und das Geld, das »nebenbei« verdient wird.

Und was ist das Resultat? Eine neue Kernfamilie, die aus der Frau, den Kindern und dem Staat besteht. Die Frau hat ihre drei Wahlmöglichkeiten, bis das Kind sechs Jahre alt ist, und mit jedem weiteren Kind verlängert sich die Sache entsprechend. Für Mütter kann es eine permanente Fortsetzung geben, für Väter gibt es keinen neuen Anfang. Das hat besonders unter der schwarzen Bevölkerung den Argwohn geschürt, daß der schwarze Mann nur Sex will, sich dann seiner Verantwortung entzieht und nur »wiederkommt, um sich erneut Sex zu holen«. **Doch viele schwarze Männer verlassen ihre Familien nicht aus emotionaler Verantwortungslosigkeit, sondern weil die Familie ohne Vater finanziell bessergestellt ist.** Ihre geliebte Familie zu verlassen, empfinden sie als schmerzliches Opfer. Wie konnten wir darin bloße Verantwortungslosigkeit sehen? Viele Weiße und viele schwarze Frauen lassen außer acht, daß sich schwarze Männer genauso nach einer stabilen Familie und Geborgenheit sehnen wie alle anderen

Kinder, die in einer vaterlosen Familie aufwachsen, haben es sehr viel schwerer. Warum? Die Abwesenheit des Vaters schadet dem, was man als »soziales Immunsystem« des Kindes bezeichnen kann. Es wird anfälliger für Drogen, Kleinkriminalität, verfrühte Schwangerschaft etc. **Wenn der Staat sich zum Versorger aufspielt, entzieht er dem Kind den Vater, zerstört sein soziales Immunsystem** und fügt dem Kind erheblichen Schaden zu. Und wir alle haben Anteil daran.

Warum lassen wir das zu? Wir wollen die Frauen vor unmittelbarer Gefahr beschützen und übersehen dabei die Langzeitfolgen für die Kinder. Noch folgen wir der Überlebensstrategie des ersten Stadiums. Unsere Gesetze sind ein Erbe aus dieser Zeit, aber unser Überleben im zweiten Stadium erfordert Gesetze, die Kinder und Väter nicht voneinander trennen. Warum? Die Kinder kommender Generationen brauchen innere Stabilität und Sicherheit, um die Probleme der Welt nicht wie bisher durch Krieg, sondern durch Liebe in den Griff zu bekommen.

Staatliche Hilfsprogramme: für die Kinder oder für die Mütter?

Das Kind war über drei Jahre alt. Der Richter befand, daß es geeignete Babysitter gibt, daß Armut dem Kind schadet und daß die Berufstätigkeit der Mutter dem Kind guttut.[13] Er ordnete an, daß die Mutter sich eine Arbeit zu suchen habe.

Feministinnen beanstandeten die richterliche Entscheidung, weil »die Wahlfreiheit« der Mutter eingeschränkt wurde, nicht, weil der Richter die Interessen des Kindes womöglich falsch beurteilt hatte. Die Vorstellungen der Mutter hatten Vorrang vor dem Wohl des Kindes. Bei der Abtreibungsregelung wurde die Wahlfreiheit der Frau immer auch damit begründet, daß »das Kind gute Lebensbedingungen haben müsse«.

Da der größte Anteil der Steuergelder von Männern aufgebracht wird, wird ihr »Wahlfreiheit« ermöglicht, und die Männer kommen dafür auf. Der Mann hat jedoch zudem die Pflicht, seine Frau und seine Kinder zu ernähren, was viele dazu zwingt, eine Arbeit aufzunehmen, die ihnen nicht liegt oder die sie hassen, nur weil sie gut bezahlt ist.

Im Grunde genommen kann die Wahlfreiheit der Frau den Tod des Mannes bedeuten. Stünde allein ihr Leben auf dem Spiel, wäre es ihre Sache. Doch es geht auch um das Leben des Mannes sowie das des Kindes, wenn es in Armut heranwächst.

Die Psychologie des verwöhnten Kindes

Wenn der Fortbestand einer Partei davon abhängt, daß Frauen unmündig gehalten werden, unterstützen wir Verhaltensweisen von Frauen, wie wir sie von verwöhnten Kindern kennen: Mit dem, was sie haben, wollen sie nicht spielen, erspähen aber mit Adlerblick alles, wo sie vielleicht »zu kurz kommen«. So hat z.B. die feministische Seite beklagt, daß das Sozialversicherungssystem Frauen diskriminiere, weil sie im Durchschnitt monatlich etwas geringere Bezüge erhalten als Männer.[14] Sie haben darauf hinzuweisen versäumt, daß der Mann im Durchschnitt monatlich mehr einzahlt.

Sie haben auch die eigentliche Diskriminierung nicht beim Namen genannt: Männer zahlen insgesamt *doppelt soviel in die Rentenkasse wie Frauen*[15], trotzdem beziehen Frauen 150 Prozent dessen, was Männer aus der Rentenkasse erhalten.[16] Alle Männer zusammengenommen erhalten im Jahr weniger als alle Frauen zusammengenommen. Es kommt aber keine Männerbewegung daher und fordert, daß Männer daher auch nur ein Drittel der Sozialversicherungsbeiträge zahlen sollten.

Die ausschließliche Bewertung der Dinge vom Standpunkt der Frau aus schlägt sich auf die Höhe der Rentenbezüge und Versicherungsprämien nieder:

- Früher wurde der Rentenberechnung die durchschnittliche Lebenserwartung zugrunde gelegt, und dies erklärte die niedrigeren monatlichen Zahlungen an Frauen – Frauen würden sonst doppelt soviel Geld bekommen wie Männer, weil sie im Durchschnitt doppelt so lange Rente beziehen. Die geringeren Zahlungen wurden als diskriminierend und gesetzwidrig bezeichnet,[17] obwohl Frauen aufgrund ihrer höheren Lebenserwartung insgesamt mehr Geld bekommen.

- Versicherungen richten die Höhe der Monatsbeiträge nach der durchschnittlichen Lebenserwartung und verlangen von Männern höhere Prämien als von Frauen, weil sie statistisch gesehen früher sterben und daher nicht so lange einzahlen. Die höheren Beiträge für Männer wurden nie und nirgends beanstandet. Auch die Tatsache, daß Männer weniger Geld aus der Rentenkasse erhalten, weil sie im Durchschnitt nicht so alt werden wie Frauen, wurde nicht als diskriminierend oder gesetzwidrig bezeichnet.[18]

Kurz gesagt, wenn höhere Kosten zu Lasten der Frauen gehen müssen, wird es als ungesetzlich beklagt, trifft es auf die Männer zu, nimmt es niemand zur Kenntnis. Geschlechterpolitik beeinflußt die Gesetzgebung.

Richtige Männer klagen nicht ... sie haben Erfolg

Frauen haben sich nicht nur zu Erfolg in der Arbeitswelt verholfen, sondern haben sich, im selben Atemzug, darin geübt, erfolgreich gegen den Arbeitgeber zu klagen. Erfolgreiche Männer treiben dieses Spielchen nicht. Als Thomas Watson sen. 1914 von der Finanzbehörde entlassen wurde, gründete er eine kleine Firma. Er nannte sie IBM. Als Henry Ford II. Lee Iacocca, den Präsidenten der Ford Motor Company, vor die Tür setzte, sagte er zu ihm: »Ich *kann Sie einfach nicht leiden.*«[19] Das hätte manche Feministinnen veranlaßt zu klagen. Iacocca ging seiner Wege und machte Karriere.

Erfolgreiche Leute betrachten die, die ihnen gekündigt haben, selten als Feinde. George Steinbrenner kündigte Billy Martin als Manager der New York Yankees. Daß Martin dem Team zum Sieg verholfen hatte, kümmerte ihn nicht. Dann holte er ihn zurück, kündigte ihm wieder und holte ihn erneut zurück – obwohl er in sieben Spielzeiten zwei Länderspiele und einen Weltcup gewonnen hatte. Hätte Martin in Steinbrenner einen Feind gesehen und nicht jemanden, der seinen Job macht, hätte er nie wieder für ihn arbeiten können.

So handeln keineswegs alle Männer oder ausschließlich Männer. Es ist eine erfolgreichen Menschen eigene Haltung – eine Haltung, die ausdrückt: »Ich bin verantwortlich dafür, jemand zu sein, der der Firma Gewinn bringt.« Erfolgreiche Arbeitnehmer machen es zum Interesse der Firma, daß sie eine faire Behandlung erfahren. Sie sehen es als ihre Pflicht, sich um die Firma zu kümmern, damit die Firma sich um sie kümmert (und sie sich wiederum um ihre Familie kümmern können). Sie werden zu unentbehrlichen Stützen von Firma und Familie.

Erfolgreiche Männer und Frauen gehen nicht automatisch bei jeder Firma davon aus, daß sie sie angemessen bezahlt, sie *suchen sich* eine Firma, die ihren Einsatz entsprechend entlohnt. Sie suchen so lange weiter, bis sie den entsprechenden Arbeitgeber gefunden haben, statt das Gericht anzurufen.

Finanziell *und spirituell* erfolgreiche Menschen halten nicht Männer für das grundsätzlich mächtigere Geschlecht, sondern erkennen auch den Preis an, den Männer zu zahlen bereit sind. Sie sind sich darüber im klaren, daß es kein Privileg ohne die entsprechende Verantwortung gibt. Wenn das Mehr an Verantwortung nicht durch gewisse Annehmlichkeiten ausgeglichen wird, verzichten sie eher. Sie gehen nicht hin und übernehmen die Verantwortung, um sich dann darüber zu beklagen.

So wie wir Frauen vor Augen führen, eine Firma wegen Schaffung einer »feindseligen Atmosphäre«, etwa weil jemand einen schmutzigen Witz erzählt hat, vor Gericht zu ziehen, so zeigen wir ihnen auch, wie sie den Staat zum Ersatzehemann (oder Ersatzvater) machen können. Die Firmen lernen das Fürchten vor den Frauen, aber nicht, sie zu respektieren. Die beste Voraussetzung, die eine Frau für das Berufsleben mitbringen kann, ist die Fähigkeit, Hürden zu meistern, nicht die Bereitschaft, bei geringstem Widerstand vor Gericht zu ziehen. Erfolgreiche Menschen verlieren keine Zeit mit Klagen, sie konzentrieren sich auf den Erfolg.

IV. TEIL
WOHIN GEHT DIE REISE?

Schlußfolgerungen

Es gibt eines, was alle Männer gemeinsam haben: Sie sind das geopferte Geschlecht – als Soldaten, bei der Arbeit und als Väter. Und daß sie sich nur dann für liebenswert halten, wenn sie töten und sterben, damit andere leben und gerettet werden. Diese materiellen Zwänge lasten dank der modernen Technik heute nicht mehr auf der Menschheit. **Die Gesellschaft im zweiten Stadium hat Techniken entwickelt, die unserer Spezies das Überleben ermöglichen würden, ohne töten zu müssen, aber auch Techniken, die unsere Spezies auslöschen würden, wenn wir sie zum Einsatz brächten.** Die zivilisatorische Entlastung des technischen Fortschritts ist bislang nur in der Frauenemanzipation realisiert worden. Geburtenkontrolle, Bevölkerungswachstum und Technik haben Frauen von ihrem biologischen Schicksal befreit, Geburtenkontrolle und Technik haben aber *weibliche* Biologie zum Schicksal des *Mannes* gemacht: Sie kann entscheiden, abzutreiben oder Unterhalt für das Kind zu verlangen.

Für Männer ist Biologie immer noch Schicksal. Wir verlangen nicht beiden Geschlechtern ab, daß sie sich in die lebensgefährlichen Berufe teilen. Wir sozialisieren Männer immer noch so, daß sie für uns alle das Töten übernehmen; das macht sie wenig liebenswert ... und wir opfern sie.

Für beide Geschlechter ist es schwierig und voller Tücken, das Jahrmillionen alte Erbe zu verändern. Die Frauen betrachten sich als unabhängig, wenn sie sich scheiden lassen, auch wenn sie sich dann an den Staat als Ersatzehemann halten. Die Männer glauben, sie würden den Frauen zur Gleichberechtigung verhelfen, wenn sie Gesetze verabschieden, die sie vor einem schmutzigen Witz schützen, anstatt Gesetze zu erlassen, die sie selbst vor tödlichen Arbeitsunfällen schützen.

Es dürfte keine Männerbewegung geben, sondern eine Bewegung, die die Geschlechterrollen auflöst. Die Macht der Frauenbewegung bedarf aber vorübergehend des Korrektivs einer Männerbewegung. Und das ist eine besondere Herausforderung für Männer: **Es gibt wenige politische Bewegungen, die von Leuten mit gesundem Menschenverstand getragen werden, und doch sind vernünftige Veränderungen nicht ohne politische Bewegungen denkbar.**

Eine Männerbewegung kann uns nur weiterbringen, wenn es ihr gelingt, einsichtig zu machen, daß Männer nicht für alle Übel der Welt verantwortlich sind. Krieg ist nicht eine Erfindung der Männer, er entstand als Überlebensstrategie. Männer waren nie Herr ihrer selbst, sie wurden in die Rolle des Beschützers gedrängt und wurden von dieser Aufgabe beherrscht. Hätten sie uns nicht beschützt, würde sich heute der Ruf nach mehr Rechten erübrigen. Eine Männerbewegung muß klarmachen, daß wir künftig keins der Geschlechter mehr dazu erziehen dürfen, *für uns* zu töten, wenn wir nicht wollen, daß sich dies in Form von Verbrechen gegen uns selbst wendet. Das Geschlecht, das bereit ist, sein Leben zu opfern, hat ein geringes Selbstwertgefühl. (Wir schwächen das Selbstwertgefühl von Männern, wenn wir ihnen vermitteln, sie seien Unterdrücker, die Kriege verursachen, und es ihnen deswegen recht geschieht, in den Krieg geschickt zu werden.)

Das Überleben unserer Spezies im Atomzeitalter verlangt dringend eine Erziehung zu liebevollen und liebenswerten Männern. Werden Männer dies einfordern? Erst, wenn sie begreifen, daß sie von Einflüssen, die sie zum geopferten Geschlecht machen, umgeben und bis in ihr Innerstes durchdrungen sind. Und wenn sie sich bewußt werden, daß sie sich haben bestechen lassen und blind an ihre »Macht« geglaubt haben, die im Grunde Mißachtung und Geopfertwerden bedeutet.

Indikatoren der Machtlosigkeit

Werden Menschen der Gewalt ausgesetzt, einzig weil sie einer bestimmten Gruppe angehören, so ist das ein sicheres Zeichen für deren Machtlosigkeit (ob Christen den Löwen zum Fraß vorgeworfen wurden oder die Unterschicht als Kanonenfutter in den Krieg geschickt wird).

In den Vereinigten Staaten setzen wir Männer kraft Gesetz der Gewalt aus (Einberufung zum Militär), durch Religion und Brauchtum (Beschneidung), durch Sozialisation und spezielle Anreize (Männer, die sich beim American Football gegenseitig ihre Köpfe einschlagen, sind stipendienverdächtig), durch den Applaus schöner Frauen (Cheerleaderinnen bejubeln Männer, die sich gegenseitig das Gesicht verschandeln), durch das Lob und die Liebe der Eltern (Eltern, die zu den Schulsportfesten kommen, wo sich ihre Söhne gegenseitig verprügeln), durch Steuergelder (Boxkämpfe, American Football an den Schulen sowie das Militär) und durch das Geld, das wir für unsere Unterhaltung ausgeben (Boxen, Football, Eishockey, Rodeos, Autorennen, Western- und Kriegsfilme...). Nordamerikaner setzen Männer dagegen nicht einem gewalttätigen Stierkampf aus – das halten wir für Tierquälerei. Unsere Söhne aber setzen wir bereits im Kindesalter der Gewalt aus, und im Erwachsenenalter erheben wir gegen sie den Vorwurf, das gewalttätigere Geschlecht von beiden zu sein.

Doch das ist der Haken: Wenn andere Gruppen der Gewalt unterworfen werden, erkennen wir deren *Machtlosigkeit* an. Was folgt daraus, daß wir Männer der Gewalt aussetzen und sie trotzdem als mächtig bezeichnen? Wenn wir die Machtlosigkeit einer Gruppe von Menschen als gegeben einräumen, spüren wir die Verpflichtung, für sie einzutreten. Bei Männern ist das nicht der Fall, im Gegenteil, wir schieben ihnen Schuld zu. **Wir machen Männern Schuldvorwürfe, weil wir den wahren Sachverhalt verschleiern und ihnen, den Opfern, einräumen, andere zum Opfer zu machen. Männer als Täter erkennen nicht, daß sie selbst Opfer sind.**

Frauen wenden häufig ein, daß fünfzig Prozent der Bevölkerung in Angst vor den übrigen fünfzig Prozent lebe: »Wir können nie sicher sein, welcher Mann ein potentieller Vergewaltiger ist.« Dabei übersehen wir, daß Männer, statistisch gesehen, viel gefährdeter sind, Opfer von Mord und Gewalt zu werden. Männer fürchten sich vor Männern, denn auch sie können nie sicher sein, welcher Mann potentiell gewalttätig wird.

Weil wir allein für die Ängste von Frauen Verständnis aufbringen, bieten wir ihnen staatlich finanzierte Frauenhäuser und Frauenberatungsstellen. Das erfordert höhere Steuern, die zumeist von weißen Männern aufgebracht werden, die sich in aufreibenden Berufen, in denen Geld zu machen ist, »opfern« und verschleißen. Daraus resultiert, daß die Frauen insgesamt eine höhere Lebenserwartung haben als die Männer, genauer gesagt: An erster Stelle rangieren die weißen Frauen, gefolgt von den schwarzen Frauen, an dritter Stelle rangieren die weißen Männer und an letzter Position folgen die schwarzen Männer. In der industrialisierten Welt sind die Männer sozusagen die »Nigger« und schwarze Männer die »Nigger der Nigger«. Gibt es einen Zusammenhang zwischen der Bürgerrechtsbewegung und der Frauenbewegung? Wenn ja – wie sieht er aus?

Die falsche Parallele zwischen Bürgerrechtsbewegung und Frauenbewegung

In den letzten fünfundzwanzig Jahren wurde der Fehler gemacht, die Errungenschaften der Bürgerrechtsbewegung an Frauen weiterzugeben. Wir haben so getan, als wären die Frauen die Sklavinnen der Männer gewesen, wie Schwarze die Sklaven der Weißen waren, und daher die gleichen Anrechte hätten. Wir haben damit die Frau-als-Opfer-Ideologie gefördert und uns der Erkenntnis verschlossen, daß das eigentliche Thema zwischen Männern und Frauen nicht *Dominanz eines* Geschlechts über das andere hätten heißen müssen. Nein, beide Geschlechter hatten sich dem eigentlichen Thema unterzuordnen: dem Überleben der nächsten Generation.

Im Verhältnis verschiedener Rassen zueinander bedeutet der Vorteil der einen oft den Nachteil der anderen. Im Verhältnis von Frauen und Männern verlieren beide Geschlechter, wenn allein eines Vorzüge erhält. Wenn eine Frau von einer Fördermaßnahme profitiert und beruflich aufsteigt, hat die Familie des Mannes, den sie ausgestochen hat, einen Nachteil. Also sollte Chancengleichheit geboten werden, statt einem der Geschlechter Vorteile zu gewähren.

Die überholte Annahme, Männer hätten die Macht und Frauen seien machtlos, führt unweigerlich zum Geschlechterkampf. Wenn wir Frauen als machtlos hinstellen, trauen wir uns nicht, die Macht der Frauen zu beschränken. **Die Angst, die Macht des weiblichen**

Geschlechts einzuschränken, führt letztlich zur Eskalation des Geschlechterkampfes. Schließlich besitzen Frauen in vielen Bereichen die größere Macht: Sie haben mehr Geld zur Verfügung, sie haben die Macht ihrer Schönheit und ihrer Sexualität, und sie haben mehr Wahlmöglichkeiten in bezug auf Ehe, Kinder, Arbeit und Lebensgestaltung.

Der neue Denkansatz führt zur Verständigung der Geschlechter. Wir erkennen an, daß die Kinderzahl einer Mutter ein Gradmesser für ihre Verantwortung war (nicht für ihre Macht) und die Höhe des Einkommens, das ein Mann hatte, ein Gradmesser seiner finanziellen Verantwortung für diese Kinder. Wir lernen zu begreifen, daß jedes Geschlecht in seinem speziellen Verantwortungsbereich mehr Rechte und Macht hatte. Jedes Geschlecht nahm dort das Heft in die Hand, wo die Lage für es selbst am gefährlichsten werden konnte, und die Geschlechter belohnten sich gegenseitig, indem sie ihre jeweiligen Rollen annahmen.

Das Denken im zweiten Stadium verkennt die Macht und die Bürde der Männer und Frauen nicht. Es gibt uns die Chance, uns weg vom Krieg der Geschlechter und hin zur Liebe zwischen den Geschlechtern fortzuentwickeln sowie weg und von der Frauenbewegung und hin zu einer Bewegung, die die Geschlechterrollen auflöst. Wie schaffen wir diesen Übergang?

Die Reise ins zweite Stadium

Fangen wir an und stellen alles in Frage, was früher gut und richtig war. Die Abenteuer der Helden z. B., die Joseph Campbell so wunderbar beschrieben hat, waren die Fahrnisse der damaligen Welt. Die Rituale waren Rituale des ersten Stadiums. **Die Heldengeschichten sangen ein Hoheslied auf den Opfergang der Männer.** Der Titel »Held« war die Bestechung durch Lob, den die Beschützten dem Beschützer verliehen, weil er sein Leben aufs Spiel setzte. Lob hielt den Sklaven an seinem Platz. Wir haben festgestellt, daß das Wort *Held* von den Wörtern *Diener, Sklave, Beschützer* abgeleitet ist.

Im ersten Stadium brauchten wir festgefügte Strukturen, um uns auf die starren Rollen vorzubereiten, die für das Überleben der

Spezies notwendig waren. Im zweiten Stadium brauchen wir freie Wahlmöglichkeiten, um uns auf die gewandelten Rollen vorzubereiten, die heute zum Überleben nötig sind. Früher war es nicht günstig für Männer, Gefühle zu zeigen, heute ist es angebracht. Im ersten Stadium hatten Männer und Frauen, die ihre eigenen Bedürfnisse ihrer Rollenerwartung unterordneten, ein hohes Maß an Stolz und Selbstachtung. Selbstachtung im zweiten Stadium bedeutet, ein Gleichgewicht zwischen den eigenen und den Bedürfnissen der anderen herzustellen. Superman im ersten Stadium registrierte die äußeren Erschütterungen und Beben und beschützte das Leben seiner geliebten Frau. Superman im zweiten Stadium nimmt seine inneren Erschütterungen und Regungen wahr und nimmt sie zum Anlaß, um mit der geliebten Frau (oder dem Mann) in einen Dialog einzutreten.

Jetzt ist es an den Männern, den nächsten Schritt zu tun, weil sie bisher zwar den Frauen die materielle Basis für ihre Befreiung geboten haben, damit aber ihre eigene Reise vom ersten ins zweite Stadium verhindert haben. Sein Einkommen erlaubte ihr den Luxus des Nachdenkens über die eigenen Mängel und über *seine*. Er aber sah sich in einer Falle gefangen: Hat er keinen Erfolg mehr, verläßt sie ihn womöglich, konzentriert er sich weiter ausschließlich auf seinen Erfolg, verläßt sie ihn womöglich auch.

Was folgt daraus? Wenn Männer und Frauen die Reise ins zweite Stadium nicht gleichzeitig antreten, erreichen einzelne (meist Frauen) das zweite Stadium, aber weniger geglückte Beziehungen sind das Resultat, und eine weitere Generation einsamer Egozentriker wird herangezogen. Männer und Frauen im zweiten Stadium müssen herausfinden, welche Rolle sie einnehmen wollen, und dann den Übergang gemeinsam mit ihrer Familie bewerkstelligen.

Hierbei wird das Kind nicht mit dem Bade ausgeschüttet. Nein, Männer und Frauen bekommen Überlebenstechniken und Techniken zur Selbstverwirklichung mit auf den Weg. Ist die Männerbewegung in ihrer heutigen Form ein Anfang einer solchen Entwicklung? Unterweist sie Männer in den beiden Techniken, die Frauen bereits recht gut beherrschen?

Bringt uns eine Männerbewegung, die sich mit Mythen und Sagen befaßt, wirklich weiter?

Die von Robert Bly beeinflußte Männerbewegung, die mit Mythen und Sagen arbeitet, hat viel Beachtung in der Öffentlichkeit gefunden. Sie hat Männer darin unterstützt, die Reise ins zweite Stadium anzutreten, und Gefühle von Männern offenbart, die sie sich im ersten Stadium nicht zu zeigen gewagt hätten: Verletzlichkeit, die Suche nach Nähe, das Streben nach Selbstbestimmung und Macht. Diese Entdeckungsreise mit Trommeln einzuläuten, ist nachvollziehbar, weil es die Gefühle der Männer in Aufruhr versetzt. Die Reise fernab in den Wäldern zu beginnen, ist ebenso hilfreich, denn die Männer benötigen eine Phase der Selbstbeschau, fern von Frauen, Kindern, Eltern und Beruf – deren Erwartungen Männer stets zuerst erfüllen, bevor sie sich die Frage nach dem eigenen Selbst gestatten und danach, wie sie zu sich selbst gelangen wollen.

Männertreffen sind eine wichtige Hilfe auf dem Weg dahin, **weil Männer sonst nicht lernen können, ihre Ängste mit anderen Männern zu teilen.** Deswegen haben sie Rituale entwickelt, die Heilung versinnbildlichen. Sie reichen einen Stab in der Runde herum – ähnlich dem Äskulapstab –, während sie im Gespräch ihren Gefühlen Ausdruck verleihen. Warum? Das Aussprechen von Gefühlen ist heilsam; es tut gut, anderen dabei zuzuhören. Der Redestab hilft ihnen zu sagen, daß sie sich oft nur als Zahlmeister fühlen.

Männer spüren intuitiv, daß Frauen und Kinder ihre Zweifel nicht hören wollen. Die Firma IBM kann von ihren Angestellten auch nicht einfühlsames Zuhören erwarten, wenn sie darüber nachdenkt, ob sie die Herstellung von Computern nicht besser einstellt. Männer lernen, daß es niemandem dient, wenn sie alle ihre Gefühle auf Frauen und Kinder richten.

Viele Frauen fragen sich besorgt, ob die Männer in den Arbeitsgruppen an solchen gemeinsamen Wochenenden über Frauen herziehen. Keine Sorge. **Männer sind dazu erzogen, Frauen zu retten, nicht, sie zu beschimpfen.** In den reinen Männersportarten wird dem Verliererteam nicht beigebracht, das gegnerische Team zu beschimpfen – oder zu versuchen, beim gegnerischen Team irgendeine Art von Gesinnungswandel herbeizuführen. Männer verbinden

Selbsterfahrung und Stärke nicht mit Schimpfen über andere Männer – über Frauen schon gar nicht.

Männer beginnen ihre Reise ins zweite Stadium damit, daß sie ihre Leistungen und Heldentaten im ersten Stadium würdigen. Sie lernen zu begreifen, daß ihre Art zu leben eine Hilfe bei der Überwindung von Hindernissen, beim Schutz der Frauen und im Überlebenskampf war. Die Namen dieser Workshops, wie etwa »Eisenhans« und »Krieger«, bringen dieses Einstehen für das Gewesene zum Ausdruck.

Warum ist das nötig? Vielleicht könnte man darauf verzichten. Aber wenn große Änderungen anstehen, neigen die Menschen dazu, sich Mut zuzusprechen und die eigene Kraft zu beschwören. Die Schwarzen verkündeten: »Black is beautiful«, Frauen kleiden es in: »Ich bin eine Frau, ich bin stark«, und Männer bekräftigen sich mit: »Ich bin ein Mann, ich bin in Ordnung.« Nach fünfundzwanzig Jahren der Männerbeschimpfung kein schlechter Anfang.

Warum war die männliche Art der Aufopferung derart ritualisiert und streng geregelt? Weil soziale Rollen nicht wie biologische festgelegt sind, hatte die Sozialisation des Mannes besonders gründlich zu erfolgen. Schließlich sollte aus ihm als egozentrischem Kleinkind ein Erwachsener werden, der bereit war, sich für andere zu opfern. Männliche Sozialisation im zweiten Stadium muß sich deswegen besonders mit der Tendenz der Männer, sich als Retter und Schützer anzudienen, auseinandersetzen. Es gibt vier soziale Mechanismen, die die männliche Neigung zur Selbstaufopferung stabilisieren:

1. Sie fördert die Abhängigkeit der Männer von weiblicher Schönheit und Sexualität.
2. Schönheit und Sexualität von Frauen wird ihnen vorenthalten, bis sie ökonomische Sicherheit bieten können.
3. Männern, die unter Lebensgefahr Schutz bieten, werden Status, Ehre und andere Arten von »Bestechung« versprochen.
4. Eine Kombination von Ritual und Religion (z. B. Beschneidung) sowie Musik und Religion (z. B. »The Battle Hymn of the Republic«) machen Männer unempfindlicher gegen Schmerzen und bereit, Schmerzen zu ertragen.

Wie können wir die kommende Generation auf notwendige Veränderungen vorbereiten? Zuerst müssen wir den Wandel beispielhaft vorleben, dann sind die Schulen gefordert ...

Kindererziehung im zweiten Stadium

Der männliche Lehrer

Grundschulen müssen in Klassen, die in der Mehrzahl von Kindern von alleinerziehenden Müttern besucht werden, mehr Lehrer als Lehrerinnen beschäftigen.

Diese Lehrer müssen die Einsicht gewonnen haben, daß ein Kind Gelegenheit zum Risiko braucht, auch wenn es dabei eine Niederlage erleben kann, sich verletzt oder gedemütigt wird. Diese Lehrer haben begriffen, wie wichtig es ist, ein Kind auch mal auf den Schoß zu nehmen, und sie lassen sich trotz eines drohenden Vorwurfs der Belästigung nicht davon abhalten. Sie verstehen sich darauf, jugendliche Drogendealer richtig anzupacken und deren »unternehmerische Fähigkeiten« in legale Bahnen zu lenken. Schließlich ist es für unsere Kinder hilfreicher, wenn wir sie in der Schule nicht übermäßig behüten. Genaugenommen schützt dies die Lehrer eher selbst vor Kritik seitens der Eltern, die zu Beeinträchtigungen in der Arbeit führen kann.

Die Jugendlichen

Die neuen Verhaltensweisen müssen altersgerecht dargeboten und trainiert werden.

Gehen wir davon aus, es gäbe ein Videospiel mit dem Titel »Das erste Rendezvous«. Manchmal führt eine bestimmte Entscheidung (»Küsse sie«) zum gewünschten Resultat (Liebe), manchmal nicht (Zurückweisung). Dieses Spiel erlaubt beiden Geschlechtern, mit den neuen Rollen zu experimentieren, bevor der Ernst des Lebens beginnt.

Die Schule im zweiten Stadium unterrichtet wohlausgewogen von den Gefahren und Freuden, die mit der Sexualität zusammenhängen. Der Sexualkundeunterricht heute handelt von sicheren

Sexualpraktiken, von Aids, Herpes, Kondomen, sexuellem Mißbrauch, Vergewaltigung, Belästigung, Macht und Gewalt, *wobei den Jungen vermittelt wird, daß die Initiative von ihnen auszugehen habe.* Diese Diskussionen um die Sexualität in den Schulen sind langweilig geworden; so fade wie ein billiger Hamburger, der ja auch nicht schmeckt.

Es könnten neue Rituale des Kennenlernens entstehen: An einem Wochenende bedient der Junge seine Freundin, am nächsten bedient sie ihn, sie bekochen sich abwechselnd und laden sich gegenseitig zum romantischen Essen in ein Lokal ein ... Sowie sie älter werden, übernehmen sie eventuell wieder ihre traditionelleren Rollen. Dann tun sie es aber freiwillig und nicht, weil sie sich vor den anderen nicht blamieren wollen.

An einer Schule im zweiten Stadium gibt es selbstverständlich Teamsportarten für Jungen und Mädchen, aber auch Gesprächsrunden nach dem Spiel, um die Erfahrungen auszuwerten. (»Ich wollte den Ball nicht abgeben. Was sagt mir das über mich?«) Auf dem Lehrplan stehen alternative, nichtkompetitive Sportarten. Das heißt nicht, daß die brutaleren Sportarten, die bisher ausschließlich von Jungen gespielt werden, nicht *privat* finanziert werden können. Ich schließe aber die öffentliche Finanzierung aus. **Es mag unterhaltsam sein, Jungen bei brutalen Schlägerspielen zuzuschauen, doch die Steuerzahler sollten nicht dafür aufkommen müssen.**

Der Sport hatte einmal die Funktion, die Welt da draußen *abzuwehren*; das eigene Team mußte sich abgrenzen. Im zweiten Stadium soll der Sport uns für *die Verbindung* mit der Welt fit machen, denn wir sind weltweit vernetzt und gehören alle zum selben Team. Wir lernen, uns über die herausragenden Fähigkeiten anderer zu freuen, statt Neid zu empfinden.

Die Schulen müssen ihren Schülerinnen und Schülern vermitteln, daß Individualsport- und Teamsportarten deren Lebensläufe beeinflussen. Wenn sich ausschließlich Hans mit Teamsport und ausschließlich Grete mit Gymnastik beschäftigt, lernt er nicht, selbstbestimmt und kreativ zu denken, und sie nicht, sich in einer Gruppe zurechtzufinden. Wer ein eigenes Geschäft gründen, schriftstellerisch oder künstlerisch tätig sein oder kreativ und eigenständig denken will, braucht jedoch diese Fähigkeiten alle.

Auf dieser Reise ins zweite Stadium können beide Geschlechter voneinander lernen. Typisch männliche und typisch weibliche Eigenschaften werden sich mischen und gegenseitig ergänzen.

Die Familie

Die Menschen im zweiten Stadium kommen auch allein zurecht. Sie tun sich freiwillig zusammen; nichts zwingt sie dazu. Freiwilligkeit ist ein längst nicht so haltbarer Kitt wie Not. Doch fast alle Menschen streben neben der freien Wahl auch Stabilität an. Die Rituale im zweiten Stadium müssen beides fördern, und sie sollten zelebriert werden. Wenn ein Kind aus dem Elternhaus auszieht, *könnte die Familie ein zweites Hochzeitsfest feiern, um die neue Familienform zu kräftigen, also sowohl den Wandel als auch die Stabilität.* Solche Veränderungen kommen durch Bewußtseinswandel in Gang, und der wiederum setzt politisches Handeln voraus.

Wird die Männerbewegung eine politische Bewegung?

> Die Männerbewegung hat einen falschen Namen. Sie ist weder politisch wie die Bürgerrechtsbewegung noch so aktiv wie die Frauenbewegung.
> *Time*, 8. Juli 1991[1]

Time wird diesen Satz in den nächsten zehn Jahren sicher zurücknehmen müssen. Warum? Erstens hat die Männerbewegung bereits politische Strukturen, zweitens sind die politischen Forderungen klar, und drittens ist der emotionale und ökonomische Druck auf die Männer stark genug, um eine Veränderung herbeizuführen.

Der National Congress for Men and Children (Bundesverband der Männer und Kinder) und die National Coalition of Free Men (Bund freier Männer) kämpfen seit Jahren für das gemeinsame Sorgerecht und eine bessere Besuchsregelung nach der Scheidung. In den Medien werden diese Männer oft als »Vaterrechtler« dargestellt. Sie könnten aber genausogut als Väter gelten, die ihre Kinder lieben und die es schmerzt, daß Gesetze sie am liebevollen Umgang mit ihren Kindern hindern.

Die mythologisch-spirituelle Männerbewegung ist gerade erst im Begriff, ein politisches Bewußtsein zu entwickeln. Es entsteht unwillkürlich aus den persönlichen Erkenntnissen der Männer. Bei ihren Selbsterfahrungswochenenden entdecken viele Männer ihre Gefühle und ihr Vaterbild. Sie stellen fest, daß ihnen ihr Vater vorenthalten wurde, und fragen sich, ob ihnen ihr eigenes Vatersein nicht auch vorenthalten wird. Sie machen die Erfahrung, daß auch andere Männer ihre Erlebnisse mitteilen, und entdecken nach und nach, daß das Private politisch ist. Sie entdecken ihre Rechte als Väter.

Väter haben das Recht, für ihre Kinder zu sorgen (während die Frauen ihren Anteil an der finanziellen Verantwortung übernehmen). Dieser Gedanke ist neu und muß neu ausgehandelt werden. Das ist aber nur möglich, wenn Männer sich äußern, und das wiederum ist nur möglich, wenn sie ihre Gefühle kennen.

Bis dato haben die Männer alle ihre Gefühle der geliebten Frau zu Füßen gelegt. Sie wagten es nicht, von ihren eigenen Wünschen zu sprechen, weil sie Angst hatten, ihre einzige Quelle von Liebe und emotionaler Unterstützung zu verlieren. Männergruppen bieten eine andere Form der emotionalen Unterstützung. Das ermutigt Männer, ihre Gefühle zum Ausdruck zu bringen. Manche Frauen empfinden diesen ungewohnten Mut als bedrohlich, andere als aufregend. Auf manche Paare, die sich anöden, wirkt er belebend.

Wollen Männer wirklich Veränderung? Wollen sie mehr Zeit für ihre Kinder? Wie wir wissen, würden sich 90 Prozent der Männer *gern einige Monate lang ganztags* um ihre Kinder kümmern, vorausgesetzt ihre Frau wäre damit einverstanden und die Familie ökonomisch abgesichert.

Was wäre das Resultat, wenn sich Männer mehr um ihre Kinder kümmern würden? Väter und Kinder, die sich besser kennen und größere Zuneigung füreinander empfinden. Das hätte auch politische Auswirkungen: Väter würden sich gegen Richter wehren, die einer Mutter automatisch mehr Rechte über das Kind zusprechen. Sie würden Richter abwählen, die strittige Sorgerechtsfälle überwiegend zugunsten eines Geschlechts entscheiden.

Wenn ein Mann sich seine große Zuneigung zu seinem Kind einmal eingestanden hat, wird er auch auf die gleichen Rechte pochen.

Ihm wird deutlich, **daß eine Schwangerschaft nicht nur die Angelegenheit von Frau und Kind ist, sondern auch ihn, den Vater, angeht.** Er begreift, daß eine Frau, die »Mein Bauch gehört mir« sagt und sich dann doch für das Kind entscheidet, sein Leben entscheidend bestimmt. Sie kann ihn dazu zwingen, einen verhaßten Job anzunehmen, um achtzehn Jahre lang seinen Zahlungsverpflichtungen nachkommen zu können; und das hat Auswirkungen auf seine Gesundheit und seine Lebenserwartung. Sollte er bei der Entscheidung für oder gegen eine Abtreibung nicht auch mitzureden haben? Zählen zwei Jahrzehnte im Leben eines Mannes weniger als neun Monate im Leben einer Frau?

Vatersein und väterliche Gefühle sind wichtige politische Themen. Männer spüren ihre Machtlosigkeit aber auf einem anderen Gebiet noch sehr viel stärker: Sie sind das geopferte Geschlecht, dessem Leben nicht soviel Wert beigemessen wird wie dem der Frauen. Wir brauchen konkrete Gegenmaßnahmen.

Männer, das geopferte Geschlecht

Frauen machen »gläserne Decken« dafür verantwortlich, daß sie nicht die gleichen Chancen und Möglichkeiten haben wie Männer. Männer sind in zehn »gläsernen Kellern« gefangen, die Gleichheit verhindern und sie zum geopferten Geschlecht machen. Diese Probleme sind nicht mit einer Equal Employment Opportunity Commission (EEOC, Kommission zur Gleichberechtigung im Berufsleben) zu bekämpfen. Weil es in der Männerfrage um Leben und Tod geht, brauchen wir eine Equal Life Opportunity Commission (ELOC, Kommission für gleiches Lebensrecht). Die ELOC muß sich die Auflösung folgender zehn »gläsernen Keller« zum Ziel setzen:

> *Selbstmord.* Witwer sind zehnmal stärker selbstmordgefährdet als Witwen.[2] Die ELOC muß spezielle Hilfs- und Beratungsangebote für diese Männer entwickeln. Noch besser wäre ein Ansatz, der sich bereits mit den Jungen in der Vorpubertät befaßt. Sie sind 25 000 Prozent mehr selbstmordgefährdet als Mädchen in dem Alter, in dem sie sich ihrer Geschlechterrolle bewußt werden.[3] Es wäre also wohl ratsam, für eine Veränderung der Geschlechterrolle der Jungen zu sorgen, bevor sie den Kindern eingepflanzt wird.

Gefängnisse. Wenn es der ELOC gelingt, die Vergewaltigungen von Männern in Gefängnissen zu verhindern, werden Männer auch draußen weniger Vergewaltigungen begehen. Wenn der Kontakt mit ihren Kindern inhaftierte Mütter günstig beeinflußt, trifft das dann nicht auch auf inhaftierte Väter zu?

Obdachlosigkeit. Die ELOC würde die Ursachen für den hohen Anteil von Männern unter den Obdachlosen erforschen und durch entsprechende Krisenintervention verhindern, daß Aussichtslosigkeit in Obdachlosigkeit endet.

Todesberufe. Die Sozialisation zu den Todesberufen fängt schon im frühen Kindesalter an. Die ELOC kann Lehrer und Mentoren ausbilden, die sich um eine andersgeartete Erziehung der kleinen Jungen bemühen. Jungen sollen lernen, daß sie nicht verpflichtet sind, Mädchen freizuhalten. Dieser Zahlzwang nämlich zwingt sie später in gefährlichere, aber besser bezahlte Berufe.

Krankheiten. Die ELOC hätte den Auftrag, herauszufinden, warum Männer eine geringere Lebenserwartung haben als Frauen. Sie würde die typischen Männerkrankheiten und Unfälle erforschen.

Morde und Geiselnahmen. Auch die Außenpolitik muß überdacht werden. Wie sollte Amerika auf Saddam Hussein reagieren, wenn er ausschließlich Frauen und Kinder freiläßt? Sollen unsere Steuergelder dafür eingesetzt werden, einen ausländischen Staatsmann zu ermorden? Hätten wir unserer Regierung mehrere Anschläge auf das Leben Fidel Castros gestattet, wenn Castro eine Frau wäre?

Todesstrafe. Auch über Frauen werden Todesurteile verhängt, hingerichtet werden aber ausschließlich Männer. Gäbe es im umgekehrten Fall Proteste?

Wehrpflicht. Ausschließlich Männer zur Armee zu verpflichten, entspricht dem Skalventum. Eine »Kommission für gleiches Lebensrecht für Männer« könnte einen Musterprozeß anstrengen und die Rechte der einberufenen Männer vertreten, die seelischen Schaden erlitten haben. Sie würde Druck auf die Regierung ausüben, sich um die Belange der Kriegsgefangenen und Vermißten zu kümmern.

Krieg und Kampfhandlungen. Die ELOC würde sicherstellen, daß sich beide Geschlechter in gleichem Maß an Kampfeinsätzen beteiligen. Drückebergern werden Vergünstigungen entzogen.

Geringere Lebenserwartung. Die ELOC würde erforschen, warum Männer eine geringere Lebenserwartung haben, und die nicht krankheitsbedingten Faktoren beleuchten: den Erfolgsdruck, den Zahlzwang, die Einsamkeit, das Risiko, zurückgewiesen zu werden, und den Mangel an Hilfsangeboten.

Die Lebenserwartung von Männern liegt um zehn Prozent unter der von Frauen. Als wäre jedes Männerleben mit zehn Prozent Opfersteuer belegt! Männer könnten ihren Status als geopfertes Geschlecht symbolisch mit einem »Gesetz für gleiches Recht auf Leben« deutlich machen. Dieses Gesetz würde im Grunde nichts weiter als Gleichberechtigung und *Gleichverpflichtung* bedeuten. Wenn Männer und Frauen die gleichen Rechte und Verpflichtungen hätten, würde sich auch ihre unterschiedliche Lebenserwartung angleichen.*

Gleichberechtigung und Gleichverpflichtung in der Verfassung verankern

Ein Equal Rights and Responsibilities Amendment (ERRA, Gleichberechtigungs- und Gleichverpflichtungsgesetz) würde die ausschließliche Verpflichtung von Männern zum Militärdienst als ungesetzlich verbieten. Es würde verhindern, daß Männer bei Bedarf zu Kampfhandlungen herangezogen werden, wenn das bei Frauen nicht im gleichen Maß geschieht. Es würde Gütergemeinschaft nur in Verbindung mit Verantwortungsgemeinschaft gestatten. Es würde Schulen Prämien aussetzen, die Mädchen zur gleichen Verantwortung in Sachen Sexualität erziehen, sie also auch auf Initiative und Zurückweisung vorbereiten, und nicht nur Jungen davor warnen, etwas falsch zu machen. Die Diskussionen um sexuelle Belästigung am Arbeitsplatz würden ein Ende haben, weil nun Thema wäre, wie Männer und Frauen den Arbeitsplatz nutzen können, um sexuelle Kontakte aufzunehmen.

In allen Berufen sollten gleich viele Frauen und Männer vertreten sein, was durch spezielle Programme gefördert würde. Keine Firma

---

* Das Equal Rights Amendment (ERA, Gleichberechtigungsgesetz) schützt ein Geschlecht mehr als das andere und ist deshalb verfassungswidrig. Wenn dieses Gesetz echte Gleichberechtigung fördern und symbolisieren soll, müßte es Gleichberechtigungs- und Gleichverpflichtungsgesetz heißen.

wird gezwungen, minderqualifizierte Leute einzustellen, nur um die Quote zu erfüllen. Gerichte, die in mehr als 60 Prozent der strittigen Sorgerechtsfälle die Kinder der Mutter zusprechen, bekämen keine staatliche Unterstützung mehr, und Universitäten, die deutlich mehr Frauenstudienkurse anbieten als Männerstudienkurse, keine öffentlichen Gelder. Fernsehsender würden ihre Lizenz verlieren, wenn die staatliche Aufsichtsbehörde feststellte, daß sich allzu viele Sendungen nur mit Frauenproblemen befassen, Männerthemen aber vernachlässigt oder abfällig kommentiert würden. Das würde eine neue Ära einläuten – eine Ära der gerecht verteilten Rechte und Pflichten im Interesse beider Geschlechter. Wollen Männer (und idealerweise auch Frauen) denn überhaupt so eine Zukunft?

Wie entsteht eine politische Bewegung?

Große Bewegungen haben meistens zwei Auslöser: erstens *emotionale Zurückweisung*, zweitens *ökonomische Verluste*. **Wenn sich zum selben geschichtlichen Zeitpunkt eine große Zahl von Menschen emotional zurückgewiesen und ökonomisch geschädigt fühlt, führt dies zur Revolution.**

Schwarze fühlten sich in ihrer Würde verletzt, weil sie den Weißen stets den Vortritt lassen mußten, und ökonomisch beeinträchtigt, weil sie von vielen Berufen ausgeschlossen waren. Als der Leidensdruck vieler unerträglich wurde, organisierten sich die Betroffenen, und das war der Auslöser für die Bürgerrechtsbewegung.

Zu dem Zeitpunkt, als Frauen zu Millionen geschieden (emotional zurückgewiesen) und im Beruf diskriminiert (ökonomisch geschädigt) wurden, war die politische, emotionale und finanzielle Basis vorhanden, auf der die Frauenbewegung aufbauen konnte.

Auch Männer bekommen emotionale Zurückweisung zu spüren, wenn sie sich scheiden lassen, verlieren aber oft obendrein ihre Kinder und leiden daher doppelt. Viele Männer begehen dann Selbstmord, weil sie sich ungeliebt und unnütz fühlen. Sollen Männer dann auch noch für das, was ihnen vorenthalten wird, zahlen, sind sie darüber hinaus auch ökonomisch benachteiligt.

Viele Väter müssen heute für ihre Kinder aufkommen, ohne am

Leben ihrer Kinder teilnehmen zu dürfen. Das ist wie Steuerpflicht ohne Wahlrecht. Darin, daß Millionen von Männern diese Erfahrung machen, liegt die politische Basis der Männerbewegung.

Wenn wir die Aktivisten der Männerbewegung als verbitterte Spinner bezeichnen, übergehen wir die Erfahrungen sehr vieler anderer Väter, die sich nicht trauen, für ihre Belange zu kämpfen, oder einfach keine Zeit dafür haben, weil sie für Exfrau und Kinder Geld verdienen müssen. Zwingen wir diese aktiven Männer, schrille Töne anzuschlagen, blockieren wir den Fortschritt und schaden unseren Kindern. Dann wird auch diese Generation von einem verzerrten Bild von Liebe geprägt. Indem wir bereit sind, Männer anzuhören, tun wir etwas gegen den Krieg der Geschlechter und fördern die Verständigung zwischen Männern und Frauen.

Freilich, das passiert alles nicht über Nacht. Denn wir reden nicht nur von neuen Prioritäten, sondern auch von einer neuen Stufe der Evolution.

Eine neue Stufe der Evolution

Die Männerbewegung wird die zeitlich längste aller Bewegungen sein, weil es um mehr geht als darum, Schwarze oder Latinos in ein bestehendes System einzugliedern. Es geht um die grundlegende Veränderung des Systems selbst, darum, der Aufteilung in »beschützte Frauen« und »beschützende Männer« ein Ende zu machen.

Die Männerbewegung wird die schwierigste aller Bewegungen sein, weil es schwer ist, sich den unterdrückten Gefühlen zu stellen und Frauen damit zu konfrontieren. Und das ist besonders heikel, weil Frauen, die zu beschützen wir gelernt haben, unsere einzige Quelle der Zuneigung waren.

Worin besteht die größte Herausforderung der Männerbewegung? Sie muß Männer dazu bringen, um Hilfe *für sich selber* zu bitten. Jede Bewegung gewinnt, wenn sie Hilfe für sich erbittet. Männer konnten immer für andere um Hilfe bitten: für die Gemeinschaft, ihre Frauen, Kinder oder für ein bestimmtes Ziel, *aber nicht für sich selbst.* Warum nicht? **Tausende von Jahren war Jammern und Klagen für Frauen funktional, weil das einen Beschützer** anzog. Für einen Mann war Jammern und Klagen disfunktional, das zog niemanden an. rauen mieden klagende Männer und hielten sich an solche, die ihren Hilferuf hörten. Männer müssen lernen, um Hilfe für sich zu bitten; das ist die größte Herausforderung und ein Katalysator für eine neue Entwicklung.

Ein Teil der Frauenbewegung hat diesen evolutionären Schritt bereits vollzogen. Es sind diejenigen, die Frauen auffordern, Verantwortung zu übernehmen und autonom zu werden. Von dieser Seite hören wir Sätze wie: »Ich bin selbst verantwortlich für mein Leben.« – »Wenn dich dein Mann mißhandelt, bring ihn nicht um, sondern geh weg.« – »Bezahle für ihn im Restaurant.« – »Heirate nicht hinauf, bringe es selbst zu etwas.« Frauen sollten selbstbewußt genug und bereit sein, Familien- und Berufsarbeit auch anders als bisher üblich aufzuteilen. Dieser Teil der Frauenbewegung vertritt einen *reifen* Feminismus.

Andere in der Frauenbewegung verstärken die alten Muster: Frauen sollen die gleichen Rechte haben, aber nicht die gleichen Verpflichtungen; es ist von »gläserner Decke« die Rede, aber nicht von »gläsernen Kellern«; der Staat soll mißhandelte Frauen schützen, von mißhandelten Männern wollen sie nichts hören, und ein Wandel der Geschlechterrollen wird nicht angestrebt. Dieser Teil der Frauenbewegung verstärkt das soziokulturelle Erbe von Frauen: Suche dir einen Helden, heirate ihn, sei von ihm abhängig. Oder: Laß dich von ihm scheiden und nimm den Staat als Ersatzehemann. Er bestärkt Frauen in ihrer Opferhaltung, sich Hilfen von außen zu verschaffen. Das ist *unreifer* Feminismus.

Im ersten Stadium mußten Frauen klagen und um Hilfe bitten, denn es war ihre Aufgabe, die Kinder zu beschützen. Im zweiten Stadium sollte es ausschließlich Männern zustehen, um Hilfe zu bitten. **Für Männer ist das ein evolutionärer Schritt, für Frauen nicht.**

Das Unvermögen, um Hilfe zu bitten, ist eine Schwäche. Das müssen Männer erst begreifen. Männer müssen eine neue Stärke entwickeln: Sie brauchen Kraft für den Kampf, der als einziger mit Gefühlen ausgefochten wird. Sie müssen stark genug sein, diese Gefühle zu entdecken, und mutig genug, den Verlust von oberflächlicher Liebe zu riskieren. Erst dann ist tiefere Liebe möglich.

Soll die Männerbewegung tatsächlich die Menschheitsentwicklung beeinflussen, muß sie gut zuhören lernen und darf nicht allein das Wort führen. Beide Geschlechter müssen sich aufeinander einstimmen in dem Wissen, daß unsere Sozialisation sich nicht so leicht verändern läßt. Manchmal kann es ein Anfang sein, ein Problem zu erkennen und es mitzuteilen; es gibt nicht immer eine Lösung.

Unsere Aufgaben

Wir stehen vor vielen großen Aufgaben: Wir müssen in den nächsten Jahren Männern helfen, Männer des zweiten Stadiums zu werden, so wie wir Frauen geholfen haben, dieses Stadium zu erreichen; Todesberufe und Kriegseinsätze müssen gerecht aufgeteilt werden, Frauen dürfen sich nicht länger die Rosinen aus dem Kuchen picken; wir dürfen von Männern nicht verlangen, daß sie mehr verdienen müssen, bevor sie für Frauen attraktiv sind, und diese Aufforderung an sie dann »Macht«, »Patriarchat«, »Herrschaft« oder »Sexismus« nennen statt »Druck« und »Pflicht«. Es müssen gezielte Förderprogramme und Hilfsangebote für Männer bereitgestellt werden, bis die Lebenserwartung von Männern genauso hoch ist wie die der Frauen; Männer müssen ganz besonders ermutigt und bestärkt werden, ihre Gefühle auszudrücken, damit sie nicht länger stärker gefährdet sind, Selbstmord zu begehen, als Frauen. Wir müssen unser Lohnsystem überprüfen, das vermehrt für Männer ein Anreiz ist, einen der Todesberufe zu ergreifen; die Kosten für Unfallschutz und Arbeitsmedizin müssen auf die gesamte Volkswirtschaft umgelegt werden. Wir müssen die Medien überwachen, damit sie Beziehungsprobleme nicht ausschließlich aus Frauensicht schildern; mißhandelte Männer brauchen ebensoviel Beachtung wie mißhandelte Frauen; Probleme berufstätiger Väter sind gleichermaßen wichtig wie die berufstätiger Mütter; Väter müssen die gleichen Rechte auf ihre Kinder haben wie Mütter. Es genügt nicht, Tierschutz und Männerschutz den gleichen Stellenwert beizumessen, Männer müssen uns so wichtig und wertvoll werden wie Frauen. Frauen dürfen nicht länger Sexobjekte, Männer nicht länger zum Erfolg verdammt sein: Dann entsteht Liebe zwischen den Geschlechtern.

Anmerkungen

Einführung

1. Dieser Satz stammt von dem Abgeordneten Ronald K. Henry.

I. Teil: Mythos Männermacht

1. Kapitel
Ist Männermacht wirklich ein Mythos? Erster Überblick

1. Lawrence Diggs, *Transitions*, Nov./Dez. 1990, S. 10.
2. Die Schlacht an der Somme war 1916. Tote: 420 000 Engländer; 195 000 Franzosen; 650 000 Deutsche. Siehe John Laffin, *Brassey's Battles: 3 500 Years of Conflict, Campaigns, and Wars from A-Z* (London: A. Wheaton & Co., 1986), S. 399.
3. Statistiken des National Center for Health Statistics, *Monthly Vital Statistics Report*, Bd. 38, Nr. 5, Beilage, 26. Sept. 1989, S. 4. 1920 betrug die durchschnittliche Lebenserwartung von Männern 53,6 Jahre, die von Frauen 54,6 Jahre.
4. Ebd., Bd. 39, Nr. 13, 28. Aug. 1991, S. 17. 1990 betrug die durchschnittliche Lebenserwartung von Frauen 78,8 Jahre, die von Männern 72,0 Jahre.
5. Ebd., Bd. 38, Nr. 5, a. a. O.
6. Ebd. Die Differenz in der Lebenserwartung bei Männern und Frauen beträgt genau 6,9 Jahre. Die Lebenserwartung von weißen Frauen beträgt 78,9 Jahre, die von schwarzen Frauen 73,6 Jahre, die von weißen Männern 72,2 Jahre und die von schwarzen Männern 65,2 Jahre.
7. U. S. Department of Health and Human Services, National Center for Health Statistics (im folgenden USDH & HS/NCHS), *Vital Statistics of the United States* (Washington, D.C., 1991), Bd. 2, Teil A, »Sterblichkeit«, S. 51, Tabellen 1–9, »Sterbefälle aus 72 ausgewählten Gründen, Altersabstände 5 Jahre, Rasse und Geschlecht: U.S., 1988«. Die genauen Zahlen lauten:

Selbstmordraten nach Alter und Geschlecht auf 100 000 Einwohner

Alter	Männer	Frauen
5 – 9	0,1	0,0
10 – 14	2,1	0,8
15 – 19	18,0	4,4
20 – 24	25,8	4,1

8. Dieser Prozentsatz ergibt sich, wenn man die 0,1 Selbstmorde auf 100 000 Jungen unter 9 Jahren mit den 25,8 Selbstmorden der *jungen Männer zwischen 20 und 24 Jahren* der oben stehenden Tabelle ins Verhältnis gesetzt.

9. Neueste Daten von 1992. Von USDH & HS/NCHS *Vital Statistics of the United States*, Bd. 2, »Sterblichkeit«, Teil A, 1987.
10. Bei den Todesfällen der über 65jährigen waren 2,7 von 1000 Frauen und 6,2 von 1000 Männern Opfer von Gewaltverbrechen. U.S. Bureau of Justice Statistics, Office of Justice Programs, Bureau of Justice Statistics, *Criminal Victimization in the United States, 1988*, National Crime Survey Report NCJ-122024, Dezember 1990, S. 18, Tabelle 5.
11. Ebd., *1987*, Publikation NCJ-115524, Juni 1989, S. 16, Tabelle 3, »Personal Crimes, 1987«.
12. Ebd.
13. »7 Deadly Days«, *Time*, 17. Juli 1989, S. 31.
14. Das sind die neuesten Daten (1992). Sie stammen vom U.S. Department of Commerce, Bureau of the Census, *Statistical Abstracts of the US, 1989*, 109. Ausgabe, S. 459, Tabelle 747 – »Household Net Worth – Median Value of Holdings: 1984«. Quelle: U.S. Department of Commerce, Bureau of the Census, *Current Population Reports*, Serie P-70, Nr. 7. Da das Einkommen von Frauen im Vergleich zu dem von Männern seit 1985 *gestiegen* ist, wird sich der Abstand bis zur Veröffentlichung der nächsten Daten noch vergrößert haben. Das Census Bureau definiert den Haushaltsvorstand so: Person in deren Namen das Haus oder die Wohnung gekauft oder gemietet wurde. Vor 1980 war das bei verheirateten Paaren fast immer der Mann. Heute ist es der Mann oder die Frau. Bei Paaren, bei denen der Mann *mehr* verdient, ist es zweifellos immer noch er.
15. Das Nettoeinkommen der reichsten Frau beträgt 1,17 Millionen Dollar, das des reichsten Mannes 1,11 Millionen Dollar. Diese Daten stammen aus der neuesten Ausgabe des Internal Revenue Service von 1990. Siehe *Los Angeles Times*, 23. August 1990.
16. Jacque Lynn Foltyn, »Feminine Beauty in American Culture«, Dissertation, University of California in San Diego, 1987. Foltyn hat die Verkaufsflächen in Einkaufszentren und Boutiquen gemessen, getrennt nach spezifischen Angeboten für Männer und Frauen. Sie ging davon aus, daß unrentable Flächen umgewidmet würden. Foltyn fand heraus, daß frauenspezifischen Angeboten siebenmal mehr Verkaufsfläche zur Verfügung steht als Angeboten für Männer. Nicht nur die größten, sondern auch die besten Verkaufsflächen sind Artikeln für Frauen vorbehalten (z. B. Parfümtische direkt am Eingang der Kaufhäuser).
17. Siehe Diane Crispell, »The Brave New World«, *American Demographic*, Januar 1992, S. 38. Die Autorin kommt zu dem Schluß, daß Frauen beim Kauf von persönlichen Gegenständen, Putzmitteln, Haushaltswaren und Nahrungsmitteln führend sind. Bei Möbeln und Autos ist das Verhältnis fast ausgewogen – Männer kaufen nur mehr technische Geräte.
18. Einschaltquote nach A.C. Nielsen, 1984.
19. Harry F. Waters, »Whip Me, Beat Me, and Give Me Great Ratings«, *Newsweek*, 11. November 1991.
20. Das weiß ich, weil ich mich oft mit Kellnern in den Restaurants unterhalte, wenn ich zu Vorträgen in verschiedenen Städten unterwegs bin.
21. 86 Prozent aller Ingenieurstudenten sind Männer; 83 Prozent aller Kunst-

ANMERKUNGEN 445

historikstudenten sind Frauen. Unveröffentlichte Information, U.S. Department of Education, Office of Educational Research and Improvement, National Center for Education Statistics, »IPEDS Completions Study«, 1989, 1990. Interview vom 1. Juni 1992 mit Norman Brandt vom U.S. Office of Education.

22. Das Anfangsgehalt einer Ingenieurin übersteigt das eines Ingenieurs um 571 Dollar im Jahr. Siehe die Engineering Manpower Commission's *Women in Engineering* (Washington, D.C.: American Association of Engineering Society [AAES]), EMC Bulletin Nr. 99, Dezember 1989, Tabelle 5.

23. Sonni Efron, »Honey, I Shrunk the Nest Egg«, *Los Angeles Times*, 20. Juni 1992, Titelseite.

24. In einem Interview vom 11. Februar 1992 berichtete John Oddison von der United States Fire Administration, daß 99 *Prozent der freiwilligen Feuerwehrleute Männer sind*. Von der Gesamtzahl der Feuerwehrleute sind 964 000 Freiwillige und 240 000 Berufsfeuerwehrleute.

25. F. Thomas Juster und Frank P. Stafford, »The Allocation of Time: Empirical Findings, Behavioral Models, and Problems of Measurement«, *Journal of Economic Literature*, Bd. 29, Juni 1991, S. 477. Die durchschnittliche Arbeitszeit im Haus und außer Haus zusammengenommen beträgt bei Frauen 56 Stunden, bei Männern 61 Stunden.

26. Martha Hill, *Patterns of Time Use in Time, Goods, and Well-Being* (Ann Arbor: Institute for Social Research, University of Michigan, 1985), Hrsg. F. Thomas Juster und Frank P. Stafford. Siehe auch Joseph H. Pleck, *Working Wives/ Working Husbands* (Beverly Hills: Sage Publications, 1985), S. 41, Tabelle 2,3.

27. Carol J. Castañeda, *San Diego Union*, 21. Mai 1988.

28. Frederic Hayward, »The Male's Unpaid Role: Bodyguard and Protector«, aus Francis Baumli, Ph.D., *Men Freeing Men* (Jersey City, N.J.: New Atlantis Press, 1985), S. 238.

29. Naomi Weisstein, »Women as Nigger«, *Psychology Today*, Bd. 3, Nr. 5, Oktober 1969, S. 20. Dieser Artikel gilt als Klassiker der feministischen Literatur. Siehe z. B. Wendy Martin, *The American Sisterhood: Writings of the Feminist Movement from Colonial Times to the Present* (New York: Harper & Row, 1972), S. 292–298.

30. Ich verdanke Lawrence Diggs einige dieser Gedanken über Unterwerfungsrituale. Sie sind auf seiner Tonkassette »Introduction to Men's Issues« (P.O. Box 41, Roslyn, SD 57261) enthalten.

31. U.S. Department of Education, National Center for Education Statistics, *Digest of Education Statistics 1991*, S. 167, Tabelle 161, »Total Enrollment in Institutions of Higher Education«. Diese Tabelle zeigt, daß 54 Prozent aller Collegestudenten Frauen sind; S. 234, Tabelle 228, »Earned Degrees Conferred by Institutions of Higher Education«, zeigt, daß 55 Prozent aller Collegeabsolventen Frauen sind.

32. Frauen, die einem Haushalt vorstehen, haben ein 141 Prozent höheres Nettoeinkommen als männliche Haushaltsvorstände. Das ist die neueste Zahl des Bureau of the Census von 1992. Siehe U.S. Department of Commerce, Bureau of the Census, *Statistical Abstracts of the US*, 1989, a.a.O.

33. Einschaltquoten nach A.C. Nielsen, 1984.

34. Interview vom 18. Februar 1985 mit John Markert, freier Forscher und Mitarbeiter von *Romantic Times*, Autor von »Marketing Love«, Dissertation in Arbeit.
35. Das Magazin *Forbes* schreibt, daß der durchschnittliche Konsument von Liebesromanen 1991 1 200 Dollar dafür ausgegeben hat. Ein Taschenbuch kostete 1991 ca. 5 Dollar; es wurden rund 240 Taschenbücher im Jahr gekauft, also 20 im Monat. Frauen, die sich Bücher von Freundinnen ausleihen, kommen auf mehr als 20 im Monat; bei Frauen, die keine ausleihen, aber manchmal gebundene Bücher kaufen, liegt die Zahl unter 20 im Monat. Siehe Dana Wechsler Linden und Matt Rees, »I'm hungry. But not for food«, *Forbes*, 6. Juli 1992, S. 70–75.

2. Kapitel
Vom ersten zum zweiten Stadium: Wie Männer erfolgreich die Frauen befreit haben und dabei vergaßen, sich selbst zu befreien

1. Josef Stein, *Fiddler on the Roof*, Anatevka, (New York: Crown, 1964), nach Geschichten von Scholem Alejchem. Musik von Jerry Bock; Text von Sheldon Harnick. Deutsch: Scholem Alejchem, Geschichten aus Anatevka, Ullstein, 1992.
2. Herbert Hildebrandt, Edwin Miller und Dee Edington, »The Newly Promoted Executive« (Monographie, University of Michigan, Graduate School of Business Administration, Ann Arbor, 1987).
3. The Equal Pay Act von 1963 ist Teil der US-Gesetze, Abschnitt XXIX. Ebenso Abschnitt VII des Civil Rights Act von 1964. Er verbietet Diskriminierung im Berufsleben aufgrund des Geschlechts.
4. Siehe Jessie Bernard, *The Future of Marriage* (New York: World Publishing, 1972), Tabelle 20, »Some Selected Socio-Economic Variables Among Never-Married White Men and Women 45–54 Years of Age«. Bernard zitiert das U.S. Department of Commerce, Bureau of the Census, *1960: Marital Status*, Tabellen 4, 5 und 6.
5. 1920 betrug die Lebenserwartung von Frauen 54,6 Jahre. 1990 betrug sie 78,8 Jahre. Das ist eine Zunahme von 44,3 Prozent. 1920 betrug die Lebenserwartung von Männern 53,6 Jahre, 1990 72,0 Jahre. Das ist eine Zunahme von 34,3 Prozent. Die Statistik von 1920 ist dem *Monthly Vital Statistics Report* des National Center for Health Statistics, Bd. 38, Nr. 5, Ergänzungsband vom 26. September 1989, S. 4, entnommen. Die Statistik von 1990 stammt vom National Center for Health Statistics, *Monthly Vital Statistics Report*, Bd. 39, Nr. 13, 28. August 1991, S. 17.
6. Diese Ansicht wurde von feministischen Historikerinnen wie Bonnie S. Anderson und Judith P. Zinsser in ihrem Werk *A History of Their Own* (New York: Perennial Library, 1989), S. 413, wiederholt geäußert. Deutsch: *Eine eigene Geschichte*, Schweizer Verlag 1992. Sie wird auch von feministischen Politikerinnen wie der Kongreßabgeordneten Patricia Schroeder und feministischen Schlüsselpersonen wie Gloria Steinem geteilt.
7. Paul Brodeur, *Zapping of America*, (New York: W. W. Norton, 1977), S. 177.
8. Vierundsechzig Prozent aller Frauen scheiden sechs Monate oder länger aus

dem Berufsleben aus, um sich der Familie zu widmen, aber nur 1,5 Prozent der Männer. U.S. Department of Commerce, Bureau fo the Census, *Current Population Reports*, Serie P-23, Nr. 136, »Life-time Work Experience and Its Effect on Earnings«, 1984, S. 6, Tabelle A, »Work Interruption History, by Race, Spanish Origin and Selected Charakteristics: Males«, und S. 7, Tabelle B, »Work Interruption History, by Race, Spanish Origin and Selected Characteristics: Females«. Neueste Daten von 1992. Interview mit Jack McNeil, Bureau of the Census, 22. Juli 1992.
9. Auswertung einer Konferenz der American Subcontractors Association in San Diego am 1. Mai 1992.
10. Siehe Tabelle 7.3 von Martha Hill, *Patterns of Time Use in Time, Goods, and Well-Being* (Ann Arbor: University of Michigan, Institute for Social Research, 1985), Hrsg. F. Thomas Juster und Frank P. Stafford. Das University of Michigan's Survey Research Center zählt sämtliche Arbeitsstunden und kommt auf eine Differenz von neun Stunden. (Das Bureau of Labor Statistics zählt die Arbeitsstunden zu Hause nicht mit und kommt auf etwas über vier Stunden.) Auch *unverheiratete* Männer arbeiten neun Stunden länger in ihrem Beruf als unverheiratete Frauen. Diese Studie unterscheidet jedoch nicht zwischen Vollzeit und Teilzeit. Interview mit Martha Hill, 13. Mai 1991.
11. Ich habe die Forschung über diese Fakten abgeschlossen. Die Ergebnisse erscheinen in meinem nächsten Buch, das von den verschiedenen Vorstellungen von Gleichheit von Männern und Frauen handeln wird.
12. F. Thomas Juster und Frank P. Stafford, »The Allocation of Time: Empirical Findings, Behavioral Models, and Problems Measurement«, *Journal of Economic Literature*, Bd. 29, Nr. 2, Juni 1991, S. 477.
13. Ebd.
14. Studie von Lenore J. Weitzman, *The Divorce Revolution* (New York: The Free Press, 1985). Weitzman bezog sich nur auf das erste Jahr nach der Scheidung, in dem Frauen weniger verdienen als Männer. Im zweiten und in den folgenden Jahren ist der Durchschnittsverdienst der Frau gleich oder höher. Siehe Greg J. Duncan und Saul D. Hoffman, »Economic Consequences of Marital Instability«, Punkt 14,3 und Tabelle 14 A.8 in *Horizontal Equity, Uncertainty, and Economic Well-Being* (Chicago: University of Chicago Press, 1985), Hrsg. Martin David und Timothy Smeeding. Siehe auch Susan Faludi, Backlash: *The Undeclared War Against American Women* (New York: Crown, 1991), S. 19–25, 26. Deutsch: *Die Männer schlagen zurück*, Rowohlt, 1993.
15. Das ist auf der ganzen Welt so und wird in dem irischen Film *Playboys* (1992) sehr gut dargestellt.

3. Kapitel
Sind »Macht«, »Patriarchat«, »Herrschaft« und »Sexismus« wirklich Chiffren für die Verfügbarkeit von Männern?

1. Lisa Tuttle, *Encyclopedia of Feminism* (New York: Facts on File Publications, 1986), S. 242.

2. Siehe Edith Hamilton, *Mythology* (New York: Little, Brown, 1940), S. 290. Diese Mythen entstanden aus Ritualen, bei denen Männer der Mondgöttin geopfert wurden. Siehe auch Robert Graves, *The Greek Myths,* Bd. 1 (New York: George Braziller, 1959), S. 285.
3. Die Söhne hießen Cleobis und Biton.
4. Hera war die Frau des Göttervaters Zeus. Siehe Thomas Bullfinch, *Bullfinch's Mythology* (New York: Avenal Books, 1978), S. 6. Edith Hamilton, a. a. O., S. 28.
5. Robert Bly erwähnte das bei einer Diskussion am 16. Februar 1992 in Minneapolis.
6. Die Wurzel des Wortes »Heros« ist *ser-ow*. Das bedeutet im Griechischen auch »Beschützer«. Der lateinische Stamm des Wortes »Beschützer« ist *servare*. Das Wort *servire* kommt aus der gleichen Wortfamilie. Es bedeutete »Sklave«. Siehe Julius Pokorny, *Indogermanisches Etymologisches Wörterbuch* (Bern: Francke, 1959).
7. *Encyclopaedia Britannica,* Macropaedia, Bd. 18, 15. Aufl. (Chicago: Encyclopaedia Britannica, 1980), S. 650.
8. Marjorie Rowling, *Everyday Life in Medieval Times* (New York: Dorsett Press, 1968), S. 186.
9. Daniel Ediger, *The Well of Sacrifice* (Garden City, N.Y.: Doubleday, 1971), S. 22.
10. Joseph R. Conlin, *The American Past* (New York: Harcourt, Brace, Jovanovich, 1984), S. 367.
11. 1860 kostete eine Unze Gold 20 Dollar, heute ca. 360 Dollar.
12. Albert Burton Moore, Ph. D., *Conscripition and Conflict in the Confederacy* (New York: Hillary House Publishers, 1963).
13. Die Zahl der Verwundeten wird auf wenigstens 471 427 geschätzt, die der Toten auf 1 094 453. Siehe E. B. Long, *The Civil War: Day by Day* (New York: Doubleday, 1971), S. 710–711.
14. Moore, a. a. O., S. 32.
15. Ken Burns, *The Civil War* (Alexandria, Virginia: PBS Video, 1990), Film von Florentine Films. Er wurde 1990 und 1991 als Fernsehserie gezeigt.
16. Gloria Steinem behauptet in ihrem Bestseller *Revolution from Within* (New York: Little, Brown, 1991), daß mehr Frauen als Männer an niederem Selbstwertgefühl leiden.
17. Zwei Beispiele: Klaus Theweleit, *Male Fantasies* (Minneapolis, Minn.: University of Minnesota Press, 1987), Bd. 1. Deutsch: *Männerphantasien,* Rowohlt, 1987. Und Barbara Ehrenreich, »Iranscam: The Real Meaning of Oliver North«, *Ms.,* Mai 1987.
18. Das ist eine Sage der Cherokee. Der Herr des Teiches kann auch als Zentrum gesehen werden, weil es Schutz und Nahrung bot. Ich danke Dr. Glenn Solomon von der University of Oklahoma für den Hinweis.
19. Dr. Mary P. Koss führte diese Studie für das National Institute of Mental Health der University of Arizona durch. Sie wird von Gerald Eszenazi in »When Athletic Aggression Turns into Sexual Assault« zitiert. *The New York Times,* 3. Juni 1990, S. 30.
20. Colin Turnbull, *Mountain People* (New York: Simon & Schuster, 1972), S. 105.

ANMERKUNGEN 449

21. Conlin, a. a. O., S. 244-245.
22. Joseph Campbell, *The Power of Myth* (New York: Doubleday, 1988), S. 8.
23. Rosemary Romberg, *Circumcision: The Painful Dilemma* (South Hadley, Mass.: Bergin & Garvey Publishers, 1985), S. 43.
24. Will Durant, *The Story of Civilization III: Caesar and Christ* (New York: Simon & Schuster, 1939), S. 385-386.
25. Ebd., S. 381.
26. Ebd., S. 388.
27. Siehe David D. Gilmore, *Manhood in the Making* (New Haven: Yale University Press, 1990), S. 206 (Tahiti) und S. 209-210 (Semai). Die Minoer auf Kreta hatten um 2000 v. Chr. ihre friedlichste Epoche. In dieser Zeit mußten sie keine Angriffe fürchten und waren politisch geeint. Das ist in kleinen geographischen Einheiten die Voraussetzung für Frieden, weil nur so Angriffe feindlicher Nachbarstämme abgewehrt werden können. Auch schnelles Weglaufen kann ein »Schutz vor Angriffen« sein. So waren z. B. Urwaldnomaden, wie die 1960 in Südostsurinam entdeckten Akuriyo und die 1950 im Süden von Brasilien entdeckten Heta, friedliche Völker. Die Information über Minoer und Urwaldnomaden bekam ich am 10. November 1992 bei einem Interview mit dem Kurator für Anthropologie des American Museum of Natural History, Robert Carneiro.
28. Riane Eisler, *Kelch und Schwert*. (Cambridge, Mass.: Harper & Row, 1987) S. XVI.
29. Die Witwe des Königs Prasutagus schickte bei der Invasion von Iceni im 1. Jahrhundert n. Chr. die Männer in den Tod. Siehe Antonia Fraser, *Boadicea's Chariot: The Warrior Queens* (London: Weidenfeld & Nicolson, 1988). Für viele andere Beispiele siehe Jean Bethke Elshtain, *Women and War* (New York: Basic Books, 1987).
30. Wenn Kinderhaben und der Schutz von Kindern so wichtig war, warum hatten sie in manchen Gesellschaften, wie z. B. bei den Spartanern, keine Rechte (schwächliche Kinder wurden auf einem Berg ausgesetzt), während in anderen Gesellschaften, wie bei den Juden, alle Vorschriften und Bräuche von der Achtung vor dem Kind zeugten? Die Spartaner meinten, daß sie nur stark sein können, wenn die Schwachen ausgerottet werden. Die Juden sahen in jedem Kind den »Messias der Menschheit«, die »ewige Schöpferkraft« und die gottgegebene »Möglichkeit, die Fehler der Vergangenheit wieder gutzumachen«. Zitat aus *The Pentateuch and Haftorahs*, 2. Aufl. (London: Soncino Press, 1979), Hrsg. Dr. J. H. Hertz, C. H., Oberrabbiner des Britischen Empire, S. 54.
31. J. T. Hooker, *The Ancient Spartans* (London: J. M. Dent, 1980), S. 137, und L. F. Fitzhardinge, *The Spartans* (London: Thames & Hudson, 1980), S. 9 und S. 162. Sparta hatte »eine Verfassung, eine militärische Organisation, Formen des sozialen Lebens und ein Erziehungssystem, das jedes männliche Wesen zwischen sieben und sechzig Jahren unter Kontrolle hatte« (Fitzhardinge, S. 9). Dieses starre System hieß »agoge« (Fitzhardinge, S. 162).
32. Es handelt sich um den Altar der Artemis Orthia. Siehe Plutarch *Lycurgus* 18, zitiert in Arnold Hugh Martin Jones (L.L.D., D.D.), *Sparta* (Oxford: Blackwell & Mott, 1967), S. 35.

33. James D. DeMeo, Ph. D., »The Geography of Female Genital Mutilations (3. Teil: Desertification and the Origins of Armoring: The Saharasian Connection), *Journal of Orgonomy*, Bd. 24, Nr. 2, 1990, S. 233–239.
34. Anne G. Ward u.a., *The Quest for Theseus* (New York: Praeger, 1970), S. 7–9.
35. Bullfinch, a.a.O., S. 152–153.
36. Joseph Campbell und Bill Moyers, *The Power of Myth* (New York: Doubleday, 1988).
37. *Die Bibel*, Genesis, 30,3, St.-Benno-Verlag GmbH, Leipzig, o.J.
38. Ebd., Genesis, 30,28–29.
39. Das alte jüdische Gesetz gestattete die Ehe zwischen Vettern und Basen ersten Grades. Heute gilt eine solche Verbindung als Inzest.
40. *The Pentateuch and Haftorahs*, a.a.O., S. 5. »Das ist das erste Gebot (Mitzwah), das dem Menschen gegeben ist. Die Pflicht, ein Heim zu gründen und eine Familie zu haben, steht unter den 613 Mitzwahs (Geboten) der Thora an erster Stelle.«
41. Ebd.
42. Die Gedanken über die Gene als Marketinginstrumente der Natur verdanke ich Lionel Tiger.
43. *Die Bibel*, Genesis, 19,31.
44. *Die Bibel*, Genesis, 19,33.
45. Der Name Moab »kommt von me-ab, ›vom Vater‹«. Siehe *The Pentateuch and Haftorahs*, a.a.O., S. 69.
46. Rosalind Miles, *The Women's History of the World* (New York: Perennial Library, 1990), S. 94. Deutsch: *Weltgeschichte der Frau*, Econ, 1988.
47. Helen E. Fisher, »The Four-Year Itch: Do Divorce Patterns Reflect Our Evolutionary Heritage?«, *Natural History*, Oktober 1987, S. 22.
48. Siehe Joan Haslip, *Catherine the Great: A Biography* (New York: Putnam, 1977), und Michael Grant, *Cleopatra* (New York: Simon & Schuster, 1972).
49. David Howarth, *Tahiti* (New York: Viking Press, 1983), S. 32–33.
50. Ebd.
51. Ian Campbell, *Lost Paradise* (London: Century Hutchinson, 1987), S. 36.
52. »Preserve the Mystery... Make Love the Old-Fashioned Way. Make Him Earn It«, *Cosmopolitan*, September 1984, Titelseite.
53. Ich führe dieses Thema im 8. Kapitel (»Warum ist die sexuelle Revolution so kurzlebig gewesen?«) meines Buches *Warum Männer so sind, wie sie sind* weiter aus. Kabel, 1989.
54. Siehe *Calvin Bradley v. the State*, 156, Mississippi, 1824, in R.J. Walker, *Reports of Case Adjudged in the Supreme Court of Mississippi* (St. Paul, Minn.: West Publishing, 1910), S. 73, Teil 157. Zum Fall eines Mannes, der für die Schulden der Familie ins Gefängnis kommt, siehe Nicole Hahn Rafter, *Partial Justice: Women in State Prisons, 1800–1935* (Boston: Northeastern University Press, 1985), S. 10. 1830 waren in den sieben bevölkerungsreichsten Bundesstaaten nur siebenundneunzig Frauen im Gefängnis.
55. Bernard Bailyn, *Voyagers to the West: A Passage in the Peopling of America on the Eve of the Revolution* (New York: Knopf, 1986), S. 177. Die Studie bezieht sich auf die größte Gruppe von vertraglich gebundenem Dienstpersonal, die Engländer.
56. Rowling, a.a.O., S. 33.

ANMERKUNGEN 451

57. Tuttle, a.a.O., S. 242.
58. Karen L. Michaelson u.a., *Childbirth in America: Anthropological Perspectives* (South Hadley, Mass.: Bergin & Garvey Publishers, 1988), S. 2.
59. *Encyclopedia Americana* (Danbury, Conn.: Grolier, 1989), Bd. 24, S. 146.
60. Sally Smith Booth, *The Witches of Early America* (New York: Hastings House, 1975), S. 87–107.
61. Ebd.
62. Philip W. Sergeant, *Witches and Warlocks* (London: Hutchinson & Co., 1974), S. 12.
63. Arno Karlen, *Sexuality and Homosexuality* (N.Y.: W. W. Norton, 1971), S. 128.
64. *Oxford English Dictionary* (Oxford: Clarendon Press, 1989), 2. Aufl., S. 663–664.
65. Karlen, a.a.O., S. 128.
66. Siehe A.L. Rowse, *Homosexuals in History* (New York: Dorset Press, 1983).
67. *The Concise Columbia Dictionary of Quotations* (New York: Columbia University Press, 1987), S. 113.
68. Siehe »bheu-« (Stamm des Wortes »husband«, Ehemann) aus Pokorny, a.a.O., S. 126, aus *The American Heritage Dictionary*, S. 643 (Definition des Wortes) und S. 1509 (Definition des Wortstamms).
69. »Husband« kommt von »bondi«, das bedeutet »männlicher Teil eines Paares bei niederen Tieren; männliches Tier, das für die Zucht bestimmt ist«, oder »einer, der die Erde beackert«. Siehe *The Compact Edition of the Oxford English Dictionary* (London: Oxford University Press, 1971), S. 1352.
70. Jim Kohl, »Human Sexuality: Past, Present, and Future«, unveröffentlichtes Manuskript.
71. Diese Auffassung ist mit den Abwandlungen der Darwinschen Theorien, wie sie von den Selektionstheoretikern entwickelt wurden, zu vereinbaren. Siehe die Diskussionen von Theodosius Dobzhansky, Ernst Mayr, G. G. Simpson und G. L. Stebbins in Jacques Ruffie, *The Population Alternative* (New York: Pantheon, 1986).

II. Teil. Männer allein im gläsernen Keller

4. Kapitel
Die Todesberufe: »Mein Körper gehört mir nicht«

1. Ich glaube, das Zitat stammt von mir. (Ende der 60er Jahre, als ich anfing, Vorträge über dieses Thema zu halten, pflegte ich das zu sagen.)
2. Les Krantz, Hrsg, *The Jobs Related Almanac* (New York: Ballantine Books, 1989).
3. U.S. Department of Labor, Bureau of Labor Statistics, *Employment and Earnings, 1988 Annual Averages,* Januar 1989, S. 187, Tabelle 22, »Employed Civilians by Detailed Occupation, Sex, Race, and Hispanic Origin«.
4. Der Vergleich mit Vietnam errechnet sich so: Acht Jahre Vietnamkrieg: 58 000 Tote, d.h. jährlich 7250 Tote im Vergleich zu 6600 tödlichen Arbeitsunfällen jährlich. Quelle: U.S. Department of Health and Human Services, The National

Institute for Occupational Safety and Health, NIOSH, 1989, neueste Daten von 1992.
5. Diese Zahl bezieht sich auf tödliche Arbeitsunfälle; Todesfälle nach Krankheiten, die nicht mit dem Beruf in Zusammenhang stehen, sind nicht enthalten. Quelle: U.S. Department of Health and Human Services, NIOSH, (Morgantown, West Va.), Datenbankbezeichnung: »Basic Information on Workplace Safety and Health in the U.S.«, Stand Juli 1992.
6. In den USA kommen auf 100 000 »Mann-Stunden« 105 Arbeitsunfälle, in Japan 30. Siehe *1988 Yearbook of Labour Statistics,* International Labour Office, Genf, Schweiz.
7. NIOSH schätzt die jährliche Zahl der tödlichen Arbeitsunfälle in den USA auf 7 000 bis 11 000. Hätte Amerika die gleiche Unfallzahl wie Japan, läge die Zahl der tödlichen Unfälle bei 2 565. Jährlich verlieren 6 049 Männer und 389 Frauen auf diese Weise ihr Leben. Quelle: The National Safe Workplace Institute, *Basic Information on Workplace Safety and Health in the U.S., 1992* (Chicago: National Safe Workplace Institute, 1992), S. 6, Tabelle 1–8, »Lives Safed if the U.S. had the Same Occupational Fatality Rate as Other Industrialized Nations«.
8. Nach Angaben der Occupational Safety and Hazards Administration (OSHA) gab es 2000 staatliche und kommunale Sicherheitsbeauftragte. Das Wildlife Management Institute in Washington, D.C., nennt die Zahl von 12 000 Fischerei- und Jagdbeauftragten. Siehe *Basic Information,* ebd., S. 17, Tabellen 3–5. Auf kommunaler Ebene hat die OSHA nur 1100 Beauftragte für 6 Millionen Arbeitsplätze. Siehe A.V. Westin, Journalist, »Working in America: Hazardous Duty«, ABC-Nachrichten, 20. April 1989. (Manuskript von Journal Graphics, 267 Broadway, New York, NY 10007).
9. Siehe Westin, ebd.
10. Ebd.
11. *Employment and Earnings: Jan. 1991*, S. 185, Tabelle 22. In allen gefährlichen Berufen werden die nichtproduzierenden, sichereren Arbeitsplätze überwiegend von Frauen eingenommen. Zwar erscheint in den Medien manchmal eine höhere Zahl von Frauen in allen *Industriezweigen*, aber in ihr sind oft auch Sekretärinnen und leitende weibliche Angestellte enthalten.
12. Im Kohlebergbau gibt es z. B. 11,6 Prozent Frauen an den sicheren Arbeitsplätzen, wie Sekretariat und Geschäftsführung, im Bergbau selbst aber nur 2,8 Prozent. Siehe *Coal Chronicle,* »Coal Miner Statistics«, Bd. 2, Nr. 9, Januar 1992, S. 22.
13. Die Daten über die Müllfahrer sind einem Artikel von H.G. Reza in der *Los Angeles Times* vom 3. April 1989 entnommen. Titel: »Hidden Dangers Are a Daily Part of Job for Trash Collectors«.
14. Ebd.
15. *Employment and Earnings,* S. 187, Tabelle 22, »Employed Civilians by Detailed Occupation, Sex, Race, and Hispanic Origin«.
16. Ann Landers, *Los Angeles Times,* 5. Mai 1989.
17. Siehe Bob Sipchen, »Hazardous Duty«, *Los Angeles Times,* 7. März 1989.
18. Ebd.
19. Von Mai 1987 bis Mai 1988. Die Zahlen sind der Berichterstattung der Asso-

ciated Press über das Gerichtsverfahren der OSHA gegen John Morrell und Co. entnommen. *San Diego Union*, 24. November 1988. Siehe auch U.S. Department of Health, NIOSH, »Hazard Evaluation and Technical Assistance (HETA) Report #88-180«, Bewertung von John Morrell und Co., South Dakota (Ohio: NIOSH, April 1989).

20. Fast 90 Prozent aller gefährlichen Berufe werden, laut Interview mit Dan Haybes von NIOSH, von Männern ausgeübt. Neuere Studien, die sich mit den Risiken für Frauen befassen (wie die NIOSH-Studie der Shop-Right-Supermärkte 1991, in denen mehr Frauen als Männer arbeiten), belegen, daß die typischen Frauenberufe nie in die Kategorie »risikoreich« fallen.
21. 1991 verunglückten 14 000 Arbeiter in der Landwirtschaft, das sind 44 von 100 000. Unveröffentlichte Daten, die in einem Interview mit Alan Hoskin vom Department of Statistics am 26. Juni 1992 mitgeteilt wurden.
22. Jill A. Swanson, MD, und andere in dem Artikel »Accidental Farm Injuries in Children«, *American Journal of Diseases of Children*, Dezember 1987, Bd. 141, S. 1277.
23. *Employment and Earnings, 1988 Annual Averages*, a. a. O. (ergibt sich aus dem Prozentanteil der Fernfahrer).
24. Maria Cone und Chuck Cook, »Deadly Smoke: A Special Report«, *Orange County Register*, Dezember 1983.
25. National Bureau of Health Statistics, »Mortality and Incidence Studies of Firefighters in Los Angeles, Toronto, and Boston«, 1983. Siehe auch ebd. Es ist interessant, daß trotz der Dringlichkeit des Problems seither keine Studie mehr gemacht wurde (Stand 1992).
26. International Association of Fire Fighters, *1987 Death and Injury Survey* (Washington, D.C.: IAFF, 1987).
27. International Association of Fire Fighters, *1990 Death and Injury Survey* (Washington, D.C.: IAFF, 1990), S. 8.
28. Ebd., S. 7.
29. In einem Interview vom 11. Februar 1992 nannte John Oddison von der United States Fire Administration die Zahl von 964 000 freiwilligen Feuerwehrleuten und 240 000 Berufsfeuerwehrleuten.
30. Ich danke meinem Freund Steve Collins, der Geologe ist, für alle Beispiele der Nutzung von Erdöl in unserem Alltag.
31. Interview vom 30. Juni 1992 mit Con Dougherty, Pressesprecher der Drug Enforcement Administration, Washington, D.C. Seit 1921 wurden neununddreißig Ermittler getötet – alles Männer. Angaben über Verletzungen gibt es nur bis 1989. Die Verletzungen zwischen 1985 und 1989 teilen sich zwischen Männern und Frauen wie folgt auf:

Jahr	Männer	Frauen
1985	145	1
1986	184	0
1987	425	8
1988	414	14
1989	193	7

32. Paul Dean, »A Shadow World of Life and Death«, *Los Angeles Times*, 23. Februar 1988.
33. Ebd. Paul Dean bezieht sich in seinem Artikel auf Robert Bryden, Übungsleiter der DEA-Akademie Quantico, Virginia, der im Januar 1988 in dem Magazin *Inside* zitiert wird.
34. Dean, a. a. O.
35. Siehe Jacqueline Bernard, »A Meeting of the (Women) Miners«, *Ms.*, November 1979, S. 33. Siehe auch *Ms.*, Juni 1981, S. 55.
36. *Jobs Related Almanac*, a. a. O.
37. Paul Muni zeigt in seinem Film von 1932 *I Am a Fugitive from a Chain Gang* etwas von diesen Protesten.
38. »All Things Considered«, National Public Radio, 25. November 1991.
39. Gordon Terroux, Gebietsleiter der OSHA, zitiert von Mike Anton in *Rocky Mountains News*, 27. September 1987.
40. Bob Baker, »Death on the Job – a Lifework«, *Los Angeles Times*, 28. April 1990. Das National Safe Workplace Institute befindet sich in Chicago.
41. Baker, a. a. O. Erst vor kurzem hat Gerard Scannell, ein Fachmann für Arbeitsschutz, die Leitung der OSHA übernommen. Er verschärfte die Vorschriften und belegte Verstöße mit so hohen Strafen, daß es billiger ist, sie einzuhalten. Er führte Neuerungen ein, wie das Büro für Bauwesen, um auf die Bauindustrie Einfluß nehmen zu können.
42. Tamar Lewin, »Pregnancy and Work Risks Posing »Fuzzy« Legal Arena«, *The New York Times*, 2. August 1988.
43. T. M. Schnorr, B. A. Grajewski, R. W. Nornung, M. J. Thun, G. M. Egeland, W. E. Murray, D. L. Conover und W. E. Halperin, »Video Display Terminals and the Risk of Spontaneous Abortion«, *New England Journal of Medicine*, 14. März 1991, S. 727–733.

5. Kapitel
Kriegsheld oder Kriegssklave? Die Prostitution des Mannes in Uniform

1. Siehe U.S. Department of Commerce, Bureau of the Census, *Statistical Abstract of United States: 1991*, 111. Ausg., S. 348, Tabelle 571, »Living Veterans – States and Other Areas: 1980 to 1988«, und S. 342, Tabelle 555, »Summary of Active and Reserve Military Personnel and Forces: 1989 to 1991«. 1991 gab es in Amerika 27 279 000 Veteranen. Der männliche Bevölkerungsanteil der USA beträgt 92 840 000, d. h., mehr als 29 Prozent aller Männer sind Veteranen. Dazu kommen 2 130 000 Personen, die hauptberuflich bei der Armee arbeiten, davon sind 88,3 Prozent Männer (1 880 790). Die Zahl der männlichen Veteranen und aktiven Militärs beträgt zusammengenommen 29 159 790, das sind 31,4 Prozent aller amerikanischen Männer über 18 Jahre.
2. Die Schlacht an der Somme fand vom 24. Juni bis zum 18. November 1916 statt. Allein am 1. Juli hatten die Engländer 20 000 Tote und 57 450 Verwundete zu beklagen. Die Zahl der Opfer betrug insgesamt bei den Engländern 420 000 Mann, bei den Franzosen 195 000 Mann, bei den Deutschen 650 000.

ANMERKUNGEN 455

Siehe John Laffin, *Brassey's Battles: 3 500 Years of Conflict, Campaigns, and Wars from A–Z* (London: A. Wheaton & Co., 1986), S. 399.
3. Susan Goldberg und Michael Lewis, »Play Behavior in the Year-Old Infant: Early Sex Differences«, *Child Development*, Band 40, Nummer 1, März 1969, S. 29.
4. Diese Bemerkung fiel 1986 vor dem Defense Advisory Committee on Women in the Services. Das Zitat wurde am 26. Mai 1992 durch die Referentin Weinbergers, Kay Leisz, bestätigt.
5. US-Kongreß, Senat, Committee on the Judiciary United States Senate, *Nomination of Sandra Day O'Connor*, Report Nr. J-97-51, 97. Kongreß., 1. Sitzung 1982, S. 127–128.
6. Scott Harris, »In Service Family, a Woman Dies«, *Los Angeles Times*, 1. März 1991. Kommentar des Vaters von Adrienne Lynette Mitchell nach ihrem Tod im Golfkrieg.
7. Richard Halloran, »Military Women: Increasingly Indispensable«, *The New York Times*, 13. März 1988, S. E-5.
8. Armee und Marine teilen ihre Kampfzonen in gefährliche und weniger gefährliche ein. Frauen dürfen nur in weniger gefährlichen Zonen eingesetzt werden. In der Armee werden in den Positionen der Gefahrenzone 1 (P-1) aktive lebensgefährliche Angriffshandlungen erwartet; P-2-Gebiete sind allgemeine, weniger gefährliche Kampfzonen. Die Luftwaffe ist mit Abstand am sichersten. Sämtliche Stellungen in der Luftwaffe sind in P-2 eingestuft und deswegen auch Frauen zugänglich. Diese Informationen bekam ich am 14. und 17. Juli 1992 in Interviews mit Maggie Waleland, Vorsitzende der Presidential Commission on the Assignment of Women in the Armed Forces, und von Captain Jeff Smith, Mitglied dieser Kommission und Experte auf dem Gebiet.
9. Michael Gordon, »Woman Leads GIs in Combat in Panama, in a ›First‹ for Army«, *The New York Times*, 4. Januar 1990, Titelseite.
10. Ebd.
11. Als Vorsitzende des House Armed Services Subcommittee on Military Installations wußte die Kongreßabgeordnete Schroeder, daß Frauen in Einheiten der Militärpolizei eingesetzt waren. Sie wußte, daß Frauen meist Hilfsfunktionen innehatten (z. B. Verkehrsregelung). Sie waren gefährdet, wurden aber weitestgehend aus umkämpften Zonen ferngehalten.
Die Angaben über getötete Männer und Frauen stammen von Harold Heilsnis, Pressesprecher des Verteidigungsministeriums.
12. Interview vom 17. Juli 1992 mit Janna Simms, Pressesprecherin des Verteidigungsministeriums.
13. »Desert Shield/Desert Storm«, *Fact Sheet,* Department of Defense, Office of Public Affairs, 19. Dezember 1991. Im Golfkrieg wurden 536 Menschen getötet. Davon waren 15 Frauen (4 fielen im Kampf, 11 wurden bei Unfällen getötet) und 521 Männer (142 fielen im Kampf, 379 wurden bei Unfällen getötet).
14. »Women in the Military«, *Fact Sheet*, Department of Defense, Office of Public Affairs, 30. Januar 1991.
15. »Questions and Answers on Women Supporting Desert Shield«, Department of Defense, Office of Public Affairs, 30. Januar 1991.

16. Bob Secter, »The Draft: If There's a War, There's a Way«, *Los Angeles Times,* 3. Jan. 1991, S. E-1 & E-5.
17. Die Angabe stammt von U.S. Air Force Lieutenant Colonel Ronald Meilstrup, Direktor des Selective Service System's Regional Headquarters in Illinois.
18. Secter, a.a.O.
19. Aus Bob Secter, a.a.O.
20. Michael Herr, *Dispatches* (New York: First Vintage International, 1991), S. 134.
21. Bruce Gilkin, »To Hell and (Almost) Back: A Vietnam Veteran's Struggle with Posttraumatic Stress«, *Men's Health,* Sommer 1988, S. 44.
22. Leserbrief an *Transitions* Mai/Juni 1991, S. 2. Der Arzt oder die Ärztin, der/die diesen Brief schrieb, wollte anonym bleiben, weil es politisch nicht korrekt war, dieses Thema anzusprechen.
23. Lieutenant Roberta Spillane, USN, »Women in Ships: Can We Survive?« *Proceedings* (des U.S. Naval Institute), Juli 1987, S. 44. Das vollständige Zitat über die *Acadia* lautet: »Auf einem Kriegsschiff an der Westküste wurden *während der Vorbereitungen zur Stationierung* [Hervorhebung vom Autor] 40 Prozent der weiblichen Matrosen in den niederen Rängen schwanger – die Stellen durften nicht neu besetzt werden.
24. Nach einem Bericht von David Fairbank White, »The Men Who Saved the Stark«, *Parade,* 12. Februar 1989.
25. Aus einer unveröffentlichten Studie von 1978, »The Khaki-Collared Women of Company C«, von Michael Rustad, Wellesley College Center for Women. Sie untersucht Probleme der Geschlechterintegration im U.S. Signal Corps. Zitiert in »Jane Crow in the Army – Obstacles to Sexual Integration« von Virginia Adams in *Psychology Today,* Oktober 1980.
26. Die Studie »Evaluation of Women in the Army« (1977) wurde vom Army Administration Center von Fort Benjamin Harrison, Indiana, in Auftrag gegeben. Die Armee schickte einen von dem Psychologen James Sampson entwickelten Fragebogen an 7751 Soldaten. Die überwiegend negative Einstellung wurde bestätigt. Zitiert in *Psychology Today,* a.a.O.
27. Von Rustad, a.a.O., zitiert in *Psychology Today,* a.a.O.
28. *Psychology Today,* a.a.O.
29. »Kadettinnen meldeten sich durchschnittlich 6,8mal krank, Kadetten durchschnittlich nur 1,7mal.« Brian Mitchell, *Weak Link: The Feminization of the American Military* (Washington, D.C.: Regnery Gateway, 1989), S. 69.
30. Das Ausbildungslager war in Parris Island, South Carolina. Siehe Melinda Beck, »Women in the Armed Forces«, *Newsweek,* 18. Februar 1980, S. 36.
31. Stanley K. Ridgley, »The Mythical Military Woman«, *The* (Raleigh, N.C.) *News & Observer,* 28. Juli 1991, S. 7-J. Stanley Ridgley und seine Frau waren beide Offiziere der US-Armee.
32. Ebd.
33. Military Selective Service Act. Siehe »Privacy Act Statement«, SSS Form 1, Musterungsformular, September 1987.
34. Ebd.
35. In den Bundesstaaten Massachusetts, Illinois, North Carolina, Florida, Tennessee, Louisiana, Mississippi und Georgia kann ein junger Mann nur dann eine

staatliche Schule besuchen, wenn er einen Musterungsnachweis vorlegt. Quelle: Jim Schwartz, College Press Service, 1986.
36. Der Oberste Gerichtshof hält es für gesetzlich, daß sich nur Männer mustern lassen müssen, solange ausschließlich Männer für Kampfhandlungen ausgebildet werden. Er wurde aber nie mit der Frage konfrontiert, ob es legitim ist, nur Männer zu Kampfhandlungen zu zwingen, während Frauen sich freiwillig melden können. Der Richter William Rehnquist erklärt das Urteil so: »Ziel der Musterung ist es, Männer für Kampftruppen auszuwählen, die im Kriegsfall einzusetzen sind. Der Kongreß ist der Meinung, daß Frauen nicht dazu verpflichtet werden müssen, sich mustern und registrieren zu lassen, weil sie nicht zu Kampfhandlungen zugelassen werden.« Dieses Urteil bezieht sich auf den Fall *Rostker gegen Goldberg*, 25. Juni 1981, *United States Reports*, Bd. 453, Henry C. Lind, (Washington, D.C.: USGPO, 1983).

Bei der Marine verbieten es die Statuten, daß Frauen im direkten Kampf eingesetzt werden (im Gegensatz zu indirekten Positionen [P-2]), in der Armee und im Marinekorps, der Elitekampfeinheit, stehen Dienstvorschriften dem Einsatz von Frauen in vorderster Linie entgegen.
37. Julian Isherwood, *Armed Forces Journal,* Juli 1988.
38. Die Herausgeber von *The Israel Defense Forces Spokesman* sagen, CHEN, die hebräische Abkürzung für Frauenbataillon, bedeute »Charme«. Siehe Adams, a.a.O.
39. Marlene Cimons, »Women in Combat: Panama Stirs Debate«, *Los Angeles Times,* 11. Januar 1990, Titelseite.
40. Halloran, a.a.O., und Adams, a.a.O., S. 50.
41. *Europa World Year Book,* (London: Europa Publishers, 1992), Bd. 1, S. 1475.
42. Helen Shapin, *Islam: A Country Study* (Washington, D.C.: USGPO, 1990), S. 290.
43. John Keegan, Hrsg., *World Armies* (Detroit: Gale Research Co., 1983), 2. Aufl., S. 308.
44. Shapin, a.a.O.
45. Ebd.
46. Ebd.
47. Philip Knightley, *The First Casualty* (New York: Harcourt, Brace, Jovanovich, 1975), S. 357.
48. Interview vom 14. Juni 1987 mit einem irakischen Soldaten, der anonym bleiben wollte.
49. Aus einem Bericht von Artjom Borovik, Journalist des bekannten russischen Wochenmagazins *Ogonjok*. Zitiert von Bill Keller in »Russia's Divisive War – Home from Afghanistan«, *The New York Times Magazine,* 14. Februar 1988.
50. Steven Collins, Ph.D., hat mir dieses klassische physikalische Experiment erklärt.
51. Associated Press, »Doctors Assail Project in Which Cats Are Shot«, *Los Angeles Times,* 19. August 1989.
52. Ronald Brownstein, »Americans Back Bush Decision Overwhelmingly«, *Los Angeles Times,* 19. Januar 1991, S. A-1.
53. Bruce Gilkin, Vietnamveteran, »To Hell and (Almost) Back: A Vietnam Veterans Struggle with Posttraumatic Stress«, *Men's Health,* Sommer 1988, S. 43–44.

54. Keller, a. a. O.
55. Lloyd Shearer, »Short End of the Stick«, *Parade*, 10. Juni 1990, S. 20.
56. Zitat aus dem Buch »*My Father, My Son* (New York: Macmillan, 1986) von Admiral Elmo Zumwalt Jr., Lieutenant Elmo Zumwalt II und John Pekkanen, S. 162. Der ehemalige Hubschrauberpilot Reutershan ist Gründer des Internationalen Verbandes der Opfer von Agent Orange (1978). Mit 28 Jahren erkrankte er an Magenkrebs.
57. Joel Osler Brende und Erwin Randolph Parson, *Vietnam Veterans: The Road to Recovery* (New York: Plenum Press, 1985), S. 75.
58. Arthur Egendorf, Charles Kadushin, Robert S. Laufer, Georgie Rothbart und Lee Sloan, *Legacies of Vietnam: Comparative Readjustment of Veterans and Their Peers* (Washington, D.C.: USGPO, 1981).
59. 96. Kongreß, 1. Sitzung, House of Representatives Committee on Veterans Affairs, Presidential Review Memorandum on Vietnam Era Veterans (Washington, D.C.: House-Committee-Drucksache Nr. 38, 1979), veröffentlicht am 10. Oktober 1978. Diesem Bericht zufolge waren 29 000 Veteranen im Gefängnis, 37 500 in Hafturlaub, 250 000 auf Bewährung frei, und 87 000 warteten auf ihren Prozeß.
60. Louis Sahagun, »VA Hospital Assailed on Care for Homeless Vets«, *Los Angeles Times*, 26. Mai 1989.
61. Brende und Parson, a. a. O., S. XVI.
62. Mike Lafavore, »Soldier's Heart«, *Men's Health*, Sommer 1988, S. 45. Mike Lafavore ist der Herausgeber von *Men's Health*.
63. Gilkin, a. a. O.
64. Ebd., S. 45.
65. Dank an Jim Novak.
66. Der Militärhistoriker ist S.L.A. Marshall. Zitiert in Jean Elshtain, *Women and War* (New York: Harper & Row/Basic Books, 1987).
67. John Helmer, *Bringing the War Home: The American Soldier in Vietnam & After* (New York: The Free Press, 1974), S. 225–226.
68. Brende und Parson, a. a. O., S. 75.
69. John E. Helzer, Lee N. Robins und Larry McEvoy, »Post-Traumatic Stress Disorder in the General Population: Findings of the Epidemiologic Catchment Area Survey«, *New England Journal of Medicine*, Bd. 317, Nr. 26, 24. Dezember 1987, S. 1631.
70. Interview mit Mike Dister, dem Autor dieser Studie, am 27. Februar 1990, Bronx, New York.
71. Jelzin sagte dies am 15. Juni 1992 in einem Interview der NBC News.
72. Barbara Crossette, »Gulag Held MIAs, Yeltsin Suggests«, *The New York Times*, 16. Juni 1992, S. A-1.
73. Hierbei handelt es sich um einen Zwischenbericht von den Republikanern des U.S. Senate Committee on Foreign Relations über die Angelegenheit der Kriegsgefangenen und Vermißten. Das Verteidigungsministerium nennt im *POW-MIA Fact Book*, Juli 1991, S. 3, 2 273 Amerikaner, die als vermißt gelten. Diese Information stammt aus dem Artikel von Karen Tumulty »Pentagon Official Resigns, Alleges Cover-up on MIAs«, *Los Angeles Times*, 21. Mai 1991, S. A-1.

74. Martin Hirshfield, *Los Angeles Times*, 22. Juni 1991.
75. Siehe Jill Stewart, »U.S. Families Claim Some Koreas POWs May Be Alive«, *Los Angeles Times*, 8. Juli 1990, S. A-19.
76. Karen Tumulty, »POWs May Still Be Held in Southeast Asia, Ex-Pentagon Official Says«, *Los Angeles Times*, 31. Mai 1991, S. A-8.
77. Karen Tumulty, »Pentagon Official Resigns, Alleges Cover-up on MIAs«, *Los Angeles Times*, 21. Mai 1991, S. A-1.
78. Ebd.
79. Ebd.
80. Nora Zamichow, »News from All Over«, *Ms.*, August 1986.
81. Elmo Zumwalt Jr., Elmo Zumwalt II, a. a. O.
82. Elmo Zumwalt Jr., Elmo Zumwalt II, a. a. O., S. 162.
83. Elmo Zumwalt Jr., Elmo Zumwalt II, a. a. O., S. 162.
84. Elmo Zumwalt Jr., Elmo Zumwalt II, a. a. O.
85. Laura Palmer, »Vets Loose Not Only Lives, but Immortality as Well«, *Los Angeles Times*, 11. November 1990.
86. Gesetz Nr. 38 USC 316. Siehe U.S. Representative Montgomery (D-Miss.), Bill Tracking Report HR 556, 102. Kongreß, 1. Sitzung, »Agent Orange Act of 1991«.
87. Siehe Ebd.
88. Die National Academy of Sciences wurde mit umfassenden Untersuchungen von Veteranen beauftragt, um herauszufinden, ob Agent Orange oder andere chemische Substanzen, die im Vietnamkrieg eingesetzt wurden, Krebs oder andere Krankheiten verursachten.
89. Barbara Ehrenreich, »Iranscam: The Real Meaning of Oliver North«, *Ms.*, Mai 1987, S. 26.
90. Elmo Zumwalt Jr., Elmo Zumwalt II, a. a. O., S. 126–127.
91. »No Peace for a Veteran«, *Time*, 3. Juli 1989.
92. Pierre Blais, »Hot Coals«, *Colorado Daily*, 11.–13. September 1987.
93. Joshua Fischman zitiert den jugoslawischen Psychologen Ronald Grossarth-Maticek, der in Heidelberg arbeitet: »Die Persönlichkeitsstruktur ist ein sechsmal besserer Indikator für die Wahrscheinlichkeit, an Krebs zu sterben, als der Faktor Rauchen.« In »The Character of Controversy«, *Psychology Today*, Dezember 1988, S. 27.
94. Jonathan Van Meter, »Child of the Movies«, *The New York Times Magazine*, 6. Januar 1991, S. 19.
95. Keller, a. a. O.
96. Nora Zamichow, »Trading Places«, *Los Angeles Times*, 13. Januar 1991. S. B-1.
97. Ebd. So waren z. B. alle Männer, die in dem Artikel »Trading Places« (Platztausch, Rollenwechsel) der *Los Angeles Times* vorgestellt wurden, entweder Rechtsanwälte oder Offiziere und kümmerten sich neben dem Beruf noch um die Kinder.
98. Ebd.
99. Zitat aus dem Gedicht »Hancock« von Leroy Quintana, erschienen in *Interrogations*. (Chevy Chase, Md.: Vietnam Generation, and Burning Cities Press, 1990), S. 95. Zitiert mit Genehmigung des Autors.
100. Umfrage von NBC News/*The Wall Street Journal*, 8.–11. Dezember 1990. Es wurden landesweit 1002 Bürgerinnen und Bürger befragt.

101. Ebd.
102. Umfrage des Gallup-Instituts, 31. Januar und 1. Februar 1980, veröffentlicht in dem Artikel »Battle and the Sexes: A *Newsweek* Poll«, *Newsweek,* 18. Februar 1980.
103. Voter Research and Surveys, New York, gab diese Information Rich Morrin von *The Washington Post,* den ich am 17. November 1992 interviewte.
104. Siehe Bob Greene, *Homecoming: When the Soldiers Return from Vietnam* (New York: Ballantine Books, 1989).

6. Kapitel
Wenn Männer angeblich die Macht haben, warum begehen sie dann öfter Selbstmord als Frauen?

1. Jack C. Smith, James A. Mercy und Judith M. Conn, »Marital Status and the Risk of Suicide«, *American Journal of Public Health,* Bd. 78, Nr. 1, Januar 1988, S. 79, Abb. 3.
2. U.S. Department of Health and Human Services, National Institute of Health, Eugene Rogat u.a. *A Mortality Study of 1,3 Million Persons by Demographic, Social & Economic Factors: 1979-1985 Follow-up Survey* (Washington, D.C.: USGPO, 1992), S. 335.
3. U.S. Department of Commerce, Bureau of the Census, *Historical Statistics of the United States: Colonial Times – 1970,* Bicentennial Edition, 2. Teil, Serie A24-25 und H981-982. Die Selbstmordrate von Frauen stieg von 2 auf 4 pro 100 000; die von Männern von 12 auf 26 pro 100 000.
4. Die Zahl der Selbstmorde bei Männern zwischen 15 und 24 Jahren stieg zwischen 1950 und 1980 um das Dreifache gegenüber der der Frauen. Die Selbstmordrate der Männer erhöhte sich um 211 Prozent, die der Frauen um 65 Prozent. Siehe Mark L. Rosenberg, Jack C. Smith, Lucy E. Davidson und Judith M. Conn, »The Emergence of Youth Suicide: An Epidemiologic Analysis and Public Health Perspective«, *American Review of Public Health,* 1987, Bd. 8, S. 424.
5. U.S. Department of Health and Human Services, National Center for Health Statistics (im folgenden USDH & HS/NCHS) Division of Vital Statistics, unveröffentlichte Daten von 1970, 1980 und 1988. Hier die Daten von 1970 und 1988:

Selbstmordrate auf 100 000 Einwohner (25–34 Jahre)

Jahr	Männer	Frauen
1970	19,8	8,6
1988	25,0	5,7

6. Die Selbstmordrate bei Männern beträgt unabhängig von der Rasse 19,9 auf 100 000 Einwohner, bei Frauen 4,8 auf 100 000 Einwohner. Daten der neuesten Statistiken (1989) (im folgenden USDH & HS/NCHS) Center for Disease Control, Division of Vital Statistics, Office of Mortality Statistics, *Monthly Vital Statistics Report,* Bd. 40, Nr. 8, 2. Ergänzung, 7. Januar 1992.
7. In der Altersgruppe unter fünf Jahren liegt die Selbstmordrate von Jungen leicht

unter der von Mädchen. Quelle: (im folgenden USDH & HS/NCHS) Center for Disease Control, Statistical Resources, *Vital Statistics of the United States* (Washington, D.C.: USGPO, 1991), Bd. 2, Teil A, Mortality, S. 51, Tabellen 1–9, »Death Rates for 72 Selected Causes by 5-Year Age Group, Race, and Sex: U.S., 1988«. Wenn man die 0,1 Prozent mit den 25,8 Prozent der nächsten Tabelle vergleicht, kommt man auf die 25 000 Prozent.

Selbstmordrate nach Alter und Geschlecht auf 100 000 Einwohner (Stand 1988)

Alter	Männlich	Weiblich
5–9	0,1	0,0
10–14	2,1	0,8
15–19	18,0	4,4
20–24	25,8	4,1

8. Julian Weiss, »Trouble in Paradise«, *Psychology Today*, August 1984. Das Volk der Trukesen lebt auf etwa 100 tropischen Inseln und Atollen im westlichen Pazifik. Die Anthropologen Geoff White und Donald Rubenstein vom East-West Center in Hawaii und ihr Mitarbeiter, der Historiker Francis Hezel, fanden heraus, daß von den 126 Selbstmorden 96 auf *amwunumwun* zurückzuführen sind. Die Truk-Männer, deren Selbstmordrate um das Fünfundzwanzigfache höher liegt als die amerikanischer Männer, sind zum Zeitpunkt des Selbstmords ebenfalls zwischen 15 und 24 Jahre alt.
9. USDH & HS/NCHS, Center for Disease Control, Statistical Resources, *Vital Statistics of the United States* (Washington, D.C.: US & PO 1987), Bd. 2, Mortality, Teil A.
10. Robert Fresco, *New York Newsday*, 9. Oktober 1982.
11. USDH & HS/NCHS Center for Disease Control, a.a.O.
12. Shira Maguen, »Teen Suicide: The Government Coverup and America's Lost Children«, *The Advocate*, 24. September 1991, S. 47. Landesweit begehen schwule Jungen acht- bis neunmal häufiger Selbstmord als die übrigen Jungen; lesbische Mädchen zwei- bis dreimal so häufig wie die übrigen Mädchen. Heterosexuelle Jungen begehen auch sehr viel öfter Selbstmord als heterosexuelle Mädchen.
13. Joel Brinkley, »Lethal Game of Chicken Emerges for Israeli Boys«, *The New York Times*, 3. April 1989.
14. Dieser Werbespot wurde 1988 gezeigt. Er wurde zurückgezogen, weil es Proteste gab, wenn auch nicht viele.
15. Carol Gilligan, *In a Different Voice* (Cambridge, Mass.: Harvard University Press, 1982). Deutsch: *Die andere Stimme*, Piper, 1984. Und Jean Baker Miller, *Toward a New Psychology of Women* (Boston: Beacon Press, 1976), 2. Aufl., 1986, S. 83. Phillis Silverman, die am General Hospital von Massachusetts eine Studie über den Tod von Kindern durchführte, erklärt, daß die Arbeiten von Gilligan und Miller beweisen, daß Mütter stärker unter dem Verlust leiden als Väter. Zitat aus Diane Cole, »Grief's Lessons: His and Hers«, *Psychology Today*, Dezember 1988, S. 60.
16. Jack C. Smith, James A. Mercy und Judith M. Conn, a.a.O.
17. Ebd., S. 78.

18. Pat Kelley, Pressesprecherin des Naval Medical Command, Südwest-Region, zitiert von Ed Jahn in »Marines Investigate Suicides«, *San Diego Union*, 3. Dezember 1988.
19. Meyer Moldevan, Berater des Inspector General's Office der Air Force Base von McClellan, schätzt, daß es unter dem aktiven Personal, deren nächsten Familienangehörigen und Militärs im Ruhestand etwa 9000 Suizidversuche gibt. Zitiert von Jahn, ebd.
20. Einschätzung von Pat Kelley, Pressesprecherin des Naval Medical Command, Südwest-Region. Zitiert von Jahn, ebd. Meist erfährt man aus Gesprächen mit Freunden und Abschiedsbriefen etwas über die Gründe des Selbstmords.
21. Pat Kelley, Pressesprecherin des Naval Medical Command, Südwest-Region. Zitiert von Jahn, ebd.
22. Ebd.
23. Die Selbstmordrate von Männern beträgt landesweit 19,9 auf 100000. 1982 stieg die Rate unter den Farmern des Mittleren Westens auf 58 auf 100000. Die Rate von 19,9 auf 100000 ermittelten: USDH & HS/NCHS, Center for Disease Control, Division of Vital Statistics, Office of Mortality Statistics, *Monthly Vital Statistics Report*, Bd. 40, Nr. 8., Ergänzung 2, 7. Januar 1992. Die Rate von 58 auf 100000 ermittelte 1982 eine Studie des National Farm Medicine Center in Wausau, Wisconsin, veröffentlicht am 14. Oktober 1991.
24. USDH & HS/NCHS, Center for Disease Control, Division of Vital Statistics, Office of Mortality Statistics, *Monthly Vital Statistics Report*, Bd. 38, Nr. 5, 26. September 1989, S. 25, Tabelle 10, »Deaths from 72 Selected Causes by Race and Sex: United States, 1987.«
25. Associated Press, »George Reeves, TV Superman, Commits Suicide at Coast Home«, *The New York Times*, 17. Juni 1959, S. 40.
26. Tom Williamson, »Male Helplessness«, erschienen in Francis Baumli, Ph. D., *Men Freeing Men,* (Jersey City, N. J.: New Atlantis Press, 1985), S. 129–130.
27. Text auf einer Grußkarte von Flying Fish, 6547 West Boulevard, Inglewood, CA 90302.
28. USDH & HS/NCHS, Center for Disease Control, Statistical Resources, *Vital Statistics of the United States* (Washington, D.C.: 1987), Bd. 2, Mortality, Teil A. Hier die Aufschlüsselung:

Selbstmordrate nach Alter und Geschlecht auf 100000 Einwohner

Alter	alle Rassen / beide Geschlechter	Männlich	Weiblich
85+	22,1	66,9	4,6

29. Die Bundesstaaten verlangen von den Versicherungen, daß sie zwei Jahre nach Abschluß des Vertrages zahlen. Tritt der Versicherungsfall vorher ein, müssen nur die eingezahlten Prämien erstattet werden. Interview mit Tim Kime, Geschäftsführer der Metropolitan Life Insurance, am 9. Juli 1992.
30. Dr. Richard C. Fowler, Dr. Charles L. Rich, Dr. Deborah Young, »San Diego Suicide Study«, *Archives of General Psychiatry*, 1986, 43:962–995. Siehe auch den ähnlichen Artikel von Allan Parachini, »Youth, Drugs, Suicide: Statistics Tell a New Story«, *Los Angeles Times*, 1. Juni 1988, 5. Teil.

31. Marilyn K. Potts u.a., »Gender Differences in Depression Detection: A Comparison of Clinical Diagnosis and Standardized Assessment«, *Psychological Assessment*, Bd. 3, Nr. 4, Dezember 1991, S. 609–615.
32. David C. Clark, Ph. D., und Peter B. Zeldow, Ph. D., »Vicissitudes of Depressed Mood During Four Years of Medical School«, *Journal of the American Medical Association*, Bd. 260, Nr. 17, 4. November 1988, S. 2521–2528.
33. Murray Straus und Richard Gelles, »Societal Change and Change in Family Violence from 1975 to 1985 as Revealed by Two National Surveys«, *Journal of Marriage and the Family*, Bd. 48, 1986.
34. Maggie Scarf, »The More-Sorrowful Sex«, *Psychology Today*, April 1979, S. 45.
35. Janny Scott, »Studies Find Depression Epidemic in Young Adults«, *Los Angeles Times*, 9. Oktober 1988.
36. Ebd.
37. Dan Kiley, *Living Together, Feeling Alone* (New York: Prentice Hall, 1989).

7. Kapitel
Warum leben Frauen länger?

1. In Bangladesch erreichen 55 Prozent der Männer und 50 Prozent der Frauen das 65. Lebensjahr. In Harlem sind es 40 Prozent der Männer und 65 Prozent der Frauen. Siehe Colin McCord, M. D., und Harold P. Freeman, M. D., »Excess Mortality in Harlem«, *New England Journal of Medicine*, Bd. 322, Nr. 3, 18. Januar 1990, S. 173–177.
2. Siehe *University of California at Berkeley Wellness Letter*, Bd. 8, 1. Heft, Oktober 1991, S. 1. Es wird von der University of California in Berkeley zusammen mit der School of Public Health herausgegeben. Auf der Seite »Faszinierende Fakten« steht: »Von 1000 weißen Mädchen, die 1989 geboren sind, erreichen etwa 409 das Alter von 85 Jahren, aber nur halb soviel weiße Jungen, nämlich 224 von 1000. Nichtweiße haben eine noch niedrigere Lebenserwartung: Von 1000 werden 348 Mädchen und 174 Jungen 85 Jahre alt.«
3. 40 Prozent der Mädchen, aber nur 21 Prozent der Jungen werden 85 Jahre alt. Siehe ebd.
4. *Almanac of the American People*, Tom und Nancy Biracree, Facts on File, 1988.
5. Ebd.
6. U.S. Department of Health and Human Services, National Center for Health Statistics, (USDH&HS/NCHS) Center for Disease Control, *Monthly Vital Statistics Report*, Bd. 38, Nr. 5, Beilage, 26. September 1989, »Advance Report of Final Mortality Statistics, 1987«, S. 6, Tabelle D, »Ratio of Age-Adjusted Death Rates for the 15 Leading Causes of Death by Sex and Race: United States, 1987«.
7. Siehe U.S. Department of Commerce, Bureau of the Census, *Statistical Abstract of the United States: 1987*, 107. Ausg., S. 820, Tabelle 1439, »Urban Population, Growth, Birth, and Death Rates and Life Expectancy – Selected Countries«; S. 824, Tabelle 1445, »Gross National Product in Current and Constant (1982) Dollars and Per Capita: 1975 bis 1983«.
8. *United Nations Demographic Yearbook, 1967* (New York: United Nations

Publishing Service, 1968), S. 730. Zitiert in Sheila Ryan Johansson, »Sex and Death in Victorian England: An Examination of Age-Specific Death Rates, 1840-1910«, in *A Widening Sphere: Changing Roles of Victorian Women,* Hrsg. Martha Vicinus (Bloomington, Ind.: University of Indiana Press, 1977), S. 163 und 166.

9. Ebd. In den offiziellen Statistiken werden die medizinischen Bezeichnungen verwendet:

1. Herzkrankheiten
2. Maligne Neoplasmen (auch Neoplasmen des lymphatischen und blutbildenden Systems)
3. Zerebrale Gefäßkrankheiten
4. Unfälle und andere Außeneinwirkungen
5. Chronische Lungenkrankheiten
6. Lungenentzündung und Grippe
7. Diabetes mellitus
8. Suizid
9. Chronische Leberkrankheiten und Zirrhose
10. Arteriosklerose
11. Nephritis, Nephritisches Syndrom und Nephrose
12. Mord oder Hinrichtung
13. Blutvergiftung
14. Perinatale Ursachen
15. Immuninsuffizienz durch Virusinfektion

10. Robert Kennedy, Jr., »The Social Status of the Sexes and Their Relative Mortality Rates in Ireland«, in *Readings in Population,* Hrsg. William Petersen (New York: Macmillan, 1972), S. 121–135.
11. Johansson, a. a. O., S. 163 und 166.
12. Siehe Thomas A. Welton, Esq., »The Effect of Migrations upon Death Rates«, *Journal of the Statistical Society of London,* Bd. 38, 1875. (Zusammenfassung der Daten und Interpretationen siehe S. 323–327.)
13. 1920 betrug die Lebenserwartung von Frauen 54,6 Jahre, 1990 war sie auf 78,8 Jahre gestiegen. Das ist ein Anstieg von 44,3 Prozent. Die Lebenserwartung von Männern betrug 1920 53,6 Jahre, 1990 war sie auf 72,0 Jahre, d. h. um 34,3 Prozent gestiegen. Statistiken von 1920 vom USDH&HS/NCHS, *Monthly Vital Statistics Report,* Bd. 38, a. a. O., S.4. Statistiken von 1990 ebd., Bd. 39, Nr. 13, 28. August 1991, S. 17.
14. Laurie B. Lande, »First-Time Mothers Return to the Workforce«, *Monthly Labor Review,* Bd. 113, Nr. 10, Oktober 1990, S. 38–39.
15. Vierundsechzig Prozent aller berufstätigen Frauen widmen sich sechs Monate oder länger der Familie, aber nur 1,5 Prozent der Männer. U.S. Department of Commerce, Bureau of the Census, *Current Population Reports* (Washington, D.C.: USGPO, 1984), Serie P-23, Nr. 136, »Life-Time Work Experience and Its Effect on Earnings«, S. 6, Tabelle A, »Work Interruption History, by Race, Spanish Origin and Selected Charakteristics: Males«; S. 7, Tabelle B, »Work Interruption History, by Race, Spanish Origin and Selected Characteristics:

Females«. Das waren 1992 die neuesten Daten über Berufsunterbrechung. Interview mit Jack McNeil vom Bureau of the Census, Housing and Household Economic Statistics Division, am 22. Juli 1992.
16. Siehe Tabelle 7,3 von Martha Hill in *Patterns of Time Use in Time, Goods, and Well-Being* (Ann Arbor: University of Michigan, Institute for Social Research, 1985), Hrsg. F. Thomas Juster und Frank P. Stafford. In den Daten des University of Michigan's Survey Research Center sind beide Jobs in der Zahl der »Arbeitsstunden« enthalten. Der Unterschied beträgt neun Stunden. (Das Bureau of Labor Statistics zählt nur die Stunden im Beruf und kommt auf eine Differenz von vier Stunden.) Auch *unverheiratete* Männer arbeiten neun Stunden länger im Beruf als unverheiratete Frauen. Diese Untersuchung differenziert allerdings nicht zwischen Vollzeit- und Teilzeitarbeit. Interview mit Martha Hill am 13. Mai 1991.
Die Wegezeit der Männer beträgt vier Stunden pro Woche, die der Frauen zwei Stunden. Siehe John Robinson, »Americans on the Road«, *American Demographics*, September 1989, S. 10.
17. Kenneth Wetcher, Art Barker und P. Rex McCaughtry, *Save the Males: Why Men Are Mistreated, Misdiagnosed, and Misunderstood* (Summit, N. J.: The Psychiatric Institutes of America Press, 1991).
18. Ebd.
19. Edward Dolnick, »Super Women«, *In Health*, Juli/August 1991, S. 45.
20. Wetcher, Barker und McCaughtry, a. a. O.
21. USDH&HS/NCHS, Public Health Service, *Annual Summary of Births, Marriages, Divorces, and Deaths: 1990*, S. 13, Tabelle 4. Das Verhältnis männlich – weiblich ist 3,1 : 1.
22. Ebd. Jungen und Mädchen unter 15 Jahren sterben selten, aber in gleicher Anzahl an Herzinfarkt. In der Pubertät sterben doppelt soviel Jungen an Herzinfarkt wie Mädchen. Siehe dazu USDH&HS/NCHS, *Vital Statistics of the United States* (Washington, D.C.: USGPO, 1991), 1. Teil – »General Mortality«, S. 44, Tabellen 1–10, »Death Rates for 72 Selected Causes, by 10-Year Age Groups, Race, and Sex: United States, 1987-Con.«
23. Alan Rozanski, M.D., »Mental Stress and the Induction of Silent Ischmia in Patients with Coronary Artery Disease«, *New England Journal of Medicine*, Bd. 318, Nr. 16, 21. April 1988, S. 1005–1012.
24. USDH&HS/NCHS, Center for Disease Control, *Vital Statistics of the United States* (Washington, D.C.: USGPO, 1990), Teil A, 1. Abschnitt »General Mortality«, S. 44, Tabellen 1–10, »Death Rates for 72 Selected Causes, by 10-Year Age Groups, Race, and Sex: United States, 1987-Con.«
25. Robert Suro, »Hearts and Minds«, *The New York Times*, 29. Dezember 1991, Teil 6, S. 18, Reihe 1. Siehe auch Dr. Dean Ornish, M. D., *Dr. Dean Ornish's Program for Preventing Heart Disease* (New York: Random House, 1990).
26. Unveröffentlichte Daten, USDH&HS/NCHS, Center for Disease Control, National Hospital Discharge Survey, »Number of All Listed Diagnosis from Short-Stay Hospitals, By Age, and Sex: 1987«. Zitiert von Jill Braden, Survey Branch of the National Center for Health Statistics, bei einem Telefoninterview am 15. März 1990.

Krankenhausaufenthalte wegen Alkoholsyndrom
(Gesamtzahl: 842 000)

Männlich	15–44 J.	45–64 J.	65 J. und älter
631 000	349 000	200 000	79 000

Weiblich	15–44 J.	45–64 J.	65 J. und älter
211 000	121 000	65 000	23 000

Es ist auffallend, daß die Alkoholprobleme der Männer etwa ab dem 45. Lebensjahr, wenn die Kinder erwachsen und die Geldprobleme weniger drückend sind, abnehmen. Männer haben aber auch dann noch dreimal häufiger als Frauen Alkoholprobleme.

27. Neueste Schätzung (andere kommen auf 2,4 Millionen obdachlose Männer), zitiert von Don Johnson, in »The Loneliness of the Male Body«, *American Health*, Januar/Februar 1989, S. 63–64. Siehe auch Martha Burt und Barbara Cohen, *America's Homeless: Numbers, Charakteristics, and Programs that Serve Them* (Washington, D.C.: Urban Institute Press, 1985).
28. U.S. Department of Commerce, Bureau of the Census, *Statistical Abstracts of the United States: 1991*, 111. Aufl., S. 83, Tabelle 120, »Acquired Immunodeficiency Syndrome Deaths«.

Männer	Frauen
69 929	7 421
90,4 %	9,6 %

29. Aus einem Interview mit Jerry Graf, National Park Service, Department of Veterans Memorials, am 18. Februar 1992.
30. Interview mit Jerry Taylor, Department of Defense, am 29. Januar 1992.
31. U.S. Department of Justice, Bureau of Justice Statistics, *Midyear Prisoners 1991*, 30. Juni 1991, S. 6.
32. Marc Lacey, »Solving the Ills of Black Men«, *Los Angeles Times*, 1. August 1992, S. A-1.
33. USDH&HS/NCHS, *Monthly Vital Statistics Report*, Bd. 38, a.a.O., S. 1-4. Die Lebenserwartung von weißen Frauen beträgt 78,9 Jahre, die von schwarzen Frauen 73,6 Jahre, die von weißen Männern 72,2 Jahre und die von schwarzen Männern 65,2 Jahre.
34. Es gehen 436 000 schwarze Männer auf ein College; 50 % mehr, nämlich 609 690 junge schwarze Männer befinden sich im Strafsystem der Justiz. (Weiße Männer sind mit viermal höherer Wahrscheinlichkeit im College als im Strafsystem der Justiz.) Siehe Marc Mauer, *Young Black Men in the Criminal Justice System* (Washington, D.C.: The Sentencing Projekt, 1990), S. 3.
35. Interview vom 10. September 1990 mit Marc Mauer, Autor des o.g. Werkes.
36. Mauer, a.a.O.
37. Das Office of Research on Women's Health ist dem Department of Health and Human Services' National Institutes of Health in Bethesda, Maryland, angegliedert.
38. Das Office of Minority Health ist dem Department of Health and Human Services' National Institutes of Health in Bethesda, Maryland, angegliedert.

39. Lynette Lamb, »Is There a Doctor (of Women's Health) in the House?« *Utne Reader*, Nr. 5, März/April 1992, S. 26–28.
40. Marianne J. Legato, M.D., und Carol Colman, *The Female Heart: The Truth About Women and Coronary Artery Disease* (New York: Simon & Schuster, 1991), S. XIII.
41. Interview mit Vivian W. Pinn, M. D., Direktorin des Office of Research on Women's Health, National Institutes of Health, am 14. Juli 1992. Diese Zahlen sind Ende 1992 für den Kongreß zusammengestellt worden.
42. Die Auswertung des *Index Medicus* erfolgte 1989. Es war eine *themenbezogene* Auswertung, und das ist wichtig, weil z. B. ein Artikel über Prostatakrebs nicht unbedingt das Wort »Mann« im Titel tragen muß. Er erscheint dann nicht unter dem Stichwort, obwohl er von Männern handelt. Eine themenbezogene Auswertung ist für Männer- und Frauenthemen günstiger. Siehe Steven L. Collins, »Proportion of Gender-Specific Scientific Research Relevant to Men and Women«, unveröffentlichtes Manuskript, 21. Juli 1990, S. 4.
43. *Cancer Facts and Figures: 1991* (Atlanta, Ga.: American Cancer Society, 1991). Von 100 000 Männern sterben 24,1 an Prostatakrebs; von 100 000 Frauen sterben 27,4 an Brustkrebs, also 13,7 Prozent mehr. Die absoluten Zahlen: 1991 ca. 32 000 Todesfälle durch Prostatakrebs und ca. 44 500 Todesfälle durch Brustkrebs. Brustkrebs verursachte 39 Prozent mehr Todesfälle, und 660 Prozent mehr Forschungsmittel wurden dafür bereitgestellt. Ich habe nicht die absoluten Zahlen verglichen, denn worauf es wirklich ankommt, ist, wie gefährdet jede Frau und jeder Mann ist.
44. 1991 wurden für Brustkrebs 92 Millionen Dollar, für Prostatakrebs 14 Millionen Dollar Forschungsmittel aufgewendet. 1992 sind 132 Millionen für Brustkrebs und 20 Millionen für Prostatakrebs vorgesehen. Unveröffentlichte Daten des Reports Analysis and Evaluation Branch of the National Cancer Institute, Financial Division. Interview vom 25. Februar 1992 mit William DiGioia, Finanzverwalter.
45. 1986 starben 27 262 Männer an Prostatakrebs, 1991 waren es 32 000. Das ist ein Anstieg von 17,4 Prozent. 1986 starben 40 539 Frauen an Brustkrebs, 1991 waren es 44 500. Das ist ein Anstieg von 9,8 Prozent. Quellen: USDH&HS/NCHS, *Vital Statistics of the United States* (Washington, D.C.: USGPO, 1989), Tabelle »Mortality for the Five Leading Cancer Sites for Males by Age Group, United States, 1986« und »Mortality for the Five Leading Cancer Sites for Females by Age Group, United States, 1986« und *Cancer Facts and Figures: 1991*, a. a. O., S. 8–9.
46. USDH&HS, *Cancer Rates and Risks*, April 1985, S. 110.
47. Im Laufe ihres Lebens erleiden 36 Prozent der Männer und 30 Prozent der Frauen einmal eine geistige oder psychische Krankheit oder Störung. 22 Prozent der psychisch kranken Frauen bekommen eine Behandlung, aber nur 12 Prozent der psychisch kranken Männer. Siehe Sam Shapiro u. a., »Utilization of Health and Mental Health Services«, *Archives of General Psychiatry*, Bd. 41, Oktober 1984, S. 954, Tabelle 2, S. 976, Tabelle 5.
48. Neueste Daten (1992) von USDH&HS/NCHS, *Vital Statistics of the United States* (Washington, D.C.: USGPO, 1991), Teil 1, »General Mortality«, S. 44,

Tabellen 1–10, »Death Rates for 72 Selected Causes, by 10-Year Age Groups, Race, and Sex: United States, 1987-Con.« Das National Center for Health Statistics ordnet alle Herzanfälle den Koronarkrankheiten zu:

Koronarkrankheiten (Stand 1992)		Todesfälle pro Jahr auf 100 000
25–34 Jahre	Männer	14,4
	Frauen	7,6
35–44 Jahre	Männer	81,8
	Frauen	24,1
45–54 Jahre	Männer	227,4
	Frauen	88,0
55–64 Jahre	Männer	872,9
	Frauen	303,0
65–74 Jahre	Männer	1 528,1
	Frauen	863,4
75–84 Jahre	Männer	4 084,2
	Frauen	2 790,1
85 Jahre und älter	Männer	10 135,4
	Frauen	9 153,0

Auf die anderen Herzkrankheiten treffen diese Zahlen fast genauso zu.
49. In der Altersgruppe ab 85 Jahre sterben von 100 000 Männern 10 135,4 an Herzkrankheiten, von 100 000 Frauen 9 153,0. Siehe ebd. Stand 1992.
50. Siehe Lawrence E. Lamb, M.D., »Men, Women, and Heart Attacks: Can Aspirin Prevent Heart Attacks in Women?« *The Health Letter*, Bd. 39, Nr. 1, Januar 1992, S. 2. Dr. Lamb, Medizinjournalist beim North America Syndicate, war Professor der Medizin am Baylor College of Medicine und Chef der Abteilung Clinical Sciences an der USAF School of Aerospace Medicine.
51. Die durchschnittliche Lebenserwartung des Mannes beträgt 72,0 Jahre.
52. Die Studie über 22 071 männliche Ärzte erschien am 28. Juli 1998 im *New England Journal of Medicine*.
53. Die Studie über 87 678 Krankenschwestern erschien im *Journal of the American Medical Association*, 24./31. Juli 1991.
54. Die Männerstudie ging über fünf, die Frauenstudie über sechs Jahre. Es wurden 22 071 Männer und 87 678 Frauen untersucht. Siehe *New England Journal of Medicine*, a. a. O.
55. Das Projekt wurde von Dean Ornish vom Pacific Presbyterian Medical Center durchgeführt. Siehe Pamela King, »The Pretended Self«, *Psychology Today*, Mai 1989, S. 60.
56. Die postoperative Todesrate in Krankenhäusern von Neuengland betrug bei Männern 3,2 Prozent, bei Frauen 7,3 Prozent. Siehe *Journal of the American Medical Association*, 14. August 1991.
57. Siehe Lamb, a. a. O.
58. Ebd. S. 3.
59. Dr. Vivek Varma, *Journal of American College of Cardiology*, »Are Women

Treated Differently than Men with Acute Myocardial Infarction?« Bd. 19, Nr. 5, April 1992. Interview vom 23. Juli 1992 mit Dr. Varma.
60. Daten aus Neuengland, Dänemark und Kanada belegen das erhöhte Sterberisiko. Siehe N. P. Roos, »Mortality and Recuperation after Open and Transurethral Resection of the Prostate for Benign Prostatic Hyperplasia«, *New England Journal of Medicine*, Bd. 320, Nr. 17, 27. April 1989, S. 1120–1124. Dank neuer Operationsmethoden und Arzneimittel hat sich die Prognose für Potenz und Lebenserwartung von Männern verbessert.
61. *American Journal of Epidemiology*, Dezember 1990. Zitiert in »Vasectomies and Prostate Cancer: A Link?« *The New York Times*, 1. Januar 1991, S. A-16. Dr. Lynn Rosenberg von der Boston University School of Medicine stellte zusammen mit fünf Kollegen fest, daß 10 Prozent der Männer mit Prostatakrebs sterilisiert waren, aber nur 2,4 Prozent der nicht an Prostatakrebs erkrankten Männer.
62. Am 17. August 1992 durch die American Cancer Society's Cancer Response System telefonisch bestätigt. Siehe »For Men Only«, eine Broschüre der American Cancer Society.
63. Die Anzeigen erschienen in *Time, Newsweek, Fortune, Forbes, Smithsonian, Washington Monthly, Scientific American*. Die Version für schwarze Frauen erschien mit einem schwarzen Modell in *Essence, Ebony* und *Black Enterprise*. Gleichzeitig wurden in Fernsehnachrichten und Sportsendungen Spots eingeblendet. Zielgruppe sind jedoch nicht nur Frauen, sondern auch finanzkräftige Männer. Der Grund? Eine Firma, die Frauen beschützt, ist erfolgreich: Investiere in DuPont. Die Zeitschriften, in denen die Anzeige geschaltet wurde, wurden in einem Interview am 18. März 1991 mit Dick Woodward von der Werbeabteilung der Firma DuPont genannt.
64. Bei Richter John Paul Stevens wurde der Prostatakrebs 1992 bei einer Routineuntersuchung im Alter von 71 Jahren festgestellt; bei Richter Harry A. Blackman 1987, ebenfalls bei einer Routineuntersuchung, im Alter von 78 Jahren.
65. Bestätigt in einem Interview am 4. August 1992 mit Enid Galliers von der Oral Contraceptive Division of the Food and Drug Administration.
66. Lawrence Schneiderman, *Journal of the American Medical Association*, Bd. 241, 18. Mai 1979.
67. Interview vom 9. Dezember 1991 mit Dr. Lawrence Schneiderman.
68. Lawrence Schneiderman, *Journal of Family Practice*, Bd. 23, Nr. 1, 1986, S. 49–53.
69. Frauen stellen 61 Prozent der Arztbesucher, Männer 60 Prozent der Klinikpatienten. Hospitäler für Veteranen sind in dieser Zahl nicht enthalten, denn dort dürften fast 100 Prozent der Patienten Männer sein. Siehe USDH&HS/NCHS, »National Ambulatory Medical Care Survey: 1990 Summary«, 1992, S. 1.
70. Die Schlagzeile stand sogar in religiösen Zeitschriften. Siehe z.B. Lori Durso, »Minorities Face Large Health-Care Gap«, *Catholic Telegraph*, 13. Januar 1989, S. 6. Lori Durso ist Reporterin des Maturity News Service.
71. In jedem der acht Jahre des Vietnamkrieges starben ca. 7200 Männer. 1991 etwa starben 32 000 Männer an Prostatakrebs. Da Prostatakrebs bei früher

Diagnose eine sehr gute Heilungschance hat, kann man annehmen, daß bessere Aufklärung über 7 200 Männern das Leben retten könnte.
72. *American Journal of Epidemiology*, a. a. O.
73. Quelle: U.S. Department of Justice, Federal Bureau of Investigation, *Uniform Crime Reports for the United States: 1988*.

Alkohol am Steuer. Festnahmen landesweit

Männer	Frauen
1 139 227	154 289
88,1 %	11,9 %

74. Unveröffentlichte Zahl, USDH&HS/NCHS, Center for Disease Control, National Hospital Discharge Survey, a. a. O.

8. Kapitel
Der Ausweg in den Wahnsinn

1. Joseph Campbell und Bill Moyers, *The Power of Myth*, (New York: Doubleday, 1988).
2. Herbert Hildebrandt und Edwin Miller, »The Newly Promoted Executive«, Monographie, University of Michigan, Graduate School of Business Administration, Ann Arbor, 1984. Das sind die neuesten Daten, die ich zu diesem Thema finden konnte.
3. *American Bar Association Journal*, Februar 1984, Bericht von Paul Ciotti, »Unhappy Lawyers«, *Los Angeles Times*, 25. August 1988.
4. »Die Zahl der Alkoholabhängigen unter den Anwälten ist mit etwa 15–20 Prozent fast doppelt so hoch wie bei der Durchschnittsbevölkerung.« Zitiert von Ciotti, a. a. O.
5. Zitiert von Mary Kay Barbieri, 45, in »Leaving Behind the Sharks of Seattle, Two Legal Eagles Find Happiness Hiking with Llamas«, *People*, 31. Oktober 1988, S. 111.
6. Lujuana Treadwell, Personalberaterin der UC Berkeley Law School's Boalt Hall, zitiert von Ciotti, a. a. O.
7. Es war die Firma Wald, Harkrader und Ross. Siehe David Brock, »The Real Anita Hill«, *The American Spectator*, März 1992, S. 21–22. »Ein Anwalt der Firma Wald berichtet... daß Hill die Zeitnachweise für ihre Arbeit fälschte und den Klienten mehr berechnete, weil sie die Erwartungen, die die Firma an die jungen Teilhaber stellte, nicht erfüllen konnte.«
8. James Barron, »Making Sure Doctors Get Enough Sleep«, *The New York Times*, 22. Mai 1988.
9. Ebd.
10. Ebd.
11. Suzanne Daley, »Hospital Interns' Long Hours to Be Reduced in New York«, *The New York Times*, 9. Juni 1988.
12. Überliefert von David Clement Scott, *A Cyclopaedic Dictionary of the Mang'anja Language Spoken in British Central Africa* (Edinburgh, 1892), S. 97.

13. American Medical Association, Division of Survey and Data Resources, »Federal and Non-Federal Physicians by Specialty and Corresponding Board Certification«, *Physician Characteristics and Distribution in the United States*, 1988, Tabellen B-13 und B-14.
14. Siehe Colette Dowling, *Der Cinderella-Complex*, Fischer, Frankfurt, 1987.
15. Mike Driver, Professor für Management und Organisation an der USC Business School, benutzt dafür den Ausdruck »Paper Warrior«, Papierkrieger. Zitiert von Ciotti, a. a. O.
16. Dr. Kiyoyasu Arikawa stellte fest, daß die Zahl der plötzlichen Todesfälle drastisch gestiegen ist: von 10 im Jahr 1969 auf ca. 150 im Jahr 1987. Der Anstieg ist besonders stark unter den 40- bis 50jährigen Männern. Zitiert von Elaine Kurtenbach, »Death from Overwork Growing Problem in Japan«, *The Sunday Camera*, 16. Juli 1989.
17. Government-affiliated Leisure Development Center Survey, 1987. Zitiert von Kurtenbach, a. a. O.
18. Leslie Helm, »The Rule of Work in Japan«, *Los Angeles Times*, 17. März 1991, S. A-1.
19. Ebd., S. A-25. Die Sendung »60 Minutes« brachte Anfang 1991 einen Bericht über die Härtetests in japanischen Firmen.
20. Nancy Reagan und William Novak, *My Turn: The Memoirs of Nancy Reagan* (New York: Random House, 1989), zitiert in »Close-Up on Ronnie«, *Newsweek*, 23. Oktober 1989.
21. Ebd.
22. Leslie Helm, a. a. O., S. A-1.
23. *Oxford English Dictionary* (Oxford: Clarendon Press, 1989), 2. Aufl., S. 437–439 und 663–664. In der Definition des Wortes »faggot« (S. 663–664) heißt es weiter, »besonders für das Verbrennen von Häretikern ... ein Bündel von Stäben oder dünnen Zweigen, das zum Feuermachen und Heizen benutzt wird.« Auch die Definition des Wortes »witch«, Hexe (S. 437–439), enthält einen Verweis auf das Verbrennen von Häretikern. Arno Karlen weist in seinem Buch *Sexuality and Homosexuality* (New York: W. W. Norton, 1971) S. 128, nach, daß sich ein Fünftel bis ein Viertel aller Verurteilungen wegen Sexualdelikten der Plymouth Colony auf Homosexuelle bezogen. Auch in nichtpuritanischen Kolonien (wie New York) wurden Homosexuelle bestraft und manchmal auf dem Scheiterhaufen verbrannt.
24. Richard H. Ropers, »The Rise of the New Urban Homeless«, *Public Affairs Report* (Berkeley: University of California/Berkeley, Institute of Governmental Studies, 1985), Oktober–Dezember 1985, Bd. 26, Nr. 5 und 6, S. 4, Tabelle 1, »Comparisons of Homeless Samples from Select Cities«.
25. Ebd.
26. James D. Wright, *Address Unknown: The Homeless in America* (New York: Aldine De Gruyter, 1989), S. 59. Wright schreibt: »Um auf diese Zahl zu kommen, habe ich einfach alle Sozialhilfeempfänger von meinen Daten abgezogen, von denen bekannt war, daß sie Obdachlosenfamilien angehörten, und bei dem Rest die Verteilung nach Alter und Geschlecht berechnet. Die Studie umfaßt 17 633 Fälle.«

27. James D. Wright führte eine landesweite Studie über 17633 Obdachlose durch. Siehe ebd., S. 57.
28. Siehe Wright, a. a. O.
29. Siehe ebd., S. 58–59. Wright schreibt: »Erwachsene Mitglieder einer Familie leiden seltener an chronischen psychischen Störungen, sind oft nur vorübergehend obdachlos und haben allgemein bessere Chancen als alleinstehende Obdachlose, wieder eine Wohnung und Arbeit zu bekommen. Ihre Zukunftsaussichten sind viel besser.«
30. State of California, Department of Housing & Community Development, »A Study of the Issues and Characteristics of the Homeless Population in California«, April 1985, S. 7.
31. Associated Press, »Co-Workers Comforted Controller after Her Fatal Error, Paper Says«, *The New York Times*, 11. Februar 1991, S. A-12.
32. Ebd. Der Name der Fluglotsin, Robin Lee Wascher, sickerte dann doch durch.
33. Die Bezeichnung »sanity track«, Gesundheitspfad, wurde von Professor Leonard Schlesinger, Harvard Business School, geprägt. Zitiert von Carol Hymowitz in »Stepping Off the Fast Track«, *The Wall Street Journal*, 13. Juni 1989, S. B-1.
34. E. Lowell Kelly, Lewis R. Goldberg, Donald W. Fiske und James M. Kilkowski, veröffentlicht in *American Psychologist*, Bd. 33, Nr. 8, zitiert in »Do Psychologists Have Less Fun?«, *Psychology Today*, November 1978.

9. Kapitel
Gewalt – gegen wen?

1. Die neuesten Daten von 1991 belegen, daß 74,6 Prozent aller Mordopfer Männer sind (13632 Männer, 4611 Frauen). U.S. Department of Justice, Federal Bureau of Investigations, *Crime in the United States: 1988*, S. 11, Tabelle »Age, Sex, and Race of Murder Victims, 1988«.
2. U.S. Department of Justice, Office of Justice Programs, Bureau of Justice Statistics, *Criminal Victimization in the United States, 1987*, Veröffentlichung #NCJ-115524, Juni 1989, Tabelle 3, »Personal Crimes, 1987«, S. 16. Auf 1000 Einwohner bezogen, werden Männer 1,7mal wahrscheinlicher Opfer von Gewaltverbrechen als Frauen. Diese Statistik bezieht Vergewaltigung mit ein, schließt aber Mord aus. Bei Mord ist das Risiko der Männer dreimal so hoch.
3. U.S. Department of Justice, Federal Bureau of Investigation, Uniform Crime Reports, *Crime in the United States: 1990*, S. 15 und 51. Zahl der Gewaltverbrechen, Vergewaltigungen nicht eingeschlossen:

1981	1990
1267316	1718575

4. Die Vergewaltigungsrate fiel von 1,8 auf 1000 1973 auf 1,2 auf 1000 1988. Siehe U.S. Bureau of Justice, Bureau of Justice Statistics, National Crime Survey Report, *Criminal Victimization in the United States, Annual (1973–1988)*, S. 15. Diese Zahl wurde bei einer landesweiten Haushaltsbefragung ermittelt. Sie gilt als verläßlicher als die Zahl der Anzeigen bei der Polizei. Die Zahl der

Vergewaltigungsanzeigen ist gestiegen, weil die Öffentlichkeit besser aufgeklärt ist und die Definition von Vergewaltigung in den letzten zehn Jahren ausgeweitet wurde (z. B., wenn ein deutliches »Nein« ignoriert wird). Zwischen 1981 und 1990 gingen jedoch auch die Anzeigen um 9 Prozent zurück. Die Anzeigen von Gewaltverbrechen, bei denen Männer die Opfer waren, stiegen zwischen 1981 und 1990 jedoch um 36 Prozent. Quelle: siehe ebd.
5. *Crime in the United States: 1990*, a. a. O. Es gab 102 555 Vergewaltigungen und 1 757 572 Gewaltverbrechen (Morde, Raub, gefährliche Körperverletzung, ohne Vergewaltigungen).
6. U.S. Department of Justice, *Crime in the United States: 1981*. Zitiert von Mark L. Rosenberg, M. D., M. P. P. und James A. Mercy, Ph. D., in »Homicide: Epidemiologic Analysis at the National Level«, *Bulletin of the New York Academy of Medicine*, 1986, Bd. 62, Nr. 5, S. 389.
7. U.S. Department of Justice, Federal Bureau of Investigation, Bureau of Justice Statistics, *National Survey of Crime Severity* (Washington, D.C.: USGPO, 1985), #NCJ-96017, von Marvin E. Wolfgang, Robert M. Figlio, Paul E. Tracey und Simon I. Singer, Center for Studies in Criminology and Criminal Law, Wharton School, University of Pennsylvania.
8. Murray A. Straus und Richard J. Gelles, »Societal Change and Change in Family Violence from 1975 to 1985 as Revealed by Two National Surveys«, *Journal of Marriage and the Family*, Bd. 48, August 1986, S. 465–479.
9. U.S. Department of Health and Human Services, National Center for Health Statistics, *Monthly Vital Statistics Report*, Bd. 38, Nr. 5, Beilage, 26. September 1989, S. 6. Tabelle D, »Ratio of Age-Adjusted Death Rates for the 15 Leading Causes of Death by Sex and Race: United States, 1987«.
10. *Criminal Victimization in the United States, 1987*, a. a. O., S. 1.
11. David Zeman, Knight-Ridder Newspapers, »Father, Martyr, Fraud?«, *Detroit Free Press*, 25. Mai 1990, S. 1-F.
12. Robert Gramling, Craig Forsyth und Jeff Fewell, University of Southwestern Louisiana, »Crime and Economic Activity: A Research Note«, *Sociological Spectrum*, Bd. 8, Nr. 2, 1988, S. 187–195.
13. Todd Sloane, »Laurie Dann: Anatomy of a Killer«, *Winnetka Talk*, 26. Mai 1988, S. D-2.
14. *Chicago Tribune Annual Index*, 1988, S. 407–408.
15. Paul Feldman u.a., »Faces of Death: 10 Men Slain by Officers in Riots«, *Los Angeles Times*, 24. Mai 1992, Titelseite.
16. Vivian S. Toy, »Violence by Boys Forces Removal of Women Teachers«, *Detroit News*, 17. November 1988.
17. In den Schulen von Florida, Illinois, Maryland, Ohio, Pennsylvania und Texas, um nur einige der neunundzwanzig Bundesstaaten zu nennen, sind körperliche Strafen erlaubt. Telefonisches Interview vom 28. Februar 1991 mit Jordan Riak von der landesweiten Organisation »Parents and Teachers against Violence in Education«, Danville, Kalifornien.
18. Kathleen Doheny, »Sexual Abuse: When Men Are the Victim«, *Los Angeles Times*, 10. Januar 1989, V. Teil, S. 1. Das Verhältnis Jungen zu Mädchen beträgt 1:1,7, was auf die zunehmend erweitere Definition von sexueller Belästigung zurück-

zuführen ist. Wenn jemand einen Jungen an den Po faßt, wird er es wohl kaum jemand erzählen, also erscheint der Vorfall auch nicht in der Statistik über sexuellen Mißbrauch, die 16 Prozent Jungen und 27 Prozent Mädchen aufweist. Die Ausweitung des Begriffes »sexuelle Belästigung« hat dazu geführt, daß Grundschullehrer es nicht mehr wagen, den Kindern beim Anziehen zu helfen, sie in den Arm zu nehmen oder mit ihnen zu raufen.

19. Ebd.
20. Associated Press, »War on Women Must Stop – Bush«, *Los Angeles Times*, 27. Juni 1989.
21. Ebd.
22. *1991–1992 Handbook* of the National Federation of State High School Associations, Kansas City, Missouri.
23. Leitartikel: »The Jogger and the Wolfpack«, *The New York Times*, 26. April 1989.
24. Ellen Goodman, »Safety for Women? Try Removing Men«, *Santa Barbara News-Press*, Dienstag, 9. Januar 1990.
25. Gerald Galison, Leserbrief, *The New York Times*, 7. Mai 1989.
26. *No Circ Newsletter*, Bd. 3, Nr. 1, Herbst 1988, S. 1.
27. Edward Wallerstein, *Circumcision: An American Health Fallacy*, (New York: Springer Publishing Co., 1980). Wallerstein ist Urologe in New York.
28. Ebd.
29. Ebd.
30. Eine Narkose wirkt streßmindernd, weil dazu weniger Streßhormone ausgeschüttet werden. Die Infektionsgefahr ist geringer, wenn das Immunsystem nicht durch Streß beinträchtigt wird. Bei Neugeborenen verhindert die Narkose Komplikationen. Siehe M. C. Rogers, M. D., »Do the Right Thing – Pain Relief in Infants and Children«, *New England Journal of Medicine*, 2. Januar 1992, S. 55.
31. Howard J. Stang, M. R. Gunnar, L. Snellman, L. M. Condon und R. Kestenbaum, »Local Anesthesia for Neonatal Circumcision: Effects on Distress and Cortisol Response«, *Journal of the American Medical Association*, Bd. 259, Nr. 10, März 1988, S. 1507–1511. Dr. Stang arbeitet an der Universität von Minnesota.
32. Edward Wallerstein, a.a.O.
33. Ebd.
34. Eine landesweite Studie über Beschneidung würde etwa 1 Million Dollar kosten. Der Golfkrieg kostete eine halbe Million Dollar pro Minute. Siehe »The Cost of a Day of War«, *Los Angeles Times*, 9. Februar 1991, S. A-5. Quelle: Congressional Budget Office and Forecast International, 1990.
35. E. L. Wynder u.a., »A Study of Environmental Factors in Carcinoma of the Cervix«, *American Journal of Obstetrics and Gynecology*, Bd. 68, Nr. 4, April 1954, S. 96.
36. »Circumcision and Cancer«, *Time*, Bd. 63, Nr. 14, 5. April 1954, S. 96.
37. M. Terris u.a., »Relation of Circumcision to Cancer of the Cervix«, *American Journal of Obstetrics and Gynecology*, Bd. 177, Nr. 8, 15. Dezember 1973, S. 1056–1062; und A. Lilienfeld und Saxon Graham, »Validity of Determining Circumcision Status by Questionnaire as Related to Epidemiological Studies of Cancer of the Cervix«, *Journal National Cancer Institute*, Bd. 21, Nr. 4, Oktober 1958, S. 713–720.

38. Edward Wallerstein, a.a.O., S. 72.
39. Jedes Kind sieht pro Jahr etwa 3 024 Morde im Fernsehen. Siehe Tom und Nancy Biracree, *Almanac of the American People* (New York: Facts on File, 1988), S. 241.
40. Das ist meine eigene Berechnung aufgrund der Prüfung von Fernsehfilmen und Fernsehprogrammzeitschriften. Die Prozentzahlen sind Schätzungen, weil zwar in Western und Kriegsfilmen alle Getöteten Männer waren, aber die genaue Zahl ließ sich nicht immer feststellen, und manchmal habe ich einfach nur den Film angesehen.
41. Das ist meine eigene Berechnung, die auf den 1500 bis 2000 Filmen beruht, die ich mir in den letzten zwanzig Jahren angesehen habe. (Das sind knapp zwei Filme pro Woche. Seit etwa zwanzig Jahren bin ich mir dieser Gewaltunterschiede bewußt.) Meist schaue ich mir den Film einfach an und zähle dann später aus dem Gedächtnis die Toten. Daher sind die Zahlen nicht ganz gesichert.
42. Bret Easton Ellis, *American Psycho* (New York: Vintage Books, 1991). Die drei ermordeten Männer stehen auf den Seiten 131, 165 und 217, der Mord an dem kleinen Jungen auf Seite 298. Dank an Robert Keith Smith für diesen Hinweis.
43. Zwei dieser vierzehn landesweiten Studien, die von beiden Geschlechtern handeln, erscheinen bei Straus und Gelles, a.a.O.
44. US-Senat, »Women and Violence Hearing before the Commission on the Judiciary, U.S. Senate«, 1. Teil, 20. Juni 1990, und 2. Teil, 29. August und 11. Dezember 1990 (#J-101-80). Fast alle der fünfzehn Frauen waren feministisch orientiert (NOW, usw.). Jon Ryan und andere Männer bekamen kein Rederecht.

10. Kapitel
Wenn uns der Schutz von Männern genauso wichtig wäre wie der Schutz von Tieren

1. Fernsehspots von 1991.
2. Diese Schätzung stammt von Ralph DeSantis von Pennsylvania's General Public Utilities, Betreiber des Atomkraftwerks von Three Mile Island.
3. Merrill M. Mitler, Mary A. Carskadon, Charles A. Czeisler, William C. Dement, David F. Dinges und R. Curtis Graeber, »Catastrophes, Sleep, and Public Policy: Consensus Report«, Association of Professional Sleep Societies, Committee on Catastrophes, Sleep, and Public Policy, *Sleep*, Bd. 11, Nr. 1 (New York: Raven Press, 1988), S. 100–109.
4. Ebd.
5. Leon Katcharian bestätigte am 29. Juni 1992 in einem Interview, daß die Mannschaft übermüdet war, weil die vorgeschriebene Nachtruhe nicht eingehalten worden war. Katcharian ist Koautor des offiziellen Berichts des National Transportation Safety Board. Siehe Leon Katcharian u.a., *Grounding of the U.S. Tankship* Exxon Valdez *on Bligh Reef*, Prince Williams Sound, Near Valdez, Alaska, March 24, 1989 (Washington D.C.: NTSB/MAR-90/04), S. 166–167.

6. Dr. Martin Legator, Genetiker und Toxikologe, University of Texas Health Sciences Center, Galveston. Zitiert von Sandra Blakeslee in »Research on Birth Defects Turns to Flaws in Sperm«, *The New York Times*, Gesundheitsseite A-1.

III. Teil
Der Staat als Ersatzehemann

Eine Übersicht

1. *Calvin Bradley gegen die Staatsregierung*, 156, Mississippi, 1824. Siehe R. J. Walker, *Reports of Case Adjudged in the Supreme Court of Mississippi* (St. Paul, Minn.: West Publishing, 1910), S. 73, Teil 157.
2. Associated Press, »Wife of Convicted Cop Files Claim against City«, *North Country Blade-Citizen* (San Diego), 1. Oktober 1992.
3. Rich Morrin von der *Washington Post* bekam diese Information von Voter Research and Surveys, New York City. Ich interviewte ihn am 17. November 1992.
4. Terry Pristin, »Feminists Make Their Legal Case«, *Los Angeles Times*, 15. März 1991, S. A-1.
5. Ebd.

11. Kapitel
Wie das System seine Hand über die Frauen hält ...

1. Aus den Zahlen des National Judical Reporting Program ist ersichtlich, daß »schätzungsweise zwei Prozent der Männer, die wegen Mord oder vorsätzlicher Tötung verurteilt sind, zum Tode verurteilt wurden, im Vergleich zu 0,1 Prozent der Frauen«. Zitat aus: U.S. Department of Justice, Bureau of Justice Statistics (im folgenden USBJS), *Profile of Felons convicted in State Courts*, Januar 1990, #NCJ-120021 von Patrick A. Largan, Ph.D., und John M. Dawson (USBJS-Statistiker), S. 9.
2. Am 15. Januar 1954 wurde in Ohio Dovie Smarr Dean hingerichtet. Sie hatte ihren Mann ermordet. Victor Streib hat alle Hinrichtungen seit 1954 untersucht und festgestellt, daß seither keine Frau mehr hingerichtet wurde, die nur Männer ermordet hatte. Die wenigen Frauen, bei denen die Todesstrafe vollzogen wurde, haben zumindest eine Frau umgebracht. Siehe Prof. Victor L. Streib, *American Executions of Female Offenders: A Preliminary Inventory of Names, Dates, and Other Information*, 1988, Cleveland-Marshall College of Law, Cleveland State University, Cleveland, Ohio.
3. »Execution Update« (NAACP Legal Defense and Educational Fund, Inc.), 18. Januar 1990. NAACP Legal Defense and Educational Fund.
4. Matthew Zingraff und Randall Thompson, »Differential Sentencing of Women and Men in the USA«, *International Journal of the Sociology of Law*, 1984, Nr. 12, S. 401–413. Die Zahl von 12,6 Jahren steht auf S. 408. Academic Press, Harcourt, Brace, Jovanovich Publishers.

5. USBJS, *Sentencing Outcomes in 28 Felony Courts: 1985*, Juli 1987, #NCJ-105743, Tabelle 5.5, »Average Prison Term (in Months) Imposed, by Sex of Offender and Conviction Offense, 1985«.
6. Geringere Bedeutung der Rassenzugehörigkeit – Quelle: siehe USBJS, *Profile of Felons*, a. a. O., S. 1, Reihe 2. Geringere Bedeutung anderer Merkmale – Quelle: siehe Zingraff und Thompson, a. a. O.
7. State of Washington, Sentencing Guidelines Commission, *Sentencing Practices Under the Sentencing Reform Act: Fiscal Year 1987*, von Dr. David L. Fallen, Wissenschaftlicher Direktor, S. 72, Tabelle 37, »Average Sentence Length by Gender«. Frauen bekamen eine durchschnittliche Strafe von 3,5 Monaten, Männer 8,3 Monate.
8. Dr. David L. Fallen, Washington, »Sentencing Practices Under the Sentencing Reform Act: Fiscal Year 1991«, aus einem unveröffentlichten Brief an den Autor vom 15. März 1992.
9. Washington, *Sentencing Practices...1987*, a. a. O., S. 74, Tabelle 39. Bei den vorzeitigen Entlassungen beträgt der Anteil von Frauen 19 Prozent, der Anteil der Männer 14 Prozent.
10. Siehe Howie Kurtz, »Courts Easier on Women«, *The Sunday Record* (Bergen County, N. J.), 5. Oktober 1975.
11. Ebd.
12. Strafverteidiger David D. Butler, »Males Get Longer Sentences«, *Transitions*, Bd. 10, Nr. 1. Januar/Februar 1990, Titelseite.
13. Seth Mydans, »With One Trial Just Ended, McMartin Figures Face 2d«, *The New York Times*, 5. März 1990, S. A-11.
14. Ann Hagedorn, »Child Molestation Trial Ends in Acquittals«, *The Wall Street Journal*, 19. Januar 1990, S. B-8.
15. Justin Atholl, *The Reluctant Hangman: The Story of James Berry, Executioner, 1884–1892* (New York: J. Long, 1956). Diese Bemerkung bezieht sich auf James Berry (1884–1892), Henker von London, England.
16. Hugo Adam Bedau und Michael L. Radelet, »Miscarriages of Justice in Potentially Capital Cases«, *Stanford Law Review*, Bd. 40, Nr. 1, November 1987, S. 21–179. Diese Studie befaßt sich mit 350 Fällen von Kapitalverbrechen zwischen 1900 und 1984, bei denen sich später herausstellte, daß die Angeklagten unschuldig waren; dreiundzwanzig Angeklagte (alles Männer) wurden hingerichtet und acht (auch Männer) starben während ihrer Haftzeit.
17. USBJS, *Sourcebook of Criminal Justice Statistics*, 1991, S. 442, Tabelle 4.7.
18. John T. Kirkpatrick und John A. Humphrey, »Stress in the Lives of Female Criminal Homicide Offenders in North Carolina«, *Human Stress: Current Selected Research*, Bd. 3, Hrsg. James H. Humphrey (New York: AMS Press, 1989).
19. Streib, *American Executions*, a. a. O. Siehe Anmerkung 2, 11. Kapitel.
20. Ron Rosenbaum, »Too Young to Die?«, *The New York Times Magazine*, 12. März 1989.
21. Ebd.
22. Tom Gorman, »Women Who Kills Child Remains Free«, *Los Angeles Times*, 26. April 1989.

23. Butler, a.a.O.
24. Nach den Zahlen von 1987 (das sind die neuesten) begingen 96 männliche Häftlinge Selbstmord, 91 wurden hingerichtet oder ermordet. Das entspricht bei insgesamt 555 371 männlichen Gefängnisinsassen einem Anteil von 33,67 auf 100 000 Häftlinge. Im gleichen Jahr starb von 29 064 weiblichen Häftlingen eine, auf 100 000 gerechnet sind das 3,44. Vergleicht man die Zahlen der männlichen und der weiblichen Häftlinge, so kommt man auf einen Unterschied von 978,8 Prozent. Quelle: USBJS, *Correctional Populations in the United States*, #NCJ-118762, Dezember 1989, S. 105, Tabelle 5.17, »Deaths among Sentenced Prisoners Under State or Federal Jurisdiction, by Sex and Cause of Death, 1987«. Quelle für die Gefängnisstatistiken für 1987: U.S. Department of Commerce, Bureau of the Census, *Statistical Abstracts of the United States: 1991*, 111. Ausg., S. 195, Tabelle 338, die ihre Angaben dem Jahresbericht des USBJS, *Prisoners in 1987*, entnehmen.
25. Diese Studie über Gesundheitsfragen der weiblichen Häftlinge wurde 1992 auf Antrag der Abgeordneten Lucille Roybal-Allard, Los Angeles, in Auftrag gegeben.
26. In Wisconsin betrugen die monatlichen Kosten für einen männlichen Gefangenen 1120 Dollar, für eine weibliche Gefangene 2 100 Dollar. Siehe *Summary of Distribution Per Capita Costs for the Year Ended June 30, 1989: Section E*, Hrsg. Department of Health and Social Services Division of Correction, Office of Policy, Planning and Budget, Madison, Wisconsin.
27. George J. Church, »A View from behind Bars«, *Time*, Sonderheft, Herbst 1990, S. 20.
28. USBJS, *Midyear Prisoners 1991*, 30. Juni 1991, S. 6. Die neuesten Zahlen: 758 294 Männer, 46 230 Frauen.
29. Fred Strasser und Mary C. Hickey, »Running Out of Room for Women in Prison«, in *Governing*, Oktober 1989, S. 70. (Weitere Beispiele über Privilegien von Frauen sind ebenfalls dieser Quelle entnommen.)
30. Ebd.
31. Allan R. Gold, »Sex Bias Is Found Pervading Courts«, *The New York Times*, 2. Juli 1989.
32. Ebd.
33. Rede von Norma Juliet Wikler, Gründerin und Direktorin des National Judical Education Project, bei der Gründung 1979. Diese Organisation wird von der NOW Legal Defense and Education Fund und der National Association of Women Judges gesponsert. Siehe Wikler, »Water on Stone: A Perspective of the Movement to Eliminate Gender Bias in the Courts«, Hauptreferat auf der National Conference on Gender Bias in the Courts, 18. Mai 1989 in Williamsburg, Virginia.
34. Meist ist das Verhältnis 3 oder 4:1. Aktivisten der Männerbewegung sind fast nie dabei, etwa die Hälfte der weiblichen Teilnehmer sind Aktivistinnen der Frauenbewegung. Siehe z.B. Bruce Hight, »Male Group Says Too Many Women on Panel«, *Austin American-Statesman*, 31. Januar 1992.
35. USBJS, *Profile of Felons*, a.a.O., S. 5, Tabelle 3.
36. Ebd., S. 5.
37. Howie Kurtz, a.a.O. Dieser Ausdruck stammt von Ms. Barbara Swartz.

ANMERKUNGEN   479

38. Ebd., das Women's Prison Projekt von New York ermöglicht weiblichen Häftlingen das Jurastudium.
39. Ebd., Zitat von Ronald Schwartz, Anwalt, Bergen County (N.J.).
40. Ebd.
41. Ebd.
42. Interview mit Alex Landon am 16. Juli 1991 in San Diego.
43. Rechtsanwalt David D. Butler, a. a. O.

12. Kapitel
Mörderinnen und gerichtliche Freisprüche: zwölf mildernde Umstände, die nur für Frauen gelten

1. Associated Press, »After 21 Years, Man Is Freed in Poison Case«, *The New York Times*, 27. April 1989. Siehe auch Mark Lane, *Arcadia* (New York: Holt, Rinehart, Winston, 1970).
2. Ebd.
3. Interview am 15. Mai 1990 mit Anwalt Don Horn, der im Fall Richardson Berufung einlegte.
4. Ebd. Der Sheriff hieß Klein, die Krankenschwester, der sich Bessie Reese anvertraute, war Belinda Frazier.
5. »Father in Prison for Poisonings Is Freed«, *Los Angeles Times*, 26. April 1989. Obwohl Bessie Reeses Geständnis wegen ihrer »geistigen Behinderung« nicht zählte, hätte sie aufgrund der übrigen Beweise, die Richardson entlasteten, angeklagt werden können. Das hat der Staat unterlassen, und man fragt sich, ob sie als »geistig behindert« eingestuft wurde, um die Kosten und Umstände eines Gerichtsverfahrens zu sparen.
6. Siehe Robert D. McFadden, Ralph Blumenthal, M. A. Farber, E. R. Shipp, Charles Strum und Craig Wolf, *Outrage: The Story behind the Tawana Brawley Hoax* (New York: Bantam Books, 1990).
7. Eloise Salholz und Andrew Murr, »Arsenic and Old Lace«, *Newsweek*, 14. August 1989.
8. Joyce Wadler, »Killing Her Husband Wasn't Enough for Stella Nickell; To Make Her Point, She Poisoned a Stranger«, *People*, Bd. 30, Nr. 1, 4. Juli 1988, S. 87–92.
9. Donald Dale Jackson, »Who Killed Sue Snow?«, *Reader's Digest*, Bd. 138, Nr. 826, Februar 1991, S. 149–154.
10. Associated Press, »Wife Admits 1981 Slaying; Husband Freed«, *Daily Camera* (Boulder, Colo.), Januar 1984, und Edward Frost, »Ex-Wife's Confession Frees Convicted Killer«, *Reporter Dispatch* (N.Y.) 18. Januar 1984, S. A-1.
11. Erstens verfolgten Nathaniels Anwälte seinen Fall auch nach der Verurteilung, und zweitens fanden sie genügend neues Beweismaterial für ein Revisionsverfahren. Drittens legte Delissa spontan ein Geständnis ab, als die Kriminalbeamten sie aufsuchten, um sie von der Wiederaufnahme des Verfahrens zu unterrichten. Sie dachte, sie kämen, um sie zu verhaften.
12. Mary Brown Parlee, »New Findings: Menstrual Cycles and Behavior«, *Ms.*, September 1982, S. 126.

13. Ebd.
14. Andrea Ford, »Woman Who Killed Infant Son Allowed to Get Mental Help on Outpatient Bases«, *Los Angeles Times*, 11. März 1989.
15. Mary Brown Parlee, a. a. O.
16. Marv Balousek, »Women Who Shot Mate 5 Times Gets Probation«, *Wisconsin State Journal*, 19. August 1988, S. 1-B.
17. Ebd.
18. Interview am 19. April 1990 mit Assistant District Attorney Judy Schwaemle, Dane County, Wisconsin, die den Fall bearbeitet hatte.
19. Ebd.
20. Isabel Wilkerson, »Clemency Granted to 25 Women Convicted for Assault or Murder«, *The New York Times*, 22. Dezember 1990, S. A-1.
21. Zum Beispiel Gouverneur Schaeffer von Maryland und Gouverneur Gardner von Washington.
22. Nancy Ray, »Judge Allows ›Battered Woman‹ Defense«, *Los Angeles Times*, 21. September 1982.
23. Isabel Wilkerson, a. a. O.
24. Siehe z. B. California Assembly Bill 785 des Abgeordneten Gerald R. Eaves, D-Rialto, seit 1. Januar 1992 in Kraft.
25. Tom Gorman, »Court Told How Son Was Driven to Kill Spitful Mother«, *Los Angeles Times*, 19. Dezember 1989, S. B-1.
26. Ebd.
27. Es ist die Geschichte von Francine Hughes. Siehe Susan Paterno, »A Legacy of Violence«, *Los Angeles Times*, 14. April 1991. S. E-1 und E-14.
28. Leonard Maltin, *TV Movies and Video Guide: 1991 Edition* (New York: Signet/Penguin, 1990).
29. Gouverneur James G. Martin von North Carolina milderte die Strafe ab. Jane Ruffin, »Battered Wife Released from Prison«, *The News and Observer* (Raleigh, N.C.), 8. Juli 1989, Titelseite.
30. Howard Schneider, »Meeting Batterd Women Face to Face«, *The Washington Post*, 15. Januar 1991, S. B-7.
31. Isabel Wilkerson, a. a. O.
32. Zwei dieser Studien werden von Murray A. Straus und Richard J. Gelles vorgestellt. Quelle: »Societal Change and Change in Family Violence from 1975 to 1985 as Revealed by Two National Surveys«, *Journal of Marriage and the Family*, Bd. 48, August 1986, S. 465–479.
33. Coramea Richey Mann, »Getting Even? Women Who Kill in Domestic Encounters«, *Justice Quaterly* (Academy of Criminal Justice Sciences: 1988), Bd. 5, Nr. 1, März 1988, S. 49.
34. Ebd.
35. Ebd.
36. Ebd., S. 33–51. Ich konnte das nicht recht glauben und rief deswegen am 23. April 1990 Coramae Richey Mann vom Department of Criminal Justice an der Universität von Indiana an. Sie bestätigte ihre Forschungsergebnisse. Ich fragte sie, wie sie an die Information neu gelangt war. Sie sagte, daß sie in den Akten der Frauen keinen einzigen Hinweis auf Mißhandlung gefunden habe.

Es war ihr klar, daß viele Frauen von ihren Ehemännern oder Freunden geschlagen werden und daß manche ihren Mißhandler umbringen. Entweder bekommen sie so kurze Haftstrafen, daß zum Zeitpunkt der Erhebung gerade keine geschlagene Frau im Gefängnis war, oder sie kamen überhaupt nicht ins Gefängnis. Diese Studie wurde lange nach 1982 durchgeführt (dem Jahr, in dem das Syndrom der geschlagenen Frau erstmals zur Verteidigung eingesetzt wurde). Die Studie kommt zu dem Ergebnis, daß die Zahl von 30 Prozent nicht zutrifft; viele Frauen morden, ohne vorher mißhandelt worden zu sein. 41 Prozent der Frauen gaben nicht einmal Notwehr als Motiv an. Bei den 51 Prozent, die behaupteten, in Notwehr gehandelt zu haben, traf die juristische Definition von »unmittelbarer körperlicher Gefahr für Leib und Leben ohne Möglichkeit der Flucht« in keinem Fall zu.

37. Ebd., S. 49, Fußnote 10, Interview mit Lieutenant Harvey Wyche vom New York City Police Department. Siehe auch Mike Clary, »Fast-Lane Saga Over: Widow Guilty in Murder of Husband«, *Los Angeles Times*, 17. November 1989.
38. Straus und Gelles, a. a. O.
39. Fred Hayward, *Westworld*, 5. September 1989, Zahl der Unterlassungsklagen.
40. Kevin Svoboda wohnt etwa vierzig Meilen vom Lancaster County-Gefängnis entfernt, in dem seine Frau einsitzt. Siehe »Jailed Wife Plots to Kill Husband«, *Washington Times*, 23. Januar 1992, und »Wife Sentenced in Plot to Kill Spouse«, *Chicago Tribune*, 12. Februar 1992.
41. Es sind die Bundesstaaten Delaware, Maine, Minnesota, Nevada, Oregon, Utah, Connecticut, Virginia, Washington, New Jersey, Wisconsin, Rhode Island und die Städte Washington, D.C., und Los Angeles. Quelle: Karyl Spriggs, National Coalition against Domestic Violence (NCADV), 1991.
42. Craig Anderson, homosexueller Berater bei Family and Children Services in Minneapolis, zitiert von Julio Ojeda-Zapata, *St. Paul Pioneer Press*, 21. Oktober 1990, S. 1-B.
43. Steve Metzger, »The Shooting of Josh Wagshall«, *Transitions*, Bd. 8, Nr. 2, März/April 1988, S. 2.
44. Bestätigt durch ein Telefongespräch am 7. Februar 1991 mit Nancy Young, Pressesprecherin von Elizabeth Holtzman.
45. »Battered Woman Is Freed in Slaying of Husband«, *The New York Times*, 29. Oktober 1989.
46. Radiosendung vom Oktober 1989, *60 Minutes*.
47. Gouverneur Booth Gardner.
48. »Battered Women is Freed«, *The New York Times*, a.a.O.
49. Ebd.
50. Paul Dean, »Husbands Too Ashamed to Admit Abuse by Wives«, *New York Newsday*, 20. Januar 1981.
51. John T. Kirkpatrick und John A. Humphrey untersuchten die Fälle von 76 Mörderinnen im North Carolina Correctional Center in Raleigh. Siehe John T. Kirkpatrick und John A. Humphrey, »Stress in the Lives of Female Criminal Homicide Offenders in North Carolina«, *Human Stress: Current Selected Research*, Bd. 3, Hrsg. James H. Humphrey (New York: AMS Press, 1989), S. 109–120.

52. John T. Kirkpatrick, zitiert von Glen Collins, *The New York Times* News Service, 18. Juli 1986.
53. Nancy Gibbs und Jeanne McDowell, »How to Revive a Revolution«, *Time*, 4. März 1992, S. 57.
54. Kirkpatrick und Humphrey, a.a.O.
55. Ford, a.a.O.
56. Tom Gorman, »Women Who Killed Child Remains Free«, *Los Angeles Times*, 26. April 1989.
57. Während ihrer Bewährungszeit verheimlichte Josephine Mesa der Bewährungshelferin eine erneute Schwangerschaft und versäumte mehrere Termine. Selbst die Bewährungshelferin empfahl eine dreißigtägige Haftstrafe. J. Mesa kam auch diesmal wieder davon. Etwa, weil sie sich um das Neugeborene kümmern mußte? Nein. Für dieses Kind hatte der Vater das Sorgerecht.
58. »Illinois – Two Times, Too Much«, *Time*, 24. Juli 1989, S. 25, und Associated Press, »Mother Found Guilty in Death of ›Stolen‹ Baby«, *Los Angeles Times*, 31. Januar 1990.
59. Bruce Langer, »Ward Women Gets Probation for Killing Abusive Husband«, *Daily Camera* (Boulder, Colo.), 15. Dezember 1989.
60. U.S. Department of Justice, Federal Bureau of Investigation, *Report to the Nation on Crime and Justice*, #NCJ-105506, 2. Aufl., März 1988, S. 31: Notwehr ist in allen Staaten erlaubt, wenn Gründe dafür sprechen, daß Lebensgefahr besteht. Diese Gefahr muß jedoch unmittelbar sein. Wenn ein Einbrecher z. B. eine Waffe zieht, hat die bedrohte Person Grund zu der Annahme, daß ihr Leben in Gefahr ist. Wenn die gleiche Person dem Einbrecher mehrere Stunden danach begegnet, und verhält sich friedlich, besteht keine unmittelbare Gefahr, und tödliche Gewaltanwendung ist nicht gerechtfertigt. In den meisten Bundesstaaten ist Gewaltanwendung nicht gestattet, wenn der Angreifer provoziert wurde.
61. David Margolick, »A Father Is Charged in Crash after Unbelted Daughter Dies«, *The New York Times*, 29. Dezember 1990, Titelseite.
62. Ebd.
63. Isabel Wilkerson, »Court Backs Woman in Pregnancy Drug Case«, *The New York Times*, 3. April 1991, S. A-13.
64. Ebd.
65. Dianne Klein, »A Coroner's Eye View of Drug Babies«, *Los Angeles Times*, 3. März 1991. Die Angabe von 11 Prozent wurde am 30. April 1992 in einem Interview mit Mona Brown vom National Institute for Drug Abuse des U.S. Department of Health and Human Services bestätigt.
66. Judith A. Stein u.a., »A 8-Year Study of Multiple Influences on Drug Use and Drug Use Consequences«, *Journal of Personality and Social Psychology*, Bd. 53, Nr. 6, Dezember 1987, S. 1094–1105.
67. U.S. Department of Commerce, Bureau of the Census, *Statistical Abstract of the United States, 1990*, S. 53, Tabelle 69, »Children Under 18 Years Old by Presence of Parents 1970–1988«.
68. *Newsweek*, 18. September 1989, Zitat aus der *New York Times*.
69. Suzanne Daley, »Born on Crack, and Coping with Kindergarten«, *The New York Times*, 7. Februar 1991, S. A-1 und A-16.

70. *The New York Times,* 25. Mai 1990. Aufwendungen für die Schulen von Los Angeles.
71. Der Richter war U.S. District Judge A. Andrew Hauk, einer der ältesten Mitglieder der Richterschaft. Siehe Gale Holland, *San Diego Union,* 10. Mai 1989.
72. Interview mit Lieutenant Harvey Wyche vom New York Police Department, zitiert von Coramae Richey Mann, a. a. O. Siehe auch Mike Clary, a. a. O.
73. Siehe Jerry Hicks, »Jury Will Decide If Suspect Was Killer for Hire«, *Los Angeles Times,* 11. Oktober 1989. Die Einzelheiten wurden in einem Interview am 15. Mai 1990 mit Sergeant Peterson, Huntington Beach (Kalifornien), Police Department, bestätigt.
74. Greg Zoroya, »Murder-Conspiracy Convict Gets Maximum Term Despite Jury Pleas«, *Orange County Register,* 6. Juni 1990.
75. Steve Emmons, »Daughter, 3 Others Held in Killing of Man«, *Los Angeles Times,* 23. April 1989, S. 18.
76. Miles Corwin, »Murder of Beach-Goer Shocks Santa Barbara«, *Los Angeles Times,* 23. September 1989, S. I-25.
77. »Woman Is Charged in Death of Husband on Nudist Beach«, *The New York Times,* 11. Oktober 1989, S. A-27 (Autor nicht genannt).
78. I. P. Weston, »Money, Revenge Motives Claimed in Beach Slaying«, *Santa Barbara News Press,* 3. Januar 1990.
79. Eric Bailey, »Teen Sentenced for Helping Kill Wayne Pearce«, *Los Angeles Times,* 25. Mai 1989, und Rocky Rushing, »Pearce Admits Having Sex with High Schooler«, *North County Blade-Citizen* (Oceanside/San Diego, Calif.), 2. März 1990, S. A-1.
80. CBS, »Hard Copy«, März 1991; Associated Press, »Dead Spouse's Recording Trips Up Wife, Teen Lover«, *Chicago Tribune,* 26. März 1991.
81. Bob Hohler, »Further Smart Charges Dropped«, *The Boston Globe,* 2. April 1991.
82. Ebd.
83. *Newsweek,* Bd. 117, Nr. 13, 1. April 1991, S. 26.
84. Barbara Carton, »Pamela Smart's Booster Club«, *The Boston Globe,* 29. Juni 1992.
85. Constantina Branco hob 1000 Dollar vom Bankkonto ihres Mannes, dem Millionär George Archer Mueller, ab und gab sie Ronald Tellez mit dem Auftrag, George zu ermorden. Siehe Matt O'Connor, »Ex-Blue Island Cop Convicted in Murder of Indian Bar Owner«, *Chicago Tribune,* 29. April 1992.
86. Interview mit Lieutenant Harvey Wyche vom New York Police Department, zitiert von Coramae Richey Mann, a. a. O. Siehe auch Mike Clary, a. a. O.
87. David Brown heuerte einen Killer an, der seine Frau umbringen sollte. Er wollte die 835 000 Dollar von den Versicherungen kassieren, die er teilweise kurz vor ihrer Ermordung abgeschlossen hatte. Der Auftragskiller verriet ihn. Mit Hilfe der Polizei konnte er ein Gespräch auf Tonband aufnehmen, in dem Brown sagte, daß er 21 700 Dollar für den Mord bezahlen würde. Er sagte auch vor Gericht gegen ihn aus. Im Gegensatz zu Pamela Smart hat Brown keinen Fanclub. Er wird eher als verabscheuenswürdig beschrieben. Siehe Eric Lightblau, »Prosecutor Portrays the Husband of a Slain Woman as a Despicable Manipulator who Designed His Wife's Death«, *Los Angeles Times,* 13. Juni 1990.

88. Eric Malnic und Scott Harris, »Marlon Brando's Son Held in Fatal Shooting«, *Los Angeles Times,* 18. Mai 1990, S. A-1.
89. Zwischen 1985 und 1988 wurden 4986 Männer von Frauen getötet, 10190 Frauen von Männern. Quelle: U.S. Department of Justice, Federal Bureau of Investigation, *Crime in the United States* in den Jahren 1985, 1986, 1987 und 1988 (vier Ausgaben), Tabelle: »Victim Offender Relationship by Race and Sex.«
90. U.S. Department of Justice, Federal Bureau of Investigation, *Crime in the United States* (Washington, D.C.: USGPO, 1990), S. 11, Tabelle: »Victim Offender Relationship by Race and Sex«. In den Anmerkungen zu den Tabellen steht, daß die Morde von Wiederholungstätern nicht nach Geschlechtern aufgeschlüsselt wurden, nur die von »Einmaltätern«.
91. Wendy Cole, *Time,* 20. Mai 1991.
92. Lucy Howard and Gregory Cerio, »Reversal of Fortune?«, *Newsweek,* 10. Juni 1991.
93. Interview vom 11. April 1990 mit Frank Brennan, Psychologe, Autor und Universitätsprofessor aus Australien.
94. Grundlage ist eine dreijährige (1989–1992) Beobachtung von Oberschülerinnen und Oberschülern von Elizabeth Brookins, Vorsitzende des Fachbereichs Mathematik, El Camino High School, Oceanside, Kalifornien.

13. Kapitel
Sexualverhalten – Sexualpolitik

1. John Leo, »A Milestone in Sexual Harassment«, *US News & World Report,* 27. Januar 1992. Es war Professor Richard Hummel, die Studentin Beverly Torfason.
2. Jane Gross, »Schools Are Newest Arenas for Sex-Harassment Issues«, *The New York Times,* 11. März 1992, S. B-8. Es handelt sich um die Duluth Central High School in Minnesota.
3. Scripps-Howard News Service, »Second-Grader Files Sex Harass Lawsuit«, *North County Blade-Citizen* (San Diego), 30. September 1992.
4. Gretchen Morgenson, »Watch That Leer, Stifle That Joke«, *Forbes,* 15. Mai 1989, S. 69–72.
5. U.S. Department of Labor, »A Working Woman's Guide to Her Job Rights«, Broschüre Nr. 55, Juni 1988.
6. Ebd.
7. Ebd.
8. Clarence Thomas gab am 25. Oktober 1988 seine Zustimmung zu dieser Änderungen. Sie sind in einer Fußnote auf Seite 12 der Richtlinien gegen sexuelle Belästigung von 1988 erläutert. Zitiert von Richard Pollak, »Presumed Innocent?«, *The Nation,* Bd. 253, Nr. 16, 11. November 1991, S. 573 und S. 593. Die EEOC bestätigte in einem Interview am 6. April 1992, daß die neuen Richtlinien von 1990 nichts daran geändert haben.
9. Pollak, ebd., S. 593.
10. Morgenson, a. a. O.
11. »How to Make an Impact on a Man«, Artikel des Dossiers »How to Attract

Men Like Crazy«, *Cosmopolitan*, Februar 1989, S. 177. Siehe die Analysen der Frauenzeitschriften in *Warum Männer so sind, wie sie sind*, Kabel, 1989.
12. Ronnie Snadroff, »Sexual Harassment in the Fortune 500«, *Working Woman*, Dezember 1988.
13. *Cosmopolitan*, a. a. O.
14. Ebd.
15. Ebd.
16. *Forbes* berichtet, daß 1991 die Käuferinnen von Liebesromanen durchschnittlich 1 200 Dollar ausgaben. Ein Taschenbuch kostete 1991 etwa 5 Dollar. Es wurden also rund 240 Bücher im Jahr, 20 Bücher monatlich gekauft. Frauen, die sich außerdem noch Bücher von Freundinnen ausleihen, lesen mehr als zwanzig, andere, die ab und zu auch gebundene Bücher kaufen, kommen auf weniger. Siehe Dana Wechsler Linden und Matt Rees, »I'm hungry. But not for food«, *Forbes*, 6. Juli 1992, S. 70–75. Die Zahl von 1983 wurde in einem Interview am 18. Februar 1985 mit John Markert genannt. Er ist freier Forscher und Autor von »Romancing the Reader: A Demographic Profile«, *Romantic Times*, Nr. 18, September 1984. (Doktorarbeit).
17. Ebd.
18. Ebd.
19. Es gibt in diesen Büchern Kapitel mit der Überschrift »Using Your Job to Meet Men« (Nutzen Sie ihren Job, um Männer kennenzulernen), aber umgekehrt kein entsprechendes Kapitel für Männer. Siehe Margaret Kent und Robert Feinschreiber, *Love at Work: Using Your Job to find a Mate* (New York: Warner Books, 1988).
20. Ebd., S. 54.
21. Diese Frage stellte ich zwischen 1989 und 1992 etwa 2 000 Amerikanerinnen und Kanadierinnen aus allen Lebensbereichen.
22. Siehe James Martin und Sheila Murphy, »The Romantically Charged '80s Office«, *Los Angeles Times*, 11. September 1988.
23. Barbara A. Gutek, *Sex and the Workplace* (San Francisco: Jossey-Bass, 1985), S. IX.
24. »Just Desserts«, *Newsweek*, 10. August 1992, S. 4.
25. Gerichtsurteile über sexuelle Belästigung richten so manchen Schaden an, unter anderem zensieren sie eine bestimmte Art von Humor.
26. Virginia Adams, »Psychic Combat at Annapolis«, *Psychology Today*, Oktober 1980, S. 56–57.
27. Ebd.
28. Richard Halloran, »Military Academies Are Becoming Even Tougher on Body and Mind«, *The New York Times*, 22. Mai 1988. »In den acht Abschlußklassen der Naval Academy betrug die Abbruchquote der Frauen 35 Prozent, die der Männer 23 Prozent.«
29. Adams, a. a. O.
30. Ebd.
31. Studie von Prof. Richard J. Light von der Graduate School of Education und der Kennedy School of Government an der Harvard University, »The Harvard Assessment Seminars: Explorations with Students and Faculty about Teaching,

Learning and Student Life«. Die ersten Resultate wurden am 4. März 1990 veröffentlicht. Zitiert von Edward B. Fiske, »Of Learning and College: How Small Groups Thrive«, *The New York Times*, 5. März 1990.
32. Siehe Jack Anderson und Dale Van Atta, »White House Board under Scrutiny«, *The Washington Post*, 18. März 1991, S. B-8, und Bill McAllister, »Presidential Commission on Carpet«, *The Washington Post*, 11. Dezember 1990, S. A-21. Siehe auch »Hard Copy«, 23. Januar 1991.
33. Martha Sherrill, »The Brain Surgeon Who Hit a Nerve: Insensitivity Cuts Both Ways in Stanford's Operating Room«, *The Washington Post*, 6. November 1991, S. B-1.
34. Ebd.
35. Ebd.
36. Ebd.
37. Ebd.
38. David Brock, »The Real Anita Hill«, *The American Spectator*, März 1992, S. 26.
39. Ebd.
40. Ebd.
41. Ebd., S. 27.
42. Ebd., S. 26.
43. Ebd.
44. Ebd., S. 21–22. »Einer der Anwälte sagt ... daß Hill dabei erwischt wurde, wie sie Arbeitszeitberichte fälschte, weil sie die Erwartungen, die in die jungen Mitarbeiter gesetzt wurden, nicht erfüllen konnte.«
45. Ebd., S. 21. In einem Gutachten von John Burke, Jr. heißt es »... ihre Arbeit war nicht zufriedenstellend ... Ich habe Anita Hill nahegelegt, in ihrem eigenen Interesse eine andere Arbeitsstelle zu suchen ... ihre beruflichen Aussichten in der Firma waren begrenzt.«
46. Ebd.
47. Ebd., S. 25. »In der Zeit, als Anita Hill in der Abteilung arbeitete, beklagte sie sich mehrmals bei dem damaligen Vorsitzenden Terrel Bell über sexuelle Belästigung ... Die Klagen richteten sich gegen andere Beamte, nicht gegen Clarence Thomas ... Bell ging den Vorwürfen nach, aber sie erwiesen sich als haltlos.«
48. Amber Coverdale Sumrall und Dena Taylor, *Sexual Harassment: Women Speak Out* (Freedom, Calif.: The Crossing Press, 1992).

14. Kapitel
Wie mit Vergewaltigung Politik gemacht wird

1. Gail Jennes, »Out of the Pages«, *People*, 20. Februar 1983.
2. Catherine Comins, Assistentin am Vassar College und Studentensprecherin, zugeschrieben. Zitiert von Nancy Gibbs, »When Is It Rape?«, *Time*, 3. Juni 1991, S. 52. Ich habe Catherine Comins telefonisch zu erreichen versucht und ihr ein Fax nach Vassar geschickt, um sicher zu sein, sie richtig zu zitieren. Sie hat nicht geantwortet.
3. Aus einem Brief vom 20. März 1992 von Charles P. McDowell, Ph. D., M. P. A.,

ANMERKUNGEN 487

M. L. S., an mich. McDowell ist Sonderbeauftragter der U.S. Air Force of Special Investigations. Er bezieht sich auf eine Studie von 556 angezeigten Vergewaltigungen. Einzelheiten über die Methode stehen am Ende dieses Kapitels.

4. Die angeblichen Vergewaltiger wurden von ihren Opfern in 32 Prozent der Fälle als Schwarze angegeben. Rund 10 Prozent der männlichen Bevölkerung ist schwarz. Siehe U.S. Department of Justice, Bureau of Justice Statistics, *Criminal Victimization in the United States: 1987*, #NCJ 115524, Juni 1989, S. 47, Tabelle 41, »Percent Distribution of Single Offender Victimizations by Type of Crime and Perceived Race of Offender«.
5. Dieser Mythos wurde von Susan Brownmiller in ihrem Buch *Against our Will* (New York: Bantam, 1976) verbreitet. Deutsch: *Gegen unseren Willen*, S. Fischer, 1978.
6. USBJS, *Criminal Victimization in the United States: 1987*, a.a.O., S. 18–19, Tabelle 5.
7. Ebd.
8. Für eine ausführlichere Darstellung, wie der Sozialisationsprozeß eines Mannes zu Vergewaltigung führt, siehe Warren Farrell, *Warum Männer so sind, wie sie sind*, Kabel, 1989.
9. Charlene L. Muehlenhard und Lisa C. Hollabaugh, »Do Women Sometimes Say No When They Mean Yes? The Prevalence and Correlates of Women's Token Resistance to Sex«, *Journal of Personality and Social Psychology*, 1988, Bd. 54, Nr. 5, S. 874.
10. Rosemary Rogers, *Sweet Savage Love* (New York: Avon Books, 1974).
11. Catherine MacKinnon, *Toward a Feminist Theory of the State* (Cambridge, Mass.: Harvard University Press, 1989), S. 176.
12. Siehe Neil Gilbert, »The Phantom Epidemic of Sexual Assault«, *The Public Interest*, Nr. 103, Frühjahr 1991, S. 61. MacKinnon drückt sich so aus: »Unter männlicher Vorherrschaft... ist Sex etwas, was Männer mit Frauen machen. Es geht dabei weniger um die Frage, ob Gewalt angewendet wurde, als darum, ob Zustimmung überhaupt ein sinnvoller Maßstab sein kann.« Siehe ebd., S. 177–178. MacKinnon verdankt diese Auffassung Carol Pateman. Pateman sagt: »Zustimmung als Ideologie kann man nicht von gewohnheitsmäßiger Duldung, schweigender Ablehnung, Unterwerfung oder gar erzwungener Unterwerfung unterscheiden. Solange Verweigerung, Zustimmung und Widerrufung der Zustimmung nicht echte Optionen sind, können wir nicht von ›Zustimmung‹ im wahren Sinn des Wortes sprechen.« Siehe Carol Pateman, »Women and Consent«, *Political Theory*, Bd. 8, Mai 1980, S. 149–168.
13. MacKinnon sagt: »Frauen müssen als Überlebensstrategie ihre sexuellen Wünsche unterdrücken, abwerten oder verschweigen, und zwar ganz besonders das Fehlen derselben. Sie müssen den Eindruck erwecken, daß der Mann bekommt, was er will, egal was sie selber wollen. Unter diesen Bedingungen kann die Echtheit der Zustimmung nicht vom Standpunkt des einzelnen Angreifers aus definiert werden. Wenn das Gesetz diesen Standpunkt einnimmt, wird es selber zum Problem.« Siehe MacKinnon, a.a.O., S. 181.
14. Die Studie wurde von Mary Koss, Christine A. Gidycz und Nadine Wisniewski durchgeführt. Sie heißt »The Scope of Rape: Incidence and Prevalence of Sexu-

al Aggression and Victimization in a National Sample of Higher Education Students«, *Journal of Consulting and Clinical Psychology*, Bd. 55, Nr. 2, 1987, S. 162-170. Die Studie wurde in *The New York Times*, 21. April 1987, besprochen sowie in Peter Jennings' ABC »Rape Forum«, das auf die Dokumentation »Men, Sex, and Rape« vom 5. Mai 1992 folgte.
15. Koss u.a., ebd., S. 167.
16. Ebd., S. 167, Tabelle 3.
17. Siehe Robin Warshaw, *I Never Called It Rape: The Ms. Report on Recognizing, Fighting, and Surviving Date and Acquaintance Rape* (New York: Harper & Row, 1988), S. 63. Dieses Buch stützt sich auf die Umfrage von Mary Koss.
18. Charlene L. Muehlenhard und Stephen W. Cook, »Men's Self Reports of Unwanted Sexual Activity«, *Journal of Sex Research*, 1988, Bd. 24, S. 58-72.
19. Ebd.
20. Von den 62 830 Frauen, die Opfer einer Vergewaltigung geworden waren, verzichteten 37 Prozent auf eine Anzeige; von den 67 430 Frauen, die Opfer einer versuchten Vergewaltigung geworden waren, verzichteten 54 Prozent auf eine Anzeige. Siehe USBJS, *Criminal Victimization in the United States* (Washington, D.C.: USGPO, 1991), S. 102, Tabelle 101, »Percent Distribution of Victimizations by Type of Crime and Wheather or Not Reported to Police«.
21. Die Vergewaltigungsrate ist 1,2:1000 pro Jahr. Quelle: National Crime Survey Report. Siehe USBJS, National Crime Survey Report, *Criminal Victimization in the United States Annual (1973-1988)*, S. 15. Das heißt, die Gefahr, einmal im Leben vergewaltigt zu werden, ist 80:1000 oder 1:12. Aus den genannten Fallzahlen ergibt sich, daß eine von 25 Frauen einmal im Leben vergewaltigt und eine von 23 Opfer einer versuchten Vergewaltigung wird. Zur Aufschlüsselung von Vergewaltigung und versuchter Vergewaltigung siehe *Criminal Victimization...: 1990*, ebd.
22. *Die Zahl der Vergewaltigungen fiel von 1,8 pro 1000 in 1973 auf 1,2 pro 1000 in 1988.* USBJS, *Criminal Victimization...(1973-1988)*, ebd. *Diese Zahl ergab sich aus einer landesweiten Haushaltsbefragung.* Sie gilt als verläßlicher als die Zahl der angezeigten Vergewaltigungen, weil sich diese in der letzten Zeit durch die Sensibilisierung des öffentlichen Bewußtseins erhöht hat. Doch auch hier zeigt sich ein Anstieg der Vergewaltigungen zwischen 1981 und 1990 um 9 Prozent, im Vergleich zu einem Anstieg um 36 Prozent der Verbrechen, bei denen meist Männer die Opfer sind. Quelle: U.S. Department of Justice, Federal Bureau of Investigation, Uniform Crime Reports, *Crime in the United States* (Washington, D.C.: USGPO, 1991), S. 15 und 51.
23. USBJS, *Bureau of Justice Statistics Bulletin*, »Crime Victimization, 1991«, erscheint im Frühjahr 1993. Diese Erhebung wurde während und nach den Vergewaltigungsprozessen von Mike Tyson und William Kennedy Smith durchgeführt. Obwohl sie sich nur auf eine begrenzte Zahl von Fällen stützt, ist sie statistisch signifikant. Sie belegt sowohl einen Anstieg von Vergewaltigungen und Vergewaltigungsversuchen bei Frauen um 59 Prozent, als auch einen Anstieg bei beiden Geschlechtern von 0,6:1000 in 1990 auf 1,0:1000 in 1991.
24. Associated Press, »Man Guilty in Sex Assault on Woman with 46 Identities«, *Los Angeles Times*, 9. November 1990, S. A-20.

25. Siehe z. B. Ira Michael Heyman, University of California, Berkeley, »Acquaintance Rape«, 20. Januar 1987. Er sagt: »... Vergewaltigungen passieren ... wenn das Opfer unter Alkohol oder Drogeneinfluß steht und sich nicht wehren kann.« In einem Interview am 18. Mai 1992 bestätigte Jessica White vom Berkeley's Rape Prevention Education Program, daß dieses Programm Vergewaltigung genauso definiert. In bezug auf Swarthmor, siehe John Wiener, »Rape by Innuendo at Swarthmore, Date Rape«, *The Nation*, Bd. 254, Nr. 2, 20. Januar 1992, S. 54. In bezug auf Harvard berichtet die *Washington Post*, daß die Arbeitsgruppe zur Verhütung von Vergewaltigungen der Universität empfiehlt, die Definition von Vergewaltigung auch auf Frauen auszudehnen, die »von Alkohol beeinträchtigt« waren. Siehe Cathy Young, »What Rape Is and Isn't«, *The Washington Post* (landesweite Wochenausgabe), 29. Juni – 5. Juli 1992, S. 25.
26. Das National Clearinghouse on Marital and Date Rape befindet sich in Berkeley, Kalifornien.
27. Wenn wir Gesetze verabschieden, die einer Frau erlauben, unter Alkoholeinfluß Männern zu schaden, müssen wir analog zu Trunkenheit am Steuer Frauen auch dafür verantwortlich machen, wenn sie unter Alkoholeinfluß Sex haben.
28. Charles Salter, Jr., »A Lasting Shadow«, *The News & Observer* (Raleigh, N.C.), 17. Februar 1992, S. 1-C.
29. Ebd.
30. Ebd., S. 2-C.
31. Interview am 13. Mai 1992 mit dem Psychologen Michael Teague, North Carolina State Department of Crime Control and Public Safety.
32. Salter, a.a.O., S. 1-C. Das Krankenhaus der University of New Mexico stellte ihn schließlich wieder ein.
33. Aus einem Brief von Charles P. McDowell, Ph. D., M. P. A., M. L. S. vom 20. März 1992 an mich. McDowell ist Sonderbeauftragter des U.S. Air Force Office of Special Investigations, Washington, D.C.
34. Charles P. McDowell, Ph.D., M.P.A., M.L.S., »False Allegations«, *Forensic Science Digest*, Bd. 11, Nr. 4, Dezember 1985, S. 64. *Digest* ist eine Schrift des U.S. Air Force Office of Special Investigations, Washington, D.C.
35. Cathleen Crowell Webb und Marie Chapian, *Forgive Me* (Old Tappan, N. J.: Fleming H. Revell Co., 1985), Anhang B.
36. Stephen Buckley, »Unfounded Rape Reports Baffle Investigators«, *The Washington Post*, 27. Juni 1992, S. B-1 und B-7.
37. Ebd.
38. Diese 9 Prozent sind Teil der 47 Prozent (wie im Text erläutert), die aber nicht unbedingt falsche Beschuldigungen sind – sie sind lediglich »unbegründet«. Die Kategorie »unbegründet« enthält wahrscheinlich den höchsten Anteil von Falschanzeigen. Der FBI sagt jedoch, daß dieser Prozentsatz zwischen 0 und 100 liegen kann. Die Kategorie »unbegründet« enthält 8 818 von 102 655 gemeldeten Fällen, das sind 8,6 Prozent. Quelle: U.S. Department of Justice, Federal Bureau of Investigation, Uniform Crime Report Section, *Crime in the United States* (Washington, D.C.: USGPO, 1990), S. 16. In Telefongesprächen am 29. April und 11. Mai 1992 mit Harper Wilson, Chef der Uniform Crime Report Section, FBI, bestätigt.

39. Ebd.
40. Diese 53 Prozent werden unter »geklärt durch Verhaftung oder besondere Maßnahmen« geführt. Der angebliche Vergewaltiger wurde verhaftet, doch der FBI weiß nicht, ob es zu einer Verurteilung oder einem Freispruch kam. Ebd. (Beide Quellen).
41. Associated Press, »San Diego Police: Woman Lied About Nordstrom Rape«, *Blade-Citizen,* 16. Januar 1993, S. A-10.
42. Buckley, a. a. O.
43. Ebd.
44. Charles P. McDowell, Ph. D., M. P. A., M. L. S., »The False Rape Allegation in the Military Community«, unveröffentlichte Arbeit, Washington, D.C.: U.S. Air Force Office of Special Investigations, März 1983. Von den Frauen, die zugaben, eine falsche Beschuldigung gemacht zu haben, waren 75 bereit, über ihre Gründe Auskunft zu geben.
45. McDowell, »False Allegations«, a. a. O., S. 68–71.
46. McDowell, »The False Rape Allegation in the Military Community«, a. a. O.
47. Aus einem Brief von Kermit Cain vom September 1991 an mich sowie Interviews mit Kermit Cain im Juni und Juli 1991 und Juni 1992.
48. Siehe z. B. Heyman, »Acquaintance Rape«, a. a. O.; Wiener, »... Swarthmore...« a. a. O., und Young, a. a. O.
49. »Beauty Pageant Official Drops Tyson Lawsuit«, *Los Angeles Times,* 2. Dezember 1991.
50. Kenneth B. Noble, »Key Abortion Plaintiff Now Denies She Was Raped«, *The New York Times,* 9. September 1987, S. A-23.
51. Associated Press, »Girl Admits Rape Lie; Man Free After 513 Days«, *Dayton Daily News,* 18. Januar 1990, S. 2-A.
52. McDowell, »The False Rape Allegation in the Military Community«, a. a. O.
53. Interview mit John Hoover am 17. Juli 1992.
54. Webb und Chapian, a. a. O.
55. Associated Press, »Ruling Favors Victim's Word in Rape Cases«, *San Diego Union-Tribune,* 8. Mai 1992.
56. Siehe den Fall *Michigan gegen Lucas,* 111 S.Ct. 1743, Mai 1991. Der Oberste Gerichtshof verfügte, daß das sexuelle Vorleben einer Frau vor Gericht nicht gegen sie verwendet werden darf.
57. Ebd., der Oberste Gerichtshof bestimmte, daß ein angeklagter Vergewaltiger sich nicht darauf berufen kann, daß das »Opfer« früher andere sexuelle Beziehungen hatte, *auch mit ihm selbst,* außer er informiert das Gericht vorher darüber.
58. Associated Press, »Pedophile Fined, Given Probation«, *Blade-Citizen* (San Diego), 3. März 1992. Die Frau, Pam Mouer, war 45 Jahre alt. Man beachte, daß sie lediglich als pädophil bezeichnet wurde und nicht als Vergewaltigerin! Man beachte, daß die Schlagzeile lautete: »Pedophile Fined, Given Probation« (Strafe für Pädophile auf Bewährung), nicht: »Woman Rapes Boy« (Frau vergewaltigt Jungen). Die Tatsache, daß eine Frau ein Sexualverbrechen begangen hat, kommt in der Schlagzeile nicht zum Ausdruck.
59. Muehlenhard und Cook, a. a. O.
60. USBJS, *Criminal Victimization...(1973–1988),* a. a. O.

61. U.S. Department of Commerce, Bureau of the Census, *Statistical Abstracts of the United States: 1991*, 111. Aufl., S. 83, Tabelle 120, »Acquired Immunodeficiency Syndrome Deaths«.

Männer	Frauen
69 929	7 421
90,4 %	9,6 %

62. Deryck Calderwood, Ph.D., »The Male Rape Victim«, *Medical Aspects of Human Sexuality*, Mai 1987, S. 53–55.
63. Ebd.
64. Dieses Problem wurde bisher in den Medien nicht sonderlich beachtet. Ein Artikel im *Christian Science Monitor*, »Overflowing Problems in U.S. Prisons« vom 21. August 1990, S. 20, bildete die Ausnahme. Dort steht: »In Amerikas Gefängnissen werden mehr Männer vergewaltigt als Frauen im ganzen Land.« Feststellungen dieser Art sind jedoch nur Schätzungen. Siehe Wayne S. Wooden und Jay Parker, *Men behind Bars* (New York: Plenum Press, 1982). Die Haftanstalt, in der die Studie durchgeführt wurde, liegt in Kalifornien und hat über 2 500 Insassen. Davon waren 80 Prozent heterosexuell, 10 Prozent bisexuell und 10 Prozent homosexuell. 14 Prozent der Insassen gaben an, daß sie gegen ihren Willen, durch Vergewaltigung oder Übergriffe, zum Sex gezwungen wurden. Da jedes Gefängnis seine Besonderheiten hat, kann kein verläßlicher Schluß gezogen werden, bis eine landesweite Untersuchung stattgefunden hat, die insbesondere auch Hochsicherheitsgefängnisse berücksichtigt.
65. Die Zahl von über einer Million in Haftanstalten vergewaltigter Männer errechnet sich so: 8 643 525 Männer passieren jährlich unsere Bundes- und Landesgefängnisse. Vierzehn Prozent davon geben an, zu irgendeinem Zeitpunkt vergewaltigt oder sexuell belästigt worden zu sein, das sind 1 210 094 Männer. Diese Zahl ist aber eine reine Schätzung, weil viele Faktoren nicht berücksichtigt wurden. Quelle: *Sourcebook of Criminal Justice Statistics*, 1990, Tabelle 6.33 für die Daten der staatlichen Gefängnisse in den Jahren 1987 und 1988 und Tabellen 6.89 und 6.90 für die Daten der Bundesgefängnisse [auf der Basis der Zahlen von 1988 und 1990].
66. Die Zahl von 120 000 (119 780) ist höher als die Zahl der polizeilich gemeldeten Vergewaltigungen, weil darin die 55 Prozent enthalten sind, die Frauen ursprünglich nicht angezeigt hatten, wie das Justice Department herausfand. Siehe USBJS, Office of Justice Programs, National Crime Survey Report, *Criminal Victimization in the United States: 1973–1988 Trends*, Juli 1991, Drucksache #NCJ 129392, S. 15, Tabelle 6 »Rape: Victimization Levels and Rates«. Die 55 Prozent erscheinen in: USBJS, Office of Justice Programs, National Crime Survey Report, *Criminal Victimization in the United States, 1989*, Drucksache #NCJ 129391, S. 89, Tabelle 103 »Personal Crimes, 1989: Percent of Victimizations Reported to Police, by Type of Crime, Victim-Offender Relationship, and Sex of Victim«.
67. Eine computergestützte landesweite Recherche im Juli 1992 von über 700 Zeitungen, Zeitschriften, Magazinen und Illustrierten der 80er Jahre bis 1992 ergab keinen Hinweis auf Vergewaltigung eines weiblichen Häftlings durch eine ande-

re Gefangene (z. B. mit einem Besenstiel, mit der Faust oder durch erzwungenen Oralverkehr). Es gab allerdings 41 Berichte über verschiedene Arten von sexuellen Begegnungen zwischen weiblichen Häftlingen und Aufseherinnen, einige davon lassen auf Vergewaltigung schließen, bei anderen kam es zu sexuellem Verkehr im Tausch gegen Zigaretten, Drogen, Vergünstigungen etc.

68. Laut Department of Corrections des Bundesstaates Washington betragen die Kosten für einen männlichen Gefangenen 37,62 Dollar pro Tag, für eine weibliche Gefangene 80,62 Dollar. In Wisconsin betragen die monatlichen Kosten für einen männlichen Gefangenen 1120 Dollar (1988–1989) und für eine weibliche Gefangene 2100 Dollar. Siehe »Summary of Distribution Per Capita Costs for the Year Ended June 30, 1989: Section E«, Department of Health and Social Services, Division of Corrections, Office of Policy, Planning, and Budget, Madison, Wisconsin.
69. Interview am 11. April 1990 mit Frank Brennan, Psychologe, Autor und Universitätsprofessor aus Australien.
70. Flugblatt der National Coaliton of Free Men for the William Hetherington Defense Fund. In einem Interview am 1. Mai 1992 erklärte William Lasley, daß Hetheringtons Vermögen wegen des Zivilrechtsverfahrens gesperrt und deswegen nicht zu seiner Verteidigung im Strafprozeß verfügbar sei. Er galt auch nicht als bedürftig und bekam deswegen keinen Pflichtverteidiger.
71. David Zeman, Knight-Ridder Newspapers, »Father, Martyr, Fraud?«, *Detroit Free Press*, 25. Mai 1990.
72. Interview vom 26. Oktober 1990 mit Fran Hovey, Reporterin aus Ohio, die über diesen Fall berichtete.
73. Zeman, a.a.O. In einem Interview am 17. März 1992 bestätigte David Wright, Hetheringtons Anwalt, daß der Richter fünfzehn bis dreißig Jahre verhängt hatte und daß dieses Strafmaß über die Richtlinien hinausging.

15. Kapitel
Vater Staat: oder der Staat als Ersatzehemann

1. Dank an Fred Hayward für die Frage und für Teile der Antwort.
2. Der Fall *Johnson gegen Transportation Agency of Santa Clara County*, 480 US 616 (1987).
3. Tamar Lewin, »Pregnancy and Work Risks Posing ›Fuzzy‹ Legal Arena«, *The New York Times*, 2. August 1988.
4. In *Feminism and Freedom* (New Brunswick, N.J.: Transaction Books, 1988) stellt Michael Levin die 15 000 bis 20 000 Kurse in Women's Studies zur Diskussion. Im »Directory of Men's Studies Courses Taught in the U.S. and Canada«, zusammengestellt von Sam Femiano von der American Psychological Association, sind 91 Kurse in Men's Studies genannt.
5. Maryland z. B. stellt der Maryland Commission on Women jährlich 200 000 Dollar zur Verfügung, die Stadt Baltimore 175 000 Dollar für ihr Women's Panel. Siehe Jack Kammer, »A Matter of Men and Children«, *The Sun* (Baltimore), 26. März 1992.

ANMERKUNGEN 493

6. Der Kongreß beauftragte das Office of Family Planning ursprünglich mit der Bereitstellung von »Familienplanungs-Dienstleistungen für *Personen* mit entsprechendem Bedarf«. 1982 unterrichtete die Bundesbehörde die lokalen Beratungsstellen, daß sie nur für ihre weibliche Klientel Geld bekommen. Siehe Douglas Beckstein und Kevin McNally, »Federal Office of Family Planning Discriminates Against Men«, *Men's Reproductive Health,* Herbst 1987, S. 1.
7. Die kanadische Frauenorganisation ist das National Action Committee. Es erhält vom Department of Education jährlich eine halbe Million Dollar. Außerdem gibt es das Canadian Cabinet Ministry on the Status of Women. Siehe Betty Steele, *The Feminist Takeover: Patriarchy to Matriarchy in Two Decades* (Gaithersburg, Md.: Human Life International, 1990), S. 9–10 und S. 68.
8. Ebd., S. 69.
9. Eric D. Sherman in einem Brief in *Gender Issues,* Juni 1988, S. 2, leicht gekürzt.
10. Der Family Support Act von 1988 trat im Januar 1990 in Kraft. Er gibt einem Elternteil – in der Regel der Mutter (aus den beschriebenen Gründen) – das Recht, sich entweder ganztags um das Kind zu kümmern oder eine Teilzeitbeschäftigung auszuüben, bis das Kind sechs Jahre alt ist. Sie erhält für das Kind den gesamten Unterhalt, ob sie nun arbeitet oder zur Schule geht.
11. Die »Hundert-Stunden-Regel« ist nur eine von vielen direkten und indirekten Diskriminierungen von Männern im Beruf und bei der Sozialhilfe. Andere Beihilfen sind leichter zu bekommen, wenn der Mann nicht in der Familie lebt. Dieses System hat mir Colleen Fahey Fearn of the Legal Aid Society of San Diego, Inc., erklärt.
12. U.S. Department of Commerce, Bureau of the Census, *Statistical Abstract of the United States: 1991.* 111. Aufl., S. 358, Tabelle 584.
13. Siehe Lorie Hearn, »A Women's Work«, *California Lawyer,* Februar 1989, S. 26. Richter Murphy von San Diego bestimmte, daß es im Interesse des Kindes ist, wenn die Mutter arbeiten geht, weil es möglich ist, für ein über drei Jahre altes Kind verantwortungsvolle Babysitter zu finden etc. Diese Mutter gewann schließlich den Rechtsstreit. Siehe den Artikel von Hearn, in welchem sie die Sozialgesetzgebung kritisiert, die Mütter mit Kindern unter sechs Jahren von der Erwerbstätigkeit befreit.
14. Ein Mann bekommt durchschnittlich 8510,40 Dollar im Jahr, eine Frau 6223,20 Dollar. Siehe U.S. Department of Health and Human Services, Social Security Administration, *Social Security Bulletin Annual Statistical Supplement* (Washington, D.C.: USGPO, 1991), S. 149, Tabelle 5 A1, »Number and Average Monthly Benefit by Race, Age, and Sex at the End of 1990«.
15. Männer zahlen 75 Milliarden Dollar ein, Frauen 38 Milliarden Dollar. Quelle: U.S. Department of Health and Human Services, Social Security Administration, Office of Research and Statistics, *Earnings and Employment Data for Wage and Salary Workers Covered Under Social Security by State and County, 1985,* von Lilian A. Fribush, Drucksache Nr. 13-11784, Oktober 1988, S. 1, Tabelle 1, »Number of Wage and Salary Workers, Taxable Wages, FICA Contributions, and Age Worker Attained in 1985, by State, Sex, and Race, 1985«.
16. Wenn Männer und Frauen mit 65 Jahren in Rente gehen und bis zum Erreichen des durchschnittlichen Lebensalters von ihren Versicherungsbeiträgen leben,

lebt der Mann noch sieben Jahre und bekommt 8 150,40 Dollar im Jahr (insgesamt 57 052,80 Dollar), die Frau lebt noch vierzehn Jahre und bekommt 6 223,20 Dollar im Jahr (insgesamt 87 124,80 Dollar), das sind rund 153 Prozent dessen, was einem Mann ausbezahlt wird. Siehe *Social Security Bulletin*, a. a. O.
17. *LA Department of Water and Power gegen Marie Manhart*, 435 US 702, (1978).
18. Interview vom 10. August 1992 mit Tim Kime, Manager der Metropolitan Life Insurance.
19. Kerry Pechter, »6 Who Were Sacked«, *Men's Health*, Sommer 1988, S. 22.

IV. Teil. Wohin geht die Reise?

Schlußfolgerungen

1. Richard Stengel, Rezension von Sam Keen, *Fire in the Belly*. »Bang the Drum Quickly«, *Time*, 8. Juli 1991, S. 58. Deutsch: Feuer im Bauch, Lübbe, 1992.
2. Dokumentation, siehe AJPH, Januar 1988, Fußnote im 6. Kapitel, »Das Selbstmordgeschlecht«.
3. Dokumentation, siehe National Center for Health Statistics, *Vital Statistics: 1988*, Fußnote im 1. Kapitel »Ist Männermacht wirklich ein Mythos?«
4. Dokumentation, siehe *Public Affairs Report*, Oktober–Dezember 1985, zitiert im 10. Kapitel »Wenn uns der Schutz von Männern genauso wichtig wäre wie der Schutz von Tieren...«

Bibliographie

Allen, Marvin, *In the Company of Men* (New York: Random House, 1993).
Amneus, Daniel, *The Garbage Generation* (Alhambra, Calif.: Primrose Press, 1990).
August, Eugene R., *The New Men's Studies: A Selected and Annotated Bibliography* (Englewood, Colo.: Libraries Unlimited, 1993).
Baber, Asa, *Naked at Gender Gap* (New York: Carol Publishing Group, 1992).
Berkowitz, Robert, *What Men Won't Tell You But Women Need to Know* (New York: Morrow, 1990).
Bloom, Allan, *The Closing of the American Mind* (New York: Simon & Schuster, 1988).
Bloomfield, Harold, *Making Peace with Your Parents* (New York: Random House, 1983). Deutsch: *Im Frieden mit den Eltern*, Rowohlt, 1985.
Bly, Robert, *Iron John* (New York: Addison-Wesley, 1990). Deutsch: *Eisenhans*, Knaur, 1993.
Branden, Nathaniel, *The Six Pillars of Self-Esteem* (New York: Bantam, 1994).
Cassel, Carol, *The Tender Bargaining* (Los Angeles: Lowell, 1993).
Davidson, Nicholas, *The Failure of Feminism* (Buffalo: Prometheus, 1988).
DeAngelis, Barbara, *Are You the One For Me?* (New York: Delacorte, 1992).
Diamond, Jed, *Inside Out* (San Raphael, Calif.: Fifth Wave Press, 1983).
Dowling, Colette, *Cinderella Complex* (New York: Pocket Books, 1981). Deutsch: *Der Cinderella-Komplex*, Fischer, 1982.
Ellis, Albert, *Sex and the Liberated Man* (Secaucus, N. J.: Lyle Stuart, 1976).
Farrell, Warren, *The Liberated Man* (New York: Random House, 1974; New York: Berkley Books, überarbeitete Ausgabe 1993).
Farrell, Warren, *Why Men Are the Way They Are* (New York: Berkley Books, 1988). Deutsch: *Warum Männer so sind, wie sie sind* (Kabel, 1989).
Fisher, Helen, *The Anatomy of Love* (New York: W. W. Norton, 1992).
Friday, Nancy, *Men in Love* (New York: Delacorte, 1980).
Friedan, Betty, *The Second State* (New York: Summit Books, 1981).
Fumento, Michael, *The Myth of Heterosexual AIDS* (New York: Basic Books, 1990).
Gerzon, Mark, *A Choice of Heroes* (Boston: Houghton Mifflin, überarbeitete Ausgabe 1992).
Gilder, George, *Men and Marriage* (Gretna, La.: Pelican, 1987).
Gilmore, David D., *Manhood in the Making* (New Haven: Yale University Press, 1990).
Goldberg, Herb, *The Hazards of Being Male* (New York: Signet, 1977).
Gordon, John, *The Myth of the Monstrous Male* (New York: Playboy Press, 1982).
Gurian, Michael, *The Prince and the King* (Los Angeles: Tarcher, 1992).
Halpern, Howard, *Finally Getting It Right* (New York: Bantam, 1994).

Harding, Christopher, *Wingspan* (New York: St. Martin's, 1992).
Kauth, Bill, *A Circle of Men* (New York: St. Martin's, 1992).
Keen, Sam, *Fire in the Belly* (New York: Bantam, 1991). Deutsch: *Feuer im Bauch*, Lübbe, 1992.
Kiley, Dan, *Living Together/Feeling Alone* (New York: Prentice Hall, 1989).
Kinder, Melvyn, *Going Nowhere Fast* (New York, Prentice Hall, 1991).
Kipnis, Aaron R., *Knights without Armor* (Los Angeles: Tarcher, 1991).
Leonard, George, *The Ultimate Athlete* (Berkeley, Calif.: North Atlantic Books, 1990).
Levin, Michael, *Feminism & Freedom* (New Brunswick, N. J.: Transaction, 1988).
Mitchell, Brian, *Weak Link* (Washington, D.C.: Regnery Gateway, 1989).
Money, John, *Gay, Straight, and In Between* (New York: Oxford University Press, 1988).
Paglia, Camille, *Sexual Personae* (New York: Vintage Books, 1991). Deutsch: *Masken der Sexualität*, Byblos, 1992.
Pleck, Joseph H., *The Myth of Masculinity* (Cambridge, Mass.: The MIT Press, 1981).
Pruett, Kyle, *The Nurturing Father* (New York: Warner Books, 1987).
Remoff, Heather Trexler, *Sexual Choice* (New York: Dutton, 1984).
Robbins, Anthony, *The Giant Within* (New York: Simon & Schuster, 1992).
Osherson, Samuel, *Finding Our Fathers* (New York: The Free Press, 1986).
Schenk, Roy, *The Other Side of the Coin* (Madison, Wisc.: Bioenergetics Press, 1982).
Steele, Betty, *The Feminist Takeover* (Gaithersburg, Md.: Human Life International, 1990).
Sykes, Charles J., *A Nation of Victims* (New York: St. Martin's Press, 1992).
Symons, Donald, *The Evolution of Human Sexuality* (New York: Oxford University Press, 1981).
Tiger, Lionel, *The Pursuit of Pleasure* (New York: Little, Brown, 1992).
Wetcher, Ken, Art Baker und Rex McCaughtry, *Save the Males* (Washington, D.C.: PIA, 1991).

Tonbandaufnahmen

Diggs, Lawrence, *Introduction to Men's Issues* (P.O. Box 41, Roslyn, S.D. 57261).
Farrell, Warren, *The Myth of Male Power* (New York: Simon & Schuster, 1993).
– *Understanding Each Other* (Boulder, Colo.: Sounds True, 1992).
– *Why Men Are the Way They Are,* gekürzt (Auburn, Calif.: Audio Partners, 1993).
– *Why Men Are the Way They Are,* ungekürzt (Costa Mesa, Calif.: Books-on-Tape, 1988).

Projekte Männerarbeit

Fachberatung bei Männerspezifischen
Problemen
Volker van den Boom
Praxis für Sexual- und Partnerschafts-
beratung
Wilhelmstraße 35
52070 **Aachen**
Telefon (02 41) 53 44 07

Arbeitskreis antisexistischer Männer-
studien
Dipl.-Soz. Georg Brzoska
Gustav-Freitag-Straße 9
10827 **Berlin**
Telefon (0 30) 78 45 82

Dissens e.V.
Beratung-, Bildungs- und Forschungs-
einrichtung mit patriarchatskritischem
Ansatz
Sparrstraße 22
13357 **Berlin**
Telefon (0 30) 4 54 34 75

Mannege
Information und Beratung
für Männer e.V.
Schönstedtstraße 9
13357 **Berlin**
Telefon (0 30) 6 81 77 93

Männerbüro Bielefeld
c/o Bildungswerk für Friedensarbeit
Alfred-Bozi-Straße 10
33602 **Bielefeld**
Telefon (05 21) 17 55 69

Männerbüro Bremen
c/o Gesundheitsladen
Braunschweiger Straße 53b
28205 **Bremen**
Telefon (04 21) 4 98 86 34

Männerbüro der Ev. Kirche
in Hessen und Nassau
Kontakt: Erich
Elisabethstraße 51
64283 **Darmstadt**
Telefon (0 61 51) 20 05

HerrMann
Informations- und Beratungszentrum
für Männer e.V.
c/o Heinz Aust
Max-Reger-Straße 15
47057 **Duisburg**
Telefon (02 03) 37 69 65

Männerbüro Düsseldorf
Kontakt: Jürgen Dürr
Lindenstraße 99
40233 **Düsseldorf**

Männergruppe
Diakonisches Werk
Stiftplatz 1
37574 **Einbeck**
Telefon (0 55 61) 44 32

Männerzentrum
Informationszentrum für
Männerfragen e.V.
Sandweg 49
60316 **Frankfurt / Main**
Telefon (0 69) 4 95 04 46

ADRESSEN

Männerbüro e.V.
Groner-Tor-Straße 16
37073 **Göttingen**
Telefon (05 51) 4 61 61

Männer gegen Männergewalt e.V.
Kontakt- u. Beratungsstelle
Mühlendamm 66
22087 **Hamburg**

Männercafé im Stadtteilcafé
»Frau Döse«
Bartelstraße 10
20357 **Hamburg**
Telefon (0 40) 2 20 12 77

Switchboard
Informationsdienst für Männer
Mühlendamm 66
22087 **Hamburg**

Männerzentrum
Kontakt: Achim Faber
Bandelstraße 3
30171 **Hannover**
Telefon (05 11) 88 05 12

und

Klaus Eggerding
Dorfstraße 5
30926 **Seelze**
Telefon (0 51 37) 62 28

Männer gegen Männergewalt e.V.
Heidelberg
Rohrbacherstraße 42
69115 **Heidelberg**
Telefon (0 62 21) 16 65 79

Männerbüro Köln
Alte Feuerwache / Melchiorstraße 3
50670 **Köln**
Telefon (02 21) 12 43 27

Kölner Männertreff
Karl-Heinz Beyer
Vondelstraße 38
50611 **Köln**
Telefon (02 21) 31 69 79

Väter-/Männergruppe
Ev.-luth. Matthäusgemeinde
Gartenstraße 7
49740 **Lehrte**
Telefon (0 51 32) 5 36 74

AK Homosexualität der ESG
(Ev. Studentengemeinde)
Alfred-Kästner-Straße 11
04275 **Leipzig**
Telefon (0 37 41) 31 29 66

Männerarbeit im Sprengel Lüneburg
Kontakt: Dipl. Rel. Päd. Volker Heuer
Bahnhofstraße 18
21337 **Lüneburg**

Männertelefon
Telefon (0 71 41) 4 40 49
07141 **Ludwigsburg**

Münchner Informationszentrum
für Männer
Landwehrstraße 85/1
80336 **München**
Telefon (0 89) 5 43 95 56

Männerbüro Münster e.V.
Sophienstraße 16
48145 **Münster**
Telefon (02 51) 3 37 42

oder

Klaus-W. Siebert
Rüpingstraße 14
Telefon (02 51) 7 50 26

Treff für Männer / Väter
in der Beratungsstelle für Eltern,
Kinder und Jugendliche
Kapitelstraße 30
41460 **Neuss**
Telefon (0 21 31) 27 40 74

Väter-Stammtisch
der Ev. Familien-Bildungsstätte
Kontakt: Manfred Dreschke
Norderstedt
Telefon (0 40) 5 20 90 63

Männerprogramm am Bildungszentrum Nürnberg
Kontakt: Joachim Lenz
Rennweg 64
90409 **Nürnberg**
Telefon (09 11) 55 95 58

Männerforum Nürnberg
Kontakt: Manfed Hanika
Buchestraße 109
90409 **Nürnberg**
Telefon (09 11) 34 50 36

Männerinitiative Oldenburg
Kontakt: Alexander Diekmann
Ammerländer Heerstraße 387
26129 **Oldenburg**
Telefon (04 41) 7 46 57

Sozialdienst kath. Frauen e.V.
Kontakt: Stefan Baake c/o SFK e.V.
Schützenstraße 33
42853 **Remscheid**
Telefon (02 19) 4 14 08

Männerbüro Ulm
Ulm
Telefon (07 31) 20 63 40

Klub »Felix Halle« Weimar
im Jugendclub »Nordlicht«
Postfach 107
99402 **Weimar**

Dieses Buch wurde
gedruckt auf 100 % Recyclingpapier.

Das Vorsatzpapier ist 100 % recycled
und das Überzugspapier zu 85 %.
Der Karton des Einbandes ist
aus 100 % Altpapier.

Das Kapitelband ist aus
100 % ungefärbter
und ungebleichter Baumwolle.